U0534945

This is a Simplified-Chinese translation edition of the following title published by Cambridge University Press:

State and Scholars in T'ang China
ISBN 0 521 32991 4

© Cambridge University Press 1988

This Simplified-Chinese translation edition for the People's Republic of China (excluding Hong Kong, Macau and Taiwan) is published by arrangement with the Press Syndicate of the University of Cambridge, Cambridge, United Kingdom.

© Cambridge University Press and China Social Sciences Press 2019

This Simplified-Chinese translation edition is authorized for sale in the People's Republic of China (excluding Hong Kong, Macau and Taiwan) only. Unauthorised export of this Simplified-Chinese translation edition is a violation of the Copyright Act. No part of this publication may be reproduced or distributed by any means, or stored in a database or retrieval system, without the prior written permission of Cambridge University Press and China Social Sciences Press.

Copies of this book sold without a Cambridge University Press sticker on the cover are unauthorized and illegal.

本书封面贴有 Cambridge University Press 防伪标签，无标签者不得销售。

鼓楼史学丛书·海外中国研究系列

唐代中国的国家与学者

[英] 麦大维（David McMullen）著

张达志 蔡明琼 译

State and Scholars in T'ang China

中国社会科学出版社

CAMBRIDGE

图字：01-2017-5278 号

图书在版编目（CIP）数据

唐代中国的国家与学者/（英）麦大维（David McMullen）著；张达志，蔡明琼译.—北京：中国社会科学出版社，2019.7（2020.8 重印）

书名原文：State and Scholars in T'ang China

ISBN 978-7-5203-3793-9

Ⅰ.①唐… Ⅱ.①麦… ②张… ③蔡… Ⅲ.①儒家-思想史-研究-中国-唐代 Ⅳ.①B222.05

中国版本图书馆 CIP 数据核字（2018）第 290959 号

出 版 人	赵剑英
责任编辑	宋燕鹏
责任校对	周 昊
责任印制	李寡寡

出　　版	中国社会科学出版社
社　　址	北京鼓楼西大街甲 158 号
邮　　编	100720
网　　址	http://www.csspw.cn
发 行 部	010-84083685
门 市 部	010-84029450
经　　销	新华书店及其他书店

印刷装订	北京市十月印刷有限公司
版　　次	2019 年 7 月第 1 版
印　　次	2020 年 8 月第 2 次印刷

开　　本	710×1000　1/16
印　　张	29.25
插　　页	2
字　　数	478 千字
定　　价	128.00 元

凡购买中国社会科学出版社图书，如有质量问题请与本社营销中心联系调换

电话：010-84083683

版权所有　侵权必究

非常感謝中國同仁將我三十年前的著作翻譯中文。中國古代歷史與古代社會是非常重要的研究領域，是我與中國同仁的共同興趣。論語有言，我非生而知之，好古敏以求之者也。學而知之乃是我畢生努力之方向，謹此與中國同仁共勉。

李大維　David W. Pankenier

二零一八年十月二十五日
於武漢華中師範大學

《剑桥中华文史丛刊》主编

韩南（Patrick Hanan）、杜希德（Denis Twitchett）

麦大维博士此书以"唐代（618—906）中国的主要学术机构"为主题，向我们揭示了唐代学术机构如何为流传至今的大量学术著作提供环境；以及有唐三百年间，知识精英对待学术机构的态度如何发生变化。相关制度涉及教育体系、儒家经典诠释、国家礼制、官修史书、文学作品以及著名的科举考试。唐代前半期，所有制度均得以顺利运行；但755年（天宝十四载）安史之乱以后，效果却大不如前。学术生活虽未放弃以国家为中心的导向，但却变得更加衰落且独立于官方体系之外。私人的、非官方的撰著逐渐取代王朝前半期官方汇编的重要地位。

原著致谢

在本书的撰写过程中，我要感谢诸多同事和朋友。首先，最为感激的是蒲立本（E. G. Pulleyblank）教授（英属哥伦比亚大学）。作为剑桥的汉学教授，他指导我的博士论文，并一直对我关照有加。他为我们理解唐代思想史作出了巨大贡献，下文将提及他在这一领域的著作对本书结构的影响。此外，他还通读这一研究的初稿，并提出简明扼要、极具洞察力而又颇为恳切的建议。

本书也是杜希德（D. C. Twitchett）教授（普林斯顿大学）授意我为《剑桥中国史·隋唐卷》下卷撰写《唐代儒学》一章的间接成果。杜希德教授善解人意地听取我的观点，在审读初稿之后，又给予许多无私的帮助和宝贵的建议。还有许多其他朋友和同事也阅读了初稿，并提出有价值的意见，他们包括：史乐民（Paul Smith）博士（哈弗福德学院）、柏清韵（Bettine Birge）女士（哥伦比亚大学）、柯维麟（Michael Quirin）博士（波恩大学）以及我的剑桥同事鲁惟一（Michael Loewe）博士和巴瑞特（T. H. Barrett）博士（现任伦敦大学亚非学院中国史教授）。

1980年，我在日本学术振兴会的资助下，赴京都大学人文科学研究所访问数月。在那里，我的朋友礪波護（Tonami Mamoru）给予了极大帮助，除阅读建议外，还知无不言地回答我无数的问题。其后，我从日本前往中国，在中国社会科学院的支持下，得以参观许多以前只在书中见过的地方。尤其感念山东大学已故王仲荦教授的恩赐与襄助，将其收藏的大量原始拓本供我参考。

从着手研究此问题以来，大量专著相继出版，使得唐代中国制度、知识及文史领域的研究状况发生翻天覆地的变化。我所尝试总结的唐代儒学传统的任何一个方面，都在近年来出现了新的重要研究。宇文所安（Stephen Owen）教授关于唐代诗歌的著作，魏侯玮（Howard Wechsler）教授新近出版的关于七世纪国家礼制的专书，蔡涵墨（Charles Hartman）教授对韩愈的研究，以及巴瑞特教授对李翱思想的探讨，都在改变着以后学者对相关问题的思考方式。当然，还要特别感谢杜希德教授，允许我拜读并引用其即将问世的大作《唐代官修史籍考》第一章的草稿。这些研究为我们认识唐代知识、学术及文史奠定了新的基础。

邓海伦（Helen Dunstan）博士（澳洲国立大学）和我的兄长麦振国（James McMullen）博士（牛津大学）都将自己的课题放在一边，对本书的倒数第二稿作出细致而有建设性的评论。此外，本书的完成还要感谢我的妻子莎莉（Sally）无与伦比的耐心和协助。不过必须承认，概述长达三个世纪的唐代儒学传统仍是一大挑战。尽管得到如此多的帮助，但我依然要对全书结构和内容解释负有全责。

中译本序

麦大维

　　二十世纪下半叶及二十一世纪头十年是学术史上前所未有的变革时期。在这数十年间，思想、政治、社会、科技所产生的强力影响，已经从根本上改变了史学的追求。上世纪的冷战和热战，交往方式的巨大变化，知识生活的自由风气，性别观念的发展，以及数字革命的浪潮，都在潜移默化地改变着国际学术界的发展趋势，并为史学涵盖的所有领域带来了历史写作的新路径。

　　本书的研究完成于三十多年前，那时这些变化势头正盛。作为撰者，我亲眼目睹了这些变化，却不可能时时跟上复杂而又多元的发展。所以，值得将本书置于唐代研究领域新变迭出的背景下加以考察。

　　战后初期，我在北欧接受的传统教育仍是比较保守的。所有弃科学而从艺术、人文的学童都接受了严格的古典学训练，他们自幼即学会阅读希腊文和拉丁文的原始材料，特别强调理解语法，甚至要求能够模仿古代经典作家创作希腊文与拉丁文的散文或诗歌。在具备良好的教育之后，古典学是一门极具启发性的学科，随处可见与上世纪诸般问题息息相关的思想。此外，古典学还向学生灌输想象并重构古代历史的信念，以及对古代史料尤其是文本的敬重。不过，在当时的北欧，人们关注的焦点仍是古典地中海以及古典时代以来的欧洲史。而伟大的东方古典文明，包括印度、中国与日本，尚未出现在课程体系之中。

　　谈及于此，身为本书作者，有必要插叙一些个人细节。我很幸运，从小学到十七岁高中毕业，一直修习古典学。到十七岁时，已经领略一些主要的古典作家：诸如悲剧作家荷马（Homer），苏格拉底（Socrates）和德摩斯梯尼（Demosthenes），还有西塞罗（Cicero）、塔西佗（Tacitus）、李维（Livy），以及拉丁诗人卡图卢斯（Catullus）、贺拉斯（Horace）和维吉尔（Virgil）。虽则对他们的理解还不成熟，但最优秀的师者仍能传授年轻学子以激越之情。我依然记得阅读西塞罗的演讲、苏格拉底的辩护、维吉尔的诗篇时的那种兴奋。这一阶段我决意在剑桥学习古典学，部分渊于家族传统，部分出于高中时的兴趣。我想，一些中国学者有时认为其外国同行处于劣势，因为他们自幼并未接受文言文阅读的训练，而是直到大学才开始学习。但就我的感受而言，对另一种截然不同的古老语言的学习和古代文明的探索，为开展东亚历史研究作出了极有价值的准备。

随后，一个非同寻常的好运从天而降。1950年代中期，英国政府有关青年男子强制服兵役二十三个月的规定已近尾声，但少数通过选拔者仍可利用服役学习俄语或汉语。我自告奋勇地选择学习汉语，在接受了为期十个月的基础普通话培训后，被派往香港从事低阶工作。在香港生活期间，通过与中国青年交朋友，对博大精深、源远流长的中国文化遗产有了初步的观感，直接改变了我的学术态度。我非常激动地认识到，中国自有其悠久的古代世界，且相关文献记载极其丰富。同样重要的是，中国历朝历代完整记录文化历史的传统绵延不绝，这恰是古代地中海世界所不具备的。因此，我郑重决定由古典学转而申请攻读汉学学位，剑桥大学圣约翰学院对此慨然应允。

在攻读汉学学位的三年中，我第一次热切地立志毕生从事中国文化的研究。那时的训练极为重视古代汉语，课程伊始，我们研习先秦诸子，包括孟子、韩非子和庄子。要求详细解释早期汉语的语法，并能准确地译成英文。在剑桥那时的本科课程中，唐代历史的讲授格外出彩，激起我进一步研究唐代中国的雄心，其后便继续在剑桥攻读博士学位。

此处还应稍事停顿，提示读者1960及1970年代中国中古史研究居于何种地位。在剑桥我们的老师中，有两位唐史研究的巨擘。他们既深入研读唐史的原始材料，又广泛涉猎东亚战前一代杰出学者的研究成果。他们出版的唐史专著，至今仍是这一领域巍然屹立的丰碑。蒲立本教授之《安禄山叛乱的背景》，杜希德教授之《唐代财政》，彻底颠覆了西方学界对中古中国的认知。能在那时得聆亲炙，我倍感荣幸。

本书起初是杜希德教授宏大的英文汉学项目之一的组成部分。身为一名助理讲师，我应邀撰写《剑桥中国隋唐史》第二卷中关于儒学传统的章节。

事实证明，概述中古学术传统在有唐近三百年的演变轨迹，其艰巨程度比杜希德和我预想的要大得多。当然，该领域的研究基础早已奠定，但既有的大多数研究倾向于遵循传统路径，将政治思想、文学理论、经学、史学等视作更大领域中的独立主题进行分析。然而，对这些单独的子课题进行总体概览是十分必要的，因为源自儒家经典的治国之道已经遍及官方意识形态的全部，并同样清晰地植入唐朝国家的制度层面。故此，有意识地将王朝政治态度与国家制度结构进行整合，是本书体例安排的主旨所在。

参考文献可以显见我从东亚学术中获助颇丰。但是我们最好再次暂停，设想一下 1960 至 1980 年代的年轻学人有哪些研究工具可资利用。由网络文本和在线数据库引发的学术方法上的重大突破才刚刚起步，可用的参考工具主要是中国和日本出版的引得和索引。例如战前的《哈佛燕京学社汉学引得丛刊》，或 1950 及 1960 年代日本的《唐代研究指南》系列，均是展开论证不可或缺的基础工具。不过，学术研究是一项极为缓慢的工作。1960 年代的博士生用老式打字机敲打学位论文，不断的重写改订既耗时费力，有时更是花费高昂。往返东亚的旅程无比漫长，记得 1964 年我从台湾乘船返回剑桥，就足足耗费了数周时间。

本书的准备工作也深受中国学界重大变革的影响。当我这一代年轻学者开始研究时，还不能访问中国或与中国学者进行讨论。我第一次到访中国是在 1976 年，当时文化革命尚未结束，学术氛围非常受限。直到 1981 年，我在新的交流计划下第二次访问中国，才得以与中国的唐史学家自由交谈。

这一时期，原始材料主要是墓志铭的大规模整理与出版还处于初始阶段。1983 年问世的两卷本图版《千唐志斋藏志》，使更多读者得以利用其所藏墓志。但在此之前，学者只能亲自前去查阅拓片。犹记 1981 年春我在山东大学查阅拓片的情形，乃得益于著名唐史学家王仲荦先生的盛情襄助。当时由周绍良、赵超主编的《唐代墓志汇编》尚未出版，从那时起，墓志铭的数量与重要性就在持续攀升。

凡此种种，意味着本书是特定时代和特定环境下的产物。自出版以来，始于1970年代的学术潮流蓬勃激荡。广而言之，极大扩充的唐代史料现在几乎都能在线获取，足兹检索。唐代研究亦取得长足进步，学术交流和访问、学术会议和工作坊比以往任何时候都要频繁，资金也更加充足。目前中国和美国都有专门的唐代研究期刊。就我个人而言，已经能够从本书所要求的整体视角出发，对个别议题进行更高程度的集中分析。事实证明，无论在学术上还是在个人方面，这都更能令人满意。当今西方世界的唐史学家还觉察到另一重要因素：他们的著作正在被大量中国学者和学生进行批判性阅读。我自己也已意识到由此带来的挑战，必须就目前中国学界所关注的诸多专业课题展开更精确、更全面的研究和更具针对性的探讨。在中国的访问使我在研究方法上获益良多，同时也使我有机会向中国学者寻求更多的学术建议。因此，听闻中国学者有意将我三十年前的作品翻译成中文，内心充满惶恐与感激之情。尤其感谢北京大学陆扬教授和华中师范大学张达志教授，正是他们的耐心与宽容成就了这项有益的事业。同时，对于本书英文版中出现的错误，尚祈读者包涵鉴谅。

目　　录

第一章　前言 ………………………………………………………… 1
　一　中古晚期帝国的儒学 …………………………………………… 4
　二　制度背景 ………………………………………………………… 9
　三　学术著作分类 ………………………………………………… 19

第二章　学校与祭孔 ……………………………………………… 21
　一　高祖及太宗朝 ………………………………………………… 22
　　（一）祭孔的复兴 ……………………………………………… 23
　　（二）官学的重建 ……………………………………………… 25
　二　650年至755年 ………………………………………………… 27
　　（一）国庠与乡校 ……………………………………………… 27
　　（二）国家祭孔的扩张 ………………………………………… 31
　　（三）私授的发展 ……………………………………………… 34
　三　安史乱后 ……………………………………………………… 36
　　（一）官学的衰退 ……………………………………………… 37
　　（二）祭孔子与祭太公 ………………………………………… 42
　　（三）私学观念的发展 ………………………………………… 45

第三章　经学 ………………………………………………………… 49
　一　高祖及太宗朝 ………………………………………………… 52
　　（一）考证与训诂传统 ………………………………………… 52
　　（二）政策的包容 ……………………………………………… 56
　　（三）唐初《春秋》学 ………………………………………… 58

（四）唐初对孟子的态度 …………………………………… 59
  二　653年至755年 …………………………………………… 60
　　（一）对官方定本的批评 …………………………………… 61
　　（二）对科举经学标准的控诉 ……………………………… 64
　　（三）刘知幾的《春秋》观 ………………………………… 65
　　（四）经学的幻灭 …………………………………………… 67
  三　安史乱后 ………………………………………………… 69
　　（一）科举经学改革的努力 ………………………………… 69
　　（二）经学定本的难题 ……………………………………… 71
　　（三）安史乱后的《春秋》学 ……………………………… 73
　　（四）"性命"学者 ………………………………………… 76

第四章　国家礼制 …………………………………………… 82
  一　高祖及太宗朝 …………………………………………… 86
　　（一）《贞观礼》 …………………………………………… 87
  二　650年至755年 …………………………………………… 89
　　（一）明堂与封禅 …………………………………………… 90
　　（二）《开元礼》 …………………………………………… 95
　　（三）礼制传统与科举 ……………………………………… 98
  三　安史乱后 ………………………………………………… 100
　　（一）祖宗祭祀 ……………………………………………… 100
　　（二）国家礼制规划的衰落 ………………………………… 106
　　（三）安史乱后的王朝礼典 ………………………………… 106
　　（四）科举中的国家礼制 …………………………………… 109
　　（五）国家礼制传统的批判审视 …………………………… 110

第五章　史学 ………………………………………………… 115
  一　高祖及太宗朝 …………………………………………… 117
　　（一）两汉史研究 …………………………………………… 118
　　（二）唐前五代史 …………………………………………… 119
　　（三）贞观后期修史 ………………………………………… 121
　　（四）前两朝实录 …………………………………………… 123
　　（五）典志编修 ……………………………………………… 124
  二　650年至755年 …………………………………………… 125

（一）经典史注 ………………………………………… 125
　　（二）国史 ………………………………………………… 126
　　（三）刘知幾对官史的批评 …………………………… 128
　　（四）玄宗朝国史 ……………………………………… 129
　　（五）官制史 …………………………………………… 132
　　（六）私修史书 ………………………………………… 133
　三　安史乱后 ……………………………………………… 135
　　（一）实录相继与唐初理想 …………………………… 136
　　（二）对传记的批评 …………………………………… 139
　　（三）私人修史 ………………………………………… 141
　　（四）短篇史论 ………………………………………… 141
　　（五）科举中的史学 …………………………………… 143
　　（六）志书论 …………………………………………… 144
　　（七）典章制度 ………………………………………… 145

第六章　文章观 ………………………………………………… 149

　一　高祖及太宗朝 ………………………………………… 152
　　（一）唐初文集 ………………………………………… 153
　　（二）秘书阁 …………………………………………… 153
　　（三）文之廷议 ………………………………………… 154
　　（四）文与唐初选官 …………………………………… 156
　二　650年至755年 ………………………………………… 157
　　（一）官修文集 ………………………………………… 157
　　（二）四部书录 ………………………………………… 159
　　（三）《文选》研究 …………………………………… 161
　　（四）宫廷文学宴集 …………………………………… 163
　　（五）知制诰与待制院 ………………………………… 164
　　（六）文与科举 ………………………………………… 166
　　（七）开天时期独立文学 ……………………………… 168
　三　安史乱后 ……………………………………………… 170
　　（一）秘书省地位的下降 ……………………………… 171
　　（二）草诏与政治权力 ………………………………… 172
　　（三）对科举中写作技巧的批评 ……………………… 175
　　（四）文学为学者之"己任" …………………………… 177

第七章　结语 ·· 182

注释 ·· 191

参考文献 ··· 350

词汇表和索引 ·· 381

译后记 ·· 447

第一章　前言

两千多年来，中国的王朝统治一直延续未断，依靠的正是儒家思想所建立的一整套世界观、道德观和各项社会制度。无论中国本土的还是外来的，没有哪一种思想体系能够在行政和教育领域挑战这一杰出思想；也没有哪一种思想能像它一样始终被社会所推崇。中国之所以能够创造如此绵延不绝的社会奇迹，原因复杂而多样，其中一个重要因素无疑是儒家思想能够不断适应新的政治与社会现实，并保持其基本核心始终不变。

中国历史上的所有儒士都强调其伦理价值与传统经典是永恒的，但他们同样暗示，从相关制度、礼典仪注，到心性与哲学等儒家思想的其他要素，均可赋予重新解释并不断发展。在唐（618—907）及唐以前，官方史家主要从历代国家制度层面思考这一传统，这无疑关乎王朝的繁荣兴盛。而从宋代（960—1279）开始，新儒家尤其重视对历代儒学大师经学思想的记录与整理。近几十年来，现代学者脱离传统的政治和社会规范，从更长期的视角洞悉中国文化的持续变化，并通过思想史和社会史两个层面的重要分析不断进化这一传统，对今天理解中国历史上儒家思想的重要作用，及其留给现代中国的丰富遗产，均作出了巨大贡献。

许多前现代儒家传统文献都隐含这样的观点：自公元前 206 年汉帝国建立，到 1911 年帝国时代结束，儒学发展史分为前后两个不同阶段。近来几乎所有儒学研究也都明确持有这种观点。第一阶段包括两个伟大的早期帝国，古典帝国——汉（前 206—公元 202），及中古晚期帝国——唐。西汉时期（前 206—公元 8），原始儒学的伦理教化和治国理念与先秦后期流行的阴阳五行思想及汉初的法家、道家思想相融合，其思想体系的主要特征即是"天人感应"。这套"天人感应"思想不仅解释并证明帝国统治的合理性，还将与国家礼仪、历史及文学相关的学术活动纳入国家的控制范围。第一位详尽阐发这一思想的是汉武帝时期（前140—前87）的今文经学者董仲舒，其后，这一思想在东汉得到进一步的发展与改造。但随后的四个世纪中，伴随着政治动荡与分裂，儒学的竞争对手佛教与道教在社会各阶层广泛传播。在某种程度上说，儒家思想作为一种依赖帝国稳定与有效管理的国家意识形态，在大分裂时期（317—589）基本处于停滞状态。直到隋（589—618）唐以来，中国在政治上重新实现统一，六世纪末七世纪初受儒学教育的宫廷学者才重新诠释汉朝的国家意识形态，以为中古晚期帝国辩护。

儒家思想发展的第二个主要阶段是新儒学时代，从唐末一直延续到民国建立，这与一些学者所称中国社会史上的前近代时期恰好相符。新儒学保存并精炼了原始儒学的伦理观和早期帝国时代儒学的诸多元素，但是，晚期帝国时代的中国社会总体上更加富裕，教育也更加普及。相对中古时期的前辈而言，此时倾向于传统创新的儒家学者生活在远离朝廷的环境中。他们往往将自己的思想传授给学生，而非直接面对皇帝及其决策机构；他们强调地方政府及社会同中央朝廷一样重要；他们普遍更加重视人；他们发展更具分析性、更加思辨的研究取径，尤其针对心性和哲学命题；他们还在史学、文学及其他学术领域提出新的见解。

新儒学的许多观念在唐代后期即已出现重要萌芽，[1] 但直到北宋（960—1127）才开始主导学术生活。新儒学这一经典概念由伟大的经院哲学家朱熹（1130—1200）首先提出，其思想体系的一部分被之后历朝历代确立为国家正统思想，包括南宋（1127—1279）、元（1279—1368）、明（1368—1644）、清（1644—1911）。朱熹的理学思想对教育、科举制度及官僚的传统观念都产生了强有力的影响，在整个帝制时代晚期，新儒学的传统一直葆有其生命力，并处在不断发展之中。

新儒学具有强烈的批判意识和形而上学倾向，因此，自其早期开始，即已对儒学的悠久传统表现出选择性态度。新儒学在主体上依旧承袭先圣孔子（前551—前479）与孟子（前371—前289）的基本思想体系，但他们认为孟子之后直到十一世纪，儒学家并未真正领会与理解孔孟的思想。就此点而言，他们认为中古儒学既缺乏精密的义理阐发，也没有忠实于孔孟提出的道德原则。既然他们没能完全理解经义，因此，与其研习唐代儒家学者及其著作，不如直追先圣或探讨新儒学。反过来，现代儒学研究也更加倾向于按照新儒家的观念，主要关注经典时代孔孟的学说及新儒学本身。可以确定的是，尽管新儒学思想被认为是永恒的，但并非像一些批判者所攻击的那样是"灭人欲"的教条。[2]相反，它经常是思辨又灵活多样的，并随着社会及政治的发展而不断演进。相对而言，中古儒学多为学者所忽视，但西方仍有少数探讨中古晚期（隋唐）儒学的重要论文与专著。

本书尝试概述唐代儒家的学术传统，即便新儒家并不赞成，但我依然充分相信这一时期的儒学至关重要、适应性强且富有历史趣味。尽管唐代儒家学者缺乏新儒家的思辨和对经义的精确理解，但唐代儒学所涉及的学术活动、制度和政治问题同新儒学并无本质上的区别。正如后来新儒学时期一样，对于唐代学者而言，儒家经典、儒学取向的学术计划、儒家的礼仪和行政观念也是他们生活中的重要组成部分。现存记载表明，唐代学者的协作传统及政治理想首先是在相对高层的官员群体中分析、推进与发展的，主要存在于长安中央政府的学术机构与顾问机构中。因此，本书主要架构在唐代长安及洛阳的主要学术机构之上，包括教育、经学、国家礼制、官方修史及文学活动。每一领域独立成章，描绘相关学术活动在唐代的发展轨迹。本书的主旨在于描绘这些领域学者态度的变化。

在唐代的大多数时间里，这些机构所涉及的学术活动主宰着儒家的学术生活，他们是中国历代官僚机构中最有效率且最为成功的。唐代早中期，正是这些机构及整个中央政府所提供的政治环境，使儒学教育和学术活动获得格外高质量的发展。当良好的政治环境遭到破坏时，儒家的伦理体系和礼制仪轨也不可避免地丧失活力，因此，唐代后半期，儒家在每一个学术领域都形成新的观念。他们重新评估其所服务的国家的本质，以及他们在社会上的个人角色，这将成为我们在每一章讨论的第二个主题。

这些学者，不管终生供职于学术机构，还是仅曾短暂地履职于斯，都是这个群体的一员，都在遵从相同的儒学基本理念，尽管他们在学术和政见上常有分歧。从历史中的一些事例可以看出，虽然相对唐以后而言，此时的儒学群体很小，但经学阐释的典型观点往往并不局限在少数著名人物，譬如经学大家孔颖达，学者宰相魏徵，史学家、批评家刘知幾，以及雄辩的大儒韩愈。相反，唐代儒家的政治话语和学术话语通常为众多学术精英所共享。

唐代儒家学者整理和编撰了大量作品，现存有关唐代儒学的史料仅仅只是冰山一角。这些作品主要包括唐代学者关于典章制度和礼仪活动的官方汇编，以及他们编选整理的文学诗集；唐代官修史书及成书于唐亡后不久的正史也是相关史料的主要来源；唐代私修典志及大量档案文书因收入宋代汇编而得以保存，少部分典志材料还提供了至关重要的信息；私人文集是非官方史料中最重要的一类，但这一时期流传下来的大量诗集、轶事汇编及回忆录，有时亦能瞥见生动鲜活的唐代学术世界。本世纪以来出土的大量墓志，尤其是出土于洛阳附近北邙山（唐代官员及其家属最钟情的墓葬地）周边的墓志，为我们整合现有史料，梳理其史源，并进行比较研究，提供了强有力的证据。

一　中古晚期帝国的儒学

中古晚期儒学与新儒学有着显著区别，这与当时政治的演变及儒学社会地位的变化密切相关。唐代儒学取向的学术精英在公共服务中扮演的角色，或者说他们被认为应当承担的职责，在唐代后期以及宋代以后不断演变，直到西方叩开中国的大门。隋唐两朝结束了长达三个世纪的分裂局面，重新统一中国，他们是北朝政权的继承者。四及五世纪，中国大部分政权由少数民族统治，但这些政权都在不断汉化。直到北魏（386—535）之末，由于五世纪晚期逐步的汉化改革，他们声称大多数行政活动皆遵循汉族传统。[3]那些效力于北朝政权的经学家，都是拥有悠久儒学传统的士族精英，他们极力推广儒家思想，并按照儒学价值观建构行政体系。[4]当时，亦有其他胡族士人加入这一精英群体，因此，中国社会重新统一之后，社会统治阶层的血统是相当多元的。士族之间广泛通婚，倚重当代冠冕，那些缺乏显赫官员的地方士族逐渐没落。[5]但七、八世纪时，在重新统一的唐帝国统治下，这些学术贵族共同致力于儒家学术，强烈意识到所应扮演的社会角色，并坚定地参与到国家治理之中。

同整个帝制时代的儒家学者一样，唐代士族中的精英学者拥有治理国家不可或缺的学识与才能，他们是意识形态领域的权威，可以塑造并加强帝国的合法性和正统性。他们不仅征引被认为在经典时代周代（前1121—

前249）曾实现过的理想，还援引汉代故事。汉朝实现了对整个帝国更为直接和实际的控制，深具制度的可行性和宏伟的典范效应。他们同样熟悉东汉的文学传统和文官政制，尤其是国家仪典的组织方式。同时，还从刑法或其他更为技术性的学术领域，如律历、阴阳、天文等传统中汲取知识，这些都对王朝权力提供了必要的制约。

尽管皇帝将儒家学者带入政治的中心，但在七世纪早期，他们还远未在政治舞台上发挥主导作用；相反，只是皇帝主导下充满竞争的政治环境中的小角色。他们的建议往往与武人阶层的利益相冲突，而隋唐两代皇帝都是武人阶层的坚定支持者，几乎可以肯定的是，武人阶层的政治实力比大多数史料显现出来的更为强大。[6]儒家学者还不得不与佛教和道教竞争，以获取皇帝的经济和政策资助，更何况儒学远不及宗教那样拥有强大的号召力；同时，还要面对来自朝廷及社会中对立文化的巨大压力。作为界定身分的核心，对于大分裂时期的前辈而言或许是最为重要的南朝奢侈逸乐的宫廷文学环境，却被七世纪的唐代儒家学者认为会带来消极影响。

此外，在官僚制时代，儒家学者的地位其实远非不容置疑，其价值理想与所处官场的现实经常发生冲突。许多在皇帝面前坚持儒家政治或礼制理想的学者，又往往被认为想要扩大他们的影响，或者企图用自己的历史观、世界观说服皇帝。这些学者可能只是普通官员，他们维护儒家利益主要依靠晋升到中央政府的高级职位。也有些学者以较低品秩供职于京城的学术机构，这些机构的建制在七世纪初已牢固成型，主要分为两类：待制院和常规官署；但其职能主要限于学术活动，政治上的作用十分有限。待制院为帝王私人所设，以备及时的学术咨询、典籍收藏，进行学术编纂，甚至在宫廷文学宴集中即席酬唱奉和。仰仗皇帝个人的青睐，待制院靠近权力之源保证了学士们的声望，但也使其地位和命运极易骤变。他们可能默默无闻，也可能只限于纸上，但在唐代，顾问学士中的佼佼者在政治上远比常设学术或教育机构的官员更有影响力。

此外，学者容身于体制中的常设学术机构，往往依据儒家经典开展学术活动，这些机构早在汉代就已出现。常设机构中最重要的是官学系统，即使在大分裂时期，官学中的儒学教育仍然占据压倒性的优势地位。国家礼典仪注的制定以儒家经典为依据；官方修史、国家文学活动以及书籍的收集与修撰，所有活动都以儒经为标准，并深受儒学的影响。

唐初，在这两类机构供职的士族学者都受命于高层当权者，即直接处于皇帝和宰相的领导之下。通常，学者奉命组成专设的学术团队，负责具体的学术计划，工作完成之后，皇帝即时论功行赏。他们常常积极并有力地参与政治生活，依靠自身的学识和对前代经验的了解提供顾问应对，并为大政方针出谋划策。在学术生涯当中，须臾不离的是各种文书的写作，他们通常因循前代，其中许多建言都是从流传下来的材料中寻找恰如其分的典故。在一般的表彰性文书中，更需要对一系列继承的材料进行"折衷"。[7]传世文献与前朝文集可以提供写作范式，这一职责使他们在官僚体系中居有无可取代的地位。但与之矛盾的是，中古晚期的官方学术也具有帝制中国时期官方学术汇编所具有的极为重要又永恒不变的特征：即对近来变化的认可和记载。那些受高层当权者任命的官方学者，努力想要找寻和恢复那最近的而又遥远的过去的制度。他们的理想复杂多样；但同时，他们所表达的政治理想、甚至宗教理想又都高于所服务的权威。

尽管以儒学为导向，但唐儒不像宋儒，并未将正统论作为开展一切学术、政治活动的依据。儒家经典思想往往是构成唐代学者政治立场的基础，但学者通常是以经典去证明政策建议的合理性，而不是将经典作为界定明确、内在一致的理论体系的一部分。如果他们理论化地写作，通常是有特定语境，因此更加理论化的论述往往类似于"与场合相联的思想"[8]，被视作更落后社会的特征。唐代儒学没有像新儒学那样强调经验的统一，或从儒经中寻找哲学化的启示。他们的大部分作品上呈皇帝或朝廷，而中央集权思想使学者更加突出皇帝的权威，他们以汉朝传统的宇宙论机制架构帝国的统治秩序，强调皇权的伟大和皇帝的责任。

大分裂时期，相较成为胜利者的北方，官方学术传统在被征服的南方发展尤为出众。但从某种程度上说，自589年（开皇九年）重新统一以来，儒家学者在中央政府的地位反映的仍是北方的汉化进程，新建立的雄心勃勃的隋唐政权正奋起直追脆弱但更为复杂精妙的南方。唐初朝廷及长安相对原始的文化氛围及武人阶层的活跃，是朝廷支持儒家学者的重要因素，这有助于塑造唐初皇帝对于学术界的真实观感。[9]

中古晚期，作为官方的贵族学者群体已经形成特色鲜明的组织形态。这些学者因所受的儒家经学、历史及哲学教育而卓然于世；他们熟稔经传注疏，长于诗文写作，这一知识体系在将他们定义为群体方面所起的作用,从那些野蛮人因暴露其无知而引起嘲笑的故事中可以明显看出。[10]但其群体身分又因其他因素而强化,乃至交际风格和衣着都与众不同。[11]甚至到八、九世纪,他们仍是一副"书生"模样。其中一些最著名的学者,在担任一般官僚机构的高级职位时,或在提出(也乐于提出)战略或军事建议时,总是因为太过书生气或缺乏实践经验而受到责难。[12]

七、八世纪的学者在政治上踌躇满志,坚信只有他们的国家观念才是正确的,他们提醒君主借鉴著名的汉朝故事:"汉高祖以马上得之,不以马上治之。"[13]他们希望文官行政的控制力不仅要深入地方,还应掌控帝国军事。一些极具精力与活力的学者,成功实现了为官行政与组织学术兼而有之的理想状态;他们不仅"才兼文武","出将入相",还能主持学术活动。[14]

到七世纪下半叶,尽管宫廷内部政局不稳,但足够强大的文官制度,使学者依旧得以加强政治影响,巩固儒家传统在之后帝制时代的国家意识形态地位。其政治影响的强化首先表现在官僚阶层的扩大,尤其是通过以公正著称的科举制度选拔官吏,以及从文人群体中选拔臣僚。

科举制度在七世纪末期以及整个八世纪日臻成熟,在鉴别知识分子和文学精英上发挥着越来越显著的作用,这些科举及第的文人享誉官场及文坛内外,逐渐垄断科举考试中最重要的官职,也加强了精英群体在官僚阶层中的影响力。在八世纪初的政治纷争中,精英们将其政治影响力扩展到中央政府最富声望的文官职位,以及他们参与的所有学术与文学活动。供职于学术机构的官方学者已不再代表狭义的世袭贵族,而更多的是自我延续的群体,这一群体因共同的教育背景、为官经历以及对待学问的态度而获得凝聚力。由于来自不同地域,出身不同家族,群体成员的社会背景复杂多样,对待超越世俗的佛教和道教的态度也不尽相同。派系斗争、个人政治野心与知识分子的脾性也会造成群体内部的重要分歧,个别官员因政治行为严重背叛其同僚利益,而被排除出学者群体,文献所见对其彻头彻尾的谴责口吻,往往使人不胜诧异。但总体而言,八世纪的官方学者形成同质的社会阶层,从他们的文字中可以看出学者之间丰富的互动和联系。

和平时期,在朝为官享有崇高的声望,提供通往财富与高位的康庄大道,下文将反复提及许多学者在其仕途中获得的大量财产和丰富藏书。但学术职位并不单纯是通往成功之路,如果不是儒学在官僚阶层中提倡理想主义与奉献精神，唐代儒学不可能长久保持活力。为国家服务也是理想的焦点，涉及高度的责任感与自我牺牲意识。官僚阶层受到高于个人原则的道德准则约束，被现代社会学视为早期中国官僚制核心的"公利"概念，在唐人著作中体现得尤为明显。[15] 从儒家经典中可以读到公共责任先于个人利益的思想，这一思想也在多种场合被重申，包括学术机构的背景叙述。唐代最杰出的学者宰相反复强调官职与品级乃是"公器"，不能单凭个人好恶进行分派。[16] 在科举考试、国家礼制及国史修撰中，"公"的原则备受瞩目。"公器"一词甚至成为唐人完美名字的典型代表，[17] 虽然有时征引"公利"或"至公"概念的人明显是为私利，[18] 但这恰恰代表着"公"是唐代官员政治生活的核心理想。[19]

作为独立的学者群体，其理想特别明显地体现在封赐机制上，即用来表彰效忠朝廷的得力官员。已故三品及以上官员将有资格获得赐谥，以其生前品德功绩为依据，总结出单字或双字的名称作为谥号。如同王朝所有身分体系的运作，赐授谥号也是高度政治化；尽管如此，谥号体系所褒扬的美德又在整体上代表唐代官僚的理想，如"贞""忠""安""节"这种代表美德的词汇，往往成为美谥的首选。但从现存谥议可以看出，当时学者最看重的谥号是"文"，意为富有学养、博闻强识、举止文雅。据记载，唐代有二十三位学者被赐予"文"的单谥，三十三位学者被赐予"文"及他字合成的复谥。[20] 他们都是唐代最成功的文士，其中许多在学者群体中家喻户晓，接下来的几章将会陆续提及他们的大多数成就。

唐朝的文治武功在八世纪三四十年代达到顶峰。直到755年（天宝十四载）秋安史之乱爆发，两京失陷，战火迭起，朝廷再也无法恢复曾经的权威，随之而来的是经济和社会结构的巨大变化。这一时期地方藩镇比中央政府更为富有，而且权力极大，节度使通常由军人担任，而不是儒家学者。官僚阶层的社会构成总体上流动性增强，唐前世家大族后代的力量进一步被削弱。[21] 然而，儒家学者的地位在唐代后半期并未完全改变，长安的学术机构仍然非常稳定，他们仍然在朝廷中担任相同官职，至少史料呈现的是这样。许多学者依旧坚持唐初前辈的理念，尤其是那些与王朝权力相关的论点，并开始变得趋向保守。对学术群体而言，朝廷与中央政府仍然是关注的重心，也是提交政策建议的核心。帝国官员依然保有崇高地位，时人所谓"得仕者如升仙"，"如登青天"，显见成功入仕仍旧是学者的普遍抱负。[22]科举考试继续维持着崇高威望,科举及第者作为社会精英在官僚阶层中享有极高地位,尤其是任职于待制院或京城其他核心学术职位者。中央政府变得更为复杂,其对历史的了解也更加深刻;但由于派系林立,这一时期政府的行政效率比叛乱之前更为低下。

八世纪后期至九世纪的唐廷,国库空虚,无法如安史乱前那样举办及奖励学术活动,直接导致学术汇编大为缩减,学术活动也不复七世纪及八世纪初之蓬勃。曾经盛极一时的学术汇编活动,现在只能见于个别学者的私人撰述。私人编修的各类文集在形式上类似于国家汇编,而其中有些也可能会进呈朝廷,并被官方所认可。但有些私人文集却表现出远离高级权威的意识,以及唐初官方学术体系所缺乏的批判精神。

八世纪末九世纪初的学者罕见地留下了有关生活和思想细节的文字,尤以书信、散文及诗歌为了解其观点的主要材料,数量远远超越早些时候的前辈。此类私人作品刻意淡化国家在宇宙论层面的内容,而这却是其前辈在七世纪及八世纪初经常公开谈论的。取而代之的是,他们更加强调自己的行政经验和政治关怀,重新阐释政治、文学和儒家经义,这在几个世纪以来实属首次。他们的非官方想法偶尔也会在官方学术活动中表达出来。此外,他们的思想还会影响科举,因为科举考试仍然很大程度上掌握在他们手中。但总体而言,随着九世纪慢慢过去,官方学术体系愈显式微,既不能继续前期制度,又无法适应当下现状。

因此,从长远来看,盛世之后的叛乱,中央权力的旁落,政治秩序的不稳,促使官员的非官方观点随之生变。由此可以展现此间儒学的关键转折,以致现代学者将新儒学的萌芽阶段上溯到八世纪后半期至九世纪。

二 制度背景

唐代前半期那些被临时差遣在待制院或常设学术机构的官员撰修了流传至今的大部分学术汇编,其中保存的许多针对不同时期学术传统的非官方评论,可能也与这些学术机构或个别学术职位有关。唐代的制度并非一成不变,即便不是组织结构或职能上的异动,至少也会在地位或声望上发生变化。所有的一切都在转变,学术机构也不例外。对唐代学术机构进行简单梳理即可发现,是其在官僚结构中的地位发生变化,而非其本身发生变化；同时也可以看出唐代学术作品的主要类别。对唐代制度进行总结归纳的基础性文献是《唐六典》。《唐六典》成书于738年（开元二十六年）至739年，是针对唐朝最繁荣时期的中央行政机构组织状况而编修的典章制度专书，被认为是唐朝官方所编最重要的典范文献之一。[23]《唐六典》对百官职掌的规定被九世纪初的两部政书——《通典》[24]、《唐会要》[25]，以及唐代的两部正史——《旧唐书·职官志》[26]与《新唐书·百官志》[27]所采纳。学术官员的授命制书，[28]以及多撰于八世纪末九世纪初的学术机构"厅壁记"，[29]是关于唐代职官制度的重要补充材料。

13　　唐代的学术与教育制度本身就不是地位平等、规模一致的均衡体系。备顾问的待制院同一般官僚机构中之学术机构的分离使二者各具威望，但同样反映了二者在功能上的区别。待制院的设立是为完成某些零散的任务，一般机构则负责政府的正常职能。待制院实际上还可能承担一些本应属于一般机构的工作，而他们正在执行的可能是毫不相关的其他学术或教育问题。待制官常常从一般机构的中央职官中选拔出来，但另一方面，又要为他们安排一般机构中较为清闲的本职。除这两类学术机构外，官僚体系中还有个别职位需要具有超凡智力和文学素养的文人，其中声望最隆的是皇帝身边备顾问以草诏的词臣，又以中书舍人、御史大夫、左拾遗、右补阙、起居郎（起居舍人）等职最为重要。草诏事关帝国的政治安危，需要学问卓越的知识精英；科举与铨选也需要具备较高学术和文学素养的官员。

　　待制院的建立一方面是南北朝传统的延续与扩展，另一方面也是因为无论战争还是和平时期，皇帝都需要精心挑选一小批值得信赖的学士，为其提供基于历史和先例的建议。有时会用"备顾问"一词形容他们存在的目的，这是朝廷的恩典，也是唐代学者时常提及的理想。[30]这些学士还为皇帝提供娱乐与文学消遣，尽管外朝的一般机构也为皇帝出谋划策，但他们不是"顾问团"。这些辞藻华丽的名称，如"弘文馆"与"崇文馆"，表明他们与儒学经世传统及君子理想的密切关系，其文学才能是居帝侧备顾问的一大主因。

14　　唐代学者已经认识到各种待制院的机构承继，每一类新的待制院都会在某种程度上令其前身黯然失色。[31]那些在唐代最繁荣的玄宗朝设立的待制院，是最为重要和成功的。但其基本特征则是类似的，一般情况下，待制院由十八到二十四位学士组成，分为三个等级：[32]首席大学士，尤其从开元后期到天宝以来，多由高级文官兼任；中级学士则由中级文官担任，本官多隶属一般机构或东宫；而校书郎等初级学士常由下层京官充任，多为科举及第，拥有较好的社会背景和知识储备。待制院拥有独立的藏书机构及生员，其中两馆（弘文馆与崇文馆）主要选拔皇族贵戚及高级京官子弟为学生。大多数待制院从建立一直延续到唐朝灭亡，至少名义上如此。

《唐六典》载有三种待制院：第一种是弘文殿，或弘文馆，建于621年（武德四年），初名修文馆，其后数次更改。[33]弘文馆置于门下省，由给事中监理。内设藏书室，有三十八名生徒于此为简试作准备。据《唐六典》记载，弘文馆学士多次参与国家制度及礼仪问题的讨论，其建制一直延续到唐朝灭亡。

第二种是崇文馆，建于639年（贞观十三年），职能类似弘文馆，但声望不及；同样有十五到二十名生徒以备简试。崇文馆是东宫府署的组成部分，一直延续到九世纪。[34]第三种是控鹤府，只短暂存在于武则天称帝期间。可能因为由武则天所置，是其堕落的象征，所以《唐六典》省略与此相关的记载。[35]《唐六典》还载有许多当时的顾问机构，其中最重要的是玄宗于725年（开元十三年）建立的集贤院。在所有学术机构中，唐玄宗最钟爱集贤院。集贤院置于中书省，以宰相一人为学士知院事，负责管理；以常侍（内官）一人为副知院事。其建立之初，共有学士十六人，后增至十八人，可能出于"十八子"与唐朝国姓"李"字形相近，皇帝在设置机构、确定人员时常常思考这类问题。唐玄宗希望集贤院能"光史册"，而集贤院毫无疑问也不辱使命，《唐六典》本身就是集贤院学士所编三十部典籍之一，此其明证。[36]

最后，唐代待诏机构中最著名的是翰林院，建于738年（开元二十六年），最初也属备顾问。[37]初建时，尚不如集贤院等正规，但很快就在安史乱后获得极大的政治能量，主要原因在于执掌诏书的起草。翰林院与集贤院等机构的学者工作不同，并不负责官方文件的汇编、法典的制定、注疏及文集的编定，而是负责帝国诏令的收集，是唐朝所设最后一个待诏机构。781年（建中二年），有人建议德宗重新建立新机构，由三十名学士组成，并设专属院邸。这一构想原本作为德宗中兴努力的一部分，但最后以失败告终。[38]

为皇帝起草诏令，需要与皇帝保持非常亲近的关系，因此这是能增强学者在官场影响力的重要职位。中书舍人即主要负责起草诏制敕旨，为正五品上阶，毫无疑问是中央行政机构中的高级官员，其政治功能比其他专门的学术职位经历了更为复杂的发展变化。中书舍人共有六员，任职于中书省，在官场中享有极高声誉。尽管草诏是一项高度机密的工作，中书舍人亦负有保密之责，但就传统上而言，他们也可以像翰林待诏一样，将所起草的诏敕汇编成集。这些诏令集通常由其同僚作序，颇多褒扬赞美之辞，终唐一代都备受重视。[39]

与《唐六典》完成同时，中书舍人的权势迅速增长，以全然不同于其他学术官员的方式声名鹊起。但自736年（开元二十四年）起，其政治地位开始受到限制。中书舍人三年任满迁礼部侍郎成为惯例，原由吏部侍郎知贡举改为礼部侍郎知贡举。[40]中书舍人通常也是科举及第者，因而此惯例又为他们在贡举中吸收更多观点一致的学者进入官场提供便利。以此种方式，中书舍人延续并增强了官僚体系中学术精英的整体力量。

对唐代学者而言，无论成为待制院的一员，还是在中书省任中书舍人，都能使他们成功接近权力中心，或者至少能与政治高层进行政治、社会接触。然而，其实许多第二类学术机构中的学者，即一般官僚机构中的学者，并不情愿被卷入政治中心。甚至唐代史料时常明确显示他们被隔绝于政治主流之外，事实上他们也将官场不升迁视为远离政治中心区的象征。常设官僚机构主要有四：国子监、太常寺、秘书省以及常常意外卷入政治中心的史馆。

在唐代常设学术机构中，与儒家传统联系最密切的是国子监，其更古老的名字是"太学"。[41]国子监是唐朝最主要的教育机构，中央职能部门的"五监"之一，也是唯一设在皇城以外的学术机构，其他大多数都位于皇城之内。国子监长官为祭酒，由德高望重的儒家学者担任，为从三品，是学术机构中品秩最高者。国子祭酒肩负行政与祭祀双重职责，但实际权力不大，如在科举考试及为国子监选拔生员方面并无实权。祭酒之下设司业，亦由德高望重的儒家学者担任；再之下为设于国子监的"六馆"（即"六学"）博士、助教。

"六学"中之前三学分别是国子学、太学与四门学，每馆均有官邸，包括大门、院落及大厅，学习内容为儒家经典。各馆生徒来自不同的政治阶层：国子学有生徒三百人，为文武官三品以上及国公子孙、从二品以上曾孙；太学有生徒五百人，为文武官五品以上及郡县公子孙、从三品曾孙；四门学有生徒一千三百人，为文武官七品以上及侯伯子男子孙，及庶人子为俊士生者。

后三学是律学、书学与算学，以各自所授内容为名。第七学是广文馆，置于《唐六典》撰成后的 750 年（天宝九载）。[42]太学与四门学各有博士六人、助教六人，国子学有博士五人、助教五人。国子学中博士为正五品上阶，助教为从六品上阶，而太学与四门学中博士与助教的品秩要低一些。662 年（龙朔二年）以后，国子监迁往东都洛阳，生徒人数也随之大幅减少。

国子监的主要职责是教导学生准备每年在京举行的科举。在《唐六典》记述的时段内，最重要的考试科目是进士科和明经科，但也有为少数人举行的相对不太重要的专科考试。"训导有方，生徒充业"是唐代考课学官的最高标准。[43]《唐六典》记载国子监正式的教授内容只有儒经注疏；而国子监未设的文学创作及策论写作，却是进士科的主要题型。由此可见，如果进士科在科举中声誉最高，那么反过来即可解释为何国子监的教育威望较低。据《唐六典》记载，国子监定期举行考试以督促监生学业。生徒的业余活动主要有书法、弹琴及射箭，其他娱乐活动则被禁止；生徒所有开销由国家供给。

据《唐六典》记载，国子监还有其他功用：院内设有孔子圣祠，考生即在此处祭祀孔子及唐王朝尊崇的传统注经家。神龛及孔子像成为孔庙陈设的典范，唐玄宗在位的某一时期，唐朝郡县乃至乡里各级地方都置有孔庙。《唐六典》没有提到的国子监的另一职责是刊正儒经的最终定本，当然，这也是唐初任命国子监官员为重要学术著作修定标准文本的结果。

第二个与儒家学术传统密切相关的常设机构是太常寺。[44]太常寺作为九寺之首，在都城内有着宽阔的官署，有专门的藏书机构和记录部门。主要职掌邦国礼乐、郊庙、社稷之事，并负责编修众多国家礼典。太常寺设有卿一名，为正三品，比国子祭酒高一级。卿之头衔有时会授予少数民族政权的使节，因为使节是传统国家仪典认可的角色。[45]卿之下设有少卿两名，极其清贵。这些高官主要依靠其下一整套僚佐系统辅助完成各项仪式，其中包括丞、太祝、谒者及赞引等。

太常寺肩负专门学术职责的是四位博士,[46]品秩与太学助教同为从七品上。太常博士担负为国家各项活动制定仪式的职能,唐代考课规定,礼官以礼制仪式"动合经典"为殿最。[47]

太常博士还负有按照谥法为已逝官员议定谥号之责。[48]据《唐六典》记载,唐代有一百五十六个谥字,能够获得官方议定的谥号是唐人死后的四种理想状态之一,另外三种分别是陪葬帝陵、配享太庙与获得赠官。唐代博士执行的这套谥法可能存在争论,这也导致适用范围很小但饶有趣味的官文体裁——"谥议"的出现。《唐六典》还载有学生为老师等无爵者评定私谥的制度,私谥应是半官方性质,在官方及非官方材料中都能看到这种情况。[49]

太常寺还有教育功能。《唐六典》记载,太常寺有斋郎三百七十人,其中京、都太庙各一百三十人,郊社署一百一十人。六品及以上官之子可为斋郎,十二岁左右入太常寺服务,并可以斋郎身分参加铨选。斋郎这种特殊地位及其可直接参加铨选的优势,引发国子监生在朝议中表示不满。八世纪初,当武则天决意提高官僚体系中的女性地位时,还曾置有斋娘。[50]太常寺之下的太医署,也有专门的教学内容和选拔考试,《唐六典》及其他典志古籍均有涉及,但作为专门学术机构,私家著述中几乎没有任何记载。[51]

常设官僚机构中的第三个学术机构是史馆。史馆位于门下省之侧,其先在门下省北,之后大明宫建成,置史馆于门下省南。相对国子监而言,史馆建制较小,但因是"近署",与权力中枢的联系较为密切,其政治与学术威望也较国子监及其他学术机构为高。原因在于从皇帝和高级官僚到一般学者群体,都对撰修国史充满兴趣,修史的主要目的是记述功业、鉴戒后世。唐代以前,国史或由某些学者独立完成,或由隶属于秘书省的著作局修撰。直至唐代,国史才改由史馆修撰,史馆的设立是唐代官方学术体制最重要的改革。[52]

《唐六典》还表明,史馆史官多由本官为其他官职者兼任,他们在新帝继位后负责撰修前朝实录,然后藏之秘阁。至少在八、九世纪时,朝廷通常仅设极少数的史馆修撰,大概在二至四人之间。[53]他们先大量收集朝廷及地方政府的资料,然后编撰成实录。朝廷尤其重视起居郎和起居舍人的人选,因为他们负责记录皇帝的言行起居。[54]尽管起居郎和起居舍人官阶较低，但却享有极高声誉，与中书舍人、御史、拾遗、补阙一样，都是"供奉官"，均由皇帝直接任命，在正式朝会上还享有专门席位。[55]他们出席并参与内朝议事，编撰起居注，以学者理想中的最高形象出现在君主面前；同时君主对他们在政治上的作用也极其敏感。[56]实际上到编修《唐六典》时，即已出现皇帝干预起居注修撰而宰相不能制止的情况。每遇及此，起居舍人多会据理力争，激烈抗议。

中央及地方政府的各级机构也有向史馆录送材料之责。据《唐六典》记载，"凡天地日月之祥，山川封域之分，昭穆继代之序，礼乐师旅之事，诛赏废兴之政"，皆由史官以起居注为本聚为实录。考功司的郎中、员外郎及太常博士，同时也要为史馆准备和审查三品以上已逝官员的传记资料。[57]其他官员如有值得入史之迹，也要一并递送史馆。现存唐代实录只有一部，即编撰于805年（永贞元年）的《顺宗实录》，记录顺宗朝六个月的史事；修撰者为唐代后期的大儒韩愈，对此已有大量相关研究成果。[58]其他实录由于被他书采录，或作为引文而得以保留部分片段；国史则是以实录为依据删削而成。国史是跨越数代皇帝、前后相续的本朝史，修国史是意义深远的政治活动，终唐一代，国史都在不定期的修订增补。国史是正史的基础，唐朝的正史有《旧唐书》和《新唐书》。

最后一个专门的学术机构是有着悠久历史及崇高威望的秘书省，其古称"三阁"更为著名，当然，秘书省还有许多其他名称。隋唐时期，秘书省又分为秘书内省和秘书外省。秘书外省在皇城内，有复杂的叠生楼阁，从阁上望去，长安城内美景尽收眼底。其长官为秘书监，从三品，比太常卿低一等。尽管秘书监并非"要据"之职，"然好学君子，亦求为之。"[59]秘书监之下，有秘书少监两员；秘书省典型的初级官员，有校书郎、正字，多以富有文才和政治纽带，并刚刚科举及第者充任。[60]这些低级职位看似责任轻微，但却是非常有政治前途的起家官，尽管其他官方藏书机构及顾问学士机构也有校书郎，但秘书省校书郎一直是唐代文人最为垂涎的。

秘书省的主要功能是"掌邦国经籍图书之事"，即增加图书收藏，整理并更新图书目录。在集贤书院建成之前，秘书阁是朝廷的固定书库，不仅为七、八世纪不定期的官修书录提供依据，也使皇帝主持大型文集的编修成为可能。

秘书省下辖著作局，著作局掌修撰碑志、祝文和祭文。八世纪之初，著作局直接负责修撰国史；而到《唐六典》编纂之时，由于史馆的建立，著作局的这一职能被侵夺，早期的荣光大为丧失。[61]著作局的最高官员是两名著作郎，从五品上，其下设有六名下级官吏。与秘书省相比，著作局的下级官吏资历更轻，晋升希望更为渺茫，常常是历经多次科举才及第的学者。[62]司天台（旧称太史局）是秘书省下辖的第二个机构，其官员需要具备专门技能，不会轻易调动到其他学术职位。[63]

22　　国子监、太常寺、史馆及秘书省是常设官僚机构中的主要学术机构。其他学术职位，如东宫的大量学术机构，所编纂的作品没能流传至今。但除修撰之外，还有一项重大学术活动——科举，诞生了大量不同体裁的文献。科举考试囊括上文提到的所有学科：经学、礼学、史学及写作，这是唐代学者一以贯之关注的；而到中华帝国晚期，科举却遭到无数尖锐的批评与非议。其实，虽然唐代儒学取向的学者并未直截了当地进行批判，但这种转变已经出现在他们的观点之中。

到开元后期，科举主要包括三种类型，每一种都有其意图和范围。第一种是常科，736年（开元二十四年）以前由吏部考功司主持，后改由礼部主持。[64]常科在京城特定的庭院举行，考试环境极不舒适，且颇具羞辱意味。常科每年举行一次，而非如帝制时代晚期一般三年一次，其中最受重视的是进士科。[65]进士科的考试形式在玄宗时期固定下来，由三个环节组成：首先是帖经，其二是杂文，最后是策问。进士科及其他常科的第一部分——帖经，将九经按重要程度分为三类：大经，包括《礼记》《左传》；中经，包括《毛诗》《仪礼》《周礼》；小经，包括《周易》《尚书》《公羊传》《穀梁传》。737年（开元二十五年）以前，进士科举子只选取小经中之一经；而从737年起，举子须选取大经中之一经；且必须按照朝廷统一编定颁行的经书内容作答。进士科的第二部分——杂文，通常要求举子按照规定的主题和韵律创作诗或赋。最后部分——策问，要求举子作时务策，一般包括五大问题，每个问题又包含多个子问题，举子还需对此作简要评论。

23　　进士科录取人数极少，通常只有千分之二或三，所以多数举子常年参加进士考试，有唐一代进士科的竞争都异常激烈。[66]到唐代后期，进士科已超越其他，成为最富名望的入仕途径，也成为学术精英群体有效延续的最重要制度手段。进士及第的人数十分有限，而这对划分精英阶层，增强精英阶层政治与社会的内聚力具有非常重要的作用。进士科的优越在《唐六典》编纂之时即已显现，使得唐代科举的所有传世材料都随之发生扭曲失衡。无论考试题目、举子文章，还是时务策文、举子对策，进士科流传下来的材料都远远多于他科。此外，有关进士的文学轶事也特别丰富。在进士科的三个组成部分中，只有第一部分——帖经没有太多材料。尽管进士科的传世材料非常之多，但仍然只是所有作品中的一小部分。

科举的其他科目主要还有明经，但明经科的传世材料远少于进士科，尽管参考人数和及第人数都要更多。[67]开元时期，明经科的主要内容是考察儒经记诵，可能同样以官定注本为准，如无定本，至少也要考虑在内。明经科同进士科一样，也将经书分为大经、中经与小经三类。考生可以选取二经，一大经，一小经；或二中经；或三经，一大经，一中经，一小经。自681年（开耀元年）起，明经科采取"帖经"的形式，要求举子背出帖住的经文。明经科同样设有策问，即墨义，举子须回答经义，有时直接默写，通常为口头作答。明经科仅有少量策问流传下来，[68]但举子的回答及答案范本皆无一幸存。安史乱后，为适应新的形势，明经科的考试形式多次改革，不过相关材料依然少得可怜。

常科还设有针对专门知识的考试科目：国子监教授的主要科目律学（明法）、书学（明字）和算学（明算），以及太常寺下太医署教授的医学（医术）。[69]作为一种专门学问，这些科目声望较低，非才华之士及有政治抱负之人所欲求。可以想见，有关此类常科的材料更是绝少，所幸，少数此类及第者的名单得以流传下来。另外，现存有关童子科的材料也极为罕见。

科举考试的第二种类型，是在名望上略低于进士科的制科。[70]理论上讲，制科是应皇帝对某种专门人才（德行、才能等）的需要而临时举办的考试，由皇帝亲自主持。但就实际情况而言，至少在唐朝的某些时期，制科也在相当规律地进行。如果说常科是选拔官僚的主要途径，那么制科，至少在某一阶段，与皇帝的爱好有着超越名义的联系。譬如开元时期，玄宗曾开制科招募有军事才能的人为官，而学术性官员对待这些人，即使不说是敌对的，也至少是漠视的。制科还在官方学校系统之外单独选拔文官，唐人认为制科的要求相比常科要低得多。729年（开元十七年），当《唐六典》还在编撰时，国子祭酒就曾反对制科内容较监生主要准备的明经、进士简单，而录取人数却更多。[71]

制科的程序是固定的：以皇帝名义下诏举行某科制举，要求举子到京城集中；第二年举行考试，包括一系列的策问，每一策问又包括一系列子问题。诏令显示，举制科的目的是希望"片善不遗"。尤其到唐后半期，策问对答中越来越多地出现批判朝廷政策的现象，这或许意味着制科相比他科能够更多展现改变国家现状的期待。当然，至少唐代的某段时期，制科文献的留存相对丰富，尽管制科威望较低，但许多著名的学者宰相都是通过制科而步入仕途。

科举考试的第三种类型，是出身资格考试，即吏部科目选，与进士、明经考试不同，出身可以直接获得官职。科目选每年举行，主要有两种类型：第一种是博学宏词科，考试内容是"试文三篇"：议论、诗、赋各一篇；第二种是拔萃科，考试内容是"判"，即按照律例判决一个假设的案件。关于这两科的策问与策对，有相当数量的材料保存下来，部分来自后来成为著名官员者的文集。[72]

最后，铨选与宏词科、拔萃科最大的区别在于，针对六品及以下官员的铨叙简试，由吏部考功司主持；[73]铨选考察"身""言""书""判"四个方面。大量的"判"是为参加科目选而作，据统计，现存判文数以千计，占现存唐代所有散文的二十分之一强。[74]判文是可窥见唐代学者思想演进的又一重要材料，但或许因为文风晦涩且大量用典，以致学界相关研究相当稀少。

唐代前半期，大量具有儒学倾向的文学作品主要产生于学术机构和学术活动中，尽管当时儒家文学占据统治地位，但并不能代表七世纪及八世纪初的全部学术作品。纵观唐朝，皇帝是整个帝国的学术权威，也是国家意识形态领域的中心，并通过扶持学术及文学活动加强意识形态的传播。学术机构以外的学者也被鼓励向朝廷上书，以获得官方的评判和认可。从部分流传下来的材料看，自唐初开始，向朝廷进献私修著作便被视作入仕或晋升的南山捷径。[75]官方学者，无论一般官员，还是学术官员，都要经常向朝廷建言献策，并积极参与政策的讨论与制定。许多政治文章经常触及学术问题并引经据典，这些政论性奏疏也成为唐代学者学术生活的一个方面。

三　学术著作分类

带有儒家倾向的学术著作主要来自待制院、科举系统等没有特定学科限制的机构，或一般官僚机构举办的个别学术活动。这些活动主要包括四个重要的非技术性领域：经学、国家礼制、国史修撰、藏书目录及大型文选的编订。[76]唐代学术界将大量不同类别的学术文献分为四部，据《唐六典》所载，秘书阁、集贤殿书院及东宫丽正殿书目将这些文献归入四部及其细分子目。[77]经、史、集成为现今书目分类标准中四部之三，佛教与道教之外的所有文献也都被纳入四部分类。太常寺负责国家礼仪，其相关文献组成史部之下的一个细目——"仪注"。[78]正史中的传记分类亦是如此，四部在其中都配有专门位置：儒士、史家和文士的生平事迹分为各自类传，而国家礼仪则单独编为志书。[79]官员也被划分为学官、礼官、史官及"文士"，但此分类无法囊括秘书省，因为秘书省官员比国史中"文士"类的职能更加广泛；同样，"文士"也是四类官员中唯一不用来指代专门学术机构的名词。尽管如此，对秘书省官员的选拔任命仍然主要考察写作技能，尤其是赋诗。[80]

唐代官方学者对官员类型的划分，既简明扼要，又符合学科分类，但这并不等于某些学者只能严格地专门从事某一类工作。纵观整个唐代，很多学者在四个学术领域中都很活跃。当然，他们可能在本书没有涉及的其他领域还有专著，譬如谱学[81]、律历[82]、刑法[83]等。还有许多学者，在大部分专门学术机构任职期间，以本官知贡举。他们受益于唐朝灵活的迁转制度，官员任期通常相对较短，尽管并不固定，但除修史以外，大多数学术职位的工作可与本官同时兼行。[84]譬如，一位本官在太常寺的学者，可能实际上正在编修国史；又如一位中枢机构的普通官员，也可能成为草诏的词臣。各类学术机构的学者甚至间或京畿之内的一般官员，常被临时委派进行大型官方文献的编修。

尽管唐朝制度的灵活性令人印象深刻，但学科间的基本标界仍旧正式保留在制度和目录上，并在长时间的演化中成为儒家学术的重要传统。因此，书目作为唐代官方学术的重要组成部分，可以提供借以考察儒学传统的有效方案，而且不会损害唐朝学者的自身态度。

本书认为，唐代学术分期符合唐代政治与社会的发展历程，可以划作三个明显的阶段：第一阶段是奠基时期，从高祖到太宗朝。此间皇帝与宰相主持领导大量学术活动，帝国的支持，官方学者与皇帝的紧密合作，极具效率地造就众多学术成果；另一方面，这一时期几乎没有官方学者个人生活的相关记载。第二阶段是从高宗即位（649年）到安史之乱爆发（755年），期间还有短暂的武周政权（690—705年）。在这近一个世纪中，皇帝依然主导学术机构，授命撰著，并干预争议。国家机构仍是学者活动的中心，但此时官方学者的非官方资料开始出现在我们的视野当中，他们的诗歌和散文描绘出一幅代表其思想和政治态度的独立画面。第三阶段是从安史之乱（755年）到唐朝灭亡。即使是最有权威的皇帝，也再无可能成为知识界与学术界的中心，创造性发展主要依靠私人和非官方行为。这一时期产生了大量非官方作品，尤其是八世纪最后二十年及九世纪前三十年。在这一阶段，政治与学术气候都发生了复杂变化，一些学者甚至萌发出与两个世纪前的前辈迥然有别的思想。

第二章 学校与祭孔

唐代初、中期的官方学者见证了许多具体制度和礼典仪注中儒学传统的繁荣与衰落,其中最重要的是东汉(25—220)[1]以来儒经定本的流存;其次是孔子祭祀及其主要仪式释奠礼的推广;第三是两京及州县官学的健康运行;最后是稍显次要但却不失传统的部分:包括传承孔子嫡系后裔的封号,皇帝东幸曲阜拜谒孔子墓,修缮兖州孔庙,而这座孔庙正位于古鲁国孔子曾聚徒讲学的"洙泗之间"。

其中的第一部分,即关于国家在保存经书及注疏传统中所起的作用,对唐代儒学发展意义重大,将留待第三章单独讨论。此章主要探讨儒经中有关官方教育制度框架及孔子祭祀特定条件的规定,这也是唐代儒学的重要议题。当然,官学制度不如政治舞台上的其他学术活动重要,比如国家礼仪活动与国史修撰。对绝大多数学术精英而言,教育及为官培训主要是个人和家庭的责任。尽管官方教育系统限定常科举子的员额,但其可为学术精英之子提供的是行政上的优势,而非教育上的优势。官学的建立和祭孔的推广基于引经据典及唐前制度实践,无疑标志着唐代公共教育事业的发展,尤其因为皇帝对学校和礼制的兴趣,使得相关材料得以较好地记载留存。在此期间,王朝对学校和祭孔的态度也发生着巨大转变,本书所关注的正是这一转变如何在儒学相关的各个领域同时发生。

高祖时期,有关孔子祭祀与教育系统的记载主要保存在官方材料中,如起草编纂的法规、颁行全国的法令及祭孔释奠礼。这一时期,雄心勃勃的皇帝与满腔抱负的学者群体相互投契,国家扩展官方教育没有遇到多少困难。然而,到七世纪末期,朝政局势意味着学校体系不可能再以这种方式继续繁荣下去,学者纷纷上疏要求改革。这一阶段的学校教育主要是官方与公共的,现存资料很少有个人及非官方学校的记载。在八世纪早期,学校有足够的老师与充足的生员,但此种教育形式的效果其实很难评估。

唐代后半期政治与财政的衰弱意味着帝国范围内的学校体系必须进行改革,很显然教育不会给皇帝、宰相及学术官员个人带来即时的政治效益;不管是在唐代,还是中国古代的其他任何时候,地方官学中的职位都缺乏荣耀与威望。有时,地方学官也试图改革或重建当地学校,但这些举措的效果却往往像他们的任期一样短暂。八、九世纪的中央官学与地方官学都要求改革,这种改革给官员和民众带来的转变往往言过其实,且表述含糊。只有东宫教育是一个特例,原因不言自明,东宫教育是活生生的政治问题,也是学者政治见解的集合点。

安史乱后,政治领域中官方体系的地位较低,促使八世纪末少数官方学者彻底重新定义教育的理想。从这一时期流传下来的各类儒学作品中可以看到唐代学者全新的教育理想,中下层学术官员已经默认,教育不能再仰赖国家机构,儒学的繁荣也不能再简单依靠国家祭孔来维持。他们开始视教学为个人所能从事的最有意义的志业,更加迫切地强调儒家价值观念的社会复兴,而不再是国家维系的学校体制及祭孔活动。从他们的评论中可以看出,此时的思想气氛已与唐代初期相去甚远。

一 高祖及太宗朝

唐朝创业的两位皇帝——高祖和太宗都强调尊重儒家文化,并且致力于儒家价值观的传播。他们在诏书中宣称已经结束隋末混战的局面,取得了政权,恢复了行政制度。[2]他们赞同传统观念所认为的西周以降世道日衰而出儒家经典,高祖在诏令中称"睠言篇籍,皆为煨烬,周孔之教,阙而不修";[3]太宗也强调"朕所好者,唯尧、舜、周、孔之道",而非佛教和道教;儒学对良好的国家治理非常重要,"以为如鸟有翼,如鱼有水,失之则死,不可暂无耳"。[4]同时,他还认为应该由文武并举转向文治,当下亟需开启"偃武修文"[5]、复兴儒教的时代。

贞观时期(627—649),太宗任命的学者宰相特别重视促进儒学教育,尤其在儒家道德教化层面。他们不合时宜地将自己的时代比附汉代,因为他们相信,汉代政治家通过引经据典来解决现实政治问题。[6]一代名相魏徵

(580—643，谥"文贞"）在《隋书·儒林传》序言（撰于629—636年）中写到："儒之为教大矣，其利物博矣！……开政化之本源，凿生民之耳目。"[7]太宗朝是儒学国家教育的扩展时期，新王朝政治和社会的稳定，朝廷对合格人才的需求，促使官方教育与人才选拔密切关联，这也是有唐一代二者关系最紧密的时期。

（一）祭孔的复兴

从唐代敕令的开头及官修政书的序言可以看出，唐廷极力推广儒学教育，其中涉及所制定的一系列措施。如同许多由权力高层倡导并影响唐代学术传统的政策一样，这些方案也并非一成不变。但起草敕令文书的学者之名并未保存下来，史料也没有关于这些措施具体实施情况的完善记载，更没有能够补充唐初学校生活情形的私家著述。

唐朝将儒家思想作为正统思想，官方史家认为其中最早的措施是举行孔子祭祀。619年（武德二年），高祖下诏在国子学立周公、孔子庙，并四时致祭。[8]因此，唐朝建立伊始，孔子就成为官方儒学、教育和即将入仕的象征。更进一步的措施则是祭奠孔子及其他先贤，623年（武德六年），高祖亲幸国子学并参与唐代第一次有记载的释奠礼，祭奠周公、孔子及其弟子颜回。《礼记》载有这一仪式，而上一次举行释奠大礼则要追溯到魏（220—264）晋（265—420）时期，这是唐朝官方规定仅有的两种涉及中央与州县的礼仪之一，另一种是社稷礼。[9]高祖在624年（武德七年）[10]及625年[11]两度亲临释奠；626年[12]、631年（贞观五年）[13]、638年[14]及640年（贞观十四年）[15]，太宗多次幸国子监，观释奠礼。在640年释奠礼中，太宗命唐初两朝最博学的多产官方学者——国子祭酒孔颖达讲《孝经》，礼毕又上《释奠颂》。[16]孔颖达（574—648，谥"宪"），自称孔子后裔，在长安时，名声足追东汉杨震（？—124），故被称为"关西孔子"。[17]孔颖达此时还兼太子右庶子，因此也象征性地代表皇太子的儒学兴趣。

唐初二帝统治时期，强有力的中央权力提升了释奠礼的地位。647年（贞观二十一年），太子作为三位主祭人之一参加释奠礼；[18]648年，新罗王子来朝，诣国学观释奠，彰显唐朝在东亚的威望；[19]624年（武德七年）释奠之后，朝廷还效仿魏晋以来的传统，举办儒释道三教讲论。尽管高祖崇尚道教为国教，但论战结束时，他还是钦定以经学训诂闻名的儒家学者陆德明（约560—630）（第三章，第72页）为最佳辩者。[20]638年（贞观十二年），太宗也曾举办一场三教论争，但地点却在弘文馆，而非国子监；此次论争以孔颖达为儒家学者的代表。[21]

贞观时期，太宗第一次重新排定孔庙主要供奉人物的位次，这次变动看似微不足道，但从长远来看却能反映儒家思想本身的内在变化。628年（贞观二年），在左仆射房玄龄（578—648，谥"文昭"）和国子博士朱子奢的奏请下，孔庙的另一祭祀对象从周公变为孔子门徒颜回，孔子名号也由"先师"升为"先圣"。[22]

贞观时期这一调整在太宗去世后的永徽时期（650—656）再次发生变化，孔子又被降为"先师"，但孔庙中的周公之位却再次遭到质疑。周公作为周朝摄政者及王室成员，同孔庙中的其他先贤并非同一类型，因此，到657年（显庆二年），"停祭周公，升孔子为先圣，以颜回配享"；周公则被封为"周文王"，单独祭祀。[23]以此种差异化祭祀的方式，唐王朝成功维护了周公所代表的帝室"治统"与孔子所代表的官员、学者"道统"，表明唐代学者已经充分意识到孔子之于"道统"的象征意义。[24]同时，唐朝建立之初即以颜回为儒家道德典范，安史乱后的八世纪末，又成为儒家传统精神理想的载体，此时，颜回作为儒家第二重要人物得以永久配享孔庙。[25]

高祖、太宗时期的官方学者在重新规划祭孔时，着意杜绝有关孔子的荒诞或不实形象。官方文献从来没有将孔子和颜回视作菩萨的记载，几乎可以肯定，终唐一代，这种看法一直被视为邪说。[26]官方史料也从未见到妇人"露形"祈子孔庙的记载，这一信仰在唐代后期的杂史中同样受到批判。[27]因此，不难理解，官方祭孔史料中绝对不会出现戏谑之事。不过，这在其他语境的文本中却广泛存在，比如九世纪中期的宫廷杂戏，[28]以及敦煌（今甘肃）保存的曲子词。[29]正如孟子所说，孔子为"生民以来，一人而已"[30]此语在此时被反复提及。一般而言，祭孔属于相当官方的行为，关于如何处理一位老师与其弟子擅行祭孔大礼，这在汉朝属于非常重大的案件，其后历代常以此作为判例。[31]648年（贞观二十二年）诏令清晰显现释奠的重要意义，其中规定，两京祭祀不能由低品级的官员主持，而应由国子祭酒代表皇帝主持，以国子司业及国子博士辅助；诸州释奠由刺史主持，以上佐及博士辅助；县学释奠则由县令主持，以县丞、主簿及县尉辅助。[32]

太宗在位时期，推行更多巩固儒学地位的措施。626年（武德九年），孔子后裔孔德伦被赠予褒圣侯的爵位，这是有唐以来孔子后裔被封侯的第一个实例。[33]太宗朝后期，朝廷采取两项措施以提高唐前经学大家的地位。640年（贞观十四年），太宗追封梁（502—556）、北周（557—581）及隋（581—618）的著名经学大家，并规定国子监生徒习其注疏。[34]通过颂扬南北朝截然不同的注经传统，唐初呈现兼容并包的多元化注解儒经的倾向。此一措施还意味着这些当世注经家代表儒学史的另一时代，而与汉、魏晋以来的前辈有所不同；反过来，这种多元性与时代性将被证明正是唐初经学的重要特征（第三章，第71页，第77—79页）。

不过，此类近代学者依然不能配享孔庙。然而，在太宗改革七年后的647年（贞观二十一年），孔庙从祀序列出现第一次极具意义的扩充。一道诏书使二十二位早期注经家均得以配享孔庙，从撰《左传》《国语》的左丘明，到注《左传》的杜预、注《谷梁传》的范宁，俱在其中。[35]

这次扩充的人物仅涉及注经家；而儒家传统的经传哲人如孟子、荀子（前315—前236）、杨雄（前53—公元18）等却不在其列。在这一时期，此类哲人的思想学说并不像新儒学时期那样受到高度推崇，确切的事实就是他们并非专门注经家，因此将其排除在配享之外。然而，到唐后期，这种观念开始发生根本性的变化，学者越来越多地对七世纪的官方经注提出质疑，并同诉诸注疏一样多地诉诸义理。而在此过程中，尽管是非官方的，但孟子及其他先哲却在七世纪官方曾经拒绝他们的孔庙，终于获得一席之地。

（二）官学的重建

高祖时期释奠周公、孔子的一系列诏令，也从另一方面促进唐代官方学术的重大发展。一般官僚体系下的官方教育得以重建，同样，重建的措施也是逐步展开。618年（武德元年），在长安重建三所学校——国子学、太学及四门学，并限定招生员额；其地后来627年（贞观元年）或628年改为国子监。[36]628年（贞观二年），重建书学；[37]632年（贞观六年），重建律学；[38]此五学同算学[39]一起构成八世纪中期制度史之"六馆"[40]。相对高祖而言，太宗朝政局更加稳定，社会更为富有，国子学与其他诸学的招生规模也明显扩大。

贞观这一举措使长安国子监诸学生员总数增加到三千二百六十人，是唐朝历史上学生最多的时期。[41]活跃在地方上极富影响力的经师为数众多，可能部分出于加强对他们的控制，太宗诏命在地方授经的学者入京，并授以学术官职。[42]此后，唐代文献中便很少再出现大分裂时期及隋代那种不与朝廷合作但极具影响力且有大批追随者的独立儒师。此时的儒学呈现出高度集中的特征，并在随后几个世纪一直持续。

唐承隋制，也在地方置官学，在州学和县学中，也设有供奉孔子及其他先儒的孔庙，但与京城相比规格较低。[43]如果将京师国子监视作树干，那么地方官学则是其枝叶。[44]628年（贞观二年），州县的医学也建立起来。[45]史官还将文翁作为兴办地方教育的典型，文翁为西汉郡守，在四川创立学校、弘扬儒学，其当年的学堂至唐初犹在。终唐一代，文翁都是地方兴学的楷模。[46]

其他一些传世材料也可证明唐初地方兴办学校与建立孔庙的事实：敦煌壁画显示，唐初地方设有郡博士一职；[47]吉安县（今海南）官员曾主持释奠礼并亲自为县学生徒授课讲经；[48]637年（贞观十一年），皇帝诏令兖州（今山东，孔子故里）修缮孔庙。[49]唐朝官学极为普及，据晚唐史料记载，中央诸馆及州县学生徒总数已多达六万人。[50]相应地，官学延聘的老师在刑法当中也得到特别保护。如果生徒殴打业师，将会面临比伤害一般人更加严厉的惩罚，而且惩罚还会随先生官品的升高而加重。[51]

国子监及其"枝叶"的主要目的是为科举作准备，在高祖与太宗时期，这些机构也得以重建。621年（武德四年），高祖下诏令地方每年贡举。[52]唐朝第一次常科考试即于次年举行，包括进士科与明经科。[53]同年，皇帝还首次下诏推行制举。[54]

随后，越发稳定的局面和朝廷对人才的渴望，使得大批才华卓著的学者源源不断地涌入京城。那些学者渴望入仕的热情，甚至远超大分裂时期及隋朝类似措施的效果，[55]史称"儒学之盛，古昔未之有也"。[56]涌入国子监的生徒估计超过八千人，京城国学兴盛，儒生雄心勃勃。太宗甚至还派国子博士为玄武门屯营飞骑讲授经文，能通一经的，即可参加贡举，表明太宗希望以文治取代此前之武治的强烈愿望。[57]

二 650 年至 755 年

650 年（永徽元年）高宗继位，其后一个世纪唐代文官系统的扩张最为迅猛，权力高层和学者们都认为儒学的繁荣得益于制度层面普遍改革的风气。即使武周时期（690—705）朝局不稳，史家对武则天也有偏见，但史书总体上呈现的仍是国家祭孔的高涨。不过，与此同时，史书记载也在昭示腐败、低效和广泛流行于宫廷的浮华绮靡文风对儒学发展的无形威胁。一些学者的改革奏疏呼吁优先考虑儒家学者的自我节制，以此抵制这些颓势。705 年（神龙元年）唐朝复辟以后及玄宗时期，儒家祭祀和教育体系进一步扩大，但效率低下、玩忽职守的现象同样规模空前。此时唐王朝向我们展示的是一个既繁荣又腐败的矛盾体，这种局面一直持续到 755 年（天宝十四载）安史之乱，其后的体制开始急剧恶化。

到玄宗末期，唐朝已经维持近一百三十年的海清河晏，同建国初期相比，此时的学术群体更为庞大；另一方面，学者也更少受到朝廷的控制。现存玄宗朝诗歌及部分散文第一次详细记载儒家学者独立于京城学术机构的生活状态，以及他们的教育理念。这一更加独立的知识和文学环境的出现，标志着自八世纪末儒学去朝廷化的长期趋势的开始。开元天宝时期涉足这一进程的学者，后来被证明对安史乱后数十年间的杰出文士产生直接或间接的影响。

（一）国庠与乡校

高宗即位初期，采取诸多措施调整并大幅扩展高祖、太宗以来的教育体系。650 年（永徽元年），高宗下令以儒家学者充实国子监所缺职位，馆内博士、助教按等级分赐物品。[58] 662 年（龙朔二年），由于洛阳地位的提高，东都亦置国子监。[59] 曾一度被废的律学、书学和算学，也在同年恢复。[60] 高宗至武则天时期，大多数学术机构被频繁改以仿古之名，[61] 这些变化仅为武则天彰显武周新政权的一个侧面，并不意味着她真正关注这些机构的发展。

除此之外，其他有关七世纪后半期学校的材料留存甚少：咸亨年间（670—674）京城旱灾，严重歉收，迫使帝国不得不驱散在京生徒。[62] 随即 709 年（景龙三年）、710 年（唐隆元年）[63] 及其他时期又相继发生类似事件。⁶⁴670年（咸亨元年），诏令诸州县孔子庙堂及学馆，有破坏并先来未造者，速事营造。⁶⁵这一时期，地方官学和孔庙祭祀至少名义上在全国范围内普遍建立。官学所设的孔庙远及长江县、新都县（今四川）⁶⁶及檀州（今河北）⁶⁷。寿州（今安徽）刺史高智周甚至亲自考察诸生，试其讲诵，访以经义及时政得失。⁶⁸

高宗统治时期，新宰相掌控政局，武则天也开始攫取大权。太宗时期政治环境相对宽松，学者宰相及下层文官能在朝廷施展政治抱负，自身安全亦能有所保障；但此时这一切都在逐步恶化。唐朝建立以来京城日渐完备的教育体系及其所获得的声望，从高宗朝开始第一次遇到阻力。史官将这一变化部分归因于绮靡文风的弥漫，以及对繁饰技巧的竞逐，《旧唐书》称之为"政教渐衰，薄于儒术，尤重文吏"，于是贞观淳朴之风逐渐消逝，"犹火销膏而莫之觉也"。⁶⁹

日益注重文采是七世纪后期影响学界最重要的趋势之一（第六章，第225—232页），其对官方教育的影响是复杂而间接的，影响方式主要有两种：首先，官学本身并不教授现在风行于宫廷和官场的写作技巧，因此，不可避免地，学生需要自行掌握美文写作的必要训练。其次，随着宫廷内部浮华风气的盛行和文学游宴的增多，文采出众越来越成为标识身分的重要手段。在这样的环境中，写作技能可为学者步入高层提供更快但并非常规的终南捷径，文学也进而取代儒家经学的优势地位。⁷⁰

公然反对这一状态的学者对随之而来的抛弃朴素与克制的风气表示愤慨，然而，事实上这一趋势并不像史家批判的那样直截了当地对学者官僚不利。七世纪下半叶，愈发高涨的文学风尚开始反映到科举之中。就长远来看，能够在既定题目下创作出绮丽文章的学者，相比那些严厉批判这一风气的学者，在官场晋升中更具优势。这一时期，藉由科举获得出身，科举在社会中的威望持续增长，尤其是进士科，比其他诸科更加强调辞藻技巧，而进士及第也越来越成为界定知识与学术精英的身分标志。⁷¹

尽管有了这些发展，但在正式的行政层面，国子监的持续运转照常能够得到保障，因为在中国历史上的大多数时期，成为监生都能给仕途带来实际优势。不管在国子监的学习指导效果如何，身为监生都会对常科考试有所裨益。而监生凭借居于长安的优势，还可与京官建立联系，从而增加科举及第的几率。

与入学率相反，从684年（光宅元年）[72]、692年（天授三年）[73]及699年（圣历二年）[74]大臣奏疏可以看出国子监运行的恶化。699年韦嗣立（719年卒，谥"孝"）上奏力陈国学废散二十余年，生徒不注重学习，为官也不再通过常科考试。692年，薛登（647—719）上奏明言生徒不再习经而以谄于文学为主。在695年（天册万岁二年）奏疏中，他还抱怨蛮夷之邦的生徒就学国子监，说他们"曳裾庠序，高步学门"。[75]

然而，国子监之建制依旧维系，在此期间，孔颖达的子孙也担任他曾职掌过的国子司业。由孔氏家族的案例，我们可以得知专门的学术家族如何与官府保持联系，也可以领会学术家族如何才能获得官方重视。[76]一段有关国子监日常生活的不寻常记载，显示出监生的政治野心。691年（天授二年），太学一生徒想要回家探望父母，于是直接上疏向武则天请示，武则天准其所请。但时相狄仁杰（630—700，谥"文惠"）进谏，认为君主不该关心此类琐事："人君惟生杀柄不以假人，至簿书期会，宜责有司"，而"学徒取告，丞、簿职耳。"[77]

705年（神龙元年）李唐复辟的同时，全面恢复国子诸馆之名。706年，朝廷进一步采取措施力图加强对国子诸馆的管理，然而，此时的秘书监和国子祭酒却同为术士。[78]中宗在位时期（705—710），第一位要求改革学术机构的学者是阳峤（710年卒，谥"敬"），阳峤时为国子司业，奏请修缮孔庙及讲堂；后累迁国子祭酒，荐举名儒为学官。因国子生徒颓惰，阳峤严加管束，却引来生徒怨恨，"乃相率乘夜于街中殴之"，最后闹事诸生全被杖杀。[79]

官方史家认为，至少玄宗统治的前二十年，比中宗、睿宗二朝要好。开元时期，朝廷采取一系列措施以维持和促进官学的发展。玄宗还是太子时，就希望对学校进行改革，以提高教学水平。[80]714年（开元二年）[81]、717年（开元五年）[82]、733年（开元二十一年）[83]及738年（开元二十六年）[84]，玄宗多次发布诏令，力图改善并扩建州县官学。733年，玄宗允许地方兴建私学，还准许私学生徒进入州县官学。738年，玄宗诏令州县之下每乡一学，将官学系统扩展到最低一级行政区划之中。在京城，一些任职国子监、声誉斐然且多产的官方学者经常被委以临时的学术职务。[85]725年（开元十三年），玄宗建立起自己的顾问咨询机构：著名的集贤院，其中五名学士皆为国子监官员。[86]

即使玄宗时期出现如此繁荣的景象，但我们还是很难还原此时官学体系的完整画卷。《唐六典》对国子监的记载表明生徒有严苛的纪律要求，这又与其他记载中生徒的散漫慵懒形象不相匹配；诏令要求进行改革与记载所称教育水平很高也互相矛盾。同时，士大夫精英对皇帝拓展官员入仕途径之举也是态度暧昧。729年（开元十七年），国子祭酒杨玚（668—735，谥号"贞"）即抱怨有太多不同渠道的人员竞争官府职位。他指出，在学馆修习以备常科的生徒面临新的困境，即越来越不确定是否能够通过科举进入官场，所谓"三千学徒，虚费官廪；两监博士，滥糜天禄"；因此奏请皇帝降低进士科与明经科的录取标准，以期增加及第名额。[87]

其他一些证据也表明，此时的学校体系纲纪松弛，生徒散漫怠惰、互结朋党的情况再次出现。对待课程的主要态度就是为了通过常科考试，而结交权贵打通门路却被视为"成功"的必要条件。[88]据记载，开元时期担任国子司业的著名权相李林甫，即曾力图改变这一现状。736年（开元二十四年），李林甫成为宰相，其仅为威吓的愤怒训斥便给生徒带来恐慌。[89]742年（天宝元年），可能在李林甫的鼓动下，玄宗下诏严加禁止生徒在释奠后讲经中的散漫行为。[90]

750年（天宝九载），玄宗于国子监置广文馆，专为少数习进士业的生徒开设，并置授业"学士"两名。极具讽刺意味的是，广文馆之置本为顺应前期即已出现的文学繁荣趋势，但其发展却未如所期，郑虔（762年卒）即认为受命广文馆博士是其仕途中的一大败笔。据野史轶事记载，附置于国子监内的广文馆府邸到安史之乱时仍未建成，堆放于此的木材还被监守自盗。广文馆威望如此之低，表明教育事务正逐渐远离政治生活的主流，有雄心壮志的官员都不愿任职国子监。[91]

安史之乱前夕，地方学校在表面上达到发展的顶峰。但据《唐六典》记载，此时国子监的正式员额与太宗朝相比缩减千余人，只有二千二百一十人。[92]常科及第的激烈竞争，与进士、明经二科较低的及第率，同样困扰着国庠与乡校的生徒。仍有一些非官方材料表明，玄宗朝末期国子监高级官员也丧失其原有的地位，[93]生徒入学也只能提供实用之便，他们唯有寄希望于官学之外，独自继续为科考和入仕作准备。

（二）国家祭孔的扩张

截至 755 年（天宝十四载）安史之乱前夕，通过近百年来陆续发布的诏令，唐朝孔子祭祀发展到中国历史上前所未有的规模，玄宗也为此作出比前代帝王更为重大的贡献。祭孔的空前发展不仅反映唐朝史无前例的繁荣景象，同时也受到宗教竞争对手尤其是佛教更为丰富的绘画艺术和寺庙建筑艺术的间接影响。

皇帝往往在祭祀仪式后追赠已逝官员更高的荣誉官衔，即赠官，此为唐朝奖励已故官员的重要方式，赠官官衔一般由官员群体在追赠者卒殁后立刻议定。666 年（乾封元年）高宗封禅泰山后，还京途中幸曲阜，谒孔庙，祭祀并追赠孔子为"太师"，据传此曾为周公官衔。高宗东游仿效的是公元前 195 年汉高祖故事，意在以大汉自况，夸耀大唐的文治武功。[94]

668 年（总章元年），皇太子亲行释奠礼，赠颜回为太子少师，曾参为太子少保，曾参因其孝顺而为《孝经》所颂扬。[95] 681 年（开耀元年），皇太子（即未来的中宗）亲行释奠之礼；[96] 690 年（天授元年），追封孔子为"隆道公"，周公为"褒德王"。[97]武周时期很少出现与孔子祭祀相关的记载，但在女性地位显著提高的环境下，武则天极为喜爱的女官"巾帼宰相"上官昭容（710 年卒，谥"惠文"）可能也参加过释奠礼。[98]

705 年（神龙元年），李唐皇室恢复社稷，兖州孔庙也得以重新受到关注，并以邹鲁故国之邑百户为孔子采邑，收其租税以供荐享，又授孔子后裔褒圣侯孔崇基朝散大夫，并许后代传袭。[99] 712 年（太极元年），睿宗下诏地方政府修饰孔庙，收取附近三十户之赋税，以供洒扫。[100]不过在此阶段，中宗和睿宗的主要兴趣其实在于营建佛寺和道观。以狄仁杰为首的众多学者纷纷上疏，以为政之本当先尽人事为由加以谏阻，但这并无益于儒家祭祀。[101]

正如大力推动官学发展一样，玄宗尚未登基时，即已非常重视孔子祭典。711 年（景云二年）[102]、712 年（太极元年）[103]，作为皇太子的玄宗亲行释奠大礼。可能是玄宗鼓励臣下讨论释奠仪注，所以在 711 年释奠礼中，八世纪初期著名历史批评家刘知幾（661—721，谥"文"）上奏，批评释奠从臣着褒衣高冠乘马的做法。[104] 712 年释奠礼后，玄宗也追赠颜回、曾参官爵，与 668 年（总章元年）皇太子的做法一致。[105]

玄宗即位后，进一步推动祭孔的发展。717年（开元五年）及719年，诏令诸州明经举子到京后赴国子监孔庙拜谒孔子。[106] 738年（开元二十六年），这一仪式成为所有参加常科考试的举子必须参与的常规仪式。[107] 玄宗还对释奠礼进行改革：719年（开元七年），恢复"齿胄礼"，皇太子以国子监正式生员的身份以少牢行初献，唐代后期学者力图确保的皇太子必须遵守儒家礼仪规范即是强调齿胄礼的重要性。[108]

723年（开元十一年），诸州府释奠礼并停牲牢，用酒脯代替；[109] 731年（开元十九年），县级释奠也停用牲牢。[110] 这一措施并非一成不变，唐代后期主要是为降低昂贵的祭祀费用，但却很难确定此时此举的真正目的。[111] 734年（开元二十二年），诏令蕃客入国子监观释奠礼；[112] 737年（开元二十五年），确定释奠之礼的奏乐；[113] 740年（开元二十八年），规定高级官员及"三公"须出席京城的释奠礼；[114] 同时，国子祭酒还奏请释奠之日群官道俗都要赴国子监观礼。[115]

玄宗时期，孔庙中的从祀人数也相应增加。720年（开元八年），玄宗敕令将《论语》提及的十位弟子改为坐像，从祀孔庙。曾参虽然不在这十人之列，但因其大孝，德冠同列，也特地为其塑坐像，列于十哲之次。同时仿照四川文翁庙的"文翁之壁"，将孔子七十弟子及647年（贞观二十一年）确立的"二十二贤"画于孔庙庙壁之上。此外，玄宗还亲自为颜回制赞。[116]

739年（开元二十七年），"先圣"孔子的封爵又被提升一级，追封为"文宣王"。孔庙中的孔子塑像也由西向坐改为南向坐，而周公与孔子同庙祭祀时，周公为南向坐。[117] 在一道诏书中，颜回被追封为"兖公"，其他九哲则被追封为侯。然而，曾参此时却不再享有十九年前的偏爱，只与孔庙中的其他人物同封为伯。[118] 孔子直系子孙在717年（开元五年）被封为侯，[119] 现被改封为公，曲阜孔子墓也予以修缮。[120]

如今孔庙内部的排列方式类似于八世纪敦煌的佛教石窟，绘制壁画也类似于佛教和道教的习俗。这一时期，玄宗自身持三教合流的宗教态度，这种融合态度也通过三教更为激烈的论争表现出来。毫无疑问，佛教和道教似乎并未直接涉入孔庙的布置，[121] 但这一体系仍然表现出朝廷在全国范围内传播儒学与儒家价值观的兴趣。孔庙和学校遍布全国各地，陕州（今陕西）[122]、汴州（今河南）[123] 均有孔庙。安史之乱前夕，卓越书法家、学者颜真卿（709—784，谥"文忠"）的一篇文章即被刻写在长安咸宁的孔庙之中。[124]

725年（开元十三年）末，玄宗率朝廷大员东游泰山，行封禅大礼。在礼后回程途中，也同六十年前的高宗一样，游访曲阜，祭奠孔子。这是唐王朝第二次，也是最后一次的君主东封之旅。[125]玄宗东游泰山及之后的封禅与追封，得到学者宰相张说（667—730，谥"文贞"）、朝廷官员与预期官员（举子）的大力支持，此次封禅后来被视为唐朝盛世巅峰时期的标志和伟大和平时代的象征。

在玄宗统治的最后——天宝时期，朝廷所建立的或是经官方认可的庙宇数量仍在增加，其中有些是玄宗崇尚道教的结果，与儒家传统并无直接关联。但在742年（天宝元年），玄宗祭祀公元前213年秦朝焚书坑儒的儒生，还在坑儒之地修建祠庙，并为之立碑。[126]玄宗还树立一系列道德楷模，并为他们建立国家认可的祭祀庙宇。其中包含一些与儒家相关的人物，甚至还有几位女性，比如孟母。[127]

玄宗此时扩大国家祭祀还有特别用意，即令"武"的一面与祭孔之"文"的一面相平衡。官方学者向来倾向于反对帝王穷兵黩武，并压制武人阶层的利益，因此他们对玄宗的平衡举措感到不满。同"文"主要祭祀孔子相对，"武"的祭祀对象是吕望，或者说是齐太公。据传齐太公近八十岁才遇到周文王，并被尊为太师；[128]撰有兵书《六韬》及其他著作。[129]太公之名对君主而言代表明智的建议，如制科题目所示。[130]在唐朝，至少有三个一等士族：清河崔氏、博陵崔氏、范阳卢氏，以及多达四十八姓的次等士族，声称他们是齐太公后裔。[131]太公祭祀可能同孔子祭祀一样，也在逐渐扩大。[132]

太公一直是唐代官方祭祀的重要对象。太宗时，太公作为军事统帅享庙于磻溪（今陕西）。[133]高宗时，祭周文王于酆（今陕西），以太公配。[134]699年（圣历二年），封太公为"太师"，与666年（乾封元年）封孔子为"太师"相同；同时，封西汉名将张良为"少师"，地位等同于孔庙中之颜回。[135]706年（神龙二年），两京分置太公庙署；但在开元初期，太公庙似乎并未得到维持。[136]

731年（开元十九年），两京及地方太公庙建成，其配置同各级孔庙一样，祭祀仪式也与释奠礼相同。与此同时，张良以外的其他九位名将也被选拔出来，同孔庙配享的"十哲"相对应。[137]731年（开元十九年），帝国还举行武举考试，武举创立于703年（长安三年），从此年开始，玄宗诏令武贡人与明经、进士同行乡饮酒礼。[138]从747年（天宝六载）起，武举人上省必须先谒太公庙，王师出征及奏捷凯旋也要在此集结告庙。[139]

太公祭祀与孔子祭祀并非完全相当，安史乱后，许多能言善辩的学者开始反对太公祭祀的延续。即使是在唐朝最鼎盛的玄宗时期，太公祭祀的规模也相当有限。在唐朝的政府机构中，从来没有专门负责军事祭祀的武监，太公祭祀也是由太常寺负责；且并没有像国子监的"枝叶"那样遍布全国的学校系统，或是像741年（开元二十九年）建立的道教学校。一些野史轶事材料表明，天宝时期，京城太公庙曾任命负责祭祀的官员；[140]但当太学生上书请于太公庙置武监、教习胄子时，却受到"书寝不报"的待遇。[141]

（三）私授的发展

七、八世纪流传下来的大量传记资料表明，这一时期饱学之士的至高理想仍是进入文官体系，他们想要成为学士或者宰相，从而跻身帝国统治中枢。官方教育系统虽在不断扩大，但受制于严苛的规章和日益复杂的祭孔仪式，不能给生徒提供实现目标所需的训练，而这些训练对于参加竞争激烈的科举至关重要。官学运行步履维艰，很少鼓励生徒专心向学；国子监生的数量远远超过明经、进士的录取人数；何况官学也不能教授号称精英门槛的进士科所必须的写作技能。官方及野史显示，以上缺陷导致监生滋事、结党与旷课等种种乱象。

在长时间的和平时期，这些问题显得更加严峻。图书流通量增加，大型私家藏书涌现；[142]识字率上涨，士人数量不断攀升；[143]但是，进士录取名额却固定不变，一直保持每年千分之二十五的极低录取比例；国家能够容纳的官员数量相较于大量通过各种途径进入官场或取得出身的人数而言仍是过少。[144]

上述原因使得这一时期的大量史料保存在私人文集而非官方汇编中。当然，造成这一现象还有另外两个相当重要的原因：第一，大量士子继续通过非官方教育获得文学技能训练，可能主要来自其家庭或父辈的友人所提供的私塾教育；第二，其仕进越来越依赖知贡举的座主及良师的引荐，有时良师和座主为同一人，这就形成一种门生关系，生徒往往受益于这种门生关系。

长安的社会和学术环境，可能也会促使学者崇拜那些名位显赫的学术官员。通过相互拜访私第的方式，学者们广泛探讨历史、宗教和时务话题，高级官员邀年轻学者为"谈客"，"谈客"为其政治群体出谋划策，反过来年轻士子也会请求高官为其提供仕进机会。[145]开元后期政府中存在不同的政治派系，反学术的当权者李林甫在朝中清除异己，使学术精英更加增强学术群体意识与独立意识。[146]学术精英群体的门生关系还明显受到其社会和宗教背景的影响，尤其是佛教和道教的宗派。有些来自地方的士子是在佛寺或道观接受的儒学教育，[147]许多带有儒学倾向的学术官职，也往往授予杰出的佛道大师，或是那些最终皈依佛道的官员。还有一些学术官员私下里可能就是佛道信徒，更有一些杰出官方学者是众所周知的"三玄"名家，精通《周易》《庄子》和《老子》。[148]正如九世纪儒家学者所认可的，佛教，甚至超过道教，对门生关系形成的影响远大于七世纪和八世纪早期国子监的儒家教学。[149]因此，似乎与佛道相关的门生关系在学术官僚中拥有更普遍的社会环境。

在开元天宝末期之前，个体学者扮演着政治恩主与文学良师的角色。[150]但这一时期的非官方散文写作，相比之前更加自由，也更具个性，此种情形在记载中更为清晰。生徒的失意，尤其是在李林甫掌权时遭受的仕进挫折，不可避免地转化为道德优越感，形成所谓"反儒学"的倾向。[151]过度华丽的辞藻、散文、诗歌及绘画，也表明他们的态度。华丽文学作品的作者大多是参加科举的举人、科举及第者及其座主，皆为知识精英。

开元末至天宝时期一位极具影响力与个人魅力的学者房琯（697—763），是这一倾向所涉态度的典型例证。他被著名学者宰相、大学士张说所提携；但又自认与一位道教领袖亦师亦友；同时还向一位佛教高僧表示敬意。自然地，年轻的追随者也给予他同样的崇拜，成为其门生，正如一位史家所言，房琯后来成为"当世名儒"。747年（天宝六载），房琯被李林甫驱逐出京，贬为宜春（今四川）太守。755年（天宝十四载）被召回，拜太子左庶子。其后不久，安史之乱爆发，房琯拜相，但在接下来的战争中遭到耻辱性的失败。即便如此，其后许多学者都认为他是一位真正的良师，只是壮志未酬而已。甚至到九世纪，其恩主形象仍然备受称道。[152]

一个尊荣略逊的例子是元德秀（696—754），北魏皇室后裔，733 年（开元二十一年）进士及第。房琯和随后的国子司业苏源明（762 年卒）是其恩主，苏源明又是杜甫（712—770）与元结（719—772）的座主，但天宝后期这两位诗人已经淡出政坛。元德秀从未身居要职，退隐后居于洛阳附近的温泉胜地陆浑，此地倍受学术官员钟爱，房琯也曾在此修习。[153]元德秀还有许多著名的门生，在他去世时，追随者李华（735 年进士）作墓志铭，颜真卿为其书丹。元结也是其门生，此外还有马宇。马宇是一位多产的官方学者、史家，官至秘书少监，卒于 816 年（元和十一年）。[154]

萧颖士（706—758），萧梁皇室后裔，735 年（开元二十三年）进士及第，是另一典型代表。尽管其曾为国子监生，但实际上是从长安或洛阳逃课，追随其元姓舅舅学习以备进士科试。[155]其后，又拜元德秀为兄。[156]此外，他还是官方学者群体的谈客，其中包括著名史官韦述（757 年卒）。尽管他立志成为官方学者，无奈仕途坎坷。李林甫为相时，得入史馆；天宝后期，离开长安，在濮阳（今山东）教书授徒，继续备进士科。其追随者中有人也是逃离国子监，东游至此求其教导。当他描述自己在弟子成功中的角色时，径引孔子与颜回为模范，这种直观表达在唐代前期的教育记载中从未有过。[157]元德秀与萧颖士的师者身分都为学生所认可，这从他们的私谥都含有代表文人最高评价的"文"字即可看出。[158]

学界普遍认为，传授路径可以从房琯、元德秀、萧颖士等人，追踪到两代以后八世纪末倾心儒家传统的杰出文士。[159]这些八世纪末的学者大力赞美他们，在他们死后，学生乃至学生的朋友，仍然强调和他们的关系。这些感言传达出八世纪学术群体的社会凝聚力，但流传下来的主要是投身文学及学术活动，以及文士对抗当时社会和政治趋势的强烈阶层认同感。有时也包含对政治失败的反思以及带有宗教倾向的哲学讨论，但这主要是为训练以政治关系为中心的官员群体中的公职观念，而非为了归隐或宗教目标。一位业师或座主的成功，某种程度上取决于其弟子的科举及第和仕途亨通。但如此形成的精英圈规模很小，根本无法与大分裂时代后期大儒聚徒数百公开讲学的私学规模相提并论。

三　安史乱后

从 757 年（至德二载）王师收复长安到唐朝灭亡，曾经塑造王朝繁盛时代的创新和精致，已经一去不复返。对官方史家来说，体现儒学传统的机构规模比安史乱前要小得多，但那些儒家学者仍保有政治野心及发展公共教育的志向，这正是儒家传统文化的核心。八世纪后半期直至九世纪，他们提出若干改革设想，这些相对明确的迹象再次表明教育机构依旧居于政治生活的主流之外，他们的改革设想值得称赞，但很大程度上是不现实的。政治斗争和派系倾轧遍布科举体系、国史编纂、礼制修订等各个层面，虽然出现许多关于学校制度改革的建议，但却不能提供当时学校体系运行完整而又可信的画面。

然而，安史乱后流传下来的大量非官方文献更清楚地揭示学者私下是如何看待学校和祭孔的，同时还可展现九世纪初儒家传统中私学传承观念已经成为少数知识精英的中心思想。这一少数知识精英的领袖即为伟大的复古主义者韩愈（768—824，谥"文"），他提出许多如何在官学体系之外传授儒家文化的思想，并强调传授学问不仅是国家机构的义务，此外特别坚持儒家不能同佛教及道教共存，由此赋予唐代儒学传统以新的认同感。

（一）官学的衰退

安史之乱爆发后，长安国子监生徒大量逃亡，其屋舍也被安禄山用于驻军，遭到毁坏。当唐军收复长安，京城官僚系统得以恢复之时，唐廷已无余钱用于学术机构，安史乱前为国子监生徒提供的食宿也难以为继。[160]肃宗时期，似乎只有一次改革企图，由重要制度史家、房琯的副手刘秩（758年卒）主持。[161]此时的国子监在政治上几乎毫无地位，调任国子监官职常常意味着远离政治舞台的中心，一位嫉贤妒能的宰相甚至将其对手排挤到国子祭酒的位子上。[162]

直到763年（广德元年）代宗继位，唐王朝才具备足够稳定的局面以展开全面重建。从763年到766年（大历元年），少数官方学者试图改革中央与地方的学校和科举，其中三位学者提出具体的改革建议，他们本身为科举及第，后来又均曾知贡举。这些建议都得以流传，改革措施甚至包括礼节层面，例如要求贡生祭祀孔庙时心怀敬意。三人中的贾至（718—772，谥"文"）上奏指出，儒家学者认为中古以来的教育以科举为目标，远非他们心中的为先王之道而兴教化。[163]为了回应这一上奏，代宗在765年（永泰元年）至766年（大历元年）间相继下诏，令国子监重新选拔生徒，拣择官员，修缮建筑，[164]并在766年（永泰二年）举行规模宏大的庆典。[165]但几十年后的记载表明，从此时开始，直到九世纪官方教育体系进一步恶化之前，两京国子监在册生徒大概只有安史乱前的四分之一。[166]

代宗朝后期，唐王朝也断断续续进行了几次中央与地方学校制度的改革，大体遵循安史乱后第一次改革的模式，只在细节上提出诸多建议，但基本没有任何效果。大概在770年（大历五年）皇太子齿胄礼上，官方学者归崇敬（712—799，谥"宣"）奏请从各个方面对国子监进行改革。他提出，为提高经学的教学水平，应该专门设立"五经"博士，且这些博士应当兼通《论语》与《孝经》。但因"习俗既久"，这一提议并未被采纳。[167]代宗时期，国子祭酒又一次成为权相排挤高官的位置，学术官员杨绾（卒于777年，谥"文简"）即是一例。[168]与此同时，虽然国子监一直被认为应由名儒主持，但这几年间却被皇帝宠信的宦官、佛教徒鱼朝恩（卒于770年）所把持。[169]

德宗779年（大历十四年）即位之初，"尤恶巫祝怪诞之士"，决意寻求一流宰辅。[170]同年年底，德宗得到宰相崔祐甫（721—780，谥"文贞"）的协助，崔祐甫与官僚士大夫群体关系密切，[171]德宗执政的一段时间中，学术官僚掌有实权，"天下以为可复贞观、开元之太平也"。其后，要求改革的呼声接踵而至，782年（建中三年），归崇敬再次被任命为国子司业，并上疏建议恢复释奠礼之后的朝堂经义讲论。[172]忠诚老臣、礼学家颜真卿也奏请改诸州博士为文学，且权力较之前的博士更大。[173]

783年（建中四年），在德宗加强中央集权、削平拥兵跋扈之河北藩镇的计划以失败告终后，京城也为叛军占领，朝廷被迫迁往奉天（今陕西）。这一系列事件并未使国子监受到损坏，至少国子监生徒没有卷入动乱。[174]但这次动乱却为唐帝国接下来的统治秩序奠定了不佳的基调，朝廷收复京师后，宣布唐朝的第三次中兴，但779年（大历十四年）至780年（建中元年）的乐观火花却日渐黯淡。唐王朝的皇帝变得让人无法接近，除了那些宠臣，其中有的宠臣引起士大夫群体的强烈不满。[175]官员迁转减少，也不再进行大赦。然而，即使在这样的情况下，要求改革中央和地方官学的呼声依然没有终止。787年（贞元三年），有人上疏奏请京畿诸县乡村废寺，并改为乡学；[176]德宗朝的制科题目变得更加尖锐与复杂；同时，朝臣还上奏要求恢复王朝的学校制度。[177]

然而，教育制度的总体趋势仍在恶化。[178]太学生越来越不守规矩，还经常出言不逊；且必须忍受长达二十年的在学时间，[179]其社会地位十分低下。[180]所以，那些初入官场、以文学知名的年轻官员都不愿在国子监任职；[181]国子监府邸颓败，官员竟然无钱修缮。[182]

史料表明，在教育制度继续恶化的同时，也存在例外，不过要审慎看待这些记载，因为其中反映着作者的交际网络与派系关系。韩洄（732—794，谥"成"）是著名节度使韩滉（723—787，谥"忠肃"）的兄弟，于791年（贞元七年）升任国子祭酒，其行状称"自兵兴以来，多趣末流"。韩洄任国子祭酒期间，曾经拔擢两位学者，在国子监讲授《左传》和《小戴礼记》，其中一位后来成为皇帝宠臣。这一时期国子监的教授水平及生徒素质都出现很大提升，"讲诵之声，如在洙泗"。[183]此外，一些学者高度评价阳城就任国子司业期间的成就。阳城因为参奏德宗著名宠臣裴延龄（728—796，谥"缪"）而被贬为国子司业；798年（贞元十四年），又因替曾受业于他的遭贬谪的监生说话而被罢官，引起数百名生徒的挽留。[184]阳城因此事遭贬道州（今湖南）刺史，但却获得更多学者的支持，因此成为当时最为轰动的事件之一。[185]另一例是韩愈，其于802年（贞元十八年）任国子博士时，曾赞颂太学燕乐典礼及京师形势。[186]

805年（永贞元年）初，德宗驾崩使当时被压抑的改革思想得以释放，德宗限制改革的规定也被撤销。一些在京城学术机构任职的官员开始致力于改革从前的积弊，他们曾经私下听过国子助教讲授经学。[187]然而，在随后改革派掌权的六个月中，却没有留下任何有关官方教育体系改革的记载。

805年（永贞元年）末，宪宗即位，试图重新掌控对官方学术界的领导权，就像其伟大祖先太宗和玄宗一样。宪宗不仅在统治初期加强中央集权，而且在后期取得对东部叛逆藩镇的军事胜利，由此唐王朝的复兴出现更为实际的希望。然而，虽然不时有改革举措，但官学体系还是一直呈现衰退之态。[188]806年（元和元年），国子祭酒起草严格的规章制度约束生徒行为：习业不勤、游处非类、酗酒喧争、凌慢有司、不修法度等都会被清退，而且必须通过考试才能配给厨役。[189]同年，元稹（779—831）奏请恢复齿胄礼，以确保皇太子受到更有效的训练。[190]806年（元和元年），洛阳国子监也重新聘任学官，生徒员额达到一百人。[191]807年（元和二年），规定长安国子监可收学生五百五十人，洛阳国子监可收学生一百人；此外还规定国子监各学的招生员额。[192]自肃宗以来，国子监生数量减少到叛乱之前的四分之一，现在这一员额成为常式。而这一减少趋势自肃宗以来即一直如此，此年，还有人奏请恢复地方乡贡举人到京后赴国子监讲论经义、百僚观礼的仪式。[193]808年（元和三年），国子监的馆舍问题受到瞩目；[194]同年，有人上疏复提归崇敬三十年前的建议；还任命一位专门教授《毛诗》的博士。[195]

尽管宪宗时期采取一系列措施恢复学校制度，其成果也得到充分肯定；[196]但进一步的改革呼吁表明，持续的恢复根本不可能实现。据记载，约812年（元和七年），孔庙颓败，学馆荒废。[197]这是参加科举的生徒拜谒孔庙时亲眼所见，而此时诸州举子到京后赴国子监讲论经义的活动已经停止，只剩拜谒先师。[198]还有一位学者回顾贞观、开元及东汉时期太学三千生徒的繁荣景象，及学校在政治生活中扮演的重要角色。[199]宪宗在位后期，另一位改革派官员郑余庆（746—820，谥"贞"），也是著名改革家韩愈的同盟，曾两次上疏，"以太学荒坠日久，生徒不振，遂请率文官俸禄，修广两京国子监。"[200]但学校萧条的记载与其他史料产生矛盾，从大量官方与非官方史料可以看出，这一时期许多官员仍然任职于学术机构。[201]尽管此时的国子监馆舍破落，且官职不受欢迎，但至少在名义上仍然维持着完整的建制。

地方官学层面，自755年（天宝十四载）安史之乱以来，想要看到官方学校的全貌已然不太可能。叛乱之后，至少在受直接影响的地区，地方官学完全崩溃，[202]紧接着的恢复工作主要依靠地方官员的个人努力。在大历、贞元及元和时期，许多地方行政长官重建官学，或进行改革，如767年（大历二年）扶风县（今陕西）、袁州（今江西）的改革。[203]769年（大历四年），杜甫游历南方时，赞扬衡山（今湖南）县尹对当地孔庙及学堂的修复。[204]770年（大历五年），濠州（今安徽）州学得以重建；德宗朝后期，坊州（今陕西）州学及其他诸多州县官学也都得以重建。[205]773年（大历八年）夏末，颜真卿任湖州刺史时，利用州学讨论其编至最后阶段的大型音韵字典（《韵海镜原》）。[206]

宪宗在位时期，也有许多关于地方官员重建州县官学与孔庙的记载。柳宗元（773—819），因805年（永贞元年）革新失败而被贬至遥远的南方，曾撰文纪念道州（今湖南）及连州（今广东）州学与孔庙的重建。[207]韩愈也曾撰文称颂虔州（今江西）官员的改革热情。819年（元和十四年），韩愈因上疏灭佛而遭宪宗贬谪，在其贬谪地潮州（今广东）修建州学及孔庙。同时，他还记载处州（今浙江）重建学校及孔庙之事，其在文中作如是说："郡邑皆有孔子庙，或不能修事，虽设博士、弟子，或役于有司，名存实亡，失其所业。"[208]

几年以后，与柳宗元同属前改革派成员的刘禹锡（772—842）也撰文抱怨州县官学的衰落。[209]但是，有关地方学校改革的记载，要么出自如韩愈一样的儒教复兴运动者之手，要么来自希望再次回到长安的贬谪官员之文。而在中国历史的后期，官员一旦外放到边远地区，人们对其治理成就以及撰文自表的动机，就已明显抱持一种怀疑讥诮的态度。[210]

唐穆宗（820—824年在位）、敬宗（824—827年在位）统治时期，与官学体系相关的记载极为罕见。相关表述主要存在于有关改革建议的奏疏中，而这些奏疏对国子监官员的任官资格往往颇多轻蔑讥讽。[211]文宗（827—840年在位）是一位有学者风度但缺乏决断力[212]的帝王，他继承的是穆宗、敬宗以来学校制度日益恶化的烂摊子，[213]决心复兴儒学并进行文学改革。郑覃（842年卒），在文宗朝一直担任高级文官与学术职位，是文宗力图复兴京城国子监的得力助手。[214]833年（大和七年），文宗举行太子册封大典以及齿胄礼。朝廷最终决定在国子监设立专门的经学博士，"五经"相应任命博士且博士还要精通《论语》《孝经》和《尔雅》的制度在唐朝建立起来。尽管此时的唐朝财政很难负担这些职位，但至少在官衔上一直延续到唐末。[215]随着文宗改革的推进，国子监的运行得到改善：著名诗人李商隐便声称其于850—852年（大中四年至六年）任教于太学。[216]

文宗之后的几朝，几乎再无材料记载国子监履行教导生徒经学知识的职能，修缮学校馆舍只能依靠文官自愿扣除其俸禄。唐末文学官员皮日休（834—883）于877年（乾符四年）或878年任国子博士时曾经抱怨，尽管国子监建制完备、祭礼丰富，但却没有尽到应有的职责。[217]从他的评论可以看出，即使在其所处时代，国子监仍只停留在纸面上，所有官员也只是徒有其名。[218]生徒名义上进入国子监读书，可能也只为获取监生在科举中的优势并得到出身。

在唐王朝最后几十年的动乱中，京城学术机构受到极大冲击。880—883年（广明元年至中和三年），黄巢占领长安，国子监内的孔庙被夷为平地。

而自九世纪初期以来，孔氏家族的影响力不断增加，[219]此后不久，孔子后裔孔纬（895年卒）担任国子祭酒，正如其祖先孔颖达在唐初的职位。890年（大顺元年），孔纬上奏昭宗，请以内外文臣俸禄重修国子监孔庙。[220]此后直至唐朝灭亡，国子监官员的任命，即使是低级官员都存有记载，[221]但这些记载并不代表国子监或全国范围的学校体系出现实质性的好转。

（二）祭孔子与祭太公

正如安史之乱严重影响官学体系的发展一样，它也终结了唐朝孔子祭祀的扩大，在随后的三十年中，与之相对的军事祭祀脱颖而出。尽管这一时期的记载鲜有关于"文"祀的诏令，但从学者个人著作的评论可以看出对孔庙享祀人物的态度已经开始发生转变，此种转变同这一时期学术观念的变化是一致的。及至宋代，最终导致孔庙祭祀对象极具意义的重组。

以太公为核心的军事祭祀在安史乱后逐渐受到重视，这是皇帝与部分文官经过深思熟虑后作出的决定，希望藉此减少传统学者对武人阶层的轻视，并意识到取得军事上的胜利对恢复国家统治的迫切性。这些学者试图实现"文祀"与安史乱前即已采取措施扩大以太公祭祀为核心的"武祀"的平衡。而另一些学者则继续抵制军事对政治生活的影响，并试图从历史及礼制上寻找论据以反对武力崇拜。

757年（至德二载）唐朝收复长安后不久，即已出现批判武力崇拜的声音。758年（乾元元年），著名史官、礼学家于休烈（692—772，谥"元"）以年代不接、地位不合为由，反对以西汉名将张良配享太公。[222]但到760年（上元元年），肃宗再次提高太公祭祀的地位：追封太公为武成王，与孔子的文宣王对等，并命中书门下选取历代良将十人，依照文宣王置"十哲"配享，享祭之典，一同文宣王。[223]太公庙的释奠礼由太尉代表皇帝主持。尽管得到皇帝认可，但到代宗时，太公祭祀即已停废，太公庙也早已无人修缮。[224]

二十年后的781年（建中二年），德宗下令修缮太公庙。[225]782年（建中三年），颜真卿奏请为太公释奠礼配奏轩悬之乐，其他扩展太公祭祀的措施也紧随其后。德宗诏令史馆拟定配享太公的古今名将名单，太公庙壁画中有六十四位名将画像从祀，[226]其中包括一些已故不久的军将，最引人注目的是安史之乱十年中最杰出的将军郭子仪（697—781，谥"忠武"）。他被皇帝称赞为可与太公相提并论之人，并获得太公曾经专享的"尚父"称号，郭子仪卒于此前一年，即781年。本朝军事人物配享太公庙的情形在向来守旧的孔子祭祀中未曾出现，这可能也引起文官的不满，与此相应企图以唐代人物配享孔庙最终也未能成功。

毫无疑问，太公祭祀依旧受到强烈抨击。788年（贞元四年），唐廷爆发一场八十余名官员参与的论战，反对太公祭祀仪同孔子，以及为太公庙挑选虚假或不顾史实的配享人物。[227]论战的结果造成太公祭祀等级降低，但祭祀仍在继续，直到790年（贞元六年），仍有诏令为太公祭祀补充乐文。[228]但太公祭祀从来未曾享有孔子祭祀的崇高荣誉，也未曾在官方或非官方记载中有如孔子祭祀般深刻的影响。事实上，史料很少提及太公庙官员的任命，这表明可能在九世纪时太公祭祀即已终结。[229]但类似于"武祀"的理想依然存在，现存史料表明，905年（天祐二年）仍有人奏请重建武成王庙，恢复太公释奠礼。[230]

757年（至德二载）收复长安后，孔庙在逐步重建过程中并未获得多少优先关注。安史乱后第一次有记载的释奠礼行于760年（上元元年）；[231]同年，皇帝下诏罢中祀、下祀，意味着地方州县的释奠礼被禁止。[232]但至少京师释奠礼还在举行，[233]因为次年国子监生徒即例行释奠礼。据史料记载，766年（永泰二年）还曾两次行释奠礼，第一次是三教论战之后，在"此礼久废"[234]的情况下恢复释奠礼。其后767年（大历二年）又举行了两次。[235]这一时期，权宦、佛教徒鱼朝恩曾在百官集于国子监观释奠礼之时讲《易》，征鼎卦"悚"之义，以讥宰相元载。[236]

德宗及其之后各朝，地方州县多有举行释奠礼的记载，正如州县学的重建一样，地方释奠礼的恢复也仰赖地方官员的能动性。随着766年（永泰二年）每年两次释奠礼重以牲牢祭祀，[237]释奠的花费变得尤为高昂。823年（长庆三年），夔州（今四川）刺史刘禹锡上疏抱怨释奠祭品过于昂贵，并建议这些费用应该用来发展教育，释奠礼应该限制在京师国子监。[238]但此建议并未被采纳，因为836年（开成元年）刘禹锡任许州（今河南）刺史时，又记录了一场释奠礼。[239]

自代宗登基至唐朝灭亡，官方释奠礼的形式及享祀的人物没有发生任何变化。唐代后期著名礼学家归崇敬上疏提议：皇太子作为释奠礼的主礼人，应该面东揖，而非面北正对孔子像揖。如果真如《归崇敬传》所言其提议被皇帝采纳，那么也是不久之后即被搁置一旁。及至宋代，归崇敬的提议被认为"尊君以媚世"，即试图通过象征性地提高太子在释奠礼中的位次来获得皇室的好感。[240]

地方上，随着九世纪中央政治权力逐渐转移到地方，可以看出开元时期确立起来的孔庙配享人物及仪式规定并未继续执行。柳宗元有关道州（今湖南）学校与孔庙的记载表明，地方长官有意撤除"十哲"及七、八世纪确立的一大批配享先贤，单独祭祀孔子与颜回。[241]常衮（729—783）也是一位地方官学改革者，德宗朝任福建观察使，曾在春、秋释奠中用死后的牲牢献祭。[242]更有趣的是，在处州时，韩愈指出地方长官以孟子、荀子及扬雄画像配享。这些人物属于儒家传统经传哲学家，而非注经家，他们在京城孔庙从未受过如此高的礼遇。然而，韩愈认为他们对于儒家思想的传播具有关键作用，并借此间接称赞地方长官的传统观念与他自己极具争议的复古思想完全一致。

安史乱后，有关孔门十哲相对位次的争论还在继续，学者仍在讨论以孝著称的曾参的位次，其地位在开元时期就存在争议。此问题还经常出现在当时的策论之中，827年（大和元年）三教论战也有提及。[243]另外，唐末对孔子核心弟子仲由是否应该配享孔庙也存在分歧。[244]安史乱前，这类廷议常常导致官方对孔庙配享位次进行调整。但是此时，朝廷似乎不再有重新评估配享历史人物的意愿，这些争论更像是事先排练好的测验，对官方孔庙没有造成任何影响。

与郭子仪配享武成王庙类似，唯一以唐儒配享孔庙的尝试发生在863年（咸通四年），并与儒学复兴主义者韩愈有关。皮日休笃信韩愈为儒学正统的发扬者，而在韩愈以前，前辈学者倡导的多为儒学异端；"设使公生孔子之世，公未必不在四科焉"。皮日休还借用孟子形容孔子的话来形容韩愈，"吾唐以来，一人而已"。[245]当然，皮日休上奏并未被采纳，直到1084年（宋元丰七年），韩愈才得以配享孔庙，其理由同孟子、荀子及扬雄一样，即对儒家传统的演绎与对儒家文化的传播起到至关重要的作用。但这一时期，学术界已经开始接受韩愈的儒学思想，以及其"授业"的核心——"传道"。[246]

（三）私学观念的发展

安史乱后一系列改革尝试的失败使唐代精英学者对官学体系与孔庙复兴不再抱有幻想,[247]京师学馆在政治及行政上对生徒仍具有重要影响,因为成为国子监生对步入仕途仍有优势。在精英学者中,私人或非官方的学术或文学的传承关系变得越来越重要,座主与门生或良师与弟子的关系也变得越来越复杂微妙。在一些情况下,这种关系只被单纯认为是高级官员对低级官员有恩。有时,一些超越学术或文学的友谊成为政治上互帮互助的重要因素。但在中唐官场派系林立的激烈竞争中,儒家学者将这种赏识和支持视为真知灼见,显然有所夸大。

独孤及（725—777,谥"宪"）是唐代中期知识界与文学界的重要人物,代宗时为太常博士。独孤及由萧颖士和李华拔擢,自己也"喜鉴拔后进",[248]史官、知制诰梁肃（753—793）在为房琯之侄房凛（736—793）撰写的墓志铭中称"宜登师席,启迪蒙昏"。[249]中唐时期大文学家权德舆（759—818,谥"文"）曾称赞礼学家仲子陵（744—802）是"师道"的代表。[250]李观（766—794）,进士及第,后又登792年（贞元八年）陆宣公（754—805,谥"宣",人称"宣公"）主持的博学宏词科,因此自称陆宣公门人,并将彼此关系比作孔子与其门生。[251]

只要被拔擢者获得出身或成功仕进,座主门生的关系即被认可。著名改革家刘禹锡称他自己为著名史学家杜佑（735—812,谥"安简"）的"门生",杜佑任淮南节度使时,刘禹锡入幕为掌书记；杜佑返回长安时,他也随之北上入京为官。[252]宪宗时期著名宰相裴度（765—839,谥"文"）也自称是著名文学家、官员刘太真（725—792）的门生,而刘太真又是萧颖士的门生,裴度789年（贞元五年）在刘太真知贡举时及第。[253]柳宗元与吕温（774—813）均为顾少连（741—803,谥"敬"）的门生,分别在顾少连知贡举的793年（贞元九年）及798年（贞元十四年）进士及第。[254]权德舆分别于802年（贞元十八年）、803年、805年（永贞元年）知贡举,在其录取的进士中也有类似于"颜回"的门生。[255]独孤郁,独孤及之子,后为权德舆继子,在权德舆主持的科考中胜出,曾致书权德舆表达有如孔子及其门生的个人责任感。[256]

八世纪末期,贡生通过赞扬唐初官员对后辈的提携与支持,来强调这种"门生关系"的重要性。譬如，李翱（774—836，谥"文"）赞扬张说对房琯的提携，独孤及对梁肃的拔擢；学官韦处厚（773—828）赞扬张说对开元名相张九龄（673—740，谥"文献"）及房琯的青睐。[257]他们所赞扬的学者，都是与他们同属一个精英群体的早期成员。这是一个极富凝聚力，有鲜明集体意识且自我延续的群体，他们通过科举及第进入这一圈子，反过来又控制着科举。这个精英群体在八世纪后期到九世纪初主导着以儒家为中心的学术界。

然而，九世纪初期的几位文士上疏，直陈官场和科举之外的教育问题；并分析官方教育机构的衰退，以及比目前更普遍的儒家思想传播等难题。其中涉及的主要人物是韩愈和柳宗元，但是他们对这些问题的处理可能更为审慎，因为二人是整个学界普遍关注的对象。柳宗元将韩愈的角色理解为老师，认为自汉以来，社会便缺乏"师"这一授业解惑者，且近来老师的社会声望过低。此外，他还提及少时"尝有意游太学，受师说"，但太学及老师声望太低，使他不得不放弃这一想法。[258]只有在795年（贞元十一年），阳城受裴延龄诬陷而迁国子司业，国子监才在他的主持下焕然一新，成为柳宗元理想中的学校状态。柳宗元称赞阳城，强调真正的师者从不放弃任何一个学生，并将阳城对生徒的支持比作古代的曾参、孟子甚至孔子。但在柳宗元撰写此文时，阳城已被再贬到遥远的南方，其对阳城的赞扬中也暗含对国子监现状的不满。[259]

但是，韩愈比同时代其他学者更多地阐述关于"授业"的见解，因为他所取得的成就，不仅在死后几十年内获得追随者的称赞，更获得整个新儒学运动者的推崇。韩愈关于师者极具辩论性的论述是以其本人的学官经验为基础的，至少五次任职于两京国子监：801—803年（贞元十七年至十九年），任四门博士；806年（元和元年），任国子博士；其后任东都国子博士；812年（元和七年），又回长安任国子博士；820—821年（元和十五年至长庆元年），还曾短暂担任国子祭酒。[260]

然而有关韩愈学官经历的资料流传甚少，801—803年，韩愈抱怨生活贫困、仕途坎坷及身体状况恶化。但其后似乎了解到其学生的近况，并对他们表现出相当的敬重，指出"生与博士为同道"；[261]其追随者皇甫湜（777—835）也称赞他是认真负责的老师。[262]802年（贞元十八年），韩愈向科举佐司陆修（802年卒）推荐几位参加考试的生徒，褒扬他们的行为规范与文学素养，并向陆修强调他是在响应孔子"举尔所知"的号召，但在举荐书中并未提及所荐十位国子生徒中任何一位的具体表现。[263] 806—809 年（元和元年至元和四年），韩愈再次抱怨生活贫困与缺乏提携者，学术闲职使他"饱闲散"，同时也使他"肠肚习藜苋"，只能以微薄俸禄艰难维生。[264] 迁入政治孤立的洛阳国子监后，职务的安逸并未带来任何补偿，于此他真切发觉自己仕途的失败，并认为自己的失意生活与孔子和孟子极度相似。他最后一次入国子监担任祭酒，也是官场生涯的尾声。这一次，生徒给他带来喜悦的问候，"韩公来为祭酒，国子监不寂寞矣"。但是此次祭酒之任只有六个月，期间除了上疏要求重新拣择学官及恢复《唐六典》所规定的生徒人数外，没有留下任何材料可以观察他对此职位的态度。[265]

韩愈在国子监任博士时缺乏激情，并不意味着他对应该讲授的经学漠不关心，因为教学是其职责所在。相反，他极具说服力地讲解儒家之"道"应当如何传播，801 年（贞元十七年），他开始致力于私学，举荐生徒并帮助他们准备科举，正如五十年前萧颖士所做的那样。此时，他引孔子之言表示愿意教授任何前来问道的学生，[266] 与柳宗元及同辈李翱、吕温一样，他致力于传道、授业、解惑直到逝世。[267] 对他而言，他并不依赖官方教育规定，或者极其厌恶的学术官职；相反，官方机构之外个人关系的发展，比官员身分更加重要。他写道，一位真正的师者，不在于年纪或资历，而在于学识与品行。[268]

韩愈用善辩又大胆的笔调表达对独立传授儒家思想之师的关注，也使他的这篇短文名扬天下。事实上，他打破了学者群体的旧有观念，在他之前，所有学者仅满足于零碎的、局部的改革官方教育机构的倡议，以教育其子及同僚之子，并给予政治帮助。韩愈认为这种改革对解决当时的社会及政治问题毫无意义，其《师说》就是为了消除传统的思想观念，即认为改革可以复兴社会、重振政治。他在担任任何特定官职时均表现出一种自由状态，其普世主义成为唐代新儒学运动的重要思想之一。但同时其观点并不是完全孤立的，此时还有一些学者向据说唐前就曾创办私学的先驱王通致敬。[269] 此外，韩愈还曾暗示，巫医、乐师、百工等对师道的传承甚至要强于儒生。[270] 其后，韩愈的崇拜者将此观点延伸到韩愈极力排斥的佛教，即儒者应该效仿佛教对师徒关系的重视。[271]

韩愈高度思辨的、极具说服力的尖锐观点，只被相当少量的支持他的学者所接受。但其官方教育制度及教学方式的见解只是他对当时学术传统的看法的一部分，这与他及同时代人对于唐代国家参与的其他学术活动的立场有关。经学、文学批评与礼学、史学的不同之处在于，前者更加明显地体现出不再以国家为中心的主题，而朝着更为独立的视角转变。

第三章　经学

儒家经学在唐代文人生活中占据着中心地位，既为知识精英的代代相传提供教育基础，也是学者仕宦生涯必备的"记忆库"之一。[1]学者熟读经书是默认的事实，只有那些非常年少、非常快速、或是极少数非常晚的通经之人，其传记才会特别提及。[2]对于梦想步入仕途的人来说，熟读经书之外，别无他途。

经书指引着学者政治生涯的方向，几乎包含国家运行所需的所有重要活动的规定，治国理政的方方面面皆可引经据典，帝国制度的形成亦有经典可循。唐代学者根据经书来解释本书所涉及的一系列行政活动：教育、礼仪、修史及写作。

然而，经典的影响犹如儒家学者的政治野心，甚至比这种野心还要宏大。唐朝制定的每一项政策、采取的每一项措施，几乎都由儒家经典而来，或是随后又引起与经典相关的讨论。那些看似不起眼，实际上在政治中起着关键作用的问题，譬如治理蛮夷，或是关涉皇室威望之事，诸如维持太庙祭祀，都需要从儒家经典中寻找依据。经典中还包含政治道德原则，从君主到官员个人都要遵循这些规范。经典包罗万象，规定详尽，几乎可以为学者管理国家所面临的所有问题提供理论指导，这也是经学在唐代的地位一直不可撼动的原因之一。知识精英之间存在一个基本假设，即任何政府的治理都不能仅靠"吏治"，他们的理想是"以儒饰吏"。[3]如若做不到这一点，便会导致社会道德意识的缺失，形成一个纯粹的吏治政府，进而导致暴政与社会失序。

面对占有重要地位的经学遗产及其后世注疏，国家采取切实的政策，目的在于确保经书的广泛传播，并以符合朝廷利益的方式被理解。这些政策的第一步是确定经书的标准版本，使之广泛通行，并以注疏的形式规范经义的解释。终唐一代，权力高层时断时续地履行着这一责任；而朝廷对此有所忽视时，学术官员个人则会试图致力于此。这又导致一系列实际措施的推行，其中最重要的是在国子监展示经书标准版本，起先写在木头上，九世纪中期开始改为刻在石头上。然而，对经书经义的单一阐释工作从来没有得到严格执行，尽管官方号召学者在此方面有所作为，历任皇帝与大臣均对经义诠释持多元立场，这与唐人的宗教态度及其他领域的思维方式相一致。

以儒经及其注疏的详细知识作为科举必考内容也是唐朝的一贯政策，朝廷通过这种制度招募学术精英进入官僚阶层。经学在考试方面的作用从未遭受质疑，但却被证明难以有效执行。对经书及其注疏机械且愚蠢的做法不可避免地引起士人中少数学者的愤慨，对他们来说，标准经书在政治上和道德上提供了根深蒂固的权威。

对大多数官员而言，经学知识意味着熟读经书即可进入仕途并成功为官。他们紧张而细致的学习经历不会超出《汉书》中经常出现的象征苦读的"三冬"，三年即已足够掌握这些知识。[4]他们的目标是实际的，正如711年（景云二年）或712年（太极元年）一位官方学者劝谏玄宗（唐代最优赏学术事业的皇帝）的那样，他们为学仅限于做到知经书"大略"，而并非理解过于详细的注疏。[5]然而，少数精英学者仍然希望凭藉经学方面的专门知识和能力为朝廷提供更具体的效力，并助益于他们的仕进。他们希望参加到国家为进一步控制经学传统而设立的学术组织中，或者参与有关注疏价值的讨论，因为这不仅可以提升自身地位，整理完成后，还会获得仕途晋升及额外的物质奖励。如果他们没有被选中，那些有着专门经学知识的学者也会向朝廷进献其注经成果，这反过来也会为其带来认可与奖励。不管官方委派，还是以私人名义进行，经学研究均被普遍认为是一个持续的过程，整个唐代似乎都有一种心照不宣的假设，即经书将会有一个更加精确的文本，并能被更好地理解。

国家对经学的兴趣促进经学的发展，但经学传播过程中也伴随着坎坷，两方面共同编织着唐代经学发展的曲折画面。唐太宗时期大量官方注疏完整保存下来，但除此之外，还必须对后来试图重新确立经书规范性定本，或者反对将其用于科举的情况进行简要说明。这一时期的私人注疏作

第三章　经学

品大部分也已亡佚，因此，纵观人们对于经典态度的演变，尽管某些方面非常详细，但其他方面仍很模糊。然而，我们依旧可以从中看到有唐近三百年以来，学者对经学的看法发生着巨大的变化：唐初，国家对控制经学传统最为关注也最为成功，官方行动占据主导地位。但到八世纪中期，国家确定的经书标准文本及其注疏引起官员群体内部一系列的学术论战，随着科举考试的发展，经学在科举中的地位也渐渐引起士大夫群体的不满。

安史乱后，朝廷尽管缺乏资源，但仍然继续担负起保存与展示经学标准文本的传统责任。不过，八世纪末九世纪初的学术界不再聚焦于朝廷，不再由国家主导；国家学术机构也不再为儒经的重新阐释提供制度框架，学术的重大发展都是非官方的活动。同时，一些学者为维护自己在政治改革或宗教信仰上的思想而开始重新解释儒经，其作品不再需要呈递给高层官员及为官学所传习，这是此时个体学者对中央集权不断削弱这一政治现实的集中反应。

这一时期，学者群体对经学的独立批判传统朝着两个对立的方向继续发展，这一对立同人们所熟知的儒家"治国"与"修身"两种要求的矛盾相一致。[6]首先，人们对政治理论、制度史和行政管理的技术问题产生新的兴趣，这种兴趣与八世纪后期一些学者对王朝国家的起源、制度和功能所作的功利性的重新评价有关。其次，儒学的"深层内化"传统由此开端，这是以"理"和内省为基础的新儒学运动在唐代的早期发展阶段。

经学发展中两种方向的背离并未影响到学术群体的内部凝聚力，这两方面的发展都体现出这一时期的经学由以皇帝和朝廷为中心，向更普遍的关注国家和个人转变。八世纪之交，一些学者同时认识到这两种方向的价值，并且致力于同时促进这两种潮流的发展；两种方向的学者都声称他们已从儒经中找到全面的依据。然而，过于严谨的方式可能存在风险，他们可能会过于看重某一组经书或某一本经书，致力于制度与政治理论的学者通常专精于《春秋》及其"三传"（《左传》《公羊传》《谷梁传》）。而对于内化运动，后来以"四书"闻名的《论语》《大学》《中庸》，尤其是《孟子》，对唐人思想转变的影响尤为突出。这两种潮流的出现表明，八世纪下半叶，学术气候发生根本转变，它们的演变与本章的主题——国家对经学的兴趣——形成鲜明的对比。

一　高祖及太宗朝

唐朝建立伊始，儒家经典就常为朝堂议论及各种官方场合所征引，[7]学校教育及科举也都以经学为核心。但唐朝从重新统一的隋朝继承了大量存在歧义的经学注疏，这也造成七世纪初的学者必须对社会中流传的各种经解进行考订整理，作出一个统一的定本。他们带领一个相对较小但极有效率的官方学者群体负责经学注疏的整合工作，其中大部分人在官学体系的主干长安国子监任职。这些学者对传统经学著述进行全面的调查整理，这次整理不仅能够反映唐初的学术思想，也是中古以来对经学注疏传统最为全面的考察。

（一）考证与训诂传统

唐初学者在搜集整理其时的经学著述时，主要关注经书流传发展的三个不同阶段：首先是儒家经典原文；其次是撰成于汉至晋时期的经书注解，大多数情况下，每一种经书都有两种或更多的注解存世；[8]最后是撰于近唐时期的大量注疏。贞观年间启动的经书整理活动对三个阶段均有涉及，尤其显现唐代早期学术的显著特征，这些特征在本书讨论的所有领域均有体现。起初，皇帝选贤举能，充分任用隋朝的著名学者；然后，太宗朝后半期，朝廷任命专门的学者群体负责编定本朝规范性经注。同这一时期的其他学术成果一样，这次整理依旧利用承自隋朝的材料，这也表明唐初政治上的头等大事之一是将学术上的南朝传统与北朝传统重新统一。尽管这一计划充满雄心，但随后即遭遇短暂的挫折，且未能找出实现目标的长远解决办法。

唐初，朝廷几乎是偶然认可并扩大了一位重要的隋朝音韵学家的著述成就，这位学者就是出身于南朝的陆德明，他在624年（武德七年）的三教论战中代表儒家。陆德明为包括《老子》和《庄子》在内的七部经典编纂音韵词典《经典释文》，其中对玄学的重视恰是南朝学风的体现。该书广泛征引七世纪初期的解经作品，达二百三十种之多；同时，还对每部经书注疏的源流进行追溯。尽管这一工作可能完成于隋朝，但他为唐代统治者所敬重并授予官职，其对玄学的推崇与贞观后期官方学者解经时较少思辨、更为谨慎的态度形成鲜明对比。[9]太宗尤其欣赏陆德明的《经典释文》，认为这是唐初多元解经的代表；直到八世纪，《经典释文》依然受到官方青睐，并在帝国范围内广泛传播。[10]

631年（贞观五年），唐代学者终于迈出建立经学标准定本及注疏的第一步。太宗命颜师古（581—645，谥"戴"）考定"五经"，颜师古为唐初两朝最著名的学者之一，颜氏家族是著名的学术世家，自称颜回后裔。[11]经典的选择具有重大意义，因为这可以隐约显现唐初官方学者在学术政策问题上多大程度承袭隋朝。"五经"并不代表儒家的全部经典，但自隋代以降，它们的影响愈加重要，包括《周易》《尚书》《毛诗》《礼记》及《春秋左传》。此外，颜师古还挑出另外"四经"，即《周礼》《仪礼》《公羊传》《谷梁传》，一起构成后来的"九经"。《公羊传》与《谷梁传》在隋朝不受重视，甚至曾经出现"殆无师说"的局面。[12]

确立儒经"定本"的工作并非始于唐朝，在南北朝大分裂时期以及隋朝，皇帝都曾下诏考定儒经，形成定本，因此这些定本早在唐代建立之前就已存在。[13]自633年（贞观七年）起，颜师古担任秘书少监，利用晋（265—420）宋（420—479）以来的版本厘定经文。其后，太宗诏令诸儒对颜氏所定经文重加详议，颜师古又成功说服众人，维护其定本。633年，颜氏所定诸经颁于天下，令学者修习；在编修"五经"定本时，颜师古还确立定本文字的标准字体，称作"颜氏字样"，流传颇广。[14]

多项记载表明，颜师古考定《五经》完成于唐初经学整理第二阶段开始之前，因此，有学者依此推断第二阶段的经注整理是以颜师古"五经"定本为底本的。[15]然而，事实却并非如此，第二阶段的经注整理始于638年（贞观十二年），太宗命国子祭酒孔颖达与诸儒撰定"五经义疏"。[16]其目标与颜师古考定"五经"不同，并非简单地为经书作注，还要为其注作疏：即注解经书原文和前人的注释。"五经义疏"的编撰工作由享有"关西孔子"之称的孔颖达监修，参与编撰的有十三位或更多的学士，其中大部分都在国子监之下的各学馆任职。[17]国子监之下的学馆与当时重要的史馆和文学馆不同，不是由资历较深的学者宰相魏徵或房玄龄主持，可能也表明其地位较低。四年后的642年（贞观十六年），他们完成义疏的撰定，并获得太宗的认可。[18]

然而，不知为何，当孔颖达所撰"五经正义"将付国子监施行时，却又遭到批驳。可能是太宗此时要求诸儒对此书进行讨论,[19]于是太宗诏令重新详订,并任命由十一人组成的编撰群体,其成员与他们的前任职位相当。643 年(贞观十七年),孔颖达以年老致仕,但此次编撰整理最终并未完成。[20] 650 年(永徽元年),即太宗驾崩一年后,高宗下诏成立包括孔颖达之子孔志约在内的新的整理小组。651 年或 652 年,"五经正义"重加辑定工作在太尉长孙无忌的主持下展开;653 年,以长孙无忌为首的高官向高宗进呈历经十五年修订完成的"五经正义"。翌年,高宗下诏传习天下,[21] 这就是著名的《五经正义》。

《五经正义》共一百八十卷,[22] 同七世纪修撰的其他典籍一样,亦为历朝成果的累积汇总。不论基本特征,还是内容细节,《五经正义》均为政治任务的产物,其编者有时会牺牲学术共识以使其解释与朝廷利益相符,并有简单化处理唐前经学史上争议问题之嫌。

正如唐初所有学者一样,《五经正义》的编纂也吸收了大量隋代学者的成果,其所体现的两大特征主要源于隋代经学。首先,同颜师古一样,朝廷此次考订经书的范围限于"五经";其次,在为义疏选择注本时,依照七世纪的惯例,孔颖达等采用的是风行于隋代的注本。[23]《周易》用玄学家王弼(226—249)注,《系辞》部分则用韩康伯(约 385 年卒)注;《尚书》用孔安国(前 156—前 74)注;《诗》用流行于西汉的毛亨之传及东汉经学集大成者、务实的古文经学家郑玄(127—200)之笺;《礼记》亦用郑玄注;最后一经《春秋》用《左传》,而非《公羊传》和《谷梁传》,并以魏末晋初的学者、军事家杜预《春秋左氏传经解》为本。[24]《五经正义》所依据的底本均以隋朝官方版本为准,并融合以郑玄为代表的更加注重细枝末节、不做过多推测的北方注疏传统与以王弼为代表的更加注重义理、对历史状况注解较少的南方注疏传统。[25]

孔颖达等《五经正义》的义疏部分也大量承袭隋代学者的成果,刘焯(544—610)及刘炫(约 606 年卒,享年 68 岁)是其中尤其重要的两位,刘焯还曾为孔颖达的老师。他们都出身北朝且为官方学者,史载其都致力于融合南北经学传统,并均为"五经"做过义疏。[26] 有史料表明,至少孔颖达所作《尚书正义》《毛诗正义》及《左传正义》大多来自这两位学者。孔颖达《尚书正义》的义疏中有"大隋"字眼,表明其文字撰于隋朝;[27]《左传正义》中的许多文字则表明其义疏主要来自刘炫;与之类似,《毛诗正义》中的许多文字虽未标明作者，但实为刘炫所作。[28]尽管没有更多例子可以证明更多的经学注疏为隋朝学者所撰，但由此可以推测很多义疏大概也是如此。

不论直引自隋代著作还是唐代学者自撰，义疏中都明显体现着刊定《五经正义》的目的是对"五经"作出统一的、标准的解释。每一种经书的"正义"都详尽征引并梳理前代学者的观点，并对前代学者自成一家但不同于标准的注解进行详细而丰富的驳斥。[29]从所引注疏的数量可以看出其梳理的范围，例如郑玄为《礼记》作注时已经引用前代四十五种不同的注解，而孔颖达《礼记正义》则引用近二百种，其中大多成书于南北朝。[30]王弼为《周易》作注时，没有参引任何一本前人注解，但孔颖达《周易正义》引用前代注疏则达二十六种之多；除此之外，他还参引其他经书、纬书、词典、史书及哲学文本。[31]尽管这些数字不能充分反映此前注解的特征，也不能充分记录并突出前代注解中有争议的问题。[32]

如此令人印象深刻的旁征博引，彰显编纂《五经正义》的另一目的，即批驳那些可能给王朝带来政治风险的观点。或许唐初学者，甚至唐太宗本人，从解经的谶纬传统中感受到了威胁。他们并不是激进的预言怀疑论者，因为在七世纪卜筮、谶纬非常流行；他们也不否认未来可以被预测；但他们想要确保谶纬活动受到控制，而不是像唐前那样，反而成为本朝权力的威胁。西汉末年，今文经学发展的后期，谶纬逐渐成为显学。但在唐初，这在政治上是不能接受的，因此，孔颖达的义疏常常攻击谶纬传统下的注疏，认为那是浅薄且不可采信的。[33]

孔颖达对流行于南北朝的诸多纬书的驳斥可能再次反映贞观时期朝廷关注的政治重点，他在《周易正义序》中指出，不采用与佛教相关的解经之语，[34]尽管他在某种程度上不可避免受到佛教的影响。[35]正如陆德明所示，南朝兴起的儒、玄合流思潮在七世纪初仍然有着强劲的力量，其影响力可从《五经正义》中窥见。孔颖达对《周易》的阐述表明：一方面他认为"道"是"无形"的，[36]将"道"与《周易》所说的源头"一"，定义为《老子》与《礼记》所说的"空"；[37]另一方面，又认为事物的形成有一个过程，是通过"几"这一载体实现的，"是空以待物者也"。[38]他的这一关于物体从有形到无形的变化的思想更多受到汉代宇宙观而非魏晋南北朝玄学的影响；而其关于宇宙形成的构想可能也受到后来取代玄学思想的朴素宇宙论思想的影响。[39]

然而，《五经正义》最能反映唐初学术环境特征的也许是其对礼制问题的详尽阐述。国家礼仪活动（第四章）对七、八世纪的学者而言至关重要，孔颖达及其编纂群体对国家礼仪活动经学渊源的缜密考察一再证明这一点。但颇具讽刺意味的是，尽管孔颖达以详尽无遗的态度对待礼制问题，但在随后的几十年中，他对礼制的诸多观点却并未被朝廷所采用。

（二）政策的包容

部分出于政治动机，孔颖达《五经正义》是一次整理与统一浩瀚经书和历代注疏的尝试。但《五经正义》并未囊括所有儒家经典，其颁行也未能阻止其他关于"五经"的注疏。贞观时期，种种迹象表明统治者采取比孔颖达《五经正义》更加多元化的观念对待经学注疏，唐太宗本人就非常鼓励经学家进行辩论，他早先对陆德明《经典释文》的推崇和对南朝古典道教（玄学）的承认表明其兴趣非常广泛。640年（贞观十四年），太宗下诏褒奖几位梁、北周和隋代的注经家（第二章，第34页）。如果孔颖达《五经正义》对前代注疏的选择代表唐代经学的狭义正统观，那么从诏令则可看出，此时的经学正统观其实远为宽容。647年（贞观二十一年）诏令请入孔庙配享的注经家名单同样证明这一点，因为其中包含孔颖达《五经正义》所批判过的注经家。

发生在太宗时期的另一事件更加明显地表现朝廷对经书歧异解释的包容。642年（贞观十六年），秘书省一名校书郎上疏驳斥孔安国《尚书注》与郑玄《毛诗笺》的观点，在七世纪的学术背景下，这是一项非常激进的举动。首先，此举否认孔颖达《五经正义》继续阐发的两种注解；其次，此举意味着否定"疏不破注"的传统，直接对经典原文进行解释。但太宗仍命诸儒讨论，有人提议将这一新的注疏藏于秘阁，还有人提议与孔注、郑笺并行。由于度支郎中崔仁师上书条陈其不合大义，新的注疏最终被废。[40]

高祖及太宗朝留下的关于教育和考试的史料清楚表明，这一时期官学教育及科考中经学的范围并不仅仅限定于颜师古与孔颖达所考定的"五经"及《五经正义》。太宗时期，科举考试也涉及《周礼》及《仪礼》；[41] 644年（贞观十八年），太子被要求学习《孝经》及《礼记》。[42] 此处还有一个旁证，一部依据651年（永徽二年）唐律制定的日本律令表明，此时官学课程中每一经书都至少有两种注疏，其经书范围也扩大到"九经"，而不再是颜师古与孔颖达所考定的"五经"。[43] 由此可以推断，到651年，每一经书都至少有两套注疏体系，而不再以孔颖达所考定的某一注疏为本。

同时，在太宗至高宗统治时期，许多学者开始为"九经"中除《公羊传》以外的其他经书私撰注疏，其中最重要的是贾公彦，撰有《周礼义疏》与《仪礼义疏》，其书现在尚存。实际上，贾公彦还曾为《论语》《孝经》及《礼记》作疏，其《礼记疏》其实是在重复孔颖达之疏，这也强有力地证明学者有私撰经疏的自由。[44] 贾公彦《周礼义疏》《仪礼义疏》则主要参考经学大家郑玄的注疏，同时参考唐前其他注解。不过这一时期的注疏较少关注哲学问题，其视角同孔颖达《礼记注疏》《毛诗注疏》类似，可视作对孔颖达注疏的补充。[45]

在这一时期官方学者编定的经学注疏中，至少有一种与孔颖达注疏不能相融，即杨士勋编撰的《春秋谷梁传疏》。杨士勋为孔颖达编撰《五经正义》群体之一员，负责《左传正义》的编定。但在编撰《春秋谷梁传疏》时，却以古文经学家范宁（339—401）的《春秋谷梁传集解》为本，而不以孔颖达《五经正义》所本之杜预《春秋左氏传经解》为本。[46] 而孔颖达在编撰《春秋左传正义》时，重点攻击的又正是《春秋谷梁传》。如果说朝廷想要在经学上确立孔颖达《五经正义》的正统性，那么应是很难接受其所批判的《春秋谷梁传疏》的。

"九经"之中剩下的《公羊传》在七世纪注疏中的地位更难界定。《公羊传》是汉代今文经学的重要载体，是被七世纪初学者所批驳的谶纬传统下的权威经典。以何休《春秋公羊传解诂》为本的《春秋公羊传疏》至今仍存，但未知撰于何时。[47]

尽管孔颖达对此前的经学注疏作出详尽而仔细的整理，但唐代皇帝、官学系统及科举考官所认可的注疏却远远超出孔颖达所整理的范围。其中有人或许对以孔颖达《五经正义》为代表的章句之学同样不屑一顾，在对唐代学者至关重要的朝堂讨论和进言奏议时，他们通常直接征引经典原文，而不引注疏。对经学正统的宽容态度和直引经典原文的自由仍是唐代经学的重要特征，在适当时机，则可导致儒学转向内在的重大发展。

（三）唐初《春秋》学

在唐初所有经学注疏中，不论在"五经"中，还是在"九经"中，《春秋》注疏都最为清楚地表明经学家以政治为重、以国家为中心的观念。唐初学者认为孔子删定《春秋》乃微言大义，他们将《春秋》与孔子教诲格外紧密地联系在一起。太宗朝宰相引用《春秋》证明一系列政策的合理性，官修史书希望达成的理想典范也是《春秋》。[48]更有学者引用《春秋》以论证他们一贯坚持的激进观点，即皇帝拥有对夷狄的统治权。[49]不仅如此，《春秋》在太庙享祭[50]及对谶纬的解释上[51]都起着非常重要的作用。

唐代学者尤其推崇《春秋左氏传》，因为它是《春秋》三传中揣测最少、具体历史细节最丰富的一种。太宗本人也曾学《春秋左氏传》，并经常在谈话中予以征引。[52]而且，《左传》也特别符合唐人的尚武风气，终唐一代，凡是史书提及将军喜好儒学，必定长于《左传》。[53]不过，《春秋》及《左传》从更丰富的哲学意义上来讲也是极为重要的，而孔颖达在编撰《春秋正义》时以《左传》为本，并对谶纬活动加以适度怀疑，为唐初学者研究《春秋》及其注疏树立了典范。

孔颖达对《春秋》及其"三传"的评价，最主要特点是对其中的争议采取审慎的态度，[54]个中原因是唐前《春秋》学发展的历史及其与谶纬的关系。谶纬由汉代学者对《公羊传》的解释衍生而来，到七世纪仍大为盛行。对唐初学者而言，如果谶纬之说不能加以控制，或者为昏君所信服，将会成为国家的巨大威胁；而学者对《春秋》的重新阐释则为宣传其思想提供了无比正当的手段。

因为对《春秋》的持重态度，导致孔颖达遵循隋代先例，不仅选择"三传"中揣测最少的《左传》，还选择古文经学家杜预的《春秋左氏传经解》。孔颖达继承杜预的观点，仅将《春秋》视作一部编年体史书，而非今文经学所认为的谶纬之书。它由鲁国多位史官编撰而成，在孔子刊修之前就已包含多种文风与体例。孔子在整理《春秋》时，微言大义，用他选定的字词隐含对事件的道德评价。但《春秋》的深奥难解并不全是因为孔子，还有情况表明，后世学者误以为孔子微言大义的文句，其实只不过是其在复杂文本中的偶然措辞。孔颖达认为《左传》是孔子同时代的鲁国史官左丘明所撰，是一部独立的作品，左丘明"未必面亲授受"于孔子。

而相对于《公羊传》与《谷梁传》,《左传》距离《春秋》的编撰时间更近,对历史事件的记载更为可信。

孔颖达也遵循杜预驳斥今文经学传统对孔子个人的看法,认为孔子对周朝的态度是矛盾的,或者说孔子在编撰《春秋》时"黜周而王鲁"的看法是错误的。相反,孔颖达根据孔子《论语》中的言论及孔子以周历纪年,认为孔子是周朝的忠臣。孔颖达尤其不能接受称孔子为"素王",[55]《论语》中有篇章表露孔子对篡位者的谴责,同样说明其对周朝的忠诚;称其为"素王"简直是莫大的诽谤,"呜呼!孔子被诬久矣,赖杜预方始雪之"。

在《左传正义》中,孔颖达处处表现出对"公羊学"和"谷梁学"的批驳,甚至用《论语》"道听而途说"[56]来谴责"二传"。在其编撰的其他义疏中,同样批评"二传",[57]目的是要去除附着于《春秋》学的迷信色彩,剥离孔子的"素王"及半神化的地位。但孔颖达并非严格、始终如一地在《五经正义》中贯彻这一目标,因为当一些被他谴责为不可信的文本有助于证明其观点时,便又予以采用。但孔颖达的基本立场与朝廷的关注是一致的,即与贞观朝议中学者为皇帝阐述的看法相一致。

(四) 唐初对孟子的态度

七世纪初经学的实际特征在官方学者对待孟子的态度上表现得尤为明显,虽然从九世纪开始,这位古代哲学家为复兴的、更加内省的儒学提供了主要思想的一源,但在唐初,他的地位却完全不同。此时孟子的地位低于汉代,更远低于新儒学时期的"亚圣"之尊。因为孟子不是注经家,所以不能配享孔庙;尽管孟子墓仍保存完好,但没有发现孟子的地方庙宇或孟子祭祀的相关记载。[58]唐代著名的平昌(今山东)孟氏,自称为《论语》提及的孟敬子之后,但却鲜有人追溯孟子为自己的祖先。[59]孟子也不认为自己是经师,尽管在孔颖达看来他是:"(孟子)古之贤大夫,而皆子思弟子,去圣不远。"[60]在唐代官方书目中,《孟子》被列入子部而非经部,且其书列于孔子弟子曾参及子思之后。[61]

然而,在对《孟子》内容的态度上,七世纪学者同九世纪学者的反差更为明显。一方面,除了对很多实际问题的简短、偶然的评论之外,《孟子》还包括对当时诸如礼制、税收、土地所有制等规定的记载。另一方面，在儒学义理问题上，尤其重视内省，强调心性、天命与道德。唐初学者认为《孟子》对实际问题的记载是其全篇最重要的，在《毛诗注疏》中，孔颖达大量引用《孟子》有关礼仪、社会及行政问题的论述，而关于如何分辨性善与性恶的论述却只引用过一次。[62]《周易》是"五经"之中对个人天命论述最详细的一部，但孔颖达注疏《周易》时却一次都没有引用过《孟子》。[63]贾公彦《周礼义疏》《仪礼义疏》[64]与唐初类书《群书治要》《艺文类聚》[65]亦是如此；对《孟子》的引用多限于一些具体问题的阐述，而非有关内在心性的探讨。

唐初学者对《孟子》心性主题的忽视，并不意味着他们从不以儒家视角思考心性问题，他们认为儒乃内修的过程，用《周易》之语来说，即"穷理尽性"。[66]孔颖达还为孔子辩护，认为他并非人们所诬陷的那样恐惧死亡，而是"尽性"以至命。[67]虞世南（558—638，谥"文懿"）撰《孔子庙堂碑》，亦用《周易》之语称颂孔子"穷理尽性，光前绝后"。[68]

当七世纪的儒家训诂学者需要引用经典讨论心性问题时，可能主要依赖《大学》《中庸》《礼运》及《乐记》的相关注解以及《礼记》《周易》及《论语》的相关篇章。[69]从他们对《孟子》不感兴趣可以推断，这一时期儒家思想中有关内省的问题尚未得到如政治、制度及礼仪问题那样精确的梳理与研究。高祖至太宗时期，绝大部分学者和其他人倾向于从佛教或道教中寻找终极价值问题的答案；直到八世纪晚期，在唐王朝政治权威衰落带来的思想环境深层次改变之下，少数学者对这些宗教产生激烈的敌意，而对利用儒家思想解释这些问题重新燃起了兴趣。

二 653年至755年

同前两朝相比，自孔颖达《五经正义》颁行到安史之乱爆发前夕，有关官方学者编修经学注疏的记载相对较少。尽管这一时期可能编修了少量系列注疏，抑或撰成对八世纪末九世纪初重新解释经典有历史性意义的注疏，但没有一部流传下来。尽管在其他学术领域，譬如国家礼制、官方氏谱及行政领域的法令、刑法方面，这一时期都已更新到第二版，甚至是第三版，但孔颖达主持编撰的《五经正义》仍是官方正式授命编写的唯一经学注疏。

第三章　经学

不过，本世纪在学术机构任职的官员仍然主动继续着经书注疏及音义词典的编撰工作。在学术机构的一系列论辩中，他们也提出关于编撰官方注疏重要性的问题。当历史学家刘知幾对《春秋》及《尚书》某些特征的价值产生怀疑时，标志着唐代学者对已经确立的经学定本的怀疑达到顶点。刘知幾及其他学者的观点如何影响孔颖达《五经正义》的地位，是太宗朝以后一百年间经学注疏中的主要问题。

在官学体系和科举考试中，当局仍然使用唐初的经学定本和国家认可的注疏。但随着考试竞争越来越激烈，理想主义学者认为考生对儒家经典越来越不满，对课程规定的儒家经典的抱怨心态在考生中日渐滋长，这种不满则是本世纪经学发展的另一特征。最后，在这一时期之末，即开元（713—742）晚期和天宝（742—756）末期，学术环境急剧变化，"反儒"思潮下的学者越来越倾向于远离朝廷及政治中心，这也表现在经学之中。

（一）对官方定本的批评

许多资料显示，从高宗时期开始，孔颖达主持编撰的官方义疏及其推崇的经注在学术界及学校系统获得普遍认可。朝廷不但没有再次下诏编撰第二套经学注疏，而且也没有七世纪下半叶以来完成的儒家经学作品存世，八世纪初的同样极为罕见。在敦煌文书中，被孔颖达认可的经注数量远多于其他经注，还有部分孔颖达自撰的义疏。[70]这表明，自653年（永徽四年）《五经正义》颁行以来，便迅速取代其他注疏；而那些新出现的、私人编撰的注疏对《五经正义》的优越地位没有构成任何威胁。鉴于朝廷威望和科举入仕的巨大吸引力，官方注疏的普遍流传和广泛采用是不足为奇的。

尽管是从极度匮乏的史料中得出的印象，但在653—755年一个多世纪期间，从详细记载的学术讨论中，我们可以发现学者正在进行一系列力图增加或修改注疏范围的尝试。而这些学术官员的尝试主要基于学术理由而非行政指令，这也是七世纪后半期、八世纪初所特有的。

高宗统治时期，关于可能会威胁到官方注疏地位的注疏记载较为少见，但一些现存的简要记载表明朝廷曾经考虑过其他学者的作品。高宗初期，曾命著名注经家及音韵学家崔义玄与诸博士等详定是非，删订新修注疏；[71]在孔颖达《五经正义》修订完成后不久，著名礼学家及经学家、贾公彦的学生李玄植，也是著名礼学家及三教论辩时的儒家代表，撰成词典《三礼音义》，之后流传甚广。此外，李玄植还精通《春秋左传》《毛诗》《汉书》《老子》及《庄子》。[72] 没有资料显示李玄植的活动受到朝廷压制，事实上，在其正史本传中，这一成果还为史官所夸耀；但仍缺乏足够证据表明这些经学注疏与官方注疏的关系。

几十年后的703年（长安三年），四门博士兼弘文馆学士王元感（705年后卒），上其所撰《尚书纠谬》《春秋振滞》《礼记绳愆》及其所注《孝经》《史记》，制令弘文、崇文两馆学士及成均博士详论可否得失。一些高级官员"专守先儒章句，深讥元感掎摭旧义"；而一些下层官员，如著名史家刘知幾及其同僚徐坚（659—729，谥"文"）则极力为其辩护；最终，朝廷下诏表彰王元感的学问和作品。而且，王元感除直接挑战官方经学定本外，还主张"三年之丧"当是三十六个月而非二十五个月，这个观点激起学者们的议论，结果是其论被否定。不过，关于王元感主张的具体内容，我们一无所知。[73]

然而，在随后时间较长的玄宗统治时期，学者对已确立的经学注疏的不满被详细记录下来，这可能与玄宗本人对经学注疏编撰抱有浓厚兴趣有关。从玄宗即位初期开始，即鼓励学者讨论经学注疏的得失；甚至在玄宗继位之前，后在玄宗朝成为著名宰相的张说即上书时为太子的玄宗，谏其"博采文士，旌求硕学，表正九经，刊考三史"。[74] 其后又发生两次官方学者与张说前同僚试图修改经书定本的事件。第一次在719年（开元七年），玄宗诏令学者讨论不是官方定本的郑玄及孔安国本《尚书》《孝经》注疏的长处。几天后，又下诏取消论《尚书》，而将讨论限定在《孝经》注，河上公、王弼所作《老子注》及《周易》等篇章。第二道诏令中"若将理等，亦可兼行"的规定使注疏多元化成为可能。

接下来的讨论主要围绕《老子》与《孝经》官方注疏与非官方注疏的取舍而展开。现存史料中，著名史学批评家刘知幾的上书所占篇幅最长，刘知幾主张《孝经》改用孔安国注而废郑玄注，《老子》改行王弼注而废河上公注。这一观点遭到以国子博士司马贞为代表的十位官方学者的反对，司马贞是著名的《史记索引》（第五章将论及）的作者。双方就《孝经》和《老子》该行何家注展开辩论，他们依据先代目录和史书，追溯各家注解的卷数与刊行时间，藉此讨论作者身分及其内容价值。刘知幾在论证经学注疏应该灵活变通时,还以此前确立的经学定本《左传》为例,在这次论战之后,他们认为《左传》至迟形成于汉代。[75]

这场辩论的价值在于展现了八世纪早期经书版本流传观念的复杂性,不过辩论结果也非常重要,虽然玄宗最终下令仍以孔颖达所定为官方注疏,但也鼓励其他版本注疏的研究,并确保其传播。在其后不久的722年(开元十年),玄宗皇帝亲注《孝经》;[76] 735年(开元二十三年)又御注《老子》。[77]玄宗依旧对第一次讨论提及的《尚书》颇感兴趣,[78]到738年(开元二十六年)《唐六典》撰成之时,御注《孝经》《老子》已成为官方认定的经书注本。[79]玄宗在鼓励有关注疏讨论的背景下亲注《孝经》及《老子》,有力证实其作为学术群体领袖的地位,这也使其成功跻身于所向往的唐前文人皇帝传统,南梁皇室亦在其中。

开元时期第二次对经学定本提出不满的是元行冲(653—729,谥"献")——另一位学术领袖、目录学家、国子祭酒和集贤院重要人物,由他所引发的这次讨论说明当经学改革不适应政治需求时,统治者的态度会发生转变。元行冲为玄宗御注《孝经》作义疏,也为欲立于学官传授的太宗朝著名宰相魏徵编次改注的孙炎注本《礼记》作疏。当时的礼仪活动可能以魏徵所注本《礼记》关于礼制的记述为规范,然而当726年(开元十四年)元行冲将《礼记义疏》上呈玄宗时,却遭到时相、知集贤院事张说的批驳。张说认为原《礼记》是"不刊之典",不可刊削,其驳奏的结果使本应"立学传授"的魏注《礼记》,最终"贮于内府,竟不得立于学官"。元行冲在辩驳文章《释疑》中气愤地谴责诸儒排斥异己,顽固坚持已确立的注疏传统的现象,他同刘知幾一样,也以《左传》为例论证经学注疏不应有所拘泥。[80]

玄宗朝后半期,学术界被政治独裁者李林甫及沉迷于道教的玄宗二人所把控,前半期那种允许自由讨论的学术氛围,如前文刘知幾及元行冲二人那般对经学版本的讨论,此时已一去不返。但天宝时期官方经学也取得了两项重大进展,可以视作玄宗或统治高层的兴趣表达,但这两项进展并未在官方学者的讨论中留下文字记载。

首先来关注《月令》。《月令》是《礼记》中的一篇,也是唐前公认的与其他经书来源不同的儒家典籍,从先秦晚期阴阳五行理论中衍生而出,是一部包括祭祀礼仪和行政法令的日历。[81]作为王朝国家宇宙维度的主要原则规范之一，《月令》对唐朝历代君主都有特殊的重要意义。

早在 640 年（贞观十四年），太宗就对《月令》的流传提出疑问。[82]《月令》在明堂论议中也起到重要作用，[83]七世纪末八世纪初，《月令》成为学者讨论的主题，此时还有在明堂受朝、读时令的专门仪式（详见第四章，第 127 页）。[84]725 年（开元十三年），玄宗下诏重新刊定《月令》。[85] 从 738 年（开元二十六年）起的一段时间中，命太常卿每月进《月令》一篇，并向诸司官长介绍、讲解。[86]743 年（天宝二年），敕令《月令》冠于《礼记》众篇之首；[87]746 年（天宝五载），《月令》改名为《时令》。[88]大约与此同时，由宰相李林甫领衔包括道教徒陈希烈（757 年卒）及多产的官方学者陆善经在内的八人，编撰新的《月令注》。[89]这一《月令注》所依底本即 725 年（开元十三年）玄宗下令重修的《月令》，其书现在仍存，从此，《月令》成为唐代礼仪活动的重要准则。《月令注》认为，皇帝通过清明治理和礼仪活动来保证宇宙的和谐运行，因此备受玄宗及安史乱后诸帝的推崇。但《月令注》也清楚记载学者公共言论与私下观点的迥异，尤其是在提及皇帝时。在八世纪晚期和九世纪的怀疑气氛中，尖锐批评国家礼制成为学者私人著作的主题（第四章，第 155—157 页）。

玄宗朝后半期经学的第二大发展事关《孝经》。《孝经》是朝堂讲授的热门经典，且作为儒家思想的精炼总结，被认为是儒学的代表，就像《老子》之于道教，《金刚经》之于佛教一样。743 年（天宝二年），玄宗下诏将御注《孝经》修订版颁示天下；[90]744 年（天宝三载）郊礼后大赦天下，并诏令天下民间家藏《孝经》一本；[91]745 年（天宝四载），又将御注《孝经》刻石，立于国子监。这是有唐第一次将儒经刻于石上，该石现藏西安，石碑两侧还刻有受命参与《孝经》修订的学者名单。[92]

（二）对科举经学标准的控诉

玄宗对其御注《老子》《孝经》的推崇，最终在很大程度上影响了唐人对科举中经书的态度。开元天宝时期，政府遇到大量的实际问题，尤其是开元以来入仕竞争日益激烈，[93]导致考生对考试课程的态度越来越差。为了成功仕进，他们通常采取非常实用的权宜手段——选择学习科考要求中篇幅最短的经书。基于此，学官往往又采取各种措施试图确保"九经"均有考生修习，任何一部都不被忽视。学者更加普遍地批判习经在考试中的地位，认为强制生徒机械背诵是毫无意义的。

希望看到"九经"均有考生学习，可能同时也希望国子监生徒在科举考试的激烈竞争中获得更多机会，这种愿望从开元中期国子监高层官员的上疏中可以清楚看出。720年（开元八年）国子司业上奏称"今明经所习，务在出身，咸以《礼记》文少，人皆竞读"，而多忽略《周礼》《仪礼》两中经及《公羊传》《谷梁传》两小经；因此，请求降低这四经的及第标准以鼓励生徒学习，玄宗从之。[94]728年（开元十六年）国子祭酒杨玚上奏言《左传》也为举明经者所忽略，并且也请求对选择《周礼》《仪礼》《公羊传》和《谷梁传》的举子量加优奖，使其在科举中获得一定的让步。[95]

这一时期，著名历史批评家刘知幾之子、其后国子监著名改革家（第二章，第52页）刘秩对科举所期待考生达到的知识水平表达强烈不满。735年（开元二十三年）刘秩上奏批评科举考试的选拔标准，尤其是进士科中文学的日益重要以及机械背诵经书的现象。[96]另一些学者则以间接方式表露对考试标准的批评：在墓志、行状中赞扬那些不拘泥于章句之学，而更关注社会现实和社会问题，以及追求儒经更深层、更普遍意义的学者。即使是继续在进士科及第之人，也可能会因其超越考试要求的做法而受到赞扬。[97]

或许为了回应刘秩及其他学者的上疏，737年（开元二十五年），玄宗敕令采取措施使进士和明经考试更加务实；[98]天宝时期，又对帖经在进士、明经中的地位进行微调。但在李林甫的严密控制下，[99]最根本的问题仍未得到解决。自752年（天宝十一载）李林甫卒殁至安史之乱爆发前的三年中，虽然进士科名额有所增加，但并未对科举制产生持久的影响。[100]

（三）刘知幾的《春秋》观

尽管由于《左传》篇幅过长，贡生都非常厌烦，但仍是学者热烈表达意见的经典之一。《春秋左氏传》作为国家重要原则、政策及礼制的隐晦而又权威的来源，不仅仍旧保有其重要地位，还在朝议与行政中广被征引。玄宗常引《春秋》来鼓励农业发展，抑制祥瑞奏报；个别学者在论及修史时也常引《春秋》。此外，《春秋》还是太庙管理、服丧时长、谥号制度等的依据。731年（开元十九年）秘书正字于休烈，后来重要的官方学者，甚至上奏试图阻止《春秋》传入吐蕃。其理由是《春秋》所载乃政治恶化的时代，诸侯权力大大超过周天子，蛮夷会以此威胁唐朝的宗主地位，不利于唐朝的统治。[101]

在这一世纪的大部分时间里，官方学者延续高祖、太宗两朝关于《春秋》的看法，即《左传》在《春秋》三传中最为重要。撰于这一时期的大多作品只有书名流传至今，但保留在刘知幾710年（唐隆元年）撰成之《史通》中对经学传统的大量尖锐批评，很大程度上可以弥补这一缺憾。刘知幾对《春秋》和《左传》的看法，代表了质疑孔子权威的极端观点，这可能也间接与七世纪及八世纪初政府的成功与信心有关；而其对《左传》的喜爱再次说明唐人对详实而生动的历史叙事的偏好。

刘知幾关于《春秋》和《左传》的看法大部分是七世纪及八世纪初没有争议的意见，同孔颖达编撰《五经正义》时的观点一样，刘知幾认为《春秋》只是孔子当时留存的许多编年史之一，孔子严格遵循周历，并格外注重礼乐制度进行刊定；[102]孔子刊修的主要目的是"就败以明罚，因兴以立功"。刘知幾的批评之所以具有独创性，是因为他认为《春秋》的缺点恰恰是其他人认为的《春秋》作为经典必要而神圣的特征。对刘知幾来说，孔子刊修《春秋》时还有丰富的史料可供利用，而他却将记述范围限于鲁国，这是一大缺陷。[103]通过用"弑""杀"等不同字眼记述非自然死亡，将一字之褒贬暗含于行文之中，是另一大缺陷。[104]刘知幾对《春秋》的不满及其分析用十二"未谕"的形式例举出来，尽管表面上仍对《春秋》保持尊重，但其总体批评还是认为《春秋》未能圆满做到"直笔"、"明鉴"、如"虚空之传响也，清浊必闻"；同时还认为其体例与"彰善瘅恶"的褒贬原则前后不一。以这样一种方式，刘知幾表达对孔子微言大义的否定，并进而提出以公正、客观的角度记叙历史的主张。

刘知幾批评《春秋》时反复强调并恳切希望人们注意其他关于周代的历史文本，有时直言，有时暗指。对他来说其中最重要的是《左传》——自幼喜爱阅读之书，[105]他认为《左传》最终由左丘明编成，左丘明为鲁国史官，地位似乎与孔子本人相近。左丘明的身分使他能够查阅大量文献，同时也能同来自各国的孔子弟子接触，因此可以极大拓展其史料范围，而结果就是《左传》相较《公羊传》和《谷梁传》远为翔实。[106]刘知幾为《左传》辩护，认为《左传》并非与《春秋》无关，因为"然设使世人习

《春秋》而唯取两传也,则当其时二百四十年行事,茫然阙如,俾后来学者,兀成聋瞽者矣"。[107]

刘知幾极力推崇《左传》,认为《左传》优于《公羊传》《谷梁传》,其观点是对七世纪传统立场的强力辩护。但刘知幾含蓄指出《左传》在某些方面比《春秋》本身更好,对孔子作为经典刊定者的攻击已经超出可接受的批评范围。唐代后期,刘知幾的指摘激起恢复《春秋》及孔子权威与庄严的愤怒尝试,而这些尝试又是八世纪中期以来发展趋势的一个方面——儒家思想朝着更为全面且独立于对立宗教的体系发展。刘知幾对孔子的批判不但没有得到跟进,反而被后人断然拒绝。

虽然《史通》是安史乱前一个世纪中唯一留存至今且收录关于《春秋》重要观点的著作,但在玄宗朝,学者对经学仍抱有浓厚兴趣。大概在开元中期,官方学者就计划编修自战国至隋朝的《续春秋传》,且表请玄宗御撰"经"的部分,"传"的部分则由弘文馆的一小部分学士依《左传》体例撰写,不过此书最终并未完成。[108]其后不久的735年(开元二十三年),集贤院又为《春秋》编撰标准的文字音义,主编为并不知名的学者吕证。[109]

玄宗朝后半期,《春秋》学大有改变七世纪及八世纪初以来《左传》独大的趋势。著名历史学家、刘知幾的长子刘贶,可能也在试图降低《左传》的地位,他将281年(晋太康二年)出土的以周历纪年的编年史书《汲冢竹书》中记载的谥号同《左传》进行比对,"知是后人追修,非当世正史也。"[110]开元天宝年间著名的多产学者陆善经也编撰长达三十卷的《春秋三传》,表明他已意识到"三传"中每一部的价值。[111]但此时最显著的贡献则是拜萧颖士所赐,萧颖士作为私学教师,常有生徒从国子监逃学前往其所在地请求指导。其中一名生徒之后描述萧颖士如何编修史书:他对《春秋》"三传"的缺点采取一种折衷的方式。[112]萧颖士在远离京城的山东或丹阳(今南京附近)授经,安史乱后著名的《春秋》学者赵匡即其追随者之一。[113]此时《春秋》学的一大特点是对"三传"采取折衷主义态度,唐代前期因史学角度而偏好《左传》,到八世纪后期更为关注《春秋》原文与哲学洞见,而萧颖士正是联结前后期的重要纽带。

(四)经学的幻灭

到开元时期,对大多数学者及有抱负的官员而言,学习儒经最为重要的目的仍然是入仕为官。其中少数专门热衷学术事业的学者希望进入由皇帝主持的官方学术机构,像刘知几、元行冲等便全身心地服务于此。然而到玄宗朝末期,复杂的政治形势和社会力量导致"反儒"思潮的兴起,也开始引起人们对经学的不同思考。这一思潮主要由地位较低的学者发起,通常是地方官员,或是有志于入仕,但却暂时或长期过着隐居生活的士人。他们的观点并非全新创造,而是新背景下的重新强调。天宝时期,广袤的地方藩镇为这些学者提供了发展思想观念与文学形式的温床。

在此环境中,即使当朝者是开明圣君,放弃入朝为官的理想也没有任何问题。诗人高適和其他人都在抱怨举子间经学学习的不公正,而这恰是参加激烈角逐的常科考试所必备的。[114]同样,杜甫也将其遭遇同纨绔子弟进行对比。[115]其他学者,如孙逖、颜真卿,则褒扬那些追寻儒经更深层涵义的学者,批评那些仅简单满足于章句之学的学者。[116]甚至有些学者将投机取巧以获得高官厚禄者同穷困潦倒但正直的生徒及地方上雄心壮志的士人进行对比。他们坦然面对长久的或是暂时的失败,以非常传统的方式,合理而高贵地拒绝非正常情况下授予的政府官职。[117]当朝廷被道德败坏的"近臣"把持时,这些真正的学者往往选择离开官场,不断提高自我修养,直到时局发生变化。[118]

在如此混乱的时代,人们对宗教隐士的尊崇之情大为增长,正如唐代诗人所言:"敛迹辞人间,杜门守寂寞。"[119]与七世纪一样,对此时大多数学者而言,佛教与道教为他们苦思冥想的终极价值问题提供了答案。此外,这一时期玄宗深崇道教,学者对超世俗信仰的兴趣与皇帝的态度并不矛盾。然而,一些学者和诗人却从儒学传统中为其仕途不顺寻找理由,他们往往从儒经中寻找返躬内修的哲学依据,或是用古典儒家的内省标准描述其退隐。[120]更典型的则是这一时期的大多数诗人,或以归隐时泰然处之的"沧浪翁"为偶像;[121]或以宁可饿死在首阳山,也不屈节入仕周朝的商人伯夷、叔齐为楷模。孔子在教学时总是伯夷、叔齐并举,而孟子只提及伯夷一人,并以伯夷为例,强调入仕的前提是看皇帝贤明与否。[122]对于玄宗朝后期大多数仕途不顺者而言,这些来自经典的形象,使他们有尊严地疏离于政治中心之外。安史乱后,这也成为不合群的学者,甚至是与七世纪学者不同、在京城从事儒家经学研究的满怀激情的士大夫继续生存的精神支柱。

三　安史乱后

唐代前半期，朝廷对经学发展主要有两个要求：一是表达符合王朝利益的一系列政治价值观，二是满足科举制度的实际行政需要。安史乱后，尽管政治环境进一步恶化，但经学定本及儒家经典在科举考试中的作用对学者群体而言仍是重要问题。一直到九世纪，官员都在提出一系列改革倡议，旨在通过教育和学习儒经来复兴王朝统治；此外还进行了一系列意图确立永久保持的经学文本的改革。

然而，从八世纪末起，最主要的改革思想并非来自学术机构，而是来自地方的个体学者。他们生活的社会不同于七世纪及八世纪初，他们不再是以朝廷为中心的学术群体，有时甚至远离长安。许多个体学者都有学术官员的经验，或来自其职业生涯，或来自其官场同僚。但这一时期学术官职很少如安史乱前常有的那种学术委任，相反，这种来自官方学者、普通官员甚至是边缘学者的改革思想正反映出学术生活更大的分散性。

（一）科举经学改革的努力

756 年（至德元载）政府从长安的撤离，意味着这一年的常科考试只能在远离京城的地方临时举行。758 年（乾元元年）科举方才回到长安，而且 765 年（永泰元年）以后，为了减轻长安资源紧张的负担，洛阳开始举行与长安同样的科举。[123] 从 758 年（乾元元年）至唐朝灭亡，除少数特殊年份外，明经科与进士科均照常进行。经学学者仍在政府运行中起着重要作用，正如他们在学校改革中的作用一样，成为接下来几次改革的主要力量。

随着代宗继位及 763 年（广德元年）末朝廷从陕州返回长安，针对考生抱怨明经、进士科"经学无用"的现状，学者提出一系列有关学校及考试改革的建议。然而，一些学者提出的重建经学文本的奏疏通常只留下标题，只能看到他们批评生徒单纯死记硬背，但其他细节则无从知晓。如同学校体系崩溃后断断续续进行的改革一样，对此，朝廷欢迎学者提出改革建议，并针对这些建议组织讨论，但却没有长期有效的改革。

763—764 年（宝应二年至广德二年），诸官上奏严厉批判现行科举制度。礼部侍郎杨绾上疏请求废止自玄宗741年（开元二十九年）以来实行的道举，并建议将明经、进士科的取士标准换为精通"九经"中的一经，或是精通《孝经》《论语》与《孟子》，三者共为一经。[124]随后，代宗就此提议召集群臣商议。贾至在廷议中批评科举选拔人才的标准，认为举子以帖经为精通，而不穷旨意，不注重基本的道德修养，甚至连孔子夸赞颜回"不迁怒，不贰过"的道理都不知道。此次群臣商议的结果是，764年（广德二年）下令停止无关紧要的"岁贡"；但关于进士和明经，敕旨称"置来日久，今顿令改业，恐难其人"，因此依然如故。[125]

其后，另一位学者赵匡提出一整套有关科举考试改革的具体办法，赵匡为萧颖士在安史乱前的学生，著名《春秋》学者，也是第一位将地方改革派的观点同中央改革派结合起来的学者。赵匡详细论证专业学习《春秋》对行政改革的重要意义，他反对"孩童"般死记硬背的儒经学习和考试方法，并提议设立一系列新的考试科目，包括兼习"三传"的春秋举，以及通诸经之外兼通先秦诸子之学的茂才举，其中即包括通《孟子》。[126]

德宗时期，学者也在断断续续进行效果不太显著但意图改变官方经学地位的改革，这些改革在官僚群体及举子中同样引起激烈讨论。正如玄宗朝国子监官员的讨论一样，改革者批评举子倾向于选择学习简短的经书，他们的议论也促使明经科出现更多的经书选择方案，旨在鼓励举子选择不太受欢迎的经书。793年（贞元九年）德宗下诏789年（贞元五年）敕立的"三礼"科、"开元礼"科永为常式，主要是为扭转安史之乱以来礼学恶化的现状。[127]

德宗统治后期，有三四位知贡举是带有改革思想的文学家，这些文学家同致力于发展新经学模式的非官方学者群体有着广泛的社会联系。经学新发展的主要趋势之一便是趋向于用儒学分析人的终极价值和内心世界，像"天人之际""性命"之说，这一趋势可能是对唐王朝日益衰落及德宗后期政治失意与悲观主义情绪的集中回应。贞元末，探讨这些话题成为一种时尚，不仅对于边缘士人，对成为高官之人也是如此。此时留存下来的大量策论问答史料表明，主司也将这些问题引入策论，如顾少连[128]、高郢（740—811，谥"贞"）[129]及权德舆[130]知贡举时所出论题，均可反映他们对内心世界及传统儒家心理重新燃起了兴趣。如现存一些明经科策论命题所示，在805年（永贞元年）《礼记》策问中，知贡举权德舆甚至预示了后来新儒家对"四书"的划分——他让举子阐述《大学》《中庸》中有关个人心性修养的思想。[131]

自九世纪起,进一步提高科举经学水平要求的改革尝试陆续进行。改革者的上疏大多只提及经书之名,并抱怨举子对经书不够精熟,[132]考察章句之学与以文章取士(第六章,第241—244页)的做法常常一同受到批评。823年(长庆三年),以《春秋》及"春秋三传"为主要内容的"三传科"设立,力图改变这些经书在举子中遭冷遇的局面。[133]"三传科"的设立表明赵匡等东南《春秋》学派发展起来的"三传"并举态度进一步发展,不但已经被官方接受,而且已经反映在八世纪末九世纪初的策问之中。[134]

到九世纪后期,更多有关明经、进士科的改革陆续进行,这些改革偶尔也会涉及经学在考试中的地位问题。其中最为激进的是833年(大和七年)废除进士科中杂文部分的诗赋考试(第六章,第244页),不过一年后又旋即复旧。[135]但常科考试仍在正常进行,直到唐朝灭亡前夕。据此,可以推测九世纪下半叶经学改革同教育改革一样,朝廷已经不能有效回应关于改革的建议。

(二) 经学定本的难题

接下来的改革要求科举增加对儒学经义的考察,主要是调整考试纲要,包括减少文学考察,更注重对经典的实际应用。但是,为举子提供经典定本仍是行政层面的中心问题,并且一直存在各种困难。同时,朝廷仍有将经学定本藏于秘阁的理想。相较于其他一直困扰唐代官方学者的诸多问题,这一问题在唐代晚期得到了永久性的解决。

在唐王朝建立之前的东汉及随后的曹魏时期,经书就已被刻于石碑陈于太学。[136]唐代学术界以早期官方石经为典范,不仅视为至宝,更是提出应该在适当时候确立本朝石经。隋586年(开皇六年),朝廷将先代石经遗存从洛阳运至首都长安,当唐代士人提到这版石经时,对隋末动乱时造立之司用为柱础的做法表示不满。[137]贞观初,时任秘书监的魏徵收集所有能找到的石经残片,并将拓本藏于秘府;朝廷还将汉代石经列入国子监书学专业,以示尊崇。石经残片被认为保存了汉字变体流传以前的原本样貌。[138]

唐初,太宗就曾试图采取措施解决经书定本问题,633年(贞观七年)颜师古受命考定的"五经"颁行天下,[139]尽管颜师古在考定"五经"时另行整理的"颜氏字样"广泛流传,但有关经书定本的问题仍未解决。七世纪末,唐朝统治者想要重新刊修经书及经典史书——《史记》和《汉书》。696年(万岁通天元年),武则天委任包括常年任职于史馆的著名史家吴兢在内的学者群体,于兰台刊正经史,然而却没有任何关于此次刊修结果的记载。[140]其后,玄宗为太子时,大学士张说奏请"表正九经,刊考三史",但这次整理也未见公开成果。[141]

开元天宝时期,经书定本问题再次为人们所关注。时为国子助教,后为国子司业的开休元"常叹经中文字,舛误实繁,历代相因",故而刊定"三史",校正"五经",并"悬之序门",直到其父逝世迫使其丁忧辞官。[142]开元后期,集贤院还为《毛诗》《春秋》及道家经典《庄子》等经书编修《开元文字重音义》,这也是此时整理经书定本的要求所致。[143]天宝年间,重要回忆录《封氏闻见记》的作者封演时为太学生,建议请立大唐石经于太学,事竟未成。[144]最后,只有作为儒家思想简明概要的《孝经》因备受玄宗推崇而被刻成石经以利推广。

安史乱后,对于经学定本和刊刻本朝石经以证明王朝强盛的需求更加强烈,著名篆文书法家李阳冰(765年或780年卒)即在文章中言明其志:"诚顾刻石作篆,备书'六经',立于明堂,为不刊之典,号曰《大唐石经》,使百代之后,无所损益。"[145]

大约与此同时,淮南节度使韩滉在平定淮宁叛乱期间,于军中撰成《春秋通例》,并将其刊刻于润州(今南京)府学。但不知何故,韩滉所刻《春秋通例》却成为唐人的笑柄,虽然这部石经规模较小,但却极富象征意义,因为东南地区先于京城刊刻了石经,这对京城石经的刊刻极为不利。[146]长安国子司业张参与韩滉在政治上的敌对关系可能是韩滉所刻《春秋通例》石经未能同时在京城国子监刊刻的原因所在。

776年(大历十一年),韩滉的政敌张参主持小规模的编修群体,重新勘校"五经"定本。随后,这部"五经"定本被写在长安国子学论堂东西厢的墙壁上,即《五经壁本》。同时,张参与另一位学者还对"五经"中存在争议的文字进行考证,给予正确的标准写法,文字考证以《五经文字》为名单独成册,随后亦被刻石并流传至今。[147]

十年之后的786年(贞元二年),曾是萧颖士弟子、时任秘书监的刘太真上疏请求以秘书阁为依托,挑选学者详校"九经",然此计划因众议阻挠而不幸夭折。[148]几年后,韩滉之弟韩洄迁任秘书监,再次奏置"五经"正本。[149]至宪宗朝,政府采取更多措施考定经学定本,国子监至少已为《礼记》和《春秋》编订字例。[150]著名儒学改革家郑余庆尤其关注国子监经壁的损毁情况,经壁可能即在这一时期得到修复。[151]

但直到唐代文人皇帝文宗(829—831年在位)即位,木刻经书的修复工作才最终完成。[152]但文宗与儒学宰相郑覃却远未就此止步,尽管国力相对较弱,但王朝撰刻石经的理想却在此时最终实现。开成年间,郑覃上疏,"准后汉故事,勒石于太学,永代作则,以正其阙"。837年(开成二年),石刻"九经"完成,立于国子监,这就是著名的"开成石经",也是中国古代留存至今的石刻艺术典范。但此时的石经也存在一些问题,首先,就文本层面而言,该石经依据的是唐初孔颖达考订的《五经正义》,其刊刻的注疏自然也是两个世纪前孔颖达及贾公彦、杨士勋所认可的版本。唯一例外是《孝经》与《月令》,《孝经》采玄宗御注,《月令》用李林甫注。虽然该套石经在卷首列举前代学者注疏之名,但却没有将它们刊刻进去。尽管石经刊刻后相关议论的记载少之又少,我们依然可以从中看出,不论上述原因还是其他原因,这套石经都备受争议。不过不可否认的是,在十世纪印刷术诞生、经书文本传播状况得到根本性改变以前,正如文宗所设想的一样,这套石经保存并展示了唐代经学文本的基本状况。[153]

(三)安史乱后的《春秋》学

安史乱后断断续续进行着经学的改革与重修工作,但其学术背景已与八世纪初截然不同。安史乱后经学的重新解释表现出以下几大特征:首先,主要以私人注疏为主;其次,这一时期的学者反对唐初那样仅对经文内容进行简单注解;最后,注疏中透露出强烈的批判思想,与唐初关于《春秋》及其"三传"的官方观点形成鲜明对比。在中央政治舞台上,《春秋》依然是精英士大夫的核心关注,皇帝、宰相和官员常常征引《春秋》处理礼制、政策运行及政治道德原则问题。[154]但是,与《春秋》文本本身相关的主要思想运动,只是在九世纪初,即《春秋》学三个发展阶段中的第二阶段,由长安的学术官员推动发展。他们早已超越对章句之学的批评,不仅视《春秋》为能给世界带来和平与稳定的权威,更在重新阐释的过程中隐喻其为治理国家的良方。他们反对唐初官方的注疏,也拒绝偏好《左传》的传统，并试图恢复因刘知幾在《史通》中对《春秋》的攻击而降低的孔子权威。《春秋》一直在为他们所倡导的政府原则提供辩护，而安史乱后《春秋》学者将《春秋》文本的内涵进一步拓展，承载了更多的改革思想。[155]

在安史乱后的三十余年中，由于远离战争纷扰，东南地区成为《春秋》学发展的温床。啖助（770年卒）、赵匡（770年卒）及陆淳（805年卒）三位任职并致仕于东南的学者，相继成为《春秋》学的主要代表人物。[156]啖助原是北方人，天宝末年调任丹阳（今南京附近）主簿，有两部关于《春秋》的作品，[157]特别强调孔子编修《春秋》有着深远的历史观和深刻的道德意义。对啖助而言，《春秋》可以"救时之弊，革礼之薄"。[158]他抛弃唐初经学家对经书注疏的敬畏，认为学者过于推崇"三传"。尽管细节极为有用，但对《左传》的评价明显过高，而且误将《春秋》视作史学和文学作品，而非经典。他认为《春秋》学，用《论语》之言来说，应在"三传"之间"无常师"，更不应过分看重其后的注释。[159]

《春秋》学的第二位学者赵匡，其时在东南为官，可能是通过啖助之子，他在770年（大历五年）与啖助相遇，并为其思想所影响。赵匡认为，孔子笔削《春秋》一方面兴"常典"，尤其对"郊庙、丧纪、朝聘、蒐狩昏取"，一旦违反周礼就加以批评，因为这些典礼适用于任何时代。[160]此外，他还从早期《公羊传》中汲取精华，认为孔子还著"权制"，即"非常之事，典礼所不及，则裁之圣心，以定褒贬，所以穷精理也"。权衡以穷精理很难做到，所以孔子在《论语》中说"可与适道，未可与立；可与立，未可与权"。[161]然而，"权制"如同国家制度总是不断演进的信念一样，为朝廷强硬的政治干预提供正当理由。这一观点的重申可能与德宗朝一些学者积极的改革态度有关，其中甚至还包括杜佑，许多《春秋》学者都和他有联系。赵匡坚持某些特定礼仪乃天子特有，这一观点可能与当时改革者对中央集权的强调，以及"王者禘其祖之所自出"的思想有关。[162]赵匡还认为制度衰微是必然的，激进改革是正当的，[163]且不重视《春秋》中符祥的地位，[164]而这些思想又与杜佑等其他改革家不谋而合。

赵匡继承啖助贬低《左传》的观念，认为《左传》的传承世系其实是隋末唐初陆德明为尊崇《左传》而妄加伪造的。[165]在这一大胆的结论中，他批判啖助"依旧说"认为《左传》作者"左氏"即左丘明的看法。赵匡认为，《左传》"浅于《公》《谷》，诬谬实繁"，而且《论语》称颂的都是孔子时代以前的贤人。因此，左丘明一定是孔子之前的人，而非《左传》的作者。[166]赵匡还指出，虽然传统和官方一直认为《左传》和《国语》都是左丘明所作，但实际上则是书成众手。[167]

陆淳，《春秋》学的第三位学者，同其他支持改革者一样，约于代宗朝后期北上京城。[168]但781年（建中二年）杨炎被贬后，他也因此受牵连而贬谪东南，与杜佑友人史官沈既济同行。但不久又被调回京城，并担任若干学术官职，且在贞元时期参加一系列有关国家礼制的讨论（详见第四章，第153页）。陆淳作为顺宗朝的资深学者，将改革热情与对《春秋》的兴趣紧密结合。[169]这一时期，很多年轻学者也加入改革行列，如韩泰、韩晔、凌准、吕温、裴堪等，陆淳则是其中的元老。当然，最为重要的年轻成员是柳宗元，大概在803年（贞元十九年）跻身其中。[170]

尽管这些《春秋》学者中的一些人拥有官方学术职位，但《春秋》学在京城官方话语中仍然不被认可。与八十多年前刘知幾等开元时期学者的讨论不同，此时《春秋》学的讨论不在皇帝旨意下进行，也不在官方架构下展开。但在德宗朝后期，陆淳被贬国子博士，学者将其编修的《春秋集注》，连同夸赞其优点的奏疏一起进呈皇帝，[171]从而使非官方的《春秋》学同朝廷高层产生联系，但这种联系也只是突显开元时期同九世纪初期学术界朝廷导向的差异。奏疏为吕温所撰，但并未请求将此书立于学官传授；也没有将此书藏之秘阁或付诸儒讨论的记载。

大约与此同时，顺宗朝戏剧性的政治改革走上前台，在805年（永贞元年）的六个月里，改革派短暂掌握权力，但记载中却并无迹象表明改革依其原则执行。805年9月，永贞革新破产，改革派及其支持者中的高层官员，像杜佑，甚至陆淳等没有受到太多牵连；但许多年轻追随者却遭贬谪放逐，包括《春秋》学者韩晔、韩泰、柳宗元等人。

805年永贞革新失败的余波继续影响着《春秋》学者，他们继续以书信形式在贬谪地保持联络。从流传下来的材料可以发现，柳宗元是这一时期思想改革运动的中心，即使被贬在外，依旧积极对此思潮前期的三位领袖啖助、赵匡和陆淳作出回应，几乎完全支持他们。[172]他认为孔子作《春秋》已经过去近一千五百年，期间注疏、阐释《春秋》者多达"百千家"。但只有啖助、赵匡和陆淳三位领会了《春秋》本意，"使庸人小童，皆可积学，以入圣人之道"。[173]

传统上认为柳宗元是唐代持不可知论者之一，然而，他在响应陆淳等人的新《春秋》学时，却恰恰延续与之相反的、总体而言更为传统的取向。一方面，他结合不可知论观点对《春秋》的早期注疏进行批评；另一方面，坚持认为《春秋》深刻而神圣，其态度之鲜明丝毫不亚于啖助、赵匡和陆淳。从柳宗元大胆批评经典的文字，尤其是对《国语》的批评分析[174]来看，他的经典批评思想并不成系统。在其他作品中，柳宗元也表现出对孔子及其著作蕴含教义的高度尊崇，尤其是与孔子联系密切的《春秋》[175]和《论语》[176]。尽管柳宗元名声在外，但其批判并不像此前近一个世纪的学者刘知幾那样直接，刘知幾尖锐表达自己的思想，并对《春秋》学派产生过巨大影响。

819年（元和十四年）病逝于遥远南方的柳宗元并未将其《春秋》学思想传授给那些重要的学生，[177]但《春秋》学的其他追随者，包括在学术机构任职的个别官员仍在传承《春秋》学的传统。[178]这一时期，《春秋》学折衷"三传"的观念得到广大学者的普遍接受，如史官刘轲（839年卒）[179]、谏议大夫殷侑（803年曾成功奏请设立考察"春秋三传"的三传科）[180]、知制诰韦表微（770—829）[181]、制科举子刘蕡（828年）[182]等。即使到唐末，像陈岳[183]、司空图（837—908）[184]及陆龟蒙（881年卒）[185]等学者仍持同样的折衷态度。当然还有唐末学者皮日休，他是陆龟蒙的朋友，热烈推崇孟子和韩愈，也在《春秋》学的发展中起到独树一帜的重要作用：他整理出简短的评论集，对一百五十年前刘知幾的《春秋》批评进行逐条驳议。[186]我们已不太可能再将晚唐《春秋》学的发展同当时的政治气候联系起来，但他们显然推动了一些观念的发展，这些观念是安史乱后学者就曾阐述过的：对"春秋三传"采取折衷态度，坚持《春秋》及孔子作为其整理者权威而神圣的地位。

（四）"性命"学者

安史乱后，唐代中国学术环境的变化特别表现在儒家的关注转向内在，转向心性问题的连续演进。如同学者对《春秋》的重新关注，这一发展再次主要发生在非官方社会；但其倡导者几乎皆为科举及第，而且绝大多数都在仕宦生涯中担任过学术官职。

八世纪晚期,"性命"学发展到第二阶段,有许多观点同《春秋》学一致。和《春秋》学者一样,他们拒绝继承训诂传统,对机械的注经方式颇感厌烦;和《春秋》学者一样,他们专注经文本身,根本目的是在佛道侵扰下恢复儒家传统的权威。他们最大的贡献,在于试图用儒家话语体系重新对终极价值问题作出解答。他们开拓新的知识领域,将学者长期以来认为的私人问题引入学术舞台中心,并使其成为当时政治与学术界新的重点。尽管他们同唐代大多数官员一样对仕途孜孜进取,但却使其思想在一定程度上超越国家中心的传统,超越曾塑造唐初经学面貌的官方话语体系,成为关于全人类的普遍思想。单就经学文本层面而言,他们同样对这一漫长的进程作出重大贡献,最终重新整合儒家经典,使"四书"及其作者获得官方承认,并同之前的"五经"一起构成"九经"。

然而,安史乱后初期,有关官方学者重新关注内在重要性的记载并不像《春秋》学那样明确。这场思潮的背景,是对归隐、宗教思想及"天人关系"的关注,这些在安史乱前的非官方学界已有一定的发展。但并不是说这种兴趣仅仅局限于低级官员或处士,任何级别的官员,不管京官还是地方官,都可能参与其中,只有少数人因为儒家"敬鬼神而远之"的传统而拒绝引为同道。

因此,对终极关怀的思考和对心性修养的关注是安史乱后知识界的普遍兴趣,史载甚至唐代宗也曾关注"穷理尽性之学"。[187]安史乱后的科举改革家、中书舍人、兼修国史的高层学者杨绾及国子司业张参认为这一思考的目标也应是"穷理尽性"。不过,这种关注再次体现在私人的、非官方的文字中,是被偶然载入三品官杜亚(725—798,谥"肃")的神道碑。[188]另一位关注内心世界的高级官员是德宗信任的宰相崔祐甫,权德舆在为其文集所撰序言中称道"中庸之明诚"。[189]

正如到东南任职或避难的官员和学者发展出新一阶段的《春秋》学,对于"性命"学的发展,他们同样起着重要作用。譬如张镒(783年卒)[190]、李华(710—767)[191]、独孤及[192],仕途中都有学术官职的经历,都曾在东南为官,都对内心世界充满兴趣。像杨绾一样,他们中很多人对《孟子》兴趣浓厚。然而,没有迹象表明他们的兴趣仅在儒家;他们同样精研佛教或道教,并主要使用佛道术语分析其思想。

德宗时期,宗教中关于终极价值的思想依然非常流行,其中有两位深受宗教合流影响，曾长期在东南任官的学者，由于后来迁回长安任职礼部及学术机构，而成为此时这一思潮的代表。二人之所以重要，是因为他们将个人的政治影响同宗教理想结合起来，这是"性命"思潮第一阶段的特征。第一位是梁肃（753—793），自770年（大历五年）起，至777年（大历十二年）独孤及去世，一直在东南追随独孤及。后被召回长安，任史馆修撰、翰林学士，直到792年（贞元八年）陆宣公权知贡举后，才因参预科举而颇具政治影响力。对修身养性的兴趣使他得以居士身分撰写大量宗教沉思录。[193]此外，他拒绝在新任淮南节度使杜佑幕府任职，批评管仲（公元前六世纪）、诸葛亮（181—234）之类汲汲于政治的人物，讽其"留心济世，自谓栋梁"。[194]梁肃还曾在韩愈、李翱的科举过程中发挥重要作用，韩、李二人也视其为座师。[195]

权德舆是第二位代表人物，因其在学者群体中的广泛交际，在此思潮发展中显得格外重要。他与杜佑关系密切，直到宪宗朝，年事已高的二人仍然保持深厚的友谊；他还认识年轻的改革派刘禹锡，同柳宗元也有交往。广阔的社交圈可以表明，无论致力于"性命"学，还是致力于《春秋》学，二者的改革活动都不是孤立的，也都不会成为学者间交际的障碍。

权德舆在东南结识了梁肃，也可能结识了年轻的韩愈。[196]像梁肃一样，相较于东南，他也更乐于在京为官。其后，主要担任学术官员，780年（建中元年）前为太常博士，后来破例担任长达九年的知制诰，802—805年（贞元十八年至永贞元年）为知贡举。[197]在闲暇时间，权德舆还进行道教冥想，在对冥想经历的叙述中，他认为儒家"诚明"（源自《中庸》）理想同佛教和道教的旨归相类似。[198]此外，他早在787年（贞元三年）就已使用"复性"一词，并作出详细分析，比后来李翱《复性书》早了近十年。[199]

第一阶段最后一位代表人物是吴郡陆修，同样因其政治组织者的身分而重要。陆修与梁肃相识，[200]权德舆在东南时也与他有过交往，[201]780年（建中元年），权德舆荐其入京代替自己为太常博士。[202]此外，陆修在韩愈、李翱的早期生涯中也起过重要作用，韩、李二人是"性命"学思潮第二阶段的主要人物。李翱在东南拜访陆修，并向他阐述自己对"性"的理解，据李翱记载，陆修用夸张的言辞盛赞其洞察力。802年（贞元十八年），陆修协助知贡举权德舆,并向后者举荐韩愈。[203]

802年,陆㑇逝世,权德舆为其撰写墓志铭,[204]李翱为其撰写悼文《陆歙州述》,并在文中将陆㑇比作颜回、子夏、孟子等"性命"学典范学者,正如管仲、诸葛亮之于政治活动家一样。[205]尽管李翱称陆㑇为"穷性命"者,[206]但却鲜有陆㑇关于儒学义理立场的细节记载,而这一问题在当时正变得非常重要。

"性命"学思潮发展到第二阶段,具备更多的文献留存,其发展方向也在发生急剧变化。此前,它是折衷的、调和的、寂静的;是对人类经验中一个领域无可争议的探索;与仕宦和政治生活非但不冲突,反而相辅相成;表明学者作为一个"人"的严肃态度;此外并无更多含义。然而现在,它变成积极的改良思潮,变成纯粹的儒学运动,并强烈反对佛教与道教。这一变化不仅使其追随者发生内部分歧,在彼时皇帝与官方社会普遍接受三教合流的环境下,[207]也使这场思潮失去其原有的声望。这一阶段,少数学者提出更多的改革诉求,但往往是底层官员或是从未入仕的士人,他们强烈的灭佛思想使他们成为少数派,明显区别于同时代的其他学者。

第二阶段最重要的两位学者是韩愈和李翱,然而,二人在性格上却大不相同,尽管这绝不会是当时的真实情况,但二人对儒家教义问题的不同看法却具有重要历史意义。他们对这一问题的分析是非官方的,虽然文笔堪称完美,但并无迹象表明是为朝廷而作。李翱政治上的反佛主张没有影响到其仕途;但韩愈却因推广灭佛思想,而在仕宦生涯中几次承受巨大的政治风险,甚至为此危及生命。

可能在801年(贞元十七年)以前,韩愈和李翱就已分别建构起不同的儒家"性命"观。[208]李翱的长文《复性书》,分三个部分阐述一种熟悉的、源于超世俗信仰的、关于心性的分析和"寂静"的观点。但李翱的论点在韩愈看来不能接受,主要有如下三个特征:第一,李翱坚信人的本性都是一样的;[209]第二,他认为人的心理核心构成要素之一的"情"是负面的,"情"迷失或障蔽了"性";最后,李翱提出一个内省或者称为"复性"的过程,即通过"寂然不动"应对诸事,以达到《中庸》所说的"诚明"状态。这一观点在某些方面与佛教的开悟目标相似,但李翱的理论框架来自儒家经典,并视孔门弟子颜回为主要典范。[210]

韩愈曾是李翱文学创作上的良师,[211]在李翱所思考的领域也有一系列简明而又浅显的论述。但他较少关注李翱所讨论的存在价值，而是采纳《论语》及佛教传入之前儒家的传统立场。他认为人的天性和情感与生俱来，并有三个品级，尽管中品之人可以通过引导而变化性情，但上品及下品之人性情已经固定，无法改变。[212]与李翱提出的设想不同，韩愈认为不能通过归于"寂静"完成个人的心性修养。韩愈针对李翱关于义理问题的看法，其实在相当程度上是站在社会改革者的立场所发表的观点，尽管这些观点是在官场以外发出的。此外，他还坚信人的内心有"诚"；但李翱提出的、非常重要却有浓厚佛道意味的"静"的概念，却不在韩愈的分析当中。

虽然从现存文本来看，韩愈与李翱在观点上存在显著区别，但从长远来看，他们都为儒学的新发展作出了巨大贡献。对于儒家政治与社会的终极理想，都通过征引《大学》中著名的"格物"到"平天下"八个步骤表达出来。对李翱而言，八个过程中的第一个，是其后新儒学中经常提及的"致知在格物"，他认为这同样适用于"寂然不动"，即《中庸》的"诚明"状态。韩愈亦引此语，但强调这并非指"寂然不动"的状态，而是简单的自我修正过程，即"古之所谓正心而诚意者，将以有为也"。[213]

对于孟子，二人的态度在某些方面非常类似，在某些方面又存在明显差异。李翱在义理层面尤其认可孟子，既赞同其性善论，也赞同"人皆可为尧舜"的观点，这是一种理想状态，出自《孟子》中的颜回之语："'舜，何人也？予，何人也？'有为者亦若是。"[214]而韩愈对孟子的看法，则是矛盾的，甚至是不自洽的。首先，他同李翱一样将孟子看作孔子学说的传播者，师承自曾子、子思一脉，并称赞孟子"醇乎醇者也"。[215]他也曾利用孟子"人皆可为尧舜"的观点，不过，那是为了讽刺彼时流行的诋毁他人优点的风气，而不是重新探讨这一价值。他只是要求人们应当提升自我，"早夜以思，去其不如舜者"；而在义理层面，并未把孟子当做权威，认为孟子所谓性善论，是"得其一而失其二者也"。同时，他还强调"博爱"，颇具讽刺意味的是，这一思想与墨子更为相似，而基本赞扬墨子的孟子却唯独批判与驳斥这一思想。[216]

因此，更为讽刺的是，李翱、韩愈及其他学者联合起来将孟子视作"性命"学思潮中的反佛标志，不过，此处关于孟子的观点简单且直接，甚至因缺乏分析而平淡无奇。他们认为，孟子不但发扬孔子学说，还抵制当时的异端——杨朱哲学与墨家学说，[217]"其功不在禹下"。[218]然而，韩愈的追随者又进一步发展了关于孟子传统而普遍的观点，795 年（贞元十一年），张籍将韩愈的形象同孟子联系起来；贞元末，李翱和陆修更直接地作出这种认定；大约二十五年后，在为韩愈所撰祭文中，李翱重申韩愈为当代孟子的观点。[219]

但韩愈、李翱及其他学者并未将儒家关于内在心性的义理问题继续探讨下去，元和时期，他们致力于更为实际的政治运动——灭佛，以及继续为孟子争取配享地位。在这一阶段，主要是"刚讦"的韩愈，[220]而不是李翱在政治上起着更加强硬的作用。尤其是 819 年（元和十四年），韩愈冒着生命危险上疏谏迎佛骨，谴责佛教造成的奢侈之风。尽管此疏只是老生常谈，但却严重激怒了皇帝，当佛教僧众"譁快以抃"之时，韩愈在同僚的奏请下免于一死，被贬到八千里外的潮州（今广东）。[221]

此后，"性命"学思潮第二阶段中由儒家发起的士人反佛运动，在政治上明显黯淡下来，只有少数韩愈的追随者继续积极反佛，但因态度晦涩根本无法产生政治效果。当三十年之后开始激进毁佛时，其压力主要来自皇帝，且以道教而非儒家的理由进行。[222]在唐王朝接下来的时日里，韩愈在文学上的影响远远超越其儒学义理，[223]也仅有少数几位学官对韩愈和李翱提出的心性道德问题进行分析。[224]

然而，这一时期的学者对孟子日渐重视，韩愈仍与孟子相提并论，如杜牧、孙樵及林简言都曾在文章中表达这一观点。[225]九世纪末学者皮日休将孟子与颜回视为修身典范，尊崇有加，还热切崇拜韩愈。[226]皮日休的友人陆龟蒙也极力推崇孟子，自幼熟读"六经"及孟轲、杨雄之书。[227]唐末，897 年（乾宁四年）进士及第的孙郃也"好荀、杨、孟子之书，学退之为文"，甚至还为自己取字"希韩"，以表达对韩愈的崇拜。[228]

但是，唐末学者对韩愈的推崇在政治和社会上依然是无关紧要的，韩愈希冀通过复兴儒学、抵制佛道以振兴国家、改良社会的尝试以失败告终，正如此前《春秋》学者为治疗国家积弊所作的努力一样。不得不等到重新确立强大国家权力的宋朝，韩愈的思想才获得官方的承认。

第四章　国家礼制

唐代儒家学者将国家礼仪视作其学术传统最重要的组成部分之一。现存官方汇编、非官方文献及个人文集中有相当一部分是关于王朝礼制的记载。礼制中大约包含一百五十种仪式，主要保存在皇帝授命学者汇编的连续礼典中，几乎都可以在儒家经典中找到源头。礼典编纂是持续不断的学术论争和方案起草的最终结果，礼仪活动事关朝廷威望，对于王朝和学者群体至关重要。中古时期儒家思想的主要特征基本可以由此体现。[1]

国家礼制之所以拥有崇高威望，很大程度上是因为它与帝国制度及政治权力的来源密切相关。在唐代繁盛期，它为王朝在意识形态上、物质上、甚至逻辑上取得的成就提供高度认可与无上威严。对于参加典礼的大量文武官员而言，宏大的帝国礼仪活动既是在"天"面前对朝廷角色的神圣肯定，也宣告着官僚集团不容置疑的权威。

国家礼制中诸仪式的地位不尽相同。那些与"天"及其他无形力量有关，与皇帝统治领域相一致的仪式，是格外重要的部分。然而，中古国家礼制传统的基本特征是存在一个完全不同且独立的领域，在这种意义上说，神明不是超验的，尊崇神明也不意味着彻底否认世界。神明与皇帝及其臣僚坚持致力的善政密切相关，并切实影响着现实世界。天人相谐对自然与人类社会的和谐稳定至关重要，因此，正确的组织典礼和按时祭祀并不是某个人或单个部门的职责，而是整个太常寺及礼部的职责。太常寺与礼部都是常规行政部门，其职位也由普通官员担任。而"礼官"的来源则同其他学术机构官员一致，其俸禄、晋升及任期也同其他学术官员相同，礼制问题与其他行政问题没有根本区别。中枢机构和学术机构时常就许多重要的礼制问题进行讨论，群臣商讨之后，宰相就其中一些问题作出最终决定。

礼制主要来自儒家经典,因此,所有受过教育的人都对礼学传统有一定了解。不过,学者群体内,礼学其实是一门专业学问,一些最著名的学术家族有着礼学的家学渊源。在唐代官僚制度下,礼学家偶尔会被允许长期担任礼官。[2]但大多数礼官往往在礼仪部门或其他学术机构,甚至是普通文职上交替迁转。所有学者都对礼学传统有过接触,意味着让大多数官员参与礼制讨论成为可能。因此,礼学成为士大夫群体学术与政治生活中尤其重要的一个方面。大部分礼仪活动是由史官记录下来的,而史官又往往是礼学专家,因此国家礼制相对来说得到了较好的记载。

唐代处理礼制问题注重实用性。其中最为明显的,是太常博士及其他参与礼制讨论、起草的官员都希望他们的上疏得到采纳与贯彻,以获得认可后的利益。在这样一种惯有模式下,唐代学者很少独立强调礼仪的理论功用。无论中央还是地方,都鲜有关于国家礼制与佛道祭祀或淫祀间关系的理论分析。[3]

114

大量关于国家礼制的文章是礼典草案,或是关于礼制的论辩。有唐一代,学者参与礼制论辩需要以下三方面的专门知识:首先,要有能解释礼仪背后经典渊源的知识与能力;第二,要掌握汉代以来的礼仪实践;最后,还要把上述因素同君主意旨和唐朝国力相结合,不管是空前繁荣之时,还是像安史乱后国力锐减之时。唐代礼制起草中有一种竞争的感觉,就像在宫廷文章写作中见到的竞争意识一样。不过,这种论辩往往受到皇帝的鼓励,它为政治竞争提供了媒介,而政治竞争又是唐代官僚生活的永恒特征。

唐代学者在对国家礼制的少量理论性评述中,重申"礼"的原则及功能的传统观点,即强调礼制对国家和社会的重要性。他们首先从宇宙哲学上维护礼制。孔颖达《礼记正义序》即以"夫礼者,经天纬地,本之则大一之初"开头,将礼制描述为宇宙不可或缺的组成部分。[4]恢宏的国家礼制与缜密的"天人感应"体系相关,在这个体系中,自然界与人类社会的万事万物皆因君主德行及社会道德而生。礼制还同历法结合在一起,许多祭祀要按季节举行。礼制与《礼记·月令》关系密切,体现着先秦后期高度发达的阴阳宇宙论(第三章,第87—88页)。《月令》包含国家应按月举行的典礼,实际上同历代礼典一样是王朝礼制的权威。[5]礼制的宇宙论阐释和《月令》对君主而言都非常重要,因为它们都提供了一套与帝国统治质量直接相关的完整体系。举行典礼不仅要确定正确的祭祀时间,可能还需要风调雨顺、政通人和。在这种观点下,旱灾、洪涝、疾疫、战争甚至祭祀前的天气状况[6]都会对此产生影响。

这种国家礼制宇宙观在官方文献中占据主导地位,也为绝大多数官员所认同,至少在公开言论中是这样。从他们公开的文字中可以看到,终唐一代,官员呈报祥瑞,或是传递其他可能强化王朝良好统治形象的信息时没有丝毫不情愿,而王朝良好统治形象又主要通过正确举行国家典礼祭祀来维持。但公开的或官方的看法与私人的及非官方的看法之间有所区别,这同本书所论述的学术领域密切相关,也同学者的礼学思想紧密相联。几乎没有资料表明这些宇宙神明对非官方学者或在宗教生活中是有意义的。它们遥不可及、由皇帝承认的地位,和只有皇帝及其代表才能主持祭祀的事实,则反过来意味着在王朝政治衰微之时,主要宇宙神明的重要性也随之下降。因此,当九世纪的学者在非官方论著中重新评价国家及其职能的诸多方面时,礼制宇宙论维度的考量只占礼制职能分析或改革建议中的一小部分。

然而,维护国家礼制还有另一个理由,即其与政治及社会各阶层的福祉有直接而密切的关系。帝国礼制有着直接的社会功能,维护着社会的稳定与和谐。皇帝礼仪有着特殊的地位,强调着等级的区分。[7]学者认为,国家礼仪强化皇权和官僚体系的尊严与威望,同时,礼制也是约束君主行为的一种形式。有时,帝国礼制直接涉及政治组织或政治原则问题。如对"二王三恪"——北周与隋朝后裔的封赐问题,其中就包含重要的政治理念,即这些朝代自愿将权力禅让给唐。[8]军事力量在政治中的重要地位,使得唐代学者在官僚生活中清晰体察军事在国家礼制中的角色。[9]太子的礼制传统也被认为受到学者影响,为士大夫群体在太子的教育和训练中宣扬其理想另辟蹊径。[10]一方面,学者可以通过制定确实的法令保证宏大典礼的实施;另一方面,他们也坚信应该限制君主的挥霍无度或高傲自大,以确保皇帝与宰相能够履行其礼仪责任。唐代士大夫群体很容易地发现,个别礼官背叛他们的理想,谄媚于荒淫的篡位者或宰相。[11]同时,他们也向致力于维护礼制却受到中伤或冤屈的礼官表达敬意。[12]对士大夫群体而言,帝国礼制是大家的"公"责。作为一名官员,国家礼仪活动要远远优先于其私人祭祀，尽管有时国家礼制的相关禁忌会严重影响到个人的生活。[13]

就政治和社会角色而言，礼制体现了中古儒家传统的主要理想之一，它意味着统治与被统治的过程都是自愿而不是强迫的。因此，"礼"治与通过严刑峻法，甚至依靠军队武力胁迫的"法"治形成鲜明对比。[14]礼，或者说更普遍的礼制传统表达了传统儒家对治理过程及社会的乐观。唐代学者以一种中古特有的方式，将其完美社会的理想寄托在一套主要与皇帝和国家顶层相关的活动中。在这一点上，他们同把社会理想寄托在探求个体心灵、追求道德的新儒家形成鲜明的对比。

最后，礼仪习惯随着时间的变化而有所损益，且会继续变化下去，这是学者对礼制传统看法的一大特征。根据被广泛引用的一段《论语》记载，孔子本人就认可这一观点。[15]有时，皇帝本人也强调"礼缘人情"，[16]这种回应又随时间的推移而变化。唐代学者经常为这种常制性的变化辩护。他们以《汉书》所言"书缺简脱""礼义有所错"为据，加之许多礼仪已"无明文"可依，在具体仪式中常常有所损益。[17]因此，对礼制灵活的损益革新是完全合理的。这一思想在唐代无数的大赦、诏令及上疏谏议中接连不断地出现，促进了唐代前期皇帝扩展礼制传统，以更大规模举行国家典礼；也使得个体礼学家能够预料皇帝意图，并将自己的政治理想寄托在改革建议之中，从而保障其官运亨通。

尽管随历史发展而演进是核心信念，但作为一门学科的国家礼制，在许多方面都被证明对王朝政治变化的适应性不如其他学科。毫无疑问，宏大的帝国礼制是皇帝特有的，所以大多数官员只能遥相参与，这一事实造成礼制缺乏灵活性。相对经学、文学等学术领域而言，礼制是更为偏门的学问，因为经学与文学已经超出对特定学者的身分限制，无论身居何职，几乎都必须具备这一能力。随着安史乱后的环境变化，经学与文学思想有了新的转向，更加注重内省与自我分析。尽管礼学思想也曾发生变化，但却非常有限，其中最显著的变化是趋向传统，八世纪末九世纪初关于礼学即有很多复古与改良的表述。同经学与文学批评一致，更加分析化的礼学思想也局限于少部分质疑礼仪的宇宙论功能、具有改革思想及怀疑论倾向的学者。其他学术领域的发展表明，八世纪末九世纪初的学术氛围由中央趋向地方，趋向重新界定个人在政治和社会中的作用。但礼学思想不甚明显的变化却在在表明学者对帝国儒家传统和唐王朝的深沉奉献。

一　高祖及太宗朝

唐朝建立之初，礼仪学者就向统治者证明他们是必不可少的。正是他们，在即将成为高祖的李渊命令下，经过讨论后为其撰写即位册文，并择吉日举行登基大典。[18]随着政权的逐渐稳固，礼制也因之损益更新。首先，新王朝建立后，应当在礼学家的协助下在适当的时间"改正朔，易服色，变律令，革官名，功极作乐，治终制礼"，以向天下昭告其新的身分；[19]其次，更具体地将隋判定为违背"礼治"理想的朝廷。[20]唐初与隋朝在对礼制的兴趣上并无太大不同，尽管这一事实显而易见，但出于政治目的，唐朝还是试图与隋划清界限。因此，唐代学者指摘隋朝"专峻刑法"，这恰是礼制的对立面。相反，他们声称大唐将以礼治国。太宗在位时期，他们还通过制礼的方式庆祝王朝早期的政治成功。

从许多方面可以看出七世纪初学者对礼制的浓厚兴趣。首先，这一时期的学者精通"三礼"，即《礼记》《仪礼》和《周礼》。《旧唐书》所载唐初儒家学者传记时常提到他们长于礼学；[21]此时的墓志和其他纪念材料也常提及此点。[22]最著名的官方学者如孔颖达、颜师古等，据记载都精通礼学。[23]《礼记正义》是朝廷授命孔颖达等编纂的"五经正义"中体量最大的一部，也表明此时对礼学的格外重视。《礼记正义》的编撰者还包括一名国子司业和两名其他机构官员，为了凸显注疏同帝国礼制的联系，一名太常博士也参与编撰。[24]

国家礼制对唐初官方学界的重要性还体现在孔颖达编修《五经正义》时《礼记》的地位上。《毛诗正义》中，"三礼"的引用量几乎达到《尚书》《春秋》及其"三传"等常被征引的历史经典的一半，[25]表明唐初学者甚至希望从古代周朝的《颂》中确定和分析礼制问题。国家礼制的注疏远远超越纯粹的学术问题，有时，学者对经典的阐述与唐初礼学家处理现实礼制问题之间存在明确的关联，孔子祭祀即是一例。在《礼记正义》中，孔颖达根据郑玄的观点，提出除孔子和他最喜爱的弟子颜回外，还应增加孔庙的祭祀对象。这实际上为其后647年（贞观二十一年）太宗下诏扩大孔庙的祭祀规模提供了依据（详见第二章，第35页）。[26]另一例是"二王三恪"，即对北周及隋皇室后裔的封赐问题。据《礼记》所载，周文王先封黄帝、尧、舜后裔，后封夏、商后裔。因此，唐朝在封赐前朝后裔时也必须一分为二，将遥远的古代诸王朝后裔同近代诸朝后裔区分开来，且后者的地位较前者更高。但是，这种做法显然与《左传》相矛盾。对此，孔颖达在《礼记正义》中予以解释，维护《礼记》并认为近代部分更加重要。与之相应，鉴于这一结论，"二王三恪"得到唐王朝迅速而慷慨的认可，618年（武德元年）追封北周、隋皇室后裔，又在628年（贞观二年）为北周、隋室先代立庙。[27]

孔颖达还在"五经正义"的注疏中专门讨论明堂建制与封禅泰山问题，那是贞观朝廷正在讨论的内容。孔颖达上疏太宗应谨慎对待明堂的规模与规划，其根据是《礼记正义》中有关明堂建制的记载。[28]因此，研习经典中对礼制传统的阐述，在太宗朝显得格外重要。从以下事实中也可看出孔颖达《礼记正义》与现实问题的密切关系：653年（永徽四年）《五经正义》颁行全国后，在并非评注经典的场合，学者征引《礼记正义》的次数比征引其他"四经正义"多得多。[29]

（一）《贞观礼》

在唐初礼学兴趣的浓厚氛围下，太宗朝学者编撰了大量有关国家礼仪活动的著作。然而没有一部留存至今；[30]只有其中两部在朝廷议论中留下些许记载。第一部与《礼记》相关，《礼记》是"三礼"中唯一被列入"五经"者。早在唐代以前，学者即认为《礼记》是不同时期由不同作者的文章合成的选集，唐初学者也认为其来源庞杂。[31]唐前的晋代学者已将其重编为五十篇，至少部分程度上可能意图使其成为国家礼制的标准范本。唐初学者宰相魏徵再次予以编排，并为之作注，是为《类礼》。640年（贞观十四年），太宗诏令将《类礼》复本分赐太子及诸王，并藏于秘府。第一次重编《礼记》的一系列尝试随后便消失在历史记载中。但八十年后，当玄宗朝另一学者试图刊定《类礼》并立于学官时，又引起一场重要的经学争论（详见第三章，第86—87页）。[32]

第二部汇编的规模远远超过前者，由庞大的学者群体参与编撰。南朝与北朝的礼学传统都承自汉代，各自又有体现本朝礼制的礼典。[33]重新一统的隋朝曾两次编修国家礼典，其中第二部《江都新礼》至少在九世纪以前的唐朝仍有流传。[34]尽管王朝新立需要制礼以昭告天下，但据官方记载，唐初"未遑"（语出《史记》的常用经典词汇）[35]制作本朝新礼，仍然沿袭隋朝旧仪。

然而，在国力稳定的贞观中期，朝廷开始授命编修第一部本朝礼典，由两位著名宰相魏徵和房玄龄监修，这也表明朝廷对此事的重视。但礼典本身由"礼官"编修，当然"礼官"一词可能仅仅表示这些学者长于礼学。其中包括长期担任礼官，曾参与隋朝第一部礼典编修的学者李百药（565—648，谥"康"）；还包括唐初两位著名的官方学者孔颖达与颜师古。礼典的基础是633年（贞观七年）房玄龄进呈太宗的新增二十九条礼仪，标志着礼典编修的初步完成。[36]这些礼仪或者修改隋朝礼制，或者恢复北周及隋弃置的旧礼，因此，从"二十九条"可以看出唐初国家礼制的独到特征。颁布这些礼仪的目的可能是要重新引入特定的社会或政治价值，并清除隋礼中过度奢侈的祭祀。

因此，针对蜡礼，即年终祭祀群神之礼，房玄龄提出应将祭祀对象限定在日、月、星辰等天宗，不再祭祀隋代蜡礼中的五天帝。这与孔颖达编定《礼记正义》中《月令》篇的蜡礼记载相一致。[37]此外，重新恢复的仪式还有"农隙讲武"礼。这一礼仪同样载于《月令》，认为应在一年中的三个季节进行农事耕作，而在农闲季节进行军事训练。同其他与战争相关的礼仪一样，学术官员对此并无太多热情，他们反对军事活动干扰应当受到维护的农业领域。至少唐代前半期，讲武礼似乎是在皇帝，而非礼官的支持下才得以间歇举行。[38]充满开疆拓土雄心壮志的太宗，大概是恢复讲武礼背后的推动者。

修定礼典之时，唐初学者还宣布恢复另外两项与国子监及其教育科目相关的礼仪。第一项是在国子监举行的"养老礼"，第二项是"皇太子入学礼"。二礼的恢复与唐初促进教育、扩大官学的政策有关。[39]

众所周知，《贞观礼》的最终颁布是在637年（贞观十一年），其中可能包含633年（贞观七年）房玄龄所上"二十九条"。礼典纲要条目的划分与大分裂时期一致，将约一百五十条礼仪分门别类归于传统的"五礼"之下。[40]第一是"吉礼"，涉及宇宙及超自然神明的祭祀，唐代学者一般省称为"天"；第二是内容较少的"宾礼"，主要针对接待蕃夷之使；第三是"军礼"，内容也较少，主要关于军事活动；第四是"嘉礼"，内容最多，有关皇室及官僚体系；第五是"凶礼"，在凶年、瘟疫或其他凶丧之时

第四章　国家礼制

举行。

然而，有唐第一部礼典的编纂者却在某些重要方面有违传统的分类方式，他们增加了第六部分——"国恤礼"，主要关于皇帝驾崩或其他国难。这可能与他们坚信太宗朝开明的政治氛围会成为一种规范，以及那些虽不吉利但至为关键的政治话题可以在朝堂上讨论有关。[41]此外，他们还改变传统的礼典编排顺序，将"凶礼"放在最后。唐初重"礼"轻"刑"，《贞观礼》的编纂群体认为这部礼典还应体现节俭、克制的理念。他们还时常以此劝谏皇帝，因此，《贞观礼》相比隋朝礼典减少三十卷。[42]

同唐初所有其他规范性学术汇编一样，《贞观礼》也力图成为礼制的永久典范。然而，一系列因素使得这部礼典不可能维持长久。首先，唐朝日趋繁荣稳定，随着国力愈加雄厚，太宗以后的君主有了更大的扩展礼制的雄心。其次，无论官方公布结果如何，学者群体中强烈的竞争意识下总会有人提出异议。其实早在太宗时期，朝廷即已对封禅礼和明堂有所讨论，这是礼制传统中最宏大、最具挑战性的仪式。只是它们往往散见于唐代文献，[43]直到七世纪下半叶才开始真正举行。但是，有关封禅礼的详细诏令在637年（贞观十一年）就已起草，到641年（贞观十五年），还曾任命专门群体负责规划封禅礼的实施。[44]

二　650年至755年

在太宗驾崩后的一个世纪中，帝国礼仪活动对君主与宰相依然至关重要，士大夫和举人也依然对礼制兴趣浓厚。尽管时有暴力的宫廷政变发生，但礼制相较于其他儒学领域，仍然更能反映王朝与官僚体系的繁荣与自信。对待礼制的态度依旧主要是实际的和外向的，虽然第一部礼典已经具备复杂而丰富的信仰体系，但对太宗朝重申的礼制的总体理论地位却几乎没有任何补充。

即便如此，还是有对学者群体而言意义重大的争论发生，最重要的是针对"昊天上帝"的地位。这场争论反驳孔颖达的观点，反映唐代政治中央集权的加强。祭祀昊天上帝时，学者不断回审有关此礼的所有记载，从而导致两部新礼典的诞生，其中第二部完成于732年（开元二十年）的玄宗朝，后来被视为唐代礼制的集大成之作。自650年（永徽元年）起的一百年间，高祖、太宗朝学者曾经讨论过的宏大的非常规典礼得到举行。帝国礼仪活动的巨大威望，以及整个学者群体仍然易于接触到礼学传统的事实，意味着礼学的确在这一时期获得整个王朝最高程度的认可。朝廷推崇礼学的影响不仅限于将礼学纳入科举，因为随着此时科举体系的扩展，重要的国家礼制也越来越牢固地融入其中。

（一）明堂与封禅

因此，从当时认为非常重要的两项仪式中，我们可以看到学者在唐代礼制扩展繁荣期的参与和作用，此一时期的相关文献大部分也都是这两项仪式的记载。第一项是明堂，明堂是上古历朝布政及举行典礼的中心建筑，名称很多，此处使用的是周朝之名。[45]

明堂规划是在皇帝倾心于历史上的都城宫室时进行的。658 年（显庆三年），高宗命侍中许敬宗及弘文馆学士具检秦汉以来历代宫室处所，汇编上奏。[46]然而，从大量有关明堂建制的讨论中可以发现，明堂在七世纪朝廷兴建的众多建筑中是独一无二的。[47]相较其他建筑，明堂的起源和历史更深刻地触及士大夫的核心关切。明堂设置同宇宙观及学者认定的天地神明有关，是祭祀的中心场所。规划明堂建制是学者的责任，还关系到士大夫倡导的施政理想，即强调君臣共治。为构建明堂挑选精美木材，是科举和仕进文学中最迷人的隐喻之一，代表为国家选拔人才，几乎所有学者都会如此使用。[48]

唐代学者认识到，明堂虽历史悠久但充满争议。经书中没有关于明堂建制的明确指导，这正引发学者阐发一系列的见解，也激励着针对于此的竞争性辩论。随着王朝国力的增强，建立一座宏伟壮丽的明堂已成不可逆转的趋势，即使这与经典暗示的精神相背离。但明堂依旧是王朝稳定繁盛的标志，只有"国家四表无虞，人和岁稔"时才会兴建。[49]

经过长期的争论与迟疑，688 年（垂拱四年），武则天最终下令拆毁二十三年前建成的乾元殿，并在原址上兴建明堂。然而，武则天抛弃孔颖达等提倡的太宗朝的持重态度，她的明堂壮丽而奢华，规模远远超过孔颖达所呼吁的简朴构造。正如经书要求的那样，在长安之东、距离不远的洛阳皇城内同样兴建明堂。一年后，明堂落成，允许平民百姓前往瞻仰。[50]但为时不长，灾难却突然降临：695 年（证圣元年），紧邻明堂一座新建的巨型宝塔起火，导致明堂被殃及并烧毁。[51]其时左拾遗刘承庆上疏武则天，劝其"辍朝停酺，以答天谴"，武则天也认真思考这场浩劫所代表的天意。[52]但是，对灾难的解读依旧维护中央礼制，认为应该更加谨慎地对待政事。一座新的明堂很快在696年（天册万岁二年）重建起来，[53]重新命名为"通天宫"，但"通天宫"仅仅使用了一段时间，可能到705年（神龙元年）李唐复辟几个月后即已停废。[54]

一旦礼仪学者竞相提出关于明堂建制的建议，那么就会进而参与到何种祭祀应在明堂举行的更为漫长的讨论之中。这一讨论在明堂兴建以前的唐朝开国便开始了，[55]学者的观点两极分化：一些学者认为明堂一年仅用一次，即最高祭礼；另一些学者则认为天子一年应当十八度入明堂行祭礼。[56]几位学者汇编了有关明堂的礼制仪注，其中有五部之名流传至今。[57]

争论主要集中在三个问题。第一，关于哪位皇帝先祖应在明堂享祭，配享上帝。明堂不仅是"人极"，即沟通天人的象征性和礼仪性标志；根据经典和故事，它还是王朝的圣殿所在。656年（显庆元年）确立本朝最近一位已故皇帝祀于明堂的原则，此后，除武则天时期有例外，这一原则可能一直维持到九世纪末。[58]

第二个问题关于明堂大享应当祭祀哪些神明，这是官方祭祀中最重要的宇宙神明的讨论。依据郑玄与孔颖达的权威观点，《贞观礼》规定明堂大享祀五方帝。但是在高宗即位几年之后，这一看法开始引起争议。657年（显庆二年），长孙无忌等再次编修国家礼典，他们采纳相反的论调，即郑玄的对立者王肃（195—256）的观点。他们不再祭祀五方帝，改为单独祭祀昊天上帝。此后的明堂大享变得混乱不堪，其他神明也开始进入明堂享祀。然而，接下来的一个世纪，即玄宗朝，关于明堂大享的看法再次发生变化。在撰于732年（开元二十年）的唐朝第三部，也是最后一部礼典中，前两种观点得以合并，五方帝、昊天上帝及最近故去的先帝一同祀于明堂。[59]

长孙无忌反对郑玄享祀五方帝的观点，以及其同时代的礼仪学者对王肃独祀昊天上帝的认同，被视作王朝政治上的中央集权在信仰上的表达。它贯彻于665—666年（麟德二年至乾封元年）间，不仅关系到明堂礼，也涉及其他主要天地神明的祭礼。诚然，高宗朝已经有信心通过礼仪活动传达政治理念。但是，这次对天地神明的重新排位，却显示出新的、完全不同的礼学与经学氛围。拒绝郑玄的权威，意味着不可避免地舍弃孔颖达《礼记正义》的权威，因为它实质上是郑玄注的拓展。但高宗朝论辩并未提及孔颖达以及新思想对其注疏地位的影响，而且几年之内，郑玄所主张的五方帝就在随后一个世纪中恢复并一直保持主要祭礼的大享地位。正如经学上国家对不同经文解释的包容一样，礼制也是如此，朝廷可以舍弃新近认可的立场，而又旋即恢复，最终形成兼收并蓄的实施方案。

第三个问题在 698 年（圣历元年）提出，有关君主理应"告朔"的频次——按月，按季，还是一年告朔一次就已足够。697 年（神功元年）末，两位司礼博士奏议反对每月告朔，认为相关记载并不可靠；另外两位学者则力图证实周代就是每月告朔。论争中，学者总共引用十七条经文或礼典条文，或提及其所属经典（礼典）之名。尽管按月告朔的主张被认可更具说服力，但依季于明堂告朔最终成为定制，至少在 706 年（神龙二年）朝廷迁回长安前的短暂时段内得到落实。[60]

明堂的中心地位、纪念碑性，以及遍布中外的威望，使得武则天对它的利用远远超出儒经规定的祭礼。690 年（天授元年），三教论辩在明堂举行。撰于武周时期，旨在为武则天的统治作政治宣传的《大云经疏》也提及明堂。《大云经疏》称武则天是弥勒（未来佛）降世，而明堂则被视为佛陀所说的神都。因此，在一段时期内，明堂甚至成为武周政权的象征。[61]

705 年（神龙元年），中宗于明堂即位，李唐复辟。九月，中宗亲祀明堂，不过，这很可能是最后一次明堂大享。唐室中兴，并将都城重新迁回长安，随后数年在政治、学术上一反武周政策，大大削弱了礼制学者对明堂的热情。717 年（开元五年），玄宗亲幸洛阳，有意在明堂行大享之礼，却遭到礼制学者的劝阻。[62] 722 年（开元十年）、738 年（开元二十六年）及 739 年（开元二十七年），明堂几经改易，名字几番变更，使用次数日益减少。[63] 似乎从 705 年以后，大享及其配享祭礼便不在洛阳明堂，而在圜丘或长安其他地方举行。天宝时起，关于明堂礼的记载变得更加模糊，《旧唐书》的明堂记载也自此中断。只有一则轶事显示，明堂最终在安史之乱后期，被逃离洛阳的史思明叛军焚毁。[64]

无论是否为礼官，此时期学者竞相参与的第二个非常规祭礼是在泰山（今山东）举行的封禅礼。这种仪式在唐代国家礼仪中十分罕见，因为儒家经典并没有关于封禅的明确记载。不过史料显示，公元前 110 年（元鼎六年）汉武帝曾封禅泰山，东汉光武帝也曾封禅泰山。[65]唐前学者在经书注释中对封禅礼大书特书，孔颖达也从未怀疑过封禅作为一种古代大礼的真实性。封禅，即向上天庄严宣告王朝已经稳固建立起来，也代表君主对受命于天的感谢，因此更能昭示王朝政治上的成功。相较于明堂，封禅激起更普遍的热情，引发学者广征博引的讨论；而皇帝还要假意犹豫，作出不愿封禅的正确姿态。[66]因为唐代第二次封禅泰山在思想上相对自由和政治上颇多争议的环境中成功举行，所以相关记载也尤为丰富。

高宗朝之初，士大夫就不断敦促高宗前往泰山封禅。[67]659 年（显庆四年）宰相许敬宗（592—672，谥"恭"）草拟封禅仪注。664 年（麟德元年），诏令将于 665 年（麟德二年）冬至到 666 年（乾封元年）封禅泰山。浩浩荡荡的队伍从洛阳出发东进，"从驾文武兵士及仪仗法物相继数百里"，前几年的丰收使得后勤供应还算容易。突厥、于阗、波斯、天竺、中亚诸国以及新罗、百济、高丽和日本也都有代表随行。高宗任命四位专使撰定封禅仪注，其中包括年长的许敬宗。直到封禅后期，学者都在持续修订仪注，礼官甚至还采纳品级较低的前罗文府果毅的建议。[68]

封禅由三个单独祭祀组成，像唐代很多祭礼一样，每一祭祀又包含三次献祭。第一场祭祀是高宗在山下亲祀昊天上帝，以高祖和太宗配享。接下来是封泰山。最后是禅礼，高宗于五里之外的社首山亲祀皇地祇，以高祖皇后和太宗皇后配享。[69]

尽管泰山为五岳之首，是沟通人神的纽带，但理论上说封禅礼并不局限于泰山。太宗就曾想封禅中岳嵩山，而高宗更是意图"遍封五岳"。于是，在两度推迟封禅后，682 年（永淳元年），高宗宣布将要封禅嵩山，诏命六位学者详定仪注，其中包括国子司业和三名太常博士。高宗车驾曾行至嵩山奉天宫，但随后由于荒歉和突厥复兴，以及高宗身体不愈，最终不得不放弃封禅。

武则天企图通过举行比前朝君主更盛大的国家礼仪活动使其统治合法化，早在篡唐建周之前，就对封禅充满兴趣。在众臣上表请封中岳之后，695 年（万岁登封元年）末，武则天前往洛阳南部、四天路程的嵩山，举行改制版封禅礼。[70]对仪注作出必要修改的是官方学者王元感，随后成为弘文馆学士，也是武周在礼制上的维护者之一，他还在 703 年（长安三年）撰成一系列曾引起争议的经书注解（详见第三章，第 84—85 页）。[71]其他学者则为此次封禅撰写仪注及颂文。[72]

玄宗统治的前十年，四海升平、政治清明，因此，文武百官及四方文学之士再次上疏请求封禅，为引起玄宗重视，前后上疏竟达千余篇。[73]经过再三推辞，玄宗最终"敬承群议"，宣布于725年（开元十三年）末东行封禅。[74]由721—726年（开元九年至十四年）任宰相的学者张说、曾在太学与刘知幾共事的徐坚、秘书少监、国子博士以及礼官们受命在集贤院（玄宗成立的待制院）刊撰仪注。其他学者也积极献议，甚至到封禅后期，还曾讨论并修正仪注。[75]

此次封禅总体上同之前几次类似，只是禁止女性参与，已故先帝的皇后也不能配享。玄宗即将到达泰山时，遭遇严寒和强风——那被视作上天不悦的标志。然而，在"玄宗因不食，次前露立，至夜半，仰天称某身有过"之后，情况奇迹般好转，封禅得以按时进行。[76]随后，山下观礼的文武百官、孔子后裔和诸蕃使节争相上前迎贺玄宗。而参加此次封禅的外国使臣，规模远超高宗及武周时期。玄宗亲撰纪念铭文，宰相张说、源乾曜（731年卒）、苏颋（670—727，谥"文宪"）也各作颂词。

此次封禅在当时号称"千载一遇"，[77]后来更被确认为唐王朝的伟大成就之一。官员能够参与此次封禅，即使品秩卑微，也是其仕途中浓墨重彩的一笔。一些当时最著名的学者得以跻身其中，占据一席之地，除集贤院刊定仪注者，还有在学界交际广泛、长于文学的官员李邕（678—747），玄宗时为《文选》作注的学者吕向，天宝时的政治提携者、文人房琯等。备受安史乱后学者推崇的崔沔（671—739，谥"孝"），在封禅之后，作为观礼者呈上颂表，并受到嘉奖。[78]此外，长期担任史官的韦述还撰有记录此次封禅的《东封记》。[79]

这也是唐朝最后一次封禅。730年（开元十八年）和735年（开元二十三年），朝臣几番奏请玄宗封禅其本命华山，以及嵩山，但都被玄宗回绝。751年（天宝十载），由于华岳祠火灾和长安所在关中平原的大饥荒，原本计划好的华山封禅最终也未能成行。[80]

安史乱后，帝国礼仪活动大为缩减，至少在私下生活中，学者已很少强调皇帝在礼制中神圣的天子角色。然而，人们对七世纪末八世纪初盛大礼制活动的景仰倾慕一直延续到环境已大为不同的当下。725年（开元十三年）的封禅礼尤其能唤起人们对往昔的眷恋，也成为表达效忠朝廷的焦点。随着时间的推移，曾经参与封禅的高官均获得崇高声望。即使作为组织上的成就，开元东封还曾在九世纪引发敬畏。[81]七世纪末八世纪初，另一项宏大的礼制活动——明堂祭祀，似乎更加突然地从学者经历中褪去。如同"万国"来朝，到九世纪，明堂已经成为一种仅具修辞意义的意象。然而，尽管因作为武周政权象征的历史而蒙上一层阴影，但明堂仍与封禅一样，在学者脑海中保有神圣的象征地位。780年（建中元年），崔沔之子、学者宰相崔祐甫临终前列举其仕宦生涯中的三大憾事，其一便是身为宰相未能辅助君主举行一次封禅大礼；其二则是未能主持修建明堂。[82]崔祐甫颇具反讽意味的临终诗不仅表达这两项事业所代表的荣耀，也说明安史乱后学者对它们的怀念。封禅和明堂被视为七世纪初至八世纪末帝国繁荣鼎盛的象征，其宏大壮丽体现了帝国礼制的盛况，也是对皇权宇宙角色的华丽歌颂。相较其他国家活动，与二者相关的仪式作为王朝成功的表现，引发学者更多的热情与创造力。

（二）《开元礼》

对国家礼仪活动经久不衰的兴趣，已经足以说明为何国家礼典很难长久维持。甚至在太宗驾崩以前，637年（贞观十一年）修定的《贞观礼》不会永久延用这一点已经显露无遗。而且，撰修一部更完备、更适应时代要求的国家礼典是君主及士大夫群体不离不弃的理想。到高宗初年，国家的发展显现修撰帝国第二部礼典的条件已经成熟。高宗任命由十三位学者组成的编修队伍进行礼典编修，包括太常少卿、一名太学博士，以及四名太常博士中的三人。修撰工作由太尉长孙无忌主持，高宗朝前十年有关礼仪辩论的现存史料中，关于他的记载最为丰富。许敬宗及孔颖达之子符玺郎孔志约也在其中。这部礼典就是《显庆礼》，于658年（显庆三年）修成，共一百三十卷，二百二十九篇，而《贞观礼》仅有一百三十八篇。高宗亲自为之作序，然后颁行"中外"。[83]

然而，有关《显庆礼》编修细节的记载留存颇少，部分原因在于刊定者许敬宗，及与之来往密切的李义府，皆在政治上支持武则天而臭名昭著。"其所损益，多涉希旨，学者纷议，以为不及《贞观礼》。"[84]但记载显示，《显庆礼》删除《贞观礼》的第六部分《国恤礼》，因为"国恤礼为预凶事，非臣子之宜言"。同时，《显庆礼》正式将昊天上帝作为几经讨论的明堂大享及其他祭天仪式的祭祀对象,规定郊礼正月祀昊天上帝于圆丘以祈谷,孟夏祀昊天上帝于圜丘以祈雨,季秋祀昊天上帝于明堂。[85]

《显庆礼》的颁行绝不会使关于帝国礼仪活动的争论就此止息。不久,郑玄所主张之"五方帝"的地位问题再次被提出,667 年(乾封二年),又重新成为重大祭礼的祭祀对象。[86]对《显庆礼》的不满致使其最终停用,并于 676 年(上元三年)复行《贞观礼》。[87]紧接着,677 年(仪凤二年),《显庆礼》因"多不师古",五礼并依周礼行事。[88]"自是,礼司益无凭,每有大事,皆参会古今礼文,临时撰定。"[89]在动荡的朝政及武周的特殊需求下,武则天亲自撰定两部礼典,[90]礼制因而进一步发生变化。依此情形,对于学者个人而言,精熟古今礼制会非常有助于仕途升迁。[91]

这种混乱局面甚至一直延续到 705 年(神龙元年)李唐皇室复辟以后。至少中宗、睿宗及玄宗朝初年,重要仪式当依哪部礼典执行仍不明确。[92]不过 717 年(开元五年),曾有史官负责仪令起草的记载,这或许意味着此时举行礼仪活动仍然临时撰定仪注。[93]722 年(开元十年),著名礼学家、前国子祭酒韦叔夏(637—707,谥"文")之子国子司业韦縚(739 年后卒)任礼仪使,专掌五礼。[94]约在 725 年(开元十三年),玄宗诏令重修《月令》——《礼记》中规定每月礼仪与行政活动的篇章。[95]

唐礼集大成之作即唐代第三部礼典的编修或许即与此事有关,因为《月令》所载礼仪仪式同其他经典存在明显出入。至少,使《礼记》总体上同现行国家礼制相一致,以便第三部礼典能够长期稳定行用,就是一大难事。726 年(开元十四年),玄宗令集贤院改撰《礼记》,削去旧文,"而以今事编之",但与同年元行冲为《礼记》新撰的义疏一样,也遭遇了阻碍(详见第三章,第 86—87 页)。集贤院知院事张说称《礼记》"为历代不刊之典",不应改易,而应编修一部折衷《贞观礼》与《显庆礼》的全新礼典。于是,以张说为首,以集贤院学士为基础的编修群体就此成立,其成员还包括刘知幾的前同僚徐坚及其他四位学者。

然而,随着 730 年(开元十八年)底张说、徐坚和另一位编修者的离世,这一编修群体没能完成此项工作。此时,玄宗任命萧嵩(669—749)——只曾在一般职位上迁转而并无学术经验的高官——代为集贤院知院事,主持新礼典的编修及其他学术项目。萧嵩召集更多学者参与编修,其中包括为《春秋》《孟子》和《文选》作注的陆善经。732 年(开元二十年），《大唐开元礼》修成，颁所司行用。[96]

《大唐开元礼》是现存中国古代最早的礼典，所涵盖的内容同此前《贞观礼》《显庆礼》大致相同，亦将所有仪令划归五部。《大唐开元礼》共一百五十卷，其中一些仪令，像封禅礼，经过了长时间的细致讨论。《大唐开元礼》是兼容并包的，通过增加仪式数目，纳入以前被认为互相排斥的方案，至少解决了若干上世纪的礼制争论。明堂仪注中，《开元礼》将《贞观礼》与《显庆礼》相结合，规定每年有十八个祭礼在明堂举行。季秋大享于明堂，每月于明堂读《月令》，四时及季夏读《时令》。[97]事实上，《开元礼》还综合《贞观礼》与《显庆礼》的相关仪令，在明堂大享、郊祀、孟夏雩祀中一同祭祀昊天上帝和五方帝。[98]因此，像在玄宗朝其他学术活动和教育体系所见的一样，《开元礼》也是此时诸多扩张中的一例。其包容而多元的方针，也与此时朝廷对经典与注疏的态度相一致。

《大唐开元礼》除纳入自七世纪发展起来的仪令外，还收录此前几十年礼仪活动中撰定的仪注。其对封禅礼的规定即与725年（开元十三年）冬的封禅仪注相同。[99]此外，礼典还包含一两个新设的仪式，甚至没能在编修礼典时及时撰定。像太公祭祀，706年（神龙二年）才初具规模，同行之已久的孔子祭祀一样设庙，然后又在731年（开元十九年）进一步发展；不过《大唐开元礼》有两项关于太公祭祀的仪令。[100]另外，玄宗时发展起来的"五龙"祭祀的相关仪式也包含其中。[101]

《大唐开元礼》对每一项仪式都作出详细规定。仪式主要参与者的位次、着装、行为、器物甚至祭祀者所用祭文都一一条列。此外，祭礼各阶段的时间，所配音乐及其他辅助器物也各有安排。在《大唐开元礼》的第一部分，一项仪式通常分为六个阶段：首先，参与者要进行斋戒（"斋戒"）；然后，部署祭礼现场的陈列（"陈设"），并做好祭祀前的准备（"省牲器"）；之后，主祭者离开皇宫或其他地点前往祭礼现场（"銮驾出宫"）；然后，按仪注举行祭礼（"奠玉帛、进熟"）；最后，结束祭礼，车驾返回（"銮驾还宫"）。针对第一部分二十五项的祭天仪式，《开元礼》还对皇帝缺席时，其代理人如何代行作出规定。[102]虽然《开元礼》是礼仪仪令，但关于祭祀的日常维持及祭品的仪令细则却记录在《唐六典》中。《唐六典》对上述事宜均有详尽记载，例如，根据祭祀对象的不同，所用之绢的具体尺寸、颜色都规定在太府寺及其所司各职的职掌中。[103]

唐后期学者认为732年（开元二十年）颁行的《大唐开元礼》是唐朝所修三部礼典中最具权威性的一部。他们不仅将其看作礼学巅峰，甚至如725年（开元十三年）封禅泰山一样，将其视为王朝极盛的代表。[104]然而，从某种意义上说，《大唐开元礼》从未接近实现其正式目的，在终结具体仪式的争论上，也并没能比此前礼典做得更好。礼制仍在扩张或改良，八世纪四五十年代，国家财富和安全尚未面临直接威胁，使得国家礼制异常壮观地繁荣起来。具体礼典仪注的修定几乎在《大唐开元礼》颁行全国后立即重启。例如，735年（开元二十三年），集贤院学者撰《耤田仪注》；[105]742年（天宝元年），又对南郊祭礼作出修改；[106]745年（天宝四载），几项小祀升为中祀。[107]与此同时，朝廷还为一些先贤立庙祭祀。[108]748年（天宝七载），对北周及隋室后裔的追封扩展到北魏，一名北魏后裔被封为韩公。750年（天宝九载），因一位处士抗表反对，公卿集议之后，魏、周、隋"三恪"全部废除，直到753年（天宝十二载）才又恢复。[109]这些国家礼制上的变化或许也是天宝时期关注《礼记·月令》的结果。

（三）礼制传统与科举

国家礼制对王朝和士大夫群体的重要性造成其对科举制亦产生重大影响，国家礼制在选拔过程中的作用反过来又深刻影响着官方机构中学者及知识精英的身分认证。国家礼制参与官员选拔主要有几种不同方式，其中最为直接的，就是把三部礼学经典——《礼记》《仪礼》《周礼》列入官学课程，并纳入常科考试的考察内容。自唐朝肇建，即已如此（详见第三章，第77页）。开元时期，选习《礼记》者尤多，尽管其备受举子欢迎的原因是篇幅相对较短，而非其中重要的礼制记载。其次，在进士及制科考试的策论中，主司常以礼学理论方面的问题作为策问题目。这一主题在唐初就已出现，并贯穿王朝始终。譬如646年（贞观二十年）及688年（垂拱四年），"礼"与"刑"的关系即为策问主题之一；[110]719年（开元七年）策问则以"论礼乐"为题。[111]国家礼制的历史也会成为策问内容，如696年（万岁通天元年）即以唐前明堂论议为题。[112]

至少从八世纪初开始，主司就已将国家礼制作为进士科中最具声望的杂文部分的主题。举子在"杂文"部分撰写诗赋，以一种公开的、歌颂的笔调赞扬王朝，强调礼制的宇宙论作用，描绘出一幅威严君主在天人和谐的社会施行礼治的完美图景。他们从汉赋或《文选》中选取范文,现存最早的一篇相关主题的赋是撰于713年(开元元年)的《籍田赋》。[113]718年(开元六年),还有举子崔曙创作一首以"明堂"为题的诗歌。[114]玄宗朝策问及对策的记载并不完整,但从现存史料可以发现:明堂、封禅礼在举子的对策中占有相当比例,即使策问主题或许并不需要他们这样做。[115]尽管早在七世纪中叶起,学者便开始批判科举中过分重视写作技能(详见第六章,第231页),但他们从未直接谴责以国家礼制为考试题目。作为朝廷的代表,历任成功的科考主司都把熟悉传统文风修辞和礼制作为选拔学术精英中一项重要的、相对普遍的要求。反过来,举子也撰写沿袭魏晋南北朝浮华文风的绮丽文章,来表现其对效忠大唐的渴望。

更为重要的是,作为国家礼制对皇权之重要性的象征,礼仪活动也为个别学者主动上疏以求入仕或晋升提供议题。725年(开元十三年)封禅大典就导致大量创作的出现,其中当然有来自官场以外者,这些文章都由皇帝亲自披览。关于伟大国家典礼的文章被认为能够增加学者的声望,并有助于其仕途。李白(701—762)的《明堂赋》即旨在极写王朝强大,表达效忠王朝之心;[116]萧颖士的《至日圜丘祀昊天上帝赋》亦属此类。[117]751年(天宝十载),诗人杜甫为谋求官职,以国家礼仪活动为主题,作赋上表,其中之一即与学者极力请求玄宗封禅华山一事有关。[118]

最后,从唐朝初年开始,重大的非常规祭礼往往就是特设考试的诱因。通过这些特设考试,官学体系之外的有志之士可以根据限额参加甄选。太宗647年(贞观二十一年),就曾在计划的封禅礼之前举行一次制举。[119]664年(麟德元年)制科考试与666年(乾封元年)封禅泰山亦有密切关系。[120]696年(万岁登封元年),为封禅嵩山举行制举,据颜真卿记载,参加者"数以万计"。此次制举的第一名崔沔,即为后来著名的宫廷文人、官方学者和礼学家;同时登科的还有玄宗朝学者宰相苏颋。[121]725年(开元十三年),举子被召集到泰山之下;726年(开元十四年)封禅返回途中,玄宗又在洛阳亲试举子。[122]

也有专门为明堂而设的考试:689年(永昌元年)制举"明堂大礼科",此次登第者的名单保存在一方碑文中。[123]695年(证圣元年),在第一次修建的明堂焚毁后,武则天下诏自警,要求举荐各式人才。[124]此外还有为南郊祭祀和大赦而行的制举,如696年(万岁登封元年)、723年(开元十一年）及 748 年（天宝七载）制举。[125] 735 年（开元二十三年）新撰《耤田仪注》后，下诏举行制科考试，[126] 玄宗朝的变化也在大赦令与制科诏令的颁布后随之而来。[127]

为使国家礼制成为官员选拔的一部分，朝廷将士大夫群体的两个核心关注——礼制与科举——结合起来。但与此同时，朝廷仅仅融合了现有的政治能量而已，实际上是在利用国家的威望和有抱负官员的热情为其服务。虽然安史乱后环境已彻底改变，举办大型礼仪活动已不再可能，但国家礼制依然是举子文章的核心。从上述事实可以明显看到，国家礼制已经如此牢固地成为科举的主题。

三　安史乱后

安史之乱的动荡及其余波彻底摧毁了唐帝国政治稳定、经济繁荣的局面，因此，叛乱以后的礼仪活动急剧减少。不仅王朝强盛时期的各项大礼再无可能举行，常规礼仪活动也面临短期废止和长期衰微的局面。尽管如此，皇室及士大夫群体仍未放弃对安史乱前即已获得重要地位的礼仪活动的兴趣。关于具体仪式的争论仍然存在，而且，随着八世纪末及九世纪越来越派系化的官场环境，礼学整体上变得更加政治化。玄宗朝礼制成就的崇高声望，使得官方学者不再新撰礼典取代《开元礼》；相反，他们试图通过一系列的补充来延续这部礼典。

这一时期，国家礼制在考试中的地位受益于改革倡议，一些引人注目的课程革新因之产生。但最能反映叛乱后思想气氛变化的，是少数改革派学者在八世纪末九世纪初发展出的礼学批判思想。所涉及的主要学者有杜佑、柳宗元，将国家礼制作为重新评价学术遗产的一个主题，本书涵盖的所有学科都在这一范围之内，于此第一次展现那些最敏锐的儒学思想家是如何分析、维护其学术传统中这一核心要素的。

（一）祖宗祭祀

叛乱结束后，国家礼仪活动的规模即刻缩小，而且通常在紧急情况下才会举行。最明显的证据，即是此时帝国祖宗祭祀成为头等大事。即使在和平时期，祖宗祭祀也不是其他官方祭祀所能代替的，它代表着王朝本身。祖宗祭祀的对象是逝去的唐朝皇帝，但是，士大夫群体对此兴趣的增长可能因为功臣的代表可以通过两项与此有关的制度彰显身后哀荣。

唐室祖先祭祀由两部分组成：一在审慎维护长安以西山地上的皇家陵寝，一在妥善维护置于长安、洛阳的两京太庙。安史之乱以前，一共建成五座皇陵——献陵、昭陵、乾陵、定陵和桥陵。729 年（开元十七年），玄宗亲为自己的山陵选址，即后来的泰陵。[128] 这些皇陵中，昭陵与乾陵的修建规模尤为隆厚，成为皇帝与儒家士大夫争执的焦点——皇帝希望山陵宏伟奢华，而大臣则要求务从简朴。[129] 不过，陵区中也有赠与功臣的陪葬位置，陪葬皇陵成为彰显哀荣的重要方式之一，这就是陪陵制度，功臣贵戚及其直系后裔死后可以像"卫星"一般陪葬在所侍奉的皇帝陵旁。尽管陪葬制度只在太宗昭陵大规模施行，但却为王朝效命与君臣遇合的理想树立了恒久典范。[130]

太庙享祭是祖先祭祀的第二部分，位于长安的唐朝太庙始建于 618 年（武德元年），设四室供奉李唐四位先祖。[131] 此后，围绕四室庙制，争议颇多。635 年（贞观九年），朝臣论议后，太庙增至六室。[132] 若有新帝驾崩，则须将奉于太庙的一位祖先神主迁出，藉此维持六室供奉。七世纪到八世纪初，从高祖到睿宗，除高宗以外，[133] 每逢皇帝驾崩就会引起谁当入太庙，哪位先祖当从太庙迁出的争论。其中一些争论存在竞争性的一面，不仅礼官竞相参与，其他机构的学者亦然。武周时期，武则天又单独建立武氏宗庙，具有高度的政治象征意义。[134]

705 年（神龙元年）李唐复辟，经朝议后决定保留洛阳太庙，仍与长安太庙一样。[135] 但到 716 年（开元四年），经过迁延与讨论，最终除去武则天在洛阳太庙所享之"圣帝"称号。[136] 717 年（开元五年），长安太庙的局部坍塌引起学者的广泛议论。一些学者认为这是上天的示警，而其他学者则归咎于太庙所用木材来自十六国时期，年久朽坏。[137]

依靠迁出早期先祖的神主，直到中宗与睿宗祔于太庙，太庙一直维持六室供奉。东向的第七室，始终空悬。但到 723 年（开元十一年），在刘知幾的同僚、史官徐坚奏议下，玄宗增太庙为九室，这一建制明显有悖礼制传统。增置九室的诏令中，包含一段极佳的维护扩大庙制的简短解释。[138] 此外，九室庙制一直延续到安史之乱以后，也一直充满争议。开元后期，玄宗又试图在庙享中增加祭品。[139]

功臣神主可以配享太庙，也是士大夫热衷太庙祭祀的原因。得入太庙配享的功臣数量极少，平均每朝只有四位。唐代最杰出的宰相得以获此殊荣，配享太庙也有着重大的政治意义。除了人数极少以外，配享也不一定是永久性的。唐代前半期，学者宰相房玄龄的神主于649年（贞观二十三年）入太宗庙配享，后又因其子的谋反在653年（永徽四年）停配。许敬宗曾于686年（垂拱二年）配享高宗庙，李唐复辟后，于706年（神龙二年）停配。[140]

安史之乱摧毁了帝国礼制系统赖以维持的经济基础，叛军对唐太庙及帝陵的亵渎更是王朝的一大耻辱。755—757年（天宝十四载至至德二载）的战争中，洛阳太庙被叛军占领，长安太庙及所有神主也被焚毁。[141]收复长安后，礼官及安史乱前新设的礼仪使等一系列官员试图重建礼制，尤其是恢复太庙享祭。[142]到肃宗末年，朝廷举行一系列的礼仪活动，包括758年（乾元元年）及762年（宝应元年）的南郊礼；还有759年（乾元二年）有意简朴从事的藉田礼。[143]代宗朝，764年（广德二年）春再次举行南郊礼。[144]据记载，安史乱后官方学者、知制诰杨绾也对礼制重建起过重要作用。[145]

然而，自756年（至德元载）长安陷落后，最令皇帝和士大夫担忧的是帝国的祖先祭祀问题。甚至在朝廷回到长安之前，皇帝便已令当时主要的官方学者于休烈前往长安处理因太庙损毁造成的一系列问题。[146]朝廷返回长安后，肃宗素服哭于庙三日。[147]其后，新作九庙神主成，肃宗亲自告享。[148]758年（乾元元年）初，肃宗下令停止检括散落民间的宗庙之器，[149]同年夏，新建九庙成，移九庙神主入新庙。[150]

然而困难远不止于此。763年（广德元年），吐蕃入侵后又撤军，代宗朝廷自陕州即将迁回长安之际，以及766年（永泰二年），有关太庙祭祀的问题再次引起朝堂之上的广泛争论。持批评态度的一方以大唐忠臣、礼学专家颜真卿为首，与之针锋相对的，是权倾朝野的元载（卒于777年，谥"成纵"），一个令学者极其厌恶的人物。[151]

颜真卿前后所制仪注，被其门生编为《礼仪》十卷，[152]对安史乱后朝廷的宗庙祭祀有着极其重要的意义。甚至在安史之乱以前，颜真卿仅是昭陵所在地、长安以西的醴泉县尉时，就已拜谒过昭陵和长安的太庙。[153]安史之乱以后，他认为要想实现唐王朝的复兴与稳定，不仅应重视维系太庙享祭，朝议制度的维系也是一个重要方面。[154] 779 年（大历十四年），代宗驾崩，颜真卿为礼仪使，由此卷入针对太庙的两场旷日持久的争论之中。这两场争论一直延续到九世纪，是这一时期礼制史料中最主要的内容。虽然主要争论的是礼制管理层面的问题，但同时也反映出长安政局的动荡与波折。学者对这两大问题的关注正如安史乱前热衷于讨论封禅与明堂一样，是这一时期的典型特征。

第一场争论从 781 年（建中二年）末开始，持续二十二年，涉及数百名学者，留下非常丰富的史料记载。这场讨论有关太庙神主的正确安排，直到玄宗及肃宗驾崩，太庙共有"九室"，安放高祖至睿宗五位皇帝及 618 年（武德元年）祔于太庙四室的四位李唐先祖的神主。其中高祖的祖父享有特殊地位，是为太祖，尽管他不是祔于太庙中最早的一位，但却是第一位被封为唐国公的李唐先祖。

九庙建制意味着睿宗以后每逢皇帝驾崩祔于太庙，就要迁出一位血缘较远的先祖。763 年或 764 年（广德元年或二年），玄宗和肃宗神主祔于太庙，为给他们腾出空间，太庙享祭序列中血缘最远的两位先祖——献祖和懿祖之神主被迁入夹室。779 年（大历十四年）代宗驾崩，意味着又要从中迁出一位先祖。781 年（建中二年）计划祫享太庙时，是否应当合享因玄宗、肃宗、代宗而迁出的三位先祖，成为争论的焦点。

然而，由于高祖的祖父太祖是献祖、懿祖的后辈，所以合享献祖、懿祖，意味着有特殊地位的太祖不能居于东向的正位，而一些礼官认为太祖最当居于正位。唐初，东向的正位一直空置，但随着一代又一代的皇帝驾崩祔庙，礼官认为，现在东向的正位应该被填充起来。问题在于祫祭时谁当居于主位：太祖？正如许多学者认为的那样；还是献祖？曾祔于太庙享祭的诸先祖中辈分最高者。[155]

争论始于太常博士陈京的上奏。陈京（805 年卒），进士及第，曾为独孤及的门生。陈京建议太庙祫祭时，可不合享献祖、懿祖，太祖居东向之位。疏奏，下"百寮集议"。当时正处在个人威望巅峰的颜真卿反驳陈京之论，并获得肯定——祫祭时，献、懿二祖合享，献祖居东向正位，太祖居昭穆之位。然而，这一问题的争议并未就此结束，在接下来的二十年中，每当禘祫之时，当时最著名的学者便会上疏奏议。这些学者包括成长于东南、为颜真卿所称道的官方史家张荐（744—804，谥"宪"），于 784

年（兴元元年）出任太常博士；以及重要史家柳芳之子、礼学家柳冕（803年后卒）。柳冕与颜真卿相交甚厚，据称其为官生涯一直致力于实现颜真卿的关怀。主要争论发生在792年（贞元八年）、795年（贞元十一年）、799年（贞元十五年）及802年（贞元十八年）。陈京在这一旷日持久的争论过程中再次上疏，最后，在接近尾声时，他重申最初的立场，即迁出太庙的两位先祖应入别庙祫享。经过德宗朝的反复讨论，最终，803年（贞元十九年），陈京观点被采纳，献祖、懿祖之神主被匆匆移入兴圣皇帝庙，祫享时太祖居东向正位。由于这一问题的解决，德宗受到朝臣的一致祝贺。

仅803年（贞元十九年），就有一百一十二位学者参与到这场旷日持久的辩论中，说明这一问题是德宗朝士大夫群体面临的主要难题。尽管德宗即位时"动遵礼法"，但在经历"四镇之乱"耻辱性的失败后，开始变得多疑、亲近宠臣、难以接近。可能因为本就受到安史之乱沉重打击的国家礼制在784年（兴元元年）长安失陷时又遭到进一步的破坏，[156]德宗对祀典礼事变得格外慎重，仔细盘问学者草拟的仪注，[157]近乎无微不至地关注宗庙祭祀。[158]有史料表明，德宗试图在全国范围内修建太庙，这是此前唐朝历任皇帝都不曾有过的尝试。[159]

德宗对皇家祭祀的态度在王朝祖宗祭祀的第二个部分——陵寝享祭中表现得更加明显。798年（贞元十四年），相关问题甫一提出，便经讨论解决。德宗通常十分吝啬，然而这次论辩之后，却诏令大肆扩建八座唐陵中七座的寝宫，并对第八座的寝宫进行修缮。他还逐一检查扩建寝宫中的陈设。[160]那位三次上疏参与太庙祫禘太祖之位论辩的学者陈京，也参与到这次的陵议之中，且其观点正合德宗之意。德宗不但予以嘉奖，甚至还要用他为相。[161]但由于陈京突发疾病失去工作能力，最终改任秘书少监。然而，陈京在这两项论辩中的角色，以及大量参与其中的其他学者，都表明帝国祖先祭祀提供了获得皇帝瞩目并扶摇直上的难得机会。因此，这一时期有数位太常卿升任宰相或许并非巧合。[162]现存学者对这两个问题的奏疏大多可以展示所论内容的传统建制沿革，但德宗朝祖先祭祀的历史却也表明，国家礼制传统已变得更加政治化。

806年（元和元年），宪宗即位。学者将宪宗朝称为唐朝的中兴时代，史料显示，此一时期国家礼仪活动也的确格外受到重视。如同大多数皇帝即位之初的所作所为，宪宗也举行了南郊礼。[163]直到此时，功臣配享太庙的制度一直得到维持。安史之乱以后，得入太庙配享的功臣往往是忠贞不贰的文官或战功赫赫的武将。最直接的例子是郭子仪，他于781年（建中二年）逝世后即刻配享代宗庙，也是代宗朝唯一配享的功臣。809年（元和四年），裴冕（703—769，谥"献穆"）配享肃宗庙，而另外三位杰出的武将段秀实（783年卒，谥"忠烈"）、李晟（727—793，谥"忠武"）、浑瑊（736—799，谥"忠武"）则配享德宗庙，其中浑瑊配享较其他二人晚一个月。[164]811年（元和六年），宪宗计划举行停废已久的籍田礼，但是最终并未成行。[165]宪宗朝后期，在取得对河北藩镇的军事胜利后，朝廷上下开始涌现请求封禅泰山的强烈呼声。[166]

宪宗之后的穆宗朝初年，曾经长期讨论的太庙享祭问题再次短暂出现，[167]这只是九世纪太庙诸问题中最为突出的一个，即同时维系长安、洛阳两座太庙享祭是否合乎礼制。自安史之乱沦为叛军营房后，洛阳太庙已经废弃了数十年，尽管庙内神主被检括收回保存。780年（建中元年），颜真卿奏请重建洛阳太庙并恢复享祭。尽管疏奏不报，但在德宗时期进行过间歇的讨论。820年（元和十五年），这一问题再度被洛阳官员提出，曾为太常卿的现任东都留守郑絪，奏议反对维系享祭洛阳太庙。[168]随后，太常博士王彦威（845年卒，谥"靖"或"宪"）加入议论并有重要贡献，后来成为重要的学者和官员。[169]悬而未决的争论一直持续到845年（会昌五年），当时，或许出于以下两种原因，朝廷对这一问题再度重视起来。首先，伴随843年（会昌三年）开始的全国范围内的灭佛运动，朝廷因此拥有建造太庙所需的大量木材；[170]其次，朝廷可能计划将洛阳作为紧急情况下的陪都，因此坚信维系好洛阳太庙是更为持重的做法。

论辩持续到第二年，至少五十位学者参与其中。他们回顾洛阳太庙从武周初立，到705年（神龙元年）李唐复辟重建的历史；借鉴周、汉两朝不止享祭一座太庙的先例；还征引《尚书》《毛诗》《礼记》《春秋·左传》及《谷梁传》《孟子》等经典。尽管反对洛阳太庙的人举出更权威的先例，但朝廷对此置之不理。最终诏令重建洛阳太庙，安史乱后幸存的洛阳太庙神主在一个世纪之后又重新归位。

这并非唐代士大夫围绕礼制问题展开的最后一次争论。九世纪下半叶，礼制问题仍在为展现学者的广博和辩才提供契机。[171]有关唐末动乱的史料中，的确也包含太庙及其享祭的内容。随着 779 年（乾符六年）京师地震，880—883 年（广明元年至中和三年）长安陷于黄巢之手，以及 885 年（光启元年）朝廷再度出奔，太庙又一次遭到毁坏。然而，此时的朝廷极为拮据，已经无力重建作为王朝象征的太庙。以致 887 年（光启三年）僖宗收复长安时，竟以少府监大厅为太庙。礼官参详 717 年（开元五年）长安太庙局部坍塌及 757 年（至德二载）太庙为安史乱军所焚的故事，草定僖宗告庙忏悔时的仪注。[172]

此后，学者甚至仍在草拟仪注，而在唐代最后涉及礼制的史料中，再次提到皇帝神主的祧迁。晚至 904 年（天祐元年），朝廷还曾任命一位太常少卿；907 年（天祐四年），学术机构的主事者还曾协助举行唐梁禅代仪式。[173]

（二）国家礼制规划的衰落

由于太庙对于王朝的重要意义，即使在九世纪中后期，有关太庙的礼制争论仍然得到良好的记录。然而，自九世纪中叶的几十年以来，王朝的其他礼仪活动却几乎付诸阙如。大部分主要礼仪在元和以后的发展情形均未见载于两《唐书》礼志。[174]其他现存史料中少量的相关信息，也不足以说明礼仪活动的整体实施情况。同其他行政领域一样，贯穿九世纪断断续续的改革建议并没有为实际情况提供良好的指导。

种种迹象表明，这一时期的礼仪活动可能已在衰落。828 年（大和二年），著名制科登第者刘蕡对策，认为南郊祭祀受到忽视；[175] 834 年（大和八年）以前，每季读时令之礼久未举行，[176]太子齿胄之礼似乎也已停罢；[177] 836 年（开成元年），深具学者气质的文宗下诏试图恢复太庙郊社斋事；[178]到 851 年（大中五年），南郊礼再次陷入困境，封禅大典更是宣告不再可能。此外，在国子监举行的射礼停废日久，[179]地方官为赴京应试举子行乡饮酒礼的情况也很糟糕。[180]

唐代最后一次见于记载的南郊礼是在 877 年（乾符四年），[181]此后，太庙祭祀占据了唐代礼制的所有史料。我们只能假设，黄巢以后接二连三的动乱，使得见于唐代礼典的很多其他礼仪充其量只能时断时续地勉强进行。

（三）安史乱后的王朝礼典

从学者对 732 年（开元二十年）颁布的《大唐开元礼》的态度，可以尤为明显地看出安史乱后礼仪活动的规模缩减。实际上，礼仪专家在修订具体仪式仪注时还是会偏离该礼典。在代宗朝，他们甚至可能考虑更系统地重拟仪注。但与此同时，学者在争论中或是修定仪令、考证礼制时常常大量征引《开元礼》，这又表明他们视其为重要权威。他们不再尝试进一步编修完整的礼典，而是代之以回顾《开元礼》，并将其作为唐礼的巅峰之典加以弘扬。

因此，安史乱后，学者对《开元礼》做了大量补充或修订。第一次在780年（建中元年），颜真卿为礼仪使，受命与太常博士等精简《开元礼》，详定公主等出降觐见之仪。[182]783年（建中四年）长安战事造成的典籍流散可能加剧了增补仪典的迫切需要，据记载，784年（兴元元年）起任太常博士的张荐就曾参与增补礼仪。[183]另一次主动修订在791年（贞元七年），源于包佶上奏。包佶，747年（天宝六载）进士及第，曾为东南地方财政官员，也是权德舆及萧颖士之子萧存的朋友。作为秘书监，包佶提出的是安史之乱前后备受权力核心关注的话题，请求协调《开元礼》与《礼记·月令》（第三章，第87—88页）的冲突之处。这一奏请获得批准，但包佶却于不久之后逝世，此事就此搁置。[184]

在这一时期的太常寺，为具体礼仪重修仪注显然是一以贯之的。793年（贞元九年），朝廷于太常寺设礼院修撰；[185]801年（贞元十七年），《开元礼》的第一部补充性礼典进献皇帝。这可能是《开元礼》颁布后国家礼仪的行用仪注，尤其是德宗朝仪注的集合。但有关这部礼典，我们只能获知主编为韦渠牟（749—801，谥"忠"或"隐"），一位曾经任职东南的文人，颜真卿和权德舆的朋友，支持三教合流，从796年（贞元十二年）起备受德宗宠信。[186]

即使学者有意修订或改变《开元礼》中具体礼仪的仪注，但仍可从安史乱后重要的典志专书——杜佑《通典》中明显看出《开元礼》的崇高地位。在《通典》中，杜佑实际上对唐朝礼制作出整体上的批判性考察（第五章，第203—205页），他也是这一时期为数不多的以全新的、分析性的态度对待国家礼制的学者之一。当然，同其他人一样，他也承认编修于732年（开元二十年）的《开元礼》的伟大。《通典》的"礼典"部分有三分之二强是《开元礼》的节选，但在一个独立章节中，他又追溯了732年前后更广泛的礼制沿革。在这一节有关具体仪式的记载中，他指出针对某种礼仪《开元礼》何时不再具有约束力，以及之后这些礼仪在实践中的发展。[187]他对礼制沿革的考察证明，对于礼典中的大部分礼仪，例如对孔子和太公的释奠礼，《开元礼》的仪注仍在沿用。[188]但是对于其他仪式，《开元礼》的规定已被新的仪注取代，或是已经作出调整。[189]

《通典》还暗示另外一种迹象，即八世纪末的礼学家愿意在某些礼仪上超越《开元礼》的规范，这就涉及七世纪及八世纪初被断定为"非臣子之宜言"的国恤礼。杜佑将皇帝丧仪用后即废、每逢皇帝驾崩便重新拟定的唐朝传统搁置一旁，其收录的皇帝丧仪极有可能来自时任礼仪使的颜真卿在779年（大历十四年）拟定的代宗葬仪。[190]代宗的先例还在806年（元和元年）被沿用，德宗和顺宗驾崩后，杜佑的亲戚、平章事杜黄裳（738—808，谥"宣"）任礼仪使，负责丧葬事务，并委派两名礼仪学者拟定所需丧仪。此次所修丧仪经批准永久藏于太常寺，但是并没能流传下来。不过怀疑论者柳宗元为之作序，高度赞扬此二礼，并记录编纂者之一——其姐夫裴堪，以及裴氏家族自七世纪以来至少连续五代人对制礼所作的贡献。[191]

808年（元和三年），官方学者再次尝试修订《开元礼》，不过修订结果史书未载。[192]816年（元和十一年），另一位礼仪学者录《开元礼》以后礼文，选辑成一部三十卷的礼典，进献皇帝。[193]818年（元和十三年），朝廷再度决定修订礼制，时相郑余庆和儒家复兴主义者韩愈受命重拟朝仪。朝廷任命包括韩愈在内的编修队伍，修订"朝廷仪制，吉凶五礼，咸有损益"。但关于此次修订，还是没有记载流传，甚至连修订成果的名称也无由得知。[194]

另一部作于818年（元和十三年）旨在补充《开元礼》的礼典则得到更好的记载。在820年（元和十五年）洛阳太庙置废争论中作出主要贡献的学者王彦威，此时已经由太常散吏开始逐层迁转。在太常寺礼阁，王彦威掇拾自隋已来的朝廷沿革、吉凶五礼，又集732年（开元二十一年）《开元礼》颁行后"垂九十余年"的新颁礼法仪令，撰成《元和曲台新礼》进献，并由此迁任太常博士。这一礼典在礼仪争论中曾被征引，但同样没有流传下来。此外，王彦威亦精通谥议之法，可能还撰有一部谥法方面的著作。[195]

除这些与《开元礼》明确相关的作品外，礼仪学者还编纂其他仪注，其中大部分只有书名得以流传。例如《春秋》学者陆淳编纂的《类礼》，其亡佚尤其令人惋惜；[196]曾被权德舆誉为"师道"典范的德宗朝太常博士仲子陵，撰《五服图》十卷，于793年（贞元九年）进呈；[197]795年（贞元十一年），国子司业呈递《乘舆月令》，其书名再次表明《礼记·月令》为王朝礼制的框架。[198]此后直到唐朝临近灭亡，仍有此类仪注出现，如九世纪末礼学家，也是《开元礼》专家的柏宗回（839—899）撰成《王公家庙录》五卷。[199]

然而，还是有一部仪注最终幸存下来：德宗朝太常修撰、随后任太常博士的王泾所撰《大唐郊祀录》十卷。这部珍贵的著作在典志专书《通典》和《会要》之外，为许多仪式——包括《开元礼》中的仪式以及《开元礼》以外的一些重要道教仪式——的争议和演变提供切实的证据。王泾担任礼官可能超过二十五年，是真正的礼学大家，对国家礼制的历史发展有着深刻体察。他对太公祭祀及其在788年（贞元四年）后引起的反武学者间之争论的记载，是这一时期有关太公祭祀的唯一细节。[200]

元和以后，学者继续重拟单个礼仪的仪令。但部分出于对《开元礼》的高度尊重——这种尊重一直延续并贯穿至五代始终——部分由于各方面环境的恶化，似乎再也没有新的修订或补充性仪注出现。

（四）科举中的国家礼制

国家礼制对于王朝的重要意义还在于它是科举考试的重要主题，即使到安史之乱以后仍然如此。特别是唐王朝行将灭亡之时，进士科杂文部分仍要求举子用夸张的意象描述理想化的国家礼仪场景。[201]但进士科策论及制科考试中有关国家礼制的问题有时会更加透彻且清楚地反映出国家礼仪活动实施环境的变化。

例如，从785年（贞元元年）德宗朝重要儒家学者陆宣公主持制科考试时提出的两道策论题目，可以看出学者对这一时期礼仪活动的不满："工祝陈礼乐之器，而不知其情；生徒诵礼乐之文，而不试以事"。[202]788年（贞元四年）制科考试的一道策问关于哪些礼仪可能促进儒学复兴。[203]805年（永贞元年），权德舆要求进士科考生就长期以来太祖神主在太庙祫禘之位的争论进行评论。[204]白居易收集制举策问和对策范文，于806年（元和元年）编成《策林》，其中的问题如："礼之崩也。何方以救之乎？"还有要求阐释礼制沿革与社会稳定间的联系；另有关于祭祀中敬重态度的逐渐减弱；亦有一问关于厚葬问题。在白居易给出的对策中，提出应该采取温和的改革，国家礼仪活动确实在衰落，但可以采取措施阻止进一步衰落；[205]周礼是国家礼制的典范，但对礼制有所损益是合理的，只要保证制礼的本意不变；[206]厚葬是有害无益的，应当进行约束。[207]

然而，礼制在科举中的重要性最为显著的体现是科举中关于国家礼制的专设科目。[208]786年（贞元二年），皇帝敕令明经科中增设《开元礼》科，由太常寺负责讲授，考试形式为问大义一百条，试策三道。但这一考试可能在789年（贞元五年）才开始实行；同年，又设立专习三部礼学经书的"三礼"科（第三章，第96页）。793年（贞元九年），《开元礼》科与"三礼"科考试都得以举行。从流传至今的九世纪一批及第者名字中，可以得知"三礼"科与《开元礼》科并不像明法、明字与明算那样缺乏威望。《开元礼》科一直持续到五代时期，993年（宋淳化四年），才由宋代第一部权威礼典取代《大唐开元礼》。[209]

《开元礼》是将唐代礼典纳入科举，且成为一门备受重视的科目的唯一代表。八世纪后半叶及九世纪最初十年，改革派学者试图将《唐六典》及《唐律》等其他官方典志汇编纳入科举，但都没有成功。的确，如果这些尝试取得成功，科举考试可能会不那么重视文学和经学才能，而是更多注重专业的行政能力。然而，732年（开元二十年）颁行的《开元礼》与《唐六典》及《唐律》在一些关键方面并不相同。国家礼制仍是中古儒家传统政治最高理想的承载者，在这一方面尤其与律法相迥异。持各种倾向的学者都将《开元礼》视作唐代统治空前成功的象征，785年（贞元元年），颜真卿的追随者、太常博士柳冕在提到《开元礼》时，称之为"不刊之典"，而这通常是唐代学者用来形容经书的词汇。[210]

（五）国家礼制传统的批判审视

八世纪末九世纪初的大部分重要学者在其仕途中都有过礼仪活动的经验。比如权德舆就曾三次就职太常寺，792年（贞元八年）任太常博士，宪宗时两度出任太常卿；[211]曾与权德舆同掌诰命的中书舍人、知贡举高郢，也曾在801年（贞元十七年）及806年（元和元年）两任太常卿；[212]权德舆与韩愈，[213]均曾在德宗朝针对太庙禘祫时太祖神主当居何位的长期争论中发表意见；史官张荐也曾出任太常博士，并参与了上述问题的讨论；[214]李翱就陵庙享祭的正确祭仪上疏宪宗；[215]810年（元和五年），时为地方官员的李翱还曾"准制祭名山大川"；[216]宪宗时，韩愈曾受命参定仪制；[217]《春秋》学者陆淳曾参与795年（贞元十一年）太祖神主禘祫位置的讨论，还是788年（贞元四年）太公祭祀争论中的领袖人物；[218]803年（贞元十九年），作为级别极高的官员，杜佑奉命将"迁献祖、懿祖神主，正太祖景皇帝之位"一事虔告太清宫；[219]803—805年（贞元十九年至永贞元年），作为其御史职责的一部分，柳宗元同五十年前的颜真卿一样，也参与到一系列的帝国礼仪活动当中。[220]

然而，最能体现学者对国家礼制看法的，不是官方语境下的正史传记或奏疏，而是他们私下所作的文章。此外，学者间观点的差异，表明他们在其他学术领域中的意见对立在礼学中同样存在。那些个性上倾向于认为社会复兴主要依靠个人及其道德与精神生活的学者，似乎对礼制没有什么批判性观点。对国家礼制最激进的批判，更多来自像杜佑、柳宗元这样的学者。他们坚信社会复兴主要依靠政治与体制改革，而把精神层面的问题留归作为佛教徒的私人生活。这些学者不仅对王朝政治改革有着更深刻的见解，而且还从政治哲学的角度对国家起源及礼制功能进行系统阐述。

因此，不论韩愈还是李翱，都没有整体或部分地从其"性命"学观点上审视礼制。事实上，以其精心规划限制皇帝行为的国家信仰体系，似乎与他们的日常关注相去甚远。例如在他们的非官方著作中，并未提及备受七世纪及八世纪初宰相和官方学者关注的儒家先哲配享问题。留存其中的关于礼制的批评，也并非直接针对国家礼制，而是针对某一具体礼仪或者个人。他们都把自己的反佛倾向带入私人的礼仪实践，都批判佛教丧仪混入儒家丧仪。[221]李翱批评儒士坚持"威仪"——一个有时关系到礼法的词汇，[222]他提倡个人与具体层面的循礼，认为这是实现"至诚"理想的必要方式。[223]

另一方面，这些学者还在有关国家和制度的私人著作中对礼制传统作出精辟的评论。他们对待国家礼仪活动的态度，不仅出于文人的怀疑，还源自仕途的经验。他们坚信从政治上可以看出礼制的整体作用，且认为礼制还具有社会功能。安史乱后不到二十年，东南的《春秋》学者已经有此意识。赵匡在分析《春秋》所载三年一行的太庙禘礼时，强调此为天子专有之礼,即使据《春秋》记载鲁国也曾举行禘礼,但"诸侯而行天子之礼,非周公之意也"。[224]在地方权力日益坐大之时,这种对帝王专有之礼的坚持或许可以理解为重申皇权或中央权力的尝试,因为改革者的理想即是权出于一或"权归于上"。[225]赵匡还整体地、坦率地批判《礼记》,由于《礼记·月令》是国家礼制在宇宙论层面的主要依据,他对《礼记》的批评或许也在间接批评国家礼制中的这一要素。[226]

然而,最能体现改革派国家礼制兴趣的伟大学术丰碑还是杜佑《通典》,这部二百卷的政书几乎对所有典章制度都进行了批判考察。对唐代学者来说,《通典·礼典》的大部分编纂模式都是非常基础的。但无论内容的拣择还是随文插入的评论,皆可看出杜佑对王朝礼仪活动的批判性观点。首先,自唐开国官方史书便一直遵循传统的志书排列顺序(第五章,第167页),而杜佑《通典》舍弃这一顺序,藉此降低礼制的重要性。他本来可以将"礼典"列为《通典》九部的第一部,以使礼仪活动成为国家运作中的重中之重。但是杜佑却将其列为第四,置于"食货""选举"与"职官"之后。为了证明这一顺序是正当的,杜佑还借用"行教化之本在乎足衣食"的传统观点,征引《管子》"仓廪实则知礼节,衣食足则知荣辱",并改编《论语》中的孔子言论,使之成为"既富而教",以作为其编纂的依据。[227]

杜佑对国家礼制传统当然非常了解,也是732年(开元二十年)《开元礼》的极力推崇者之一,但他也暗示着降低礼仪超自然或宇宙论地位的倾向。他重申"五礼"中只有第一部分吉礼是有关"天"或宇宙观的,"其余四礼并人事兼之"。[228]他批评源于《月令》的"读时令"为古礼的看法;[229]还暗暗对725年(开元十三年)封禅持否定意见,因为《通典》征引一篇唐前文字,强调封禅只该在王朝初始举行一次。[230]此外,他还指出,是人而非天决定历史的发展。[231]作为行政官员,杜佑似乎不太在意别人看来具有超自然或宇宙观意义的灾祥,权德舆即认为他"物怪气焰,不接于心术"。[232]因此,即便杜佑可能不是激进的怀疑论者,但从其作品中我们可以看出,他至少极度反对整个国家礼制公开而正式的宇宙论传统。

与之相应,柳宗元对国家礼制中的宇宙论因素表达了最强烈的怀疑态度,并且十分明确地坚持礼制的功能是道德的和社会的,而不是超自然的。[233]可能部分受到杜佑的影响,柳宗元在805年(永贞元年)贬谪南方以前就已发展出这一思想。他主要在面向德宗朝京城学者的文章中表达其观点，认为礼制中的超自然因素并不重要，礼制主要的功用在于其道德和社会价值，"圣人之于祭祀，非必神之也"，祭品"盖亦附之教焉"。[234]他坚信《礼记》所及"敬"的态度比仪令仪式更为重要；强调礼的目的应该是树立敬爱典范，奖励德行。而冬至日祭祀众神之蜡礼，意义模糊而难以捉摸；圣人的目的必须与人同在，尽管他承认蜡礼是古代的传统礼仪，但可能并非圣人的初衷。[235]

遭贬谪后，柳宗元依旧维持其对国家的怀疑性和世俗性看法。其《非国语》充满不可知论思想及对超自然和祥瑞体系的谴责，反复申明"夫祀，先王所以佐教也，未必神之。"[236]此外，还在一篇写于814年（元和九年）的文章中阐明对《月令》背后信仰体系的批判态度，指出《月令》将"五事""五行"与"时"联系起来是毫无根据的；同时《月令》将疾疫、灾祸同预言附会的做法"特瞽史之语，非出于圣人者也"。[237]

虽然柳宗元是一位不可知论者，但他同杜佑一样，仍然认为国家礼制当有一定的地位。礼乃"百王不刊之典，安可得而废也？"尽管他同杜佑一样对封禅大典持强烈的保留意见，[238]但当得知811年（元和六年）计划行籍田礼时还是欣喜非常，而在得知又被取消后依然表示遗憾。[239]他上疏宪宗，指出在818年（元和十三年）平定河朔藩镇后，"宜庙宜郊，以告德音"，即应当举行礼典所规定的祭礼。[240]同时，从为其姐夫裴墐《崇丰二陵集礼》所作之序，也能看出他并不敌视恢宏的王朝礼仪活动。[241]

自819年（元和十四年）柳宗元逝世直到唐朝灭亡，他的礼制思想几乎再无人问津。[242]因此，这些思想被认为是这一时期改革运动的一部分及其直接后果，是唐代后半期思想史的高潮。平心而论，它们被认为是唐代流传下来的最引人注目、最值得肯定的怀疑精神之一。然而，尽管柳宗元的思想中存在一种紧张，但这种紧张最终指向以国家为中心的基本立场。在其著作中，柳宗元对国家礼制的批判和怀疑比任何其他政治哲学领域都要多。不过，他同时也坚持为官当忠于朝廷，并渴望在为朝廷效力的过程中获得晋升。所以，他不但没有要求国家废止礼仪活动，相反，为了确保礼制的存续，还提出强调礼制道德与社会功能的理由，认为爵禄、庆赏、行政手段都是"道之所行也"，因此，将"守官"与"守道"相对立是错误的。[243]他视儒家经典为最高权威的信仰（第三章，第104页）及对国家礼制的高度认同，仍是唐代儒家思想的主流。

同时，柳宗元还是唐代以虔诚著称的著名佛教居士，尤其是在贬谪期间。不过，他对佛教的信仰仅仅是对自身的许诺，并未直接影响其国家观念。相反，正是这种将宗教生活降格为个人层面的经历，为其能够以一种不可知论的态度考察唐帝国的礼仪活动提供了可能。唐代信仰态度的多元化，是这一值得肯定的、世俗的、怀疑的思想生发蕴育的基本条件。

第五章 史学

对中古时期的学者来说,史学主要涉及后经典时代的叙事和其他文献,而非整个可以知晓的过去。因此,史学作为一门学科,其史料范围有着明确的界定,其研究也具有特殊性和具体性。历史记载,尤其是两汉的历史记载,地位仅"亚于六经",学问之人对此更是耳熟能详。[1] 其中包含的详尽资料在唐代学者生活中起着举足轻重的作用。从唐代开始,史书就已在官方书目的四部分类中位居第二,足见史学之于学者的重要性。

在官方四部书目中,史部相较其他诸部所涵盖的范围更加广泛,具体细分为十三个子目。[2] 十三子目的重要性并不等同,像中古时期大多数学术分类一样,史部子目的划分意味着价值的差别。最受官方青睐的是纪传体"正史",其次是编年体"古史",编年体有时也被认为优于纪传体。用孟子形容《春秋》之言来说,第一子类和第二子类是"天子之事",因此居于优先地位;[3] 之后是体例纷繁的"杂史"和记录伪朝史事的"霸史(伪史)"。

再往后列出的子目代表国史修撰的早期阶段,即"起居注"和"实录(旧事)";为国史修撰提供基本史料的"杂传"自成一类;此外还有"职官""仪注""刑法"及"地理"等,这些也都是经典史书《史记》《汉书》中早已出现的志书系列。而与国家和行政体系关系不太密切的"谱系"与"略录"则排在最后。终唐一代,十三子目的划分几乎没有发生变化。不仅如此,史部划分的背后还呈现出合而为一的史学意识,即对于上述领域,史官当无所不纪。[4]

就唐代学术界而言,后叛乱时期主要有两种重要的历史记载,唐人对此也有两种截然不同的态度。第一种是对高层政治世界的记录。譬如经典史书《史记》《汉书》，就是对学术传统中帝制国家最完整而又凝练的记述。它们界定国家的所有角色，从宇宙到礼仪、制度、行政、军事，因此，这类史学知识是学术传统的必要组成部分。熟稔史书也是官僚体系中学术精英的身份标志，而且对于官员个人来说，将先代故事运用到政治事务的处理之中，也极有助于获得晋升。第二种，是专门记述近代史事的本朝官史。对于本朝官史，因修撰者的复杂态度而引起学者群体广泛的批评与议论。

唐代学者认为古史的意义主要在于鉴戒与垂范。《史记》《汉书》及其后的史书为唐代提供了故事先例与可资鉴戒的轨范，一旦被正确理解，便可获得蕴含其中的关于皇帝行为处事、国家事务和政治道德的永恒真理。这些传承下来的历史记载成为所谓"史法之争"的基本材料。[5]在"史法之争"中，学者援引先代故事而非理论原则，以实例而非观念作为争论的依据。在此方法之下，史学当然不是一门真正自主的学科，也不再是同情地重建过去的活动。相反，历代王朝的纪事或多或少代表着权威文献的"记忆库"，学者可以从中拣择材料、运用故事以解决当代问题，而史书中的信息通常又是非常具体的。因此，如同经学和礼学，史学也会为学者提升技能、增长效益提供可能。经典史书在这一层面的重要性，于唐代前半期大量为其而作的史注中可以得到充分体现。

第二种史学以史馆为中心，少数学者在宰相的主持下撰修官方史书。从正式意义上说，这是致力于研究过去的延伸，事实上，史官希望通古今之史以获取真知。[6]然而，作为唐代最伟大的学术丰碑，本朝官修史书相较其他官方学术事业更为敏锐地牵涉皇帝、宰相和学术精英，在皇帝或监修宰相与企图维护史家理想的撰修学者之间构成潜在的利益冲突。

唐代学者坚持国史修撰应高度遵循其基本原则。国史当是客观而"不刊"的，亦即《春秋》学传统中的"不能赞一词"。[7]学者认为国史甚至可以成为裁判君主德行和政治影响力的工具，这也体现了史学的道德和政治功能。他们反复提及《春秋》与《左传》记载的两位经典时代史官——南史与董狐，并以之为典范。二人均未违背史官秉笔直书的职责，冒着生命危险如实记录诸侯弑逆之事。七世纪及八世纪初的史官和学者引二人为楷模时，也在间接强调修史应独立于威权之外，同时指出坚持独立之理想可能带来的风险。[8]

尽管国史及与之相关的史学理想极有威望，但有唐三百年关于国史修撰的记载却显示出令人困惑的矛盾倾向。一方面，官修实录显然是政治利益激烈竞争的焦点，不仅涉及皇帝，在唐代后期还尤其关系到官僚间的派系之争。另一方面，尽管朝廷对国史修撰颇为关注，但即使在唐代前期，也时常会突然中断或完全停滞。那些被任命监修国史的高官在其任内常常无所事事，甚至一无所成。而史馆修撰又往往是品秩较低的一般文官，且人数和作用也经常无法确定。

然而，无论古代史还是近代史，唐代学者对后经典时代历史的旺盛兴趣，皆可从其朝代演变的观念中淋漓尽致地表现出来。相较日益重要的私家记载和史学评论，官方修史活动较少受此影响。唐代史学观念最具意义的发展，在于对王朝典制的系统整理与历史记录。到八世纪末，学者在史评中表达他们从中国历史上最伟大帝国所获得的洞见，这些洞见源于有唐一百五十年的政治和行政经验。其中最引人注目的，是部分士人坚信可以通过制度与政治手段恢复唐朝曾经的鼎盛。他们对过去的看法由此发生转移，从重视对君主和王朝政治成功至关重要的国家宇宙观，转而开始强调王朝典制的相对易腐性，并利用历史来分析政治原则的基本问题。

一 高祖及太宗朝

唐朝的建立与巩固，使当时的史家觉得自己已身处历史盛世之中。关注重大事件的意识促使他们形成一种强调帝国宏伟统治的宇宙架构的王朝观，并力图为皇帝及其继任者建立政策轨范，这一轨范的合理性已从其对历史的细致考证中得到证明。他们不仅关心距唐未远的近代，还注目伟大的两汉史注传统，因此，唐代涌现出大量的史注、史评作品。虽然没有完全成功，但太宗朝史官力图在皇帝面前捍卫历史记载的机密性和客观性，并坚守秉笔直书的至高理想——即使是皇帝，也要接受史书的评判。

唐初兴修史书的风气同其他学术领域是一致的。因为这一时期，学者发现他们承袭的以国家为中心的传统特性并非一种束缚；相反，在太宗朝相对开放的氛围中，他们坚定地重申这一点。他们关注的首要问题，是孟子所称的"天子之事"。像其他王朝草创时期一样，史学亦在国家控制之下，并非唐朝的特殊创举。但史家个人的雄心，以及朝廷对史书修成后通常的加官晋爵与绢帛赏赐，加之太宗朝的繁荣稳定，促使这一时期的修史成果异常丰硕。

（一）两汉史研究

七世纪及八世纪初，学者对占据官方书目史部之首的司马迁《史记》与班固《汉书》的论述比唐朝其他任何时期都要多，尤其是有关《汉书》的论述。[9] 在理想化的周朝之外，汉朝是唐人所了解的历史最悠久、记载最完整的朝代。因此，唐代学者认为，唐应当效仿汉，建立与之比肩的功业，并从汉代历史中吸取经验。太宗本人也曾表达这种汉唐相竞的意识，希望能为后人留下一部可与两汉史相媲美的唐史。[10] 而以秦比隋又加强了以汉比唐这一观点的说服力。[11]

两汉史的声望由来已久，早在三国时期，蜀汉的文盲将领就曾令人为其讲读《史记》《汉书》，以之作为实用的治国方略。[12] 唐初，精熟汉史在朝廷中极为普遍，太宗还一度被恭维"辞穷班马"，[13] 汉家故事在高祖创业时也曾起到核心作用。[14] 官员还常以秦汉时期贪求外邦金、帛、良马而陷入险境，现代人类学意义的"敛财"以及靡费无益的兴修奢华宫殿之例劝谏太宗。唐代的夷夏观也是在《汉书》基础上形成的，学者附和《汉书》，指出开边征伐的风险。此外，还通过讨论汉代郡国制的优劣，劝谏君主加强对藩王的控制。[15]

唐代学者对《汉书》进行了深入研究。学者宰相魏徵主编的《群书治要》，有八卷节选自《汉书》。《群书治要》是为皇帝而作的治政选辑，《汉书》是其选辑篇幅最大的一部。[16] 这一时期有许多官方学者长于《汉书》，其中包括南方的姚思廉（637年卒，谥"康"）和欧阳询（557—641）。另有一位此时还很年轻的生徒郝处俊，史载"好读《汉书》，略能暗诵"，后来成为一名史官。《汉书》和《史记》还被纳入教育范畴，均为太宗朝待制院、弘文馆的教授内容，可能还是国子监的课程之一。[17]

然而，唐人对两汉史的兴趣并不局限在政治和教育领域。七世纪初的学者以南朝末年的史注传统看待两汉史，而为《汉书》作注之多远胜于其他史书。[18] 对《汉书》兴趣浓厚者之最重要的代表是礼学家、文献学家颜师古（第三章，第72—73页；第四章，第119页），来自唐代前期最显赫的学术家族，而《汉书》正是颜氏世代传承的家学。颜师古《汉书注》受太子李承乾之命而作,并于641年(贞观十五年)由李承乾上呈太宗。[19]

颜师古《汉书注》在《汉书》学史上的地位与孔颖达《五经正义》在经学史上的地位同等重要。正如《五经正义》,《汉书注》也是一部层累积淀之作,大部分注释源自唐代以前的学术成果。颜注分列作于东汉、魏、晋及以后的注释,与孔颖达作《五经正义》类似,虽未明言,却维持南北《汉书》学的不同传统。颜师古还引大量遗存用以证史,从汉代流传的碑刻、器物,到当时的地形,甚至方言土语,皆令《汉书注》格外鲜活。同时,颜师古对神异诡怪的慎重态度,也体现唐初学者劝谏皇帝的适度怀疑原则。他对很多源自族谱的说法提出质疑,对历史地名的判别也十分谨慎,这与其一贯的怀疑态度高度契合。[20]

(二) 唐前五代史

高祖朝公认的《汉书》专家,譬如颜师古、姚思廉等都是高祖、太宗朝受命编修前代史的学者。他们依据《汉书》的体例和宗旨,凭借深研《汉书》所获得的学术素养和撰修知识展开工作,不但要对唐初皇权高度负责,还要在悠久而高度发达的修史传统中游刃有余。[21]

唐初两朝学者以《汉书》为模范,陆续编修完成大分裂时期的各朝正史。在大量整理史料的过程中,这些学者也将所处时代对王朝国家的独特史观蕴含其中。这一史观强调完全不同的两个方面,都意在巩固唐朝的长治久安。首先,通过史料的剪裁和插入史事的论赞,强调皇帝的作为是维护政权稳定的关键。其次,强调国家的主要活动应当遵循古制与天命。在审视前代历史之时,他们还提出历史演进的观点,尤其是典制、礼仪与文学实践的发展。他们力图以这种方式证明君主及其顾问进行制度改革的合理性,也为唐朝在海内升平的环境下进行对外扩张提供依据。[22]

唐前五代史的修撰在唐朝建立后不久即已开始,最初只有少量学者参与。同唐初其他修撰活动一样,前代史的编修也主要仰赖大量唐前史料与专家。这意味着某些在数十年前即已开始修撰的史书,先后获得朝廷的认可。[23] 621年(武德四年),由隋至唐长期担任史官的令狐德棻(583—666,谥"宪")向高祖进言,认为近代各朝事迹或恐在十数年后湮没。因此,623年(武德六年)初,高祖下诏编修北魏(386—534)、北齐(550—577)、北周(557—581)、隋(581—618)等北方政权及梁(502—557)、陈（557—589）等南方政权的史书，总共任命十七位学者展开编修；除"隋史"由颜师古和另一位学者负责外，其他每三位学者负责一史。唐朝建立之初，史书编撰仍像唐前那样，主要由学者个人完成，他们通常与颜师古一样具有深厚的家学渊源。名义上负责修撰工作的著作局并不能提供史学专才，因此，所选择的修史学者来自范围广泛的各种机构。这一点同唐代后来的修史形成鲜明对比，如国史修撰即通常严格由任职史馆的史官负责。

不知何故，高祖朝修前代史"绵历数载，竟不就而罢"。太宗即位两年后的629年（贞观三年），朝廷再次委派专人负责前代史编修，最终保证在太宗朝全部完成。此次修史在秘书内省进行，前次负责修撰的学者中只有三人参加。除"魏史"以外，共有五部前代史，由太宗朝两位伟大的学者宰相房玄龄和魏徵主持监修。尽管二人可能还同时参与其他修撰，但依然积极参与到修前五代史之中。七年后的636年（贞观十年），太宗下诏颁行此次修成的前五代史，并对修撰者颁赐进阶。太宗还趁此机会谴责隋朝修史"竟无所成"。[24]

太宗朝修前代史依靠唐前典籍和有家学渊源的少数学者，这一点在选择编修南朝"梁史"（五十六年）和"陈史"（三十三年）的学者时尤为明显。"梁史"和"陈史"都涉及南方学者姚思廉及其父姚察（602年卒）的早期撰著，虽然今本《梁书》和《陈书》并非完全出自姚察父子之手，但依然留有他们在唐前的修撰痕迹。如同《汉书》中留有始撰者班彪（班固之父）之名，《梁书》至少有二十六卷题写姚察之名及其陈朝官职，《陈书》也有两卷存在这种情况。[25]太宗朝学者宰相视陈后主为享乐宫闱、极端不负责任的君主典型，但《梁书》和《陈书》仍然留有唐前的南朝观点，对同样的宫廷环境批评却少得多。相反，魏徵与房玄龄在《梁书》和《陈书》的序及论赞中都鲜明表达唐初对南朝宫廷淫佚之风的反感。这些插入的论赞被认为反映了史家的独立观点，因此格外受到高度尊重。[26]

所以，至少就这两部南朝史而言，太宗朝629年（贞观三年）修史不过是结束了其撰修校订的长期过程。如同孔颖达的《五经正义》（第三章，第76—77页），这些前代史的编修并未阻止私修前代史的进一步涌现。隋唐之际，许多学者，有些还担任学术官职，都曾私自为分裂时期的朝代撰修史书。在现存有关唐代学者私修史书讨论的最早史料——玄学家王绩

（644年卒）写给南方学者陈叔达（573—635，先定谥"缪"，后改为"忠"）的信中，王绩曾向陈叔达借其所撰《隋纪》，以便完成自己所修的《隋纪》。[27]同样，没有证据表明朝廷试图阻止这一活动。[28]

完成于636年（贞观十年）的唐前五代史只有本纪和列传，缺乏经典史书中的志书部分。因此，641年（贞观十五年），朝廷委任可能只有六名学者的班子负责修撰志书。十部志书的修撰于656年（显庆元年）完成，包括《礼仪志》《音乐志》《律历志》《天文志》《五行志》《食货志》《刑法志》《职官志》《地理志》及《经籍志》，皆为官方书目史部中独立的子目。此"十志"涵盖629—636年（贞观三年至贞观十年）所修五代史的全部朝代，但几乎在撰成的同时，就被即刻附于《隋书》之后，成为现行《隋书》的志书部分。[29]

"五代史志"的编修者于"十志"各有专长。正如八世纪初史学批评家刘知幾所指出的，编修者中仅有一位参与过此前两次前代史撰修的学者，他就是令狐德棻，被视作唐初最勤奋的官方学者之一，受命修撰史志可能因为他在礼学与音乐上的专长及家学渊源。[30] "五代史志"的另一位修撰者李淳风（602—670），是史官中罕有的虔诚道教徒、数学家和占星家，受命修撰史志是因为他精通天文与五行。五代史志的编修过程显示，志书编纂是一项专业活动，其与本纪和列传的编修相分离，可能在纪传以后编修，唐代以前和后来的志书修撰也支持了这一点。因为技术性较强，且不直接牵涉政治，所以志书不含官方叙述中不可或缺的更具政治倾向性的判断，也较少引起批评。

然而，志书的序论部分是强调古制与王朝国家宇宙论框架的载体。《礼仪志》[31]、《刑法志》[32]及《职官志》[33]是学术界观点演变中具有重要意义的领域，它们开篇皆言及或征引为中古宇宙观提供理论基础的经典《周易》，表明王朝国家的礼仪、律法和职官制度都是宇宙过程的组成部分。这一王朝统治宇宙观反映了七世纪高度集中的政治秩序，并作为一种常规在其后的官修或私修著作中继续维持。但是，在私修史书和政论书中，学者却较少阐发国家宇宙论，一小部分学者甚至完全否认国家具有宇宙论基础。

（三）贞观后期修史

唐初官方学者还曾参与两项修前代史，产生三部流传至今的史书，在唐代长期的修史过程中，每一部都具有重要意义。其中两部是私修的《南史》和《北史》，成书于659年（显庆四年），撰者为史官李延寿，曾参与高祖、太宗两朝四次修史中的三次。同许多唐代史家一样，李延寿的史学素养也承自家学，其父李大师为其留下一部编年体史稿，但李延寿却将其转变为纪传体。

《南史》和《北史》是唐代许多由私人发起，官方学者或他人修撰或计划修撰（很多情况下是这样）的史书首例。像后来的例子一样，《南史》和《北史》对已有史书进行压缩和重编。李延寿删节作为《南史》《北史》主要史源的八部史书中近一半的史料，其中多为片段的诏令、奏疏和文章。但他也作出若干增补，其中有珍贵史料，也有一些并不可信。[34]与《史记》同样，《南史》《北史》皆为通史，记载范围上起南北朝以前最后一个统一王朝晋（265—420），下迄隋代，因此是对唐朝重新统一的背景介绍。尽管李延寿品秩较低，但当《南史》《北史》进呈时，高宗大加赞赏并亲自为之作序，其书在唐代一直享有盛誉。[35]

唐初两朝修前代史的最后一项是授命官方学者新修《晋书》。尽管不能同汉朝匹敌，但晋朝是唐代以前最后一个统一王朝，也是李唐皇室最早发迹的朝代，对唐朝具有重要意义。[36]《晋书》修撰始于642年（贞观十六年），仅两年即告功成并颁行天下。[37]《晋书》与其他几部唐修前代史的不同不仅在于修撰速度，还在于庞大的编修队伍，总共有二十二位学者参与其事。修撰由房玄龄主持，许敬宗为副，其中有三人来自史馆，一人来自秘省，一人为起居郎。李淳风也在其中，可能负责编修《律历志》《天文志》和《五行志》。太宗对《晋书》特别关注，为两篇本纪和两篇传记亲撰四篇简短而高明的史论，因此《晋书》又被题为"御撰"。[38]

与636年（贞观十年）完成的唐前五朝史相同，新《晋书》的修撰实质上是对既有史籍的剪裁与整合。房玄龄领导的《晋书》编修用很大篇幅书写学者深研大分裂时期历史而得来的可供鉴戒的道理。编修过程中，他们在一定程度上"以论带史"，使《晋书》成为唐初政治问题的佐证，而非确凿的晋朝历史。他们充分利用317年（东晋建武元年）以后五胡乱华导致的史料匮乏局面，[39]奉承李唐皇室的祖先源自陇西李氏。[40]他们通过史事剪裁，向皇帝强调最深刻的关切，即对穷兵黩武的忧虑。[41]在《晋书》纪事中，他们再次向太宗警告分封诸王行封建的危险；早在637年（贞观十一年）朝议中，他们就曾以此劝谏。[42]这一问题涉及行封建与行郡县的优劣，后来成为唐代重要的政治哲学命题，也是划分唐代学者国家观念的标准。相关朝议过去五年之后，这一问题又被引入《晋书》，说明其在太宗朝后期仍是君臣之间潜在的主要问题。

（四）前两朝实录

因此，《晋书》作为一部史书是有缺陷的，但在揭示以太宗朝廷为中心的史学氛围上是有价值的。它表明官方学者在多大程度上受其所服务的政治环境的影响，也表明史官远没有他们声称的那样真实客观、不存偏见。监掌与修撰唐初实录的，往往也是这群学者，他们同样致力于劝谏君主遵从儒家道德。

唐初两朝，在宰相主持监修之下，史官编修了两部实录，一部是记述高祖朝史事的《高祖实录》，另一部是记述自太宗继位到640年（贞观十四年）史事的《今上实录》，各二十卷。[43]贞观年间，官方学者姚思廉据此修成约三十卷的纪传体《国史》；[44]但这两部实录仍在流传，尤其是《贞观实录》，后来流传颇广。[45]太宗朝的第二部实录在650年（永徽元年）就已完成，记载640年（贞观十四年）以后的史事。[46]

这些实录的编纂并非一帆风顺。困难的产生不在于学术创新的愿望，也不在于深层次的哲学缘故，而是因为在实录完成之前，太宗十分在意其中所描述的自身形象，但这却与史臣的职责发生冲突。起居注与实录的本质特征是在编修之时完全保密，只有修定完成后才能公开并传阅。史官在撰修实录时负有神圣使命，要以他们认为完全客观的方式对君主作出道德评价。正如魏徵暗示太宗的那样，必要时，他会亲自裁判君主，以符合"至公"之道。[47]终唐一代都在倡导"善恶必书，庶几人主不为非法"的理想，这一责任使得参修官史的学者本身变得非常重要。这是士大夫信奉的儒家政治行为规范的关键，也是对学者在朝廷上之影响力的明显考验。

然而，即使在太宗统治之下，史官所极力捍卫的史学理想也终究未能实现。相比后来的君主，太宗甚至更加关注实录是如何记载他的。他渴望为627年（武德九年）谋杀兄弟、逼迫父皇让权而夺取皇位的行为辩护，当他试图干涉修史时，最容易波及的是监修宰相和起居郎。他们都参与朝堂的政策讨论，起居郎的职责就是将其记录下来，而且皇帝熟知他们当中的每一个人。但他们都未能抵挡住太宗对实录的兴趣,635 年(贞观九年)及 639 年(贞观十三年),太宗至少两次试图不顾实录对皇帝保密的特殊地位,亲阅自己的实录,尤其是对其掌权的记载。640 年(贞观十四年),太宗又命监修国史的宰相房玄龄迅速完成《高祖实录》及《今上实录》,以便对其进行检查。[48]

如此关注自己在实录中的形象,唐朝君主并非只有太宗一人,但他企图干涉修史的理由比其他任何君主都要多。之所以出现这种情况,部分原因是唐初高层官僚体系的特殊气氛。朝廷体量小且相对开放,对于缺乏判断力的人来说确实是危险之地;但即便是中层官员,也有可能同皇帝讨论政治原则问题。贞观朝学者在重新定义王朝的学术与政治理想时,可以将理想定位在太宗本人及其作用之上。后来,唐代学者将这种自由理想化为在皇帝面前讨论其政治行为,并记录他们的言论。当这种开放局面不复存在,他们经常呼吁以此为模范,这也成为讨论官方修史时的中心议题。

(五) 典志编修

值得注意的是,现存关于高祖、太宗朝《国史》的评论中,几乎没有志书的记载;且并无史料表明监修唐初两朝实录的宰相和修撰学者也曾参与《国史》志书部分的编修。个中原因或许与《隋书》《晋书》的志书委派专门学者负责一样。志书涵盖的主题是专业性的,例如《天文志》的编修者处理的主要是由专门机构负责的特殊材料;有关典章制度的志书所涉材料多是朝廷讨论并决议之后的产物。编修志书之人不需要像编修更具政治色彩的本纪和列传那样的判断力和巨大威望。《隋书》各志的序论部分作为唐初王朝观的表述是极为重要的,而撰写这些高明序论的学者,可能甚至认为它们已经对各相关领域作出明确描述,因此不需要再为唐史撰写志书序论。[49]

虽然如此,但贞观朝的官方学者仍致力于典章制度史的修撰。如 637 年(贞观十一年)修成的礼典,即是关于国家礼仪行用的专志。[50] 再如 642 年(贞观十六年)进呈皇帝的《括地志》,以 639 年(贞观十三年)行政区划为准列出全国政区,至少在理论上相当于"地理志"。[51] 又如贞观朝新修的四部书目,可能已经涵盖"经籍志"的主题。[52] 典章制度专志通常被认为取自所关注时期的律令规章,[53] 因此,官方学者可能认为这一时期正在编修的官方法典、户籍薄册和图书目录已经足够丰富。现存资料表明,直到七世纪下半叶,才开始有典志专书的出现。

二 650年至755年

高宗即位后的一个世纪,史学对士大夫群体而言仍然非常重要。经典史书、唐代国史的模范——《史记》《汉书》依旧被深入研究。国史本身也不断激起利益冲突,相关问题在刘知幾的伟大专著《史通》中有极为详尽的记载。刘知幾写道,国史修撰远未顺利进行,出现许多违规操作,而且变得愈发政治化。但是,在这个持续繁荣稳定的中国历史上最辉煌的时期,史学最重要的功能就是关注历史上的统治层级。唐朝建立以来,行政体系一直享有无与伦比的威望。这一时期的学者通过撰写非官方典志、个别官署壁记及治国理政之论,以展现所任职机构的崇高地位。到玄宗末年,其中一些著作已经透露出对国家制度的批判,这一批判性观点在八世纪后期得到进一步发展。

(一) 经典史注

在太宗驾崩后的一个世纪中,朝廷主要通过认可或委派学者编撰史注、索引和节选,继续支持两汉史研究及注评活动,并赋予其声望。大量两汉史注的产生表明此时尚无一部史注被确立为正统。这些史注大多都已失传,但其书名仍然可以显现学术精英研究《史记》《汉书》的水平之高。在政治领域,官员继续使用经典史书作为各种政策建议或讨论的规范;学术领域亦是如此,对这些史籍的无知会遭到耻笑。[54]

就史注而言,也许是因为颜师古《汉书注》的成功,此时的学者更多致力于注《史记》。七世纪末八世纪初,官方学者王元感、褚无量和徐坚都曾为《史记》作注。[55]玄宗朝,裴杰、李镇及高峤皆因进呈所注《史记》《汉书》及《后汉书》而获得授官或赏赐,尽管我们对此三人的其他一切都无从知晓。[56]三部成书于此世纪的重要两汉史注一直流传至今,其一,是高宗太子李贤委任学者编纂的《后汉书注》;[57]另外两部则是关于《史记》,即官方学者司马贞的《史记索引》,司马贞曾在719年(开元七年)的经书注疏辩论中反对刘知幾的意见(第三章,第85—86页);[58]以及张守节的

《史记正义》,成书于736年(开元二十四年)。[59]《史记正义》因大量引用成书于642年(贞观十六年)的《括地志》考证地理而备受关注,同时还附有经书书目索引(第一章,第11页)。这一附录节自出土于281年(晋太康二年)的编年体周史《汲冢周书》。

唐代学界承继长久以来批评《史记》《汉书》的传统,虽然为《史记》《汉书》作注享有极高声望,但并非所有学者都完全赞赏。刘知幾的做法即截然不同,他将两汉史视作整个史学传统的根本,因此在《史通》中对《史记》《汉书》进行全面考察,几乎涵盖这一时期针对司马迁和班固的绝大多数批评。当然,这一时期对《汉书》注的批评也相当活跃。[60]

这一世纪中,学者也在注评《晋书》。晋作为唐皇室龙兴的朝代继续在唐官方视野中处于特殊地位,标志着后经典时代历史的结束,被认为值得进行密切研究。皇帝赞助编修从《史记》到《晋书》的史事汇编(《东殿新书》),即是这一分期的例证。[61]徐坚与另外至少一位学者均曾为《晋书》作注。[62]这一时期,唐初著名学者颜师古所属的颜氏家族继续延续他们的史学家学。八世纪初,颜乔卿为《晋书》专家,[63]其弟颜幼舆(703—750)为《汉书》专家,[64]他们的兄弟颜真卿也充分意识到家族的史学传统,还曾记录其他注《汉书》的范例。[65]

然而,八世纪初对《晋书》的兴趣标志着后经典时代注史的高潮。安史乱后,学者仍然熟知汉晋历史,乱后数十年中,连一些忠贞的将领也熟知汉史。[66]755年(天宝十四载)以后,甚至出现与颜师古《汉书注》、张守节《史记正义》篇幅相当的史注作品。[67]但盛唐时期那种进呈史注的情况,似乎伴随着叛乱后的混乱与王朝财富一同烟消云散,一去不返。

(二) 国史

现存史料显示,650年(永徽元年)之后一个世纪中史馆持续修撰历朝实录,国史修撰也在连续进行。国史是对实录的更新与整合,是更充实而全面的本朝史。梳理有关实录与国史的简短史料,可以发现史馆基本依制运转,唯一美中不足的或许就是皇帝对史馆的干涉。因此,656年(显庆元年),长孙无忌、于志宁(588—665,谥"定")进呈一部《国史》,由前此三十卷《国史》续编而成,共八十卷。[68]659年(显庆四年),三朝老臣许敬宗受命续撰649—658年(贞观二十三年至显庆三年)《实录》,

成二十卷,添入656年八十卷《国史》当中。[69]另有史料显示,661—663年间(龙朔年间),宰相许敬宗主持进一步撰修《国史》,并开始编修"十志"。[70]然而,高宗对百卷本《国史》并不满意,672年(咸亨三年)许敬宗逝世后,又诏命进一步刊修《国史》。[71]692—693年(长寿年间),另一部上起唐朝肇建、下迄683年(弘道元年)的《国史》修成,但这部《国史》以建于690年(天授元年)的武周政权的政治立场编修,因此颇受争议。[72]编修完成之后,朝廷还试图收缴此前修撰的所有版本的《国史》抄本,当然这在唐代历史上不止一次。

703年(长安三年),刘知幾作为当时许多杰出官方学者组成的编撰群体的一员,修撰一部新的八十卷《国史》,这是对693年(长寿二年)《国史》的再修订,意在体现帝国新的政治态度,即李唐即将复辟。[73]然而,705年(神龙元年)武则天退位之后,这一计划戛然而止。其后不久,刘知幾作为七位修撰者之一又参修《则天实录》,于706年(神龙二年)撰成,即武则天入葬乾陵之前九天。[74]716年(开元四年),刘知幾将新修《则天实录》并《中宗实录》《睿宗实录》一起进呈玄宗。[75]

这一时期,不仅历代君主干涉实录和国史的编修,负责监修的宰相也因自身利益关系而对修史横加干涉。与此趋势相联系,史书修撰人员激增,史馆效率低下,史臣玩忽职守,刘知幾生动逼真地记述了这一现象。

或许因为太宗时期监修史书的崇高声誉,高宗时期,或同时或接任,监修史书的宰相明显增加。根据下个世纪的一段史料,长孙无忌以太尉监修国史时,共有十八九位学士参与修撰。[76]653年(永徽四年),七名宰相监修国史;[77]673年(咸亨四年),三名宰相出现在修史的诏令中。[78]至少到高宗时期,负责修撰的中层史官数量也在增加,因为671年(咸亨二年)曾有诏令要求减少修史官。[79]有明确记载的第一位对国史进行政治操纵的宰相是许敬宗,高宗本人也断言许敬宗歪曲太宗朝历史。[80]但对许敬宗更为严肃的指控,是其与同僚宰相李义府破坏太宗朝保证《国史》完整记录朝堂讨论的原则,这是八、九世纪学者一再谴责的。660—670年(显庆五年至咸亨元年),许敬宗与李义府专权,禁止起居郎参加朝廷机务商讨,因此无法记录政治上敏感而重要的讨论。后来的学者将这一发展视作对开放政治理想的背叛,他们坚信太宗曾树立了这一理想。[81]但随后的宰相,无论是官方记载中的好宰相还是坏宰相,都放任许敬宗与李义府的这一做法。他们以一己偏好极力控制实录的资料来源，只有玄宗初年，才短暂而有限地恢复唐初的开放风气。

七世纪最后几十年中，许多史书监修者与修撰者的名字得以流传至今。[82]693年（长寿二年），宰相姚璹（705年卒，谥"成"）试图在一定程度上弥补许敬宗与李义府造成的廷议记录不完整的缺憾，由此创立一种定期的、每季撰写的廷议记录——《时政记》，并撰成第一部，共四十卷。尽管这一制度旋即又废，但其后历朝皆有学者呼吁恢复《时政记》。[83]

（三）刘知幾对官史的批评

到武周末年，更多迹象显示士人群体关于国史修撰的理想遭到破坏。703年（长安三年），即《史通》撰成之前数年，刘知幾强调史家个人的神圣职责，[84]而这一时期他的两位史馆同僚正对史馆环境表达不满。[85]708年（景龙二年），刘知幾求罢史任，并向五位监修国史高官中的一位上书，罗列对国史修撰状态充满义愤的原因。[86]更重要的是，在《史通》中，刘知幾系统回顾整个史学传统，将个体史家与权力高层关系的问题仅置于其主要论述的史书范围与体例这一论题之下。

刘知幾比其他作者更好地阐明中古晚期帝国朝廷主导学术界所固有的困难。一方面，他毫无疑问地支持史书编纂以国家为中心，强调史家所需材料依靠国家提供。另一方面，他坚持认为史家个人不应受到过分干涉，用他的原话来说，即"杜门不出，成其一家，独断而已"。[87]他强调史职的悠久历史，但批评自北齐开始的宰相监修国史的成例。[88]

刘知幾对官史的政治复杂性有敏锐的意识，从多次提及南史与董狐——两位甘冒生命危险坚持秉笔直书的经典时代史官典范——就可以明显看出这一点。同魏徵一样，刘知幾坚持史书编纂中的"至公"理想，谴责"曲笔"，即出于政治或个人原因歪曲事实。[89]他甚至批评太宗朝一些著名史官，其中包括颜师古，因为他在修史时带有政治偏见。他的批评还触及唐代国史的修撰者，尤其是对许敬宗的批评引起后来学者的广泛响应。[90]

刘知幾对他任职史馆时之监史的批评格外尖刻。他写道，现今凡是担任监修国史的人"必恩幸贵臣，凡庸贱品，饱食安步，坐啸画诺，若斯而已"，整个史馆在监修的拙劣领导下，成为"素餐之窟宅，尸禄之渊薮"。修史所凭材料，包括起居注在内，都无从查阅；历史修撰的机密性更是显得荒诞滑稽,史家也没有任何必须秉承的原则可言。[91]

刘知幾请罢史任的奏记实际上肯定了面临腐败趋势时,中层修史官对国史修撰的理想负有最终责任。即使对经典《春秋》与《尚书》,他也要求书史当直笔、公正(第三章,第90—91页),这种勇气使他后来在官场上声名狼藉。但是,八世纪上半叶,即使在拥有高度政治权力之前,某种直率似乎已经成为中下层学者风格的一个方面。比如刘知幾的同僚元行冲和吴兢,或是下一代的萧颖士与元结,从他们身上都能看到这种态度。至少,刘知幾对官史修纂的批判还包含在官方学术体系之中。接下来的十年中,刘知幾继续担任史职,像以前一样参修最敏感的近朝君主实录。事实上,他的六子当中有两子也跟随他成为史官,三人在学术界交际广泛,说明中层官员对他并无敌意。而且,在刘知幾卒后数年,玄宗还命人誊抄《史通》进呈,并高度赞扬此书。[92]刘知幾的神道碑文在755年(天宝十四载)叛乱后仍有流传。[93]此外,八、九世纪的一系列学者在修撰唐史及前代史时,已尝试奉行其所主张的"独断"。

(四) 玄宗朝国史

正如继位后改革教育系统一样,玄宗也对前朝影响史馆的若干恶习予以革除。在统治之初,玄宗任命以正直博学著称、文采见长的宰相监修国史。先是姚崇(651—721,谥"文献")与张说,后是宋璟(663—737,谥"文贞")和苏颋,均为科举及第。[94]史馆修撰层面,与前朝相接,不仅刘知幾,徐坚与吴兢也依旧担任史职。他们继续坚持证明自我,在《旧唐书》撰者眼中,他们是当时最杰出的一代史官。[95]

在玄宗朝的国史修撰中,玄宗也表现出如太宗般的兴趣。史称玄宗对《起居注》尤为关注,并将《起居注》单独存放在奢华楼阁中,还允许起居舍人长期任职。[96]玄宗诏令参议政事时"修史官非供奉者,皆随仗而入,位于起居郎、舍人之次",藉此试图在一定程度上解决史官参与政议过程的问题。[97]玄宗也经常提及国史,要求史官将其统治时期在礼仪、学术及行政上取得的一切成就都记录在案。学者宰相们也附和玄宗,建议将一些特殊事件撰入国史。诸如玄宗朝咨议机构集贤院的成功,725年(开元十三年)冬封禅泰山的盛况,朝堂上的三教讲论,玄宗对道教的推广,用兵奚、契丹的胜利,甚至誊写《一切经》,还有其他许多活动,都以优雅而婉转的语言提请宣付史馆。有利于皇帝或王朝的自然现象或祥瑞也要入史，如 735 年（开元二十三年）籍田礼后作物成熟。提请将此类事情宣付史馆的包括玄宗，以及姚崇、裴耀卿（681—743，谥"文献"）、张说、张九龄等学者。此外，很多灾祥或对王朝不利的事情也被提请宣付史馆，通过彰显皇帝地位最宏大、最成功时期的宇宙观，意在强化天人和谐的繁荣景象。[98] 因此，这一时期修成的本朝史著，如同学者通常用来形容儒经，或是玄宗形容 729 年（开元十七年）《国史》一样，为"不刊之典"。[99]

然而，这一时期史馆修撰国史的过程并不比唐代其他时期更为顺利或规律。现存玄宗朝有关国史修撰的少量史料显示，同样存在困扰刘知幾的个人修撰与群体修撰间的冲突问题。此外，玄宗朝末年，随着玄宗逐渐不豫，国史修撰与史官的任命愈发受到派系斗争的冲击。

史料显示，开元中期，出现一种非常规的国史修撰方法，即国史不由史馆负责，而由两位史官独立撰修。刘知幾的同僚吴兢开元初即曾如此修史。715 年（开元三年）和 726 年（开元十四年），吴兢两次向朝廷呈递其在家所修唐《国史》，其记载上起唐兴，下迄玄宗初年。[100] 玄宗朝学术领袖、宰相张说于 713 年（开元元年）被首次任命监修国史。720 年（开元八年），张说奉诏在长安以外随军修撰国史，后来又继续在京城独立修撰，直到 727 年（开元十五年）。[101] 同年，宰相李元纮（733 年卒，谥"文忠"）上疏要求将国史修撰严格限制在史馆之内，玄宗从之，因此，吴兢与张说的修史活动又回到史馆。[102]

随后的国史修撰一直在张说主持之下于史馆进行，直到 729 年（开元十七年）张说离世。同年常职文官萧嵩被任命为集贤院学士，监修《唐六典》《开元礼》及其他典籍，并监修国史。[103] 同年，吴兢出为地方官。[104] 次年，萧嵩成立新的修史班子，[105] 其成员之一便是 708 年（景龙二年）及第进士韦述。韦述来自以学术造诣闻名的家族，也是藏书家、官方学者元行冲和史学家、常职官员裴耀卿的亲戚。韦述"早以儒术进"，受张说拔擢成为起居舍人。733 年（开元二十一年）萧嵩被贬后，韦述仍长期担任史职，他注定要在接下来的几十年中负责国史修撰，如同吴兢到 727 年（开元十五年）所做的那样。[106]

萧嵩贬官后，韦述在学者宰相张九龄的监修下继续修史，直到 736 年（开元二十四年）张九龄被贬。[107] 737 年（开元二十五年），玄宗任命宠臣、道教徒尹愔监修国史,直至他740年(开元二十八年)去世。[108]自734年(开元二十二年)起,李林甫独断朝纲十八年,同时监掌国史。李林甫可能亲自拣择史官,因为据称其对史职任命控制极为严格,还曾阻止年迈的吴兢返京。737年(开元二十五年),出于安全考虑,他将史馆移置中书省北,那里本是尚药局的下属部门。他再次废除非供奉的史馆修撰参预朝议的规定;同时,可能还加大力度禁止私修国史。[109]

韦述在官僚阶层的社会与政治交往主要包括像张说、张九龄这样的学者宰相,以及像孙逖、许景先这样的官方学者。因此,李林甫当权后,其政治生涯不可能一帆风顺。尽管如此,韦述的史职几乎不间断地贯穿李林甫秉政时期的始终,直到安史之乱前夕。可能在此期间,他还私自编撰未经授命的唐史。[110]韦述当然不是这一时期唯一的史官,开元后期,中书舍人、考功员外郎孙逖也曾担任史职;[111]此外还有刘知幾长子刘贶,于730年(开元十八年)前后受任史职;开元末或天宝初,刘知幾次子刘餗可能也出任史官。[112]同时还有史官柳芳,735年(开元二十三年)孙逖知贡举时进士及第,也是韦述交往圈的成员,于738年(开元二十六年)或其后不久担任史官,一直持续到安史之乱以后,并以续成韦述所作国史而闻名。[113]这一时期的史官还有归崇敬,一位安史乱后颇具争议的礼学家,也是官学改革的倡导者;[114]李翰747年(开元六年)进士及第,750—770年(天宝九载至大历五年)间,房琯与韦陟(696—760,谥"忠孝")举荐其为史官,但遭到李林甫的阻挠;[115]同样受阻的还有萧颖士,也在735年(开元二十三年)孙逖主考下进士及第,韦述曾提举他为史官。[116]部分因为李林甫,这些基层官员在安史乱前的仕途都极为不顺,但他们同属一个群体,他们的追随者和门生将主导安史乱后的学术潮流。

像是早已注定,韦述《国史》在叛乱中偶然幸存下来。开元天宝时期的史料在战乱中大量流散,长安收复后,朝廷试图尽最大可能弥补这一损失,但基本没有成功。后来,朝廷发现这一时期唯一留存的史书,就是包含韦述在叛乱之前私修的部分《国史》。756年(天宝十五载)安史叛军占领长安时,韦述未能成功逃离,被迫陷于贼廷;肃宗时期,死于流放途中。不过,朝廷当时并未计较他从长安以南的南山上取回来的所藏私修《国史》为不合法。韦述《国史》被进一步续修,759年(乾元二年)以后,续成的《国史》被上呈肃宗。[117]

（五）官制史

长远来看，安史乱前一个世纪中，史书修撰最重要的发展不是前后相继的《实录》与《国史》（尽管它们有问题），而是制度史以及关于制度史编修的种种看法。对于制度史的编修来说，安史乱前的一个世纪是发生重要转折的时期，彼时唐帝国的成功与威望开始影响到官方史家和非官方史家的观念。一些学者在研究唐前及唐代历史时，强调国家典章制度是不断演变的，因此表现出最大的适应性和主观意愿，以背离《汉书》的模式记录发生在行政机构的变化。

刘知幾再一次最鲜明地提出史书修撰应当具有灵活性，尽管他绝对忠诚于《汉书》模式，尽管他的思想本质上是保守的。刘知幾强调史学的首要目的在于记录变化，[118]他认识到，即使制度的名称相同，但制度本身实际上已经发生变化。[119]他在针对纪传体史书志书部分的史评中，首要强调的即是史家需要灵活记录制度演变。他表示，志书的主题从来都不是严格固定的。传统上，正史一般有十志；但从整体上看，历代正史志书总共涵盖十六个主题。因此，他认为正史志书还应新增三个主题：氏族、都邑与方物。[120]

刘知幾有关志书的评论是八世纪早期史评中的唯一。否则，就像高祖朝一样，几乎没有任何关于志书的评论流传下来。即便如此，这一时期不仅志书修撰仍在继续，[121]而且朝廷还编修大量涵盖志书主题的典志专书，史官甚至也参与编纂。其中一些作品涉及本书描述的这一学术领域的核心话题，即职官、礼制和目录。

玄宗朝明显与史志传统相关的重要著作是《唐六典》，为唐朝常设职官制度的纲要，涉及全国所有机构，由集贤院编修。像《开元礼》一样，《唐六典》在唐代后期也享有崇高地位。尽管《唐六典》诏修于集贤院正式成立以前的722年（开元十年），但经过多年迁延和数次人事变动，其最终完成要到738年或739年（开元二十六或二十七年）。《唐六典》正文列举唐朝官署与职官，并规定其职掌，通常认为依照的是719年（开元七年）法令。编纂者采用与《隋书·百官志》相同的编排顺序，表明他们曾借鉴七世纪的官修正史。正文完成后，学者又为其作注，注文题为宰相李林甫所作。注释涉及每一唐代职官在经典中的对应官职，并征引前代典籍，追溯其沿革，包括其在唐初至开元时期所发生的变化。因此，《唐六典》基本上对古代、近代直到唐朝当时的职官制度都有详细展开，这也体现了历史维度在唐代政治思想中的重要意义。唐代所有的学术机构在《唐六典》中都有记载，且注释中还详细介绍其建制与沿革（第一章，第13—26页）。[122]

第二部与志书主题明显相关的官方汇编是721年（开元九年）撰成于丽正殿的皇家藏书目录《群书四部录》，丽正殿即集贤院的前身。《群书四录》的体例结构及其对唐初官修书目的处理基本上依据《隋书·经籍志》（第六章，第221—222页）。与之类似，成书于732年（开元二十年），由集贤院编修，意在"折衷"唐初两部礼典（《贞观礼》与《显庆礼》）的《开元礼》，作为现存最早的礼制专书，也是礼制史上的重要节点（第四章，第133—136页）。玄宗朝其他官修典籍可能亦是如此。[123]

（六）私修史书

《唐六典》《群书四录》《开元礼》都是正式的官修典籍，其编修高度专业化，并同国史一样，有着明确的编修目的。但是，正如刘知幾所指出的，此类官修项目是在学者个人对历史和史学皆有独立、鲜活看法的前提下进行的。在安史乱前的一个世纪中，官方学者及其同僚在学术机构以外，私人编修了若干史书，这些史书体现了刘知幾所赞扬的"独断"，展示了探索过去的一系列方法，不过遗憾的是绝大多数只有书名传世。一方面，学者编修史书——经常是对公认的史籍进行缩写概括——通常是为做到《春秋》般的微言大义。另一方面，他们汇集选编大量历史材料，以就现时政治问题发表意见。这些史书，尤其是后一种史书，可以格外折射此一时代政治上的发展与繁荣。

这一时期许多著名学者支持采取更保守的方法缩写、修订政治记录。他们以编年史体，或计划以编年体撰史，一些是针对唐前历史，当然也包括部分唐史。七世纪时，陈子昂（661—702）就曾进行编撰；八世纪初期，刘知幾也曾计划编纂；[124]玄宗末年，陈正卿、萧颖士及李翰亦曾计划或编纂编年体史书。[125]吴兢曾因此前所修南北朝史过于繁杂，而重新缩写唐前五代史。[126]吴兢与韦述私修的唐国史可能也是在同一传统之下。这些作品只有少数最终完成，而且没有一部的原本流传至今。但大部分私家史书皆以编年体撰修的事实表明，史家的首要目的即是重新编排政事纲要，并重寓"褒贬"于其中。

更具专业性、较少带有政治色彩与道德评价的史著显然只在行政系统以外的零散领域出现，而其目标读者又多是学者群体本身。韦述所撰的此类作品有《御史台记》十卷、《集贤书目》三卷、《唐职仪》以及《两京新记》五卷。萧颖士由颍川（今河南）前往长安游访时即曾查阅过《两京新记》，[127]这些作品后来都被列入史部。还有一些篇幅较为短小，由几位安史乱前学者创作的"厅壁记"，即题写在某一具体官署墙壁之上，记述其早期历史与行政职能的文章；其中一些壁记涉及学术及礼仪机构。中书舍人、考功员外郎孙逖就曾为负责管理四方夷狄的鸿胪寺写过壁记；735年（开元二十三年）及第进士李华也曾为著作局题写壁记；[128]刘知幾长子刘贶亦曾为太乐署写过壁记。[129]

经过一段时间的励精图治，到开元末年，玄宗日益怠于政事，李林甫控制下的官僚也逐渐远离学者群体。创作于这一时期到755年（天宝十四载）安史乱前的作品绝大多数没有流传下来，可能大多已散佚在战乱之中。[130]但是，从现存书名、轶事文学以及传记的若干记载仍可看出，或许是因为当时的政治环境，这一时期的学者撰写更多关于过去、以及他们所处的国家与政府环境的批评文章。譬如郑虔，750年（天宝九载）极不情愿地担任广文馆（第二章，第42页）博士，也是杜甫和元结的恩主，因私撰《国史》而坐谪十年，还曾撰写有关战略部署与防御的《天宝军防录》。还有储光羲，号称"经国大才"，726年（开元十四年）佛教徒严挺之知考功时进士及第，亦曾撰有《正论》。[131]

然而，这一时期对私修史书的发展作出最大贡献的可能是刘知幾的四个儿子。此兄弟四人与李华及其他孙逖门生同属一个圈子，他们的著作从轶事集到具体官署的历史，甚至包括史书的修撰原则，不一而足。刘知幾长子、史官刘贶，撰有一篇名为《武指》的长论，梳理从周到汉的边疆政策，其中大量援引《汉书》记载，实际上是为否定唐及唐以前错误的对外政策。[132]《武指》后来因收入杜佑《通典》而得以完整保存，其可提供的重要信息是，八世纪中期的官方学者同他们七世纪及八世纪初的前辈一样，主张防御性、不干预的边疆政策。从李华为刘氏兄弟之一所作的祭文："季孟叔仲，并华于国，文倾迁固，理破杨墨"，可以进一步看出刘氏兄弟可能普遍善作论辩性文章。[133]

我们对刘知幾第三子刘秩所撰另一部重要作品也有一定的了解，此即《政典》，与《唐六典》类似，也是关于职官沿革的政书。但与《唐六典》不同，《政典》不仅包括从经典与历代史书中梳理出的制度沿革，还包括理论与杂论内容。从流传至今的一篇《政典》中的文章里可以看到，尽管其对制度沿革的见解颇为深刻，但依然还是一部论辩性著作，旨在劝导人们关注当前的政策问题。[134]这篇文章保存在《唐会要》中，是刘秩就长期讨论的治国当行封建还是郡县问题所发表的观点。刘秩反对唐初太宗的顾问学者及其父亲的同僚朱敬则（653—709，谥"元"）之论，赞同秦、西汉及东汉学者的主张。他抨击李百药等劝阻太宗行封建的学者，指责正是由于他们的政策才最终导致武则天篡唐立周。[135]

刘秩《政典》的重要意义在于其在长篇史著中提出一个具有争议性的政策建议，强调在历史发展过程中，政策因素同个人行为一样起着重要作用，预示着安史乱后的制度史家对待历史问题更为复杂的处理方式。刘秩同天宝时期著名的政治及学术庇护者房琯（第二章，第49页）一样，认为应该通过分封实现政府权力下放。安史乱中，玄宗接受他们的意见，在一定程度上将军权移交皇子。但极具讽刺意味的是，这一举措却为学术群体带来灾难性的后果。玄宗之子永王李璘在长江下游地区反叛，经过一场破坏性的战争才最终瓦解。同样重要的是，玄宗与肃宗间的紧张关系极大影响了开元天宝时期任职于玄宗学术机构的学者在安史乱后的地位。[136]

三　安史乱后

安史乱后，唐政权的迅速衰落对史学产生复杂的影响。首先，彻底改变了官方史籍的修撰环境。正在编修的国史继续引起大量批评，但持久批评的背后是官方学术生活被愈加恶化且与日俱增的派系环境所扰乱。针对国史的批评表明，官方运作对学术群体而言依旧重要，史家不愿放弃从七世纪前辈学者那里继承而来的史学理想。但如同安史乱后其他官方学术的发展一样，官方史学在安史乱后也很少再有新的思想产生。

然而，安史乱后唐王朝的衰落对非官方学术界产生更为巨大的影响。王朝财富与政治权力的丧失，促进玄宗末年刘知幾之子及其他学者所提出的改革思想的深入发展，即对体制与行政问题采取更进一步的改革措施。在八世纪后期朝气蓬勃的学术氛围中，那些对经学与礼学遗产进行重新评估的学者也对史学作出新的评价。私下流传的史论如雨后春笋，使得这一时期成为中古短篇史评发展的高峰；私修史籍得到巨大发展；批判严密而渊远之官僚机构的典章制度史籍也大量涌现。其中许多史籍的观点比当时其他观点更为激进，且更富怀疑精神。

（一）实录相继与唐初理想

从 757 年（至德二载）长安收复到九世纪中叶，实录编修仍在继续。据记载，许多宰相在这一时期被提及监修国史。能够接触到官方或非官方史料的官方学者编成安史乱后自肃宗朝至武宗朝的八部实录，这些实录的卷数及其修撰者之名均得以保存。[137] 尽管肃宗 759 年（乾元二年）以后从未修成一部完整的《国史》，但续修国史一直是史家的目标，至少到德宗朝依旧如此。[138] 早期编修的唐国史在这一时期广为传阅，君主、宰相、学者及其他官员多有征引。[139]

然而，此时历代实录的修撰过程出现诸多违规之处，照旧又与政治和派系斗争对修史的干涉有关。但是，安史乱后对国史修撰的批评却通常不涉及激烈的派系斗争，相反，学者以唐初的国史修撰理想评论当下。在唐代后半期，那些唐初建立起来的修史原则仍然享有威望，并仍旧同国史修撰有所联系。

贞观朝国史修撰理想状态的核心之一便是君主不干涉起居注与实录的编修。历代史家都反对君主查看自己统治时期的历史，因为只有这样，记录才能真实、客观，才能为后代提供资鉴。也只有如此，学者才能履行其在撰史和记录行政措施时坚持儒学伦理优先的职责。但是安史乱后，君主仍对本朝的记载充满好奇，试图像太宗一样干涉实录、起居注的修撰，不过官方学者还是忠实地记录皇帝与其顾问的相关对话。

757 年（至德二载）发生了与 627 年（武德九年）太宗逼位类似的政治事件，即肃宗为巩固自身权力而令玄宗禅位，[140] 造成士大夫群体就此分为忠于肃宗与忠于玄宗两派，也严重影响了对近期史事的记载。[141] 当肃宗问起史官将会如何记载本朝统治时，时为史官并忠于肃宗的于休烈暗暗回避唐初的修史理想，只声称统治者的一言一行都会被记录下来。

尽管代宗同唐代大多数君主一样将一些具体事件宣付史馆，但并无代宗对本朝实录修撰态度的明确记载。[142]专制的德宗对史官任命极为慎重，曾在下制前专门召对一位学者。[143]在李泌（722—789）之后，德宗甚至还取消宰相监修国史的规定。[144]785年（贞元元年）前后，曾任职于东南的史官、礼学家张荐"上疏陈史职利弊，指明切实，有裨王度"。但令人遗憾的是，关于张荐奏疏与德宗回应的细节记载均未流传下来。[145]宪宗也曾数次与宰相讨论有关国史修撰的问题。812年（元和七年），宪宗批评《肃宗实录》"大臣传多浮词虚美"，要求史官"记事每要指实，不得虚饰"。[146]九世纪中叶，文人皇帝文宗显然打算效仿两个世纪前的贞观故事，再次试图介入实录编修。[147]

然而，安史乱后历代皇帝对实录编修的影响，实际上可能还比不上官员间派系斗争造成的影响，这主要与宰相们总是积极要求监修国史有关，不过针对此问题所引起的讨论和抱怨的史料仍然没有完整地流传。正如唐代常见的那样，某种情况下一些文件出于政治原因而得以留存，以反映相关人员的毁誉。即使是最温和的宰相，也极力维持对递送史馆之材料的严密控制。安史乱后的一个世纪中，陆续有史官，或是任职于中央其他学术机构的官员上疏反对朝廷对起居注与起居舍人的限制。他们甚至认为693年（长寿二年）宰相姚璹所创设的《时政记》是一种令人遗憾的妥协，与太宗朝开放起居郎参与朝议的理想状态相去甚远。他们还将一些妨碍起居舍人参与朝议的政治举措记录在案。

例如，《唐会要》记载，796年（贞元十二年），愤懑的德宗宠臣裴延龄成功奏请将两位史官张荐及蒋乂从本官谏议大夫改任他职，因为谏议大夫是可以参与朝议的；[148]808年（元和三年），宪宗朝一位举子在策论中极少提及官修史书，暗示当时的史官处在政治生活的边缘；[149]813年（元和八年），宪宗曾同宰相，也是孜孜不倦的国史监修李吉甫（758—814，谥"忠懿"）讨论过《时政记》；[150]817年（元和十二年），宪宗诏令恢复《时政记》，由宰相宣授起居舍人记录，并每季录送史馆。[151]宪宗继任者穆宗接受中书门下的建议，《时政记》每年录送史馆，而非每季录送。[152]831—835年（大和五年至九年），文宗试图采取措施恢复每季录送《时政记》的制度。[153]但到838年（开成三年），再次出现抱怨的声音；[154]841年（会昌元年），又进一步采取措施；[155]迟至852年（大中六年），《时政记》的编修问题才再次被提出。[156]最后，在905年（天祐二年），这一问题又有提及，特别强调史馆修撰职名卑微，完全不能参与"内廷密重"。[157]

唐初史官进入朝堂记载朝政得失的理想，在唐代后来历任君主统治下均未得到有效实行，肃宗至宪宗五朝实录的编修几乎都受到政治或派系斗争的影响。[158]所涉之人包括宫中的宦官，他们尤其愤怒于德宗、顺宗朝实录对他们的描摹；还有积极担任监修的宰相，也不满于实录对他们的记载。党争的氛围严重影响到真正负责编修实录的中层史官的态度，他们肩负的维持史书修撰"至公"的理想渐渐式微。到九世纪初，一个世纪前使刘知幾极为愤慨的修史环境再次出现，史官们要么辞职，要么极不情愿地参与实录编修。

这种勉为其难的态度在韩愈身上表现得最为明显。813年（元和八年），韩愈受命为短暂的顺宗朝修撰第二版实录，又恰逢严密控制修史的宰相李吉甫第二次监修国史。白居易草拟的韩愈授命制书中，称赞韩愈"不交势利，自致名望"，[159]但韩愈对这一任命的反应并不热烈。他对任命的保留意见体现在写给《春秋》学者刘轲的信中，认为监修宰相的政治私利破坏了修撰官史所凭据的材料，在一定程度上使材料变得毫无价值，"甚者附党，憎爱不同，巧造语言，凿空构立善恶事迹"。[160]柳宗元致信韩愈表达其看法，劝他放下这种毫无根据的胆怯，去积极完成任命。柳宗元希望韩愈意识到，成为一名御史中丞或御史大夫比担任史职风险更大。他还指出，尽管《春秋》政治褒贬之意十分鲜明，但删定《春秋》并未导致孔子丧命。[161]最终，韩愈接受李吉甫的任命，并在李吉甫死后完成简短的《顺宗实录》。但是，由于派系纷争，《顺宗实录》又历经多次重修重订，一直持续到韩愈逝世后数年。不过，这一过程却能凸显理想化修撰国史的确困难重重。

关于九世纪后期的实录编修情况：833年（大和七年），《穆宗实录》修成表上；845年（会昌五年），《敬宗实录》修成表上；854年（大中八年），《文宗实录》修成表上；870—874年（咸通十一年至乾符元年）间，《武宗实录》修成表上。有关这些实录的记载虽不多见，[162]但这一时期的史官状况不太可能得到改善。直到唐王朝灭亡前的最后几年，宰相仍被任命监修国史，最后一次任命迟至904年（天祐元年）。但随着政治形势的急剧恶化，《武宗实录》以后，唐帝国再也没有修成其他任何实录。[163]

（二）对传记的批评

实录的非正规撰修、重订和迁延的背后是政治与派系利益的纠葛，这又牵涉到与派系密切相关的个人传记，而这些传记占国史内容的绝大部分。传记不仅是官方书目史部十三子目中的第八类，也是唐代中国尤为普遍的文章体裁。作为旨在褒美的纪念性颂辞，传记使来自各种品阶的众多官员名垂千古，因此，立传成为备受儒家传统认可的一种"不朽"方式。[164]不言而喻，歌功颂德的传记容易有夸大或伪造的成分，社会上也普遍对这种纪念性文章持讽刺态度，这种讽刺态度也会涉及史馆的官修传记。[165]

唐代官方学者编撰大量的传记集，传主多限于各领域的学者或模范。这些传记集大多已经亡佚，但我们有理由推断，这些传记集中的杂传在观点上与出自国史或其他史源的传记是相似的。七世纪，李义府[166]与许敬宗[167]皆编有杂传集；礼学家、藏书家及国史监修王方庆（702年卒，谥"贞"）为孝悌模范编《友悌录》十五卷；[168]武则天修《列女传》一百卷。[169]玄宗朝，徐坚为隐逸之士编《大隐传》三卷；[170]殷寅为最显赫的氏族修《著姓略》；而柳芳《续卓绝》可能反映了学者的成就；与二人关系密切的颜真卿则援引他们的作品，以彰显颜氏家族在学术上的盛名。[171]此外还有重要政治人物的长篇传记。安史乱前，有李邕《狄仁杰传》三卷，强调狄仁杰在698年（圣历元年）为李唐复兴作出的重要努力；[172]安史乱后，则有一系列为忠贞之臣、忠勇之将所作的杂传。像颜真卿族兄颜杲卿（756年卒，谥"忠节"）[173]，忠诚的将领张巡（709—757）[174]，以及为唐室延续立有赫赫战功的忠勇之将郭子仪[175]、段秀实[176]，皆有人为其立传。有迹象表明，安史乱后，为英雄人物，甚至是出身卑微的英雄人物作传已成为一种潮流。[177]

史官还经常参与杂传编修，如德宗和宪宗朝最重要的两位史官张荐与蒋乂，相继修撰《宰相传略》与《大唐宰辅录》。[178]再如安史乱前著名学者元德秀之门生、史官马宇，撰有《卿相传》。[179]另外还有许多杂传集的书名流传下来，唐代学者群体能大量接触到此类作品，其中一部分具有官方或半官方的地位。

但是，终唐一代，最令人垂涎的并非拥有墓志或杂传，而是能立传入国史。祖先传记得以入史，即使是唐以前诸朝代的史书，也如同祖先被赐予谥号一样，足以令家族引以为豪。[180]但是，传记收入国史所带来的巨大荣耀，使其内容总是受到曲笔或不实的指责。递送史馆的行状往往是不实的，这引起学者的猛烈批评。历朝实录收入或是拒绝何人的传记，以及如何记载与如何分类，都会引起无穷的争议。早在八世纪初，刘知几即批判贞观朝宰臣和官方学者在前代史中为他们不配入史的祖辈立传。他还指责693年（长寿二年）《国史》过度取信行状。[181]玄宗朝，有关列传的分类引起学者的争论。不知何故，韦述在其私修《国史》中摒弃了"酷吏传"。[182]

安史乱后，行状不实与实录、国史中传记或传记材料受政治操纵的现象似乎更加突出。个别官员的传记充满偏见与扭曲；一些重要的、充满争议的官员甚至被遗漏不记。《代宗实录》便未载颜真卿直言弹劾宰相元载的奏疏；[183]也未给激发许多学者忠义之心却不甚成功的宰相房琯立传。[184]朝廷不时收到抱怨行状多虚美而缺乏客观性的奏疏。763年（宝应二年）和791年（贞元七年），敕令行状当由已故官员的佐吏撰录，不得再由其家人或同党撰写。810年（元和五年），这一政策又被重申。[185]806年（元和元年），白居易委婉提及碑碣不可信的问题。[186]然而，最明显的指责来自819年（元和十四年）李翱的上疏，当时李翱身为史官，且有望参修《宪宗实录》。李翱指出，行状多存虚美，少指事说实；而一个人的善恶功迹，据事直载，就足以自现。修撰国史的目的，用李翱的话说，应是记事正言直笔，以"劝善惩恶"。[187]

士人群体在另一些与之相关的评论中，宣扬关于国史修撰当完整而客观的理想，以及要对官方传记起垂范作用的信念。一些学者为功勋人物作私家传记，并在论赞中主张国史当为这些传主立传，其中有些是安史叛乱期间的忠臣，有些则是默默无闻之辈。一些学者将这些事例说与史馆同僚，一些则将其所作传记直接呈递皇帝。796年（贞元十二年），权德舆即向德宗表奏刘知几曾孙刘敦儒的孝廉品性，虽然此事早在十年前即已宣付史馆；[188]柳宗元[189]与元稹[190]也都曾向作为史官的韩愈状荐史事；李翱曾为一名烈妇作传，并告于史官，时为宰相的裴度还称赞李翱所作此传。[191]韩愈本人在813年（元和八年）担任史职之前，曾为李翰《张巡传》作后叙，李翰后来将所作《张巡传》上呈宪宗，并强烈恳请将其收入国史。[192]

安史乱后，史家以各种各样的方式丰富史馆材料，成为这一时期的典型特征。开元时期，玄宗将其所取得的成就以诏令形式宣付史馆，亦将其军事与政治上的成功同王朝统治的宏大宇宙论框架联系起来。而安史乱后的学者为史书撰写传记时，则将重点从伟大的王朝功业转移到王朝的政治、军事问题，以及个人为恢复唐帝国的繁荣兴盛所作出的巨大努力。

（三）私人修史

同李翱所表露的一样，对录送史馆之行状可信度的不满，使得许多学者在安史乱后继续安史乱前私修国史的传统。至德宗朝仍担任官方学者的柳芳，即编修一部非常重要的史书——《唐历》，其记述的时间下限为778年（大历十三年），书中不仅包括柳芳本人对历史事件及人物的评价，还收录许多杂文；[193]李翱与韩愈的朋友陆长源编修一部《唐春秋》；[194]不仅如此，韩愈[195]与李翱[196]两人也有计划或正着手修撰私家唐史；著名《春秋》学者凌准撰有一部记载汉代以来史事的编年体史书，但具体记载下限尚不清楚；[197]白居易也曾鼓励好友编纂一部类似的编年体唐史；[198]其后，礼学家、谥法专家王彦威编修长达七十卷的编年体《唐典》；[199]韩愈的崇拜者孙樵重订陆长源《唐春秋》；[200]晚唐学者陈岳撰成《唐统纪》，后为司马光所引用。[201]

上述私修史书如今几乎均已亡佚，我们充其量只能推测修撰者的意图。此时的私修史书大多采用编年体，编年体是寓褒贬于史事的最佳体例。其中一些人也可能准确体现了对个人角色的道德关怀，以及李翱所关注的传记当据事直书以正褒贬的愿望，这也是学者向史馆状荐史事背后的原因，韩愈称之为"诛奸谀于既死，发潜德之幽光"。同样，李翱也说到修史当用《春秋》"褒贬"之法，使"富贵而功德不著者，未必声名于后；贫贱而道德全者，未必不烜赫于无穷"。韩愈、李翱及其他学者[202]都特别强调，史书首先是维护儒家伦理体系的工具，且应是褒贬善恶的如实记录。

（四）短篇史论

除编修或计划编修长篇史书之外，唐代学者也致力于撰写短篇史论、笔记、史注甚至以诗叙史。安史乱后，这种传统得到极大发展，学者以这种形式处理大量问题，但也有一些话题由来已久。在援引史事时，他们通常直接或间接就此发表自己对现实问题的看法。尽管学者采取各种各样的方式，但所表现出来的个人兴趣与政治行为却是对立的，而其政治行为在某种程度上往往又是非个人的，而是制度性的。

因此，历史上的伟人，尤其是存在争议的伟人为唐代学者提供了史论主题。如春秋五霸之一齐桓公的辅臣管仲，与蜀汉名臣诸葛亮，即是此类。在元结、李翰及梁肃等唐代后期的理想主义学者看来，管仲的政策实际多为"权宜之计"，而非王道，因此并非应当效仿的典范。然而，在包括杜佑的德宗朝改革学者看来，管仲却是能臣志士的楷模。[203]诸葛亮也是公认的干臣，是当下急需的大臣类型。安史之乱发生不久，萧颖士即在文章中盛赞其权谋；而顺宗朝年轻的改革家常以诸葛亮自比。但另一方面，在理想主义者梁肃看来，诸葛亮式的政治干预却是不可接受的。[204]

学者在对历史进行客观分析时，也会使用传统的分析标准，如忠、敬、文三种风气所尚随夏、商、周三代的变化而演变，而这些古代王朝发生的变化反过来又被视作近期变化的正当依据。史载安史乱前，独孤及曾与房琯讨论过这一问题；在《春秋》学者啖助精妙的思想中也有体现；李翱与韩愈亦曾提及于此。[205]

安史乱后，围绕"封建"展开的讨论是有关历史上治国方针中最激烈的。到八世纪后期，这一问题曾两度使学者群体分为两派，一次在太宗朝，另一次在安史之乱时期。八世纪下半叶，诸多现实状况成为这一问题的讨论重心：一是面对分散的政治秩序与半独立的藩镇应当采取何种态度；二是"公"的理想是否应该先于皇室私利，是否应该根据血缘或功绩决定官职传承，以及是该将幕府僚佐的征辟之权下放藩镇，还是仍然听命中央。因此，这些问题为安史乱后的学者提供契机，去讨论中央政府应当如何与藩镇相联系，以及帝国路线应当如何与藩镇官员所代表的、相较以往大为发展的官僚阶层相关联。

其中最重要的，是坚信制度变革的学者对历史上的封建问题作出的评论。赵匡追随刘知幾的观点，强调汉代封建不同于三代；还追随刘秩，主张效仿汉代模式，令府州自署僚佐。[206]而通过《通典》随文可见的短论，可知杜佑反对行封建；[207]柳宗元也撰写长论反对封建。[208]二者均就中央集权的官僚国家理想展开立论，其立场暗含对界定皇权的关注。虽然同刘秩、赵匡一样，杜佑也认为应该令府州自辟属官；但是杜佑强调，朝廷在其他方面下放政治权力则是错误的。

柳宗元《封建论》认为，封建制度从来都不是上古的"圣人意"，而是囿于形势的妥协。正如唐初李百药所做的那样，柳宗元援引史事，指出分封从来没能使王朝长治久安。因此，他认为应将封建与王朝存续分开来看，因行封建所以王朝久长只是封建鼓吹者建构的虚假关联。七世纪，李百药极具代表性的奏疏曾成功劝阻太宗行封建；相对李百药而言，柳宗元的《封建论》更加超然，更富哲理，像创作于这一时期的许多文章一样，旨在私人之间传阅。到九世纪后期，另一位学者，昭宗朝中书舍人、藏书家李谿（895年卒，谥"文"）也撰文对封建问题进行分析，以东汉主张行封建的学者文章为基础，展开细致的批驳。[209]

（五）科举中的史学

"后经典时代"历史对学术精英的重要性，不仅在于其为官学课程的重要内容，更普遍地说，还在于它是科举的重要组成部分。七世纪及八世纪初，《史记》《汉书》两部伟大史书已成为科举内容，只是没有相关考题或答案流传至今。[210] 汉代历史为铨选考试及高级博士作"判"提供大量的典故和材料，[211] 作为"记忆库"的一部分，进士科的举子被默认为已经掌握经典史书的详细内容。

安史之乱以后，有学者批评进士科过于注重文章，主张应以两汉历史作为考试内容。《春秋》学者赵匡提议将《后汉书》、司马彪续志及刘昭注合为一史纳入考试科目；还主张将《三国志》《晋书》、南北朝诸史、《贞观政要》及高祖以下至睿宗朝实录纳入考试范围。[212] 宪宗朝806年（元和元年），元稹在制举对策中建议将《唐六典》及《律令》纳入科举考纲。[213] 如果上述建议被采纳，那么学术界盛行的对于现时制度与职官沿革的关注将成为科举与铨选的核心。尽管唐代对历史持开放态度，但朝廷显然更愿意将正式考试科目放在政治上更遥远、潜在争议较少的时期，故而这些呼吁也从未得到采纳。

然而，主司对于纳史书入科举的连续奏请还是作出部分回应。德宗朝，"三史"成为制举的一项科目。[214] 822年（长庆二年），《史记》《汉书》《后汉书》列为"三史"科，与"三传"科（《春秋左传》《公羊传》《谷梁传》）、"三礼"科并行。[215] "三史"科一直持续到唐朝末年；但同其他科一样，缺乏进士科那样的威望，也没有相关问题和答案存世。在制科及进士科的策论部分，反复出现大量有关唐史的问题，考生常以贞观、开元为矢志恢复的理想时代，或以太宗、玄宗朝的清明吏治为治世典范。这两朝官学（第二章）与国家礼仪活动（第四章）的状况均为科举提供丰富的策论问题；但史馆、国史修撰等内容却从未出现在考试之中。

一些关于古代历史的问题由于牵涉现实而成为策问内容，例如周代、汉代的土地制度，以及汉元帝对儒学的推广。[216] 政治哲学问题亦常成为策问主题，汉代以来的选官政策就常在策问中出现。[217] 再如"文"与"质"之间的平衡变化，以及忠、敬、文与夏、商、周三代的关系。[218] 封建问题也会进入策问，如公元前154年（汉景帝时期）吴楚七国之乱即被视为汉高祖分封的后果，成为806年（元和元年）制举策问的问题之一。[219] 白居易《策林》中也有一篇关于封建的对策，说明封建是策问中极有可能出现的问题。[220]

白居易《策林》的一些策问与对策范例，以及此时期另外一些策问题目，都与四十多年前的题目相互呼应。[221] 这种重复似乎暗示唐代科举策问在很大程度上是常规性的，策问主题，甚至那些涉及近期历史的主题，会重复出现或被认为会重复出现。从现存许多策问中，可以看出其与学者群体间的讨论存在明显关联，因之产生大量私人间沟通的信件和文章。像封建问题、忠、敬、文在历史上的作用，管仲、诸葛亮等历史上的功臣典范以及选官制度沿革等历史话题，在科举与大量长篇非官方文章中都有涉及。主司还经常将历史话题与当下关注相结合，诸如在科举中引入"性命"论和心性分析（第三章，第96—97页）。作为知识精英的代表，他们通过要求举子了解这一群体本身生活所关心的问题，从而招揽人才进入他们的阶层。

（六）志书论

韩愈、李翱等学者将国史通过"褒贬"理想化为一份垂范后世且条理分明的记录，以制止当时的政治与派系斗争。他们的史学思想较少涉及激进的制度改革或制度史，也不太关注道德心性问题；取而代之的是，他们强调个人的政治行为，关注制度的演变、客观的力量和长期的趋势。

安史乱后，处于附属地位、更加专业化、涉及制度与政策的志书编撰变得普遍起来。官修与私修史料中越来越多地提及制度沿革的知识，通常是在讲到唐代职官的时候。[222] 越来越多的文学官员被要求为具体官署撰写在八世纪已经流行开来的"壁记"，这些文章通常以政治哲学术语描述官署及各职官的功能、沿革,并列出任职于此的官员名单。[223]这表明官僚群体对典制沿革普遍具有高度的掌握。

因此,似乎颇为讶异的是,理论上作为王朝制度沿革最终记录的国史,在典制方面的内容却少得可以忽略不计。韩愈、刘轲及孙樵在书信之中,以及李翱在819年(元和十四年)奏疏之中,深刻体察史官的神圣角色。但对于国史的志书部分,却没有这样的案例。[224]从764年(广德二年)开始,备受憎恶的代宗朝宰相元载,主持集贤院学士编修历代典制沿革史《通志》,[225]其主题可能即与正史志书相对应。礼学家、集贤学士归崇敬负责修撰其中的《礼仪志》;[226]陈京所编《贞元御府群书新录》可能意在为官方艺文志作补充;[227]据记载史官孔述睿重修《地理志》,时称详究。[228]虽然零散的记载并不能确证这些就是正在编修的国史志书,但除此以外,没有任何关于安史乱后如何修撰典志的直接记载。

一方面,典志文献匮乏;另一方面,叛乱后社会对典制史兴趣广泛。而造成这种矛盾状况的原因,可能是志书编修像七世纪和八世纪初那样,仍然缺乏实录和杂传的特殊声望。尤其是《唐六典》及《开元礼》颁行后,续修职官志或礼仪志可能被视作一项相对机械的工作,其由专家修撰,但远不如政治记录重要,甚至史官也这样认为。

即便如此,史官、国史监修及其他许多学者仍在继续其个人的史志编撰。德宗朝宰相贾耽(730—805,谥"文靖"),是公认的典制史专家,即领头编修国朝地理志。[229]李吉甫也以精通典制沿革著称,还是勤勉的国史监修,撰有《国计簿》,记录元和年间的户口、贡赋及兵籍等内容,实际上是他利用史馆的资源编撰而成。此外,李吉甫还将《唐六典》诸职官纂为《百司举要》一卷。[230]官方学者对《开元礼》的不断补充修订也与理论上的礼仪志相关。德宗朝史官沈既济编撰《选举志》十卷,意图使之最终成为国史中新的志书主题,事实证明此点绝非全无可能。沈既济也是一位视角敏锐的史家,[231]还是伟大制度史家杜佑的好友,他和杜佑可能在撰写选举志的重要性上意见一致。杜佑《通典》不仅将《选举典》放在第二的位置,还将沈既济的两份奏文收入其中,其一是对科举制度改革雄辩而尖锐的批评;其二则是深刻批评科举中"文"的地位。[232]

(七)典章制度

八世纪后期对制度沿革的兴趣也导致综合性国朝政书的大量编纂,这一时期最有名的学者即编有此类作品，其中包括陆宣公[233]和元稹[234]，虽然只能见到书名。学者对唐代职官制度的兴趣在现存两部私修政书中得到充分体现，此即苏冕《会要》与杜佑《通典》。两书代表对于唐代典制沿革的两种迥异观点，在当时的知识精英中都非常盛行。前者在很大程度上是保守和传统的，后者则对王朝国家的起源和目的进行激进而怀疑的重新评价。二者只有《通典》上呈皇帝，但都是九世纪时人所共知的著作。

苏冕《会要》初步完成于九世纪第一个十年之末，约四十卷。有关其作者的资料，我们所知甚少，但苏冕之兄苏弁曾在裴延龄卒后平赋缓役，还建有一座藏书量仅次于集贤秘阁的藏书楼。853 年（大中七年），《会要》因受诏命而续修四十卷；到五代末年，《会要》进行第三次续修，内容涵盖整个唐代的典制沿革。最初的《会要》只是一些文件节录，通常是敕令，也有奏疏和朝议，并以之追溯唐代典制的沿革演变。《会要》摘录的文献有关唐代的学术机构、官学系统、谥号制度、经学体系、学术争议以及呈递皇帝的书名，成为探究唐代儒家思想演变极富价值的重要史料。但《会要》同样也是经过精心编选、意在通过唐代典章制度鉴戒后世的史书，例如，其"谥法"与"制科举"部分收录的官员名单并不完整，反映编撰者对官僚阶层中文官学术传统的倾向性。[235]

苏冕及 853 年（大中七年）《续会要》的编者都在选编的史料中插入自己的批评性评论。其中一些意见针对具体问题而发；另一些则是对个人政治行为与官僚群体趋向的评价，但通常只是对唐代政治史上重要人物之传统评价的认可。苏冕认为帝国常设职事官已经足以让政府正常运转，因此批评开元末和天宝时期宇文融（730，或 731 年卒）及其他财政官员设使的做法。[236]同安史乱后的许多史家一样，苏冕在《会要》中也表现出对房琯的尊重。[237]其他插入的评论则涉及唐代学者普遍谴责的奢侈与迷信；[238]此外还驳斥高宗朝宰相许敬宗与李义府，因为他们禁止起居舍人参与朝议。[239]

苏冕在评论中写道，"《会要》亦国史之支也"，即旨在效法《春秋》的书史原则。[240]诚然，苏冕确实看过国史，[241]但《会要》给人的印象是丰富而全面的信息库，没有太多的批判性和独创性，主要为官员和士子提供政治参考，并满足他们真实了解唐帝国各方面历史的需要。

同苏冕《会要》一样，杜佑《通典》亦为唐代典章制度史的一座丰碑；但相较前者，《通典》蕴涵编者更为丰富的思想。与唐代大多数长篇汇编类似，编纂《通典》也是长年累积的工作。《通典》和《会要》的编修均以庞大的私家藏书为基础，其基本框架源于刘秩《政典》，尽管杜佑并不完全赞同《政典》中的政策建议。[242]此外，杜佑还从其他汇编中汲取各种观点，虽然有时不可避免存在许多自相矛盾之处，但《通典》自始至终都贯穿着论辩的态度。杜佑对王朝职官及一系列具体政策提出激进的观点，他将《通典》分为九部子典，尽管每部篇幅不同，但其意图在于与官史志书相对应。杜佑希望专注于"人"而非"天"，因此略去五行、天文和律历的主题；他曾在地方为官的经历，以及对"文"的厌恶，导致《通典》没有书目部分。但是，《通典》设有《选举典》，可能受其好友、史官沈既济的影响；传统上涵盖在正史夷狄传中的边防部分也被单列为《边防典》。此外，杜佑在编纂之初就已着意改变传统的志书顺序，他将食货列为第一，其后依次为选举、职官、礼、乐、兵、刑法、州郡及边防。他在《食货典》序中说明，这一新的顺序旨在强调经济状况与官员选拔才是国家稳定的先决条件。[243]

杜佑还在每一子典之下分设若干小部，每一小部一方面梳理相关制度沿革，一方面记录时人的奏疏、议论及评价。后一部分材料，尤其是有关安史乱后的材料，杜佑为支持自己的观点而有所拣择。如在《选举典》中，杜佑列举刘秩、沈既济及赵匡的奏疏和议论，他们都对科举强调文章技巧持强烈批评态度。除此之外，他还在《选举典》短序及其他论赞中，着重从历史角度论述反对强调文章技巧的理由。[244]与苏冕不同，杜佑在罗列具体官员时，仅举出少数几位，选择的标准是看其对长期的历史发展是否有所贡献，而非其在唐代官僚中的普遍威望。[245]

《通典》蕴含的国家观念同样也是批判、怀疑与客观的。杜佑认为，中国相较其他国家的优越之处，在于得天独厚的地理环境与气候条件。[246]他指出，历史是不断演进的过程，古时中国人的生活就像现在的蛮夷一样。中央集权的郡县制官僚国家是经由一千九百余年的王朝兴替才发展形成的，[247]因此，他大力提倡秦兴郡县的优越性，并以史为证，认为郡县制给万民带来更大的稳定，这也是他通过随文插入的论赞反复强调的主题。同时，他还坚持以农为本，强调要避免严刑峻法及过度课税劳民，谴责非必需的商业与神职的数量增长，将安史乱后唐人普遍的忠诚归功于唐初的轻徭薄赋与宽刑省法。[248]

然而，杜佑《通典》的中心观点是王朝国家的制度与行政规定都是极易腐化的，从长远来看，衰落不可避免，但必须适应并接受。当然，自唐朝肇建，强调演进就一直是进呈皇帝的论著及官修典籍中的重要观点。但杜佑是在大量梳理中国自古以来制度沿革的基础之上主张协调、改良与变革，他不再从宇宙论的基础上思考国家，也不再认为君主行为是良好政治秩序的决定因素与矢志追求的政治理想，相反，他提出促进整个国家的福祉比维护皇室利益更为重要。

《通典》蕴含的国家观和历史观得到九世纪初其他学者的积极回应，譬如柳宗元。一些学者在知识与宗教观上与之相近；另一些似乎提到杜佑的观点，但对待相关问题的看法却与之迥异。例如，韩愈即不太认同制度演进，不过，他依旧重申杜佑远古竞争力的概念，以及杜佑对秦之成就的强调。事实上，尽管杜佑的思想明显存在争议性，但学者群体并不认为它是极端的。自801年（贞元十七年）至812年（元和七年）逝世之前，作为一位长安的高级官员，杜佑赢得了学者的敬重与陪伴。其《通典》亦为时人所称赞，直到唐末，他的思想仍常为学者提及参考。如在权德舆为杜佑所写的四篇纪念文章中，即有两篇赞扬《通典》；郑余庆在为杜佑所撰祭文中，也大力赞美《通典》；杜佑门生刘禹锡，在836年（开成元年）亦曾提及《通典》；直到唐朝灭亡前夕，司空图还在称颂杜佑的"治道"。[249]

权德舆见证了杜佑仕宦生涯中不同寻常的一面，即其对佛教的兴趣，尤其在致仕以后。[250]权德舆及其他学者所赞颂的杜佑作为行政长官所具有的慈悲与温和，或许即是出于其佛教信仰。但更为重要的是，正如柳宗元自我许诺式的佛教信仰使其以不可知论重新审视唐代礼制的儒学传统，[251]杜佑以怀疑的、世俗的眼光重新评价中国政治制度的沿革，亦是由于其宗教信仰乃是生活中独立的、自我的部分。韩愈试图通过重新定义儒家价值观念和摒弃为唐代大多数学者所认同的宗教多元观念来复兴儒学，但杜佑对中古政治儒学传统引人注目的重新评价，却因这样的宗教多元而成为可能。

第六章　文章观

在唐代，受朝廷支持且为学术精英崇尚的儒学活动中，涉及面最广的即是撰作文章，皇帝、宰相、官方学者、普通官员乃至他们以外的广泛文人阶层，都对文章怀有敬重之心。此外，终唐一朝，关于儒家"文"的思想相较其他学术领域发生了更多变化，也关系到更多学者。作文能力不同于官方学者所需的编撰能力，它意味着创作诗词歌赋，通常篇幅不长，大约包括十五种类型。[1] 能够创作文章，表明此学者已然熟读经史子集，有"文"的天赋，甚至具备迅速成文的素养。它需要审美意识和创新能力，在一定程度上说，这些能力本身也改变了整个王朝。

文章作为一种学术活动，与官方史学及国家礼仪活动有共同的特征，但也有其独特的一面。像史学及礼制一样，它关系到国家的顶层。敏捷的作文才能是政府公文往还过程中的一项基本能力，如果官员不能在公文行文中体现出深厚的文学与经学造诣，这些公文便不会得到学者的尊重。皇帝正式的诏文、大赦、授命制书及制举诏令的文辞皆是引经据典、典雅高妙。这种创作，用唐代学者反复提及、源出孔子的一言以蔽之，即是"润色王言"。[2] 对作文能力的高度要求及其在政治上的重要功能，增强了草诏的重要性，也使热衷仕进的知识精英对成为草诏词臣抱有极强的兴趣。因此，中书舍人、知制诰及安史乱后的翰林待诏成为唐代学者最梦寐以求的职位。

然而，文章之于另一场合的重要性使其不同于官方修史和国家礼仪活动。君主及宫廷承袭以文学为消遣及竞技娱乐的传统，诗赋创作在宫廷游宴及其他庆祝活动中尤其具有重要意义，其中一些宴集唱和可能就在待制院举行。在此种环境下领导文体创新，或是成为宫廷文坛的一员，便在文人世界最具威望的名流社群占据一席之地。

但文章创作的能力并不局限在任职于有威望的中书省、文书起草机构或是参与宫廷游宴的学者手中。官史修撰和国家礼仪活动往往由专门机构或朝廷主持运作，甚至局限于宫廷文人圈；而文章创作则没有这些限制。相反，文学却提供了连经学也难以望其项背的个人创造力与情感的挑战，从这一角度来看，诗歌创作尤其成为一项上至君主下至社会大众的开放活动。因此，唐代留下了数量惊人的诗篇，少数大家的诗作被视为唐代文明的伟大丰碑。有唐一代，朝廷内外的环境不断发生变化，但文学始终保持备受欢迎和尊重的地位，也是意涵丰富的惯用表达方式。

通过唐代学者对所谓"文场"的矛盾态度，我们可以看到文学在其仕宦生涯中的迥异功能。他们有时强调"文"在国家服务中的神圣角色，并以崇高的、来自经书中的话语为其证明；而在其他时候，又要降低文学作为消遣的一面，因为这缺乏他们所主张的责任感。根据不同情境，他们可能会支持或谴责自身所处的"文"的世界。然而，随着唐帝国的发展，其他学术领域中显露出不再以朝廷为中心的发展趋势，这种趋势也明显表现在学者的文章观上。对文章创作的评论越来越成为个人志业，在唐代后期，学者将自身更多的文学经验付诸笔端。

唐代各个时期的学者，无论官方学者还是非官方学者，都援引古代理想来评论文学景象。高明的儒家理论对"文"的性质与功用提出不同寻常的理想，正如学者将其他学科同他们的宇宙观相结合，唐代作家也赋予"文"以宇宙论的维度。"文"作为表达情感的文字载体，与天地息息相关。[3]作诗被天然地认为是自然秩序的一部分，正如孔颖达在《毛诗正义序》中所言："《诗》理之先，同夫开辟；诗迹所用，随运而移。"[4]唐代学者频繁重申"文"的崇高含义，一再强调《周易》对"文"的描述。然而，他们关于"文"的宇宙观并不完全局限在皇帝角色和王朝统治之中。在这方面，它有别于国家礼制的宇宙观色彩，也不同于载入国史的、普遍承认的皇帝之天子角色。相反，"文"的宇宙观所强调的内容，被看作是不断提醒学者意识到他们所赋予自己的角色的重要性，即他们自称凭借所掌握的"人文"以化成天下。这一立场的背后，是学者认识到"文"作为只有学术精英才能充分掌握的载体，在政治上极为重要。只有熟练掌握这种技能，学者才能接近君主，并增进自身的政治利益，实现学者群体的政治理想。

唐代学者对儒家传统下"文"之功能的重新阐释,明确涉及他们所处的政治世界。他们重申《毛诗》关于诗的理想:诗是自然形成的,其产生反映社会现状,即"达下情"[5]。诗尤其应该反映民众的道德状况,以及民众对朝廷统治的看法,这种思想终唐一代都占有重要地位。这种观念证实文学创作总是不断变化以反映社会状况演进的观点,反过来,这一变化的意识更激起许多儒学评论家对文学史的强烈兴趣,尤其是关于唐前及唐代诗体的变化。

"文"有可能会走入歧途,不再表达儒学伦理下的重要内容,这正是学者对文学创作持反对态度的原因。他们依据经典将当时的文学视作"一艺",居孔门四科之末。[6]相较其他学术活动,文学创作相当独立,其作为独立活动的发展表明,"文"的理想已经不再。在儒家理想状态下,政事、德行和文学都应是证明统治和谐、社会安稳的综合性活动。直到战国晚期诗集《楚辞》居于官方书目集部之首时,"文"与"儒"才开始分流。从这一观点出发,只有说明治道或是关注治道的文学,才是好的文学。大分裂时期的文学,尤其是南朝晚期的宫廷文学,则是奢侈逸乐、毫无责任感的宫廷氛围的表达。有唐一代的学者皆以南朝文学作为负面典型,并以之鉴戒当世。[7]

朝廷一方面迷恋文学,一方面又采取更极端的方式反对文学,这种对于"文"的矛盾心理,从官方文集编选的实际举措中可以明显看出。朝廷通过大型文集的编修监控并调整文学的发展方向,这些由大量官方学者受命编修的文集是有选择性的,显然会摒弃那些不合适的材料。像其他学术领域的汇编一样,七世纪的文集编修蓬勃发展,而安史乱后则逐渐衰落。皇帝还诏命编修小型类书作为文人的工具,类书的编纂模式与文集编修相同,最新官方书目的编修原则也与此类似,尽管书目不单涉及文学。安史之乱以前,朝廷编修若干此类书目;但755年(天宝十四载)以后,只有一条四部书目的标题见于记载。

对于较低层级的官员而言,写作技巧在另一意义上显得极为重要。因为文采在宫廷和官僚群体中享有崇高声望,所以文章在科举中也占有越来越重要的地位,由此导致七世纪末开始逐渐变得最具威望的进士科,相较其他方面,越发重视对文采的考察。因此,研究"记忆库",创作当时流行的各体诗赋，成为有志举子的必备要务。尽管进士科并未完全忽略经文知识，但经文的掌握在此并不重要。这一发展在很大程度上塑造了知识精英的自我认同标准，并使他们在文官体系中的权力持久延续下去。特别是从八世纪开始，许多成功的士大夫将仕途起步归因于流畅的赋诗能力，而这正是进士科所着重考察的。但对于那些以儒学为导向的改革派学者来说，尤其在安史之乱以后，这种发展使得他们对写作技巧的矛盾态度转变为公开批判。他们不断上疏反对"文"在官员选拔中的重要地位，故而成为有关"文"这一传统诸观点中的重要主题。

然而，学者在对文学创作态度上的主要转变，首先是因为受教育的人数增加，其次是由于安禄山叛乱后政局的崩溃和中央权力的下移。甚至在安史之乱以前，一个复杂、成熟且充满活力的朝廷以外的文学社群即已形成。安史乱后，这一社群进一步远离七世纪以宫廷为中心的社会普遍价值观，并继续发展。文学技能在官员仕途中仍占据重要地位，但是，在八世纪末九世纪初更为庞大的知识群体中，学者已经形成一种对自己的文学经验进行详细评价的传统，这种传统在唐代前期文献中从未出现过。

八世纪中叶以来，书、序、引、论中越来越多的个人化与分析性的文字，与儒家在重新诠释经典的基础上对修身的关注相伴而生（第三章，第105—112页）。两者都代表着远离七世纪官方学术的趋势，向着不完全以朝廷为中心的方向发展。两者可能也被视作对儒家学者之社会责任持完全保守态度的反映。但是，相较唐代学者所从事的其他活动，文学创作无疑更为重要，这是他们塑造群体形象、世界观以及针砭时弊的核心所在。

一　高祖及太宗朝

自唐朝肇建，朝廷和学者群体在文章创作中就大力推崇文采。高祖与太宗都曾建立皇家文献收藏机构，并以其中的藏书为基础，诏命学者编修文集，以提高文学技能和素养。尽管太宗自称不够博学，但他却长于诗赋。不过，太宗的儒家顾问却大多对此持反对态度，这种反对的基调恰是唐代儒家文学观的一部分。而这与唐初的风气相一致，即学者宰相应该在几乎完全公开的场合——与皇帝的讨论或是面向朝廷或皇帝的序、论和官方文集中明确表达对文学的看法。

(一) 唐初文集

文学创作艺术是流行于唐初宫廷的一种学术活动,其宝贵在于对传统遗产的自如运用与巧妙架构。在大分裂时期,文学创作因小型类书及大量文选的编修而得到发展。[8] 唐初,朝廷也通过编修这两类书籍扩大对文学创作传统的控制,其中第一部相对短小的类书是《艺文类聚》,于622年(武德五年)诏令编修,历时两年,是高祖朝完成的为数不多的学术项目之一。十名以上的学者参与该书修撰,其中包括之后成为秘书少监的令狐德棻,还有四位学者参与高祖朝唐前五代史的编修。[9]

《艺文类聚》将前代文章分为四十六部,七百二十七子目。其部类包括天地岁时、山水、人、帝王、职官、封爵等,以及诗歌创作的传统主题:旅行、观景以及对弊政的愤懑;随后是礼、乐、武、军器、衣冠服饰、食物与巧艺,以及常在诗歌中出现的自然意象:草木花果、宝玉、百谷、鸟兽虫鱼。因此,《艺文类聚》的编者实际上意在通过征引汇编所认可的唐前文献,为文人提供宇宙万物的简要概述。

唐初宫廷学者在对文学遗产进行整理的过程中,还编修第二部类书,相比《艺文类聚》规模更为庞大,编修目的也略有不同。此即《文思博要》,共一千二百卷,只有序和一些片段流传下来。贞观朝十五位高级学者参与此书编修,由魏徵主持,时任秘书丞的房玄龄也在编者之列,似乎说明该书所据材料依靠的是秘府藏书。阴阳律历专家、太常博士吕才也参与编修。[10]《文思博要》体量极大,当与唐前最大的类书——北齐《御览》相当。[11] 像其他传统类书一样,《文思博要》据称无所不包,"并皆包括天地,牢笼群有"。[12] 因此,《文思博要》意在成为一部涵盖广泛的最好类书,而非像《艺文类聚》那样仅为快速查阅。

(二) 秘书阁

类书编撰不仅仅是纯文学活动,还有部分监控整个文学传统的考量,类书主题依据秘书阁藏书的四部分类抽取划分。自唐朝建立,帝国的大量藏书就藏于秘书阁。唐代以前,秘书阁即享有崇高威望;六世纪上半叶,秘书阁的荣耀尤其得益于南朝萧梁皇帝的支持;七世纪初,隋炀帝对文学的痴迷更增加了秘书阁的声誉。[13]

622年（武德五年），隋朝皇室藏书在由洛阳水运至长安的途中大多遗失。[14]但是，依据隋及隋代以前的书目和唐人本身的记录，[15]朝廷在全国范围内展开大规模的搜书活动。622年，秘书丞令狐德棻首先上疏高祖奏请购募遗书。[16]随后，628年（贞观二年），太宗授命魏徵主持校定群书，别置校书郎二十人，楷书手一百人，"数年之间，秘府粲然毕备"。[17]但搜寻图书仍在继续，首先由被太宗称为"行秘书"的南朝遗臣虞世南（558—638，谥"文懿"）主持，633年（贞观七年）虞世南任秘书监，其后的秘书监也在继续这项工作，包括633年（贞观七年）起任秘书少监、641年（贞观十五年）起为秘书监的颜师古。[18]太宗朝没有完成的书籍缮写工作到高宗朝继续进行。[19]此外，太宗朝主要顾问机构弘文馆另有单独藏书。[20]四部书目（"永徽新集"）大概也在此时着手编修，直到永徽年间完成。[21]

以此方式展开的搜寻书籍活动，完全出于非文学的目的，旨在销毁或封禁被朝廷认定为反动或颠覆性的文献。唐以前的朝代就曾这样查禁谶书，有证据表明，唐初某类作品是被封禁的。但是，可能由于当权者希望避免被上疏指控像隋代一样严刑峻法，因此，官方文献中并没有禁毁图籍的相关记载。[22]

同样是遵循前朝故事，所有门类的文学作品进呈皇帝后，无论官方著作还是私人著作，朝廷都会将其藏于秘府并抄写复本。早在619年（武德二年），一位名不见经传的学者上呈其私修著作，就获得授官的奖励；长达一千二百卷的大型类书《文思博要》、魏徵的《类礼》（对《礼记》重新编排并为之作注，见第四章，第121页）、颜师古的《汉书注》（第五章，第164页）以及成书于642年（贞观十六年）的《括地志》都被收入秘阁。[23]学者献书与朝廷搜书，显然是在效法西汉，广开"献书之路"，[24]不仅可以帮助朝廷扩大对非官方文献的掌控，也使书籍的撰者与编者获得丰厚的物质回报。

（三）文之廷议

太宗的学术顾问在与太宗讨论"文"的作用时，更公开地表达编修《艺文类聚》和《文思博要》等类书、文集时对文学遗产的选择性态度。魏徵、房玄龄等认为，对文采的痴迷是劝谏太宗奉行简朴原则的潜在威胁。他们坚持太宗应该以南朝梁、陈两朝的奢侈逸乐为戒，其时的文章应该体现儒家政治行为体系中"俭"的价值观。

就房玄龄等而言,此种担心有着充分的理由,高祖就已经任命南朝出身的学者担任文学职位。其中,史家、词臣陈叔达对南朝宫体诗集《玉台新咏》的编者徐陵尤为敬佩,陈叔达又反过来引荐许多先前一直轻视北方的南朝学者入仕唐廷。太宗本人也在很多方面表现出对南方文学的痴迷,尤为敬重虞世南———一位因隋平陈而来到北方的南朝老臣,而且虞世南也认识徐陵。太宗还曾任命另一位熟悉徐陵的南朝学者褚亮(558—645,谥"文康")编修前代诗歌选集,[25]并亲自创作受徐陵认定、代表南朝宫廷自由风格的宫体诗。到贞观末年,太宗御撰绮丽的论赞向晋代批评家陆机致敬,并以之作为《晋书·陆机传》的结尾,更直接地表达其对文学的兴趣。[26]此外,太宗还召集群臣在宫廷游宴时竞相吟咏,其中所作多以南朝宫体诗为主,而且此类宴集唱和可能远远多于史料中的记载。[27]

面对皇帝对南朝宫廷氛围的危险兴趣,贞观朝学者宰相就此将会带来的风险向太宗提出强烈警告。在《群书治要》序言中,魏徵试图劝谏太宗远离"近古皇王"的撰述,因为他认为这些文集是浮艳而迂诞的。[28]魏徵和房玄龄谴责南朝的宫廷文学,尤其指责徐陵和他创作宫体诗的同僚庾信(513—581)破坏了良好的秩序。[29]虞世南也劝谏太宗不要创作浮华的艳体诗,并提醒他应为臣子树立正面典范。[30]

在回应这些劝谏时,太宗多次表明他已意识到大臣们所担忧的这种风险。如以文辞、书翰为虞世南的"五绝"之末;[31]评价孔子两位以文学著称的弟子子游和子夏,认为"游夏之德,不逮其学";[32]637年(贞观十一年),甚至令著作局停止编修其文集。同时,太宗还批判两汉史书载入杨雄、司马相如及班固等人辞藻宏丽的赋,诏令贞观朝国史应只将深刻的、政治上有建设性的奏疏收入史书。[33]

贞观朝官方学者适时记录下太宗的此类言论,并以之建立希望能流行于宫廷的朴素文风。然而,他们的谏议不可能对当时的氛围产生太大影响,637年(贞观十一年),李百药倡行郡县的奏文(第五章,第170页,第197页)就称赞太宗优先讨论政事,而将文咏与玄言留待夜晚。但他也认为国家尚未彻底革除或摆脱浮诡之风,"此由习之永久,难以卒变。请待斫雕成朴,以质代文"。将近一个半世纪后,"文"在官方生活中依然持久占据过于重要的地位,批评这一氛围的学者还会提及李百药的观点。他们认为，相对开放且政治上强有力的贞观朝廷失去了一个建立更为质朴价值观的绝好机会。[34]

（四）文与唐初选官

然而，宫廷对文学的重视并不是孤立的，整个官僚与选官体系中，写作技能都极富名望，为皇帝撰写公文地位尤其崇高。与其他学术领域一样，唐初担任此职的几位学者均被后世奉为楷模：高祖朝颜师古、陈叔达；太宗朝岑文本（595—645，谥"献"）。其中岑文本的作品直到九世纪末还广受称颂；陈叔达在隋唐交替之际撰写的军书、敕令及禅代文诰，对唐朝而言更是尤为重要的文书。[35]李百药也是草诏词臣，正如其父在隋，其子孙在之后。[36]此时中书舍人已是极富声望的职位，贞观初年，太宗诏命长于《春秋》《左传》的朱子奢出使平定新罗、百济、高丽间的战乱，如若功成使还，许以中书舍人。然而，回朝后太宗责其违旨，改令就国子监为官。[37]撰写神圣的宗教与祭礼仪令也备受推崇，主要承担此事的著作局，可能是这一时期声誉最隆的机构。唐初最著名的学者，如虞世南，就曾任职著作局；634年（贞观八年）许敬宗迁著作郎，也被认为是获得真正名望的必经之路。[38]

学者宰相对南朝文学遗产的谨慎态度与国家对士人的文学要求，都体现在对唐初科举中文学技巧地位的评价上。高祖朝与太宗朝，常科考试并未对诗文写作能力提出正式要求，而这种能力在八世纪初起的进士科中占据主导地位。但是，从太宗朝起，作文能力已经在科举中占有一席之地。这一时期，文采在一定程度上已成为选拔标准，这也是终唐一代始终受人诟病的问题所在。

例如，627年（贞观元年），杜如晦（585—630，谥"成"）向太宗上奏，强调当时地方举荐人才的选官办法忽视官员应该具备的真正能力与德行，只注重其言辞文笔，而此点也得到太宗的承认。[39]据多种史料记载，639年（贞观十三年），考功员外郎王师旦知贡举，未录取两位文名声振京邑的举子，太宗惊讶地召问，王师旦以"此辈诚有文章，然其体性轻薄，文章浮艳，必不成令器"相对，随后，太宗认为言之有理，遂认可不予及第的处理。[40]又如此时另一官员戴胄（633年卒，谥"忠"），于630年（贞观四年）受杜如晦临终举荐接任吏部尚书一职，据称在掌铨衡之时颇"抑文雅"。631年（贞观五年），吏部侍郎杨铨也是如此，史载两人的做法均为时论所讥。[41]

少数官员采取的这一立场，至少促进了行政能力应成为科举与铨选之决定因素的原则，他们也坚持应该弱化对写作技能的重视。后来，一系列批评者采取类似立场，并请求进行改革。尽管如此，科举与铨选中越来越多地体现出朝廷与士大夫的崇高威望将是一种不可阻挡的趋势。随着时间的推移，这一趋势将对唐朝士人群体的身分认同产生重要而复杂的影响。

二　650年至755年

太宗驾崩后的一个世纪，无论在政府政务运行中，还是作为消遣场合下的社交娱乐手段，写作技能对王朝而言都越来越重要。然而，官方记载表明，自七世纪下半叶，皇帝和学者宰相开始抛弃太宗朝宰臣试图作为规范提倡的谨慎的文学娱乐态度。史料显示，由此产生的风气对常设学术机构和科举铨选均会产生极为恶劣的影响。少数儒家学者上疏抗议，以维护唐初士大夫提出的理念。玄宗时期，朝廷第一次对这些严正的抗议作出回应，但并无多少迹象表明此举会产生效果。相反，与写作有关的官职声望愈发高涨，且从开元天宝时期开始，这些职位愈发倾向由进士及第、文采尤佳之人出任。

在这一世纪中，朝廷再次诏修类书与大型文选，秘书阁继续搜寻、收藏、誊抄书籍，并编修书目。文学观的另一主题是朝廷对南梁诗文总集《文选》的承认。然而，从历史上看，这一时期儒家传统最重要的发展不在于以朝廷为中心的文学态度，而在于朝廷之外社会上文学创作的发展。尤其到玄宗朝末年，诗歌写作较之以往更为普及，诗歌创作的主题与态度也不再仅以宫廷为中心，而是更加自由，更加个性化，这也预示着安史乱后整个儒学传统的转向。

（一）官修文集

高宗和武则天延续唐初两朝修撰大型文集与类书的传统，且同样致力于研究"文"之传统下的方方面面，并为文学写作而编纂书籍。高宗及武周时期编修了一系列文集，658年（显庆三年），许敬宗上呈《文馆词林》

一千卷。⁴²随后，朝廷又诏修大量其他作品，其中一些可能是限于某种特殊体裁的文集：《累璧》四百卷，661 年（龙朔元年）编成；⁴³《古文苑》，成书日期未详；⁴⁴官方组织、许敬宗参与编修《瑶山玉彩》五百卷，663 年（龙朔三年）完成；⁴⁵《丽正文苑》二十卷，许敬宗再次参与；⁴⁶《类林》，太宗朝著名学者、来自南朝的于志宁之子、国子司业于立政所编。⁴⁷即使其中有些是私人编修，其撰者也是宫廷文坛成员，但所有书名都记录在官史之中，且大多被藏于秘阁。

这些作品中，相关记载最为丰富的是《三教珠英》。《三教珠英》可能是武则天应皇太子及其学术顾问的请求，于 699 年（圣历二年）诏修，702 年（长安二年）修成表上。⁴⁸其编修目的在于提供一部更为广博的类书，以取代《文思博要》与《御览》。此书由控鹤府着手编修。控鹤府是武则天于 699 年（圣历二年）新置的文学机构，700 年（久视元年）改名"奉宸府"，史书记载极为稀少。不过，《三教珠英》可能是在弘文馆完成的，主持编修的官员有两位，一位是武则天的宠臣张昌宗，另一位是著名官方学者、国史监修、国子祭酒李峤（644—713）。编修学者至少有二十五人，其中一部分为普通文官而非学术官员，包括其后玄宗朝学者宰相张说，长期任职于学术职位、刘知幾的同僚与欣赏者徐坚，以及刘知幾本人。然而，像唐代许多编修队伍一样，参与《三教珠英》的学者发现他们实际上很难完成。修书期间，学者"日夕谈论，赋诗聚会，历年未能下笔"。在张说的回忆中，编修学者间的气氛是愉悦的，饮酒"不以官班为前后"。编修者在这些宴集上所赋之诗，也单独编成五卷本诗集（《珠英学士集》）。这部诗集享有盛名，广为流传；其中一部分，包括刘知幾的三首诗，藉由敦煌文书而流传至今。⁴⁹

《三教珠英》有着极具意义的创新：专辟两部分别介绍佛教与道教；还增加姓氏、亲属、方域等部。⁵⁰这些新增的主题恰与刘知幾建议增入国史史志的主题相对应（第五章，第 182 页），实际上也是源于此时宫廷学术环境的要求。《三教珠英》在八世纪声望极高；719 年（开元七年），玄宗诏命对其缺落部分进行修补。⁵¹然而，安史乱后不久，一位文人却批评此书"但纪朝士"，这一批评尽管简短，但与当时其他观点十分类似，均可切实证明七世纪及八世纪初的文学生活在多大程度上以朝廷为中心，也暗示安史乱后这种情况将会发生多少改变。⁵²

第六章 文章观

历时长久的玄宗朝编修了大量近似于《三教珠英》的类书。首先是弘文馆，其次是集贤院，均承担大部分类书和文集的编纂。此时学者似乎已经展开第四部大型类书的编修，或许是对《文思博要》和《三教珠英》的进一步扩充。如果情况的确如此，那么，尽管有诏修命令下达，但编修工作可能从未完成，仅结成一部二十卷的诗文集（《文府》）。[53]不过此时还有其他大型文集或类书修成，其中包括张说私修《玄宗事类》一百三十卷。[54]

集贤院学者还编修了一部相对小型的文学类书，以为皇子训练作文提供基本参考，此即726年（开元十四年）编成的《初学记》。在某些方面，《初学记》不过是唐初《艺文类聚》的节略或重订。在徐坚主持下，编修学者同样认为文学创作需要掌握广博的知识，他们节录各方文献对天地万物进行简要介绍，并依照与《艺文类聚》相似的类目进行编排。但《初学记》还包括《艺文类聚》之后的材料，其主题亦多为王朝强盛、政治清明之属。若太宗皇帝刚好撰有某类文章，《初学记》则将其御撰之文置于所部文章之首。[55]

但开元末期及天宝年间，却鲜有官修类书或文集见于记载。[56]之所以出现这种情况，可能部分原因在于玄宗朝大部分文献在安史乱中散失殆尽。但是，玄宗对道教日渐增长的推动提倡，定会转移其对学术机构的关注，使其精力从类书文集的编修中分离出去。与此同时，"反文学"的权相李林甫对学术机构的掌控可能也使文学活动受到限制。但是，宫廷、官僚群体与士人对写作技巧的兴趣丝毫没有减弱，相反，这些变化使得八世纪中叶以后某些学者渐渐远离权力中心，成为这一时期文学发展的重要趋势。

（二）四部书录

只有在拥有广博藏书的基础上，才可能修成《三教珠英》等大型类书及七世纪晚期众多的小型类书。编撰类书的需要和更多常规的原因，促使唐王朝在这一时期采取众多措施扩展收藏、校理图书。早在永徽年间，即《三教珠英》编修前五十年，就已修成一部囊括贞观朝所有典籍的四部书目。[57]666年（乾封元年），高宗又诏命学士刊正、缮写四部群书。[58]676—677年（仪凤元年至二年），弘文馆学士再次着手校理馆藏图籍。[59]七世纪的最后几年，即在编修《三教珠英》的同时，又委任其主修官为修书使，负责整理并增补四部书录。[60]

705—706 年（神龙年间），尽管史称此时秘书省高层所任非人，但却有一部书目问世，大致涵盖 650 年（永徽元年）至 705 年（中宗神龙元年）新增入的书籍。[61] 709 年（景龙三年），又"以经籍多缺，令京官有学行者，分行天下，搜检图籍"。[62] 此时的秘阁因藏书宏富而广有声名：一位年轻学者——《文选》注者李善（689 年卒）之子李邕，假直秘书，以便得览"秘阁万卷"；[63] 某一作者的私家撰著并不会自动获得收入秘阁的荣耀，但这一时期，史载还是有大量官修或私修著作藏于秘阁。[64] 然而，秘书阁并不是八世纪前几十年中唯一拥有大量藏书的地方，两位官方学者的私家藏书据称可与秘阁媲美。他们都来自以学术著称的贵族之家，其中一位是史家韦述，其家族藏书由两千卷增至两万卷，这也反映此时长安图书业的繁荣。此外，史书还提到其他大型藏书楼。[65]

玄宗年间，秘阁藏书更是备受瞩目。官修群体与学者个人也继续向皇帝上呈作品，例如，徐坚就曾参修至少七部著作。[66] 开元初年以来，一项据称为前代所忽视的，旨在搜集、缮写、校刊图书的工程就已开始。为完成这一项目，玄宗任命两位自己还是太子时就已追随左右的大臣主持工作，一位是曾受业于《文选》注者李善的南方人马怀素（659—718，谥"文"），时为秘书监；另一位是备受宠遇的太子侍读褚无量（646—720，谥"文"）。[67] 同时还任命数名编修使。[68] 其时，秘阁藏书仍在武则天的都城洛阳，至少在校理之初，是在东都乾元殿前廊——原明堂（第四章，第 124—128 页）遗址——上施架排次的。此次整理约有二十名学者参与，包括来自洛阳周边州县的普通低级文官，"公卿士庶之家，所有异书，官借缮写"。717 年（开元五年）玄宗东临洛阳，带领满朝文武"纵观"秘阁。[69] 次年，玄宗下令将秘阁藏书悉数迁往长安，学术机构学者的缮写工作在长安与洛阳同时继续进行。太府寺每月从益州（今四川）输送大量优质纸张，每季从上谷（今河北）输送大量的墨到长安，并每年从河间、景城、清河及博平（上述四地皆位于今河北）等地输送多达一千五百张兔皮以制作毛笔。[70]

719—720 年（开元七年至八年），著名官方学者、同样拥有大量私家藏书的元行冲，接替褚无量主持这一项目。他起用一系列新的学者参与整理，包括时任栎阳（长安附近）县尉、与其有姻亲关系的韦述。721 年（开元九年），元行冲上呈二百卷本古今书目，[71] 即《群书四部录》，是一部不包括王朝禁书的规范性书目。此书可能涵盖永徽及神龙目录，并增补新出典籍与旧目注解。作为唐王朝不断搜集图书的成果，《群书四部录》收录书籍多达两千六百五十五部，四万八千一百六十九卷，同705—706年（神龙年间）四部书目相比，增加六千多卷。[72]《群书四部录》严格遵照唐初学者所编《隋书·经籍志》之纲目，[73]像后来的书目一样，每部及四部之下每一子部都包含简短的历史梳理与评论性序言，这也与魏徵九十年前所修书目非常相似。从《唐会要》的记载来看，这些序言出自年轻学者韦述之手。[74]

元行冲《群书四部录》成书后不久，又修成一部仅四十卷的简明修订版书目，即《古今书录》，收书三千零六十部，五万一千八百五十二卷。[75]这一时期帝国所有官方认可的图书都有复本藏于集贤殿书院。其他官方藏书楼，如秘阁、弘文馆、史馆、司经局及崇文馆，在某些情况下可能藏有这些复本的原籍。[76]

729年（开元十七年）元行冲卒后，秘书省与集贤院改由陈希烈主持。陈希烈是深受玄宗宠信的道教徒，于731年（开元十九年）受命掌管此事。[77]同年，集贤书院藏书增至八万九千卷，[78]但朝廷仍然继续广搜书籍，以同时查找、接纳皇帝要求的道教典籍。[79]秘书阁在官署中的地位依旧很高，其基层职位循例交由科举及第的文人出任，因而也备受尊崇。734年（开元二十二年），在中书舍人、集贤学士孙逖知贡举下及第的二十七人中，有九人被任命为校书郎。[80]甚至到天宝末年，玄宗仍热衷于四库书籍，"视其职（秘书监、秘书少监）如尚书丞、郎"。[81]

天宝时期，唐帝国搜集图书的工作还在继续。735年（开元二十三年）孙逖知贡举时进士及第的未来史官萧颖士，于742年（天宝元年）补秘书正字，"奉使括遗书赵、卫间，淹久不报，为有司劾免"。[82]745年（天宝四载），集贤院再次缮写藏书。[83]752年（天宝十一载），敕秘书省检四库书补充到集贤院缮写。[84]754年（天宝十三载）初，失去玄宗宠信的陈希烈被贬，充秘书省图书使。[85]直到755年（天宝十四载），集贤院还在继续缮写图籍的工作，因为此时帝国藏书数量相较721年（开元九年）又大为增加，[86]安史叛乱前夕可能是集贤院与秘阁历史上藏书量最丰富的时期。

（三）《文选》研究

作为许多典籍极富声望的收藏之所，这一时期的秘书阁似乎尽行其能,也成为大量官修类书及书目的主要凭藉,君主、朝廷与学术机构也就此提供使"文"之风尚不断发展的中心。整个七世纪及八世纪初,朝廷与学术机构最具代表性的文学活动便是《文选》研究的兴起与发展。这一时期,萧梁昭明太子萧统(501—531)组织编修的六卷本《文选》备受推崇,几乎囊括所有体裁的文章,是唐前文集的巅峰之作。唐朝历任皇帝都热切地推崇《文选》,使得中央及地方学者纷纷上呈《文选》评注。截至八世纪初,源自南朝,在唐初以东南学者为研究主体的《文选》学已成为长安宫廷文学文化的重要组成部分。[87]

史载第一位为《文选》作注的恰是梁皇室后裔萧该,同时也是隋代学官,尤精《汉书》。[88]有直接或间接证据表明,《文选》在唐初就已有人研究并备受推崇。高祖朝官修文学类书《艺文类聚》即已大量载录《文选》所收之文。[89]《梁书·萧统传》不仅篇幅很长,更对萧统大加称赞。[90]此外,史书还提及数位长于《文选》的学者,一是曾为隋朝学术官员的南方人曹宪(527—630),尽管入唐后以年老为由并未接受唐朝官职,但据称太宗对他颇为敬重。曹宪以《文选》授业,受业诸生数百人,"由是其学大兴于代"。[91]

李善即是这些学生之一,同为南方人,且精于《汉书》。658年(显庆三年),李善表上所作《文选注》,随即被收入秘阁。是书征引典籍共计一千七百多卷,包括儒经与佛典。然而,李善之子李邕却不满于此书,并另外自注《文选》。李善因受牵连而被流放,后遇赦得还,在汴、郑等地(今河南)兴办私学,讲授《文选》,"诸生多自远方而至"。[92]唐代以前,多有长安以外私人聚众讲学的记载,但唐初类似的私学授受之事却鲜见于史书。不过,虽然精通《文选》之于掌握写作技能极为重要,但是《文选》从未如儒家经典一般有过规范性定本,也从未立于学官。《文选》地位由"文"的巨大声望来保证,而非依靠官方规定。[93]

七世纪末八世纪初,皇帝对《文选》的兴趣仍在继续。高宗即非常推崇《文选》,因而命擅长草书的学术官员裴行俭(619—682,谥"献")在素绢上草书《文选》一部,[94]书成,赐帛五百段。到玄宗朝,《文选》的影响主要表现在进士科杂文部分多从《文选》中选择命题,这使其声誉更隆。[95]玄宗本人也带头推动《文选》研究,718年(开元六年),玄宗热情接受由五臣合注的《文选》。可能由于这些注解,五人之中最著名的吕向于722年（开元十年）被召入翰林院，后来成为成功的起居舍人，最后又成为中书舍人，所有这些职位都涉及写作技能。[96]

《五臣注》的撰成并不意味着对《文选》兴趣的终结。731年（开元十九年），另一位梁皇室后裔、集贤院知院事萧嵩"喜于嗣美"，奏请由其带领一组学者修《续文选》，并另为《文选》作注。[97]不过，这部注解似乎并未完成。多产史官、注经家、也是萧嵩续修成员之一的集贤学士陆善经自己完成一部《文选注》，其残篇现存日本。[98]截至天宝时期，已有超过十部《文选》声称为《文选》而续作，[99]这些撰者中至少有一位因而获授基层官职。《文选》在中国的声望，使其在吐蕃、朝鲜与日本也备受推崇。[100]

然而，安史乱后，环境急转直下，《文选》在剧变过程中也失去了曾经的崇高声望。尽管《文选》在教育上仍然非常重要，对于写作技能也意义非凡，但却被认定为浮华的学问。[101]正如安史乱后大部分观念的转变一样，对《文选》态度的转变迹象也出现在安史乱前。值得注意的是，这与"文"在科举中的地位有关，刘知幾之子刘秩即在《政典》中强调对科举内容的看法（第三章，第89页），讽刺性地谴责南朝后期以来学者对《楚辞》《文选》的推崇，以及对类书和写作技能的重视，并暗示科举更应对高级职官所需的行政能力进行考察。[102]

（四）宫廷文学宴集

《文选》的崇高地位和对《文选》注者的优厚赏赐，与宫廷对"文"充满兴趣的氛围有关，此时的宫廷氛围远不像唐初学者宰相所希冀的那样对文学有所抑制，反而在日益奢华的游宴消遣中越来越成为一种时尚元素。在文治社会最具威望的社群中，历代皇帝与皇室成员都热衷举办官员学者和文学官员参与的宫廷游宴。七世纪末与八世纪初的轶事显示，学者在这些场合如此迅速而恰如其分的创作，能为他们赢得高度赏识与物质奖励，并由此名扬天下。675年（上元二年）进士及第、被认为是五言诗韵律革新者的宋之问（713年卒），在从驾武则天出游洛阳龙门时，即因所赋之诗而获赐锦袍。虽然并非最快成诗，但他的诗却被在场众人公认为一时翘楚。[103]与之齐名的另一诗人沈佺期（713年卒），也是675年（上元二年）进士及第，还是七言律诗的倡导者，因在宫廷乐舞中创作的精妙应制诗而受到奖赏。[104]在女性主宰宫廷的时代，上官昭容也有力促进了文学宴集与酬唱文学的发展。[105]

这一时期，一次宫廷宴集可能会产生约一百首诗，而且随后会被编成诗集。691年（天授二年），朝廷发专使存抚十道，就结成《存抚集》十卷；[106] 711年（景云二年），道士司马承祯将还天台山（今浙江），亦有百余首诗为其而作。[107]宴集与酬唱极为频繁，仅709年（景龙三年），就有十三次见于记载；710年（景龙四年）前四个月，又有十七次。尤其是让二十四位修文馆学士参与其中，修文馆由弘文馆扩大改名而来。其中一位修文馆学士将这些活动记录成集，也表明能够参与游宴竞诗本身就是无上的荣耀。许多杰出官方学者像李峤、崔融（653—706，谥"文"）、刘知幾、徐坚以及著名诗人沈佺期、宋之问、徐彦伯（714年卒）都是修文馆学士，[108]张说后来如此描述："右职以精学为先，大臣以无文为耻。"[109]

其后，人们特别将宫廷唱和与中宗宽纵的宫廷环境联系起来。虽然玄宗登基后开始采取措施以回归简朴，并重申经典的优先地位，但几乎没有证据表明氛围发生转变。[110]玄宗朝后期，酬唱与宴集甚至每十天举行一次，大量学者宰相和官员都参与其中。例如学术官员崔沔，至少两次在开元时期宫廷宴集唱和中获得赏赐。[111]据以忠诚闻名的学者颜真卿回忆，天宝年间，其兄颜允南（694—762）之诗风尤其受到赞赏，"每应制及朝廷唱和，必警绝佳对，人人称说之"；750年（天宝九载），颜真卿为殿中侍御史，"朝觐宴集，必同行列"；[112] 753年（天宝十二载），颜真卿因不肯依附，引起杨国忠的不满，出为平原太守（今河北），玄宗"宴公等于蓬莱前殿，赋诗赠帛以宠其行"。[113]与中宗所为一致，玄宗也经常驾临长安以东的骊山温泉宫。非官方史料显示，直到安史之乱前夕，宫廷终日沉浸于游宴赋诗，酬唱属和即是其中的重要环节。[114]

（五）知制诰与待制院

写作技能在朝廷激烈竞争中所处的核心地位，进一步反映并增强其在整个官僚群体中的重要性。在官场中，文才的崇高声望表现在其与权力中枢的联系上，尤其是那些能够接近君主的职位，与此相关的主要行政职能便是草诏。在太宗驾崩后的一个世纪中，草诏的重要性日益突显，恰是因为政治上充满问题；但从制度上来看，却并非一路坦途。继任君主将起草诏令的任务委派给中书舍人及入选待制院的学者，君主与这些委以机要之人的关系也愈加亲密。这一时期,草诏学士的任命与参与宫廷宴集唱和之间也存在某种关联。

高宗与武则天时期,常常越过常规的诏令草拟机构,将草诏任务委以北门学士。从"北门学士"这一非正式名称上,可以看出其并非常规官僚机构,但在决策中却起着举足轻重的作用。[115]不过,由于宫廷政治生活起伏无常,这些学者的地位也并不稳固,[116]其中一些人在提拔者下台后也随即被贬。元万顷(689年卒),起初受命作为文士与其他学者共同修撰图籍,作为"北门学士"的一员,深受武则天的信任,"朝廷疑议及百司表疏,皆密令万顷等参决,以分宰相之权",后来正式成为凤阁舍人;但是,689年(永昌元年),因受酷吏所陷,即遭配流岭南而死。[117]

宫廷诗人宋之问似乎曾想成为"北门学士",但因缺乏敏锐的判断力而未能成功。睿宗时,宋之问的名声问题又使他未能成为中书舍人;[118]然而,自八世纪以来即与之齐名的沈佺期却成功如愿。[119]历史批评家刘知几曾于704年(长安四年)短暂出任凤阁舍人;[120]其史馆同僚张说,在他之前亦任凤阁舍人。[121]武周时掌制诰的其他重要学者还有李峤和崔融,[122]上官昭容也曾掌文诰。[123]

开元年间,中书舍人的政治权力大为削弱,且这一职位变得更加注重写作技能。但起草帝国文诰的威望丝毫没有下降,曾经知制诰的官方学者,其任官经历的文献记载尤为详尽。玄宗本人也极为欣赏质量上乘的诏书,开元初年,命学者宰相苏颋将所制文诰收录成集封进,供其披览。[124]《旧唐书·文苑传》列出十一位在玄宗朝颇受赞誉的草诏词臣,无论其为中书舍人还是其他官职。其中有四人后来极为显赫,以至作为学者宰相的声望超越其作为知制诰的声望。对于十一人中的任何一位,文才在其仕途中的作用后来都为人所公认,而且每一位的谥号都含有文官梦寐以求的"文"字。[125]其中有十位据记载是进士或制科及第,这也说明科举选拔文辞之士的角色日益突出。[126]

这一时期,几位官员连续担任中书舍人和吏部侍郎,以致全面控制了铨选与考课,如此一来,文人在科举中的影响更是显著增加。两位中书舍人王丘(743年卒,谥"文")和席豫(680—748,谥"文")的迁转即遵循这一模式。[127]进士与制举及第、谥号同样为"文"的张说门生孙逖,于736年(开元二十四年)及741年(开元二十九年)两度出任中书舍人,总共任职时间长达八年。734 年（开元二十二年）及 735 年（开元二十三年），孙逖知贡举，所录之士不少人成为八世纪中叶的重要学者，其中最著名的及第者是颜真卿，记载孙逖知制诰时曾经受到诏制褒奖。[128]孙逖对其 735 年（开元二十三年）拔擢的进士萧颖士、李华及赵晔（783 年卒）评价极高，称"此三人便堪掌纶诰"。[129]与孙逖同掌文诰的韦陟，后任礼部侍郎，于 742 年（天宝元年）知贡举，优先看重举子在应试之前所作的诗文。[130]

736 年（开元二十四年）以后，朝廷对科举制度进行改革，旨在使长于文辞的中书舍人与政治上扮演恩主角色的知贡举相联系，只是改革并不长久。同年，礼部取代吏部，成为常科考试的主管机构。中书舍人卸任后，往往循例转任礼部侍郎。如此一来，中书舍人所代表的文翰标准越发牢固地树立在科举取士之中。[131]

在玄宗朝，这一趋势使得草拟帝国文诰之权再次半正式地交由长于文辞的供奉官。这些供奉官是"北门学士"的接班人，也与"北门学士"一样，被皇帝委以机要，且关系异常亲密。由于任职于两个最成功的待制院——集贤院与翰林院，他们的官职也在某种程度上逐渐正式化。集贤院的职责起初包括文诰起草，而翰林院后来从其前身手中接掌这一职能（第一章，第 15—16 页）。翰林院至 738 年（开元二十六年）才正式成立，其于安史之乱以前，不仅只是草诏机构，还反映出玄宗热衷待制院的倾向，因为待制院经常为玄宗提供一系列的游宴消遣。但正是因为参与草诏，能够在机要枢密发挥不可分割的政治作用，所以安史乱后的翰林学士获得更为巨大的政治影响力。[132]

（六）文与科举

朝廷与文官重视写作技能，草诏词臣越来越多地成为贡举主官，这一趋势不可避免地影响"文"在科举——进入官僚阶层最重要的途径——中的地位。在这一世纪中，文章越来越在最富声望的进士科中占据主导地位。尽管进士及第需要足够的学识及敏捷的思维，但一些学者指出，文思敏捷与行政能力并不密切相关。到玄宗朝后期，文才已经成为进士考试的关键，但反对写作技能之科举地位的论战也就此发展起来。

安史乱后的科举批评者认为，"文"对科举的破坏始于 680—681 年

(永隆年间),即杂文进入进士科,成为进士科的三个组成部分之一。[133]在杂文进入进士科的早期,所要求的文体相对实用,包括箴、铭、论、表等。但从此以后,杂文部分逐渐被最具文学性也最不实用的文体——诗赋所垄断,这是诗赋在宫廷社群与京城文坛居于崇高地位的必然结果。

当时的文学风尚,尤其是宫廷文学风尚直接影响举子的创作风格。徐彦伯,制举登第,学术官员及宫廷诗人领袖,为文多变易求新,"以凤阁为鸂阁",据称其风格多为追求风尚的进士科举子所效仿。[134]此时另外两位著名宫廷诗人——同于675年(上元二年)进士及第的沈佺期与宋之问,分别于702年(长安二年)及708年(景龙二年)知贡举。同徐彦伯一样,宋之问也以玄奥难懂的文辞著称;二人可能都恰恰拔擢与其宫廷文风相似的文思敏捷的举子。[135]此外,追求精湛文采的风尚还体现在制举中,终唐一代,制举被证明尤其能反映文学与知识氛围的变化。676年(仪凤元年)起,专为"文高六义,下笔成章"者而设的制举科目诞生。直到中宗朝,此科频繁见于记载,但中宗朝以后却甚为罕见。实际上,此科并不局限于诗赋等文体,但其文题均指向当时流行的文学风尚。[136]

继位之初,玄宗即下令试判对策当敦古质、断浮艳,宫廷生活亦应如是。[137]尽管如此,开元天宝时期进士科的杂文部分仍然完全被诗赋垄断。自754年(天宝十三载)起,制举也开始考察诗赋;而731年(开元十九年)设立的博学宏词科,考察内容亦包含诗赋。[138]为在激烈竞争中成功及第,此时还形成举子在考前向主考官或京城高官递送自己非正式文章的行卷之风。[139]

七世纪末八世纪初,个别学者对这种背离简朴原则但又不可阻挡的趋势提出抗议,而此原则是以儒家为导向的学者宰相在太宗朝建立的。统治高层也不时采取措施进行纠正,674年(上元元年),一位未见所居何职的学者呈上一封讽刺性奏章,重申科举中"孔学四门"之德行优先于文学的传统。[140]685年(垂拱元年),一份类似的奏疏谴责近来试判"恐非先德行而后言才之义也"。[141]692年(天授三年),刘知幾之友、右补阙薛登上疏对"文"在科举铨选中的地位提出讽刺性批评。[142]玄宗朝,批评之声仍在继续。715年(开元三年),时为左拾遗的张九龄上疏批判以诗试判取士。[143]735年(开元二十三年)前后,刘知幾之子、典志史家刘秩上疏梳理自汉以来历代选举制度背后的原则,并附议692年(天授三年)薛登上疏,要求将选拔官员的权力下放地方。刘秩承认文学确有其功用，但他认为，文章仅是沟通上层统治者与下层民众的一种渠道，若以文辞作为选官标准，则"若委游、夏以政事，责冉、季以文学也，何其谬欤！"[144]

刘秩的批评显然不是这一时期的唯一。几年之后，一场在平阳掀起的讨论就被记录下来，主要围绕科举中将儒学范畴的德行与文才结合起来的难题。[145]740年（开元二十八年），萧颖士在寄给史家韦述的长信中，援引自身的科举经历，指出作文考试的不足。[146]753年（天宝十二载），一名前进士上书知选事宋昱，亦是批评选法的浅薄，他不无嘲讽地指出，"借使周公、孔子今处铨廷，考其辞华，则不及徐（陵）、庾（信）"（徐、庾皆为宫体诗人）。[147]

刘秩、萧颖士等学者及其七世纪的前辈对绮丽文章在科举中之地位的批评，意味着安史之乱以后，面对严重恶化的政治形势，改革者们将有一个丰富的辩论传统可资利用。玄宗朝后半期，尽管存在这些批评，但文学艺术在科举中的重要性仍在不断增加。以文学兴趣作为仕进手段，是许多学者后来回想起此时社会的显著特征，如"时海内和平，士有不由文学而进，谈者所耻"；或"开元以后，四海晏清，无贤不肖，耻不以文章达"；又如"天宝中，海内事干进者注意文词"。[148]

（七）开天时期独立文学

然而，在安稳与繁荣的宫廷中颂扬写作技巧，与八世纪上半叶文学实践深刻变革的背景息息相关。变化根源在于长期的天下太平以及文人数量的激增。[149]正如儒家学说一直默认的，尽管宫廷极具吸引力，但诗歌创作仍是一种超越权力高层控制的独立活动。诗歌创作远未像专心简朴的儒学批评家所希望的那样减少，反而大大增加。

然而，这些诗歌所反映的态度具有特别重要的意义，表明宫廷与待制院作为文学界中心的垄断地位已经完全不再。七世纪末八世纪初文学声望享誉全国的学者，诸如科举及第者宋之问、沈既济、徐彦伯与李峤，都是宫廷文人，也都是为独特环境所欣赏的技术革新的开创者。[150]然而，从玄宗朝后半期开始，他们的传世作品可以显现，许多诗人从未参加过对仕进而言至关重要的宫廷文学游宴。相反，他们的诗歌传达出一种感觉，意在远离，甚至反抗宫廷，反抗被他们称为"近臣"之人。[151]他们引入的主题很

第六章 文章观

少是全新的，创作依然主要是一种学习；他们所写的大部分话题均能从唐前作品中找到先例，而且往往出自著名的《文选》。但与宫廷文学相比，他们的作品更加自由，更为随性自然，更多贴近自身的经历。

这些诗文展现出的许多特征具有重要的历史意义。一为疏离感，通常是地方性的视角，至少其中若干作品是从这一角度出发。一些诗人将长安的中央政府视作封闭的、高度特权的、竞争激烈的存在，他们抱怨苦读数十年却郁郁不得志，人才过多而使仕进难于上青天。[152]杜甫精通文学传统的各个方面，"读书破万卷"的事实以及自我剖析的气质，使其诗篇最能充分传达安史乱前文人之中壮志难酬的幻灭气氛。如其在755年（天宝十四载）末用熟悉的木材比喻道："当今廊庙具，构厦岂云缺。"[153]其他诗人则描述恬静人生与田园生活的优点——远离京城的尘嚣与纷扰，即使他们距离京城并不遥远。他们提出一个学者皆可接受的替代入仕为官的目标——隐逸与沉思，有时显然藉此安慰自己仕途的坎坷。[154]

然而，这一时期的诗文也并非总是直接或间接的抱怨或抒发对恬静生活的向往的载体，相对和平的环境下还产生大量丰富多彩的远游诗。744年（天宝三载）曾短暂待诏翰林的李白之诗，即是这种勃勃生气的直接例证。对束缚与传统的蔑视，使他公然讥讽儒家学者和他们的态度。他的一些长诗，比如在流放途中写给元演的诗，描述数百里的旅程与彼此之间数十年的友谊，即为玄宗朝和平时期最出色的文学丰碑之一。[155]岑参（770年卒）开创的诗歌风格也是这一时期独一无二的，这种风格与他长期任官中亚有关，在在表达对遥远西部的异域之民、沙漠景观及极端恶劣气候的兴奋之情。[156]

朝廷之外，社会上外向的态度与经验相结合，形成另一种更加尖锐的主题，并在天宝时期开始变得重要。疏离的文人集中描写宫廷和富人的奢侈，并与下层民众艰辛贫苦的生活进行对比，且强调刻画这种强烈反差同儒家指出文章应"达下情"的传统观念完全一致。在杜甫与元结（719—772）的作品中，这一主题展现得尤为明显。元结754年（天宝十三载）进士及第，曾"欲求文学之官职员散冗者"。[157]他们的诗篇面向京城富有同情心的中、高层官员，像在750年（天宝九载）极不情愿就任广文馆的郑虔；[158]或与杜甫、元结长期交好，在安史之乱前夕出任国子司业的苏源明；[159]都是没有放弃雄心壮志、致力于为王朝效忠的官员。但是，在李林

233

甫、杨国忠等权相把持朝政之时，他们的仕途曾历经挫折，很可能会接受京外世界的观点。正是在这些处于相似立场的学者之中，在安史乱后剧变的环境之下，有关文学理论与功能的更多分析性的观点蓬勃发展起来。

三　安史乱后

安禄山叛乱摧毁了玄宗朝辉煌盛世所必需的繁荣与自信。从此之后，唐廷依旧致力于传统的文学追求，个别皇帝亦展示出在诗歌欣赏上的敏锐鉴识力。[160]但是，乱后唐廷的财力与政治实力已远不能与乱前的繁荣相比，因此，朝廷主导的文学实践也大为缩减。即便如此，却并不意味着在朝廷之外"文"之于文官阶层及学者群体的重要性也随之降低。这一时期，科举及第者——本身即是基于写作才能被甄选出来——几乎完全控制了科举与铨选。此前的进士登第者在精英职位上不断扩大对中央政府的影响力，并日益巩固对与写作技能关系密切的官职的垄断。他们的政治力量体现在科举系统本身，尽管一再有改革尝试，但他们所代表的敏捷文思在科举中仍保有其重要地位。

发生在八世纪末九世纪初文学思想上的重大变化与官方环境下的宫廷文学作品无关，但却与大量非官方作品有关，这些非官方作品出于学术官员及其他学者之手，一直流传至今。开元天宝时期即已显现出来、趋于更广阔的文学世界的趋势，现在已经极大拓展。独出心裁又复杂高妙的散文在私下广为流传，供同僚与朋友评论鉴赏。私人书信往来不仅讨论大量时政问题与历史话题，也开始探讨有关文学的各个方面。诗歌展现的心绪更加丰富：异想天开、对政治野心的冷漠与讥诮、私人象征主义与自我分析，所有这些都是九世纪作家的显著特征。同开元时期相比，这些文学作品的基调更富于反思，也更趋于内向。"约八百首诗开始趋向关注内心世界"，评价可谓公允。[161]

在这一更加去中心化的文学环境中，尤为强调文风的个人特征。此外，儒家文学理论被证明与新的观点极其吻合，尽管其理想中的文学是以国家为中心。儒家文学理论无法再像安史之乱以前规范到所有文字，但个体学者可以用传统的儒家理想去品评文章，并时常以之为自己更冒险的看法及价值观辩护。在此过程中，诸如韩愈、白居易和其他学者所展现的，他们的视野同唐初前辈相比,已经发展了如此之远。

(一) 秘书省地位的下降

然而,安史乱后,官方文学机构至少在原则上仍是文学世界的中心。秘书阁仍然是王朝典籍的权威收藏之所;秘书省依旧断断续续地履行搜集、缮写书籍与编纂书目的传统职能。但有关秘书省如何运作的记载明显减少,秘阁同其他官方藏书机构——如集贤院、弘文馆、崇文馆、司经局及史馆的关系也不甚明确。另一方面,相比安史乱前,更多大型私家藏书浮出水面。其中,苏冕可能就是利用其私家藏书编纂《会要》,更有记载称,苏氏藏书如同安史乱前一些大型私家藏书,规模甚至堪比集贤芸阁。[162]

安史之乱期间,相比集贤院,秘书阁遭到极其严重的破坏。[163] 757 年（至德二载）末,太常少卿于休烈为恢复散失的史书作出努力;[164] 764 年（广德二年）,其仰慕者元载派遣专使到南方更大范围地括访图籍;[165] 德宗朝可能也有类似举措。[166] 八世纪后半期,仍有著作上呈皇帝,但很少记载藏于秘阁或集贤院。[167] 一个重要实例是颜真卿所撰《韵海镜原》,共三百六十卷,于 777 年（大历十二年）上呈朝廷,代宗敕令抄写复本付秘阁与集贤院藏之,并赐绢五百匹。[168] 有些微迹象表明,德宗时期,东宫秘府再次得到扩充与整理。[169] 德宗朝又曾新修四库书目,即礼学家陈京所纂《贞元御府群书新录》,这是有关帝国藏书的最后一部书目,但仅有书名见于记载。[170]

八世纪下半叶,很多知名学者在秘书省担任高层官员,其中有杜甫和元结在安史乱前的恩主苏源明;曾任东南财政官员的包佶;以及学校与科举体系改革者萧昕（702—791,谥"懿"）;中书舍人后转礼部侍郎、知贡举的刘太真,为萧颖士安史乱前的学生,在德宗初年任秘书监时非常活跃;[171] 东南地区节度使韩滉之弟韩洄也曾任秘书监;[172] 796 年（贞元十二年）,史官张荐因裴延龄改任秘书少监,后升秘书监;[173] 礼学家陈京笃疾时获任秘书少监。[174] 可能因为年老或体弱多病的高官常从政治中枢转入秘书省任职,秘书监也被称作"宰相病坊"。[175] 但出任秘书省基层官职并没有这种政治失败的意涵,年轻而有才学的新科及第获任校书郎仍是惯例,也十分常见。此种案例不胜枚举,代宗朝最著名的诗人群体"大历十才子"中,有三人以校书郎起家;白居易、元稹同样释褐校书郎。[176] 集贤院也有类似的基层职位,年轻时的柳宗元 798—802 年（贞元十四年至十八年）即任集贤院校书郎。[177]

九世纪时，秘书省仍然保持完整建制，也可能依旧同文学有所关联，因为它仍是适宜诗人任职的官署。[178]823 年（长庆三年），秘书省官员缮写书籍，秘书少监李随奏请铸造秘书阁铜印，以代替安史乱时丢失的图书印。[179]830 年（大和四年），秘书省奏称秘阁廨署倾危摧破。[180]但在 836 年（开成元年），或许作为文宗复兴官方学术运动的一部分，朝廷再次诏命搜访书籍。据记载，此时"秘书省四库见在杂旧书籍，共五万四千四百七十六卷"。[181]但是，尽管直到王朝末年秘书省高层与基层官员依然都有任命，但却再也没有编修四部书目或缮写图籍的相关记载。

安史之乱以后，也再未像七世纪或八世纪早期由官方委修大型文集或文学类书。相反，私人文集或类书的修撰却在继续。学者编撰大量非官方文集，方法多样，主题广泛。这些文集绝不仅限于文学；但其中至少有一部宣称是《文选》的另一续作，尽管这一时期《文选》地位已有所下降。然而，现存史料中，很少有此类文集收入秘阁的迹象。[182]

在唐王朝最后几十年的动乱时期，秘阁藏书先在黄巢占领长安时遭到毁灭性的破坏，随后，昭宗又试图进一步恢复典籍。909 年（后梁开平三年），后梁将都城从长安迁至洛阳，只保存下唐代末年的部分藏书。据记载，五代初年四库藏书不足万卷。到十世纪末宋朝开始恢复王朝典籍时，从远离唐末战乱蹂躏的四川及长江中下游地区搜集了大量图书。[183]

（二）草诏与政治权力

秘书省是"外府"，与文学之士相联系，但却脱离中央政府的政治核心职能。[184]同秘书省境况恶化与效力下降形成讽刺性对照的是，那些仍旧需要文学技能的中央官僚机构核心官职却继续享有盛誉。安史乱后，三省的众多官职只是名义上在运作，[185]而草诏不但依旧在政治上至关重要，且继续保持着崇高威望。翰林学士通常能够迁转到政治高位，因此，草诏仍是官僚中的学士与文士维持影响力的重要途径。

安史乱后一位学者指出，叛乱期间"业文之人，述作中废"。[186]但即便危机最严重的时候，写作技能也被证明对王朝是至关重要的。757 年（至德二载），玄宗任命李揆（711—789，谥"恭"）为中书舍人，后又担任非常规的科举主司。贾至与李揆同为中书舍人，其父在玄宗初年亦掌文诰。

肃宗即位，著名书法家徐浩（703—782，谥"定"）以中书舍人知制诰，还曾草拟玄宗的传位诰册，这是令人无比艳羡的双重成就。[187]肃宗朝其他草诏词臣还包括苏源明——杜甫和元结在安史乱前的恩主；著名诗人王维（699—759）；以及后来均知贡举且成为科举改革支持者的贾至和杨绾（第2章，第52页；第3章，第95—96页）。[188]代宗朝，反佛反道的学者常衮（729—783），初为起居郎，选入翰林学士，历中书舍人，迁为礼部侍郎知贡举。777年（大历十二年），常衮拜相，在其任上整肃元载当政时贪污贿赂之积弊，一切从"公议"——大概是当时京城官员们的意见。常衮为相期间，文学技能显然成为更加重要的任官标准。代宗朝与常衮齐名、并掌纶诰的铁腕杨炎（727—781，谥"平厉"），后来拜相。杨炎与杜佑关系密切，也是德宗初年财政改革的重要人物。[189]

德宗朝第一任宰相学者崔祐甫，代宗末年为中书舍人，"天下望公居此久矣"。作为唐代士族家庭的一员，开元时期官方学者、宫廷诗人崔沔之子，崔祐甫同安史乱前的学术界有着广泛联系。根据后来的记载，崔祐甫以这些联系为基础大量任免官员，总共可达八百人。780年（建中元年），崔祐甫逝世，被认为是改革事业的巨大损失。[190]然而，德宗朝最为著名的草诏词臣是陆贽（754—805，谥"宣"，人称"陆宣公"），773年（大历八年）进士及第，779年（大历十四年）召为翰林学士。他不仅是才思敏捷的词臣，更是德宗朝前五年危机中一系列政策的制定者，其仕途也从此亨通发达。由此，陆宣公进入一段与德宗关系极为紧密的时期，直到795年（贞元十一年），因与裴延龄的激烈斗争而失位。陆贽争辩并成功提出理想主义的儒家政策，甚至对行政过程中"权"的谴责，都可能影响"性命"学者的政治取向。792年（贞元八年），陆贽知贡举，这一身分更是极大增强对官方与非官方学术群体的影响。陆贽知贡举时拔擢的许多人才，在未来二十年的官方与私家学术中表现突出，而在史职上的贡献尤为重要。[191]

德宗朝知制诰的地位尊崇还体现在一些不太著名的官员身上。例如像常衮一样反对佛道二教的彭偃（784年卒），即因求之不得而失意，"偃以才地当掌文诰，以躁求为时论所抑，郁郁不得志"。后来，彭偃在朱泚叛乱中接受伪职，最终处斩。[192]德宗同先前的玄宗一样，尤为欣赏以其名义所颁制诰的典雅文辞。本欲提拔诗人卢纶（796年卒，谥"恭"），"方欲委之掌诰",但"居无何,卒"。卢纶之例再次表明诗人的名望同知掌纶诰之间存有某种联系。卢纶是代宗朝最著名的诗人群体"大历十才子"之一,其中另有三位是参与草诏的翰林学士。[193]德宗还非常信赖吴通玄、吴通微二兄弟,吴氏兄弟为道士吴道权之子,在东宫伴德宗长大。后来德宗召二人为翰林学士,尤为赏识二人的为官之道。[194]

德宗朝另外两位知制诰是学者群体中的重要人物,且知制诰的时间都不同寻常的长:高郢长达九年;倾慕陆宣公文诰的权德舆长达八年。他们二人都是裴延龄的政敌,之所以能久掌纶诰,当是因为有能力处理好德宗慎重而复杂的政治决策。权德舆有文集五十卷,其中就包含其草拟的制诰。但高郢的谨慎使他焚毁所草拟制诰的底本,当别人问起何以至此时,高郢答道"王言不可存私家"。[195]权德舆与高郢都支持"性命"思想,他们的文学才能,以及现存作品都明显缺乏对体制改革的积极兴趣,与许多和这一运动相关的人物形象密切相关。同陆宣公一样,他们都曾是有影响力的科举主司。[196]

宪宗朝,召为翰林学士和知制诰一再被证明对仕进有利。元和初年起,宪宗就时常向翰林学士咨议政事,称翰林为"精择"学士,还在翰林院内设置"学士承旨"这一高级职位。此后,许多官员历翰林学士、知制诰,成为学士承旨,随后拜相。如同九世纪中叶评论家所暗示的,文学官员成为朝廷高官的比例尤高,[197]陆宣公知贡举时拔擢的李绛(764—830,谥"贞")、崔群(772—832)和王涯(835年卒)都遵循这样的迁转路径。[198]

文采并不足以确保取得如此成功,[199]但值得注意的是,九世纪初大量翰林学士与草诏词臣同样也是声名远播的文士或诗人。白居易与元稹尤以诗作著称;[200]韩愈,尽管不是翰林学士,但其文采也为学界所公认。韩愈自814年(元和九年)起知制诰,816年(元和十一年)担任一段时间的中书舍人。其他草诏词臣的文采也特别受人赞赏。[201]强大的政治力量与公认的文才合而为一,使得翰林学士获得无比巨大的威望,并直接体现在一系列学者为翰林院编修的纪念文集中。

随后的穆宗、敬宗诸朝也遵循同样的迁转模式。穆宗时期,人称"长庆翰林三俊"之李德裕(787—849)、元稹和李绅(846年卒),均曾知制诰,亦为公认的干才;三人随后也都相继拜相。[202]沈既济之子、史官沈传师(769—827),曾为翰林学士、中书舍人,但拒绝出任承旨学士,其理由更加突显翰林院高级职位的政治力量。沈传师坚信，如就任承旨学士，之后必将拜相；而他自认为还不够拜相的资格。其后，沈传师之子也入为翰林学士。[203]李翱亦是文名赫赫之人，"自负辞艺，以为合知制诰，以久未如志，郁郁不乐"；最终在文宗朝，以本官知制诰，后拜中书舍人。[204]

其后数朝，草诏仍然极富人望，史载许多学者均以本官知制诰。其中有些提及他们维持信任的能力，有些提及皇帝倚重他们的程度，还有些再次提及他们得掌纶诰的技艺——文笔。这一时期知制诰的任命同早期一样，展现学术官员之职具有明显的家族延续性。如杜牧（803—852），为典章制度史家、宰相杜佑之孙；柳璟，为安史之乱前后史官柳芳之孙；孙简，其祖父孙逖、叔父孙宿均曾知制诰。[205]九世纪晚期文人的仕宦生涯中，地方任职变得更为普遍，长于文辞之人甚至甘冒"从诸侯府"的风险。[206]但是，直到唐亡前夕，朝廷还在照常任命知制诰。只要唐政权还存在，写作才能与为长于文辞之士准备的职位就依旧重要。[207]

（三）对科举中写作技巧的批评

即使在王朝衰落时期，重要的草诏词臣仍然享有崇高声誉，政治上也极为成功，这凸显着写作才能在王朝服务中的持续影响。但似乎与之矛盾的是，这一时期对文学在公职生活中之地位的强烈批评持续存在，而且其中一些批评就来自曾掌纶诰、仕途极为成功的学者。这些批评之声的提出背景可以部分解释此一明显的悖论，作为政治权力高层的基本职能，草诏的必要性不言自明，也为儒家传统所推崇。可能出于这些原因，加之士大夫群体中的许多高层官员都参与其中，学者通常避免直接批评草诏在政治生活中的作用。因此，对写作技能之于公职生活的批评，要么非常笼统，要么集中在下层官僚，或是针对科举体系与铨选过程。

批评者在抨击文学技巧于科举中的地位时，指出诸多显而易见而又旷日持久的弊病，其中最重要的一个，截至德宗朝，文学才能的地位已被唐代一个世纪以来的学者议论所认可并尊崇。对文采的持续要求和以典故为题的写作显然与朝政问题并不相干，诗赋在科举中的优势地位更是显得极不协调。这在历史上被看作更新的发展，但可能会受到抨击，因为古代儒家认为"德行"先于"文学"。[208]

针对"文"之科举地位的批评也不尽相同，有的只是倡导更严肃、更具社会责任感的作文态度，极少数人则主张彻底废除科举中的作文部分。代宗初年，针对科举中的写作技巧和当时举子中盛行的价值观，曾经出现激烈的抱怨。贾至、杨绾等在763年（宝应二年）奏请改革官学体系与科举制度，就包含对执着于文辞的取士之法的讽刺批评。但此时提出的触及进士科的激进主张遭到代宗朝翰林学士的坚决抵制。[209]之后，《春秋》学者赵匡上疏列出用诗赋考试的主要缺点，并提出可以取代诗赋的、更为广泛而实际的考试大纲。[210]778年（大历十三年），官方学者沈既济对武则天以来写作技巧在选举中的地位进行梳理，采取与赵匡类似的立场。[211]781年（建中二年），时为中书舍人的赵赞奏请取消进士科中的诗赋考查，回归更为实际的文体。但积习日久、既得利益以及普遍的崇文风气，最终阻止了这一激进方案的实施。785年（贞元元年）或是此后不久，诗赋又得以恢复。[212]

不过，德宗朝后半期，学者群体普遍持以温和的改革立场。有关写作技巧适当地位的讨论，屡见于举子及高官的书信、序文和启书。[213]有影响力的科举主司如陆宣公、权德舆等都抱有改革思想，在802年（贞元十八年）进士科中，权德舆以写作技巧在科举中的适当地位为策问题目。在与礼学家柳冕的通信中，权德舆承认创作诗赋的技能并非成为高官的资格，并暗示其作为知贡举，还因之降低诗赋创作的重要性。[214]自799年（贞元十五年）至801年（贞元十七年）知贡举的高郢因在省试中强调经艺而受到称赞。[215]但是，针对官方教育体系的改革思想远不止此，学者群体中大部分人对这一问题的态度显示他们对改革的兴趣是有限的。没有一位有影响力的科举主官认真考虑过废除那些界定其身分、又推动"文人"政治事业发展的部分。

然而，德宗朝后半期一些普通文官的文章显示，他们关于体制改革的观点有时更为激进。《通典》作者杜佑是其中最有力的倡导者，像他结识三十多年的权德舆一样，杜佑并非通过科举入仕，而是通过其父的恩荫。但与权德舆及同时代大多数学者不同的是，杜佑甚至认为文章不应在科举中占有一席之地。他毫无保留地谴责科举中的文学，并赞同孔子观点，即大多数人皆为中材，"有可移之性"，且三代的人才并不比他所处的时代多。相反，问题出在取士方针，不仅以"言"而非"行"来取士，还在于"考言唯华"。他认为，就"文""质"两极而言，贞观时期就已丧失纠正向"文"失衡的机会。[216]杜佑曾就此问题与柳冕通信,不但在《通典》中将选举体系专辟为一典,还选择收入一系列批评"文"之科举地位的唐代奏疏,所涉包括刘秩、赵匡及其朋友史官沈既济。[217]

805年（永贞元年）永贞革新的失败可能导致这种激进思想被视为政治上的失败。但是在宪宗朝,不太激进的改革观点时常被提出,甚至科举过程中也会体现这些改革思想。在806年（元和元年）制科对策中,元稹批评进士科的考察内容及其以文取士。808年（元和三年）,皇甫湜也在制科对策中作出同样的批判。[218]举子对科举中要求创作诗赋继续表达强烈不满,舒元舆（835年卒）用习语形容诗赋,认为那不过是"雕虫微艺",是学究式的、缺乏想象力的训练。韩愈的门生和仰慕者,如沈亚之、孙樵和牛希济也曾表达类似看法。[219]

文宗朝还进行过一次短暂的改革,朝臣效仿两百年前贞观朝的宰相们,讨论应当以儒学为重为先。834年（大和八年）,诗赋再次退出进士科,但一年之后即又恢复,科举体系基本维持不变。从这时起,到唐朝灭亡前最后的记载,大量诗赋文题出现在科举当中；直到901年（天复元年）,王朝最富盛名的科举仍然主要考察写作技能而非实际行政能力。[220]

（四）文学为学者之"己任"

许多学者承认,科举这种非同一般、持续存在的特征是一种弊病,但不能简单地用唐代学者所习称的"积习"来解释,其更深层次的原因在学术群体本身。总的来说,写作,尤其是作诗,几乎是社会的普遍兴趣,是社会生活的一部分。改革派与儒学化的官方学者可能对选举体系中的文学实践持保留态度；但他们自身往往也是科举及第,与举子和潜在的官员同属一个社群。他们将科举,尤其将进士科,视作延续政治影响力的途径。他们在学者群体和官僚阶层中的地位,也得益于对文学传统的掌握。因此,他们并未放弃"文"的传统,而是试图恢复"文"的尊荣。他们用儒家的文学理想为参与当时的文学活动辩护,并谴责当前的做法并不能实现这些理想。

然而,安史之乱以后,许多学者倡导的文学改革不仅意味着要维护文诰的基调,使国朝诏制如《汉书》形容汉代文章那样"与三代同风"；[221]还意味着要探索、界定现在对他们而言非常重要的非官方、私人、独立创作的适当价值。这一时期更广大、更不以朝廷为中心的学术世界的间接结果是，唐初几乎被少数学者宰相及官方学者所垄断的儒家批评思想，现在已经在大量文人的私人、以及官方著作中体现出来。但此时的批评者依旧如唐初一样，对"文"主要持一种矛盾心态，他们所推崇的古代儒家思想的严肃性，有时与他们对写作本身的兴趣并不能和谐共存。其结果是形成一种活跃的论辩氛围，在这种氛围中，学者就文学创作、文学史、以及"文"在社会中的作用等问题往来通信，这些思想也记录在杂文与序文之中。针对如何将可接受的严肃性与自身及周身社会所珍视的求新求变的文风和题材相结合，每一位学者都提出不同的解决方案。即使是小人物，或文学名望不显之人，也会回顾文学史或提出自己的核心关切。[222]独立文学的发展使得文学领域的私修著作远多于其他领域，因此，"文场"留下了儒家学者群体自唐初以来思想转变的最广泛的智识痕迹。

经历过安史之乱的一代文人，其文学观已经悄然发生变化。如在734—735年（开元二十二年至二十三年）孙逖知贡举时登科的萧颖士、李华及颜真卿等，已经不再推崇七世纪末八世纪初的宫廷文人。相反，他们追求写作当致力于政治与社会改革事业，并以此为标准评判前代文人。他们批评那些单纯描述性的、或纯粹依韵律格式而作的诗文，重新阐述诗歌和文学的传统定义，并强调个人写作是道德本性的表达，也是对所处时代之精神的反映。[223]

文人们一致从七世纪晚期挑选出一位代表以传达他们所需要的价值观，这个人就是陈子昂，时人称其振兴了已衰落五百年的文学。安史乱后的文人群体或许能在社会上、以及文学与政治上同陈子昂产生共鸣。陈子昂在696年（万岁通天元年）科举中拔擢开元时期宫廷学者崔沔及第，李华和颜真卿都曾在文中称颂他。崔沔为德宗初年宰相崔祐甫之父，也是一位在学者群体中广受拥戴的人物。不过，陈子昂曾写诗抗议武则天铺张的政策，其文章中所体现出的政治基调也是他受景仰的原因。不仅孙逖门生和八世纪中叶学者对陈子昂致以敬意，九世纪初的重要文人，如韩愈、柳宗元、白居易和元稹等亦是如此。[224]

李华与萧颖士之后的下一代文人也对文学传统有所评论。他们遵循唐代传统，在为同僚文集所撰的赞美性序文中对文学史进行简单回顾，其中通常包含他们所认可的一系列文人的名字。在这些序文中，他们强调文学的道德功能及其与时代精神的联系，还表达致力于历史变革的理想。例如梁肃，将强调文学实践的演进同向其学者群体中的导师表达景仰结合起来，他写道，唐有天下迄今"几二百载"，而文章经历"三变"（源于《论语》）。同其他学者一样，梁肃将第一变归功于陈子昂，"以风雅革浮侈"；第二变，归功于玄宗朝伟大学者宰相张说；第三变，即与其时代相近的李华、萧颖士、独孤及等展开的进一步改革。

柳冕也曾使用"三变"概念，而此概念可能是安史乱后有关传统儒家文学理想最缜密的主张。柳冕指出，文学传统自儒家经典时代以来一直在衰落。他将孔子时代至最衰微的南齐、南梁时代的文学实践概括为"三变"，表示希望看到唐代文学的复兴，又为自己的无能为力感到遗憾。[225]同李华一样，柳冕认为一个时代的文学有其时代本身的特征，三代的文学并不是一种独立的技巧，而是同政府和社会融为一体。但其作品中也暗含相反的观点，即文学是个人气质的表达，个人可以通过文学超越其时代的颓废。因此，文学是学者最高理想的载体，如其文中所说，文学的现状"非文之罪也，为文者之过也"，"文之无穷，而人之才有限"。[226]

尽管学者坚信文学反映其所创作的时代，但柳冕之后的学者多用《论语》曾参所言"己任"一词来形容和探讨文学。韩愈将其关于文学创作和实践的观点作为教学的中心主题，其立场的基本特征是文学创作意义深远，远远不应仅是入仕手段而已。他斥责那些仅将研习写作当作仕进手段的学生，暗示他们的所作所为是在菲薄文学。相反，文学应当是个人表明其个性心志的载体，推进其社会改革责任的手段。文学需要长期的投入，只有经过深入和专注的研究才能结出硕果。

柳冕之后，同其本人的反佛立场一致，韩愈认为，佛教徒信奉的可以通过修行斩灭的情感，在任何艺术中都起着不可或缺的作用。[227]他还强调，道德修养和掌握经典对于完美的文章是必需的，因为它们可以养"气"，而"气"是确保文章被认可的精神力量。[228]韩愈认为，仕途不顺的失意促成许多绝佳的文章，无论是他自己还是别人。他含蓄地表示，官方语境之外的文章可能是个人才能的真实表达，外来语汇和意象可以使文章更加成功。他同朋友孟郊（751—814）分享求奇求怪的兴趣，这种兴趣曾使他遭受同僚的责难，那些同僚试图将他推为儒学复兴运动中严肃而坚定的典范。"²²⁹但他对文学功用的评价及其作品的风格都深刻影响到九世纪的文学讨论。

李翱早年曾从韩愈学文,²³⁰他对文章的看法相较曾同韩愈分享的对儒家内在心性问题的兴趣要多得多。与韩愈不同,李翱关于文学的核心立场似乎更加道德化。同柳冕一样,他反对将文学仅仅视为"一艺";²³¹并似乎尝试将其"性"的思想与文学实践结合起来,因为他认为个人本性中的善可以通过文字表达出来,反之,习文也会导致善。²³²相比同时代其他文人,李翱更热切地推进"古文"理想,以之为幽险怪奇的文章辩护。他将"古文"的目标归于韩愈,但声称这也是他的目标,因为他"非兹世之人"。²³³

柳宗元的核心观点总体上与韩愈、李翱相近,但也有不同侧重,其中的差异可以反映其仕宦生涯和知识分子的脾性。起初,在京为官阶段,他较少针对文学活动发表看法,这或许因为受到杜佑对"文"的敌意的影响。他对著书立说和自己的创作发表评论始于贬谪时期,正如韩愈所指出的,他对写作的极大兴趣恰是仕途失败的结果。柳宗元主张严格遵循儒家经书典范,以及《孟子》《楚辞》和《史记》。至少在与学生接触时,他像当时任何文人一样充满道德感。与韩愈相同,他认为文学不仅是入仕手段;又如韩愈一般,他鄙视抄袭,强调作家应该独立创作,坚持简明措辞,无需过多赘语。²³⁴

通过呼吁古代的儒家理想,即文学应当"达下情",这一时期对待文学的一种不同观点被合理化。在这个古老观念中,温和的改革者找寻到一个原则,可以完美证明远离高层政治纷争与独立创作文学的合理性。甚至早在八世纪初唐廷仍是文坛中心之时,学者就曾提及这种观点,即诗是自发的现象,是民众境况的表征。²³⁵杜甫与元结天宝时期的诗,关注点即在人与人之间的不公。而安史乱后,描述民众的境况和行政的不公成为风尚,在诗的风格和题材上开拓出新的天地。白居易和元稹希望朝廷可以复置"采诗官",并创造一种新体讽喻诗,反映讥刺当前的社会不公或朝廷弊政。到806年(元和元年),白居易已经形成这一思想背后的核心观点,并发展出直白的、通俗的诗风来反映这些主题。数年之后,在815年(元和十年)末写给元稹的信中,白居易详细解释了他的"新乐府"诗。²³⁶

日益恶化的政治环境使韩愈和白居易之后的几代文人对文学实践的看法进一步向非官方、实验性发展。因此,其文学观的主要特征可以部分理解为，他们减少了与王朝繁盛时仕途成功相联系的一类写作。[237]九世纪中后期的文人，更热衷于分析创作心理，强调创意、创新和个人风格。韩愈的追随者沈亚之，引述韩愈曾经用过的园艺隐喻："善艺树者，必壅以美壤，以时沃灌，其柯萌之锋，由是而锐也。夫经史百家之学，于心灌沃而已。"[238]韩愈的另一狂热崇拜者孙樵，更为彰显创意：作家应当"道人之所不道，到人之所不到，趋怪走奇，中病归正"。[239]著名诗人李商隐强调要在儒家规范的边界之外保持独立；并抨击孔子为文学提供的唯一价值观，要求完全摆脱过去典范的束缚，实现文学的自由，"直挥笔为文，不爱攘取经史，讳忌时世"。[240]

其后一代的文集，主要由未及入仕或对官场知之甚少的学者所撰。这一代中的皮日休与陆龟蒙熟知文学史，并对唐代文学有所评论，但似乎并未提出新的批评意见。他们最大的成就在文学实践本身，更进一步延伸韩愈一代已经充分发展起来的非官方写作传统。[241]他们的文集提供一个标尺，显示自八世纪以来唐代士人的世界曾经发生多么巨大的变化，在那时，"润色王言"才是文人的雄心。

第七章　结语

有唐三百年来，学者致力于儒家经典的传承与研究，遵循儒家规范为官方服务，那些规范确立了中国整个帝制时代的儒家传统。唐代前半期，通过参修一系列官方学术汇编，学者系统回顾儒学传统，修撰大量声称遵循经史的作品。唐代后半期，他们在官方立场之外重新评价儒家注疏传统，以及儒家传统观念中有关他们所服务之国家的起源与职能。

唐代以后的各个朝代也在肇建之初对所继承的学术传统进行梳理和回顾，正如唐代所做的那样，宋、明、清均在最重要的学术领域汇编一系列官方文献。尽管后来各朝的学术活动比七世纪的系统整理范围更广，但其目的基本相同。同样与唐代相似，近世中国也从根本上重新评价产生于中央学术机构以外的儒学遗产。但是，上述章节已经表明，唐代儒学的几个方面，无论官方的还是非官方的，都有着显著的中古特色：与新儒家相比，唐代学者对待信仰的态度是多元的，不拘泥于正统观念；与后来的儒家相比，他们的大量学术成果被运用于国家礼仪活动实践，进入礼典仪注或礼制论辩；无论官方的还是非官方的，他们所修书籍多为汇编；但与此同时，他们对变革的势头有着敏锐的认识，不仅体现在典章制度上，还体现在史学、文学和更普遍的文化演进中。有观点指出，唐代儒学的这些特征源于官方学者所处的社会和政治环境。总而言之，中古学术环境的特点与唐代儒学对前近代传统的继承都尚待继续挖掘。

为进入中央为官、晋升而激烈竞争，是唐代学者所处环境的主要特征。对政治影响力的争夺和获得高官厚禄的野心，是许多唐人追求仕进背后的动机所在。这些动机与儒学传统内在的理想主义相结合，决定了中古晚期儒家学术的诸多特点。唐代儒家学者怀着物质上与理想上的双重期望

第七章　结语

服务朝廷，王朝政治体系不仅能让学者地位获得认可，还为历代学者提供实现理想的舞台。担任或有望成为皇帝近侍的成功官方学者的确似乎已"如升仙"，[1]高层官员的威望高于所有未入仕的文人，成功官员获得的巨大回报有仪制上的，也有仪制以外的。高级官僚，尤其是三省中五品以上官员，拥有极高的地位，官员等级被系统地组织成一个整体以彰显品秩递增的威望。王朝有精心制作的华服，还有尊号与谥号体系，用以象征品秩和资历。对身分体系的执迷甚至扩展到已故官员的待遇，所有身后荣光包括谥号、赠官、极少数的陪葬帝陵或配享太庙，都是官员梦寐以求的，也会被仔细记录在官修或私修的个人传记之中。相较后来的知识阶层，组成唐代学术精英的氏族与家庭是相对较小而有凝聚力的群体，这些身分标志是他们持续效忠王朝的强大动力。

除了这些仪制上的身分体系，入仕还可能带来私人财富，生活水平也会大幅提高。官员们入仕前的经济状况各不相同，但是，本书反复提及的许多学者，甚至出身精英家族的学者，入仕之初也相对贫穷，往往在地方为官。在其私人著作中，时常将富人和高官的生活同穷人与边缘人进行对比，并认为他们的早年经历是相当萧条的。八世纪初，房琯的父亲曾官至宰相，武周末年遭贬黜，而房琯声称自幼的成长环境"与农者莫辨"。[2]梁皇室后裔萧颖士，描述七世纪和八世纪初家业的败落和长于贫寒的经历；[3]其门生，后来曾担任最高学术官职的刘太真，曾因家境贫寒被迫中止追随萧颖士读书。[4]伟大而忠诚的学者、书法家颜真卿，亦记录幼时家贫，无纸笔习书的经历。[5]802 年（贞元十八年），韩愈推荐给祠部员外郎陆傪的举子中至少有一位出身贫寒，"地薄而赋多，不足以养其亲，则以其耕之暇，读书而为文"。[6]

然而，如果官运亨通，唐代各个时期的许多学者都会获得大量房地与财富。唐代传统中，节俭或克制被认为是确保家族持久兴盛的重要因素，也是理想主义学者在政治领域最为坚持并一贯推行的价值观。过度炫耀财富被认为是对儒家简朴理想的背叛，不能为学者或读书人（书生）所接受。因此，不计其数的官员（包括高官和仕途不太顺利的官员）传记中，都会赞扬他们简朴的生活方式。[7]尽管如此，唐代各个时期许多成功的士大夫，致仕时都有大量的田地和房产。太宗时期，颜师古就拥有大量土地，并致力于搜求古董；[8]李百药致仕后，回到自己规划设计的庄园；[9]开元时期，中书舍人、吏部侍郎韦陟宅院富丽堂皇，仆从无数；[10]萧嵩之孙、玄宗朝宰相萧复与其兄弟不同，兄弟们生活以奢侈相尚，而他"衣澣濯之衣，独居一室，习学不倦，非词人儒士不与之游"，但即便如此，他在昭应还是拥有别墅；时任宰相、诗人王维之弟王缙就非常垂涎萧复这处别业；[11]九世纪初，权德舆描述杜佑的郊居大而清幽，布局巧妙；[12]刘太真知贡举时进士及第、与李翱、韩愈关系密切的宰相裴度，在洛阳建有营造考究的园林，同李百药一样，亦为自己设计规划；[13]白居易在洛阳的居所也是规模宏伟，僮仆众多。[14]

　　一名官员生前及死后的荣誉，实际上都是身分的标识，这种标识对其家族、门生、追随者以及学者同僚来说都极为重要。其衡量标准不只是王朝给予的官方地位认可，还有为其撰写并在学者群体中流传的非官方纪念文章。官僚群体对官员的口碑，在瞬息万变、勾心斗角、注重印象的官场中至关重要。"公议"或"时论"是各类文献在评价某位学者或某个家族的表现时经常提及的因素，唐代流传下来的许多野史和轶事集并没有被官方等级体系的价值观所支配。这些记载表明，学者在私下评价其同辈时，通常怀着极为尊重的态度；但对其认为出现败笔或背叛学者群体利益之人，却报以无情的谴责。官员的成就或是人生的败笔，都会牵连他的后代。矢志成为不朽，正如反复提及的来自《左传》的格言"立功、立德、立言"，[15]他们的所作所为无时无刻不在群体监督之下，这一群体对他们过往的社交网络和政治行为都了如指掌。

　　身践高位的无上荣耀，以及带给官员个人与其家庭的大量回报，主导着中古官员的日常生活。他们依赖官阶维持其地位和财富，这也增加了他们对朝廷的忠诚度。唐朝的稳定使得官场生活具有延续性，某种情况下，一些家族往往连续三代或更多代都与官僚机构中的个别学术职位有着斩不断的联系，无形中也增加了家族的使命感。官场中的家族延续也使中古晚期的官方与非官方史书和轶事时常提及士人入仕的雄心、数量庞大的举子和激烈的仕途竞争。

　　的确，在官员等级制度中，前文提到的学术职位处于极其矛盾的地位。学术机构中的大多职位，甚至是高级职位，都不被认为是"要据"；但熟悉并长于文学传统之人，却在朝廷和官员群体中享有盛名。许多主导唐代学术者，其仕宦生涯的多数时间就职于中央学术岗位，如太宗朝的李百药、令狐德棻、颜师古和孔颖达,或八世纪初的王元感、徐坚、元行冲、刘知幾和韦述。他们毕生从事专业学术工作,其所拥有的大量私家藏书,在某些情况下,可以证明他们生活稳定,致力献身学术。此种仕宦模式在安史乱后并不常见,但仍有学者担任学术职位长达几十年,中间从未有任地方或三省一般官职的经历。

尽管如此,中古官方学者群体有限的规模和学术传统的崇高威望,足以确保任职于学术机构的官方学者不会在政治上处于孤立,也不会距离行政层级的顶点太过遥远。许多人同时兼职于待制院,使得在行政和交际上更为接近朝廷。为某项学术工程而委任的编修队伍,其成员大多来自学术机构,这意味着官方学者可以同皇帝或高层学者宰相直接接触。而大多数在学术机构长期任职的学者,都曾参与君主和朝廷极为关心的行政事务的讨论。大多数官方学者都不是简单的"书生"——在唐代某些语境下此词还具有贬义。有唐一代,官方学者中的许多人都针对现实问题提出尖锐的意见,如李百药在637年(贞观十一年)朝议中上疏反对行封建,为许多学者提供了递呈学术性政策奏议的早期范例。[16]他们关注的问题从仪制到边境国防、抵御外侵,以及经济和财政管理问题,所评论的范围极其宽广,这本身就凸显出他们的政治观点是十分全面的。

安史乱后,唐廷面临的紧急状况致使终身任职于学术机构的学者较为稀少。但拥有学术背景的官员,以及曾任职于学术馆院,或曾担任礼官的官员,相比安史乱前更加深入地参与到时政的讨论当中。肃宗收复长安后不久,杜甫和元结的恩主、曾任国子司业、以考功员外郎知制诰、后为秘书省官员的苏源明即"数陈政治得失"。[17]上述安史乱后的学者之中,亦有很多同苏源明一样,上疏针砭时事。765年(代宗永泰元年),左拾遗独孤及呈上尖锐的奏疏,呼吁皇帝听取顾问的谏言;[18]次年,吏部尚书颜真卿上疏,要求皇帝坚守畅通官员言路的原则。[19]学者群体对诸如许敬宗、李林甫及德宗宠臣裴延龄等辈阻断其接触皇帝的渠道怀有持久而刻骨的敌意,显示出学者极为珍视介入政治中心,并认为这一权力不应被拒绝。学者对当代事务的参与反过来又会影响他们对学术活动的看法,这意味着他们有关历史与文学传统的许多学术观点,其侧重点源自当时不断变化的现实政治经验。尽管他们的学术成果多为概述,且遵循继承下来的模式,但却具有明显的实用性和现实参考价值,这也是中古时期的典型特色。

对唐代学术而言同样重要的是，即使是官方学者首先关心的学术问题，也要像行政方针问题一样置于政治舞台的中心，在皇帝面前进行讨论。因此，异议与争辩就成为唐代许多学术活动不可或缺的一部分。在经学方面，就经书正文本身，从 633 年（贞观七年）颜师古校定五经，直到"开成石经"编成，朝堂之上一直存在激烈的争论。同时还涉及注疏问题，引起刘知幾、元行冲等学者的反复讨论。出于为科举士子提供经书及注疏标准版本的必要，以及在行政上进行讨论的便利，使得将其他版本经书或注疏立于学官的建议在讨论中被否决。"积习"和官僚体系的僵化，也会扼杀诸多改革的建议。当唐代最优赏学术的皇帝玄宗御注某部经书，实际上就已排除对其进行进一步官方注疏的可能性。不过，即使御注经书颁行天下，也不意味着禁止非官方层面进一步注解相关经书。

王朝礼仪活动更是论辩的焦点，其中有些论辩甚至是正式专门举行的，还有两个观点对立的派别。将礼制问题付诸讨论是一项常规程序，可能涉及大量官员。有时，针对极其重要的政治问题或理论问题，也会展开公开论辩。如就宰相许敬宗的定谥，太常寺与许敬宗之孙产生争议，随后太宗就此问题诏令"尚书省五品以上重议"；[20]德宗初年，一名礼官以其家忌日而不奉朝廷祭祀，引发一场关于官员私人义务是否优先于其官方礼仪职责的讨论。[21]本书所探讨的四个学术领域中，只有官方修史的相关问题未见这种公开讨论。不过，在此情况下，唐代官僚生活中普遍存在的竞争，体现在皇帝、宰相和诸派系都试图控制实录的记载内容上。但史事记载的互歧多样，实际上也存在于官方学者修撰或计划修撰的私家编年史中，此举的实质是对他们认为官史中"褒贬"不当的人物和史事进行重新评价。作为一种本身不具政治性的活动，作诗与本书所述的其他学科属于不同范畴；但七世纪和八世纪初的"文场"同样也集中于朝廷，"文场"成为一种媒介，使弥漫于其他学术活动中的竞争意识和雄心壮志也渗透进文学活动之中。

科举体系考察学者群体关心的政治与学术问题，以及他们最感兴趣的文学创作，知识精英与官员精英通过科举被选拔出来。唐代学术体系最大的灵活性或许就体现在科举制度上，但科举体系却因鼓励举子不切实际且浅薄的治学风气而不断受到批评。但是，按照唐代后期的科举标准，科举内容明显体现了当时的政治与知识环境，以及其中发生的变化。

第七章 结语

　　学者参与政治，朝廷对儒家传统中学术问题的不同意见持相对开放的态度，以上对于唐王朝而言是极为有益的。出色的学者愿意向皇帝及其朝廷表达自己的意见，这本身就是王朝政治成功的标志。朝廷本身也从与有着深厚儒学传统的家族的联系中获得声望，孔子后裔孔颖达即为太宗朝杰出的经学和礼学学者，曾就当时举朝关注的礼制问题提出建议。在其仕宦生涯中，太宗曾多次进行褒奖，一次赐物二百段；一次赐绢一百匹、黄金一斤；一次赐物五百段，并加官晋爵，增加俸禄。[22]七世纪，一批官方学者均来自孔氏家族，孔子三十五世孙、韩愈之友孔戣，曾于817年（元和十二年）短暂担任国子祭酒。[23]唐末，孔氏子孙再次身居高位并极具影响力。太宗[24]、玄宗对颜氏家族的正式褒奖，以及玄宗对其家族血统源自孔子最喜爱的弟子颜回的认可，[25]再次证明唐代褒扬献身学术，珍视学术理想的传承。七世纪和八世纪初期，颜氏家族的许多成员担任学术职位或侍读。[26]甚至在安史之乱的余波中，风雨飘摇的唐王朝再次对颜氏家族的学术成就进行褒奖。为表彰颜真卿对朝廷的忠诚，肃宗在其谢上表的批复中进一步表示对颜氏家族的敬意；代宗在其谢上表的批复中再次向颜氏家族致敬；[27]甚至晚至777年（大历十二年），由于表上《韵海镜原》，颜真卿获得赐绢五百匹，这无疑也是一种褒奖。[28]

　　太宗尤其乐于见到儒家学者围绕学术问题展开辩论，玄宗初期可能也是如此。他们对此的兴趣已经超出唐代传统的关于三教的正式论辩，允许儒家学者相互争论，也是赢得他们继续效忠与支持的有效方式。鼓励辩论是对学者的一种认可，等于承认他们的活动是有价值且有尊严的。这也意味着，至少在朝廷持开放态度的问题上，皇帝可以从学术群体那里得到最可靠的答案，因为在与同僚论辩的过程中，学者必须对所提出的建议进行充分论证。

　　毫无疑问，这种相对开放的唐代官方学术氛围，会逐渐延伸到不太正式或私下的环境当中。那些密切关注自己所处社会和政治环境的学者，也致力于围绕当时的政治、宗教、历史和文学展开私下讨论。史料中时常提及学术精英对论辩的热衷，提及长于论辩的个人和因出色的讨论质量而赢得声誉的群体。开元后期及天宝时期，即房琯、韦述、柳芳和萧颖士所处的时代，长安地区的学者似乎进行着更为广泛的讨论。[29]安史乱后，帝国东南部、长江流域和京城之中都有一批致力改革的学者在回顾历史，分析政治形势，探讨宗教问题。[30]

在官方或非官方语境中，对儒家传统知识上的开放，以及与这种开放相伴而生的对待经学正统问题的重要包容态度，前文已经反复论及。皇帝确信渴望入仕的学者群体对其的忠诚，几乎没有必要为他们划定界限——超出此界限的建议不会被接受。相对而言，他们很少需要为以儒家为导向的学术传统进行定义，或者重申可接受的界限，只有民间谶纬活动被严格禁止。儒家经典是深受信赖与尊重的权威，最初由汉代确立并推行，而汉代又是唐代士人普遍追效的时代。儒家经典确实颇为艰涩，在很多问题上都很难解释，但这种艰涩，特别是在许多备受中古学者关注的礼制问题上，又为学者进行旁征博引的竞争性辩论奠定基础。由于儒家经典在很多具体仪制上没有"明文"，所以并不妨碍礼制的改革和扩展，至少在唐代前半期，皇帝对礼制的改革与扩展充满兴趣。

因此，继续校订儒经注疏的自由，显然以统治者和学者群体的一致兴趣为基础。皇帝和主持学术机构及科举体系的学者，在行政中尤为关注儒经的标准定本，以及官方划定的相关注疏。唐朝对推行狭隘的儒家正统学说缺乏热情，学者也未曾致力于确定正统学说。

即使王朝确立经典或礼仪的某一特定解释，这一解释的独尊地位也往往不会长期维持下去。相反，唐王朝通过多元纳入所有解释的方式来避免不得不拒绝其他观点的问题，这一过程可以通过朝廷对待孔颖达《五经正义》的态度体现出来。《五经正义》虽受朝廷正式委任而编撰，但并不是唐代唯一的正统注疏。高宗时期，在重要的祭祀礼仪上，王肃的"昊天上帝"作为最高神取代郑玄的"五方帝"；但不久之后，"五方帝"的地位又被重新认可。这种对待儒家学术传统解释的宽容态度，与整个中古时期的宗教多元有所关联。非儒家的宗教态度并非本书的论述范围，在此只需指出，当皇帝可以同时积极致力于佛教和道教等截然不同的信仰体系时，儒家注疏传统存在分歧这一事实本身似乎并不重要。

唐代学者没有任何严格的正统性观念，这一点尤为明显地体现于他们所使用的术语在后来被指为非正统，不能被政治和法律所接受。学者时常援引《论语》"异端"一词指代非正统或不被接受的思想，并将之用于经文及其注疏[31]、经典史注[32]及礼典仪注的论辩[33]中，甚至用在评论诗歌的流行价值[34]上。"异端"通常意指作者不能接受的观点或立场，特别是用在某立场或观点与唐代学者一贯坚持的简朴原则相抵触时。此外,"异端"有时还被用来形容迷信行为和时常为唐代官方学者所谴责的谶纬传统,但并不含有此学说不为法律接受的意涵。

"醇儒"一词在唐代也被广泛使用,具有正面含义,但并无强烈的褒奖之意。例如,活跃于八世纪晚期的文人封演在其回忆录《封氏闻见记》中,即用"醇儒"一词指代就职于州县学的学者,而州县学的职位当然是更有雄心的学者所回避的。[35]刘知幾也被称为"醇儒";[36]杜甫亦用"醇儒"一词夸赞安史之乱前夕的国子司业、肃宗朝知制诰苏源明。[37]但在刘知幾的作品和现存少量关于苏源明的记载中,没有证据显示他们在宗教层面仅仅单纯信奉儒教。"醇儒"一词,似乎更为强调的是学术态度,尤其是在行政上的态度,而非专指具有严格或唯一思想信仰的学者。

学术群体对思想多元的包容态度,及其对不断变化着的政治的积极参与,都是鼓励儒学变革的重要因素。此外,有唐一代学者思想观念的演变,恰恰反映学者群体政治和社会地位的变化。这种变化可以再次用源自《大学》的、儒家传统中经典的"两极"(第三章,第70页)概念来概括。"极"的一端,是越来越多的学者认识到行政经验的学术性,唐代政府体系的巨大成就,以及官僚阶层对于皇权的重要性;这一趋势在九世纪初众多非官方汇编中表现到极致,其中杜佑《通典》即是流传下来的最重要的例证。"极"的另一端,为了回应高度发达的佛教、道教等超世俗宗教信仰,在少数学者中间,儒家的理想主义和内省的个人价值观得到复兴。

杜佑对国家起源和国家职能的重新评价,及其对制度一定要适应当前形势的再三强调,是对唐代制度变革信念最为清晰的表达。杜佑的国家观是实用主义的,之所以提出那些治国思想,主要在于他坚信可以有效解决当时的政治问题。同样,他对先秦诸子的学说兼收并蓄,其治国思想的来源并不限于儒家经典。此外,柳宗元对历史上出现的"公利"理想的雄辩阐发,同样代表唐代学者对官僚国家的承诺。但这些学者提出,历史演进和制度变革是长治久安的关键,他们展现的此种信念,也是唐代另一方面的显著特征。杜佑和柳宗元均认为,儒家思想中道德至上的观点是必不可少的,他们对于从道德上实现自我完善深信不疑。事实上,杜佑《通典》论及官学体系时,在注文中援引《大学》从"格物"到"平天下"的八步骤,以及《中庸》有关"性"的学说,二者都是儒家强调内在修养的文本。[38]但在他们的政治改革思想中，却并未将内省观念置于优先地位。他们同大多数学者一样，并不否认精神价值的重要性；但他们把这些问题留给私人生活，从超世俗的信仰角度加以看待。

另一方面，韩愈呼吁通过个人的道德改良来革新社会，反对宗教多元，反对将私人宗教信仰同公职人员的官方社会规范相区别。对他而言，儒家思想不再局限于某些场合、官署或学术活动，而能给为国家效劳的儒家学者提供现实存在的复兴依据。但他的意见仅是少数派的观点，他的朋友和同时代的人都这样认为。他的努力在很大程度上被官僚阶层所忽视，大多数官员习于用传统方式，或是用迫切而有效的改革处理问题。然而，韩愈和杜佑两种立场的背后，有关儒学两个明确特征的观点是一致的，他们都致力于儒家经典所定义的道德原则和为朝廷服务的理想。在学者的非官方著作中，体现出他们对待知识的不同性情，证明唐朝皇帝对争论的宽容和对顾问学者间论辩的鼓励是有道理的。与以往相比，八世纪末的学术精英更明确、更自由地重申对王朝统治理想和详细规定个人服务国家时之行为的唯一意识形态的绝对忠诚。

因此，唐代儒学的贡献可以从几个方面来看。在王朝前半期，一个忠诚、充满活力、政治上雄心勃勃的学术群体，拓展了从隋朝继承而来的以国家为中心的学术体系。在某些方面，唐代官方学术是机械的，但它对整个学术传统进行了全面的回顾与梳理。就长安学术机构和中古学术传统而言，以儒家为导向的官方学术基本避免了对立宗教体系的侵入。但由于致力儒家学术的学者同样有着参与现实政治的使命感，唐代儒学也在适应并伴随着中国历史上最成熟的王朝同步发展。唐代诸多学术项目的顺利完成，意味着流传后世的官方学术传统大大增强。但朝廷对不同意见的包容和官场任官的持续声望，使得即使在王朝衰微时期，学术也能出现第二次的重大发展。学者在八世纪末至九世纪初的大量私修著作，对国家的本质以及个人在国家中的地位提出新见，成为后世儒学的重要遗产。随着时间的推移，这些私修著作也被纳入官方传统，成为前近代帝国进一步扩展的儒学的组成部分。

注　释

缩　略　语

贞观政要	CKCY	Chen-kuan cheng yao
千唐志斋	CTCC	Ch'ien T'ang Chih Chai
旧唐书	CTS	Chiu T'ang shu
全唐诗	CTShih	Ch'üan T'ang shih
哈佛亚洲学报	HJAS	Havard Journal of Asiatic Studies
唐书经籍艺文合志	Ho chih	T'ang shu ching chi i wen ho chih
新唐书	HTS	Hsin T'ang shu
哈佛燕京学社汉学引得丛刊	HYISIS	Havard-Yenching Institute Sinological Index Series
开封市博物馆	KFSPWK	K'ai-feng Shih Po-wu-kuan
隋书	SS	Sui shu
史通通释	STTS	Shih t'ung t'ung shih
册府元龟	TFYK	Ts'e fu yüan kuei
登科记考	TKCK	Teng k'o chi k'ao
唐会要	THY	T'ang hui yao
唐六典	TLT	Ta T'ang liu tien
通典	TT	T'ung tien
唐大诏令集	TTCLC	T'ang ta chao ling chi
大唐开元礼	TTKYL	Ta T'ang K'ai-yüan li
唐文粹	TWT	T'ang wen ts'ui
文苑英华	WYYH	Wen yüan ying hua

第一章　前言

1　巴瑞特（1978）《李翱思想中的佛道儒》对唐代新儒学的前身及其二手文献进行了非常彻底的回顾与阐释。

2　艾米·威尔逊、西德尼·格林布拉特、理查德·威尔逊主编（1983）：《中国研究的方法论问题》，第 18 页。

3　尤其是北魏太和年间（477—500），参见萧公权（1954）：《中国政治思想史》，第 404 页与第 415 页注释 1（译者按："1954"，原著误作"1953"）。

4　伊沛霞（1978）：《早期中华帝国的贵族家庭：博陵崔氏个案研究》，第 2—4 章，第 15—86 页。

5　杜希德（1973）：《从敦煌文书看唐代统治阶层的成份》，第 76—83 页。

6　关于唐代学者军事态度的评介，参见蒲立本（1976）：《安禄山叛乱和晚唐中国的周期性武人化》，第 33—39 页；以及麦大维（1987b）：《唐代对武的态度：齐太公祭祀》。

7　使用"折衷"一词的案例，如 732 年（开元二十年）《大唐开元礼》的编成（《唐会要》卷 37《五礼篇目》，第 670 页）；如 721 年（开元九年）编修《群书四录》（《颜鲁公文集》卷 11《神道碣铭·曹州司法参军秘书省丽正殿二学士殷君（践猷）墓碣铭》，之第 5 页，"流别铨次皆折衷于君"）（译者按："11"，原著误作"10"）；如王朝刑法（《旧唐书》卷 85《唐临传》，第 2812 页，高宗要求唐临对刑法的宽急进行适度折衷）。此外，还有私修著作如陈岳《折衷春秋》三十卷，参见《新唐书》卷 57《艺文志一》，第 1441 页（译者按："57"，原著误作"47"）；《唐书经籍艺文合志》甲部经录《春秋类》，第 43 页。如杜佑《通典》，参见《权载之文集》卷 11《碑·大唐银青光禄大夫检校司徒同中书门下平章事太清宫及度支诸道盐铁转运等使崇文馆大学士上柱国岐国公杜公（佑）淮南遗爱碑铭并序》，之第 4 页。如礼学家仲子陵修定仪注，参见《权载之文集》卷 24《墓志铭·唐故尚书司门员外郎仲君（子陵）墓志铭并叙》，之第 12 页（译者按："24"，原著误作"14"）；与同书卷 36《序·送主客仲员外充黔中选补使序》，之第 7 页。如李吉甫对制度沿革的精通，参见《旧唐书》卷 148《李吉甫传》，第 3992 页。如徐坚对太庙历史的回顾，参见《唐会要》卷 12《庙制度》，第 298 页。（译者按：所引《颜鲁公文集》为《四部备要》本，下同。）

8　杰克·古迪（1977）：《蛮野心智的驯化》，第 41 页。

9　《史通通释》卷 6《内篇·言语》，之第 1 页；《旧唐书》卷 21《礼仪志一》，第 816 页；《礼记正义序》，《礼记注疏》，之第 1 页；参阅《新唐书》卷 199《儒学传中·柳冲传》，第 5679 页。

10　《旧唐书》卷 151《王锷传》（第 4061 页）载王锷（760—815）谥"魏"（译者按：《旧唐书·王锷传》未载"魏"之谥号，却称卒"赠太尉"，疑此处及索引有误）；参阅《旧唐书》卷 99《严挺之传》，第 3105 页；高怿《群居解颐·讲论语》，第 59 页；以及第五章注释 54。

11　唐代官方和非官方材料经常提及"儒衣"（或"儒服"），皇帝在授官员学术职位的制书中，会称他们"以儒服事朕"。例如《元氏长庆集》卷 47《制诰·独孤朗授尚书都官员外郎》，之第 2 页；《白香山集》卷 32《中书制诰二·旧体·张籍可水部员外郎制》，第 5 册，之第 67 页。此外参阅《封氏闻见记》卷 5《巾幞》，之第 26 页。将仕或在野着儒服，例如《文苑英华》卷 232《诗·隐逸三》，郑常《寄邢逸人》，之第 8 页；《唐皇甫曾诗集·补遗》卷 1《送裴秀才贡举》，之第 6 页；《权载之文集》卷 23《墓志铭·唐故太常卿赠刑部尚书韦公（渠牟）墓志铭并序》，之第 1 页；同书卷 23《墓志铭·唐故朝散大夫守秘书少监致仕周君（渭）

注　释

墓志铭并序》，之第 8 页；同书卷 29《谥议·故银青光禄大夫尚书左仆射姑臧县开国公赠司空李公（揆）谥议》，之第 3 页（译者按："第 3 页·3b"，原著误作"4a"）；同书卷 39《序·送纽秀才谒信州陆员外便赴举序》，之第 11 页；《韩昌黎集·外集》卷 2《上贾滑州书》，第 7 册，之第 65 页；以及宇文所安（1975）：《韩愈和孟郊的诗歌》，第 35 页。学者参加战事时经常提到"儒服"，以强调其文官身分，例如《河岳英灵集》卷上《陶翰·赠郑员外》，第 69 页；《旧唐书》卷 157"史臣曰"，第 4158 页，史官对王翃和郗士美的评价；《旧唐书》卷 137《于邵传》，第 3766 页。"儒服"一词来自儒家经典，参见《礼记注疏》卷 59《儒行》，之第 1 页。在唐代，使用"儒服"的比喻义可能和字面义一样多。

12　"书生"常用来指如下这些人：魏徵，太宗朝著名学者，参见《贞观政要》卷 1《政体第二》，第 23 页。陈子昂，参见《陈子昂集》附录，卢藏用《陈氏别传》，第 254 页。张九龄，玄宗朝学者宰相，参见《资治通鉴》卷 214 唐玄宗开元二十四年（736）第 16 条，第 6822 页（史料可能引自柳芳《唐历》）。元载，代宗朝首席宰相，参见《旧唐书》卷 118《元载传》，第 3412 页。颜真卿，最忠诚的常官和学者，参见《旧唐书》卷 128《颜真卿传》，第 3590 页。元行冲，开元时期官方学者，参见《旧唐书》卷 102《元行冲传》，第 3177 页。刘秩，常官和学者，参见《资治通鉴》卷 219 唐肃宗至德元载（756）第 5 条，第 7003 页。李建，官方学者和知制诰，820 年（元和十五年）其书生身分被一节度使所鄙视，参见《旧唐书》卷 25《礼仪志五》，第 958 页。杜亚，常官，因其极度奢纵被谴责与书生不符，参见《旧唐书》卷 146《杜亚传》，第 3963 页。李日知，进士，认为自己官职太高，已过书生本分，参见《旧唐书》卷 188《孝友传·李日知传》，第 4927 页。柳浑，进士，因其边政见识而失信于德宗，参见《旧唐书》卷 125《柳浑传》，第 3555 页。王彦威，官方学者，参见《旧唐书》卷 157《王彦威传》，第 4154 页。除魏徵（唐前乱世即已步入仕途）与刘秩（其科举经历未见记载）之外，其他书生都是科举及第。关于晚唐书生之例，参见《资治通鉴》卷 259 唐昭宗景福元年（892）第 25 条，第 8431 页。（译者按：《贞观政要》版本及页码采用原田種成校《貞觀政要定本》，下同。）

13　关于引用汉高祖与陆贾的著名对话，参见《隋书》卷 75《儒林传》，第 1705 页；《资治通鉴》卷 195 唐太宗贞观十一年（637）第 12 条，第 6134 页，唐俭对唐太宗；《旧唐书》卷 189 上《儒学传上》，第 4940 页；《文苑英华》卷 617《表·刑法一》，朱敬则《论刑狱表》，之第 5 页；《曲江张先生文集》卷 16《策书序·对嗣鲁王道坚所举道侔伊吕科·第一道》，之第 2 页。

14　关于"出将入相"之例，参见《资治通鉴》卷 193 唐太宗贞观四年（630）第 32 条，第 6084 页，李靖；《毗陵集》卷 6《议·故左武卫大将军持节陇右节度经略大使兼鸿胪卿御史中丞赠梁州都督太原郡开国公郭知运谥议》，之第 6 页，牛仙客；《白香山集》卷 37《翰林制诏一·赠吉甫先父官并与一子官制》，第 6 册，之第 28 页，李吉甫；《白香山集》卷 61《铭志赞序祭文记辞传·唐故武昌军节度处置等使正议大夫检校户部尚书鄂州刺史兼御史大夫赐紫金鱼袋赠尚书右仆射河南元公（稹）墓志铭并序》，第 9 册，之第 59 页，元稹。"才兼文武"之典故出自《尚书注疏》卷 4《大禹谟》，之第 2 页；《毛诗注疏》卷 10 之 2《小雅·南有嘉鱼之什》，之第 4 页。《毛诗》中的主语尹吉甫，为唐人提供取名的范本，例如《元和姓纂》卷 2《韦》，之第 12 页，韦吉甫；同书卷 7《马》，之第 11 页，马吉甫；以及《旧唐书》卷 148《李吉甫传》，第 3992 页，李吉甫。唐代传记及其他纪念性材料中，有大量官员被赞以文武双全，例如张九龄《曲江张先生文集》卷 18《墓志铭·故开府仪同三司行尚书左丞相燕国公赠太师张公（说）墓志铭并序》，之第 1 页，张说；《颜鲁公文集》卷 14《外集二》，令狐峘《光禄大夫太子太师上柱国鲁郡开国公颜真卿神道碑铭》，之第 13 页，颜真卿；权德舆《权载之文集》卷 22《墓志铭·唐故金紫光禄大夫守太保致仕赠太傅岐国公杜公（佑）墓志铭并序》，之第 4 页，杜佑。

15 马克斯·韦伯著，葛斯编译，杨庆堃导论（1964）：《中国的宗教》，第 111 页。

16 《文苑英华》卷 696《疏·选举》，萧至忠《谏卖官鬻爵宰相子弟居要职疏》，之第 9 页；《旧唐书》卷 99《张九龄传》，第 3098 页；《陆宣公翰苑集》卷 14《奏草·驾幸梁州论进献瓜果人拟官状》，之第 13 页（参阅不同的说法，《资治通鉴》卷 230 唐德宗兴元元年（784）第 11 条，第 7417 页）。

17 《旧唐书》卷 165《柳公绰传》，第 4313 页，与同书卷 179《柳璨传》，第 4669 页，柳公器；《旧唐书》卷 190 下《文苑传中·孙逖传》，第 5045 页，孙公器；《新唐书》卷 75 上《宰相世系表五上》，第 3297 页，郑公器。

18 官员在赞扬使其飞黄腾达的座主品性时经常提及"至公"一词，例如萧颖士赞扬孙逖，孙逖 735 年（开元二十三年）知贡举，萧颖士进士及第；萧颖士赞扬苗晋卿，苗晋卿（689—765，谥"文贞"）739—743 年（开元二十七年至天宝二年）知贡举；参见《文苑英华》卷 678《书·赠答中》，萧颖士《赠韦司业（述）书》，之第 4 页，之第 6 页。如独孤及赞扬苗晋卿，参见《毗陵集》卷 6《议·故太保赠太师韩国苗公（晋卿）谥议》，之第 3 页。如裴度赞扬刘太真，参见《全唐文》卷 538《裴度·刘府君（太真）神道碑铭并序》，之第 14 页。刘太真是萧颖士的学生，知贡举时韩愈落榜，所谓"秉公心而排群议，履正道而杜私门"。

19 魏侯玮（1985）：《玉帛之奠》，第 x 页，第 103—104 页，第 139 页；麦大维（1987）：《杜佑和柳宗元的国家观》，注释 42—49。

20 关于谥号制度，参见《唐六典》卷 2《尚书吏部·考功郎中》，之第 50 页；同书卷 14《太常寺·太常博士》，之第 16 页；《通典》卷 104《礼典·凶礼二十六·单复谥议》，第 550—552 页；《唐会要》卷 79《谥法上》卷 80《谥法下》，第 1455—1489 页；《封氏闻见记》卷 4《定谥》，之第 23—25 页；《大唐开元礼》卷 142《凶礼·四品五品丧之一·赠谥》，之第 18 页，包含宣告赐谥之仪，"立于柩东南，北向"；麦大维（1987b）：《唐代对武的态度：齐太公祭祀》，注释 44—58。《唐会要》所列谥"文"的学者是不完全的，譬如遗漏了刘知幾谥"文"（参见《旧唐书》卷 102《刘子玄传》，第 3174 页）；以及张说岳父、进士元怀景（或元怀慎）谥"文"（参见《新唐书》卷 58《艺文志二》，第 1457 页；《张说之文集》卷 20《碑铭·唐故左庶子赠幽州都督元府君（景怀）墓志铭》，之第 8—9 页；以及《曲江张先生文集》卷 18《墓志铭·故开府仪同三司行尚书左丞相燕国公赠太师张公（说）墓志铭并序》，之第 3 页）。

21 杜希德（1976）：《唐代藩镇势力的各种类型》，第 98—197 页；蒲立本（1976）：

《安禄山叛乱和晚唐中国的周期性武人化》，第 43—60 页；彼得森（1979）：《中唐和晚唐的宫廷和地方》，第 464—560 页。

22 这种夸张的语句引自德宗朝官方学者沈既济之论，原文为："得仕者如升仙，不仕者如沈泉。欢娱忧苦，若天地之相远也。"参见《通典》卷 18《选举典·杂议论下》，第 101 页。关于"如登青天"，参见《权载之文集·补刻》，之第 4 页；参阅《权载之文集》卷 17《碑铭·唐故尚书工部员外郎赠礼部尚书王公（端）神道碑铭并序》，之第 14 页。

23 关于《唐六典》，参阅戴何都（1932）：《〈新唐书·选举志〉译注》，第 99—102 页；严耕望（1953）：《略论唐六典之性质与施行问题》，第 69—76 页；以及戴何都（1975）：《〈唐六典〉是否准确描述了唐代施行的制度？》，第 183—201 页。关于八世纪晚期至九世纪针对《唐六典》的史料，参见《唐会要》卷 64《史馆下·集贤院》（788 年，贞元四年），第 1120 页；同书卷 18《原庙裁制下》（806 年，元和元年），第 365 页；《权载之文集》卷 31《记·司门员外郎壁记》，之第 3 页；与同书卷 31《记·宏文馆大学士壁记》，之第 5 页；《旧唐书》卷 148《裴垍传》，第 3990 页；《白香山集》卷 41《奏状一·初授拾遗献书》，第 6 册，之第 85 页；《韩昌黎集》卷 37《状·请复国子监生徒状》，第 7 册，之第 19 页。

24 关于杜佑《通典》，参见戴何都（1932）：《〈新唐书·选举志〉译注》，第 84—85 页；更多的批评意见，参见蒲立本（1960）：《唐代文人生活中的新儒家与新法家》，第 98—102 页；另见下文第五章注释 242—249；以及麦大维（1987）：《杜佑和柳宗元的国家观》。

25 关于《唐会要》，参见戴何都（1932）：《〈新唐书·选举志〉译注》，第 92—93 页；蒲立本（1960）：《唐代文人生活中的新儒家与新法家》，第 98 页，以及下文第五章注释 235—241。

26 《旧唐书》卷 42—44《职官志》，第 1783—1928 页。

27 《新唐书》卷 46—49《百官志》，第 1181—1322 页。

28 关于授命制书及其不同类别，参见《唐六典》卷 9《中书省·中书令》，之第 7—8 页；《翰林志》，第 2 页；毕少夫（1963）：《翰林：唐代翰林院研究及〈翰林志〉译注》，第 46—47 页；以及礪波護（1975）：《唐代の制誥》，第 348—369 页，特别是第 349—355 页。

29 主要参见《文苑英华》卷 797《记·厅壁一》，之第 5—10 页；同书卷 799《记·厅壁三》，之第 1—6 页。

30 唐代学者群体的这一核心理想经常被提及：如广义待制（待诏），《新唐书》卷 46《百官志一》，第 1183 页。如汉代即已认识到的统治原理，《文苑英华》卷 741《论·封建》，牛希济《本论》，之第 15 页。如集贤学士，《唐六典》卷 9《中书省·集贤院》，之第 27 页。如 765 年任命集贤殿待制十三人，《毗陵集》卷 4《表上·谏表》，之第 5 页；与《资治通鉴》卷 233 唐代宗永泰元年（765）第 5 条，第 7172—7173 页。如 779 年关于待制的建议，《资治通鉴》卷 225 唐代宗大历十四年（779）第 20 条，第 7262 页。如 781 年（建中二年）针对待诏官的谏议，《旧唐书》卷 149《沈传师传附沈既济传》，第 4036—4037 页。如翰林学士，《文苑英华》卷 797《记·厅壁一》，杜元颖《翰林院使壁记》，之第 9 页；《刘禹锡集》卷19《集纪·唐故中书侍郎平章事韦公（处厚）集纪》，第164页。此外，担任皇帝或皇太子近侍的个别学者也会提到，例如后妃上官昭容，《文苑英华》卷700《序·文集二》，张说《上官昭容集序》，之第5页。如集贤院徐坚，《曲江张先生文集》卷19《颂碑铭·大唐故光禄大夫右散骑常侍集贤院学士赠太子少保东海徐文公（坚）神道碑并序》，之第10页。如裴耀卿直睿宗相王府，《旧唐书》卷98《裴耀卿传》，第3080页。如孔戣，参见《白香山集》卷31《中书制诰一·旧体·孔戣可右散骑常侍制》，第5册，之第63页。如顾少连，参见《文苑英华》卷918《碑·神道·职官二十六》，杜黄裳《东都留守顾公（少连）神道碑》，之第5页。

31 关于唐前与唐代的承继，明确列示于《唐六典》卷8《门下省·弘文馆》，之第41页；与同书卷9《中书省·集贤院》，之第22页。参阅《旧唐书》卷43《职官志二》，第1847页注释；与同书卷43《职官志二》，第1851页注释；以及《文苑英华》卷797《记·厅壁一》，韦处厚《翰林院厅壁记》，之第6页。另见池田温（1971）：《盛唐之集贤院》，第48页。

32 数字"十八"，其下加一"子"，在书写上即成为唐代皇室的姓氏"李"。例如太宗时开文学馆设十八学士，参见《唐六典》卷9《中书省·集贤院》，之第22页；《唐会要》卷64《史馆下·文学馆》，第1117页；《旧唐书》卷72《褚亮传》，第2582页。关于太宗时的弘文馆十八学士，参见《唐会要》卷57《翰林院》，第977页；《旧唐书》卷90《朱敬则传》，第2915页，但704年（长安四年）朱敬则固辞进入十八高士之列。开元时期也有十八学士群体，参见《新唐书》卷59《艺文志三》，第1560页。集贤学士最初为十八人，其中知院事一人，副知院事一人，学士十六人；参见池田温（1971）《盛唐之集贤院》（第86页，第91—92页）引《集贤注记》与《职官分纪》。十八首诗，包括玄宗御作一首（张九龄作序），均载入稍后的集贤院宴集；参见下文注释36。

33 关于弘文馆，参见《唐六典》卷8《门下省·弘文馆》，之第41—44页；《唐会要》卷64《史馆下·弘文馆》，第1114—1117页；同书卷77《贡举下·弘文崇文生举》，第1402—1403页；《通典》卷21《职官典·门下省·弘文馆》，第124页；《旧唐书》卷43《职官志二》，第1847—1848页；《新唐书》卷47《百官志二》，第1209—1210页；戴何都（1947）：《〈新唐书〉"百官志"和"兵志"译注》，第169—173页；以及权德舆《权载之文集》卷31《宏文馆大学士壁记》，之第4—6页；宇文所安（1977）：《初唐诗》，第231—233页。

34 关于崇文馆，参见《唐六典》卷26《太子·崇文馆》，之第22—23页；《唐会要》卷64《史馆下·崇文馆》，第1117—1118页；《通典》卷30《职官典·东宫官·崇文馆学士》，第173页；《旧唐书》卷44《职官志三》，第1908页；《新唐书》卷49上《百官志四上》，第1294页；戴何都（1947）：《〈新唐书〉"百官志"和"兵志"译注》，第584—585页；桂时雨（1978）：《武则天与唐代继统政治》，第28页。以及《杨盈川集》卷3《序·崇文馆宴集诗序》，之第8—9页；《文苑英华》卷699《序·文集一》，高士廉《文思博要序》，之第5页。

35 关于控鹤府，参见《旧唐书》卷78《张行成传附张易之传》，第2706页；《旧唐书》卷190中《文苑传中·员半千传》，第5015页；桂时雨（1978）：《武则天与唐代继统政治》，第147页。涉及控鹤府的材料已经全部被反对武则天的史官从官

注　释

方文献中删除。例如《旧唐书》卷173《薛收传附薛稷传》(第2591页)，记述薛稷为著名书法家、诗人及中书舍人，却只字未提其曾入控鹤府。但薛稷所撰《千唐志斋·大周故瀛州文安县令王府君（德表）墓志铭并序》却表明，699年（圣历二年）王德表死后不久，薛稷即任控鹤内供奉。

36　关于集贤院，参见《唐六典》卷9《中书省·集贤院》，之第22—28页；《唐会要》卷64《史馆下·集贤院》，第1118—1121页，同书卷77《贡举下·弘文崇文生举》，第1402—1403页；《通典》卷21《职官典·中书省·集贤殿书院》，第126页；《旧唐书》卷43《职官志二》，第1851—1852页；同书卷97《张说传》，第3054页；《新唐书》卷47《百官志二》，第1212—1213页；《资治通鉴》卷212唐玄宗开元十三年（725）第7条，第6764页；《文苑英华》卷168《诗·应制一》（之第2—6页）载有一组十八首诗，其中一首为玄宗约729—733年（开元十七年至二十一年）在集贤院赐宴时所作，这是有唐一代对官方学术界最崇高的赞颂方式之一。关于这组诗的序言，参见《文苑英华》卷709《序·游宴二》，张九龄《集贤殿书院奉敕送学士张说上赐宴序》，之第12—13页。韦述，开元天宝时期最重要的官方学者之一，756年（至德元载）2月撰成《集贤注记》。此书的部分篇章残存于宋代王应麟的《玉海》与孙逢吉的《职官分纪》。关于八世纪上半期集贤院各方面原始材料的详尽搜集，参见池田温（1971）论文《盛唐之集贤院》。

37　关于翰林院，参见《唐会要》卷57《翰林院》，第977—984页；《旧唐书》卷43《职官志二》，第1853—1854页（译者按："1853"，原著误作"1843"）；《新唐书》卷46《百官志一》，第1183—1184页；以及九世纪韦处厚、元稹、丁居晦及杜元颖所撰翰林院厅壁记，见于《文苑英华》卷797《记·厅壁一》，之第6—10页；与毕少夫（1963）：《翰林：唐代翰林院研究及〈翰林志〉译注》。毕少夫教授提供的李肇819年（元和十四年）所作《翰林志》的译注，以百川学海版为底本，注以其他版本的异文。显然《通典》没有翰林院的记载，尽管翰林院学生稍有提及，见于《通典》卷15《选举典·历代制下》，第85页注释。

38　《旧唐书》卷149《沈传师传附沈既济传》，第4036—4037。参阅《唐会要》卷26《待制官》，第508页；《资治通鉴》卷225唐代宗大历十四年（779）第20条，第7262页；崔祐甫上奏。

39　关于中书舍人，参见《唐六典》卷9《中书省·中书舍人》，之第13—16页；《唐会要》卷55《省号下·中书舍人》，第943—948页；《通典》卷21《职官典·中书省·中书舍人》，第125页；《旧唐书》卷43《职官志二》，第1850页；《新唐书》卷47《百官志二》，第1211。若干中书舍人的授命制书，见于《文苑英华》卷382《中书制诰·北省三》，之第1—7页。关于中书舍人在中央政府的地位及其迁官途径的重要研究，参见孙国栋（1980）：《唐代中书舍人迁官途径考释》，第37—39页，特别是第41—52页。

40　孙国栋（1980）：《唐代中书舍人迁官途径考释》，第45页，以及第74页注释52；另见下文第六章注释131。

41　关于国子监，参见《唐六典》卷21《国子监》，之第1—18页；《唐会要》卷35《学校》《褒崇先圣》《释奠》，第633—643页；《通典》卷27《职官典·诸卿下·国子监》，第160—162页；《旧唐书》卷44《职官志三》，第1890—1892页；

《新唐书》卷 48《百官志三》，第 1265—1268 页。若干国子监官职的授命制书，见于《文苑英华》卷 400《中书制诰·馆殿》，之第 8—10 页。关于九世纪前期国子学论堂的简要描述，参见《文苑英华》卷 816《记·学校》，舒元舆《问国学记》，之第 1 页；柳宗元《柳河东集》卷 26《记官署·四门助教厅壁记》，第 434—436 页。唐代教育方面最好的现代研究是：多贺秋五郎（1953）：《唐代教育史の研究》，何汉心（1986b）摘译为英文版 The history of education in T'ang China（译者按："1986b"，原著误作"1985"）；以及高明士（1970）：《唐代官学的发展与衰落》。以太学指代国子监的确凿实例，参见《旧唐书》卷 189《儒学传下·冯伉传》，第 4978 页。

42 关于广文馆，参见下文第二章注释 91。

43 《唐六典》卷 2《尚书吏部·考功郎中》，之第 47 页。

44 关于太常寺，参见《唐六典》卷 14《太常寺》，之第 1—66 页；《唐会要》卷 65《太常寺》，第 1134—1137 页；《通典》卷 25《职官典·诸卿上·太常卿》，第 147—148 页；《旧唐书》卷 44《职官志三》，第 1872—1877 页；《新唐书》卷 48《百官志三》，第 1241—1247 页。若干太常卿的授命制书，参见《文苑英华》卷 396《中书制诰·卿寺一》，之第 1—2 页。独孤及《太常少卿厅壁记》，见于《毗陵集》卷 17《记述》，之第 6—7 页。《唐会要》卷 65《太常寺》（第 1137 页）载有一件发生在 858 年（大中十二年）太常卿被贬为国子祭酒的案例。魏侯玮（1985）《玉帛之奠：唐王朝正统化过程中的仪礼和象征》一书在论述唐朝国家礼制的制度框架时，没有提到太常寺。对太常寺及其功能的简单介绍，参见麦大维（1987a）：《官僚制和宇宙论：唐代的礼典》。关于"太常之藏"或"秘室之府"，参见《文苑英华》卷 699《序·文集一》，高士廉《文思博要序》，之第 5 页；《旧唐书》卷 149《张荐传》，第 4024 页；《柳河东集》卷 21《题序·裴堪崇丰二陵集礼后序》，第 368 页（"太常书阁"）；《旧唐书》卷 157《王彦威传》，第 4154 页。（译者按：《新唐书·艺文志》为裴瑾《崇丰二陵集礼》。）

45 《旧唐书》卷 62《郑善果传附郑元璹传》（第 2379—2380 页）与同书卷 194 上《突厥传上》（第 5155 页）郑元璹；《唐会要》卷 95《新罗》（第 1711 页）654 年（永徽五年）张文收（译者按："654"，原著误作"650"）；《旧唐书》卷 196 下《吐蕃传下》（第 5245 页）韦伦；出使时升为太常卿。

46 太常博士威望颇高，参见《唐会要》卷 65《太常寺》，第 1136 页；《通典》卷 25《职官典·诸卿上·太常博士》，第 148 页；《唐六典》卷 14《太常寺·太常博士》，之第 16 页。《唐六典》卷 2《尚书吏部·吏部郎中》（之第 23 页）载太常博士为常参官。此外，关于太常博士的授命制书，例见《文苑英华》卷 400《中书制诰·馆殿》，之第 5—6 页；《白香山集》卷 38《翰林制诏二·郑涵等太常博士制》，第 6 册，之第 35 页；《元氏长庆集》卷 47《制诰·王永太常博士》，之第 3 页；《全唐文》卷 725《陈商·贻太常博士书》，之第 5—6 页。

47 《唐六典》卷 2《尚书吏部·考功郎中》，之第 46 页。

48 关于谥号制度，参见上文注释 20 所列参考文献。

49 关于级别不够资格者准许私谥的制度，参见《唐六典》卷 14《太常寺·太常博士》，之第 17 页；《通典》卷 104《礼典·凶礼二十六·单复谥议》，第 551 页；

注　释

《唐会要》卷80《谥法下·朝臣复谥》，第1488—1489页。私谥之例参见第二章注释158。唐代最著名的私谥或许是杜甫，谥"文先生"，参见《元氏长庆集》卷56《碑铭·唐故工部员外郎杜君（甫）墓系铭并序》，之第4页。《北史》卷56《魏收传附魏质传》（第2039页）列举一例唐前的私谥。

50　《通典》卷15《选举典·历代制下》（第85页注释）列出斋郎总数为八百六十二员。关于斋郎简试，参见《唐六典》卷2《尚书吏部·吏部员外郎》，之第54页；同书卷4《尚书礼部·礼部尚书》，之第7页；《旧唐书》卷43《职官志二》，第1829页。关于斋娘，参见《旧唐书》卷51《后妃传上》，第2173页；《新唐书》卷13《礼乐志三》，第337页；《资治通鉴》卷209唐中宗景龙三年（709）第14条，第6636—6637页。孔子四十二代孙在唐末曾为斋郎，参见《孔子世家谱》卷3《世系》，之第35页。一位声称颜回后裔的颜氏成员也曾任斋郎，参见《颜鲁公文集》卷9《神道碑铭二·左卫率府兵曹参军赐紫金鱼袋颜君（幼舆）神道碑铭》，之第13页。权德舆证明在"流庆后昆"方面斋郎制度是合理的，参见《权载之文集》卷37《序·送从兄立赴昆山主簿序》，之第9页。

51　《唐六典》卷14《太常寺·太医署》，之第51—52页；《通典》卷25《职官典·诸卿上·太医署》，第148页；《旧唐书》卷2《太宗纪上》，第37页；《旧唐书》卷44《职官志三》，第1876页；《新唐书》卷48《百官志三》，第1245页。参阅第二章注释45。

52　关于史馆，参见《史通通释》卷11《外篇·史官建置》，之第1—17页；《唐六典》卷9《中书省·史馆》，之第28—30页；《唐会要》卷63《史馆上》—卷64《史馆下》，第1089—1114页；《唐会要》卷30《大明宫》，第553页；《通典》卷21《职官典·中书省·史官》，第126—127页；《旧唐书》卷43《职官志二》，第1852—1853页；《新唐书》卷47《百官志二》，第1214。关于史馆的近署特性，参见《白香山集》卷43《奏状三·论左降独孤朗等状》，第7册，之第17页。若干史馆修撰的授命制书，见于《文苑英华》卷400《中书制诰·馆殿》，之第1—2页。李华《著作郎壁记》非常简明地概括了唐初著作局与修史的关联，参见《文苑英华》卷799《记·厅壁三》，之第2—4页。洪业（1960）《708年以前的唐代史馆》（第93—107页）有进一步阐发。更多经过深思熟虑的判断参阅杜希德（1985）《唐代官修史籍考》（第20—21页注释44，第23—27页注释53—57）。著作局与史馆之间有名无实的联系从629年（贞观三年）以后延续到八世纪初，参见《史通通释》卷11《外篇·史官建置》，之第11页；以及《通典》卷26《职官典·诸卿中·著作郎》（第155—156页）所载："初，著作郎掌修国史及制碑颂之属，分判局事，佐郎贰之，徒有撰史之名，而实无其任，其任尽在史馆矣。"其后著作局同国史修撰的关系可以在官职任命上体现出来，起居舍人或史馆修撰与著作郎总是相继或同时出现，参见《旧唐书》卷189上《儒学传上·刘伯庄传附刘之宏传》，第4955页（译者按："189"，原著误作"186"）；《旧唐书》卷94《崔融传》，第2996页；《旧唐书》卷188《孝友传·崔沔传》，第4928页。此外参阅后来刘禹锡《代杜司徒谢男授官表》的评论："著作乃撰论之地，唯史才是居"，参见《文苑英华》卷591《表·谢亲属加官》，第12页（译者按："12"，原著误作"5"）。此"史"字，《刘禹锡集》卷12《表章二·谢男师损等官表》（第113页）

269

中作"吏"。

53 《唐会要》卷63《史馆上·修史官》，第1102页，记载时间为832年（大和六年）。

54 关于起居郎与起居舍人的全面描述，参见杜希德（1985）：《唐代官修史籍考》，第5—15页；《唐六典》卷8《门下省·起居郎》，之第23—25页；同书卷9《中书省·起居舍人》，之第19—20页；《唐会要》卷56《省号下·起居郎起居舍人》，第961—965页；《通典》卷21《职官典·门下省·起居》，第123—124页；《旧唐书》卷43《职官志二》，第1845页；同书卷43《职官志二》，第1850—1851页；《新唐书》卷47《百官志二》，第1208页；同书卷47《百官志二》，第1212页；若干起居郎与起居舍人的授命制书，见于《文苑英华》卷383《中书制诰·北省四》，之第1—3页。另见《旧唐书》卷4《高宗纪上》，第77页；以及桂时雨（1978）：《武则天与唐代继统政治》，第19页与第214页注释89。

55 《唐六典》卷2《尚书吏部·吏部郎中》，之第23页；《通典》卷15《选举典·历代制下》，第84页注释；参阅《颜鲁公文集》卷4《书·与郭仆射（英乂）书》，之第2页。

56 李华《著作郎壁记》强调自古以来史臣的谏诫职责，参见《文苑英华》卷799《记·厅壁三》，之第3页。高宗任命邢文伟为右史，正是由于他的正直善谏，参见《旧唐书》卷198下《儒学传下·邢文伟》，第4960页。

57 关于中央与地方行政机构录送史馆的各类信息，主要参见《唐会要》卷63《史馆上·诸司应送史馆事例》，第1089—1090页；杜希德（1985）《唐代官修史籍考》（第35—36页）翻译了这一重要篇章。关于太史局在信息收集中的作用，参见《唐六典》卷10《秘书省·太史局》，之第26页。关于考功司在参与核实官员行状中的作用，参见《唐六典》卷2《尚书吏部·考功郎中》，之第50—51页；《唐会要》卷80《谥法下·朝臣复谥》，第1488页；以及杜希德（1961）：《中国的传记写作》，第103—105页。关于太常博士的职掌，参见上文注释46。

58 伯纳德·所罗门（1955）：《韩愈〈顺宗实录〉译注》；蒲立本（1957）：《顺宗实录》，第336—344页；杜敬轲（1962）：《韩愈：唐代历史修纂中的一个问题》，第71—79页（译者按："1962"，原著误作"1964"）；杜希德（1985）：《唐代官修史籍考》，第109—119页。

59 关于秘书省，参见《唐六典》卷10《秘书省》，之第1—35页；《唐会要》卷65《秘书省》，第1123—1125页；《通典》卷26《职官典·诸卿中·秘书监》，第155—157页；《旧唐书》卷43《职官志二》，第1854—1856页；《新唐书》卷47《百官志二》，第1214—1217页。这些记载包括秘书省的下属机构，如著作局与太史局（或司天台）。若干秘书省的授命制书，参见《文苑英华》卷399《中书制诰·诸监》，之第1—3页；与同书卷400《中书制诰·馆殿》，之第6—8页。另见秘书省厅壁记，《权载之文集》卷31《记·秘书郎壁记》，之第2—3页；与《杨盈川集》卷3《序·登秘书省阁诗序》，之第7—8页（译者按："3"，原著误作"2"）。关于"三阁"指代秘书省，例见《文苑英华》卷701《序·文集三》，李华《赠礼部尚书孝公崔沔集序》，之第5页。关于"芸阁"之名，例如《旧唐书》卷102《刘子玄传》，第3171页；《唐会要》卷36《修撰》，第660页；《元次山集》

卷 3《送孟校书往南海并序》，第 38 页。关于"延阁"，例如《唐六典》卷 10《秘书省》，之第 4 页。此外关于其模糊称谓"内府"，例如《唐会要》卷 36《修撰》，第 658 页；《旧唐书》卷 102《元行冲传》，第 3178 页。关于其"秘书内省"与"秘书外省"，参见《旧唐书》卷 189 上《儒学传上》，第 4940 页；《隋书》卷 32《经籍志一》，第 908 页；杜希德（1985）《唐代官修史籍考》（第 23—27 页）对此进行了全面探讨。

60 《通典》卷 26《职官典·诸卿中·秘书监》，第 155 页。

61 《通典》卷 26《职官典·诸卿中·秘书监》，第 155 页。

62 关于唐初著作局的声望，参见《白孔六帖》卷 74《著作》，之第 17—18 页，许敬宗之论（"仕宦不为著作，无以成门户"）。

63 《唐六典》卷 10《秘书省·太史局》，之第 23—33 页；《唐会要》卷 42《历》《浑仪图》《测景》，第 749—756 页；《通典》卷 15《选举典·历代制下》，第 85 页注释；《旧唐书》卷 43《职官志二》，第 1855—1856 页。

64 《封氏闻见记》卷 3《贡举》，之第 1 页；《通典》卷 15《选举典·历代制下》，第 83 页；《唐会要》卷 58《尚书省诸司中·考功员外郎》，第 1009 页；同书卷 59《尚书省诸司下·礼部侍郎》，第 1024—1025 页。

65 《通典》卷 15《选举典·历代制下》，第 84 页；《唐文粹》卷 26 上《表奏书疏乙·崇儒五》，舒元舆《上论贡士书》，之第 11—13 页；《封氏闻见记》卷 3《贡举》，之第 1—2 页。

66 关于进士，参见《唐六典》卷 2《尚书吏部·吏部郎中》，之第 20 页；同书卷 2《尚书吏部·考功员外郎》，之第 52—53 页；同书卷 4《尚书礼部·礼部尚书》，之第 4—5 页；《通典》卷 15《选举典·历代制下》（第 83—84 页）有唐代常科的综述；《旧唐书》卷 43《职官志二》，第 1829 页；《新唐书》卷 44《选举志上》，第 1166—1169 页；《封氏闻见记》卷 3《贡举》，之第 1—2 页；戴何都（1932）：《〈新唐书·选举志〉译注》，第 31—32 页及其他；杜希德（1976a）：《中华事功阶层的诞生：论唐代的官僚集团和科举》，第 14—15 页。何汉心（1986a）《唐朝对铨选会集的异议》，提供更进一步的背景。杜牧《樊川文集》卷 12《上宣州高大夫书》（第 181 页），列举唐朝最著名的进士宰相。

67 关于明经，参见《唐六典》卷 2《尚书吏部·吏部郎中》，之第 20 页；同书卷 2《尚书吏部·考功员外郎》，之第 51—52 页；同书卷 4《尚书礼部·礼部尚书》，之第 4—5 页；《唐会要》卷 75《贡举上·明经》，第 1373—1377 页；《旧唐书》卷 43《职官志二》，第 1829 页；《新唐书》卷 44《选举志上》，第 1161—1162 页；《封氏闻见记》卷 3《贡举》，之第 1—2 页；戴何都（1932）：《〈新唐书·选举志〉译注》，第 32—33 页及其他；杜希德（1976a）：《中华事功阶层的诞生：论唐代的官僚集团和科举》，第 14—15 页。

68 关于传世极少的明经科策问，参见《权载之文集》卷 40《问·明经诸经策问七道》，之第 5—7 页；同书卷 40《问·策问明经八道》，之第 11—13 页；同书卷 40《问·明经策问七道》，之第 16—19 页；以及第三章注释 131。

69 关于明法、明书、明算科，参见《唐六典》卷 2《尚书吏部·考功员外郎》，之第 53 页；同书卷 4《尚书礼部·礼部尚书》，之第 5—6 页；《唐会要》卷 76《贡举中·明法》，第1399页；《新唐书》卷44《选举志上》，第1162页；戴何都（1932）：《〈新唐书·选举志〉译注》，第34—35页及其他。非常巧合的是，制举可能要求具备其中一项技能，例见《唐大诏令集》卷102《政事·举荐上·博采通经史书学兵法诏》，第520—521页，710年（景云元年）12月。

70　关于制科，参见《封氏闻见记》卷3《制科》，之第11—12页；《唐会要》卷76《贡举中·制科举》，第1386—1395页；《通典》卷15《选举典·历代制下》，第84页；戴何都（1932）：《〈新唐书·选举志〉译注》，第41—42页及其他；杜希德（1976a）：《中华事功阶层的诞生：论唐代的官僚集团和科举》，第14页。杜牧《樊川文集》卷12《上宣州高大夫书》（第181页），列举姚元崇、刘幽求和张说为唐朝最值称道的登制策科。《刘禹锡集》卷19《集纪·唐故中书侍郎平章事韦公（处厚）集纪》（第163页）另有名单。《颜鲁公文集》卷5《记·通议大夫守太子宾客东都副留守云骑尉赠尚书左仆射博陵崔孝公（沔）宅陋室铭记》（之第16页）以及《旧唐书》卷91《张柬之传》（第2936页）表明有大量士子参加制科策试（译者按："2936"，原著误作"2963"）。

71　关于某些制举科目相对轻松与正规博士审核之间的矛盾，参见《册府元龟》卷639《贡举部·条制一》，之第22—23页，杨场上言；及第二章注释87。

72　关于科目选，参见戴何都（1932）：《〈新唐书·选举志〉译注》，第47—48页以及第220—221页注释1；杜希德（1976a）：《中华事功阶层的诞生：论唐代的官僚集团和科举》，第15页。

73　关于官员选授之制，参见《唐六典》卷2《尚书吏部·吏部尚书》，之第5—6页；同书卷2《尚书吏部·吏部郎中》，之第44—49页；《唐会要》卷74《选部上·论选事》，第1333—1347页；同书卷75《选部下·冬集》，第1373页；《通典》卷15《选举典·考绩》，第87页；戴何都（1932）：《〈新唐书·选举志〉译注》，第42—55页（译者按："1932"，原著误作"1976a"）；杜希德（1976a）：《中华事功阶层的诞生：论唐代的官僚集团和科举》，第17—18页；以及何汉心（1986）：《初唐铨选：理想与现实》。

74　市原亨吉（1963）：《唐代の「判」について》，第119页；布目潮渢、大野仁：《白居易百道判释义》，第21页。

75　徐松《登科记考》所引《登科记》，记载唐代学者呈上作品后被授以官职，第一例在618年（武德元年）（《登科记考》卷1《唐高祖》，之第1页），最后一例在854年（大中八年）（《登科记考》卷22《唐宣宗》，之第28页）。唐代最著名的例子可能是诗人杜甫，参见《文苑英华》卷54《赋·禋祀一》，杜甫《进三大礼赋表》，之第3—4页；《登科记考》卷9《唐玄宗》，之第30—31页；与洪业（1952）：《杜甫：中国最伟大的诗人》，第67—68页；以及《文苑英华》卷610《表·进文章一》，杜甫《进封西岳赋表》，之第7—8页；洪业：《杜甫：中国最伟大的诗人》，第79—80页。这种做法在安史乱前显然比乱后更为普遍。

76　唐代官制材料提示技术性职务和非技术性职务的差别。例如《唐六典》卷2《尚书吏部·吏部尚书》（之第7页）对秘书省、殿中省及太仆寺等技术性官职作出不同规定。此外参阅《唐会要》卷67《伎术官》，第1183页；《通典》卷15《选举典·历代制下》，第85页注释，697年（神功元年）敕。

77　《唐六典》卷10《秘书省·秘书郎》，之第13—19页。
78　《隋书》卷33《经籍志二》，第969—972页；以及《旧唐书》卷46《经籍志上》，第2006—2009页。
79　参见《旧唐书》卷102与卷149史家传记；《旧唐书》卷189《儒学传》；《旧唐书》卷190《文苑传》。
80　参见下文第六章注释178。
81　关于历次官修谱牒的探究，参见杜希德（1973）：《从敦煌文书看唐代统治阶层的成份》；以及姜士彬（1977）：《中古中国的寡头政治》，第45—88页。
82　关于历法，参见《唐会要》卷42《历》，第749—752页；《旧唐书》卷32—34《历志》，第1151—1291页；《新唐书》卷25—30下《历志》，第533—804页；李约瑟（1959）：《中国科学技术史》第3卷《数学、天学和地学》及其他。
83　关于刑法，参见庄为斯（1979）：《〈唐律疏议·名例律〉译注》。
84　关于唐代官员在相同或相似的学术机构长期任职的例子，参见王泾和韦公肃，第四章注释200及注释193；施士匄，第二章注释187，与《新唐书》卷200《儒学传下·啖助附施士匄传》，第5707页；归崇敬，第二章注释167，与《册府元龟》卷561《国史部·世官》，之第5页。这些任职模式与某些非常多变的一般学者常侍或学术官员形成鲜明对照：例如张说，官政四十有一，参见《文苑英华》卷936《志·宰相一》，张九龄《开府仪同三司行尚书左丞相燕国公赠太师张公（说）墓志铭》，之第4页（译者按："4"，原著误作"5"）。穆宁（716—794），历官二十五政，参见《文苑英华》卷943《志·职官五》，穆员《秘书监致仕穆（宁）玄堂志》，之第9页。苗晋卿，为官二十四年，参见《唐文粹》卷68《铭丙·宰辅七》，李华《唐丞相故太保赠太师韩国公苗公（晋卿）墓志铭》，之第4页。周利贞（656—719），明经及第，为官二十八年，参见《千唐志斋》并参阅《旧唐书》卷186下《酷吏传·周利贞传》，第4852—4853页。崔弘礼（767—831），进士及第，也是二十八年，参见《千唐志斋》并参阅《旧唐书》卷163《崔弘礼传》，第4265—4266页。在此，他们甚至可以比得上常备军将，例如浑瑊（737—800），历官二十八次，参见《权载之文集》卷13《唐故朔方河中晋绛邠宁庆等州兵马副元帅河中绛邠节度营田观察处置等使元从奉天定难功臣开府仪同三司检校司徒兼中书令河中尹上柱国咸宁郡王赠太师忠武浑公（瑊）神道碑铭并序》，之第3页。相比之下，史官通常长期任职于史馆，例如吴兢，参见第五章注释100；如韦述，第五章注释106，及第六章注释74；如孔述睿，第五章注释228；如张荐，任史官"逾一纪"（十二年），参见《权载之文集》卷36《序·送张阁老中丞持节册吊新罗序》，之第3页（参阅《旧唐书》卷149《张荐传》，第4025页，记为20年）；如蒋乂，长达三十年，参见《旧唐书》卷149《蒋乂传》，第4028页。因此，他们事实上促使史馆职位出现共同协作的平行任期。

第二章　学校与祭孔

1　《申鉴》卷2《时事》，之第13页。

2 《贞观政要》卷1《政体第二》，第18页（译者按："1"，原著误作"2"）；《唐大诏令集》卷105《政事·崇儒》，第537页；《册府元龟》卷50《帝王部·崇儒术二》，之第1—3页；参阅《旧唐书》卷189上《儒学传上》，第4939—4940页。

3 《册府元龟》卷50《帝王部·崇儒术二》，之第2页。

4 《贞观政要》卷6《慎所好第二十一》，第185页；《资治通鉴》卷192唐太宗贞观二年（628）第17条，第6054页。

5 《旧唐书》卷189上《儒学传上·萧德言传》，第4952—4953页。这一成语出自《尚书注疏》卷11《泰誓上》（之第11页），唐代文人经常引用以表现一种理想，例如《艺文类聚序》，《艺文类聚》，第27页；《旧唐书》卷71《魏徵传》，第2558页；《资治通鉴》卷193唐太宗贞观四年（630）第33条，第6085页，魏徵；《唐会要》卷26《讲武》，第503页，720年（开元八年）敕；《九家集注杜诗》卷28《近体诗·承闻河北诸道节度入朝欢喜口号绝句十二首》，第427页；《文苑英华》卷742《论·文》，李竦《偃武修文论一首》，之第2—3页；《旧唐书》卷149《蒋乂传》，第4028页；《大唐郊祀录》卷3《凡例下·执圭笏》（之第16页）说明汉朝如何采用持笏上朝，而非持剑。

6 《贞观政要》卷1《政体第二》，第18页（译者按："1"，原著误作"2"）。

7 《隋书》卷75《儒林传》，第1705页。关于魏徵的综合研究，参见魏侯玮（1974）：《天子之镜：唐太宗朝的魏徵》，第112页，描述魏徵对《隋书》的贡献。

8 《通典》卷53《礼典·吉礼十二·释奠》，第304页；《唐会要》卷35《褒崇先圣》，第635页；《旧唐书》卷1《高祖纪》，第9页；《唐大诏令集》卷105《政事·崇儒·置学官备释奠礼诏》，第537页；《册府元龟》卷50《帝王部·崇儒术二》，之第1页。此诏被九世纪改革家、学者刘禹锡所记载，参见《刘禹锡集》卷20《杂著·奏记丞相府论学事》，第183页。

9 关于经书提及释奠，参见《礼记注疏》卷12《王制》，之第2—3页；与同书卷20《文王世子》，之第5—6页。唐前及唐代释奠的简明概要，见于《通典》卷53《礼典·吉礼十二·释奠》，第303—306页。其他记载这一礼仪的主要史料有：《唐六典》卷4《尚书礼部·祠部郎中》，之第36—38页；《大唐郊祀录》卷10《飨礼二·释奠文宣王》，之第5—9页；《唐会要》卷35《释奠》，第640—643页；《旧唐书》卷24《礼仪志四》，第916—923页；《新唐书》卷15《礼乐志五》，第372—377页。直到五代时期，释奠均被归入中祀，参见《唐六典》卷4《尚书礼部·祠部郎中》，之第33页；《旧唐书》卷21《礼仪志一》，第835页；《旧唐书》卷24《礼仪志四》，第918页；《全唐文》卷874《陈致雍·博士高远奏改颜子祝文议》，之第1—2页；《旧唐书》卷189上《儒学传上·徐文远传》（第4944页）是623年（武德六年）释奠的明证，高祖幸国子监观释奠后，徐文远发《春秋》题。关于州县释奠，参见《唐六典》卷4《尚书礼部·礼部郎中》，之第39—40页；《韩昌黎集》卷31《碑志·处州孔子庙碑》，第6册，之第58页；引自《樊川文集》卷6《书处州韩吏部孔子庙碑阴》，第106页；与《新唐书》卷164"赞曰"，第5058页；参阅《大唐郊祀录》卷1《凡例上·俎馔》，之第16页。

10 《唐会要》卷35《释奠》，第640页；《通典》卷53《礼典·吉礼十二·释奠》，第304页；《册府元龟》卷50《帝王部·崇儒术二》，之第1—3页。

注　释

11　佛教史料提及625年（武德八年）释奠礼，参见《集古今佛道论衡》卷丙《高祖幸国学当集三教问僧道是佛师事第二》，第381页。但罗香林（1954）《唐代三教讲论考》（第86页）指出此似是624年（武德七年）之误。

12　《唐摭言》卷1《两监》，第5页。

13　《唐会要》中含蓄地提及631年（贞观五年）的行动："贞观五年以后，太宗数幸国学、太学"，《唐会要》卷35《学校》，第633页。另见《唐摭言》卷1《两监》，第5页。

14　《册府元龟》卷50《帝王部·崇儒术二》，之第3页。

15　《通典》卷53《礼典·吉礼十二·释奠》，第304页；《唐会要》卷35《释奠》，第640页；《旧唐书》卷24《礼仪志四》，第916页；《新唐书》卷15《礼乐志五》，第373页；《旧唐书》卷73《孔颖达传》，第2602页。此次释奠还可与《千唐志斋·大周故瀛州文安县令王府君（德表）墓志铭并序》（699年卒，享年80岁）相互印证（译者按："699"，原著误作"698"）。

16　《旧唐书》卷73《孔颖达传》，第2602页。关于唐前讲经，参见《艺文类聚》卷55《杂文部一·谈讲》，第986—990页；援引《论语·述而第七》，第3条。

17　孔颖达在《尚书正义序》（《尚书注疏》，之第1页）中称孔子为"先君宣父，生于周末"，而此句又录自孔安国序，参见《尚书注疏》卷1《序》，之第4页。在《毛诗正义序》（《毛诗注疏》，之第1页）中，他再次称孔子为"先君"。"关西孔子"原指杨震，参见《后汉书》卷54《杨震列传》，第1759页；以及《千唐志斋·大故朝议大夫前凤翔节度副使检校尚书兵部郎中兼御史中丞上柱国赐紫金鱼袋弘农杨府君（思立）墓志铭并序》，杨思立（876年卒）声称杨震之后；以及《唐国史补》卷上，第21页。于志宁在为孔颖达昭陵陪葬墓所撰碑文中称其为"关西孔子"；罗振玉（1909）：《昭陵碑录》卷1，第17页。太宗还曾将此高名赐予萧德言，参见《旧唐书》卷189上《儒学传上·萧德言传》，第4953页；参阅《旧唐书》卷24《礼仪志四》，第922页，太宗之敕。在诗歌和非正式作品中，唐代学者不时提到孔氏成员的远祖，参见《唐皇甫冉诗集》卷3《五言律诗·送孔党赴举》，之第19页；《韩昌黎集》卷33《碑志·唐正议大夫尚书左丞孔公（戣）墓志铭》，第6册，之第79页；《金石萃编》卷117《曲阜文宣王庙记》，之第20页。此外参阅《资治通鉴》卷228唐德宗建中四年（783）第22条（第7351页），提及孔巢父为孔子三十七世孙。与孔氏有关的大量材料，特别是唐朝孔子第三十二代至四十二代后裔，收入孔尚任所修《孔子世家谱》卷3《世系》，之第26—35页。

18　《旧唐书》卷1《高祖纪》，第59页；《册府元龟》卷260《储宫部·尊师傅》，之第19页；《唐会要》卷35《释奠》（第640页）记为646年（贞观二十年）。

19　《旧唐书》卷199上《东夷传·新罗传》，第5335—5336页；参阅《旧唐书》卷1《高祖纪》，第62页。

20　关于唐前三教讲论的背景，参见罗香林（1954）：《唐代三教讲论考》，第85页与第96页注释5。关于624年（武德七年）三教讲论，参见上文注释9；以及《旧唐书》卷189上《儒学传上·陆德明传》，第4945页。

21　关于638年（贞观十二年）弘文馆论辩，参见《集古今佛道论衡》卷丙《皇太子集三教学者详论事第五》，第 383 页；罗香林（1954）：《唐代三教讲论考》，第 87—88 页。

22 《贞观政要》卷 7《崇儒学第二十七》，第 212—213 页；《册府元龟》卷 604《学校部·奏议三》，之第 1 页；林泰辅（1916）：《論語年譜》，第 137 页。在分类组合上，"圣"与"贤"的区别是非常严格的，例如《艺文类聚》卷 20《人部四·圣》，第 358—362 页；与同书卷 20《人部四·贤》，第 362—365 页。

23 《唐会要》卷 35《褒崇先圣》（第 636—637 页）载：657 年（显庆二年）长孙无忌与许敬宗上疏，依据"永徽令"；《文苑英华》卷 764《议·祭祀》，长孙无忌《先代帝王及先圣先师议》，之第 1—3 页；《旧唐书》卷 24《礼仪志四》，第 918 页；《册府元龟》卷 604《学校部·奏议三》，之第 2—3 页。

24 《周易注疏》卷 1《上经乾传》，之第 3 页；《唐文粹》卷 84《书六·论文上》，柳冕《答杨中丞论文书》，之第 8 页（译者按："8"，原著误作"400"）；《权载之文集》卷 14《碑铭·唐故中书侍郎同中书门下平章事太子宾客赠户部尚书齐成公（抗）神道碑铭并序》，之第 3 页；《韩昌黎集》卷 11《杂著·原道》，第 3 册，之第 63 页；《文苑英华》卷 742《论·文》，牛希济《文章论》，之第 10 页。

25 《艺文类聚》卷 20《人部四·贤》，第 362—365 页，多次提到颜回。

26 《广弘明集》卷 8《二教论·服法非老》，之第 17 页；智觉禅师述、宋沈振 1072 年（熙宁五年）序《万善同归集》卷下，第 988 页（译者按："《万善同归集》·Wan shan t'ung kuei chi"，原著误作"Wan shan t'ung kuei lu"）。感谢杜德桥教授提及于此。

27 《北史》卷 3《魏本纪》，第 88 页；《封氏闻见记》卷 1《儒教》，之第 7 页。参阅萧洛克（1932）：《国家祭孔的起源与发展》，第 120 页以及第 128 页注释 34。774 年祈雨于孔庙，但这被记为反常现象，参见《资治通鉴》卷 225 唐代宗大历九年（774）第 15 条，第 7227 页。

28 《册府元龟》卷 50《帝王部·崇儒术二》，之第 15 页。

29 魏礼（1960）：《敦煌曲子词与变文选集》，第 89—96 页。

30 《孟子》卷 2A《公孙丑上》，第 2 条，第 12 页。此句在 626 年（武德九年）12 月诏令中略有提及，参见《金石萃编》卷 55《赠泰师孔宣公碑》，之第 11 页（译者按："626"，原著误作"627"）；并在 666 年（乾封元年）诏令中稍加改编，参见《金石萃编》卷 55《赠泰师孔宣公碑》，之第 12 页。长孙无忌与许敬宗关于孔庙的奏议，参见上文注释 23，与《文苑英华》卷 764《议·祭祀》，长孙无忌《先代帝王及先圣先师议》，之第 2 页；739 年（开元二十七年）扩展孔庙画像诏制，参见《册府元龟》卷 50《帝王部·崇儒术二》，之第 8 页；《旧唐书》卷 24《礼仪志四》，第 920 页（译者按："920"，原著误作"290"）。同样的措辞在其后的唐代多次被援引，如 788 年（贞元四年）李纾的上奏，力图论证文宣王祭奠优于武成王，参见《唐会要》卷 23《武成王庙》，第 437 页；与《大唐郊祀录》卷 10《缛礼二·释奠武成王》，之第 12—13 页；李翱《李文公集》卷 8《书·荐所知于徐州张仆射书》，第 56 页；杜牧《樊川文集》卷 6《书处州韩吏部孔子庙碑阴》，第 106 页，引韩愈。

31 《文苑英华》卷 509《判·师学门十六道》（之第 2—3 页）载有《聚徒教授判》

及现存两道《对》，两《对》均引刘昆故事，而《判》中的文字正是出自"刘昆传"。刘昆教授弟子五百余人，且私行儒家大礼，被王莽怀疑有僭上之心；参见《后汉书》卷79上《儒林列传·刘昆传》，第2550页。此判同唐代实践的关系是值得进一步研究的问题。

32 《唐会要》卷35《释奠》，第640—641页；《册府元龟》卷604《学校部·奏议三》，之第1—2页；《刘禹锡集》卷20《杂著·奏记丞相府论学事》（第183页）提及导致此种变化的许敬宗上奏，但将日期记为646年（贞观二十年）；《旧唐书》卷24《礼仪志四》，第917—918页（译者按："24"，原著误作"4"）；《新唐书》卷15《礼乐志五》，第374页。

33 关于唐前封赐孔子后裔的起源，参见萧洛克（1932）：《国家祭孔的起源与发展》，第98页。关于626年（武德九年）诏令，参见《金石萃编》卷55《赠泰师孔宣公碑》，之第11页。虞世南《孔子庙堂之碑》中也有提及，参见《金石萃编》卷41《孔子庙堂碑》，之第19页。《册府元龟》卷50《帝王部·崇儒术二》（之第3页）载为636年（贞观十年）；但徐松《登科记考》卷1《唐高祖》（之第7页）提出当以碑为正。《册府元龟》卷50《帝王部·崇儒术二》（之第4—15页）收录之后唐朝所封的孔子后裔。对此仪式的概述另见于《通典》卷53《礼典·吉礼十二·孔子祠》，第305页。孔子后裔作为褒圣侯，至少从732年（开元二十年）《开元礼》的权威文献，可以看出其在某些国家礼仪中被分配以专门位置；例见《大唐开元礼》卷18《吉礼·皇帝立秋祀白帝于西郊·陈设》，之第2页。

34 《贞观政要》卷7《崇儒学第二十七》，第214页；《旧唐书》卷3《太宗纪下》，第51页；《旧唐书》卷189上《儒学传上》，第4941—4942页。

35 《贞观政要》卷7《崇儒学第二十七》，第214页；《通典》卷53《礼典·吉礼十二·释奠》，第304页；《唐会要》卷35《褒崇先圣》，第636页；《旧唐书》卷3《太宗纪下》，第59页；同书卷24《礼仪志四》，第917页；同书卷189上《儒学传上》，第4942页；《册府元龟》卷50《帝王部·崇儒术二》，之第3页；同书卷604《学校部·奏议三》，之第1页。这些措施是657年（显庆二年）长孙无忌与许敬宗奏疏提出的，参见《唐会要》卷35《褒崇先圣》，第636页。另见许敬宗上奏，《唐会要》卷35《释奠》，第640页（译者按："640"，原著误作"639"）。

36 《旧唐书》卷189上《儒学传上》，第4940页；《新唐书》卷44《选举志上》，第1163页；《资治通鉴》卷185唐高祖武德元年（618）第28条，第5792页。最初生员总额为三百四十二。徐松《登科记考》卷1《唐高祖》（之第1页）认为高祖即位以前即已规定生员数额。另见高明士（1970）：《唐代官学的发展与衰落》，第3页。601年（仁寿元年）以前，隋国子寺隶属太常寺；601—607年（仁寿元年至大业三年），成为独立之寺；及至607年（大业三年），国子学改名国子监。唐代最初国子监隶于太常寺；但到627年（贞观元年）或628年（贞观二年），成为独立之监；参见《通典》卷27《职官典·诸卿下·国子监》，第161页；《唐会要》卷66《国子监》，第1157页；《旧唐书》卷44《职官志三》，第1890—1891页；《新唐书》卷48《百官志三》，第1265—1266页。《旧唐书》卷149《归崇敬传》（第4017页）载617年（大业十三年）隋改国子寺为国子监。

37 《唐会要》卷66《广文馆》，第1163页；《唐六典》卷21《国子监·书学博士》，之第 15—16 页（译者按："15"，原著误作 "51"）。

38 《旧唐书》卷 3《太宗纪下》，第 42 页；《唐六典》卷 21《国子监·律学博士》，之第 14—17 页。

39 《唐会要》卷 66《广文馆》，第 1163 页；《唐六典》卷 21《国子监·算学博士》，之第 16—17 页。

40 《旧唐书》卷 44《职官志三》，第 1891 页。

41 《贞观政要》卷 7《崇儒学第二十七》，上海古籍出版社 1978 年版《贞观政要》（第 215—216 页）误将广文馆包含在增置生员之中；原田种成校《贞观政要定本》（第 213 页）注释"广文馆"为异文。关于广文馆，参见下文注释 91。《唐会要》卷 35《学校》（第 633 页）载增置生员三千二百六十员；《旧唐书》卷 189 上《儒学传上》，第 4941 页；《唐摭言》卷 1《两监》，第 6 页（译者按："6"，原著误作 "56"）。唐后期的李观称唐前期有学生三千员，参见《唐文粹》卷 26 上《表奏书疏乙·崇儒五》，李观《请修太学书》，之第 7 页；《新唐书》卷 198《儒学传上》，第 5636 页，载三千二百员；《通典》卷 15《选举典·历代制下》，第 85 页，载二千六百一十员。

42 《贞观政要》卷 7《崇儒学第二十七》，第 213 页；《旧唐书》卷 189 上《儒学传上》，第 4941 页；《新唐书》卷 198《儒学传上》，第 5636 页。唐前聚徒众多的通儒典范有：李铉，《北史》卷 81《儒林传上·李铉传》，第 2726 页；鲍季详，《北史》卷 81《儒林传上·鲍季详传》，第 2728 页；马敬德，《北史》卷 81《儒林传上·马敬德传》，第 2730 页；房晖远，《隋书》卷 75《儒林传·房晖远传》，第 1716 页；包恺，《隋书》卷 75《儒林传·包恺传》，第 1716 页。唐初马嘉运从学者众，并被征授官，参见《册府元龟》卷 768《总录部·儒学二》，之第 13 页（译者按："13"，原著误作 "12"）。秦景通也是如此，参见《旧唐书》卷 189 上《儒学传上·秦景通传》，第 4955—4956 页；与《册府元龟》卷 768《总录部·儒学二》，之第 15 页。还有王恭，参见《旧唐书》卷 72《孔颖达传附王恭传》，第 2603 页。另见高明士（1971）：《唐代私学的发展》，第 213 页，第 219—220 页。

43 《旧唐书》卷 189 上《儒学传上》，第 4940 页。

44 《唐文粹》卷 26 上《表奏书疏乙·崇儒五》，李观《请修太学书》，之第 8 页。

45 《旧唐书》卷 2《太宗纪上》，第 37 页；参阅《旧唐书》卷 44《职官志三》，第 1876 页。

46 关于文翁，参见《汉书》卷 89《循吏传·文翁传》，第 3625—3627 页（译者按："3625—3627"，原著误作 "5181—5183"）；以及颜师古注："文翁学堂于今犹在益州城内。"援引文翁之例，见于唐初之《隋书》卷 73《循吏传》，第 1673 页；七世纪末之《千唐志斋·大唐故右卫率府亲府亲卫上骑都尉王君（杰）墓志铭并序》，王杰（711 年卒）之父王山辉是西南王蜀卓有成效的地方长官；王勃《益州夫子庙碑》（今四川），见于《文苑英华》卷 845《碑·儒一》，之第 1 页（译者按："845"，原著误作 "885"）；岑参《岑嘉州诗》卷 1《五言古诗·文公讲堂》，之第 27 页；以及杜甫《九家集注杜诗》卷 16《古诗·题衡山县文宣王庙新学堂呈陆宰》，第 249 页（译者按："16"，原著误作 "60"）。唐代后期文翁也被提及，例如梁肃《朝散大夫使持节常州诸军事守常州刺史赐紫金鱼袋独孤公（及）行状》，

注 释

《文苑英华》卷 972《行状·行状二》，之第 12 页；吕温《吕和叔文集》卷 9《颂赞·凌烟阁勋臣颂并序》，之第 8 页；柳宗元《柳河东集》卷 5《古圣贤碑·道州文宣王庙碑》，第 76 页。

47 敦煌文物研究所（1978）：《莫高窟第 220 窟新发现的复壁壁画》，第 43—44 页；1981 年 2 月作者亲自考察予以确认。《封氏闻见记》卷 1《儒教》（之第 7 页）称州县学职位地位低下。

48 《旧唐书》卷 187 上《忠义传上·王义方传》，第 4874 页。

49 《旧唐书》卷 3《太宗纪下》，第 48 页；《新唐书》卷 15《礼乐志五》，第 373 页。关于孔子坟，参见孔颖达注解，《礼记注疏》卷 8《檀弓上》，之第 9—10 页。此段观察到孔子坟与古代葬礼不符，很可能是后代所加。

50 《通典》卷 15《选举典·历代制下》（第 85 页）载州县学生六万七百一十员；《新唐书》卷 44《选举志上》（第 1180 页）载总数为六万三千七十员。

51 《唐律疏议》卷 23《斗讼三·殴妻前夫子》，第 510 页；高明士（1971）：《唐代私学的发展》，第 220—221 页。

52 《唐摭言》卷 1《统序科第》，第 1 页；《登科记考》卷 1《唐高祖》，之第 2 页。

53 《唐摭言》卷 1《统序科第》，第 1 页；《登科记考》卷 1《唐高祖》，之第 3 页。

54 《册府元龟》卷 67《帝王部·求贤一》，之第 20 页；《唐大诏令集》卷 102《政事·举荐上·京官及总管刺史举人诏》，第 518 页；《登科记考》卷 1《唐高祖》，之第 3 页，及徐松注。

55 《梁书》卷 48《儒林传》，第 661—662 页；《隋书》卷 75《儒林传》，第 1706 页。

56 《旧唐书》卷 189 上《儒学传上》，第 4941 页（译者按："189 上·189A"，原著误作"189"）；《唐会要》卷 35《学校》，第 633 页；以及《贞观政要》卷 7《崇儒学第二十七》，第 213 页，国学之内"几近万人"。

57 《唐会要》卷 35《学校》，第 633 页；《旧唐书》卷 189 上《儒学传上》，第 4941 页（译者按："189 上·189A"，原著误作"189"）；《新唐书》卷 198《儒学传上》，第 5636 页。

58 《册府元龟》卷 50《帝王部·崇儒术二》，之第 3—4 页。

59 《通典》卷 27《职官典·诸卿下·国子监》，第 161 页注释；《唐会要》卷 66《东都国子监》，第 1157 页；《旧唐书》卷 4《高宗纪上》，第 82 页；以及同书卷 24《礼仪志四》，第 918 页。

60 《唐会要》卷 66《广文馆》，第 1163 页；《旧唐书》卷 24《礼仪志四》，第 918 页；《新唐书》卷 48《百官志三》，第 1268 页。

61 《通典》卷 27《职官典·诸卿下·国子监》，第 161 页；《旧唐书》卷 44《职官志三》，第 1890—1891 页注释；《新唐书》卷 48《百官志三》，第 1266 页。

62 《千唐志斋·唐故前国子监大学生武骑尉崔君（韶）墓志并序》记载，崔韶 668 年（总章元年）补国子监大学生，后举明经及第。二十五岁即英年早逝，在其墓志中被比作颜回（译者按："668"，原著误作"669"）。《大唐新语》卷 11《惩戒》，第 169 页。

63 《唐大诏令集》卷 105《政事·崇儒·集学生制》，第 537—538 页。

64 例如 734 年（开元二十二年）干旱，《册府元龟》卷 50《帝王部·崇儒术二》，之第 7 页。755 年（天宝十四载）暑热，《册府元龟》卷 50《帝王部·崇儒术二》，之第 12 页。804 年（贞元十二年），《权载之文集》卷 23《墓志铭·唐故朝散大夫守秘书少监致仕周君（渭）墓志铭并序》，之第 8 页；《韩昌黎集》卷 37《状·论今年权停举选状》，第 7 册，之第 17—18 页及注释；与《唐会要》卷 76《贡举中·缘举杂录》（第 1385 页）。834 年（大和八年），《旧唐书》卷 17 下《文宗纪下》，第 554 页。

65 《册府元龟》卷 50《帝王部·崇儒术二》，之第 4 页。王勃撰新都孔庙碑文提及此诏，参见《王子安集》卷 13《碑·益州夫子庙碑》，之第 6—7 页。

66 关于益州（今四川）新都县和九龙县的县学与孔庙，参见《王子安集》卷 13《碑·益州夫子庙碑》，之第 1 页；与《杨盈川集》卷 4《碑·大唐益州大都督府新都县学先圣庙堂碑文并序》，之第 1 页。关于遂州（今四川）长江县，参见《杨盈川集》卷 4《碑·遂州长江县先圣孔子庙堂碑》，之第 8 页。王勃所撰《九龙县孔子庙堂碑》文为杨炯所称赞，参见《杨盈川集》卷 3《序·王勃集序》，之第 2 页。唐代后期孙樵亦提及此碑，参见《唐文粹》卷 84《书六·论文上》，孙樵《与贾秀才书》，之第 10 页。

67 位于檀州（今河北）的孔子庙，绘有孔门七十二贤画像和赞述，为唐代有记载以来的第一次，参见《旧唐书》卷 185 上《良吏传上·韦机传》，第 4795—4796 页；《新唐书》卷 100《韦弘机传》（韦机），第 3944 页。

68 《旧唐书》卷 185《良吏传上·高智周传》，第 4792 页。

69 《旧唐书》卷 189 上《儒学传上》，第 4942 页。这一形容细微趋向的比喻出自《汉书》卷 56《董仲舒传》，第 2517 页。同时代的学者、官员狄仁杰曾轻蔑称宰臣文士李峤与苏味道为"文吏"，参见《旧唐书》卷 89《狄仁杰传》，第 2894 页。同时代王勃、杨炯的友人卢照邻（641—680）作出不同的解释，认为高宗朝"好吏"，而他自己"学于孔墨"；武则天朝"好法"（参阅《旧唐书》卷 50《刑法志》，第 2143 页），而他自己"受乎老庄"；参见《幽忧子集》卷 5《骚·释疾文并序》，之第 3 页。另外参阅《旧唐书》卷 88《韦思谦传附韦嗣立传》，第 2866 页。

70 关于这一发展，参见《唐摭言》卷 1《进士归礼部》，第 11—12 页（译者按："11—12"，原著误作"112"）；以及下文第六章注释 133—136。

71 德宗朝学者沈既济对进士声望的增长作了极佳的描述，参见《通典》卷 15《选举典·历代制下》，第 84 页；与《文苑英华》卷 759《论·杂论中》，沈既济《词科论并序》，之第 1 页。

72 《陈子昂集》卷 9《书·谏政理书》，第 213 页。

73 692 年（天授三年）薛登（谦光）上奏以学校未发挥作用为前提，正如《通典》所载上奏前言所示（译者按："692"，原著误作"693"），参见《通典》卷 17《选举典·杂议论中》，第 94 页；《文苑英华》卷 696《疏·选举》，薛登《论选举疏》，之第 5 页；《唐文粹》卷 28《表奏书疏戊·去滥赏六》，薛登《请选举择贤才疏》，之第 3 页。

74 《旧唐书》卷 88《韦思谦传附韦嗣立传》，第 2866 页；《唐文粹》卷 28《表奏书疏戊·去滥赏六》，韦嗣立《请减去滥食封邑疏》，之第 2 页。关于这一上疏，另见桂时雨（1978）：《武则天与唐代继统政治》（第149—150页），指出韦嗣立被任命为国子祭酒。《资治通鉴》卷206唐则天后圣历二年（699）第26条（第6542页）载弘文馆、国子学学生可能会在重大国家祭典中充当斋郎，并以此作为入仕途径。参阅《韩昌黎集》卷14《杂著·省试学生代斋郎议》，第4册，之第28—29页。关于对此时官方教育的贬抑，参见《王子安集》卷7《序·送劼赴太学序》，之第16页；《唐会要》卷66《东都国子监》，第1158页（译者按："1158"，原著误作"1157"）。

75　《通典》卷200《边防典·北狄七·盐漠念》，第1085页。

76　《元和姓纂》卷6《孔》，之第2页；以及《新唐书》卷198《儒学传上·孔颖达传》，第5644—5645页。孔颖达之子孔志玄；孔志玄之弟孔志约，曾参与编撰《显庆礼》（译者按："孔志玄·K'ung Chih-hsüan"，原著误作"K'ung Chih-yüan"），参见下文第四章注释83；孔颖达之孙孔惠元（或孔元惠）。关于唐代强调家学传授之诸例，参见高明士（1971）：《唐代私学的发展》，第245—248页，第251—253页。孔颖达、孔志约与孔元惠均得以陪葬太宗昭陵（译者按："孔志约·K'ung Chih-yüeh"，原著误作"K'ung Chih-yüan"），参见《唐会要》卷21《陪陵名位》，第413页。

77　《资治通鉴》卷204唐则天后天授二年（691）第30条，第6476页；《新唐书》卷115《狄仁杰传》，第4209页。

78　关于706年（神龙二年）改革敕令，参见《唐会要》卷35《学校》，第634页（译者按："634"，原著误作"635"，且阙"《唐会要》·THY"）。关于任用术士叶静能为国子祭酒，参见《唐会要》卷67《试及斜滥官》，第1182页；《旧唐书》卷91《桓彦范传》，第2930页；《旧唐书》卷51《后妃传上·上官昭容传》，第2175页。《资治通鉴》卷208唐中宗神龙元年（705）第18条（第6589页），桓彦范认为术士同孔颖达完全不可比拟。《资治通鉴》卷208唐中宗神龙二年（706）第7条（第6598页）表明道士通过额外资格被任命为国子祭酒。还有迹象显示出任国子监高位实际上意味着远离三省权力中枢，参见《旧唐书》卷190中《文苑传中·郭正一传》，第5009—5010页；《新唐书》卷115《朱敬则传》，第4220页。参阅《旧唐书》卷90《朱敬则传》，第2915页；《旧唐书》卷7《中宗纪》（第145页）于惟谦之例；《旧唐书》卷6《则天皇后纪》（第132页）李峤之反例。

79　《旧唐书》卷185下《良吏传下·阳峤传》，第4813—4814页；《新唐书》卷130《阳峤传》，第4493页。《文苑英华》卷400《中书制诰·馆殿》，苏颋《授阳峤国子祭酒制》，之第8页（译者按："8"，原著误作"18"）。

80　《册府元龟》卷260《储宫部·齿胄》，之第19—20页；同书卷260《储宫部·讲学》，之第25页。《文苑英华》卷652《启·劝学》，张说《上东宫请讲学启》，之第2页；玄宗为太子时，张说与褚无量俱为侍读，褚无量后迁国子司业；《旧唐书》卷97《张说传》，第3051页；与《旧唐书》卷102《褚无量传》，第3166页。

81　《册府元龟》卷50《帝王部·崇儒术二》，之第5页。

82　《册府元龟》卷50《帝王部·崇儒术二》，之第6页；《唐摭言》卷1《谒先师》，第10页。

83　《唐摭言》卷1《两监》，第6页注释。

84 《唐大诏令集》卷 73《典礼·东郊·亲祀东郊德音》，第 407—408 页；《旧唐书》卷 9《玄宗纪下》，第 209 页；《资治通鉴》卷 214 唐玄宗开元二十六年（738）第 4 条，第 6832 页；《册府元龟》卷 85《帝王部·敕宥四》，之第 27—28 页。

85 例如元行冲，《旧唐书》卷 102《元行冲传》，第 3177 页；徐坚，张九龄《曲江张先生文集》卷 19《颂碑铭·大唐故光禄大夫右散骑常侍集贤院学士赠太子少保东海徐文公（坚）神道碑并序》，之第 7 页。

86 关于本官在国子监的集贤院成员，参见池田温（1971）《盛唐之集賢院》（第 92 页）引《集贤注记》。

87 《册府元龟》卷 639《贡举部·条制一》，之第 22—23 页；《唐会要》卷 75《贡举上·帖经条例》，第 1376 页；《新唐书》卷 130《杨玚传》，第 4496 页，杨玚上奏。

88 《封氏闻见记》卷 3《贡举》，之第 1 页。

89 《封氏闻见记》卷 5《颂德》，之第 11 页。国学诸生为其立颂德碑，遭到李林甫的严厉训斥。一片惊恐之中，诸生连夜磨掉碑文，并移走碑石。《旧唐书》卷 123《班宏传》（第 3518 页）载班景倩为秘书监；但《大唐郊祀录》卷 8《祭礼一·祭岳镇海渎》（之第 12 页）及《新唐书》卷 149《班宏传》（第 4802 页）则为国子祭酒。另一案例是 728 年（开元十六年）明经科目改革之后，生徒为国子祭酒杨玚立颂德碑，参见《旧唐书》卷 185 下《良吏传下·杨玚传》，第 4820 页。玄宗朝东都国子监也曾有门人为国子博士尹知章立颂德碑，参见《旧唐书》卷 189 下《儒学传下·尹知章传》，第 4975 页。

90 《册府元龟》卷 50《帝王部·崇儒术二》，之第 10—11 页。

91 关于广文馆，参见《通典》卷 27《职官典·诸卿下·国子监》，第 161 页；《唐会要》卷 66《广文馆》，第 1163 页；《唐国史补》卷中（第 35 页）载为 746 年（天宝五载）；《旧唐书》卷 24《礼仪志四》，第 921 页；与同书卷 44《职官志三》，第 1892 页；《新唐书》卷 48《百官志三》，第 1267 页；与同书卷 202《文艺传中·郑虔传》，第 5766 页；以及《唐国史补》卷下，第 53 页。直到九世纪，仍有学者任职广文馆，参见《旧唐书》卷 24《礼仪志四》（第 932 页），记为 842 年（会昌二年）；以及《千唐志斋·唐故朝请大夫尚书刑部郎中上柱国范阳卢府君（就）墓志铭并序》，卢就 851 年卒，享年 58 岁。

92 《唐六典》卷 21《国子监》，之第 2—3 页。

93 《文苑英华》卷 678《书·赠答中》，萧颖士《赠韦司业（述）书》，之第 5 页。

94 《通典》卷 20《职官典·太师》，第 114 页注释；《唐会要》卷 35《褒崇先圣》，第 637 页；《旧唐书》卷 24《礼仪志四》，第 918 页；《旧唐书》卷 86《高宗中宗诸子传》，第 2829 页；《旧唐书》卷 5《高宗纪下》，第 90 页；《册府元龟》卷 50《帝王部·崇儒术二》，之第 4 页。崔行功（674 年卒）曾作此类文章，参见《金石萃编》卷 55《赠泰师孔宣公碑》，之第 5 页；与《石墨镌华》3《跋·唐赠太师孔宣公碑》，第 41 页。关于此时发生的事件，参见《大唐新语》卷 8《聪敏》，第 132 页（译者按："132"，原著误作"133"）。

95 《唐会要》卷 35《褒崇先圣》，第 637 页；《旧唐书》卷 24《礼仪志四》，第 918 页；《册府元龟》卷 50《帝王部·崇儒术二》，之第 4 页。

96 《通典》卷 53《礼典·吉礼十二·释奠》（第 304 页）载皇太子于 680 年（永隆二

年）2月及681年（开耀元年）2月两次亲行释奠礼。《唐会要》卷35《释奠》（第641页）亦载。《旧唐书》卷5《高宗纪下》（第107页）只载永隆二年释奠礼。因为681年9月才改元开耀，开耀元年在其后三个月即告结束，所以这两次释奠礼很有可能是同一次。

97　《唐会要》卷35《褒崇先圣》，第637页；《旧唐书》卷24《礼仪志四》，第918页。

98　《张说之文集》卷21《碑·昭容上官氏碑铭》，之第13页。

99　《册府元龟》卷50《帝王部·崇儒术二》，之第4页。

100　《旧唐书》卷7《睿宗纪》，第158页；《旧唐书》卷24《礼仪志四》，第919页；《册府元龟》卷50《帝王部·崇儒术二》，之第5页。

101　关于这一时期至玄宗朝以前谏阻佛教、道教或僧人、道士，参见《旧唐书》卷89《狄仁杰传》，第2893页（参阅《唐会要》卷30《洛阳宫》，第552—553页）；《资治通鉴》卷208唐中宗神龙元年（705）第18条，第6589页；以及《旧唐书》卷91《桓彦范传》，第2929页；《旧唐书》卷88《韦思谦传附韦嗣立传》，第2870页，韦嗣立上疏；《通典》卷21《职官典·门下省·补阙拾遗》，第124页注释，辛替否上奏；《唐会要》卷47《议释教上》，第836—837页，姚崇上奏。

102　《唐大诏令集》卷29《皇太子·齿胄·皇太子国子监释奠诏》，第108页；《册府元龟》卷260《储宫部·齿胄》，之第19页；《旧唐书》卷7《睿宗纪》，第158页；《旧唐书》卷24《礼仪志四》，第919页。

103　参见下文注释104。

104　《文苑英华》卷706《序·文集八》，郑亚《太尉卫公会昌一品制集序》，之第5页；《唐文粹》卷40《议乙·车服二》，刘子玄《朝服乘车议》，之第6页；《唐会要》卷35《释奠》，第641—642页；《旧唐书》卷102《刘子玄传》，第3171—3173页；傅振伦（1963）：《刘知幾年谱》，第122—123页。这一进议的概要另见于《通典》卷53《礼典·吉礼十二·释奠》，第304页。刘知幾《通典》以其子刘秩的《政典》为基础，而父亲刘知幾进议有可能成为刘秩原书的一部分。

105　《册府元龟》卷50《帝王部·崇儒术二》，之第5页（译者按："5"，原著误作"50"）；《唐会要》卷35《褒崇先圣》，第637页；《旧唐书》卷7《睿宗纪》，第158页；《册府元龟》卷260《储宫部·齿胄》，之第19—20页。

106　关于717年（开元五年）措施，参见《唐大诏令集》卷105《政事·崇儒·令明经进士就国子监谒先师敕》，第538页；《册府元龟》卷50《帝王部·崇儒术二》，之第6页。关于719年（开元七年），参见《唐会要》卷35《释奠》，第642页。

107　《旧唐书》卷24《礼仪志四》，919页。

108　《唐大诏令集》卷29《皇太子·齿胄·皇太子诣太学诏》，第108页；《唐会要》卷35《释奠》，第642页；《旧唐书》卷8《玄宗纪上》，第180页；《旧唐书》卷24《礼仪志四》，第919页；《旧唐书》卷107《玄宗诸子传·李嗣谦传》，第3258页，卒于737年（开元二十五年）之后；《册府元龟》卷260《储宫部·齿胄》，之第20页（但此礼之前举行过，参见《册府元龟》卷257《储宫部·建立二》，之第9页；另参阅《旧唐书》卷102《刘子玄传》，第3173页，刘知幾进议）。戴何都（1947）《〈新唐书〉"百官志"和"兵志"译注》（第443页注释

3）指出其在《开元礼》中找不到有关齿胄礼的记载。原因可能在于齿胄礼仅仅是释奠礼自身的变体，这一推论来自安史乱后的礼学家归崇敬，参见《唐会要》卷4《杂录》，第45—46页。关于其后重视儒家的学者提出恢复齿胄礼的重要性，例见《唐文粹》卷27《表奏书疏丁·学校二》，李绛《请崇国学疏》，之第5页；《文苑英华》卷741《论·封建》，牛希济《本论》，之第13页（译者按："741"，原著误作"721"）；《旧唐书》卷166《元稹传》，第4330页，元稹献言。关于此礼的出典，参见《礼记注疏》卷20《文王世子》，之第9页。《唐会要》卷26《皇太子见三师礼》（第496—497页）描绘出另一套旨在训练皇太子的仪典。皇太子的教育是学者群体理想与政治抱负的媒介，见于《贞观政要》卷4《尊师傅第十》，第101—102页，第102—103页，第104—108页（译者按：卷"4"，原著误作"10"）；《册府元龟》卷260《储宫部·讲学》，之第25页；《唐会要》卷4《杂录》，第47页；《旧唐书》卷75《张玄素传》，第2641—2642页；《旧唐书》卷166《元稹传》，第4327—4331页。

109 《通典》卷53《礼典·吉礼十二·释奠》（第304页）记载县级释奠礼；《唐会要》卷35《释奠》（第642页）记载州级释奠礼；《刘禹锡集》卷20《杂著·奏记丞相府论学事》（第184页）只载数州释奠礼（译者按："184"，原著误作"919"）。

110 《旧唐书》卷24《礼仪志四》，第919页；《隋唐嘉话》卷中，第29页。

111 《刘禹锡集》卷20《杂著·奏记丞相府论学事》，第184页。

112 《唐大诏令集》卷128《蕃夷·绥抚·令蕃客国子监观礼教敕》，第689页。（译者按：《唐大诏令集》系此诏于开元二年十二月二十二日。）

113 《通典》卷53《礼典·吉礼十二·释奠》，第304页。

114 《通典》卷53《礼典·吉礼十二·释奠》，第304页；《册府元龟》卷50《帝王部·崇儒术二》，之第10页。

115 《通典》卷53《礼典·吉礼十二·释奠》，第304页；《唐会要》卷35《释奠》，第642页。（译者按："国子祭酒"，原著为"国子司业"，疑误。）

116 《论语·先进第十一》，第3条。关于文翁，参见上文注释46；《旧唐书》卷24《礼仪志四》，第919—920页；《唐会要》卷35《褒崇先圣》，第639页。玄宗之赞选择颜回而不是孔子，原因可能在于其父睿宗已经和孔子同列，孝道要求其接受次要角色。大约此时有上奏请求刊刻二赞，并作为东都及天下诸州孔庙效仿的模范，参见《全唐文》卷405《张桃·请刻睿宗老子孔子赞元宗颜回赞奏》，之第12页。《旧唐书》卷46《经籍志上》（第2003页）载有《益州文翁学堂图》一卷，721年（开元九年）时藏于集贤院（参见第六章注释71—75），可能在孔庙扩张中发挥过作用。

117 《唐会要》卷35《褒崇先圣》（第638页）705年（神龙元年）敕文表明此前官方赋予孔子庙堂向南的地位。

118 《唐会要》卷35《褒崇先圣》，第637—638页；《旧唐书》卷9《玄宗纪下》，第211页；《旧唐书》卷24《礼仪志四》，第920—921页。这一扩充在其后的唐朝大受赞赏，参见《皮子文薮》卷9《书·请韩文公配飨太学书》，第93—95页。

119 《册府元龟》卷50《帝王部·崇儒术二》，之第6页。

注　释

120　曲阜孔庙的修缮被记入李邕所作碑文，参见《文苑英华》卷 846《碑·儒二》，李邕《兖州曲阜县孔子庙碑》，之第 1 页；《唐文粹》卷 51《碑二·先圣六》，李邕《兖州曲阜县宣圣庙碑铭》，之第 4 页；顾炎武《金石文字记》卷 3《唐·修孔子庙碑》，之第 20 页，记为 719 年（开元七年）。

121　关于佛、道、儒各有百人参加的三教论争，参见罗香林（1954）：《唐代三教讲论考》，第 90 页。关于罗香林遗漏的 728 年（开元十六年）另一场三教之争，参见《新唐书》卷 139《李泌传》，第 4631—4632 页。关于三教融合有利于开元末年论争的展开，参见《册府元龟》卷 37《帝王部·颂德》，之第 17 页，735 年（开元二十三年）论争，及张九龄上言。

122　《八琼室金石补正》卷 50《陕州先圣庙堂碑》，之第 23—30 页；《魏书》卷 79《刘道斌传》，第 1758 页；《旧唐书》卷 185 下《良吏传下·姜师度传》，第 4816 页。

123　《旧唐书》卷 185 下《良吏传下·倪若水传》，4811 页。

124　《颜鲁公文集》卷 22《书评二·咸宁县孔子庙碑》，之第 6 页，755 年（天宝十四载）4 月，程浩撰（颜真卿书）。但《四部备要》本《颜鲁公文集》编订者黄本骥（1821 年举人）对此真实性表示怀疑。

125　《旧唐书》卷 8《玄宗纪上》，第 189 页；《册府元龟》卷 50《帝王部·崇儒术二》，之第 7 页；《资治通鉴》卷 212 唐玄宗开元十三年（725）第 14 条，第 6767 页。另见下文第四章注释 73—79。

126　《旧唐书》卷 24《礼仪志四》，第 926 页；《册府元龟》卷 50《帝王部·崇儒术二》，之第 11 页；《文苑英华》卷 847《碑·儒三》，贾至《旌儒庙碑》，之第 1 页；《唐文粹》卷 22《颂戊·祠祀三》，贾至《旌儒庙颂》，之第 1 页。

127　《唐会要》卷 22《前代帝王》，第 430—432 页。唐代女性墓志经常提及孟母，例如《千唐志斋·故衢州司士参军李君（涛）夫人河南独孤氏墓志铭并序》，夫人为独孤及姊妹，776 或 777 年卒，享年 52 或 53 岁；《开封市博物馆·夫人雷氏墓志》，804 年卒，享年 94 岁。

128　《贞观政要》卷 4《规谏太子第十二》，第 128 页，于志宁上疏进谏；《王子安集》卷 7《序·感兴奉送王少府序》，之第 12 页；《皇甫持正文集》卷 4《书·答刘敦质书》，之第 7—8 页；《史记》卷 32《齐太公世家》，第 1477—1480 页。陶希圣（1972b）《武庙之政治社会的演变》（第 231—232 页）对唐代太公祭祀进行了一些分析（译者按："1972b"，原著误作 "1972c"）。关于太公祭祀的概要，参见麦大维（1987b）：《唐代对武的态度：齐太公祭祀》。

129　唐代归于太公名下的著作包括《太公家教》，参见入矢义高（1960）《〈太公家教〉校释》（第 31—60 页）对敦煌文书的版本校对及注释。《太公六韬》，引自《艺文类聚》卷 71《舟车部·舟》，第 1230 页；同书卷 84《宝玉部下·贝》，第 1439 页等。《太公兵法》，亦引自《艺文类聚》卷 60《军器部·刀》，第 1082 页；同书卷 60《军器部·箭》，第 1088 页；同书卷 60《军器部·弩》，第 1090 页等。关于前者，参见《旧唐书》卷 47《经籍志下》，第 2039 页；《新唐书》卷 59《艺文志三》，第 1549 页；《唐书经籍艺文合志》丙部子录《兵书类》，第 240 页。《唐书》"经籍（艺文）志"还载有另外三书：《太公阴谋》《太公金匮》（参见

《旧唐书》卷 47《经籍志下》，第 2039 页；《新唐书》卷 59《艺文志三》，第 1549 页；《唐书经籍艺文合志》丙部子录《兵书类》，第 240 页）与《集注阴符经》（参见《新唐书》卷 59《艺文志三》，第 1520 页；《唐书经籍艺文合志》丙部子录《道家类》，第 191 页）。《史记》的注者与 736 年（开元二十四年）《史记正义》的编者张守节，甚至将谥法归因于周公和太公的共同创造；参见《史记》附录，张守节《史记正义》，第 18 页。但是参阅 788 年（贞元四年）李纾进言，太公可能只有一部述作，就是《六韬》，参见《大唐郊祀录》卷 10《飨礼二·释奠武成王》，之第 13 页；《新唐书》卷 15《礼乐志五》，第 379 页。关于李翱对《太公家教》的轻视，参见《李文公集》卷 6《书·答朱载言书》，第 42 页。

130 《登科记考》卷 5《唐睿宗》，之第 3—4 页；《登科记考》卷 5《唐玄宗》，之第 17 页。

131 《封氏闻见记》卷 4《武监》，之第 30 页。关于清河崔氏声称太公之后，例如《千唐志斋·唐故登仕郎常州司士参军袭武城县开国伯崔府君（千里）墓志铭并序》，崔千里卒于 796 年，享年 62 岁。关于博陵崔氏，参见《颜鲁公文集》卷 5《记·通议大夫守太子宾客东都副留守云骑尉赠尚书左仆射博陵崔孝公（沔）宅陋室铭记》，之第 15 页；以及伊沛霞（1978）：《早期中华帝国的贵族家庭：博陵崔氏个案研究》，第 34 页。关于范阳卢氏，参见《千唐志斋·唐□□大夫太原府少尹上柱国范阳卢君（明远）墓志铭并序》，卢明远 746 年卒，享年 58 岁。关于渤海高氏，参见《文苑英华》卷 892《碑·神道·王爵三》，韦贯之《南平郡王高崇文神道碑》，之第 6 页，高崇文（746—809），谥"威武"。

132 这一推测可能来自现存敦煌文书，注释 129 与李翱评论均有提及。

133 《旧唐书》卷 24《礼仪志四》，第 910 页；《文苑英华》卷 764《议·祭祀》，长孙无忌《先代帝王及先圣先师议》，之第 1 页。参阅《大唐郊祀录》卷 10《飨礼二·释奠武成王》，之第 14 页；与《新唐书》卷 15《礼乐志五》，第 379 页，严浣奏议，声明贞观年间已在磻溪立太公庙，并被王泾自己所证明，《大唐郊祀录》卷 10《飨礼二·释奠武成王》，之第 9 页。著名《春秋》学者陆淳（避讳改名陆质）批评 788 年（贞元四年）之礼，提议将释奠武成王限制在磻溪当地运行，参见《大唐郊祀录》卷 10《飨礼二·释奠武成王》，之第 14—16 页。

134 《旧唐书》卷 24《礼仪志四》，第 910 页；《旧唐书》卷 24《礼仪志四》，第 915 页；以及《大唐开元礼》卷 50《吉礼·有司享先代帝王》，之第 7 页，太公配座祝文。

135 《文苑英华》卷 605《表·太子公主上请》，崔融《皇太子请修书表》，之第 5 页；参阅傅振伦（1963）《刘知幾年谱》论及此表。这一举措可能与武则天讲武同时发生，699 年（圣历二年）武则天欲季冬讲武，因有司稽缓而延至孟春；参见《旧唐书》卷 89《王方庆传》，第 2900 页；以及《唐会要》卷 26《讲武》，第 502—503 页。关于张良，参见《史记》卷 55《留侯世家》，第 2033—2049 页，尤其是第 2048 页，张守节引 642 年（贞观十六年）成书的《括地志》确认张良墓的位置。至少有两部兵书被认为与张良有关，参见《旧唐书》卷 47《经籍志下》，第 2039—2040 页；《新唐书》卷 59《艺文志三》，第 1549—1550 页；《唐书经籍艺文合志》丙部子录《兵书类》，第 241 页；并参阅《四库全书总目提

注　释

要》卷 99《子部·兵家类》，第 2038—2039 页。关于声称张良之后，参见《开封市博物馆·处士杨吴生墓志》，杨吴生（734—198）夫人为南阳张氏。

136 《唐会要》卷 65《太常寺》，第 1134 页；《新唐书》卷 48《百官志三》，第 1246—1247 页注释（译者按："48"，原著误作"15"）。

137 《唐会要》卷 23《武成王庙》，第 435 页；《大唐郊祀录》卷 2《凡例中·奠献》，之第 11—12 页（译者按："11-12、11b-12a"，原著误作"12b"）；同书卷 10《飨礼二·释奠武成王》，之第 9 页；《通典》卷 53《礼典·吉礼十二·太公庙》，第 306 页；《旧唐书》卷 24《礼仪志四》，第 935 页；《新唐书》卷 15《礼乐志五》，第 377 页；《资治通鉴》卷 213 唐玄宗开元十九年（731）第 5 条，第 6795 页；《资治通鉴》卷 221 唐肃宗上元元年（760）第 13 条，第 7091 页胡三省注（译者按："13"，原著误作"3"）。胡三省所列 760 年重排的太公庙配享十哲，实际上可能就是 731 年最初的古名将十人。否则祭祀的规模会扩大到容纳超过十人的更多将军，果真这样，那至少 760 年名单看上去是既不准确又不完整的。同时代的单独资料显示，唐将郭知运为 760 年（上元元年）配享将军之一，其传记见于《旧唐书》卷 103《郭知运传》（第 3189 页）与《新唐书》卷 133《郭知运传》（第 3544 页）；参见《毗陵集》卷 6《议·故左武卫大将军持节陇右节度经略大使兼鸿胪卿御史中丞赠梁州都督太原郡开国公郭知运谥议》，之第 5—6 页。此外，731 年（开元十九年）选取包括张良在内的十位名将享祭，参见《唐会要》卷 23《武成王庙》，第 435—436 页；《新唐书》卷 15《礼乐志五》，第 377 页；《通典》卷 53《礼典·吉礼十二·太公庙》，第 306 页；以及太公释奠仪，见于《大唐开元礼》卷 55《吉礼·仲春仲秋释奠于齐太公》。但是，另有资料只提及 731 年（开元十九年）太公祭祀以张良配享，因此表明这一阶段的祭祀并不包括"十哲"；参见《大唐开元礼》卷 88《军礼·制遣大将出征告于齐太公庙》，之第 4 页；《大唐郊祀录》卷 10《飨礼二·释奠武成王》，之第 9 页；《隋唐嘉话》卷下，第 29 页。

138 《通典》卷 53《礼典·吉礼十二·太公庙》，第 306 页；《唐会要》卷 23《武成王庙》，第 435 页；关于武举的开端，参见《通典》卷 15《选举典·历代制下》，第 83 页；《旧唐书》卷 24《礼仪志四》，第 935 页；桂时雨（1978）：《武则天与唐代继统政治》，第 102 页。

139 《通典》卷 15《选举典·历代制下》（第 83 页），《册府元龟》卷 33《帝王部·崇祭祀二》（之第 19 页）与《大唐郊祀录》卷 10《飨礼二·释奠武成王》（之第 9 页）均记为 747 年（天宝六载），并被《旧唐书》卷 24《礼仪志四》（第 935 页）所采纳。

140 关于天宝年间任命太公庙官职，参见《封氏闻见记》卷 10《敏速》，之第 12 页。此外参阅《通典》卷 25《职官典·诸卿上》，第 148 页。

141 《封氏闻见记》卷 4《武监》，之第 30 页。封演此时为太学生，参见《封氏闻见记》卷 2《石经》，之第 19 页。

142 《大唐新语》卷 3《清廉》，第 73 页，李袭誉；同书卷 7《识量》，第 115—116 页；以及《旧唐书》卷 89《王方庆传》，第 2899 页，第 2901 页；同书卷 102《吴兢传》，第 3182 页；与同书卷 102《韦述传》，第 3184 页。

143 《元次山集》卷 5《自述三篇·述时》，第 74 页；参阅《通典》卷 15《选举典·

历代制下》，第 84 页注释；以及《文苑英华》卷 759《论·杂论中》，沈既济《词科论并序》，之第 1—2 页；《通典》卷 18《选举典·杂议论下》，第 104 页，杜佑。

144 《通典》卷 17《选举典·杂议论中》，第 96 页，刘秩论议；何汉心（1986a）：《唐朝对铨选会集的异议》，第 95—98 页。

145 《旧唐书》卷 102《韦述传》，第 3185 页；《文苑英华》卷 678《书·赠答中》，萧颖士《赠韦司业（述）书》，之第 7 页；参阅《旧唐书》卷 111《房琯传》，第 3321 页；《颜鲁公文集》卷 9《神道碑铭二·朝议大夫赠梁州都督上柱国徐府君（秀）神道碑铭》，之第 1 页。

146 李林甫对文士的特别忌憎，见于《资治通鉴》卷 215 唐玄宗天宝元年（742）第 7 条，第 6853 页（译者按："7"，原著误作"2"）。当他独掌大权后，蔑视区区"书生"张九龄，并且阻塞言路，载于《资治通鉴》卷 14 唐玄宗开元二十四年（736）第 16 条，第 6822—6825 页。此外，他还应对贬斥著名文士李邕致死负有间接责任，参见《旧唐书》卷 190 中《文苑传中·李邕传》，第 5043 页；与《资治通鉴》卷 215 唐玄宗天宝五载（746）第 13 条—天宝六载（747）第 1 条，第 6874—6875 页。另见蒲立本（1955）：《安禄山叛乱的背景》，第 86—92 页；洪业（1952）：《杜甫：中国最伟大的诗人》，第 47—50 页，第 52—53 页。关于唐代后期谴责李林甫独断专权，参见《颜鲁公文集》卷 1《赋·象魏赋》，之第 1 页；《孙樵集》卷 2《与李谏议行方书》，之第 1 页。或者使用更一般的词语，参见《李文公集》卷 10《奏议状·百官行奏状》，第 76 页；《旧唐书》卷 17 下《文宗纪下》，第 573 页，838 年（开成三年）文宗朝议。

147 严耕望（1959）《唐人读书山林寺院之风尚》列举学者习业山林寺院二百多例，并尽可能注明年代。参阅《千唐志斋·唐故郴州刺史赠持节都督洪州诸军事洪州刺史张府君（翃）墓志铭并序》，张翃 778 年卒，享年 70 岁；最初试图入仕，以门荫补斋郎，但立志不就，之后读书修习于侯山玉泉寺，二十二岁明经上第，其文章为知制诰郄昂所称赞。

148 《旧唐书》卷 189 下《儒学传下·尹知章传》，第 4974—4975 页。李华《杨骑曹（极）集序》形象描述开元末期学者群体对佛教的兴趣，见于《文苑英华》卷 701《序·文集三》，之第 7—8 页。此外参阅《文苑英华》卷 678《书·赠答中》，萧颖士《赠韦司业（述）书》，之第 7 页。

149 《皮子文薮》卷 9《书·移成均博士书》，第 96—97 页；与《沈下贤文集》卷 9《序·送洪逊师序》，第 96 页。

150 《旧唐书》卷 189 下《儒学传下·尹知章传》，第 4974—4975 页；《新唐书》卷 200《儒学传下·赵冬曦传附尹愔传》，第 5703 页，王道珪。另见高明士（1971）：《唐代私学的发展》，第 225—226 页。

151 这一措辞要特别感激宇文所安教授。

152 关于此时的房琯，参见《资治通鉴》卷 215 唐玄宗天宝六载（747）第 1 条，第 6875 页。此外，《唐文粹》卷 87《书九·自荐》，房琯《上张燕公书》，之第 1—2 页；《旧唐书》卷 111《房琯传》，第 3320—3324 页；以及蒲立本（1960）：《唐代文人生活中的新儒家与新法家》，第 87 页，第 98—99 页。关于其道师荆朏，参见《唐会要》卷50《观》，第876页。以及其佛教兴趣，参见《全唐文》卷332《房琯·龙兴寺碑序》，之第15页（译者按："15·15b"，原著误作"15a"）。关于后人敬佩房琯的表述，参见《文苑英华》卷744《论·贤臣》，李华《三贤论》，之第3—6页；《文苑英华》卷785《铭·纪德》，李华《唐丞相太尉房公（琯）德铭》，之第1页；《文苑英华》卷946《志·职官八》，梁肃《房正字（凛）墓铭》，之第6页，引李华语；《文苑英华》卷840《谥议·谥议上》，严郢《驳议吕諲》，之第14页；《文苑英华》卷972《行状·行状二》，梁肃《朝散大夫使持节常州诸军事守常州刺史赐紫金鱼袋独孤公（及）行状》，之第10页（译者按："972"，原著误作"792"）；《文苑英华》卷703《序·文集五》，梁肃《补阙李君（翰）前集序》，之第7页注释；《权载之文集》卷13《碑铭·唐故东都留守东都汝州防御使银青光禄大夫检校吏部尚书判东都尚书省事兼御史大夫上柱国扶风县开国伯赠太子少傅杜公（亚）神道碑铭并序》，之第10页；《柳河东集》卷9《表铭碣诔》之李华《唐丞相太尉房公（琯）德铭》与柳宗元《唐相国房公（琯）德铭之阴》，第127—128页；《文苑英华》卷800《记·厅壁四》，郑处晦《邠州节度使厅记》，之第2页；《文苑英华》卷742《论·文》，牛希济《表章论》，之第12页；《唐国史补》卷上，第18页；同书卷下，第49页；《资治通鉴考异》引柳芳《唐历》，见《资治通鉴》卷217唐肃宗至德元载（756）第5条，第7003页。

153 关于陆浑的流行，例见《岑嘉州诗》卷2《七言古诗·送魏升卿擢第归东都因怀魏校书陆浑乔潭》，之第8页；同书卷3《五言律诗·送杜佐下第归陆浑别业》，之第18页；同书卷3《五言律诗·送陈子归陆浑别业》，之第21页；《新唐书》卷202《文艺传中·吕向传》，第5758页（译者按："《新唐书》·HTS"，原著误作"《旧唐书》·CTS"）；《唐文粹》卷16《古调歌篇六·幽居十二》，宋之问《寒食陆浑别业》，之第2页。王维的亲戚致仕后也退耕陆浑，如同陶渊明的形象，参见《王摩诘全集笺注》卷3《古诗·送六舅归陆浑》，第37页。关于房琯在陆浑，参见《旧唐书》卷111《房琯传》，第3320页。此外参阅严耕望（1959）：《唐人读书山林寺院之风尚》，第700页；关于陆浑温泉，参见《封氏闻见记》卷7《温汤》，之第13页。房琯归葬于此，参见《九家集注杜诗》卷27《近体诗·承闻故房相公灵榇自阆州启殡归葬东都有作》，418页。

154 关于元德秀，参见《文苑英华》卷744《论·贤臣》，李华《三贤论》，之第3页；《文苑英华》卷946《志·职官八》，李翱《秘书少监史馆修撰马（宇）墓志》，之第2页；《唐摭言》卷4《师友》，第48页；《旧唐书》卷158《郑余庆传》（第4163页），其父郑慈为元德秀弟子；《旧唐书》卷190下《文苑传下·元德秀传》，第5050—5051页；孙望（1957）《元次山年谱》（第11—13页，第28—30页）也已指出此点。

155 《文苑英华》卷130《赋·哀伤二》，《登临河城赋并序》，之第2页。

156 《唐诗纪事》卷21《萧颖士》，第306页；《全唐诗》卷154《萧颖士·重阳日陪元鲁山德秀登北城瞩对新霁因以赠别》，第1595页，称元德秀为"元兄"；《新唐书》卷202《文艺传中·萧颖士传》，第5769页。

157 《全唐诗》卷154《萧颖士·江有归舟三章并序》，第1593—1954页，可与权德

283 舆为萧颖士弟子戴叔伦所撰墓志铭相印证,参见《权载之文集》卷24《墓志铭·唐故朝散大夫使持节都督容州诸军事守容州刺史兼侍御史充本官经略招讨处置等使谯县开国男赐紫金鱼袋戴公(叔伦)墓志铭并序》,之第6页;《因话录》卷3《商部下》,第89页;《唐诗纪事》卷21《萧颖士》,第307页(译者按:"307",原著误作"207");《新唐书》卷202《文艺传中·萧颖士传》(第5769页)称萧颖士"以推引后进为己任"(译者按:"202",原著误作"200")。另见下文注释253。

158 关于萧颖士的私谥("文元先生"),参见《因话录》卷3《商部下》,第89页;《佛祖统纪》卷8《兴道下八祖纪第四》,第189页。关于元德秀的私谥("文行先生"),参见《旧唐书》卷190下《文苑传下·元德秀传》,第5051页。元德秀从父、元结之父元延明,也有类似的私谥("太先生"),参见《佛祖统纪》卷8《兴道下八祖纪第四》,第189页。

159 例见钱穆(1957):《杂论唐代古文运动》,第123—127页;钱冬父(1962):《唐宋古文运动》,第7—16页;蒲立本(1960):《唐代文人生活中的新儒家与新法家》,第85—88页,第92—97页;罗联添(1977):《韩愈研究》,第220页。描绘这些学者之间关系的重要作品可见于:《权载之文集》卷48《祭文·祭故秘书包监文》,之第1页;《文苑英华》卷702《序·文集四》,李舟《独孤常州(及)集序》,之第8—9页;《文苑英华》卷703《序·文集五》,梁肃《补阙李君(翰)前集序》,之第6—8页;《因话录》卷3《商部下》,第89页。

160 《旧唐书》卷24《礼仪志四》,第924页。

161 李华《祭刘左丞文》(《文苑英华》卷980《祭文·交旧三》,之第3页)称刘秩"大启学徒"(译者按:"980",原著误作"930")。《旧唐书》卷102《刘子玄传》(第3174页)提及刘秩改制国学。《权载之文集》卷41《书·答柳福州书》(之第2—3页)也有提及,但却未见刘秩采取任何措施的细节。权德舆表示刘秩任职国子监使其远离权力中枢;参阅第五章注释135,注释136。颜真卿之兄颜允南(694—762)肃宗朝终官国子司业,参见《颜鲁公文集》卷8《神道碑铭一·正议大夫行国子司业上柱国金乡县开国男颜府君(允南)神道碑铭》,之第7页。

162 《旧唐书》卷149《于休烈传》,第4008页。

163 关于杨绾,参见《旧唐书》卷24《礼仪志四》,第921—922页;《唐文粹》卷28《表奏书疏戊·去滥赏六》,杨绾《条奏贡举疏》,之第6页;《旧唐书》卷119《杨绾传》,第3430—3432页。《新唐书》卷198《儒学传上》(第5637页)将杨绾列为安史乱后三位议优学科的宰辅大儒之一。关于萧昕766年(永泰二年)的改革上言(译者按:"766",原著误作"765"),参见《通典》卷53《礼典·吉礼十二·大学》,第303页;《唐会要》卷36《附学读书》,第668页;《旧唐书》卷24《礼仪志四》,第922—923页;《旧唐书》卷146《萧昕传》,第3961—3962页。关于贾至,参见《旧唐书》卷24《礼仪志四》,第921—922页;《文苑英华》卷765《议·选举》,贾至《贡举议并序》,之第3页;《唐文粹》卷28《表奏书疏戊·去滥赏六》,贾至《议杨绾条奏贡举疏》,之第7页;《旧唐书》卷190中《文苑传中·贾曾传附贾至传》,第5029—5031页;《旧唐书》卷119《杨绾传》,第3432—3434页。何汉心(1986)《初唐铨选:理想与现实》(第98—105页)对

注　释

这次争论有所探讨。

164　《通典》卷 53《礼典·吉礼十二·大学》，第 303 页；《唐会要》卷 36《附学读书》，第 668 页；《册府元龟》卷 50《帝王部·崇儒术二》，之第 12—13 页。

165　《旧唐书》卷 24《礼仪志四》，第 924 页；《旧唐书》卷 184《宦官传·鱼朝恩传》，第 4763—4765 页；《唐国史补》卷上，第 23 页。这一典礼受控并满足于鱼朝恩的私欲，766—768 年（大历元年至三年）鱼朝恩判国子监事，其后更成为朝廷最有权势的宦官。

166　《旧唐书》卷 24《礼仪志四》，第 924 页。

167　关于这一上疏的时间存在争议：《唐会要》卷 66《东都国子监》（第 1157 页）及《册府元龟》卷 604《学校部·奏议三》（之第 14 页）记为 770 年（大历五年）。《旧唐书》卷 149《归崇敬传》（第 4016 页）与《新唐书》卷 164《归崇敬传》（第 5036 页）均约略记为大历初。林泰辅（1916）《論語年譜》（第 162 页）采用此说，即 766 年（大历元年）。但徐松《登科记考》卷 11《唐德宗》（之第 19—21 页）载为 780 年（建中元年）。归崇敬曾前后两次长任国子司业，第一次在大历初（《旧唐书》卷 149《归崇敬传》，第 4016 页），第二次则始于 780 年（《旧唐书》卷 149《归崇敬传》，第 4016 页，第 4019 页；《唐会要》卷 4《杂录》，第 45 页；同书卷 35《释奠》，第 642 页）。但所有资料都表明归崇敬的改制奏疏与皇太子在国子监行齿胄礼有关，皇太子就位后即行齿胄礼应属天然惯例。德宗于 764 年（广德二年）被立为皇太子，参见《新唐书》卷 7《德宗纪》，第 183 页（译者按："183"，原著误作"182"）；《资治通鉴》卷 223 唐代宗广德元年（764）第 5 条，第 7160 页；与《册府元龟》卷 257《储宫部·建立二》，之第 10—12 页。此外，《旧唐书》卷 13《德宗纪下》（第 401 页）还提及德宗的"齿胄之年"，很有可能意指 764 年的齿胄礼，或此后不久，或大历初，如"归崇敬本传"所示。顺宗于 779—780 年（大历十四年至建中元年）被立为皇太子，参见伯纳德·所罗门（1955）：《韩愈〈顺宗实录〉译注》，第 1 页，第 10 页注释 5；以及《旧唐书》卷 12《德宗纪上》，第 324 页；《旧唐书》卷 14《顺宗纪》，第 405 页；《新唐书》卷 7《德宗纪》，第 205 页；《资治通鉴》卷 226 唐代宗大历十四年（779）第 13 条，第 7273 页；《册府元龟》卷 257《储宫部·建立二》，之第 12—13 页。既然归崇敬确实在 780 年（建中元年）提议改定齿胄礼（《唐会要》卷 4《杂录》，第 45—46 页），而且再任国子司业期间，至迟在 782 年（建中三年）还在积极谋求改良国学释奠（《唐会要》卷 35《释奠》，第 642 页），那么徐松所载晚至 780 年的可能性也不能被排除。

168　《旧唐书》卷 119《杨绾传》，第 3434—3435 页。

169　《旧唐书》卷 184《宦官传·鱼朝恩传》，第 4763—4765 页；《旧唐书》卷 24《礼仪志四》，第 923—924 页；《唐国史补》卷上，第 23 页。关于鱼朝恩礼佛，参见《颜鲁公文集》卷 4《书·与郭仆射（英乂）书》，之第 2 页。

170　肃宗、代宗深受阴阳鬼神影响，而德宗却有抵制占卜迷信的意向，参见《旧唐书》卷 130《李泌传》，第 3622—3623 页；《资治通鉴》卷 226 唐代宗大历十四年（779）第 9 条，第 7272 页。此外参阅《文苑英华》卷 167《诗·帝德》，李益《大礼毕皇帝御丹凤门改元建中大赦》，之第 7 页，撰于 780 年（建中元年），提及封禅。

171 《旧唐书》卷119《崔祐甫传》，第3440—3441页（译者按："119"，原著误作"1219"）。许多学术官员对崔祐甫表达赞美和称许，例如《文苑英华》卷946《志·职官八》，梁肃《房正字（凛）墓铭》，之第6页；《权载之文集》卷33《集序·唐故银青光禄大夫守中书侍郎同平章事赠太傅常山文贞公崔公（祐甫）集序》，之第1页；《韩昌黎集》卷20《序·送王秀才序》，第5册，之第21—22页（译者按："20"，原著误作"19"）；《新唐书》卷152《李绛传》，第4842页。参阅《资治通鉴》卷227唐德宗建中三年（782）第16条，第7329页（译者按："227"，原著误作"27"）；《颜鲁公文集》卷14《外集二》，殷亮《颜鲁公行状》，之第8页。《权载之文集》卷23《墓志铭·唐故朝散大夫守秘书少监致仕周君（渭）墓志铭》（之第8页，周渭，746—805）载崔祐甫特别关心四库典籍，并表周渭为秘书校理。

172 参见上文注释167。

173 《封氏闻见记》卷1《儒教》，之第7页；《唐会要》卷69《判司》，第1216页。此提议似乎没有持续施行，例见《韩昌黎集》卷31《碑志·处州孔子庙碑》，第6册，之第58页，提及博士。封演极其敬重颜真卿，在《封氏闻见记》中提到他的许多见解。而且封演被颜真卿所知，其在777年（大历十二年）提及封演为邢州刺史；参见《颜鲁公文集》卷5《记·唐故太尉广平文贞公宋公神道碑侧记》，之第19页。

174 《韩昌黎集》卷14《杂著·太学生何蕃传》，第4册，之第35—36页。

175 《旧唐书》卷154《许孟容传》，第4102页。关于贞元以后的言路阻塞，参阅《白香山集》卷47《策林三·三十六达聪明致理化》，第7册，之第59—60页。另见《旧唐书》卷136《崔损传》，第3755—3756页；以及《旧唐书》卷135《韦渠牟传》，第3729页；《唐语林》卷6《补遗》，第201页。

176 《唐会要》卷35《学校》，第635页。

177 《唐大诏令集》卷106《政事·制举》，第542—544页；《唐大诏令集》卷69《典礼·南郊三》，第387页，陆宣公所拟《贞元元年南郊大赦天下制》云："魏晋已还，浇风未革，国庠乡校，唯尚浮华，选部礼闱，不稽实行"。

178 《柳河东集》卷25《序隐遁道儒释·送易师杨君序》，第417页；同书卷34《书·与太学诸生喜诣阙留阳城司业书》，第539页。

179 《韩昌黎集》卷14《杂著·太学生何蕃传》，第4册，之第35页；《柳河东集》卷9《表铭碣诔·国子司业阳城遗爱碣》，第130页；以及《新唐书》卷194《卓行传·阳城传附何蕃传》（第5572页）证实798年（贞元十四年）何蕃仍为太学生。安史之乱以前，国子太学在学时间似乎最多九年，参见《唐会要》卷35《学校》，第634页；何汉心（1986a）：《唐朝对铨选会集的异议》，第81页（译者按："1986a"，原著误作"1985"）。

180 《唐国史补》卷中，第35页。

181 《柳河东集》卷26《记官署·四门助教厅壁记》，第435—436页；参阅《旧唐书》卷173《李绅传》，第4497页，提及宪宗元和初年。

182 《唐文粹》卷26上《表奏书疏乙·崇儒五》，李观《请修太学书》，之第7页。

关于李观的身分辨别问题，参见岑仲勉（1962a）：《唐集质疑》，第375—379页（译者按："1962a"，原著误作"1961b"）。

183 《旧唐书》卷129《韩滉传附韩洄传》，第3606页；《新唐书》卷126《韩休传附韩洄传》，第4440页；岑仲勉（1962）：《唐人行第录》，第180—181页；《权载之文集》卷20《行状·唐故大中大夫守国子祭酒颍川县开国男赐紫金鱼袋赠户部尚书韩公（洄）行状》，之第7页；与同书卷48《祭文·祭故韩祭酒文》，之第2—3页。德宗时期，韩氏另一位韩群也任职国子监；参见《新唐书》卷126《韩休传附韩洄传》，第4438页。《唐会要》卷79《谥法上》（第1458页）载韩洄谥"成"，但其名作"泂"。

184 《柳河东集》卷9《表铭碣诔·国子司业阳城遗爱碣》（第130页）称太学生一百六十人，其下注释"或云二百七十人"；《柳河东集》卷34《书·与太学诸生喜诣阙阳城司业书》（第539页）注释称二百人。参阅《资治通鉴》卷235唐德宗贞元十四年（798）第9条，第7581页；与《旧唐书》卷192《隐逸传·阳城传》，第5133页。但柳宗元在《柳河东集》卷34《书·与太学诸生喜诣阙留阳城司业书》（第539页）中自称有"百数十人"，可能是没有偏见的近似数。魏礼（1949）《白居易的生平及其时代》（第66页）认为有"近三百名"。

185 《旧唐书》卷192《隐逸传·阳城传》，第5132页；以及《新唐书》卷194《卓行传·阳城传》，第5569页。另见《资治通鉴》卷233唐德宗贞元四年（788），第7514页；同书卷235唐德宗贞元十一年（795）第2条，第7566—7568页；同书卷235唐德宗贞元十一年（795）第9条，第7569页；同书卷235唐德宗贞元十四年（798）第9条，第7581页；《文苑英华》卷703《序·文集五》，梁肃《丞相邺侯李泌文集序》，之第3页；《柳河东集》卷9《表铭碣诔·国子司业阳城遗爱碣》，第129—132页；同书卷34《书·与太学诸生喜诣阙阳城司业书》，第538—540页；《韩昌黎集》卷14《杂著·太学生何蕃传》，第4册，之第35—36页；同书卷30《碑志·唐故相权公（德舆）墓碑》，第6册，之第48页；同书卷20《序·送何坚序》，第5册，之第20—21页（译者按：卷"20"，原著误作"19"）。《白香山集》卷2《讽谕二·古调诗五言·和阳城驿诗》，第2册，之第26—27页；同书卷3《讽谕三·道州民》，第2册，之第42页。阳城一直被铭记直至唐朝结束，参见《元氏长庆集》卷2《古诗·阳城驿》，之第2—3页；参阅《司空表圣文集》卷4《杂著·答孙郃书》，之第3页；提及《韩昌黎集》卷14《杂著·争臣论》，第4册，之第24—26页。

186 《韩昌黎集》卷9《律诗·上巳日燕太学听弹琴诗序》，第5册，之第10—11页；花房英树（1964）《韓愈歌詩索引》（第67页）系此文于802年（贞元十八年）。《韩昌黎集》卷23《祭文·吊武侍御所画佛文》（第5册，之第61页）确认是武少仪，而非武儒衡。柳宗元为四门助教武儒衡撰文，见于《柳河东集》卷26《记官署·四门助教厅壁记》，第434页。关于韩愈褒扬国子监官的另一例证，参见窦牟（749—822）墓志，《韩昌黎集》卷33《碑志·唐故国子司业窦公（牟）墓志铭》，第6册，之第78页。

187 刘禹锡、柳宗元及韩泰均曾诣四门助教施士匄听讲《毛诗》《春秋》和《左传》；参见《韩昌黎集》卷24《碑志·施先生（士匄）墓志》，第5册，之第71—72页及注释；与卞孝萱（1963）：《刘禹锡年谱》，第 28—29 页；以及《新唐书》卷 200《儒学传下·啖助传附施士匄传》，第 5707 页。德宗朝之初，《春秋》学者及改革家陆淳曾短暂左降国子博士；参见下文第三章注释 169。

188 《白香山集》卷 48《策林四·六十救学者之失 礼乐诗书》，第 7 册，之第 77—78 页。

189 《唐会要》卷 66《东都国子监》，第 1159 页。

190 《旧唐书》卷 166《元稹传》，第 4327—4331 页。在上疏开头部分，元稹提及"修废学"的诏令。

191 《册府元龟》卷 50《帝王部·崇儒术二》，之第 14 页。

192 《唐会要》卷 66《东都国子监》，第 1160 页；《唐摭言》卷 1《西监》，第 6—7 页。

193 《唐会要》卷 66《东都国子监》，第 1159 页。

194 这似乎是 808 年（元和三年）制举策问的结果，参见《唐大诏令集》卷 106《政事·制举·元和三年试制举人策问》，第 545 页。关于此对策，参见《皇甫持正文集》卷 3《策·制策一道》，之第 7 页。

195 《唐文粹》卷 26 上《表奏书疏乙·崇儒五》，李行修《请置诗学博士书》，之第 8 页。

196 《韩昌黎集》卷 5《古诗·石鼓歌》，第 2 册，之第 44 页。

197 《文苑英华》卷 816《记·学校》，舒元舆《问国学记》，之第 1—3 页；舒元舆，卒于 835 年（大和九年）。

198 《唐会要》卷 35《释奠》，第 643 页；《新唐书》卷 15《礼乐志五》，第 376 页。

199 《唐文粹》卷 27《表奏书疏丁·学校二》，李绛《请崇国学疏》，之第 5 页。参阅《通典》卷 13《选举典·历代制上》（第 75 页）所载唐对汉代情形的概括；《柳河东集》卷 34《书·与太学诸生喜诣阙留阳城司业书》（第 539 页）回顾过去太学生的人数和政治力量。另一方面，李德裕不赞成后汉太学诸生参与时政，参见《李文饶文集》卷 10《论朝廷大政等状·论朝廷事体状》，之第 10 页。

200 《唐会要》卷 66《东都国子监》，第 1160 页；《旧唐书》卷 158《郑余庆传》，第 4166 页。参阅 819 年（元和十四年）大赦以公费修葺两都国子监馆宇，《文苑英华》卷 422《翰林制诏·赦书三》，编制《元和十四年七月二十三日上尊号赦》，之第 12 页。《唐大诏令集》卷 10《帝王·册尊号赦下·元和十四年册尊号赦》（第 59—60 页）所载赦文与《文苑英华》非常不一致，但二者都强调尊崇孔子后裔及"二王三恪"；参见第四章注释 27，注释 109。

201 高明士（1970）《唐代官学的发展与衰落》（第 38—45 页）列出安史乱后国子监学官之名，不过其名单并非详尽无遗。

202 许州（今河南）之例显示该地文宣王庙暨学舍直到 836 年（开成元年）才得以修复，参见《刘禹锡集》卷 3《碑中·许州文宣王新庙碑》，第 27 页。关于 773 年（大历八年）兖州孔庙新造南门，参见《金石萃编》卷 99《文宣王庙新门记》，之第 8 页，裴孝智撰（译者按："8"，原著误作"2"）。

203 关于扶风县（今陕西），参见《文苑英华》卷 814《记·祠庙上》，程浩《凤翔府扶风县文宣王新庙记》，之第 1—3 页，落款 767 年（大历二年）；关于袁州（今江西），参见《文苑英华》卷814《记·祠庙上》，萧定《袁州文宣王庙记》，之第3—4页，亦落款767年。

204 《九家集注杜诗》卷16《古诗·题衡山县文宣王庙新学堂呈陆宰》，第249页（译者按："16"，原著误作"60"）；洪业（1952）：《杜甫：中国最伟大的诗人》，第263—264页。

205 关于濠州（今安徽），参见《旧唐书》卷125《张镒传》，第3545—3546页。关于常州（今江苏），参见《文苑英华》卷737《序·杂序三》，梁肃《陪独孤常州观讲论语序》，之第8页。关于坊州（今陕西），参见《韩昌黎集》卷30《碑志·唐故中散大夫少府监胡良公（珦）墓神道碑》，第6册，之第46页。关于涿州（今直隶（河北）），参见《全唐文》卷480《韦稔·涿州新置文宣王庙碑》，之第7—9页。关于福建，参见《新唐书》卷150《常衮传》，第4810页；与《新唐书》卷203《文艺传下·欧阳詹传》，第5786页。关于福州，参见《文苑英华》卷703《序·文集五》，梁肃《常州刺史独孤及集后序》，之第5页；与《毗陵集》卷9《碑铭·福州都督府新学碑铭》，之第4页。关于陈留（今河南），参见《文苑英华》卷703《序·文集五》，梁肃《常州刺史独孤及集后序》，之第5页；与同书卷846《碑·儒三》，陈兼《陈留郡文宣王庙堂碑》，之第3—5页；以及岑仲勉（1962a）：《唐集质疑》，第389—390页。洪州（今江西）孔庙可能也已重建，因为《权载之文集》卷14《碑铭·唐故中书侍郎同中书门下平章事太子宾客赠户部尚书齐成公（抗）神道碑铭并序》（之第4页）载有齐抗所撰《洪州文宣王庙碑》。罗珦（809年卒，谥"懿"），在庐州（今安徽）复兴乡校，参见《权载之文集》卷23《墓志铭·唐故大中大夫守太子宾客上柱国襄阳县开国男赐紫金鱼袋罗公（珦）墓志铭》，之第6页；与《新唐书》卷197《循吏传·罗珦传》，第5628页。

206 《颜鲁公文集》卷7《碑铭二·湖州乌程县杼山妙喜寺碑铭》，之第8页。

207 《柳河东集》卷5《古圣贤碑·道州文宣王庙碑》，第74—77页。

208 《韩昌黎集》卷30《碑志·唐故河南令张君（署）墓志铭》，第6册，之第42页；同书《外集》卷5《潮州请置乡校牒》，第7册，之第84页；同书卷31《碑志·处州孔子庙碑》，第6册，之第58—59页。关于韩愈处州碑文的重要续篇，参见《樊川文集》卷6《书处州韩吏部孔子庙碑阴》，第105—106页。另见宋董逌（约1130年卒）《广川书跋》卷9《处州孔子庙碑》（第111—112页）关于此碑之后历史的跋语。（译者按：原著正文原为"潮州（今福建）"，现据作者之意改为"潮州（今广东）"。）

209 《刘禹锡集》卷20《杂著·奏记丞相府论学事》，第183页；参阅同书卷3《碑中·许州文宣王新庙碑》，第27页；及上文注释202。

210 《封氏闻见记》卷5《颂德》《壁记》，之第11—14页；以及《白香山集》卷48《策林四·六十八议文章 碑碣词赋》，第7册，之第83—84页。参阅第五章及注释165。

211 刘轲《牛羊日历》，蒲立本（1959）《刘轲：被遗忘的韩愈的竞争者》（第157页）有所征引。

212 关于文宗缺乏决断力，参见《资治通鉴》卷243唐文宗大和元年（827）第3条，第7854页；同书卷246唐文宗开成三年（838）第7条，第7932—7933页（译者按："7932-7933"，原著误作"7933-7934"）。

213 这显然来自 828 年（大和二年）制科策试中的刘蕡对策，参见《旧唐书》卷 190 下《文苑传下·刘蕡传》，第 5064 页；《新唐书》卷 178《刘蕡传》，第 5295 页；《资治通鉴》卷 243 唐文宗大和二年（828）第 4 条，第 7858 页。

214 《唐大诏令集》卷 29《皇太子·册太子敕·大和七年册皇太子德音》，第 106 页；《旧唐书》卷 176《周墀传》，第 4571—4572 页（译者按："176"，原著误作"171"）；《旧唐书》卷 176《郑肃传》，第 4573—4574 页；《旧唐书》卷 173《郑覃传》，第 4489—4492 页。

215 《唐会要》卷 66《东都国子监》，第 1162 页；《旧唐书》卷 17 下《文宗纪下》，第 551 页，第 555 页；《册府元龟》卷 50《帝王部·崇儒术二》，之第 15 页。《旧唐书》卷 173《郑覃传》（第 4491—4492 页）记为 835 年（大和九年）或之后。《唐会要》卷 92《内外官职田》（第 1672 页）载为 837 年（开成二年）；《旧唐书》卷 17 下《文宗纪下》（第 565 页）则为 836 年（开成元年）。然而戴何都（1947）《〈新唐书〉"百官志"和"兵志"译注》（第 450 页）却误从"郑覃本传"推测时间。《旧唐书》卷 17 下《文宗纪下》（第 565 页）载这些职位置于 836 年（开成元年）；很可能由于财政问题，需要对博士进行重新分类。834 年（大和八年）即曾任命《周易》博士，参见《旧唐书》卷 17 下《文宗纪下》，第 555 页。关于其后专门职位的任命，例见罗继祖《登科记考补》（第 122 页）载赵□旨为《礼记》博士；《千唐志斋·大唐故苏州长洲县令孙府君夫人吴郡张氏墓志铭并序》，孙氏 850 年卒，享年 61 岁，此墓志铭乃其侄《春秋》博士孙项所撰（《新唐书》卷 73 下《宰相世系表三下》（第 2955 页）可证实孙项的存在）；《旧唐书》卷 18 下《宣宗纪》（第 640 页）载李浔为《礼记》博士；《新唐书》卷 183《朱朴传》（第 5385 页）与《资治通鉴》卷 260 唐昭宗乾宁三年（896）第 29 条（第 8491 页）载朱朴为《毛诗》博士。

216 《李义山文集》卷 4《序·樊南乙集序》，之第 20 页。此日期来自《樊南文集详注》卷 7《序·樊南乙集序》，之第 26 页。参阅《旧唐书》卷 190 下《文苑传下·李商隐传》，第 5078 页。

217 《皮子文薮》卷 9《书·移成均博士书》，第 96—97 页。

218 参阅上文注释 201。唐末至少有一位学者确为国子祭酒，即李涪；参见《刊误引得》，第 i 页。

219 《旧唐书》卷 179《孔纬传》，第 4652 页。另一位自称孔子后裔的孔温裕，也于 869 年（咸通十年）上奏，请修不在其管内的曲阜孔庙，参见《金石萃编》卷 117《曲阜文宣王庙记》，之第 22 页。此次新修于 870 年（咸通十一年）完成并立碑纪念，参见《金石萃编》卷 117《曲阜文宣王庙记》，之第 20 页，贾防撰。《石墨镌华》卷 3《跋·唐孔温裕修孔庙碑》（第 41 页）分析此碑与贾防撰文之间的关系。

220 《唐会要》卷 35《褒崇先圣》，第 640 页（译者按："640"，原著误作"1640"）；《册府元龟》卷 50《帝王部·崇儒术二》，之第 16 页；《旧唐书》卷 20 上《昭宗纪》，第 740 页；《旧唐书》卷 179《孔纬传》，第 4651 页。

221 《莆阳黄御史集·别录》（第 355 页）载 898—900 年（光化元年至三年）黄滔除

四门博士；《旧唐书》卷 20 上《昭宗纪》（第 768 页）载 900 年（光化三年）张承奉为检校国子祭酒；《旧唐书》卷 20 上《昭宗纪》（第 780 页）载 904 年（天祐元年）欧阳特为国子博士；另见高明士（1970）：《唐代官学的发展与衰落》，第 44—45 页。

222 《通典》卷 53《礼典·吉礼十二·太公庙》，第 306—307 页；《唐会要》卷 23《武成王庙》，第 435 页。

223 《通典》卷 53《礼典·吉礼十二·太公庙》，第 307 页；《唐会要》卷 23《武成王庙》，第 435 页；《大唐郊祀录》卷 2《凡例中·奠献》，之第 11—12 页（译者按："11-12·11b-12a"，原著误作"12b"）；与同书卷 10《飨礼二·释奠武成王》，之第 9 页；《旧唐书》卷 24《礼仪志四》，第 935 页（此后的发展《旧唐书》没有追溯）；《新唐书》卷 15《礼乐志五》，第 377 页；《资治通鉴》卷 221 唐肃宗上元元年（760）第 13 条，第 7091 页（译者按："760"，原著误作"706"）。《新唐书》卷 60《艺文志四》（第 1617 页）与《唐书经籍艺文合志》丁部集录《别集类》（第 365 页）收录国子博士卢铤所撰《武成王庙十哲赞》一卷。《新唐书》卷 73 上《宰相世系表三上》（第 2934 页）载卢铤为卢同宰之子。据宋代所编《严州图经》记载，卢同宰于 742 年（天宝元年）6 月 28 日拜严州刺史。因此其子卢铤的仕宦可能跨越八世纪中叶，《武成王庙十哲赞》之作很可能与 760 年（上元元年）扩充有关。（译者按：原著此时间径用阿拉伯数字照录史籍之中历年月日，并未转换成西历公元年月日，下同。）

224 《大唐郊祀录》卷 10《飨礼二·释奠武成王》，之第 12 页；《新唐书》卷 15《礼乐志五》，第 377 页。

225 《大唐郊祀录》卷 10《飨礼二·释奠武成王》，之第 12 页。

226 《唐会要》卷 23《武成王庙》（第 435—436 页）载此次扩张发生在 782 年（建中三年）。而《大唐郊祀录》卷 10《飨礼二·释奠武成王》（之第 12 页）记述 781 年（建中二年）"诏有司缮葺，再修祀事"。此外，王泾在同书卷 10《飨礼二·释奠武成王》（第 9 页）自注中又将涉及王馆的名将图像扩充系于 783 年（建中四年）。但或许这只是标志着重建过程的结束。《唐会要》卷 23《武成王庙》，第 436 页；《旧唐书》卷 137《于邵传》（第 3766 页）与《新唐书》卷 203《文艺传下·于邵传》（第 5783 页）同《唐会要》记载一致，786 年（贞元二年）朝廷授命于邵而非王泾重新撰进武成王庙乐章。而王泾《大唐郊祀录》卷 10《飨礼二·释奠武成王》（之第 16 页）则系于 790 年（贞元六年）（译者按："16"，原著误作"10"）。关于郭子仪，参见《旧唐书》卷 120《郭子仪传》，第 3449—3466 页。

227 786 年（贞元二年）2 月关播上疏，参见《唐会要》卷 23《武成王庙》，第 436 页；《新唐书》卷 15《礼乐志五》，第 378—379 页（不在王泾记述中，《唐会要》日期可能有误）。李纾与其他四十六人之中，最引人注目的当属 788 年（贞元四年）8 月《春秋》学者陆淳之议。以令狐建为首的武将二十四人支持太公祭祀，而令狐建为安史之乱时期著名将领之子。论战的结果是达成妥协，太公祭祀由太常负责，献官则由武将充任；参见《大唐郊祀录》卷 10《飨礼二·释奠武成王》，之第 14—16 页；《通典》卷 53《礼典·吉礼十二·太公庙》，第 307 页；《唐会要》卷 23《武成王庙》，第 436—438 页；《新唐书》卷 15《礼乐志五》，第 380 页。
228 参见上文注释 226。
229 《权载之文集》卷 25《墓志铭·唐故太原府录事参军李府君（雍）墓志铭并序》（之第 9 页）提及太公庙丞一职。关于太公的其他材料见于《白香山集》卷 2《讽谕二·古调诗五言·立碑》（第 2 册，之第 21 页），白居易在诗句中描述功德碑太公与孔子相称。《唐文粹》卷 66《铭甲·名迹十》，梁肃《磻溪铭》（之第 6 页），主题是太公与西周国运相合，只有"戎衣"一词表明其武将角色。
230 《唐会要》卷 23《武成王庙》，第 439 页。
231 《新唐书》卷 15《礼乐志五》，第 376 页。
232 《资治通鉴》卷 221 唐肃宗上元元年（760）第 13 条，第 7091 页；《新唐书》卷 15《礼乐志五》，第 376—377 页。
233 《册府元龟》卷 50《帝王部·崇儒术二》，之第 13 页注释。
234 《旧唐书》卷 24《礼仪志四》，第 923 页；《新唐书》卷 15《礼乐志五》，第 376 页。
235 《册府元龟》卷 50《帝王部·崇儒术二》，之第 13—14 页。
236 《旧唐书》卷 24《礼仪志四》，第 923—924 页；《旧唐书》卷 184《宦官传·鱼朝恩传》，第 4763—4764 页；《唐国史补》卷上，第 23 页。
237 《册府元龟》卷 50《帝王部·崇儒术二》，之第 13 页。
238 《刘禹锡集》卷 20《杂著·奏记丞相府论学事》，第 183—184 页；卞孝萱（1963）《刘禹锡年谱》（第 123 页）认为刘禹锡任夔州刺史的时间在 822—824 年（长庆二年至四年）。
239 《刘禹锡集》卷 3《碑中·许州文宣王新庙碑》，第 27 页。
240 《唐会要》卷 35《释奠》（第 643 页）记为 799 年（贞元十五年），《旧唐书》卷 149《归崇敬传》（第 4019 页）载归崇敬卒于这一年。《旧唐书》卷 149《归崇敬传》（第 4015 页）所载归崇敬官职与《唐会要》相同，但指出其在代宗即位之初即有上疏；《新唐书》卷 164《归崇敬传》（第 5036 页）同样记为初期。关于杜牧的评论，参见《樊川文集》卷 6《书处州韩吏部孔子庙碑阴》，第 106 页。宋代的评价见于《新唐书》卷 164"赞曰"，第 5058 页。
241 《柳河东集》卷 5《古圣贤碑·道州文宣王庙碑》，第 75—76 页；宋代《新唐书》编撰者予以谴责，参见《新唐书》卷 164"赞曰"，第 5058 页。
242 《新唐书》卷 150《常衮传》，第 4810 页。
243 《唐文粹》卷 35《论乙·辨析》，李观《辨曾参不为孔门十哲论》，之第 2 页（译者按："35"，原著误作"5"）；《白香山集》卷 59《碑志序记表赞论衡书·难对》，第 9 册，之第 39 页；魏礼（1949）：《白居易的生平及其时代》，第 169—170 页；罗香林（1954）：《唐代三教讲论考》，第 93—94 页。关于玄宗时期以后的其他论争，参见罗香林（1954）：《唐代三教讲论考》，第 94—95 页。
244 《文苑英华》卷 360《杂文·杂说》，来鹄《仲由不得配祀说》，之第 10—11 页，来鹄，咸通年间（860—873）进士。
245 《皮子文薮》卷 9《书·请韩文公配飨太学书》，第 93—95 页。
246 陶希圣（1972a）：《孔子庙堂中汉儒及宋儒的位次（下）》，第 85 页（译者按：

注　释

"1972a"，原著误作"1972b"）。

247　《李文公集》卷 8《书·荐所知于徐州张仆射书》，第 57 页。
248　《新唐书》卷 162《独孤及传》，第 4993 页；梁肃对独孤及道"公视肃以友，肃亦仰公犹师"，参见《文苑英华》卷 703《序·文集五》，梁肃《常州刺史独孤及集后序》，之第 6 页。
249　《文苑英华》卷 946《志·职官八》，梁肃《房正字（凛）墓铭》，之第 5—6 页。李华称赞房凛，并指出常衮和崔祐甫为相时，待其以"儒职"。
250　《权载之文集》卷 31《记·司门员外郎壁记》，之第 3 页。关于仲子陵，另见第四章注释 197。
251　《李元宾文集》卷 3《上陆相公书》，第 29 页（译者按："29"，原著误作"19"）。
252　《刘禹锡集》卷 3《碑中·许州文宣王新庙碑》，第 28 页。刘禹锡在其他场合表达对杜佑及其家族的敬意，参见《刘禹锡集》卷 39《杂著·子刘子自传》，第 393 页。其后刘禹锡成为一名老师，参见卞孝萱（1963）：《刘禹锡年谱》，第 107 页。
253　关于裴度与刘太真，参见《全唐文》卷 538《裴度·刘府君（太真）神道碑铭并序》，之第 15 页；与《登科记考》卷 12《唐德宗》，之第 24—26 页，裴度列举刘太真弟子二十余人。刘太真又是萧颖士之门人，参见《唐诗纪事》卷 27《贾邕》，第 422 页；与同书卷 28《刘太真》，第 436 页；《唐文粹》卷 85《书七·论文下》，刘太真《上杨相公启》，之第 10 页；《文苑英华》卷 702《序·文集四》，顾况《礼部员外郎陶氏集序》，之第 10 页；《旧唐书》卷 137《刘太真传》，第 3762 页。
254　《柳河东集》卷 30《书明谤责躬·与顾十郎书》，第 496—497 页；《文苑英华》卷 988《祭文·交旧十一》，吕温《祭座主故兵部尚书顾公（少连）文》，之第 4—6 页；岑仲勉（1962a）：《唐集质疑》，第 403—405 页（译者按："1962a"，原著误作"1962b"）；《文苑英华》卷 918《碑·神道·职官二十六》，杜黄裳《东都留守顾公（少连）神道碑》，之第 3—7 页。
255　《樊川文集》卷 14《唐故尚书吏部侍郎赠吏部尚书沈公（传师）行状》，第 212 页。
256　《权载之文集》卷 42《书·（附）独孤秀才书》，之第 6—8 页。
257　《李文公集》卷 7《书·谢杨郎中书》，第 49 页；《唐文粹》卷 86《书八·荐贤四》，韦处厚《上宰相荐皇甫湜书》，之第 1 页。
258　《柳河东集》卷 19《吊赞箴戒·师友箴并序》，第 341—342 页；同书卷 34《书·与太学诸生喜诣阙留阳城司业书》，《书·答韦中立论师道书》，第 539—543 页。
259　《柳河东集》卷 34《书·与太学诸生喜诣阙留阳城司业书》，第 538—540 页。此处引文为：关于孔子，参见《论语·公冶长第五》，第 22 条；关于荀子，参见《荀子》卷 30《法行》，第 13 行，第 106 页；关于曾参，参见《孟子》卷 4B《离娄下》，第 31 条，第 33 页；关于孟子，参见《孟子》卷 7B《尽心下》，第 30 条，第 57 页（译者按："57"，原著误作"67"）。
260　花房英树（1964）：《韓愈歌詩索引》，第 378—381 页。

261 《韩昌黎集》卷17《书·与崔群书》，第4册，之第68—70页；同书卷20《序·送何坚序》，第5册，之第20—21页（译者按：卷"20"，原著误作"19"）。

262 《皇甫持正文集》卷6《碑铭·韩文公墓铭》，之第6页。

263 《韩昌黎集》卷17《书·与祠部陆员外书》，第4册，之第75—77页；《论语·子路第十三》，第2条。

264 《韩昌黎集》卷4《古诗·游青龙寺赠崔大补阙》，第2册，之第18页。关于对其806—809年（元和元年至四年）学术职位的评论，参见《韩昌黎集》卷8《联句·纳凉联句》，第3册，之第9—11页；同书卷4《古诗·崔十六少府摄伊阳以诗及书见投因酬三十韵》，第2册，之第29—30页；同书卷4《古诗·送侯参谋赴河中幕》，第2册，之第31页。

265 李翱《李文公集》卷11《行状实录·故正议大夫行尚书吏部侍郎上柱国赐紫金鱼袋赠礼部尚书韩公（愈）行状》（第87—88页）记载（译者按："87-88"，原著误作"80-81"），韩愈任国子祭酒时，有直讲"能说礼，而陋容"，其他学官摈之不得共食，而韩愈召直讲与祭酒共食。此举可能是韩愈理想的实践示范，即知识应该受到尊重，而与身分无关。关于韩愈建议按《唐六典》规定增加学生人数，参见《韩昌黎集》卷37《状·请复国子监生徒状》，第7册，之第19—20页；以及蔡涵墨（1986）：《韩愈与唐代的大一统努力》，第101页。

266 《韩昌黎集》卷16《书·重答翊书》，第4册，之第59—60页；《论语·述而第七》，第29条；花房英树（1964）：《韓愈歌詩索引》，第67页。

267 《吕和叔文集》卷3《书序·与族兄皋请学春秋书》，之第1—3页；《李文公集》卷7《书·与陆傪书》，第50页；《韩昌黎集》卷14《杂著·进士策问十三首》，第4册，之第23页；同书卷12《杂著·师说》，第3册，之第75—77页；同书卷14《书·与李秘书论小功不税书》，第4册，之第34页。关于新儒家时代这些信念何其意气相投，参见窦德士（1983）：《儒学与独裁：明朝建立过程中的职业精英》，第32—34页。

268 《韩昌黎集》卷12《杂著·进学解》，第3册，之第77—79页。后来甚至有传说称韩愈拥有专门用来教学的场所，参见《太平广记》卷54《神仙五十四·韩愈外甥》，第331页；与同书卷409《草木四·木花·染牡丹花》，第3315页。另见高明士（1971）：《唐代私学的发展》，第230页；以及此处所用"学院"一词，参见第242—244页。

269 魏侯玮（1977）《儒师王通：一千年的争论》（第240—255页）援引九世纪提及的王通。李翱在《李文公集》卷6《书·答朱载言书》（第42页）中对王通持否定意见，尽管如此，却表示其正处在讨论之中；《韩昌黎集》卷15《书启·与孟东野书》，第4册，之第41页注释（译者按："15"，原著误作"5"；"4"，原著误作"2"）；裴延翰《樊川文集序》，《樊川文集》，第3册；《皮子文薮》卷4《碑铭赞·文中子碑》，第38—39页（译者按："38"，原著误作"36"）；《司空表圣文集》卷5《碑·文中子碑》，之第1页；同书卷9《杂著·三贤传》，之第1页。

270 《韩昌黎集》卷12《杂著·师说》，第3册，之第76页；《新唐书》卷177《韦表微传》，第5275页；《唐文粹》卷86《书八·师资七》，林简言《上韩吏部书》，之第6页。

271 参见上文注释149。

第三章　经学

1 蔡涵墨（1986）：《韩愈与唐代的大一统努力》，第236页。
2 年少时即已熟读经书者在各级文献传记中比比皆是。关于知名学者的实例，如刘知幾列举《左传》，参见《史通通释》卷10《内篇·自叙》，之第11页，蒲立本（1961）《中国的史学批评：刘知幾与司马光》（第137页）有所征引；独孤及列举《孝经》，参见《文苑英华》卷924《碑·神道·职官三十二》，崔祐甫《常州刺史独孤及神碑》，之第5—6页；萧颖士列举《论语》《尚书》，参见《文苑英华》卷678《书·赠答中》，萧颖士《赠韦司业（述）书》，之第5—7页；陆龟蒙列举"六经"，以及孟子、杨雄之书，参见《文苑英华》卷690《书·经史》，陆龟蒙《复友生论文书》，之第10页（译者按："10"，原著误作"11"）。关于一些较晚读书却获得成功者，例见《元次山集》附录二，颜真卿《唐故容州都督兼御史中丞本管经略使元君（结）表墓碑铭并序》，第166页，元结十七岁；《陈子昂集》附录，卢藏用《陈氏别传》，第252页，陈子昂十七八岁；《颜鲁公文集》卷9《神道碑铭二·中散大夫京兆尹汉阳郡太守赠太子少保鲜于公（向）神道碑铭》，之第10页，鲜于向（693—752）二十岁始读书，"年近四十"举乡贡进士。关于学习极快的例子，参见《颜鲁公文集》卷9《神道碑铭二·朝议大夫守华州刺史上柱国赠秘书监颜君（元孙）神道碑铭》，之第5页，颜元孙习《尚书》，"六日而兼注必究"。
3 关于此处"吏"和"吏道"的否定之义，参见《文苑英华》卷884《碑·神道·将相二》，张九龄《侍中兼吏部尚书裴光庭神道碑》，之第9页；《唐陆宣公翰苑集》卷6《制诰·策问贤良方正能直言极谏科》，之第8页；《唐大诏令集》卷106《政事·制举·贞元元年贤良方正直言极谏科策问》，第542页，陆宣公；《文苑英华》卷689《书·荐举上》，柳冕《与权侍郎（德舆）书》，之第1页，将"吏道"归因于隋；以及《元次山集》卷9《举处士张季秀状》，第135页。关于官员仕途中的"吏道"，例见《旧唐书》卷77《杨纂传》（第2673页），卒于652年（永徽三年）；《旧唐书》卷113《裴冕传》（第3353页），卒于769年（大历四年）末或770年（大历五年）初；《旧唐书》卷129《韩滉传》（第3599页）；《旧唐书》卷146《李若初传》（第3965页），卒于799年（贞元十五年）。在诸如《旧唐书》卷102《马怀素传》（第3164页）及《旧唐书》卷157《王彦威传》（第4156页）中，"儒道"与"吏道"是对立的。此外参阅《幽忧子集》卷5《骚·释疾文并序》（之第3页），卢照邻描写高宗朝重"吏"而反"儒""墨"（译者按：《幽忧子集》·*Yu yu tzu chi*"，原著误作"*Yu yu chi*"）。不过，当有关官员深具学识及正直时，"吏"和"吏道"也未必是负面的，例见《毗陵集》卷6《议·故江陵尹兼御史大夫吕諲谥议》，之第9页；《旧唐书》卷96《姚崇传》，第3025页。关于

"饰吏以儒"，参见《毗陵集》卷 20《祭文下·祭扬州韦大夫（元甫）文》，之第 3 页；并参阅《毗陵集》卷 6《议·故江陵尹兼御史大夫吕諲谥议》，之第 9 页。

4 《汉书》卷 65《东方朔传》，第 2841 页。关于唐代使用"三冬"一词，例见《千唐志斋·大唐故巫州龙标县令崔君（志道）墓志铭并序》，崔志道 682 年卒，享年 72 岁，射策高第；《千唐志斋·大唐故扬州扬子县令崔府君（光嗣）墓志铭并序》，崔光嗣 732 年卒，享年 71 岁，应"三教"举高第。

5 《旧唐书》卷 190 中《文苑传中·刘宪传》，第 5016—5017 页；另见下文注释 97。

6 史华慈（1959）：《儒家思想中的几个极点》，第 52—53 页；《礼记注疏》卷 60《大学》，之第 1 页。

7 在持续的廷议记录中，儒家经典被征引频率的大致迹象，可以在原田種成《贞观政要》索引中得以展现。关于《毛诗》，参见第 69 页；关于《春秋》，参见第 80 页。另见下文注释 48—51。

8 关于原注的时代，参见本田成之（1935）：《中国经学史》，第 156—206 页；裴普贤（1969）：《经学概述》，第 237—240 页。关于经疏，参见牟润孙（1960）：《论儒释两家之讲经与义疏》，第 356—359 页。

9 南北朝分裂时期，"儒""玄"并列非常普遍，正如许多学者因精通儒、玄二学而受到赞扬所示；例见《南齐书》卷 54《高逸传·顾欢传》，第 929 页；《陈书》卷 33《儒林传·沈不害传》，第 447 页；《梁书》卷 3《武帝纪下》，第 96 页。《开封市博物馆·张波墓志》（张波为隋代官员，其子张方晋）显示分裂时代末期或是隋朝依然存在儒、玄并称。据《通典》卷 27《职官典·诸卿下·国子监》（第 161 页）记载，刘宋时期（420—479）儒、玄与文、史构成"四科"，并因此成为唐代"四部"的前身。

10 关于陆德明，参见《旧唐书》卷 189 上《儒学传上·陆德明传》，第 4944—4945 页。关于《经典释文》，参见陆德明序；《旧唐书》卷 46《经籍志上》，第 1983 页；《新唐书》卷 57《艺文志一》，第 1446 页；以及《唐书经籍艺文合志》甲部经录《经解类》，第 51 页。谭朴森（1979）《慎子逸文》（第 56—61 页与注释）详细回顾陆德明一生的编年大事。敦煌和奈良的文书残片可以证明《经典释文》的广泛流传，参见谭朴森（1979）：《慎子逸文》，第 58 页注释 31。《经典释文》受到唐代官方学者的高度推崇，这从 776 年（大历十一年）张参重定《五经文字》时的评价可以看出。张参称《经典释文》"特为详举"，并将之用于国子监经书版本的确立；参见下文注释 147。陆德明对《左传》传授的记述也被算成安史乱后的《春秋》学著作，参见下文注释 165；与《春秋纂例》卷 1《赵氏损益义》，之第 12 页，赵匡。关于 624 年（武德七年）三教讲论，参见罗香林（1954）：《唐代三教讲论考》，第 85—87 页。

11 关于颜师古的委任，参见《贞观政要》卷 7《崇儒学第二十七》（第 215—216 页），记为 630 年（贞观四年）；《旧唐书》卷 73《颜师古传》（第 2594 页），《旧唐书》卷 189 上《儒学传上》（第 4941 页），《旧唐书》卷 3《太宗纪下》（第 43 页），则为 633 年（贞观七年）。

12 《隋书》卷 32《经籍志一》，第 933 页。

13 关于唐前"定本"，参见刘文淇（1789—1856）《左传旧疏考正自序》，《左传旧疏

注　释

考正》，之第 3—4 页。刘文淇序之注释指出孔颖达疏中多引"定本"，如《周易》，以及《尚书》与《礼记》；而《毛诗》与《左传》所引最夥。在一些例子中，如《左传注疏》卷 49（之第 3 页），疏则完全否定定本。关于唐前史书中提到的特定经籍，参见《隋书》卷 66《郎茂传》，第 1554 页，北齐；《隋书》卷 75《儒林传·萧该传》，第 1715 页。

14　关于《颜氏字样》，参见《颜鲁公文集·补遗·干禄字书序》（《四部丛刊》本），之第 2—3 页。颜真卿还批评性地提到其后杜延业续修之书（《群书新定字样》）。

15　裴普贤（1969）：《经学概述》，第 242 页。

16　《唐会要》卷 77《贡举下·论经义》（第 1405 页）载《五经义疏》于 638 年（贞观十二年）进呈；而这是此事被提及的最早时间，因此很可能就是这一授命的时间（译者按："1405"，原著误作"1404"）。关于此事的其他记载，参见《贞观政要》卷 7《崇儒学第二十七》，第 216 页；《旧唐书》卷 189 上《儒学传上》，第 4941 页（译者按："4941"，原著误作"4971"）；《旧唐书》卷 73《孔颖达传》，第 2602—2603 页；《册府元龟》卷 606《学校部·注释二》，之第 14 页；《旧唐书》卷 4《高宗纪上》，第 71 页。

17　参见朝廷下诏更令详定之前每一经疏序中的修撰者名单。苏莹辉（1968b）《从敦煌本衔名页论五经正义之刊定》（第 182—184 页）指出敦煌写本与传世文献中"五经正义"刊定人姓名的差异（译者按："1968b"，原著误作"1968"）。

18　《金石萃编》卷 47《孔颖达碑》（之第 9 页）与《旧唐书》卷 73《孔颖达传》（第 2603 页）提及《五经正义》撰定后，孔颖达获赐物三百段，相当于高级学术官员完成大型计划的奖赏标准。

19　反驳来自马嘉运，参见《旧唐书》卷 73《孔颖达传》，第 2602—2603 页；以及《旧唐书》卷 73《孔颖达传附马嘉运传》，第 2603 页。太宗命诸儒详议关涉注经大义的激进上表，此事显然发生在 642 年（贞观十六年），参见《旧唐书》卷 74《崔仁师传》，第 2620 页；与《册府元龟》卷 606《学校部·注释二》，之第 14 页。新任刊正总领赵弘智（572—653，谥"宣"），曾参与编修《艺文类聚》（参见下文第六章注释 9），还曾教授《孝经》，参见《旧唐书》卷 188《孝友传·赵宏智传》，第 4921—4922 页。但《旧唐书》没有提到其在《五经正义》修撰中的贡献。

20　《旧唐书》卷 73《孔颖达传》，第 2602 页。于志宁为孔颖达昭陵陪葬墓所撰碑文没有提及其 642 年（贞观十六年）进呈《五经正义》之后的计划，参见《金石萃编》卷 47《孔颖达碑》，之第 9 页；以及罗振玉（1909）：《昭陵碑录》卷 1，第 17 页。

21　《登科记考》卷 2《唐高宗》（之第 2—4 页）引北宋单疏本。敦煌写本残页录有《五经正义》定本刊定人名单，在其衔名中有一名四门学生。参见苏莹辉（1968b）：《从敦煌本衔名页论五经正义之刊定》，第 192—193 页（译者按："1968b"，原著误作"1968"）。岑仲勉认为残页属于《尚书正义》之副本，苏莹辉（第 186—187 页）对此说有所辩驳。不同史料所载太宗驾崩后《五经正义》之刊正时间存在矛盾：《新唐书》卷 198《儒学传上·孔颖达传》（第 5644 页）载 651 年（永徽二年）下诏考正，但未提及长孙无忌（译者按："5644"，原著误作"5645"）；《唐会要》卷 77《贡举下·论经义》（第 1405 页）表明 651 年诏命修正

293

是由长孙无忌总领；而苏莹辉（第 185 页）则以《玉海》卷 42《艺文·经解·唐五经正义 五经义训 义赞》（之第 33 页）所引《会要》为据（译者按："33"，原著误作"32"），认为诏命长孙无忌总领刊正是在 652 年（永徽三年），而非 651 年。这一判断致使苏莹辉提出，刊定工作先于 651 年由于志宁领衔，其后于 652 年改由长孙无忌领衔。所有史料中只有《中兴馆阁书目》（引自《玉海》卷 37《艺文·书·唐尚书正义》，之第 30 页；与苏莹辉，第 184 页）（译者按："30"，原著误作"10"）赞同刊定完成于 653 年（永徽四年）。参阅谭朴森（1979）：《慎子逸文》，第 69—71 页与注释。

22　罗振玉（1909）：《昭陵碑录》卷 1，第 18 页；于志宁撰《孔颖达碑》载其初呈之《五经正义》凡一百七十卷；《旧唐书》卷 73《孔颖达传》（第 2602 页）记为一百八十卷；《旧唐书》卷 46《经籍志上》（第 1968 页，第 1970 页，第 1971 页，第 1974 页，第 1978 页），以及《唐书经籍艺文合志》甲部经录（《易类》第 13 页，《书类》第 18 页，《诗类》第 21 页，《礼类》第 26 页，《春秋类》第 38 页）（译者按："26"，原著误作"16"）总数皆为一百八十卷。及至宋代，这一系列的数字更大，参见《新唐书》卷 57《艺文志一》，第 1426 页，第 1428 页，第 1430 页，第 1433 页，第 1440 页；以及《唐书经籍艺文合志》甲部经录《易类》第 13 页，《书类》第 18 页，《诗类》第 21 页，《礼类》第 26 页，《春秋类》第 38 页；以及杨向奎（1958）：《唐宋时代的经学思想——经典释文、十三经正义等书所表现的思想体系》，第 8 页注释 1。

23　关于隋代偏爱同一原始注疏的迹象，参见每一经之注疏史的简述：《隋书》卷 32《经籍志一》，第 912—913 页，《周易》；《隋书》卷 32《经籍志一》，第 914—915 页，《尚书》；《隋书》卷 32《经籍志一》，第 918 页，《毛诗》；《隋书》卷 32《经籍志一》，第 924—926 页，《礼记》；《隋书》卷 32《经籍志一》，第 932—933 页，《春秋》。孔颖达参与编撰《隋书》和《五经》注疏的事实有助于解释这种一致性。

24　关于王弼，参见芮沃寿书评（1947）：《彼得罗夫〈王弼：其在中国哲学史上的地位〉》，第 75—88 页（译者按："75-88"，原著误作"124-61"）。关于极其宝贵的《尚书》及"孔安国传"简史，参见洪业（1957）：《719 年唐廷的一场历史编纂论辩》，第 99—100 页注释 5，第 79 页，以及第 124—125 页注释 103。关于杜预注，参见叶政欣（1966）：《春秋左氏传杜注释例》。

25　关于南北传统之间的关系，参见牟润孙（1960）：《论儒释两家之讲经与义疏》，第 393 页；以及《梁书》卷 48《儒林传·卢广传》，第 678 页；《北史》卷 81《儒林传上》，第 2709 页；《隋书》卷 75《儒林传》，第 1705—1706 页。

26　关于刘焯，参见《隋书》卷 75《儒林传·刘焯传》，第 1718—1719 页；与《北史》卷 82《儒林传下·刘焯传》，第 2762—2763 页。关于刘炫，参见《隋书》卷 75《儒林传·刘炫传》，第 1719—1723 页；与《北史》卷 82《儒林传下·刘炫传》，第 2763—2767 页。另见《隋书》卷 75《儒林传》"史臣曰"，第 1726—1727 页；《隋书》卷 75《儒林传》，第 1707 页。关于孔颖达与此二人的关系，参见《册府元龟》卷 768《总录部·儒学二》，之第 13 页。关于唐初其他官方学者与刘焯的情义，参见《册府元龟》卷 768《总录部·儒学二》，之第 13 页；与《旧唐书》卷

注 释

189 上《儒学传上·盖文达传》，第 4951 页（译者按："189"，原著误作"198"）；以及《册府元龟》卷 768《总录部·儒学二》，之第 14 页；与《旧唐书》卷 189 上《儒学传上·张士衡传》，第 4949 页（译者按："189"，原著误作"198"）。

27 关于经疏中出现的"大隋"之例，参见《尚书注疏》卷 3《舜典》，之第 9 页；同书卷 19《康王之诰》，之第 17 页。后者涉及"开皇之初"废止宫刑。

28 参见简博贤（1970）《孔颖达春秋左传正义评议》所引清代学者刘文淇之论。《左传注疏》卷 39，之第 8 页，《毛诗注疏》卷 1 之 1《国风·周南》，之第 10 页。除《左传注疏》在"干戈既戢"一句之前增加"刘炫又云"四字之外，此二疏之后好几列的文字几乎完全相同。《毛诗注疏》删去"刘炫又云"一句可以证明如下推测：很多疏最初可能都含有此类文句，但在编纂过程中被剔除。

29 孔颖达的方法是尽可能遵循原注，然而，这促使他在某些见解上驳斥刘炫。刘炫曾撰两文验明并反驳杜预《左传》原注的错误（《春秋规过》与《春秋攻昧》，参见马国翰（1794—1857）《玉函山房辑佚书》），而后者正是孔颖达所赞同的。因此，孔颖达指责刘炫挑剔他所本的杜预原注，"以此而规杜氏，非也"。关于孔颖达批驳刘炫对杜预的苛责，例见《左传注疏》卷 49，之第 4 页，之第 10 页。

30 叶程义（1970）：《礼记正义引书考述》，第 313—322 页；何希淳（1966）：《礼记正义引佚书考》，第 1—2 页。

31 王忠林（1959）：《周易正义引书考》，第 1—111 页。

32 例如《周易正义序》，《周易注疏》，之第 2—7 页。

33 关于今文谶书的背景，参见冯友兰著，卜德译（1953）：《中国哲学史》下册《经学时代》，第 88—132 页；以及曾珠森（1949）：《〈白虎通〉：白虎观中的广泛讨论》，第 100—120 页。关于孔颖达及其他学者对西汉末图纬杂谶之书的谴责，参见《隋书》卷 32《经籍志一》，第 940—941 页；卜德译（1953）《中国哲学史》下册《经学时代》（第 89 页）译有此重要段落的一部分。另见《隋书》卷 32《经籍志一》，第 948 页。《隋书》卷 78《艺术传》（第 1763—1764 页）包含唐初官方对卜筮思想的谨慎认可（译者按："1763"，原著误作"1743"）。关于诸疏对纬书和谶书的批评，参见《尚书注疏》卷 1《序》，之第 2 页；同书卷 8《汤誓》，之第 14 页；《周易正义序》，《周易注疏》，之第 7 页；杨向奎（1958）：《唐宋时代的经学思想——经典释文、十三经正义等书所表现的思想体系》，第 11 页。唐初卜筮观念在博士吕才奉诏修撰的《阴阳书》新书中亦有所体现，参见《唐会要》卷 36《修撰》，第 651—656 页；《通典》卷 105《礼典·凶礼二十七·丧礼杂制》，第 558—559 页；《旧唐书》卷 79《吕才传》，第 2719—2727 页；《旧唐书》卷 47《经籍志下》，第 2044 页；《新唐书》卷 59《艺文志三》，第 1557 页；《唐书经籍艺文合志》丙部子录《五行类》，第 252 页。以及侯外庐、赵纪彬（1959）：《吕才的唯物主义思想》，第 1—21 页；李约瑟（1956）：《中国科学技术史》第 2 卷《科学思想史》，第 387。关于唐代后期提及吕才《阴阳书》，参见《封氏闻见记》卷 5《花烛》，之第 21 页。此与《通典》的摘录以及苏冕对《会要》引文的评论（《唐会要》卷 36《修撰》，第 656 页），均能显示八至九世纪初的学者群体对其预测持赞成态度。

34 《周易正义序》，《周易注疏》，之第 1 页。

35 本田成之（1935）：《中国经学史》，第 232—233 页；牟润孙（1960）：《论儒释两家之讲经与义疏》。

36 《周易注疏》卷 7《系辞上》，之第 18—19 页；杨向奎（1958）：《唐宋时代的经学思想——经典释文、十三经正义等书所表现的思想体系》，第 9 页。

37 《周易注疏》卷 7《系辞上》，之第 7 页；同书卷 3《上经随传》，之第 11 页；杨向奎（1958）：《唐宋时代的经学思想——经典释文、十三经正义等书所表现的思想体系》，第 8—9 页。

38 《周易注疏》卷 1《上经乾传》，之第 8 页。此外，关于"几"的进一步阐释，参阅《周易注疏》卷 7《系辞上》，之第 15 页。

39 《尚书注疏》卷 3《舜典》，之第 3 页；与《隋书》卷 19《天文志上》，第 505 页。另见古克礼（1976）：《持地平观的中国的埃拉托色尼》，第 107—109 页。

40 《旧唐书》卷 74《崔仁师传》，第 2620 页；太宗对诸儒争论的鼓励另见于《旧唐书》卷 73《孔颖达传》，第 2602—2603 页；《旧唐书》卷 73《孔颖达传附马嘉运传》，第 2603 页。

41 关于《周礼》与《仪礼》的地位，参见 635 年（贞观九年）敕，《唐会要》卷 75《贡举上·帖经条例》，第 1375 页；《册府元龟》卷 639《贡举部·条制一》，之第 19 页；《登科记考》卷 1《唐太宗》，之第 15 页。

42 关于《孝经》在唐初教育振兴中的地位，参见《登科记考》卷 1《唐高祖》，之第 5—6 页，624 年（武德七年）7 月诏；《旧唐书》卷 73《孔颖达传》（第 2602 页）载 640 年（贞观十四年）孔颖达于国子监讲《孝经》。孔颖达还曾为太子承乾编撰《孝经注疏》，往往成为教育典范的焦点，参见《旧唐书》卷 73《孔颖达传》，第 2602 页；《新唐书》卷 57《艺文志一》，第 1443 页；《唐书经籍艺文合志》甲部经录《孝经类》，第 45 页。另见《唐会要》卷 35《释奠》（第 640 页），载 648 年（贞观二十二年）赵弘智于国学释奠之后再讲《孝经》；《旧唐书》卷 188《孝友传·赵弘智传》（第 4922 页），载赵弘智又为高宗讲《孝经》，且中书门下三品及弘文馆学士、太学儒者并预讲筵。关于此后之例，参见《旧唐书》卷 22《礼仪志二》（第 864 页），690 年（载初元年）邢文伟为明堂讲《孝经》；《唐会要》卷 35《释奠》（第 642 页），719 年（开元七年）褚无量讲《孝经》。关于此类讲经，参见《唐六典》卷 21《国子监·国子祭酒》，之第 6 页。

43 高明士（1977）：《唐代"三史"的演变——兼述其对东亚诸国的影响》，第 11 页。

44 贾公彦曾参与长孙无忌主持的《五经正义》修订，参见《登科记考》卷 2《唐高宗》，之第 4 页，进呈上表。《旧唐书》卷 189 上《儒学传上·贾公彦传》（第 4949—4950 页）所收"贾公彦本传"非常简短，记载了这两部义疏（译者按："189"，原著误作"1289"）。关于这些注疏，另见《旧唐书》卷 46《经籍志上》，第 1972 页；《新唐书》卷 57《艺文志一》，第 1433 页；参阅《唐书经籍艺文合志》甲部经录《礼类》，第 22 页，第 24 页；以及《四库全书总目提要》卷 19《经部·礼类一》，第 364—365 页；与同书卷 20《经部·礼类二》，第 387—388 页。《新唐书》卷 57《艺文志一》（第 1433 页）另载贾公彦《礼记正义》八十卷；参阅《唐书经籍艺文合志》甲部经录《礼类》，第 26 页。此外，关于其《孝经疏》，参见《旧唐书》卷 46《经籍志上》，第 1981 页；《新唐书》卷 57《艺文志一》，第 1442 页；《唐书经籍艺文合志》甲部经录《孝经类》，第 45 页。关于其《论语疏》，参见《旧唐书》卷 46《经籍志上》，第 1982 页；《新唐书》卷 57《艺文志一》，第 1444 页；《唐书经籍艺文合志》甲部经录《论语类》，第 48 页。

45 简博贤（1975）《今存南北朝经学遗籍考》（第 75 页）指出，《文献通考》卷 181《经籍考八》（之第 1 页）引董逌（约 1130 年卒）评论，认为贾公彦《周礼疏》据陈邵（《晋书》卷 91《儒林传·陈邵传》，第 2348 页）及沈重（《周书》卷 45《儒林传·沈重传》，第 808—811 页；与《北史》卷 82《儒林传下·沈重传》，第 2741—2742 页）二注为之。《四库全书总目提要》卷 20《经部·礼类二》（第 387 页）引贾公彦《仪礼注疏序》，指出贾公彦据齐黄庆与隋李孟悊二家之疏。杨向奎（1958）《唐宋时代的经学思想——经典释文、十三经正义等书所表现的思想体系》（第 12—13 页）认为贾公彦的礼学远胜于玄学，并指出其对谶纬的信赖。参阅《四库全书总目提要》卷 19《经部·礼类一》（第 365 页）所引朱熹评论，称"五经疏"中《周礼疏》最好。

46 关于杨士勋，参见孔颖达《春秋正义序》（《左传注疏》，之第 2 页），提及其为四门博士。此外参阅四库馆臣对杨士勋及今本《谷梁传疏》全本的评论，《四库全书总目提要》卷 26《经部·春秋类一》，第 519 页。《旧唐书》卷 46《经籍志上》（第 1979 页）、《新唐书》卷 57《艺文志一》（第 1440 页）、《唐书经籍艺文合志》甲部经录《春秋类》（第 40 页）均载此《春秋谷梁传疏》。杨向奎（1958）《唐宋时代的经学思想——经典释文、十三经正义等书所表现的思想体系》（第 13—14 页）指出范宁引《左传》杜预注驳斥《公羊》。杨士勋反过来批驳何休《公羊》原注，以赞同范宁对杜预的征引。因此，杨士勋《谷梁传疏》与孔颖达《左传注疏》广义上同属古文传统。

47 《旧唐书·经籍志》与《新唐书·艺文志》均未载此《春秋公羊传疏》。参见《崇文总目》卷 1《经部·春秋类》，第 24—25 页；《直斋书录解题》卷 3《春秋类》，第 52 页（译者按："52"，原著误作"4a"）。四库馆臣引董逌之语确定徐彦为晚唐人，《四库全书总目提要》卷 26《经部·春秋类一》，第 517—518 页。杨向奎（1958）《唐宋时代的经学思想——经典释文、十三经正义等书所表现的思想体系》（第 14 页）认可该书流传始于九世纪。但潘重规（1955）《春秋公羊疏作者考》（第 11 页）认为始于北齐，可能为高允所作；其传记见于《北史》卷 31《高允传》，第 1117—1132 页；与《魏书》卷 48《高允传》，第 1067—1096 页。

48 关于《春秋》和《左传》在七世纪历史编纂观点中的作用，参见《左传注疏》卷 10，之第 1 页；引自《隋书》卷 33《经籍志二》，第 966 页，"起居注"条。640 年（贞观十四年）魏徵规劝太宗，参见《贞观政要》卷 7《文史第二十八》（第 220 页）与第五章注释 47，是对此段的改写。《春秋》和《左传》是董狐与南史的原始出处，被大量援引标举为史家秉笔直书的典范，参见下文第五章注释 8；此外参阅《唐会要》卷 46《前代功臣》（第 815 页）652 年（永徽三年）褚遂良所论。

49 《贞观政要》卷 9《安边第三十五》，第 285 页。

50 《贞观政要》卷 8《贡献第三十三》，第 263 页。

51 虞世南引春秋以来故事为太宗解释山崩、大蛇与洪水等灾异，参见《贞观政要》卷 10《灾异第三十九》，第 297 页；与《旧唐书》卷 72《虞世南传》，第 2566—

2567 页。吕才《阴阳书》引《春秋》为据驳斥当时有关禄命预测与丧葬吉日的盲目穿凿，参见《唐会要》卷 36《修撰》，第 651—656 页及其他。

52 关于《左氏传》占主导地位的清晰陈述，参见《隋书》卷 32《经籍志一》，第 933 页；参阅《北史》卷 81《儒林传上》，第 2709 页。另见洪业（1957）：《719 年唐廷的一场历史编纂论辩》，第 79 页以及第 124 页注释 101。关于唐初专精《左传》之例，参见《旧唐书》卷 189 上《儒学传上·徐文远传》，第 4944 页；同书卷 189 上《儒学传上·朱子奢传》，第 4948 页；同书卷 189 上《儒学传上·贾公彦传附李玄植传》，第 4950 页；同书卷 189 上《儒学传上·张后胤传》，第 4950 页；同书卷 189 上《儒学传上·萧德言传》，第 4952 页。然而，南北朝分裂时期盛行更加折衷的方式，而且甚至得到梁皇室的支持；参见《梁书》卷 40《刘之遴传》，第 574 页；《北史》卷 81《儒林传上·李铉传》，第 2726 页；《北史》卷 82《儒林传下·房晖远传》，第 2760 页。此外参阅书名含有"三传"的《春秋》传注，见于《隋书》卷 32《经籍志一》，第 932 页。关于太宗受教《左传》，参见《旧唐书》卷 189 上《儒学传上·张后胤传》，第 4950 页。在《贞观政要》卷 7《礼乐第二十九》（第 221 页）中，太宗引《春秋》庄公十六年讨论自己名字的避讳，参见《左传注疏》卷 47，之第 7 页。

53 关于军将知晓《左传》之例，参见《旧唐书》卷 104《哥舒翰传》，第 3212 页，卒于 756 年（天宝十五载）；《旧唐书》卷 141《田弘正传》，第 3850 页，卒于 821 年（长庆元年）；《旧唐书》卷 151《王锷传》，第 4061 页，760—815 年（上元元年至元和十年）；《颜鲁公文集》卷 8《神道碑铭一·唐故开府仪同三司太尉兼侍中河南副元帅都督河南淮南淮西荆南山南东道五节度行营事东都留守上柱国赠太保临淮武穆王李公（光弼）神道碑铭》，之第 12 页，李光弼（708—764）；《权载之文集》卷 19《行状·故司徒兼侍中上柱国北平郡王赠太傅马公（燧）行状》，之第 1 页，马燧（726—795）；《权载之文集》卷 13《唐故朔方河中晋绛邠宁庆等州兵马副元帅河中绛邠节度营田观察处置等使元从奉天定难功臣开府仪同三司检校司徒兼中书令河中尹上柱国咸宁郡王赠太师忠武浑公（瑊）神道碑铭并序》，之第 3 页，浑瑊（737—800）。

54 这一有关孔颖达《春秋》和《左传》见解的概括来自其《春秋正义序》，见于杜预注、孔颖达疏《左传注疏》。

55 尽管孔颖达谴责"素王"之称，但在整个唐代都依然盛行；例见《全唐文》卷 175《崔行功·赠太师鲁国孔宣公碑》，之第 5 页，666 年（乾封元年）；《史通通释》卷 20《外篇·忤时》，之第 14 页；以及洪业（1969）：《一位唐代史官的求退简札：〈史通·忤时篇〉译注》，第 6 页以及第 15 页注释 19；《大唐郊祀录》卷 10《缛礼二·释奠武成王》，之第 13 页，788 年（贞元四年）李纾奏议，试图证明孔子比太公更有优势；《唐文粹》卷 26 上《表奏书疏乙·崇儒五》，李观《请修太学书》，之第 7 页；《权载之文集》卷 23《墓志铭·唐故太常卿赠刑部尚书韦公（渠牟）墓志铭并序》，之第 1 页，韦渠牟言投身儒学。

56 《论语·阳货第十七》，第 12 条。

57 关于孔颖达对《公羊传》和《谷梁传》的批评，例见《尚书注疏》卷 4《大禹谟》，之第 7—8 页；张西堂（1935）《唐人辨伪集语》（第 8 页）有所征引；《礼

注 释

记注疏》卷 53《中庸》，之第 9 页（译者按："9"，原著误作"29"）；《左传注疏》卷 1，之第 16 页。

58 《太平寰宇记》卷 21《河南道·兖州·曲阜县》（之第 8 页）与《舆地广记》卷 7《京东西路》（约成书于 1111—1117 年）（第 73 页）均提到孟子墓（译者按："8·8a"，原著误作"8b"）。1083 年（元丰六年），封孟子为邹国公，地方兴建孟庙；随后 1088 年（元祐三年），官方又以孟子配享孔庙；参见《山东通志》，第 13 页；陶希圣（1972a）：《孔子庙堂中汉儒及宋儒的位次（下）》，第 85 页（译者按："1972a"，原著误作"1972b"）。

59 《元和姓纂》卷 9《孟》，之第 15 页。平昌（今山东）孟氏称为鲁桓公第二子庆父之后，号曰仲孙，后改为孟孙。在唐代，平昌孟氏称为孟敬子之后，孟敬子是《论语·泰伯第八》（第 4 条）中出现的人物。参见《千唐志斋》所收《大唐故征士平昌孟君（俊）墓志铭并序》及《唐孟府君（晖）墓志铭并序》，孟俊 714 年卒，享年 56 岁；孟晖 733 年卒，享年 65 岁。孟子为孟敬子曾孙。《开封市博物馆·孟师墓志》，孟师 704 年卒，享年 70 岁，似乎是罕见的自称孟子直系后裔之人。孟静素，女道士，638 年（贞观十二年）卒，岑文本所撰碑文对其先祖进行不确切的追溯，称其源于孔孟；参见《金石续编》卷 4《唐京师至德观法主孟法师（静素）碑铭》，之第 5 页。感谢龙彼德教授提及于此。

60 《毛诗注疏》卷 16 之 5《大雅·文王之什》，之第 3 页（译者按："《毛诗注疏》· *Mao shih chu shu*"，原著误作"《礼记注疏》· *Li chi chu shu*"；"3"，原著误作"13"）。

61 《隋书》卷 34《经籍志三》，第 997 页；另见《隋书》卷 34《经籍志三》（第 999 页），记述战国时期的孔子传人孟子、子思和荀子。《旧唐书》卷 47《经籍志下》，第 2024 页；《唐书经籍艺文合志》丙部子录《儒家类》，第 168—169 页。孟子和荀子的关联，部分源自《史记》卷 74《孟子荀卿列传》将二者并列，与中古时期将孔子和墨子并列一样独特。就前者而言，例如《登科记考》卷 2《唐高宗》，之第 3 页，653 年（永徽四年）长孙无忌上表；《杨盈川集》卷 3《序·王勃集序》，之第 2 页；《史通通释》卷 3《内篇·书志》，之第 14 页；《唐文粹》卷 84《书六·论文上》，柳冕《与徐给事论文书》，之第 2 页；《文苑英华》卷 680《书·文章中》，裴度《寄李翱书》，之第 10 页。宋代笔记作家洪迈（1123—1202）对后来的并列进行批评，参见《容斋继笔》卷 14《孔墨》，《容斋随笔五集》（二），第 135—136 页。

62 《礼记注疏引书引得》，第 8 页；《毛诗注疏引书引得》，第 12 页。关于一次例外，参见《礼记注疏》卷 2《曲礼上》，之第 6 页。此处所引段落与学者宰相魏徵编入《群书治要》卷 37《孟子·公孙丑》（之第 2—3 页）的内容相同。孔颖达只是沿袭郑玄所引《孟子》，并没有利用此段阐发"性"的观念。

63 关于《周易》疏，参见王忠林（1959）：《周易正义引书考》，第 1—111 页。

64 关于贾公彦引用《孟子》，参见《周礼引得·附注疏引书引得》，第 161 页；以及《仪礼引得·附郑注及贾疏引书引得》，第 61 页。

65 特别参见《艺文类聚》卷 21《人部五·性命》，第 384—387 页。尽管晋仲长敖《覆性赋》阐述荀子的观点，但却丝毫没有提到《孟子》。

66 《周易注疏》卷9《说卦》，之第2页。

67 《左传注疏》卷1，之第16页；参阅《礼记注疏》卷7《檀弓上》，之第7—8页（译者按："7-8"，原著误作"9-10"）。在"梦奠"一词的注解中，孔颖达提出孔子也有凡夫之感，俗子之梦。

68 《虞秘监集》卷1《文·孔子庙堂碑》，之第14页，之第15页。

69 关于诸疏对"性"的系统阐述，参见《周易注疏》卷1《上经乾传》，之第4页；《礼记注疏》卷52《中庸》，之第1页；《毛诗注疏》卷18之3《大雅·荡之什》，之第7页；《礼记注疏》卷37《乐记》，之第6页（译者按："37"，原著误作"27"）。另见杨向奎（1958）：《唐宋时代的经学思想——经典释文、十三经正义等书所表现的思想体系》，第8—11页。

70 陈铁凡（1969）：《敦煌本易书诗考略》，第149—181页，考察《周易》《尚书》与《毛诗》；苏莹辉（1968b）：《从敦煌本衔名页论五经正义之刊定》。

71 《旧唐书》卷77《崔义玄传》，第2689页，载"事竟不就"；《册府元龟》卷606《学校部·注释二》，之第14—15页，诏令无日期，可能在高宗朝（译者按："14-15、14b-15a"，原著误作"14a-b"）。

72 《旧唐书》卷189上《儒学传上·贾公彦传附李玄植传》，第4950页。"李玄植本传"载其曾撰《三礼音义》，但《旧唐书·经籍志》未载。

73 关于王元感，参见《唐会要》卷77《贡举下·论经义》，第1405页；《旧唐书》卷189下《儒学传下·王元感传》，第4963页。《旧唐书·经籍志》未载其著作；但见载于《新唐书》卷57《艺文志一》，第1428页，第1434页，第1441页，第1443页；同书卷58《艺文志二》，第1457页，第1500页（译者按："58"，原著误作"57"）；以及《唐书经籍艺文合志》甲部经录《书类》第19页，《礼类》第29页，《春秋类》第42页，《孝经类》第45页，乙部史录《正史类》第68页，《谱牒类》第152页。《新唐书》卷199《儒学传中·王元感传》（第5666—5668页）载有其与张柬之（约625—705以后，808年（元和三年）谥"文贞"，参见《唐会要》卷80《谥法下·杂录》，第1488页）的争论，张柬之驳倒王元感三年之丧以三十六月之说。

74 《张燕公集》卷13《启·上东宫请讲学启》，之第1页；《文苑英华》卷652《启·劝学》，张说《上东宫请讲学启》，之第2页。

75 关于刘知幾的申论，参见《唐会要》卷77《贡举下·论经义》，第1405—1410页；《唐大诏令集》卷81《政事·经史·行何郑所注书敕》，第467—468页；《册府元龟》卷50《帝王部·崇儒术二》，之第6—7页；《登科记考》卷6《唐玄宗》，之第1—8页；《大唐新语》卷9《著述》，第143—144页；洪业（1957）：《719年唐廷的一场历史编纂论辩》，第74—134页。

76 《唐会要》卷36《修撰》，第658页；《旧唐书》卷102《元行冲传》，第3178页；《旧唐书》卷8《玄宗纪上》，第183页。关于玄宗所作序及其时间，参见徐松《登科记考》卷7《唐玄宗》，之第13页；关于玄宗注《孝经》拓本，参见《唐玄宗石臺孝經》。

77 关于御注《老子》，参见《唐会要》卷36《修撰》，第658页；《册府元龟》卷53《帝王部·尚黄老一》，之第16页；另见《唐会要》卷77《贡举下·论经义》，第

1410—1411页。

78 关于《尚书》，参见《唐会要》卷77《贡举下·论经义》，第1410—1411页；《册府元龟》卷50《帝王部·崇儒术二》，第11页；《登科记考》卷9《唐玄宗》，之第6页；《新唐书》卷57《艺文志一》，第1428页。

79 《唐六典》卷21《国子监·国子祭酒》，之第6页。

80 关于元行冲的论争，参见《旧唐书》卷102《元行冲传》，第3178—3181页；《唐会要》卷77《贡举下·论经义》，第1410页；《大唐新语》卷2《识量》，第117页；贾保罗（1955）：《保守主义与儒家经典的传布：一位唐代学者的抗议》。

81 七世纪有关《月令》来源的观点，参见孔颖达《礼记注疏》卷14《月令》，之第1页；《隋书》卷32《经籍志一》，第925页；陆德明《经典释文》卷1《序录·注解传述人》，之第22页。

82 《贞观政要》卷1《政体第二》，第29—30页（译者按："1"，原著误作"2"）。

83 关于《月令》在明堂争议中的地位，参见《唐会要》卷11《明堂制度》，第272页，第277页；《旧唐书》卷22《礼仪志二》，第857页；同书卷22《礼仪志二》，第869页等。另参阅699年（圣历二年）武后讲武，依《月令》定其仪式，《唐会要》卷26《讲武》，第502—503页；以及《旧唐书》卷89《王方庆传》，第2900页。此外，根据《月令》论说上表请将行刑时间改至秋分，参见《旧唐书》卷102《徐坚传》，第3175页；以及《文苑英华》卷617《表·刑法一》，徐坚《论刑狱表》，之第6—8页；《曲江张先生文集》卷7《敕制·敕岁初处分》，之第8页。

84 关于读时令礼，参见《唐会要》卷26《读时令》，第491—492页；《通典》卷70《礼典·嘉礼十五·读时令》，第385—386页，杜佑的反对意见。

85 关于论证《月令》分别刊定于约725年（开元十三年），参见清代学者成蓉镜《唐月令注跋》，收入《唐月令续考》（译者按："《唐月令注跋》·T'ang Yüeh ling chu pa"，原著误作"T'ang Yüeh ling chu po"）。

86 《唐会要》卷26《读时令》，第491—492页；《旧唐书》卷24《礼仪志四》，第914页（译者按："《旧唐书》·CTS"，原著误作"《史通通释》·STTS"）。

87 《唐会要》卷75《贡举上·明经》，第1374页。

88 《唐会要》卷77《贡举下·论经义》，第1410页；《旧唐书》卷9《玄宗纪下》，第219页；《册府元龟》卷50《帝王部·崇儒术二》，之第11页。

89 关于此注，参见《唐月令注》。这一版本取代早先的官定本，参见张参《五经文字序》，引自《登科记考》卷11《唐代宗》，之第5页注释；另见下文注释153。

90 《唐会要》卷77《贡举下·论经义》，第1411页；《唐会要》卷36《修撰》，第658页。关于《孝经》成为儒学的代表性文本，参见罗香林（1954）《唐代三教讲论考》（第91—92页）所示玄宗御注三教经典。在此之前，王德表（699年卒，享年80岁）也曾为三经作注，参见《千唐志斋·大周故瀛州文安县令王府君（德表）墓志铭并序》。其后，东南学者、德宗宠臣韦渠牟（749—801，谥"忠"）亦有此举，参见《权载之文集》卷23《墓志铭·唐故太常卿赠刑部尚书韦公（渠牟）墓志铭并序》，之第2—3页。

91 关于744年（天宝三载）12月（相当于儒略历745年2月1日）大赦天下，参见《唐大诏令集》卷74《典礼·九宫贵神·亲祭九宫坛赦》，第417页；《旧唐书》

卷 9《玄宗纪下》，第 218 页；《登科记考》卷 9《唐玄宗》（之第 6 页）所载日期不同。

92　关于《石台孝经》，参见上文注释 76。

93　一方面是应举贡生人数的增加，参见 729 年（开元十七年）杨玚上疏，《唐会要》卷 75《贡举上·帖经条例》，第 1376 页；《通典》卷 17《选举典·杂议论中》，第 96 页（译者按："96"，原著误作"98"）；《册府元龟》卷 639《贡举部·条制一》，之第 22—23 页。另一方面则是官员人数的增加，参见《通典》卷 17《选举典·杂议论中》，第 96 页，刘秩论议。关于七世纪的学术背景，另见桂时雨（1978）：《武则天与唐代继统政治》，第 87—106 页；以及何汉心（1986a）：《唐朝对铨选会集的异议》，第 205—208 页。

94　《通典》卷 15《选举典·历代制下》，第 83 页；《唐会要》卷 75《贡举上·帖经条例》，第 1376 页；《册府元龟》卷 639《贡举部·条制一》，之第 22 页。

95　《唐会要》卷 75《贡举上·帖经条例》，第 1376 页；《册府元龟》卷 639《贡举部·条制一》，之第 22—23 页；《旧唐书》卷 185 下《良吏传下·杨玚传》，第 4820 页；《新唐书》卷 130《杨玚传》，第 4496 页；何汉心（1986）：《初唐铨选：理想与现实》，第 208 页。

96　《通典》卷 17《选举典·杂议论中》，第 96—97 页；何汉心（1986a）：《唐朝对铨选会集的异议》，第 95—98 页。

97　一些学者求学于玄宗朝，对六经的态度超越章句之学的局限，关于对他们的褒扬，参见《文苑英华》卷 955《志·职官十七》，孙逖《宋州司马先府君（孙嘉之）墓志铭》，之第 7 页，其父孙嘉之；《颜鲁公文集》卷 9《神道碑铭二·中散大夫京兆尹汉阳郡太守赠太子少保鲜于公（向）神道碑铭》，之第 10 页，鲜于向；《颜鲁公文集》卷 8《神道碑铭一·河南府参军赠秘书丞郭君（揆）神道碑铭》，之第 1 页，郭揆；《权载之文集》卷 19《行状·故司徒兼侍中上柱国北平郡王赠太傅马公（燧）行状》，之第 1 页，马燧；《权载之文集》卷 23《墓志铭·唐故朝议大夫太子右庶子上柱国赐紫金鱼袋韦君（聿）墓志铭并序》，之第 3 页，韦聿；《柳河东集》卷 8《行状·故银青光禄大夫右散骑常侍轻车都尉宜城县开国伯柳公（浑）行状》，第 114 页，柳浑；《文苑英华》卷 972《行状·行状二》，梁肃《朝散大夫使持节常州诸军事守常州刺史赐紫金鱼袋独孤公（及）行状》，之第 9 页，独孤及。

98　《唐六典》卷 4《尚书礼部·礼部尚书》，之第 5 页；《唐会要》卷 75《贡举上·帖经条例》，第 1377 页；《册府元龟》卷 639《贡举部·条制一》，之第 24—25 页；何汉心（1986a）：《唐朝对铨选会集的异议》，第 86 页（译者按："1986a"，原著误作"1985"）。徐松《登科记考》卷 8《唐玄宗》（之第 16 页）引《册府元龟》注，说明此改革是对姚奕上奏的回应。《唐会要》卷 76《贡举中·进士》（第 1379 页）亦载 736 年（开元二十四年）姚奕的改革提议。

99　740 年（开元二十八年），只有十五人进士及第；741 年（开元二十九年），只有十三人；参见《登科记考》卷 8《唐玄宗》，之第 27 页，之第 30 页；同书卷 9《唐玄宗》，之第 25 页，之第 27 页。李林甫还影响制举，正如元结非常直接的谴责所示，参见《元次山集》卷 4《喻友》，第 52 页；以及孙望（1957）：《元次山年谱》，第16—17页。另见《封氏闻见记》卷3《贡举》，之第2页。

100 《封氏闻见记》卷3《贡举》，之第2页；《唐摭言》卷14《主司称意》，第154页；《册府元龟》卷640《贡举部·条制二》，之第2页；戴何都（1932）：《〈新唐书·选举志〉译注》，第141页注释2。

101 关于玄宗提及《春秋》，参见《唐会要》卷28《祥瑞上》，第534页，725年（开元十三年）；《旧唐书》卷8《玄宗纪上》，第201页，734年（开元二十二年）。关于731年（开元十九年）于休烈上疏，参见《唐会要》卷36《蕃夷请经史》，第667页；《文苑英华》卷694《疏·书籍》，于休烈《请不赐吐蕃书籍疏》，之第12页；《旧唐书》卷196《吐蕃传上》，第5232页。朝议之后，疏奏不省。经在历史编纂中的影响，从裴光庭等人依《左传》作《续春秋传》中可见一斑，参见下文注释108。关于《春秋》更为谦恭的续撰，参见《旧唐书》卷190下《文苑传中·刘允济传》，第5013页。关于《春秋》在太庙运行中的作用，参见《唐会要》卷17《庙灾变》，第353页，第355页等；关于对夷狄的政策，参见《曲江张先生文集》卷16《策书序·对嗣鲁王道坚所举道侔伊吕科·第二道》，之第3页；关于丧期长短的争论，参见《新唐书》卷199《儒学传中·王元感传》，第5666—5668页，张柬之进言。

102 《史通通释》卷1《内篇·六家》（之第5页），同书卷3《内篇·书志》（之第3页）与《左传注疏》卷1（之第5页）俱引《孟子》卷4B《离娄下》，第21条，第31页。刘知幾还引《墨子》，称有百国《春秋》，反过来又被《公羊传》所证实；参见《公羊传注疏》卷1，之第1页；《史通通释》卷1《内篇·六家》，之第5页及之第7页注释。此外参阅《隋书》卷42《李德林传》，第1197页，同引《墨子》。

103 《史通通释》卷14《外篇·惑经》，之第8—9页。

104 《史通通释》卷14《外篇·惑经》，之第7—8页。

105 《史通通释》卷10《内篇·自叙》，之第11页；蒲立本（1961）《中国的史学批评：刘知幾与司马光》（第137页）有所征引。

106 《史通通释》卷14《外篇·申左》，之第14—20页。

107 《史通通释》卷14《外篇·申左》，之第18页。

108 《文苑英华》卷884《碑·神道·将相二》，张九龄《侍中兼吏部尚书裴光庭神道碑》，之第10页；《旧唐书》卷84《裴行俭传附裴光庭传》，第2807页。

109 参见下文注释143。

110 刘贶的见解，存于陆淳《春秋啖赵集传纂例》卷1《赵氏损益义》，之第11页（译者按："《春秋啖赵集传纂例》·Ch'un-chiu Tan Chao chi chuan tsuan li"，原著误作"Ch'un-chiu Tan Chao chi chieh tsuan li"）；还被理雅各《中国经典》第5卷《春秋·左传》"前言"（第31页）所引用。（译者按：《春秋啖赵集传纂例》与《春秋集传纂例》《春秋纂例》为同一部书。）

111 关于陆善经的作品，参见《日本國見在書目録》，第4页；新美寬（1937）：《陸善經の事蹟に就いて》，第135页。陆善经死后以国子司业见称，表明国子司业是其最高的实际职位，参见《旧唐书》卷118《元载传附李少良传》，第3415页。

112 《唐诗纪事》卷27《贾邕》，第422页；同书卷28《刘太真》，第436页（译者按:"436",原著误作"426");《全唐诗》卷209《贾邕·送萧颖士赴东府得路字(刘太真撰序)》,第2174页。萧颖士的评论改编自范宁《春秋谷梁传注疏序》,参见《谷梁传注疏》,之第5—6页。张九龄也征引此评论,但其未引《公羊传》,参见《曲江张先生文集》卷16《策书序·对嗣鲁王道坚所举道侔伊吕科·第三道》,之第4页。唐代后期,折衷成为《春秋》学者的宗旨,参见《唐文粹》卷95《序戊·著撰十》,刘轲《三传指要序》,之第3页;刘贲《春秋释例序》。

113 《新唐书》卷202《文艺传中·萧颖士传》,第5768页。

114 《河岳英灵集》卷上《高適·行路难》,第80页;同书卷上《王维·寄崔郑二山人》,第60页。

115 《九家集注杜诗》卷1《古诗·奉赠韦左丞丈二十二韵》,第1页;洪业(1952):《杜甫:中国最伟大的诗人》,第56—57页。

116 参见上文注释97。

117 参见上文第二章注释146。

118 关于此时的"近臣",参见第六章注释151。

119 《颜鲁公文集》卷12《古近体诗·使过瑶台寺有怀圆寂上人并序》,之第5页;《河岳英灵集》卷下《阎防·宿岸道人精舍》,第114页;严耕望(1959):《唐人读书山林寺院之风尚》,第696页。关于安史乱后之例,参阅《岑嘉州诗》卷1《五言古诗·上嘉州青衣山中峰题惠净上人幽居寄兵部杨郎中并序》,之第17—18页(译者按:"17-18·17b-18a",原著误作"171-18a");与《元次山集》卷8《惠公禅居表》,第116—117页。

120 《千唐志斋·唐故大中大夫使持节青州诸军事青州刺史上柱国荥阳郑公(湛)墓志铭并序》,郑湛734年卒,享年83岁,明经及第,曾谓性与道合,"动不违仁"(《论语·雍也第六》,第7条)。

121 关于"沧浪翁",参见《孟子》卷4A《篱娄上》(第9条,第27页);孔子所称赞的"孺子"指的是孩童;以及霍克思(1985):《〈楚辞〉英译》,第206—207页。诸如开元天宝时期诗句中的"沧浪"形象,参见《河岳英灵集》卷上《常建·晦日马镫曲稍次中流作》,第52页;同书卷上《李颀·东郊寄万楚》,第73页;同书卷中《岑参·观钓翁》,第82页;同书卷中《王昌龄·观江淮名山图》,第99页。

122 关于伯夷和叔齐,参见《论语·微子第十八》,第8条;《论语·述而第七》,第15条;《论语·季氏第十六》,第12条。关于孟子提及伯夷,参见《孟子》卷2A《公孙丑上》,第2条,第11页;同书卷2A《公孙丑上》,第9条,第13页;同书卷5B《万章下》,第1条,第38页;同书卷6B《告子下》,第6条,第48页。这一时期建有伯夷叔齐庙,参见《全唐文》卷357《梁昇卿·古义士伯夷叔齐二公碑并序》,之第1页。顾炎武将其时间定在725年(开元十三年),参见《金石文字记》卷3《唐·古义士伯夷叔齐二公碑》,之第25页。另见《河岳英灵集》卷上《李颀·登首阳山谒夷齐庙》,第73页。关于与伯夷、叔齐有关的"采薇"形象,参见《史记》卷61《伯夷列传》,第2123页(译者按:"2123",原著误作"3123");《河岳英灵集》卷上《王维·送綦毋潜落第还乡》,第61页;同书卷上《李颀·登首阳山谒夷齐庙》,第73页;同书卷中《储光羲·杂诗

注 释

二章》，第 95—96 页。关于其后对伯夷、叔齐的评论或纪念，参见《皇甫持正文集》卷 2《论序·夷惠清和论》，之第 1—2 页；《韩昌黎集》卷 12《杂著·伯夷颂》，第 3 册，之第 87—88 页（译者按："87-88"，原著误作"97-98"）。

123 《登科记考》卷 10《唐肃宗》，之第 2 页。关于 759 年（乾元二年）李揆知贡举时的反常举措，参见《唐会要》卷 76《贡举中·进士》，第 1379 页；与《旧唐书》卷 126《李揆传》，第 3559 页。关于东都贡举，参见《册府元龟》卷 640《贡举部·条制二》，之第 11 页；与《登科记考》卷 10《唐代宗》，之第 18—19 页。杨绾很可能是首任知东京选（《旧唐书》卷 11《代宗纪》，第 276 页），而贾至以尚书右丞知上都（长安）举。徐松更正（改《旧唐书·代宗纪》所载贾至"知东都举"为"知上都举"）的理由可能在于其后 765 年（永泰元年）徐申进士及第的记载。徐申通过贾至而进士上第，参见《权载之文集》卷 24《墓志铭·唐故金紫光禄大夫检校礼部尚书使持节都督广州诸军事兼广州刺史御史大夫充岭南节度支度营田观察处置本管经略等使东海郡开国公赠太子少保徐公（申）墓志铭并序》，之第 1 页。而且李翱明确记载徐申"寄籍京兆府（即长安），举进士"，参见《李文公集》卷 11《行状实录·唐故金紫光禄大夫检校礼部尚书使持节都督广州诸军事兼广州刺史兼御史大夫充岭南节度营田观察制置本管经略等使东海郡开国公食邑二千户徐公（申）行状》，第 91 页。参阅傅璇琮（1980）：《唐代诗人丛考》，第 190 页与注释 1。

124 《唐会要》卷 76《贡举中·孝廉举》，1395—1396 页；《通典》卷 15《选举典·历代制下》，第 84 页；《旧唐书》卷 119《杨绾传》，第 3430—3434 页；《旧唐书》卷 190 中《文苑传中·贾曾传附贾至传》，第 5029—5031 页；《册府元龟》卷 640《贡举部·条制二》，之第 4—10 页；《登科记考》卷 10《唐代宗》，之第 7—13 页。

125 《唐会要》卷 76《贡举中·童子》，第 1399 页；《旧唐书》卷 11《代宗纪》，第 275 页；《资治通鉴》卷 223 唐代宗广德二年（764）第 19 条，第 7165 页；《册府元龟》卷 640《贡举部·条制二》，之第 10—11 页；《登科记考》卷 10《唐代宗》，之第 17—18 页。此年罢童子科与孝悌力田科岁贡。

126 关于赵匡进议，参见《通典》卷 17《选举典·杂议论中》，第 97—99 页；以及《文苑英华》卷 765《议·选举》，赵匡《举选议》，之第 6—8 页。洋州刺史可能是赵匡的最高职位，因此《吕和叔文集》卷 4《表·代国子陆博士进集注春秋表》（之第 5 页）称其为"故洋州刺史"；《权载之文集》卷 41《书·（附）答书》（之第 6 页）也称其为"赵洋州"。关于赵匡之议，另见何汉心（1986a）：《唐朝对铨选会集的异议》，第 108—111 页。

127 关于 789—793 年（贞元五年至贞元九年）的"三礼科"，参见《通典》卷 15《选举典·历代制下》，第 84 页；《唐会要》卷 76《贡举中·开元礼举》，第 1396—1397 页；《册府元龟》卷 640《贡举部·条制二》，之第 13—14 页；《旧唐书》卷 44《职官志三》，第 1892 页注释；《新唐书》卷 44《选举志上》，第 1159 页；戴何都（1932）：《〈新唐书·选举志〉译注》，第 130 页与注释 1。关于及第者之名，参见《登科记考》卷 27《附考·诸科》，之第 38 页（五代时期）；《千唐志斋·唐故南阳樊府君（騆）墓志》，樊騆 870 年卒，享年 42 岁；墓志载其亲戚王休复"三礼"登科。

128　顾少连，770年（大历五年）进士及第，前任中书舍人，793年（贞元九年）、794年（贞元十年）及798年（贞元十四年）知贡举。793年，他为博学宏词科出题"颜子不贰过"（《论语·雍也第六》，第7条，第11条）。韩愈对策引用来自《中庸》的"诚明"概念，参见《韩昌黎集》卷14《杂著·省试颜子不贰过论》，第4册，之第32—33页。（译者按：《韩昌黎集》此文标题下注释"贞元十年应博学宏词科作"。）杜黄裳称顾少连"究天人之际，尽性命之端"，参见《文苑英华》卷918《碑·神道·职官二十六》，杜黄裳《东都留守顾公（少连）神道碑》，之第3—7页。对座主顾少连的另一重要颂辞，参见《文苑英华》卷988《祭文·交旧十一》，吕温《祭座主故兵部尚书顾公（少连）文》，之第4—6页。

129　高郢自己亦为763年（广德元年）进士，并曾于799年（贞元十五年）、800年（贞元十六年）以中书舍人知贡举。800年，高郢以"性相近也，习相远也"（《论语·阳货第十七》，第2条）命题。关于白居易对策的译文，参见戴何都（1932）：《〈新唐书·选举志〉译注》，第335—342页。在为白居易文集所作序文中，元稹称白居易之赋被"新进士竞相传于京师"，参见《元氏长庆集》卷51《序·白氏长庆集序》，之第1页。

130　权德舆因未曾参加正式科举而被视为例外，事实上他似引以为傲；参见《唐国史补》卷中，第33页；与《因话录》卷2《商部上》，第77页。但是，权德舆经常以中书舍人知贡举，参见第六章注释195。在802年（贞元十八年）第二道进士策问（《权载之文集》卷40《问·进士策问五道》，之第3页）中，权德舆以《论语·雍也第六》（第2条）之颜回"三月不违仁"及《孟子》卷2A《公孙丑上》（第2条，第10页）之"我四十不动心"作为考题。参阅《权载之文集》卷37《序·送三从弟长孺擢第归徐州觐省序》（之第10—11页），重点谈后一句（"孔孟不惑不动心"）。另见《李文公集》卷2《文·复性书上》，第7页。

131　805年（贞元二十一年），权德舆明经《礼记》策问以"《大学》有明德之道，《中庸》有尽性之术"一句开始，参见《权载之文集》卷40《问·明经策问七道》，之第17页。权德舆希望举子"通性命之理"，参见《权载之文集》卷40《问·贞元十九年礼部策问进士五道》，之第10页。但其本人对"性命"的理解首要是"天"，参阅《权载之文集》卷30《议论·答问三篇》，之第8页。

132　《元氏长庆集》卷28《策·才识兼茂明于体用策一道》，之第5页。在806年（元和元年）对策中，元稹对科举通经之弊进行强烈谴责。

133　《唐会要》卷76《贡举中·三传》，第1398页；《册府元龟》卷640《贡举部·条制二》，之第17—18页；《旧唐书》卷44《职官志三》，第1892页；《旧唐书》卷16《穆宗纪》，第502页；《新唐书》卷44《选举志上》，第1159页及第1161页；戴何都（1932）：《〈新唐书·选举志〉译注》，第29页，第34页，第149—150页，记为822年（长庆二年）或823年（长庆三年）；《登科记考》卷19《唐穆宗》，之第28—29页，及之第29页徐松注，载为823年。

134　《陆宣公翰苑集》卷6《制诰·策问博通坟典达于教化科》，之第10页；《文苑英华》卷473《策问·策问十五道》，陆贽《策博通坟典达于教化科问》，之第6页；《唐大诏令集》卷106《政事·制举·又博通坟典达于教化科策问》，第543

页;《登科记考》卷12《唐德宗》,之第3—4页。现存权德舆明经《春秋》及"三传"策问（802年（贞元十八年）,参见《权载之文集》卷40《问·明经诸经策问七道》,之第5页,之第6—7页;803年（贞元十九年）,参见《权载之文集》卷40《问·策问明经八道》,之第11页,之第13页;805年（贞元二十一年）,参见《权载之文集》卷40《问·明经策问七道》,之第16页,之第18页）主要针对《左传》与《谷梁传》,而未涉《公羊传》。权德舆曾提及其嗜《春秋》,见于《权载之文集》卷30《议论·两汉辨亡论》,之第1—3页。

135 《登科记考》卷21《唐文宗》,之第5页及徐松注。《旧唐书》卷17下《文宗纪下》,第551页;参阅《册府元龟》641《贡举部·条制三》,之第4页;《唐大诏令集》卷29《皇太子·册太子赦·大和七年册皇太子德音》,第106页。

136 关于两件早期石刻,参见钱存训（1962）:《书于竹帛:中国古代的文字记录》,第73—79页。

137 《隋书》卷75《儒林传·刘焯传》,第1718页;《隋书》卷32《经籍志一》,第947页;《封氏闻见记》卷2《石经》,之第18—19页。然而蔡邕所书石经仍然埋在洛阳,其中有些在唐代后期被发现为私家所有,参见《刘宾客嘉话录》,第9页。

138 《封氏闻见记》卷2《石经》,之第18—19页。关于"石经"在书学授课纲目中的地位,参见《唐六典》卷21《国子监·书学博士》,之第16页;以及《登科记考》卷11《唐代宗》,之第5页,张参。《隋书》卷32《经籍志一》（第945—946页）与《旧唐书》卷46《经籍志上》（第1986—1987页）所载条目也显示出系于石经之学术领域的重要性。

139 关于颜师古考定"五经",参见上文注释11。描述其任命所用的文字刻意效仿蔡邕传,参见《后汉书》卷60下《蔡邕列传》,第1990页。

140 《旧唐书》卷183《外戚传·武承嗣传附武敏之传》（第4728页）与《旧唐书》卷191《方伎传·李嗣真传》（第5099页）证实此时间。

141 《张燕公集》卷13《启·上东宫请讲学启》,之第1页;《文苑英华》652《启·劝学》,张说《上东宫请讲学启》,之第2页。

142 《千唐志斋·唐故朝散大夫国子司业上柱国开君（休元）墓志并序》,开休元733年卒,享年55岁;罗继祖《登科记考补》（第98页）显示其为700年（久视元年）明经。

143 《唐会要》卷36《修撰》,第658页;《曲江张先生文集》卷15《状·贺御制开元文字音义状》,之第1页;《玉海》卷42《艺文·经解·唐经典释文》,之第34页;与同书卷45《艺文·小学·唐开元文字音义》,之第18—19页。池田温（1971）:《盛唐之集賢院》,第67页。

144 《封氏闻见记》卷2《石经》,之第19页;文末以一声叹息结尾:"呜呼! 石经之事,亦俟河之清也!"

145 关于李阳冰的提议,参见《唐文粹》卷81《书三·论书一》,李阳冰《上李大夫论古篆书》,之第7页。据其提及"八叶"判断,这封信可能写于代宗朝。参阅《文苑英华》卷703《序·文集五》（之第2页）,梁肃《丞相邺侯李泌文集序》提及德宗为"九世";以及《柳河东集》卷1《雅诗歌曲·贞符并序》（第22

247

页），柳宗元提及顺宗为唐朝"十圣"。780年，李阳冰时为国子丞，参见戴何都（1975a）：《唐代崔沔及其夫人王氏与崔祐甫墓志》，第92页。

146 《旧唐书》卷129《韩滉传》，第3602页；《文苑英华》卷973《行状·行状三》，顾况《检校尚书左仆射同中书门下平章事上柱国晋国公赠太傅韩公（滉）行状》，之第4页；《文苑英华》卷796《传·传五》，陆龟蒙《甫里先生传》，之第6页（译者按："796"，原著误作"769"）；参阅《唐语林》卷2《文学》，第49页。关于韩滉与国子司业张参的敌对，参见《旧唐书》卷119《常衮传》，第3445页（译者按："119"，原著误作"69"）。关于提议将《谷梁传》经义刻石于东南，参见《权载之文集》卷20《行状·故朝议郎守太子宾客上轻车都尉赐紫金鱼袋赠太子太傅卢公（迈）行状》，之第2—3页。

147 《登科记考》卷11《唐代宗》，之第1页，之第4—6页，引837年（开成二年）石经拓本。此文（张参《五经文字序》）称赞蔡邕石经，并称曾用之考定异文。张参的助手为举孝廉颜传经，有可能与颜师古、颜真卿两位知名文献学家同族。王泾引证张参与颜传经所编《五经文字》木片的标准字，见于《大唐郊祀录》卷1《凡例上·视牲器》，之第7页。关于《五经文字》流传的记述，参见《四库全书总目提要》卷41《经部·小学类二》，第855—856页。王履贞《太学壁经赋》似乎述及张参考定"五经"，参见《文苑英华》卷61《赋·儒学一》，之第2—3页。另，王履贞《太学创置石经赋》似乎提及"开成石经"，参见《文苑英华》卷61《赋·儒学一》，之第3—4页。关于张参，参见《唐国史补》卷下，第54页。

148 《唐会要》卷65《秘书省》，第1124页（译者按："1124"，原著误作"11246"）。《全唐文》卷538《裴度·刘府君（太真）神道碑铭并序》（之第14页）简要提及此事，并显示刘太真拥有安史乱后太常寺学术官员的典型职位：起居郎，知制诰，中书舍人，知贡举，此外还有秘书监。

149 《权载之文集》卷20《行状·故朝议郎守太子宾客上轻车都尉赐紫金鱼袋赠太子太傅卢公（迈）行状》，之第3页。

150 《新唐书·艺文志》所载两部书名显示出818年（元和十三年）重定经书正本的努力。《新唐书》卷57《艺文志一》（第1434页）与《唐书经籍艺文合志》甲部经录《礼类》（第30页）载有《礼记字例异同》一卷，附注"元和十三年诏定"。《新唐书》卷57《艺文志一》（第1441页）与《唐书经籍艺文合志》甲部经录《春秋类》（第43页）载有《春秋加减》一卷，附注"元和十三年国子监修定"。《直斋书录解题》卷3《春秋类》（第55页）称其"若《五经文字》之类"。

151 《唐会要》卷66《东都国子监》，第1160页，819年（元和十四年）12月。

152 关于831年（大和五年）木刻经书的修复，参见《刘禹锡集》卷8《记上·国学新修五经壁记》，第73—74页。卞孝萱（1963）《刘禹锡年谱》（第170页）将此壁记系于828—831（大和二年至五年）年间（译者按："170"，原著误作"70"）。关于韦公肃提及此事，参见第四章注释193。

153 关于"开成石经"，参见《唐会要》卷66《东都国子监》，第1162页；《唐会要》卷77《贡举下·论经义》，第1411页；《旧唐书》卷17下《文宗纪下》，第571页；《旧唐书》卷173《郑覃传》（第4490—4491页），载勒石时间为830年（大

注 释

和四年）；《资治通鉴》卷 245 唐文宗开成二年（837）第 12 条，第 7930 页；《千唐志斋·唐故国子监礼记博士赵公（正卿）墓志铭》，赵□旨（字正卿）834 年卒，享年 59 岁（译者按："834"，原著误作"835"），为国子监《礼记》博士，"兼领立石经事"。《石经考·唐石经》（之第 49—52 页）与《四库全书总目提要》卷 41《经部·小学类二》（第 856—857 页）阐述唐元度所撰《九经字样》（译者按："49-52"，原著作"2/1a-8a"），以及其与 776 年（大历十一年）成书的《五经文字》的关系。多贺秋五郎（1953）《唐代教育史の研究—日本學校教育の源流》（第 263 页），称"开成石经"为"唐代學校の墓標"。

154 关于安史乱后皇帝引证《春秋》，参见《旧唐书》卷 10《肃宗纪》，第 262 页，肃宗；《唐大诏令集》卷 1《帝王·即位册文·德宗即位册文》，第 2 页，德宗；《唐会要》卷 66《将作监》，第 1156 页，德宗；《唐会要》卷 29《祥瑞下》，第 537 页，宪宗；以及《资治通鉴》卷 236 唐顺宗永贞元年（805）第 28 条，第 7620 页，宪宗。文宗喜经术，尤爱《春秋》，参见《新唐书》卷 200《儒学传下·啖助传附施士匄传》，第 5707 页；《册府元龟》卷 40《帝王部·文学》（之第 28 页）载 835 年（大和九年）文宗将《御集春秋左氏列国经传》宣付史馆。 305

155 关于安史乱后的《春秋》学，参见蒲立本（1960）：《唐代文人生活中的新儒家与新法家》，第 88—91 页；蒲立本（1959）：《刘轲：被遗忘的韩愈的竞争者》，第 147 页；章群（1974）：《啖赵陆三家春秋之说》，第 149—159 页；吉原文昭（1974）：《唐代春秋三子の異同に就いて》，第 67—104 页；吉原文昭（1976）：《北宋春秋學の一側面—唐代春秋三子の辨禘義の繼承と批判を回つて—》，第 633—653 页；稻葉一郎（1970）：《中唐における新儒学運動の一考察》，第 389—396 页。

156 关于三位学者之间的关系，参见《旧唐书》卷 189 下《儒学传下·陆质传》（本名淳），第 4977 页；《唐国史补》卷下，第 54 页；《新唐书》卷 168《陆贽传》，第 5127 页；《新唐书》卷 200《儒学传下·啖助传》，第 5705—5707 页。关于安史乱后东南边地作为学者聚集的稳固之区的特性，参见《唐文粹》卷 73《记丙·府署》，李翰《淮南节度行军司马厅壁记》，之第 6 页；《文苑英华》卷 988《祭文·交旧十一》，吕温《祭座主故兵部尚书顾公（少连）文》，之第 5 页；《刘禹锡集》卷 2《碑上·代郡开国公王氏先庙碑》，第 15 页。

157 关于陆淳对啖助的描述，以及对啖助与赵匡和他自己关系的描述，参见《春秋纂例》卷 1《修传始终记》，之第 18—19 页。啖助撰有两部著作，《春秋统例》三卷与《春秋集传》。根据《春秋纂例》卷 1《修传始终记》（之第 18 页），其著作完成于 770 年（大历五年）。

158 《春秋纂例》卷 1《春秋宗指议》，之第 1 页。

159 《春秋纂例》卷 1《啖氏集传集注义》，之第 5—6 页；关于"无常师"观念，参见《春秋纂例》卷 1《啖氏集传集注义》，之第 6 页；与《论语·子张第十九》，第 22 条。

160 《春秋纂例》卷 1《赵氏损益义》，之第 7 页。

161 《春秋纂例》卷 1《赵氏损益义》，之第 7 页；《论语·子罕第九》，第 30 条。刘殿爵（1979）《论语》（第 100 页）译作"the exercise of moral discretion（权制）"。

162　参见赵匡的两篇《辨禘义》,《春秋纂例》卷 2《郊庙雩社例》,之第 13—19 页。
163　《春秋纂例》卷 6《改革例》,之第 10 页。
164　关于《春秋》学者给予祥验的狭小空间,参见《春秋纂例》卷 6《庆瑞例》,之第 10—11 页;与同书卷 9《日月为例义》,之第 7 页。
165　《春秋纂例》卷 1《赵氏损益义》,之第 12 页,引《经典释文》。
166　《春秋纂例》卷 1《赵氏损益义》,之第 10 页。
167　赵匡所称《左传》与《国语》书成众手并非初见,傅玄及隋代训诂家刘炫已有此论;参见《左传注疏》卷 59,之第 5 页;与同书卷 37,之第 9 页。参阅洪业（1937）《春秋经传引得》前言,xlv。《新唐书》卷 200《儒学传下·啖助传》（第 5706 页）意指啖助提出《左传》与《国语》非一人所为。基于以上分析,《新唐书》有可能是错误的。
168　陆淳追随啖助习十一年,参见《春秋纂例》卷 1《重修集传义》,之第 16 页。啖助去世后,陆淳在其子的协助以及与赵匡的磋商下,刊出啖助的作品,并于 775 年（大历十年）完成《修传始终记》。陆淳共编撰三部有关《春秋》的著作:《春秋集传纂例》十卷,参见《新唐书》卷 57《艺文志一》,第 1441 页;《唐书经籍艺文合志》甲部经录《春秋类》,第 42 页;《四库全书总目提要》卷 26《经部·春秋类一》,第 522 页;与《古经解汇函》第 18。《春秋微旨》三卷,参见《新唐书》卷 57《艺文志一》,第 1441 页;《唐书经籍艺文合志》甲部经录《春秋类》,第 42 页（以上两处均记为二卷,且书名未冠作者）;《四库全书总目提要》卷 26《经部·春秋类一》,第 523 页;与《古经解汇函》第 19。《春秋集传辨疑》十卷,参见《四库全书总目提要》卷 26《经部·春秋类一》,第 524 页;与《古经解汇函》第 20;《新唐书》卷 57《艺文志一》,第 1441 页;《唐书经籍艺文合志》甲部经录《春秋类》,第 43 页（译者按:"43",原著误作"42"）（以上两处均记为未冠作者的《春秋辨疑》七卷）。此外,据《唐会要》卷 36《修撰》（第 660 页）,陆淳还著有《陆质集注春秋》二十卷。
169　关于陆淳任官最主要的材料有:《柳河东集》卷 9《表铭碣诔·唐故给事中皇太子侍读陆文通先生（质,本名淳）墓表》,第 132—133 页;同书卷 31《书·答元饶州论春秋书》,第 504—505 页;《旧唐书》卷 189 下《儒学传下·陆质传》,第 4977 页;《新唐书》卷 168《陆质传》,第 5127—5128 页;《新唐书》卷 200《儒学传下·啖助传》,第 5705—5707 页。从这些材料,从其对礼仪争论的连续贡献,以及从其他迹象,可以显现约在 775 年至 778 年（大历十年至十三年）之间,陆淳被荐入朝并担任太常寺的低级职务（《春秋纂例》卷 1《修传始终记》,之第 19 页）。其后,杨炎"两税法"改革时为左拾遗（《旧唐书》卷 189 下《儒学传下·陆质传》,第 4977 页）。杨炎失势后,陆淳随之流贬南方,故而 781 年（建中二年）得与官方学者沈既济同游（《太平广记》卷 452《狐六·任氏》,第 3697 页;以及杜德桥（1983）:《李娃传》,第 61 页与注释 9）（译者按:"452",原著误作"352"）。785 年（贞元元年),陆淳任太常博士（《大唐郊祀录》卷 4《祀礼一·冬至祀昊天上帝》,之第 8 页;参阅《旧唐书》卷 21《礼仪志一》,第 844 年）;788 年（贞元四年）为刑部员外郎（《大唐郊祀录》,与《新唐书》卷 15《礼乐志五》,第 379 页）;790 年（贞元六年）以仓部郎中摄礼官（《旧唐书》卷149《柳登传附柳冕传》，第4032页）；795年（贞元十一年）为左司郎中（《唐会要》卷13《禘祫上》，第313页；《通典》卷50《礼典·吉礼九·禘祫下》，第290页）。其后左迁国子博士直至803年（贞元十九年）（《柳河东集》卷9《表铭碣诔·唐故给事中皇太子侍读陆文通先生（淳）墓表》，第133页；《旧唐书》卷189下《儒学传下·陆质传》，第4977页；《吕和叔文集》卷4《表·代国子陆博士进集注春秋表》，之第4—5页；《唐会要》卷36《修撰》，第660页；下文注释171；以及《资治通鉴》卷236唐德宗贞元十九年（803）第13条，第7603页）。此后历任信州（今江西）刺史与台州（今浙江）刺史（《旧唐书》卷189下《儒学传下·陆质传》，第4977页；与《柳河东集》卷9《表铭碣诔·唐故给事中皇太子侍读陆文通先生（淳）墓表》，第133页）。改革派掌权时，征为给事中、皇太子侍读（《柳河东集》卷9《表铭碣诔·唐故给事中皇太子侍读陆文通先生（淳）墓表》，第133页；与《旧唐书》卷189下《儒学传下·陆质传》，第4977—4978页）。大约在802年至803年（贞元十八年至十九年）期间，陆贽曾与权德舆通信论取士之道，参见第六章注释213。

170　《柳河东集》卷31《书·答元饶州论春秋书》，第504—506页；另见《柳河东集》卷11《志碣诔·亡友故秘书省校书郎独孤君（申叔）墓碣》，第172—173页，略有不同的组合；《旧唐书》卷135《王叔文传附王伾传》，第3736页；《资治通鉴》卷236唐德宗贞元十九年（803）第13条，第7603页；《资治通鉴》卷237唐顺宗永贞元年（805）第6条，第7609页（译者按："237"，原著误作"231"）；以及卞孝萱（1963）：《刘禹锡年谱》，第28—29页。关于凌士燮，参见《柳河东集》卷25《序隐遁道儒释·凌助教蓬屋题诗序》，第413页；参阅同书卷43《古今诗·哭连州凌员外司马》（第720页）与《旧唐书》卷135《王叔文传附王伾传》（第3736页）所载改革派凌准，后撰《后汉春秋》。关于吕温是陆淳的门生，参见刘禹锡《唐吕和叔文集序》，《吕和叔文集》，之第1页。吕温还在写给亲属的信中谈到《春秋》的重要性，参见《吕和叔文集》卷3《书序·与族兄皋请学春秋书》，之第1—3页。关于这一时期的其他春秋家，参见《旧唐书》卷160《宇文籍传》，第4209页；《旧唐书》卷189下《儒学传下·冯伉传》，第4978页；以及《唐会要》卷36《修撰》，第660页；《新唐书》卷200《儒学传下·啖助传附施士匄传》，第5707页（译者按："5707"，原著误作"5708"）；《皇甫持正文集》卷2《论序·送简师序》，之第6页（译者按："6"，原著误作"9"）。

171　关于吕温所呈奏表，参见《吕和叔文集》卷4《表·代国子陆博士进集注春秋表》，之第4—5页。奏疏载陆淳任国子博士，而《唐会要》卷36《修撰》（第660页）则称《集注春秋》为给事中陆贽所著，很可能是文字印刷错误而将陆淳视作陆宣公陆贽，因为此时陆淳尚未升迁。关于吕温的仕宦经历，尤其是804—805年（贞元二十年至永贞元年）陪同史官张荐为入吐蕃使，直至张荐卒于青海，参见《旧唐书》卷137《吕温传》，第3769页；与《新唐书》卷160《吕渭传附吕温传》，第4967页；以及小川昭一（1964）：《吕温について》，第70—84页。啖助的再传弟子窦群险些加入此次出使行列，参见《旧唐书》卷155《窦群传》，第4120页。

172 柳宗元流贬期间,在《答元饶州论春秋书》(《柳河东集》卷 31《书》,第 505 页)中引用陆淳对"宣公十一年"的注释(《左传注疏》卷 22,之第 8 页,之第 9—10 页),并评道:"见圣人褒贬予夺,唯当之所在,所谓'瑕瑜不掩'也。"陆淳《春秋微旨》卷中(之第 10—12 页)同以"瑕瑜不掩"结束(译者按:"10-12",原著误作"30-32")。关于柳宗元的致信人元饶州的身分辨别问题,参见岑仲勉(1962a):《唐集质疑》,第 409—410 页(译者按:"1962a",原著误作"1962b")。

173 《柳河东集》卷 9《表铭碣诔·唐故给事中皇太子侍读陆文通先生(淳)墓表》,第 132 页。

174 关于《非国语》,参见《柳河东集》卷 44《非国语上》至卷 45《非国语下》,第 746—788 页;此外特别参考根兹勒(1966):《柳宗元的文学传记》,尤其第 184—186 页。在《非国语》结尾(《柳河东集》卷 45《非国语下》,第 788 页)及《与吕道州温论非国语书》(《柳河东集》卷 31《书》,第 506—507 页)中,柳宗元谴责《国语》"近经"的观点。极具讽刺意味的是,该书后来却被归入《春秋》学著作,参见《新唐书》卷 57《艺文志一》,第 1441 页;《唐书经籍艺文合志》甲部经录《春秋类》,第 43 页。

175 《柳河东集》卷 31《书·答元饶州论春秋书》,第 505 页(译者按:"505",原著误作"305");同书卷 44《非国语上·荀息》,第 767—768 页;《左传注疏》卷 13,第 5—8 页,僖公九年至十年。荀息为晋献公大夫,在其位容许献公杀太子,另立宠姬之子。荀息曾发誓辅佐此子,对其忠贞,至死不渝。但献公薨后,此子亦被杀,而荀息为免一死,再次另立一子。直到新君转而被杀,荀息才为之而死。在《春秋》中,叙述荀息之死的传统写法是将其解释为好人,而非坏人。这与另外两例事件的写法相一致,同样是正直大夫被杀(《左传注疏》卷 5,之第 2 页,桓公二年;同书卷 9,之第 3 页,庄公十二年)。然而对柳宗元而言,毫无疑问荀息应受谴责。孔子在《春秋》中举其忠贞的意图在于"以激不能死者耳",因此才引人关注荀息最终之死,而与早前的事实相脱离。在此,柳宗元认为孔子是在践行《论语·述而第七》(第 29 条)讲述的道义,即"不保其往也"。柳宗元进一步指出,孔子《春秋》指责止时采用类似的教授技巧。止为许国太子,因未能在其父服药前代为尝药,或为其准备的是不当之药,而被书为"弑其君"(《左传注疏》卷 48,之第 12 页,昭公十九年)。

176 《柳河东集》卷 4《议辩·论语辩二篇》,第 68—70 页。在上篇中,柳宗元认为《论语》最终可能是孔子弟子的弟子所记。在下篇中,他认为《论语》最后一篇(《论语·尧曰第二十》,第 1 条)破例以"尧曰"开头,表明孔子在讲授时经常吟诵"讽道之辞",只有部分弟子能够理解,明白的和疑惑的相互流传而在记录成书时得以因袭重现。此二篇均意味着《论语》一书蕴含孔子自己的学说。关于柳宗元对深奥的孔子思想的推崇,另见《柳河东集》卷 16《说·乘桴说》,第 297—298 页;与第四章注释 243。

177 然而,即使在遥远的南方,柳宗元还是遇到一位《春秋》师,参见《柳河东集》卷 5《古圣贤碑·道州文宣王庙碑》,第 76 页。

178 最有趣的是窦群之例,窦群在东南地区随啖助之门人学《春秋》,著书三十四卷

注 释

（译者按："三十四·34"，原著误作"30"），两次被举荐于德宗，并献其书，但均不报。据说柳宗元和刘禹锡也看不起他（但是参阅《柳河东集》卷38《表·为韦侍郎贺布衣窦群除右拾遗表》，第606—607页）。其后他免于陪同史官张荐及春秋家、陆淳弟子吕温出使吐蕃，参见《旧唐书》卷155《窦群传》，第4120页；与《窦氏联珠集》，《故朝议郎御史中丞容管经略使赐紫金鱼袋赠左散骑常侍扶风窦府君（群）诗》，之第15页。关于元和中后期的《春秋》学，另见《韩昌黎集》卷34《碑志·南阳樊绍述墓志铭》，第6册，之第85—86页，樊绍述；《韩昌黎集》卷18《书·答殷侍御书》，第4册，之第81—82页，殷侑；《韩昌黎集》卷5《古诗·寄卢仝》，第2册，之第38—40页，卢仝。稻叶一郎（1970）《中唐における新儒学運動の一考察》（第383页）指出卢仝是《春秋折微》四卷的作者。载入《郡斋读书志》卷1下《经部·春秋类·卢仝春秋折微四卷》，之第4页。

179　《唐文粹》卷95《序戊·著撰十》，刘轲《三传指要序》，之第2—3页；蒲立本（1959）：《刘轲：被遗忘的韩愈的竞争者》，第147—149页。

180　参见上文注释133。

181　韦表微撰《春秋三传总例》，参见《新唐书》卷57《艺文志一》，第1441页；《唐书经籍艺文合志》甲部经录《春秋类》，第42页。

182　关于刘贲，参见《旧唐书》卷190下《文苑传下·刘贲传》，第5064页。杜预《春秋释例》原序确定为刘贲所作，见于《四库全书总目提要》卷26《经部·春秋类一》，第520—522页。

183　陈岳撰《折衷春秋》三十卷，参见《全唐文》卷829《陈岳·春秋折衷论序》，之第3—4页；另见《新唐书》卷57《艺文志一》，第1441页；与《唐书经籍艺文合志》甲部经录《春秋类》，第43页；以及《司空表圣文集》卷3《杂著·疑经后述》，之第2页。

184　《司空表圣文集》卷3《杂著·疑经》，之第1—2页。

185　陆龟蒙《甫里先生传》（《文苑英华》卷796《传·传五》，之第6页）赞成文中子的评论，并抨击刻于润州文宣王庙石碑的韩滉《春秋通例》（《旧唐书》卷129《韩滉传》，第3603页；与《新唐书》卷57《艺文志一》，第1441页；以及《唐书经籍艺文合志》甲部经录《春秋类》，第42页）。陆龟蒙与另一位唐代后期学者陈商讨论刘知幾关于《春秋》是史书而非经书的观点，参见《文苑英华》卷690《书·经史》，陆龟蒙《复友生论文书》，之第10—11页；并参阅《唐语林》卷2《文学》，第56—57页。

186　《皮子文薮》卷3《文·春秋决疑十篇》，第35页；《史通通释》卷14《外篇·惑经》，之第2—11页；稻叶一郎（1970）：《中唐における新儒学運動の一考察》，第389—390页。

187　《通典》卷105《礼典·凶礼二十六·帝王谥号议》，第549页。

188　《权载之文集》卷13《碑铭·唐故东都留守东都汝州防御使银青光禄大夫检校吏部尚书判东都尚书省事兼御史大夫上柱国扶风县开国伯赠太子少傅杜公（亚）神道碑铭并序》，之第10页，安史乱前杜亚曾见知于房琯；另可参阅《旧唐书》卷246《杜亚传》，第3962—3964页。高级官员有此志趣者之另一例是齐抗（"明诚

309

尽性"），参见《权载之文集》卷14《碑铭·唐故中书侍郎同中书门下平章事太子宾客赠户部尚书齐成公（抗）神道碑铭并序》，之第1页。

189 《权载之文集》卷33《集序·唐故银青光禄大夫守中书侍郎同平章事赠太傅常山文贞公崔公（祐甫）集序》，之第2页。崔祐甫与其他热衷于修身的学者一样具有东南背景，参见伊沛霞（1978）：《早期中华帝国的贵族家庭：博陵崔氏个案研究》，第96—98页。

190 关于张镒及其《孟子音义》，参见《旧唐书》卷125《张镒传》，第3545—3546页；《唐会要》卷36《修撰》，第659页；此外参阅《权载之文集》卷14《碑铭·唐故中书侍郎同中书门下平章事太子宾客赠户部尚书齐成公（抗）神道碑铭并序》，之第1页。

191 《文苑英华》卷820《记·释氏四》，李华《故中岳越禅师塔记》，之第4—5页；《文苑英华》卷860《碑·释十一》，李华《碑文四首》，之第1—10页；《佛祖统纪》卷7《东土九祖纪第三之二》，第189页；《毗陵集》卷9《碑铭·唐故扬州庆云寺律师一公塔铭并序》，之第2页。梁肃《为常州独孤使君（及）祭李员外（华）文》形容李华"优游乎性命之际"（"优游"，《毛诗注疏》卷17之4《大雅·生民之什》，之第1页），参见《文苑英华》卷982《祭文·交旧五》，之第2页。关于李华对先秦典籍中之《孟子》的关注，参见《文苑英华》卷742《论·文》，李华《质文论》，之第4页。

192 《毗陵集》卷3《诗下·自东都还濠州奉誎王八谏议见赠》，之第3页；同书卷17《记述·金刚经报应述并序》，之第7—8页；同书卷9《碑铭·唐故扬州庆云寺律师一公塔铭并序》，之第1—4页。此外，《毗陵集》卷20《祭文下·祭相里造文》（之第6页）亦有独孤及论"死生"。然而，独孤及深知《论语》明示孔子不愿言"命"，参见《毗陵集》卷20《祭文下·祭贾尚书文》，之第5页；与《论语·子罕第九》，第1条。此外，另一学者拒绝讨论此类"性命"问题之例，参阅《柳河东集》卷8《行状·故银青光禄大夫右散骑常侍轻车都尉宜城县开国伯柳公（浑）行状》，第115页。

193 关于梁肃对独孤及的情义，参见《文苑英华》卷737《序·杂序三》，梁肃《陪独孤常州观讲论语序》，之第8页；《文苑英华》卷703《序·文集五》，梁肃《常州刺史独孤及集后序》，之第4—6页；《文苑英华》卷972《行状·行状二》，梁肃《朝散大夫使持节常州诸军事守常州刺史赐紫金鱼袋独孤公行状》，之第9—13页；《文苑英华》卷982《祭文·交旧五》，梁肃《祭独孤常州文》，之第3—4页。关于梁肃喜"穷理尽性"并证明此为佛教方法，参见《唐文粹》卷61《碑十三·释》，梁肃《止观统例》，之第5—8页。参阅《佛祖统纪》卷7《东土九祖纪第三之二》，第189页。梁肃弟子吕温，《春秋》学的拥护者，也暗示"穷理尽性"不是儒家的方法；参见《吕和叔文集》卷1《诗赋·同舍弟恭岁暮寄晋州季六协律三十韵》，之第7页。刘禹锡评论官方学者韦处厚的早期知识生活，称其"穷性命之源"，并将此与其关注佛教联系起来，参见《刘禹锡集》卷19《集纪·唐故中书侍郎平章事韦公（处厚）集纪》，第164页。

194 《唐文粹》卷92《序乙·集序》，崔恭《唐右补阙梁肃文集序》，之第11页。

195 关于梁肃在韩愈科举生涯中的作用，参见《韩昌黎集》卷17《书·与祠部陆员外书》，第 4 册，之第 76—77 页。

196 关于权德舆与梁肃的关系，参见《文苑英华》卷 966《志·妇人四》，梁肃《著作郎赠秘书少监权公夫人李氏（权德舆之母）墓志》，之第 2—3 页；以及《文苑英华》卷 983《祭文·交旧六》，权德舆《祭梁补阙（肃）文》，之第 3 页。关于权德舆与青年韩愈的关系，参见《权载之文集·补刻·左武卫胄曹许君集序》，之第 5 页。"贞元初"，即 785 年（贞元元年）左右，权德舆任官于春陵（今江西）（译者按："春陵·Ch'ung-ling"，原著误作"Chung-ling"），当时韩愈十八岁。关于权德舆的东南背景，另见《权载之文集》卷 39《序·送马正字赴太原谒相国叔父序》，之第 3—4 页。

197 《旧唐书》卷 148《权德舆传》，第 4002 页。

198 《权载之文集》卷 1《赋诗·与道者同守庚申》，之第 11—12 页。关于类似词汇，参阅《权载之文集》卷 45《表状·中书门下贺降诞日麟德殿三教论议状》，之第 8 页，797 年（贞元十三年）表状。

199 《权载之文集》卷 32《记·信州南岩草衣禅师宴坐记》，之第 8 页，载为 781 年（建中二年）；同书卷 32《会稽虚上人石帆山灵泉北坞记》，之第 6 页，载为 787 年（贞元三年）。

200 《权载之文集》卷 24《墓志铭·唐故使持节歙州诸军事守歙州刺史赐绯鱼袋陆君（参）墓志铭并序》，之第 11 页。当韩愈携进士举荐信拜访陆修时，特别强调先前梁肃曾向陆宣公推荐过他，更想向陆修表露的要点是他已结识梁肃；参见注释 195。

201 《权载之文集》卷 36《序·送歙州陆使君员外赴任序》，之第 8—9 页。

202 《权载之文集》卷 46《表状·太常博士举人自代状》，之第 5 页；此外参阅同书卷 36《序·送歙州陆使君员外赴任序》，之第 8—9 页，约作于 802 年（贞元十八年）；与《韩昌黎集》卷 19《序·送陆歙州诗序》（第 5 册，之第 6—7 页）所述时间一致。

203 《李文公集》卷 2《文·复性书上》，第 7 页；以及同书卷 17《杂著·陆修槛铭》，第 140 页；并参阅同书卷 13《碑述·陆歙州述》，第 110—111 页。关于韩愈同陆修的关系，参见《韩昌黎集》卷 17《书·与祠部陆员外书》，第 4 册，之第 75 页；参阅同书卷 11《杂著·行难》，第 3 册，之第 68—69 页；同书卷 19《序·送陆歙州诗序》，第 5 册，之第 6—7 页。

204 《权载之文集》卷 24《墓志铭·唐故使持节歙州诸军事守歙州刺史赐绯鱼袋陆君（参）墓志铭并序》，之第 10—11 页。

205 《李文公集》卷 13《碑述·陆歙州述》，第 110—111 页。关于李翱对颜回的高度评价，认为他是最得孔子真传且收获最大的弟子，参见下文注释 210。关于韩愈对颜回的强调，参见《韩昌黎集》卷 20《序·送王秀才序》，第 5 册，之第 21—22 页（译者按：卷"20"，原著误作"19"）；以及张籍致韩愈之信，见于《韩昌黎集》卷 14《书·重答张籍书》，第 4 册，之第 38 页。这一时期时常提到颜回及其内心世界，例如《权载之文集》卷 42《书·答杨湖南书》，之第 9 页；同书卷 1《赋诗·丙寅岁苦贫戏题》，之第 12 页；以及第二章注释 255。

206 《李文公集》卷 17《杂著·陆修槛铭》，第 140 页。李翱在同书卷 2《文·复性书上》（第 8 页）中使用同一词。

207 德宗朝后期，三教折衷基本上成为皇帝的态度，参见《权载之文集》卷 23《墓志铭·唐故太常卿赠刑部尚书韦公（渠牟）墓志铭并序》，之第 2—3 页；与《旧唐书》卷 135《韦渠牟传》，第 3728—3729 页。《权载之文集》卷 45《表状·中书门下贺降诞日麟德殿三教论议状》（之第 8 页）所载 797 年（贞元十三年）表状，可能是指同一事件。

208 感谢巴瑞特教授允许我拜读其精细论证，将《复性书》的创作系于 800 或 801 年（贞元十六或十七年）以前。花房英树（1964）《韓愈歌詩索引》（第 69 页）及蔡涵墨（1986）《韩愈与唐代的大一统努力》（第 204—206 页）两位教授均未涉及韩愈《原性》的系年；但可参阅赖道德（1948）：《〈原道〉与〈原性〉的写作背景》，第 406—407 页。

209 《李文公集》卷 2《文·复性书上》，第 5 页；同书卷 4《文·学可进》，第 27 页。

210 关于李翱对颜回的关注，参见《李文公集》卷 1《赋·幽怀赋并序》，第 2—3 页；同书卷 2《文·复性书上》（第 7 页）引《论语·雍也第六》（第 7 条）与《论语·先进第十一》（第 18 条）以及《周易注疏》卷 8《系辞下》（之第 8 页）。

211 《刘禹锡集》卷 19《集纪·唐故中书侍郎平章事韦公（处厚）集纪》，第 166 页。

212 《韩昌黎集》卷 11《杂著·原道》《杂著·原性》《杂著·原毁》《杂著·原人》《杂著·原鬼》，第 3 册，之第 59—67 页。《论语·阳货第十七》，第 2 条。这一说法在唐代广泛流行，例如《汉书》卷 63《东方朔传》，第 2869 页及颜师古注；《唐会要》卷 40《论赦宥》，第 729 页，刘知幾；《通典》卷 13《选举典·序》，第 73 页，杜佑；《柳河东集》卷 33《书·与杨诲之第二书》，第 527—528 页；《韩昌黎集》卷 4《古诗·孟东野失子》，第 2 册，之第 23 页。甚至还被用于四夷，通过"习"，使其更接近汉人，参见《唐大诏令集》卷 128《蕃夷·绥抚·令蕃客国子监观礼教敕》，第 689 页，738 年（开元二十六年）底（译者按：《唐大诏令集》为开元二年十二月二十二日）。另见《白香山集》卷 45《策林一·二策项 二道》，第 7 册，之第 30 页；同书卷 46《策林二·三十四牧宰考课 议殿最未精又政不由己》，第 7 册，之第 57 页。

213 《李文公集》卷 2《文·复性书中》，第 9 页；《韩昌黎集》卷 11《杂著·原道》，第 3 册，之第 62 页。

214 《李文公集》卷 2《文·复性书中》，第 11 页；同书卷 2《文·复性书上》，第 7 页。

215 《韩昌黎集》卷 11《杂著·原道》，第 3 册，之第 63 页；同书卷 11《杂著·读荀》，第 3 册，之第 72—73 页。

216 《韩昌黎集》卷 11《杂著·原性》，第 3 册，之第 63—64 页。关于韩愈的自相矛盾，参见《经义考》卷 232《孟子二》（之第 1 页）所引邵博（约 1120 年卒）之论。

217 例如《文苑英华》卷 980《祭文·交旧三》，李华《祭刘左丞文》，之第 2 页（译者按："2"，原著误作"12"）；《皇甫持正文集》卷 2《论序·顾况诗集序》，之第 8 页，顾况。甚至佛教僧人也有类似阐述，参见《佛祖统纪》卷 7《东土九祖纪第三之二》，第 189 页，侯外庐（1959a）《中国思想通史》第 4 卷（第 334 页）

注　释

有所征引（译者按："1959a"，原著误作"1959"）。另见《唐文粹》卷 86《书八·荐贤四》，韦处厚《上宰相荐皇甫湜书》，之第 1 页。关于这一时期学者对孟子兴趣的进一步证据，参见《皇甫持正文集》卷 2《论序·夷惠清和论》，之第 1—2 页。

218　《韩昌黎集》卷 18《书·与孟尚书书》，第 4 册，之第 85 页，820 年（元和十五年）。花房英树（1964）：《韓愈歌詩索引》，第 69 页。

219　关于李翱将韩愈比作孟子，参见《李文公集》卷 7《书·与陆修书》，第 50 页；以及韩愈死后李翱所作祭文，参见《李文公集》卷 16《祭文·祭吏部韩侍郎文》，第 120 页。关于陆修，参见《韩昌黎集》卷 11《杂著·行难》，第 3 册，之第 68—69 页，802 年（贞元十八年）。花房英树（1964）：《韓愈歌詩索引》，第 67 页。关于 795 年（贞元十一年）张籍将韩愈比作孟子，参见《韩昌黎集》卷 14《书·答张籍书》，第 4 册，之第 36 页。另见陈寅恪（1936）：《韩愈与唐代小说》，第 39—43 页。

220　《旧唐书》卷 171《李汉传》（第 4454 页）用"刚讦"形容韩愈；《旧唐书》卷 160《李翱传》（第 4207 页）用几乎相同的词语（"刚急"）描述李翱。关于李翱的地方排佛倡议，参见《李文公集》卷 10《奏议状·与本使杨尚书请停修寺观钱状》及《奏议状·再请停率修寺观钱状》，第 80—82 页。

221　《皇甫持正文集》卷 2《论序·送简师序》，之第 6 页；与同书卷 6《碑铭·韩文公墓铭》，之第 5 页。（译者按：原著正文原为"潮州（今福建）"，现据作者之意改为"潮州（今广东）"。）

222　陈观胜（1956）：《会昌灭佛的经济背景》，第 67—105 页。关于李德裕的角色，参见汤承业（1973）：《李德裕研究》，第 535—562 页。

223　关于韩愈弟子和追随者的简明分析，参见钱基博（1973）：《韩愈志·韩门弟子记第五》，第 77—113 页；罗联添（1977）：《韩愈研究》，第 212—220 页。

224　《皇甫持正文集》卷 2《论序·孟荀言性论》，之第 4—5 页（译者按："4-5·4b-5b"，原著误作"46-56"）；蔡涵墨（1986）：《韩愈与唐代的大一统努力》，第 206 页；《樊川文集》卷 6《三子言性变》，第 106—107 页，赞同荀子观点。皇甫镛，进士及第，居高级学术职位，撰有《性言》十四篇。白居易与之相交二十四载（"二纪"），用孟子之言形容他"不动于心"；参见《白香山集》卷 61《碑序解祭文记·唐银青光禄大夫太子少保安定皇甫公（镛）墓志铭并序》，第 9 册，之第 68 页。

225　《樊川文集》卷 6《书处州韩吏部孔子庙碑阴》，第 106 页（译者按："106"，原著误作"9a-10b"）；《孙樵集》卷 2《与贾希逸书》，之第 7—8 页；《唐文粹》卷 86《书八·师资七》，林简言《上韩吏部书》，之第 6—7 页。

226　《皮子文薮》卷 9《书·请孟子为学科书》，第 95—96 页；同书卷 9《书·鹿门隐书六十篇并序》，第 99—100 页；同书卷 3《文·原化》，第 23—24 页。

227　《文苑英华》卷 690《书·经史》，陆龟蒙《复友生论文书》，之第 10 页。

228　关于孙郃，参见《唐诗纪事》卷 61《孙郃》，第 928 页；《登科记考》卷 24《唐昭宗》，之第 19 页。

第四章　国家礼制

1. 关于礼制在唐代尤其是唐初两朝地位的分析，参见魏侯玮（1985）：《玉帛之奠：唐王朝正统化过程中的仪礼和象征》；关于唐代礼典范围和编纂机构的导论，参见麦大维（1987a）：《官僚制和宇宙论：唐代的礼典》。

2. 关于长期担任礼官的礼学学者，参见下文注释94，韦绍；注释193，韦公肃；注释200，王泾。关于裴氏前后五代的记载，参见下文注释192。

3. 关于官员对流行于地方尤其是东南地区的淫祀的态度，参见《唐会要》卷77《诸使上·巡察按察巡抚等使》，第1414页；以及《旧唐书》卷89《狄仁杰传》，第2887页；《旧唐书》卷156《于𫖮传》，第4129页；《权载之文集》卷23《墓志铭·唐故大中大夫守太子宾客上柱国襄阳县开国男赐紫金鱼袋罗公（珦）墓志铭并序》，之第6页；以及《新唐书》卷197《循吏传·罗珦传》，第5628页，卒于809年（元和四年）；《旧唐书》卷16《穆宗纪》，第503页，李德裕上奏；《李文饶文集·外集》卷4《论·祷祝论》，之第5—6页；以及《文苑英华》卷740《论·阴阳》，李德裕《祷祠论》，之第13页；《新唐书》卷200《儒学传下·林蕴传》，第5719页，林披。以及《因话录》卷5《徵部》，第108—109页；《唐国史补》卷下，第65页。关于异常事件，参见《元次山集》卷7《左黄州表》，第105—106页；孙望（1957）：《元次山年谱》，第50页；以及《资治通鉴》卷220唐肃宗乾元元年（758）第15条，第7054页；与同卷220唐肃宗乾元元年（758）第17条，第7056页（译者按："7056"，原著误作"7058"）；《新唐书》卷202《文艺传中·苏源明传》，第5772—5773页。

4. 《礼记正义序》，《礼记注疏》，之第1页；引《礼记注疏》卷22《礼运》，之第10页。

5. 关于《月令》，参见第三章注释81—89；以及下文注释198，注释229和注释237。

6. 《旧唐书》卷23《礼仪志三》，第899—890页，725年（开元十三年）封禅礼；《旧唐书》卷14《宪宗》，第420页，807年（元和二年）郊祀。

7. 关于礼制社会功能的背景，参见魏侯玮（1985）：《玉帛之奠：唐王朝正统化过程中的仪礼和象征》，第26—30页；瞿同祖（1961）：《传统中国的法律与社会》，第226—241页；以及《礼记正义序》，《礼记注疏》，之第1页。

8. 《唐会要》卷24《二王三恪》，第461—463页；魏侯玮（1985）：《玉帛之奠：唐王朝正统化过程中的仪礼和象征》，第135—141页，以及下文注释27、注释109。

9. 魏徵有诗称赞汉代礼官叔孙通，通过其礼仪指导使高祖"知为皇帝之贵"（《史记》卷99《刘敬叔孙通列传》，第2723页），以此表达礼制与军事的对立。魏徵因"惧帝喜武功"而赋诗，太宗则不无挖苦地改《论语·子罕第九》（第11条）之言以作答："徵言未尝不约我以礼"；参见《唐诗纪事》卷4《魏徵》，第45—46页；参阅魏侯玮（1985）：《玉帛之奠：唐王朝正统化过程中的仪礼和象征》，第30页。叔孙通是礼官经常引用的典型，参见《隋书》卷33《经籍志二》，第972页；《册府元龟》卷565《掌礼部·作乐一》，之第19页；罗振玉（1909）：《昭陵碑录》卷1，第

注 释

19 页；于志宁《孔颖达碑》；《文苑英华》卷 617《表·刑法一》，朱敬则《论刑狱表》，之第 5 页；《权载之文集》卷 46《表状·谢除太常卿表》，之第 21 页。

10 《通典》卷 47《礼典·吉礼六·皇太子及皇子宗庙》，第 272—273 页，715 年（开元三年）上疏；与《新唐书》卷 200《儒学传下·陈贞节传》，第 5693—5694 页；以及第二章注释 108。

11 《唐会要》卷 37《五礼篇目》（第 670 页），提及许敬宗与李义府；《旧唐书》卷 21《礼仪志一》，第 830 页；《旧唐书》卷 25《礼仪志五》，第 944 页；《旧唐书》卷 102《褚无量传》（第 3165 页）与《旧唐书》卷 85《唐临传附唐绍传》（第 2814 页），提及祝钦明与郭山恽；《旧唐书》卷 84《裴行俭传附裴光庭传》（第 2807 页），提及议裴光庭谥。

12 关于唐绍，参见《旧唐书》卷 85《唐临传附唐绍传》，第 2814 页；关于孙平子，参见《旧唐书》卷 25《礼仪志五》，第 952—953 页。

13 《旧唐书》卷 136《卢迈传》，第 3753—3754 页；卢迈（739—798）阐述"《春秋》之义，不以家事辞王事"来表明立场。

14 麦大维（1987a）：《官僚制和宇宙论：唐代的礼典》，注释 80。

15 《论语·为政第二》，第 23 条；关于唐代对此言的引经据典，例见《礼记正义序》，《礼记注疏》，之第 1 页；《隋书》卷 6《礼仪志一》，第 105 页；《文苑英华》卷 482《策·方正》，张柬之《贤良方正策第一道·对》，之第 3 页；《旧唐书》卷 25《礼仪志五》，第 953 页，722 年（开元十年）制；参阅《白香山集》卷 45《策林一·十五忠敬质文损益》，第 7 册，之第 38—39 页；《李义山文集》卷 5《祭文·为绛郡公祭宣武王尚书（彦威）文》，之第 2 页。

16 《旧唐书》卷 24《礼仪志四》，第 912 页，629 年（贞观三年）太宗；《唐大诏令集》卷 74《典礼·籍田·开元二十三年籍田赦》，第 416 页，735 年（开元二十三年）玄宗；《旧唐书》卷 25《礼仪志五》，第 953 页，722 年（开元十年）玄宗。

17 《汉书》卷 30《艺文志》，第 1701 页，第 1710 页（译者按："30""1701""1710"，原著误作"10/3087 and 10-3115"）；《隋书》卷 32《经籍志一》，第 924—926 页；《隋书》卷 33《经籍志二》，第 971—972 页；《唐会要》卷 11《明堂制度》，第 272 页，颜师古；《旧唐书》卷 21《礼仪志一》，第 826 页，677 年（乾封二年）底诏令；《旧唐书》卷 22《礼仪志二》，第 874 页，717 年（开元五年）奏议；《文苑英华》卷 652《启·劝学》，张说《上东宫请讲学启》，之第 2 页；《唐会要》卷 80《谥法下》，第 1478 页，谥议；《韩昌黎集》卷 14《书·与李秘书论小功不税书》，第 4 册，之第 34 页；《玉海》卷 39《艺文·三礼·唐六十九家礼》，之第 21 页，引《通典》。

18 《大唐创业起居注》卷 3，第 38—39 页。参阅《唐鉴》卷 1《高祖上》，第 3 页。魏侯玮（1985）《玉帛之奠：唐王朝正统化过程中的仪礼和象征》（第 91—101 页）详细叙述高祖登基。

19 《新唐书》卷 107《傅弈传》，第 4059—4060 页。奏文此处意译自《史记》卷 84《屈原贾生列传》，第 2492 页（"改正朔，易服色，法制度，定官名，兴礼乐"）。参阅《唐大诏令集》卷 2《帝王·即位赦上·中宗即位赦》，第 6 页；《旧唐书》卷 7《中宗纪》，第 136 页；以及《资治通鉴》卷 208 唐中宗神龙元年（705）第 2

条（第 6583 页）所列 705 年李唐中兴在礼制和象征上的变化。

20 《新唐书》卷 107《傅弈传》，第 4060 页（译者按："4060"，原著误作"4050"）；参阅《旧唐书》卷 50《刑法志》（第 2133—2134 页），描述隋朝律法的苛峻；《隋书》卷 74《酷吏传》，第 1691 页。

21 例如《旧唐书》卷 189 上《儒学传上·张士衡传》，第 4949 页；同书卷 189 上《儒学传上·许叔牙传》，第 4953 页；同书卷 189 上《儒学传上·贾公彦传》，第 4950 页；同书卷 189 上《儒学传上·贾公彦传附李玄植传》，第 4950 页；同书卷 73《孔颖达传附王恭传》，第 2603 页；同书卷 189 下《儒学传下·郭山恽传》，第 4970 页；同书卷 189 下《儒学传下·韦叔夏传》，第 4964 页。

22 《开封市博物馆·杜庆墓志》，杜庆 667 年卒，享年 45 岁；《开封市博物馆·段文会墓志》，段文会 663 年卒，享年 25 岁。

23 关于颜师古的专长，参见《旧唐书》卷 73《颜师古传》，第 2595 页。关于孔颖达专精《礼记》，参见《旧唐书》卷 73《孔颖达传》，第 2601 页。关于唐朝注重礼经的实用性，参见《廿二史札记》卷 20《唐初三礼汉书文选之学》，第 399—400 页（"考古义以断时政，务为有用之学"）。

24 《礼记正义序》，《礼记注疏》，之第 2 页（译者按："2"，原著误作"1"）。

25 《毛诗注疏引书引得》，第 19—21 页，第 28 页；第 5—8 页；第 14—15 页；第 17—18 页；第 11 页；第 26 页。

26 《礼记注疏》卷 20《文王世子》，之第 5 页。

27 《唐会要》卷 24《二王三恪》，第 461 页；《唐六典》卷 4《尚书礼部·礼部郎中》，之第 39 页；同书卷 4《尚书礼部·主客郎中》，之第 55 页；《旧唐书》卷 43《职官志二》，第 1832 页。《礼记注疏》卷 39《乐记》，之第 6—8 页；同书卷 25《郊特牲》，之第 10 页；《左传注疏》卷 36，之第 6—7 页。孔颖达将封二王后定为"大礼"，此外进一步阐发祭祀背后的原理，"天子继世而立，子孙不以不肖灭亡。见在子孙，又无功德，仍须存之。所以存二代之后者，犹尚尊其往昔之贤所能法象。"《大唐郊祀录》卷 10《飨礼二·飨先代帝王》（之第 20 页）载邺公庙隋朝杨氏在通轨坊，介公庙后周宇文氏在怀贞坊。另见魏侯玮（1985）：《玉帛之奠：唐王朝正统化过程中的仪礼和象征》，第 137—138 页及注释。

28 孔颖达针对明堂的上表，载于《唐会要》卷 11《明堂制度》，第 271 页；以及《旧唐书》卷 22《礼仪志二》，第 849—850 页。《旧唐书》卷 73《孔颖达传》（第 2602 页）表明诸儒皆从其说，尽管从长期来看是不正确的。孔颖达论述明堂的设计与功能，例见《礼记注疏》卷 16《月令》，之第 19 页；与同书卷 29《玉藻》，之第 1—3 页；以及《毛诗注疏》卷 16 之 5《大雅·文王之什》，之第 1—3 页。《隋书》卷 6《礼仪志一》（第 119—123 页）描述从梁到隋的明堂，而孔颖达正是《隋书》编修者之一。魏侯玮（1985）《玉帛之奠：唐王朝正统化过程中的仪礼和象征》（第 195—211 页）对此有详尽探讨。关于孔颖达对封禅的讨论，参见《礼记注疏》卷 24《礼器》，之第 5 页；与同书卷 11《王制》，之第 19 页；以及《尚书注疏》卷 3《舜典》，之第 6 页，之第 8 页。魏侯玮教授的论述（第 170—194 页）表明儒家经典没有提到封禅礼。但孔颖达在《礼记注疏》卷 24《礼器》（之第 5 页）中却举出主要的儒家经典以及非儒家的《管子》和《白虎通》，都有更多的详情记载。在《隋书》卷 7《礼仪志二》（第 139 页）中，孔颖达及其同僚也从此三书征引相似的例证。

29 《唐会要》卷 13《禘祫上》，第 303 页；《通典》卷 50《礼典·吉礼九·祫禘下》，第 288 页（译者按："288"，原著误作"188"）；以及《旧唐书》卷 26《礼仪志六》，第 996 页，676 年（上元三年）；《大唐郊祀录》卷 1《凡例上·辩神位》，之第 2 页；同卷 2《凡例中·杂例》，之第 16 页；同书卷 3《凡例下·乘舆服》，之第 4 页；同卷 4《祀礼一·冬至祀昊天上帝》，之第 5 页等。此外，《唐会要》卷 12《飨明堂议》，第 288 页，只提到"疏"。关于引用孔颖达其他注疏的实例，参见《柳河东集》卷 31《书·与刘禹锡论周易九六书》（第 501—503 页）提及《周易正义》；以及《旧唐书》卷 25《礼仪志五》（第 960 页）引《春秋左传注疏》。

30 关于初唐编纂仪典的书名，参见下文注释 44。

31 《礼记正义序》，《礼记注疏》，之第 1 页；与《隋书》卷 32《经籍志一》，第 924—926 页。除此之外，唐代学者普遍认为儒经中的礼制传统已在汉代严重败坏，参见上文注释 17。

32 《唐会要》卷 36《修撰》，第 651 页；《旧唐书》卷 71《魏徵传》，第 2559 页；《旧唐书》卷 102《元行冲传》，第 3178 页；《册府元龟》卷 607《学校部·撰集》，之第 12 页。贾保罗（1955）：《保守主义与儒家经典的传布：一位唐代学者的抗议》，第 121—122 页，第 124 页。

33 《通典》卷 80《礼典·凶礼二·奔大丧》，第 433 页（译者按：原著阙卷"80"）；此外参阅《梁书》卷 3《武帝纪下》，第 96 页；《隋书》卷 33《经籍志二》，第 969—970 页；《陈书》卷 33《儒林传·沈不害传》，第 448 页。

34 关于两部隋朝礼典，参见《旧唐书》卷 21《礼仪志一》，第 816 页。第一部为《五礼》130 篇（译者按：原著为"卷"，《旧唐书》原文为"篇"），另见《旧唐书》卷 72《李百药传》（第 2571 页），显示李百药参与了隋朝《五礼》与唐朝第一部《五礼》的修撰；《通典》卷 41《礼典·序》，第 233 页。对孔颖达有重要影响的经疏家刘焯也参与其中，参见《隋书》卷 75《儒林传·刘焯传》，第 1719 页。第二部为《江都新礼》（或称《江都集礼》）一百二十卷，参见《隋书》卷 32《经籍志一》，第 939 页；《旧唐书》卷 46《经籍上》，第 1975 页（译者按：《隋书》为《江都集礼》一百二十六卷）；《唐书经籍艺文合志》甲部经录《礼类》，第 29 页。有唐一代都在征引"江都礼"（译者按：原著为"江都礼"，史料为《江都集礼》），如《唐会要》卷 12《飨明堂议》，第 286 页，第 291 页；《旧唐书》卷 26《礼仪志六》，第 981 页；《旧唐书》卷 25《礼仪志五》，第 958 页；《旧唐书》卷 89《王方庆传》，第 2898—2899 页。用"篇"来衡量礼典长度可能是审慎的古体，参见《汉书》卷 30《艺文志第十》（第 1710 页）与《旧唐书》卷 22《礼仪志二》（第 816 页）所及汉朝礼书。

35 《南史》卷 71《儒林传》，第 1730 页；《唐会要》卷 37《五礼篇目》，第 669 页；参阅《通典》卷 41《礼典·序》，第 233 页，"未暇"；《旧唐书》卷 21《礼仪志一》，第 816 页；《册府元龟》卷 654《奉使部·恩奖》，之第 1 页。关于此词常被引用的权威章节是《史记》卷 121《儒林列传》，第 3117 页。

36 《唐会要》卷 37《五礼篇目》（第 669 页）与《通典》卷 41《礼典·序》（第 233

页）表明《贞观礼》于 633 年（贞观七年）撰成并颁行；但此日期可能指最初包含"二十九条"之修订本而言。《旧唐书》卷 21《礼仪志一》（第 816—817 页）与《新唐书》卷 11《礼乐志一》（第 308 页）未载日期，《旧唐书》卷 46《经籍志上》（第 1975 页）与《唐书经籍艺文合志》甲部经录《礼类》（第 29 页）也没有。而以下篇章则记载《五礼》最终编成于 637 年（贞观十一年）：《旧唐书》卷 3《太宗纪下》，第 46 页；《旧唐书》卷 70《王珪传》，第 2529 页；《旧唐书》卷 72《李百药传》，第 2577 页；《旧唐书》卷 73《颜师古传》，第 2595 页；《旧唐书》卷 73《孔颖达传》，第 2602 页；《新唐书》卷 58《艺文志二》，第 1491 页；《资治通鉴》卷 194 唐太宗贞观十一年（637）第 10 条，第 6127 页。于志宁《孔颖达碑》间接支持 637 年之说，参见罗振玉（1909）：《昭陵碑录》卷 1，第 15—16 页、第 18 页。出现混淆的原因可能是新的礼典最初被称为《新礼》，或《五礼》，直到贞观年间修《贞观礼》，才以年号为名，从而导致后来的学者误以为有两部礼典。《五礼》修成于 637 年同《旧唐书》卷 23《礼仪志三》（第 882 页）（"多言新礼中封禅仪注，简略未周"）并不矛盾，因为根据《旧唐书》卷 3《太宗纪下》（第 46 页），《五礼》于正月进呈。池田温（1972）《大唐開元禮の解説》（第 822 页）也认可 637 年。

37 《唐会要》卷 37《五礼篇目》，第 669 页；《礼记注疏》卷 17《月令》，之第 8 页；参阅《隋书》卷 7《礼仪志二》，第 147—149 页；与《旧唐书》卷 24《礼仪志四》，第 911 页。《月令》"蜡法"，唯祭"天宗"，在孔颖达疏中被认定为日、月及星辰，而不同于郑玄"六宗"。参阅《大唐开元礼》卷 22《吉礼·皇帝腊日蜡百神于南郊》（之第 1 页）至同书卷 23《吉礼·腊日蜡百神于南郊有司摄事》（之第 13 页），展现开元蜡礼中的大量神灵。

38 《礼记注疏》卷 17《月令》，之第 9 页；卜德（1975）：《古代中国的节日：汉代的新年和其他节庆》，第 349—359 页。关于唐前讲武礼的实例，参见《资治通鉴》卷 140 齐明帝建武三年（496）第 16 条，第 4400 页；《资治通鉴》卷 141 齐明帝建武四年（497）第 21 条，第 4411 页；《通典》卷 76《礼典·军礼一·出师仪制》，第 414—415 页。关于"讲武礼"对唐代帝王的重要性，参见《贞观政要》卷 9《征伐第三十四》，第 266 页（译者按："9"，原著误作"34"）；《唐会要》卷 26《讲武》，第 503—504 页；《通典》卷 76《礼典·军礼一·出师仪制》，第 415—416 页；《旧唐书》卷 89《王方庆传》，第 2900 页；《旧唐书》卷 85《唐临传附唐绍传》，第 2814 页；以及《大唐开元礼》卷 85《军礼·皇帝讲武》，之第 1—6 页。

39 关于"养老礼"，主要参见《礼记注疏》卷 13《王制》，之第 9—12 页；同书卷 28《内则》，之第 3—4 页（同文）；同书卷 20《文王世子》，之第 15—16 页；以及卜德（1975）：《古代中国的节日：汉代的新年和其他节庆》，第 361—380 页。其仪见于《大唐开元礼》卷 104《嘉礼·皇帝养老于太学》，之第 1—7 页。

40 孔颖达分数点解释"五礼"一词，例如《礼记注疏》卷 1《曲礼上》，之第 1 页；同书卷 14《月令》，之第 8 页（译者按："8"，原著误作"18"）；《尚书注疏》卷 3《舜典》，之第 7 页，之第 15 页；以及《周礼注疏》卷 17，之第 1 页；同书卷 18，之第 1 页；同书卷 19，之第 1—2 页。《隋书》卷 6《礼仪志一》（第 105 页）引《尚书》第 2 篇，阐明"五礼"中的吉礼用来"敬鬼神"。另见《艺文类聚》

注　释

卷 38《礼部上·礼》，第 673 页。杜佑在《通典》卷 41《礼典·序》（第 233 页）中发展了这一思想，即吉礼事"天"，其余四礼事"人"；参见下文注释 228。

41 《唐会要》卷 37《五礼篇目》，第 669—670 页。参阅《旧唐书》卷 3《太宗纪下》（第 46—47 页）；《贞观政要》卷 4《太子诸王定分第九》（第 99—100 页），太宗在忧虑太子及其他诸王时，提及自己身体的衰惫。

42 《旧唐书》卷 21《礼仪志一》，第 817 页。《贞观礼》无祭先代帝王之文，高宗朝初期重加辑定，参见《旧唐书》卷 24《礼仪志四》，第 915 页；《大唐开元礼》卷 50《吉礼·有司享先代帝王》，之第 1—8 页；以及魏侯玮（1985）：《玉帛之奠：唐王朝正统化过程中的仪礼和象征》，第 139—140 页。

43 例见《旧唐书》卷 21《礼仪志一》（第 816 页），提及西汉使用古文；《唐诗纪事》卷 1《中宗》，第 10 页，宗晋卿；《艺文类聚》卷 38《礼部上·明堂》，第 688 页（译者按："688"，原著误作"698"）；《初学记》引蔡邕；《唐文粹》卷 1《古赋甲·圣德二》，李白《明堂赋》，之第 5 页；郑亚《李文饶文集序》，《李文饶文集》，之第 5 页；以及下文注释 82。

44 关于太宗时对封禅礼的讨论与规划，参见《旧唐书》卷 21《礼仪志一》，第 817 页，633 年（贞观七年）房玄龄奏议；主要是《旧唐书》卷 23《礼仪志三》，第 881—884 页；与《唐大诏令集》卷 66《典礼·封禅》，第 367—369 页。《唐会要》卷 7《封禅》（第 95 页）有简明概括；魏侯玮（1985）《玉帛之奠：唐王朝正统化过程中的仪礼和象征》（第 176—183 页）有全面探讨。此外参阅两部关于封禅礼的仪注，《旧唐书》卷 73《颜师古传》（第 2595 页）提及 637 年（贞观十一年）上呈的《封禅仪注书》；以及《新唐书》卷 58《艺文志二》（第 1490 页）与《唐书经籍艺文合志》乙部史录《仪注类》（第 135 页）所列类似的《皇帝封禅仪》六卷，撰者令狐德棻于 641 年（贞观十五年）被任命为封禅使。《新唐书》卷 201《文艺传上·谢偃传》（第 5731 页）还载有一部《玉谍真纪》。关于贞观年间诗句中提及封禅，例见《文苑英华》卷 209《诗·乐府十八》，袁朗《拟饮马长城窟》，之第 9 页；《文苑英华》卷 190《诗·朝省一》，岑文本《奉和正日临朝》，之第 3 页；《文苑英华》卷 167《诗·帝德》，许敬宗《奉和执契静三边应诏》，之第 3 页。后一世纪的《初学记》收录李百药、朱子奢、岑文本及高若思等人劝太宗行封禅的奏表，参见《初学记》卷 13《礼部上·封禅》，第 333—337 页。

45 关于光大明堂之义的学者，参见《唐会要》卷 11《明堂制度》，第 273 页，颜师古；同书卷 11《明堂制度》，第 276 页，陈子昂；同书卷 12《飨明堂议》，第 288—289 页，王方庆。高宗在 651 年（永徽二年）诏令中对明堂历史进行概括："虽质文殊制，奢俭异时，然其立天中，作人极，布政施教，归之一揆"；参见《唐会要》卷 11《明堂制度》，第 274 页；《唐大诏令集》卷 73《典礼·明堂·详议明堂制度诏》，第 409 页；以及行文非常相似的《唐大诏令集》卷 73《典礼·明堂·颁明堂制度诏》，第 409—410 页。另见《艺文类聚》卷 38《礼部上·明堂》，第 689 页；与《初学记》卷 6《礼部上·明堂》，第 328 页。

46 《旧唐书》卷 82《许敬宗传》，第 2763 页。参阅《资治通鉴》卷 194 唐太宗贞观七年（633）第 12 条（第 6103 页）所载其后置酒故汉未央宫一事（译者按："633"，原著误作"733"）。《艺文类聚》卷 62《居处部二·宫阙台殿坊》（第

1111—1127 页）与《初学记》卷 24《居处部·宫》，《居处部·殿》（第 568—572 页）显示（译者按："1111-1127"，原著误作"111-127"），宫殿是文学创作的主题，而汉代尤甚。

47 关于宫殿建筑的简短提及，例见《旧唐书》卷 3《太宗纪下》，第 46 页；同书卷 3《太宗纪下》，第 51 页（参阅同书卷 3《太宗纪下》，第 52 页）；同书卷 3《太宗纪下》，第 59 页；同书卷 4《高宗纪上》，第 80 页；同书卷 4《高宗纪上》，第 83—84 页；同书卷 5《高宗纪下》，第 98 页；同书卷 5《高宗纪下》，第 104 页；同书卷 5《高宗纪下》，第 110 页；同书卷 89《狄仁杰传》，第 2886 页。在明堂基址上建造的乾元殿于 665 年（麟德二年）竣工，参见《旧唐书》卷 4《高宗纪上》，第 86 页；《资治通鉴》卷 201 唐高宗麟德二年（665）第 5 条，第 6344 页（译者按："5"，原著误作"8"）。《唐会要》卷 30《洛阳宫》（第 552—553 页）载 679 年（仪凤四年）刘仁轨谓狄仁杰曰"古之陂池台榭，皆在深宫重城之内，不欲外人见之，恐伤百姓之心也"，显示出学者对其他宫室建筑截然不同的态度（译者按："刘仁轨·Liu Jen-kuei"，原著误作"Li Jen-kuei"）。

48 关于木材的隐喻，参见《隋书》卷 66 "史臣曰"，第 1567 页；《文苑英华》卷 695《疏·直谏》，魏徵《论时政疏四首·其二》，之第 2—3 页；《文苑英华》卷 462《翰林制诏·诏敕四》，制集《求访贤良诏》，之第 8 页；与《登科记考》卷 3《唐则天皇后》，之第 17 页，689 年（永昌元年）武则天诏；《文苑英华》卷 479《策》，《应临难不顾徇节宁邦科策·第一道问》，之第 1 页；与《登科记考》卷 3《唐则天皇后》，之第 29 页，694 年（长寿三年）制举策问；《文苑英华》卷 52《赋·宫室》，郝名远《大厦赋》（可能为制举而作），之第 7—8 页（"夫成大海者，百川所归；构明堂者，多材是共"）；《通典》卷 17《选举典·杂议论中》，第 97 页，刘秩；洪业（1952）：《杜甫：中国最伟大的诗人》，第 88 页；《河岳英灵集》卷中《薛据·怀哉行》，第 88 页；《沈下贤文集》卷 8《书·与京兆试官书》，第 80 页。

49 高宗 651 年（永徽二年）诏令之后，针对明堂规制的讨论持续了两年，参见《唐会要》卷 11《明堂制度》，第 274—276 页；《旧唐书》卷 22《礼仪志二》，第 853—855 页。667 年（乾封二年），高宗再次提出这一问题，参见《唐会要》卷 11《明堂制度》，第 276 页；《旧唐书》卷 22《礼仪志二》，第 855—856 页。684 年（光宅元年），陈子昂上疏提出营造方案，参见《唐会要》卷 11《明堂制度》，第 276 页；与《陈子昂集》卷 9《书·谏政理书》，第 207—214 页。关于建造明堂的命令，参见《唐会要》卷 11《明堂制度》，第 277 页；《封氏闻见记》卷 4《明堂》，之第 27 页；《旧唐书》卷 22《礼仪志二》，第 862 页；《旧唐书》卷 6《则天皇后纪》，第 118 页；《通典》卷 44《礼典·吉礼三·大享明堂》，第 253—254 页；《册府元龟》卷 564《掌礼部·制礼二》，之第 7 页；《旧唐书》卷 190 中《文苑传中·刘允济传》，第 5013 页；《资治通鉴》卷 204 唐则天后垂拱四年（688）第 2 条，第 6447 页（译者按："2"，原著误作"15"）。福安敦（1976）《七世纪末中国的政治宣传和思想意识：敦煌写卷 S.6502 的性质、作者与功能》（第 189—191 页及注释 47）有对明堂建造的参考书目与批评探讨。

50 《唐会要》卷 11《明堂制度》，第 277 页；《旧唐书》卷 22《礼仪志二》，第 862

页；《资治通鉴》卷204 唐则天后垂拱四年（688）第2条，第6447页（译者按："2"，原著误作"15"）。关于明堂选址的争论，参见《唐会要》卷11《明堂制度》，第273页，颜师古；《唐会要》卷11《明堂制度》，第276页，陈子昂；以及孔颖达《礼记注疏》卷29《玉藻》，之第2页。关于表现"丙巳之地"方位和范围的图解，参见冯友兰著，卜德译（1953）：《中国哲学史》下册《经学时代》，第15页。

51 《唐会要》卷11《明堂制度》，第278页；《通典》卷44《礼典·吉礼三·大享明堂》，第254页；《封氏闻见记》卷4《明堂》，之第27页；《旧唐书》卷22《礼仪志二》，第865—867页；《旧唐书》卷6《则天皇后纪》，第124页；《资治通鉴》卷205 唐则天后天册万岁元年（695）第3条，第6498—6501页。

52 《唐会要》卷11《明堂制度》，第278页；《旧唐书》卷22《礼仪志二》，第865—867页；《资治通鉴》卷205 唐则天后天册万岁元年（695）第3条，第6499页。

53 《唐会要》卷11《明堂制度》，第279页；《封氏闻见记》卷4《明堂》，之第27页；《旧唐书》卷6《则天皇后纪》，第125页；《旧唐书》卷22《礼仪志二》，第867页；《通典》卷44《礼典·吉礼三·大享明堂》，第254页。

54 《册府元龟》卷564《掌礼部·制礼二》，之第7页；《旧唐书》卷22《礼仪志二》，第873页；《通典》卷44《礼典·吉礼三·大享明堂》，第254页。《旧唐书》卷6《则天皇后纪》（第119页以下）记载明堂相当规律地被使用到中宗朝。关于中宗即位于通天宫，参见《旧唐书》卷7《中宗纪》，第136页；与《唐大诏令集》卷2《帝王·即位赦上·中宗即位赦》，第6—7页。最后一次亲享明堂似乎是中宗705年（神龙元年）9月，参见《通典》卷44《礼典·吉礼三·大享明堂》，第254页；与《唐大诏令集》卷73《典礼·明堂·亲祀明堂赦》，第410—411页。《通典》补充道："季秋大享，复就圜丘行事，迄于睿宗之世。"

55 《唐会要》卷12《飨明堂议》，第286页，太常博士上疏对此有系统陈述。

56 《旧唐书》卷89《王方庆传》，第2899页。

57 员半千撰《明堂新礼》三卷，参见《新唐书》卷58《艺文志二》，第1492页；《唐书经籍艺文合志》乙部史录《仪注类》，第137页。《旧唐书》卷190中《文苑传中·员半千传》（第5015页）显示武则天封中岳嵩山，员半千又撰《封禅四坛碑》。郭山恽撰《大享明堂仪注》二卷，参见《旧唐书》卷46《经籍志上》，第2009页；《新唐书》卷58《艺文志二》，第1491页；《唐书经籍艺文合志》乙部史录《仪注类》，第133页。李嗣真（696年卒）撰《明堂新礼》十卷，参见《旧唐书》卷191《方伎传·李嗣真》，第5099页；《新唐书》卷58《艺文志二》，第1492页；《唐书经籍艺文合志》乙部史录《仪注类》，第137页。姚璠等撰《明堂仪注》七卷，参见《旧唐书》卷46《经籍志上》，第2009页；《新唐书》卷58《艺文志二》，第1490页；《唐书经籍艺文合志》乙部史录《仪注类》，第133页。张大瓒（或颐）撰《明堂仪》一卷（译者按：《旧唐书》为张大瓒《明堂义》，《新唐书》为张大颐《明堂仪》），参见《旧唐书》卷46《经籍志上》，第2009页；《新唐书》卷58《艺文志二》，第1490页；《唐书经籍艺文合志》乙部史录《仪注类》，第133页。《明堂仪注》与《明堂仪》的成书时间不能确定，但很有可能在七世纪。参阅《旧唐书》卷189下《儒学传下·韦叔夏传》（第

317

4964 页），表明还有其他学者也曾奉命刊定仪注。

58 关于明堂制度旷日持久而又错综复杂的争论，参见魏侯玮（1985）：《玉帛之奠：唐王朝正统化过程中的仪礼和象征》，第 207—211 页；《唐会要》卷 12《飨明堂议》，第 283—285 页；《通典》卷 44《礼典·吉礼三·大享明堂》，第 252—254 页；《旧唐书》卷 21《礼仪志一》，第 821—830 页；《唐大诏令集》卷 73《典礼·明堂·亲享明堂制》，第 410 页。关于武周时期明堂大享的实施与争论，参见《旧唐书》卷 22《礼仪志二》，第 864—865 页；《唐会要》卷 12《飨明堂议》，第 285 页；《通典》卷 44《礼典·吉礼三·大享明堂》，第 253—254 页。关于其后明堂大享中由最近先帝配享之例，如中宗以高宗配享明堂，参见《旧唐书》卷 22《礼仪志二》，第 873 页；《唐会要》卷 12《飨明堂议》，第 291 页；《资治通鉴》卷 208 唐中宗神龙元年（705）第 39 条，第 6595 页；《通典》卷 44《礼典·吉礼三·大享明堂》，第 254 页。如玄宗以睿宗配享明堂，参见《大唐开元礼》卷 10《吉礼·皇帝季秋大享于明堂·进熟》，之第 10 页。如仪礼使杜鸿渐上奏，认为代宗应以肃宗配享明堂，参见《唐会要》卷 12《飨明堂议》，第 291—292 页；与《资治通鉴》卷 223 唐代宗广德二年（764）第 4 条，第 7160 页。再如宪宗 806 年（元和元年）大享明堂以顺宗配享，穆宗 820 年（元和十五年）以宪宗配享，参见《唐会要》卷 12《飨明堂议》，第 292 页。

59 关于这一复杂争论，参见魏侯玮（1985）：《玉帛之奠：唐王朝正统化过程中的仪礼和象征》，第 208—211 页。677 年（仪凤二年）韦安石上疏，简明扼要地概括了贞观、显庆二礼规定的明堂大享所祀天帝的位置，参见《唐会要》卷 12《飨明堂议》，第 284 页；《旧唐书》卷 21《礼仪志一》，第 827 页。732 年（开元二十年）冬王仲丘建议，又重提二礼在明堂大享上的差异，参见《旧唐书》卷 21《礼仪志一》，第 835—836 页；以及《新唐书》卷 200《儒学传下·王仲丘传》，第 5700 页。

60 《唐会要》卷 12《飨明堂议》，第 285—291 页；《旧唐书》卷 22《礼仪志二》，第 868—873 页；《通典》卷 44《礼典·吉礼三·大享明堂》（第 253—254 页）遗漏了这一争论。

61 《旧唐书》卷 22《礼仪志二》，第 864 页；桂时雨（1978）：《武则天与唐代继统政治》，第 38 页与第 223 页注释 98、注释 101，第 224 页注释 107，第 46 页与第 226 页注释 163—166；福安敦（1976）：《七世纪末中国的政治宣传和思想意识：敦煌写卷 S.6502 的性质、作者与功能》，第 163—164 页。

62 《通典》卷 44《礼典·吉礼三·大享明堂》，第 254 页；《唐会要》卷 11《明堂制度》，第 280—281 页；《旧唐书》卷 22《礼仪志二》，第 873—876 页；《资治通鉴》卷 211 唐玄宗开元五年（717）第 10 条，第 6728 页。

63 《通典》卷 44《礼典·吉礼三·大享明堂》，第 254 页；《唐会要》卷 11《明堂制度》，第 281 页；《唐大诏令集》卷 108《政事·营缮·改明堂为乾元殿诏》，第 561 页；《旧唐书》卷 22《礼仪志二》，第 876 页；《旧唐书》卷 9《玄宗纪下》，第 212 页；《资治通鉴》卷 212 唐玄宗开元十年（722）第 18 条，第 6753 页；《资治通鉴》卷 214 唐玄宗开元二十七年（739）第 11 条，第 6839 页。

64 《旧唐书》卷 22《礼仪志二》，第 876 页；《新唐书》卷 13《礼乐志三》，第 338

注　释

页;《封氏闻见记》卷4《明堂》,之第27页。

65　关于唐前封禅礼的历史概述,参见魏侯玮(1985):《玉帛之奠:唐王朝正统化过程中的仪礼和象征》,第170—176页与注释;关于汉武帝的封禅,参见《史记》卷28《封禅书》,第1397—1399页。沙畹(1910)专著《泰山:中国的一种祭祀志稿》在此课题的探究上堪称经典。

66　《旧唐书》卷23《礼仪志三》,第884页。

67　《资治通鉴》卷200唐高宗显庆四年(659)第8条,第6316页;参阅《唐会要》卷7《封禅》(第95—96页)中的措辞(译者按:"7",原著误作"9");以及《旧唐书》卷23《礼仪志三》(第893—894页)针对郊祀失序的上奏。

68　《旧唐书》卷4《高宗纪上》(第87页);《旧唐书》卷67《李勣传》(第2487页);《旧唐书》卷23《礼仪志三》(第884页)与《旧唐书》卷82《许敬宗传》(第2763页)均未提及许敬宗的作用。但《新唐书》卷223上《奸臣传上·许敬宗传》(第6337页)与《资治通鉴》卷201唐高宗麟德二年(665)第11条(第6345—6346页)所载反许敬宗的轶事却显示其陪同皇帝东封泰山。关于其他学者的参与,参见《旧唐书》卷23《礼仪志三》(第886—888页),前罗文府果毅李敬贞上疏,其建议特别罕见地被礼司所接受。多产学者孟利贞所编《封禅录》十卷,参见《新唐书》卷58《艺文志二》,第1490页;与《唐书经籍艺文合志》乙部史录《仪注类》,第135页。

69　关于仪式的组织过程,参见《旧唐书》卷23《礼仪志三》,第888页;《唐大诏令集》卷66《典礼·封禅·封禅器用从文诏》,第369—370页,665年(麟德二年)10月;魏侯玮(1985):《玉帛之奠:唐王朝正统化过程中的仪礼和象征》,第185—188页与注释。

70　关于表请封中岳,参见《资治通鉴》卷204唐则天后天授二年(691)第5条,第6471页。关于太宗欲封禅嵩山,参见《魏郑公谏录》卷4《对封禅》,第45页;《唐会要》卷7《封禅》,第81页;《册府元龟》卷36《帝王部·封禅二》,之第5页。676年(上元三年)出现延宕,参见《册府元龟》卷33《帝王部·崇祭祀二》,之第6页。679年(调露元年)再次停滞,参见《旧唐书》卷5《高宗纪下》,第104—105页;《册府元龟》卷36《帝王部·封禅二》,之第5页。此外参阅《旧唐书》卷5《高宗纪下》(第110页),在嵩山建造宫殿;《唐会要》卷30《奉天宫》(第556—557页),官员进谏称政治经济形势不宜如此。《旧唐书》卷5《高宗纪下》,第111页;《旧唐书》卷23《礼仪志三》,第889—900页;《资治通鉴》卷205则天后万岁通天元年(696)第1条,第6503页(译者按:"205""6503",原著误作"207/6563");以及宋之问诗《扈从登封途中作》《扈从登封告成颂》,《文苑英华》卷167《诗·帝德》,之第5页。裴守真《神岳封禅仪注》十卷或许就是为此而撰,参见《旧唐书》卷46《经籍志上》,第2009页;《新唐书》卷58《艺文志二》,第1491页;与《唐书经籍艺文合志》乙部史录《仪注类》,第133页。(译者按:《旧唐书·裴守真传》与《新唐书·艺文志》《唐书经籍艺文合志》为"裴守真",《旧唐书·经籍志》则为"裴守贞"。)

71　《旧唐书》卷189下《儒学传下·王元感传》,第4963页。

72　《旧唐书》卷190中《文苑传中·员半千传》,第5015页;《旧唐书》卷94《崔融

73 关于章奏数量，参见《旧唐书》卷 23《礼仪志三》，第 891 页；《唐会要》卷 8《郊议》（第 106 页）引《册府元龟》"千百"描述数量之多。

74 关于玄宗行封禅礼，参见《唐会要》卷 8《郊议》（第 105—123 页），再现主要官方材料的记载，包括《旧唐书》卷 23《礼仪志三》（第 891—904 页）、《册府元龟》等。另见《旧唐书》卷 194 上《突厥传上》，第 5175—5177 页。

75 关于集贤院的任命，参见《旧唐书》卷 23《礼仪志三》，第 892 页。关于其他学者的参与，参见《旧唐书》卷 23《礼仪志三》，第 895—896 页。关于最后的修正，参见玄宗与贺知章的问对，《旧唐书》卷 23《礼仪志三》，第 898—900 页。

76 《旧唐书》卷 23《礼仪志三》，第 899—900 页。

77 《旧唐书》卷 99《张九龄传》，第 3098 页。

78 关于参与的官员，参见《旧唐书》卷 194《突厥传上》，第 5176—5177 页；以及《新唐书》卷 202《文艺传中·吕向传》，第 5758 页；《旧唐书》卷 100《卢从愿传》，第 3124 页；《旧唐书》卷 111《房琯传》，第 3320 页；《旧唐书》卷 190 中《文苑传中·李邕传》，第 5041 页；《旧唐书》卷 98《裴耀卿传》，第 3080 页。此外参阅《王摩诘全集笺注》卷 21《碑·裴仆射（耀卿）济州遗爱碑》，第 299 页；以及同书卷 19《序·送郑五赴任新都序》，第 275 页；《文苑英华》卷 168《诗·应制二》，张九龄《奉和登封禅礼毕洛阳酺宴应制》，之第 11 页（译者按："168"，原著误作"169"）；《颜鲁公文集》卷 5《记·通议大夫守太子宾客东都副留守云骑尉赠尚书左仆射博陵崔孝公（沔）宅陋室铭记》，之第 16 页；《文苑英华》卷 701《序·文集三》，李华《赠礼部尚书孝公崔沔集序》，之第 5 页；《文苑英华》卷 462《翰林制诏·诏敕四》，隋文帝《搜贤诏》，之第 5 页；《文苑英华》卷 775《颂·颂德上》，孙逖《唐故幽州都督河北节度使燕国文贞张公（说）遗爱颂并序》，之第 7 页；《旧唐书》卷 99《崔日用传》，第 3088 页；《新唐书》卷 200《儒学传下·赵冬曦传附陆坚传》，第 5704 页，726 年（开元十四年）以后卒，享年 71 岁。

79 《新唐书》卷 58《艺文志二》，第 1492 页；与《唐书经籍艺文合志》乙部史录《仪注类》，第 137 页。

80 关于玄宗朝后期奏请封禅华山或嵩山的历史，参见麦大维（1984）：《742 年封礼评论：答艾龙教授》，第 37—40 页。以及《文苑英华》卷 610《表·进文章一》，杜甫《进封西岳赋表》，之第 7 页；与洪业（1952）：《杜甫：中国最伟大的诗人》，第 79—80 页。此外，《唐会要》卷 50《观》（第 877 页）还记载 748 年（天宝七载）华封观之置。玄宗对华山的青睐缘于其诞辰，"以华岳当本命"，参见《旧唐书》卷 23《礼仪志三》，第 904 页。

81 《孙樵集》卷 6《复佛寺奏》，之第 4 页；同书卷 10《读开元杂报》，之第 1 页；以及下文注释 166。

82 戴何都（1975a）：《唐代崔沔及其夫人王氏与崔祐甫墓志》，第 108 页（译者按："1975a"，原著误作"1975"）。按照崔祐甫的仕途，身为博陵崔氏、进士及第、修国史，似乎是在有意套用七世纪学者薛元超著名的"平生三恨"；参见第五章注释 78。

注　释

83　关于《显庆礼》，参见《通典》卷41《礼典·序》，第233页；《唐会要》卷37《五礼篇目》，第670页；《唐会要》卷36《修撰》，第656页；《旧唐书》卷21《礼仪志一》，第817—818页；《新唐书》卷58《艺文志二》，第1491页；以及《唐书经籍艺文合志》乙部史录《仪注类》，第136页。《显庆礼》显然没有进入721年（开元九年）皇家书目（《群书四录》），参见《旧唐书》卷46《经籍志上》，第1975页，或第2009页。

84　《唐会要》卷37《五礼篇目》，第670页；《旧唐书》卷21《礼仪志一》，第818页。参阅《旧唐书》卷189下《儒学传下·韦叔夏传》（第4964页）以及《旧唐书》卷188《孝友传·裴守真传》（第4925页）（译者按："189下·189B"，原著误作"189"），说明高宗驾崩时，大行凶仪多已废止或缺失。

85　福永光司（1976）：《昊天上帝と天皇大帝と元始天尊—儒教の最高神と道教の最高神》，第12页；《旧唐书》卷21《礼仪志一》，第835—836页，王仲丘建议；魏侯玮（1985）：《玉帛之奠：唐王朝正统化过程中的仪礼和象征》，第116页。

86　魏侯玮（1985）：《玉帛之奠：唐王朝正统化过程中的仪礼和象征》，第116—117页；《唐会要》卷9上《杂郊议上》，第148—149页；《通典》卷43《礼典·吉礼二·郊天下》，第247页；《唐大诏令集》卷67《典礼·南郊一·祭圆丘明堂并以高祖太宗配诏》，第376页。

87　《通典》卷41《礼典·序》，第233页；《唐会要》卷37《五礼篇目》，第670页；《旧唐书》卷21《礼仪志一》，第818页；魏侯玮（1985）：《玉帛之奠：唐王朝正统化过程中的仪礼和象征》，第116—117页。

88　《唐会要》卷37《五礼篇目》，第670页；《通典》卷41《礼典·序》，第133页（译者按："133"，原著误作"233"）；《旧唐书》卷21《礼仪志一》，第818页。此外参阅《唐会要》卷12《飨明堂议》（第285页），677年（仪凤二年）奏文征引此条诏令。但是《通典》卷41《礼典·序》（第233页）与《旧唐书》卷21《礼仪志一》（第818页）又明示二礼皆继续行用。

89　《通典》卷41《礼典·序》，第233页；《唐会要》卷37《五礼篇目》，第670页注释；《旧唐书》卷21《礼仪志一》，第818页。另见开封市博物馆所藏贺纪之子（杭州於潜县低级官员）墓志，证实贺纪曾因形势多变所迫参与草拟仪令。

90　关于武则天的礼书编撰，参见《武后紫宸礼要》十卷，《旧唐书》卷46《经籍志上》，第1975页；《唐书经籍艺文合志》甲部经录《礼类》，第29页；以及《新唐书》卷58《艺文志二》，第1491页（译者按："1491"，原著误作"149"）；《唐书经籍艺文合志》乙部史录《仪注类》，第136页。此外，《乐书要录》十卷，《旧唐书》卷6《则天皇后纪》，第133页；《旧唐书》卷46《经籍志上》，第1975页；《新唐书》卷57《艺文志一》，第1436页；以及《唐书经籍艺文合志》甲部经录《乐类》，第31页。《四库未收书目提要》卷2（第27页）显示其后的著作均以礼为主题。

91　《册府元龟》卷564《掌礼部·仪注》，之第19页；《通典》卷41《礼典·序》（第233页）提及唐绍（参见《旧唐书》卷85《唐临传附唐绍传》，第2813—2814页）与韦叔夏（参见《旧唐书》卷189下《儒学传下·韦叔夏传》，第4964页）。在这段时间，韦叔夏编撰《五礼要记》三十卷，参见《新唐书》卷58《艺文志二），第 1491 页；与《唐书经籍艺文合志》乙部史录《仪注类》，第 136 页。而另一位礼学家窦维鋆编撰《吉凶礼要》二十卷，参见《旧唐书》卷 183《外戚传·窦德明传附窦维鋆传》，第 4726 页；《新唐书》卷 58《艺文志二》，第 1491 页；以及《唐书经籍艺文合志》乙部史录《仪注类》，第 135 页。然而，两部礼书在《旧唐书·经籍志》中同样均未见载。

92　上文提及的韦叔夏与窦维鋆所撰礼书可能在这一时期起着规范性作用。

93　《唐会要》卷 64《史馆下·史馆杂录下》，第 1107—1108 页。

94　《旧唐书》卷 21《礼仪志一》，第 818 页。韦縚，《旧唐书》无传，但《旧唐书》卷 189 下《儒学传下·韦叔夏传》（第 4965 页）称其为礼学家韦叔夏之子，官至太常卿。《新唐书》卷 122《韦安石传附韦縚传》（第 4355—4360 页）记述了其在开元时期礼制议定中的作用。

95　参见第三章注释 85。

96　《唐会要》卷 37《五礼篇目》（第 671 页）载《大唐开元礼》的撰成时间为"开元二十九年九月"，可能是"开元二十年九月"之误，参见《通典》卷 41《礼典·序》，第 233 页；另见《旧唐书》卷 21《礼仪志一》，第 818—819 页；《旧唐书》卷 27《礼仪志七》，第 1031 页；《册府元龟》卷 564《掌礼部·制礼二》，之第 8 页（译者按："564"，原著误作"6564"）。关于编撰者，参见《大唐开元礼》前言部分，以及池田温（1972）《大唐開元禮の解說》，第 822 页。池田文列出前后两次的编纂成员，第一次：张说、徐坚、李锐及施敬本；第二次：萧嵩、王仲丘、贾登、张烜、陆善经及洪孝昌。至于第二次的两位成员，引韦述《集贤注记》为证。

97　《大唐开元礼》卷 10《吉礼·皇帝季秋大享于明堂》至同书卷 11《吉礼·季秋大享于明堂有司摄事》；以及《大唐开元礼》卷 99《嘉礼》至同书卷 103《嘉礼》，皇帝于明堂读春、夏、秋、冬令及五时令。

98　《旧唐书》卷 21《礼仪志一》，第 835—836 页，王仲丘建议。

99　《大唐开元礼》第一次修撰者中，至少有张说、徐坚和施敬本三位也参与了 725 年（开元十三年）泰山封禅仪注的拟定。

100　关于太公祭祀，参见《大唐开元礼》卷 55《吉礼·仲春仲秋释奠于齐太公》；及第二章注释 137。

101　关于五龙祭祀，参见《大唐开元礼》卷 51《吉礼·兴庆宫祭五龙坛》，第 5—8 页；《唐会要》卷 22《龙池坛》，第 433—434 页；戴何都（1966）：《唐代的五龙祭祀》。

102　麦大维（1987a）：《官僚制和宇宙论：唐代的礼典》，注释 26。

103　《唐六典》卷 20《太府寺·太府卿》，之第 8 页。

104　参见下文注释 182—195。

105　《唐会要》卷 36《修撰》，第 658 页；《颜鲁公文集》卷 5《记·通议大夫守太子宾客东都副留守云骑尉赠尚书左仆射博陵崔孝公（沔）宅陋室铭记》，之第 16 页，作于 776 年（大历十一年）。

106　《唐大诏令集》卷 67《典礼·南郊一·天宝元年南郊制》，第 377 页（译者按："377"，原著误作"177"）；《唐会要》卷 9 下《杂郊议下》，第 184 页；引《新唐书》卷 13《礼乐志三》，第 337 页。

注　释

107　关于745年（天宝四载）某些祭祀如风伯、雨师等级的变更，参见《通典》卷44《礼典·吉礼三·风师雨师及诸星等祠》，第257页；《权载之文集》卷29《奏议·祭岳镇海渎等奏议》，之第8页。《唐六典》卷4《尚书礼部·祠部郎中》（之第33页）所载列入小祀的风伯、雨师，到745年（天宝四载）升为中祀。

108　《唐会要》卷22《前代帝王》，第431—432页。

109　《唐会要》卷24《二王三恪》，第462—463页；《旧唐书》卷9《玄宗纪下》，第224页，第227页；《资治通鉴》卷216唐玄宗天宝九载（750）第11条，第6899页；与同书卷216唐玄宗天宝十二载（753）第3条，第6918页。

110　关于646年（贞观二十年）进士策问，第二道进士策问，以及张昌龄和郝连梵策对，参见《文苑英华》卷497《策·刑法上》，《刑狱用舍》，张昌龄《对》，郝连梵《对》，之第9—11页；《登科记考》卷1《唐太宗》，之第22页，之第25—26页，之第26—27页。关于689年（永昌元年）制举策问与张说策对（译者按："689"，原著误作"688"），参见《文苑英华》卷477《策·文苑》，《词标文苑策科》，张说《对》，之第1—6页；与《登科记考》卷2《唐高宗》，之第11—12页，之第13—16页。《文苑英华》卷497《策·刑法上》（之第7页）至同书卷498《策·刑法下》（之第13页）载有一组以刑法或刑礼为主题的策科问对，包括五道策问样本与白居易策对；另见《白香山集》卷47《策林三·五十三议肉刑 可废不可用》（第7册，之第71页）至卷48《策林四·五十七使人畏爱悦服理大罪赦小过》（第7册，之第75页）。

111　关于719年（开元七年）礼乐与制礼策问，参见《文苑英华》卷484《策·雅丽》（之第1页）至同书卷485《策·雅丽》（之第9页），《文词雅丽策》；以及《登科记考》卷6《唐玄宗》，之第8—9页，之第10—28页，举子六人对策。《文苑英华》卷497《策·礼乐》（之第1—7页）包含策问样本与白居易策对，另见《白香山集》卷48《策林四·六十二议礼乐》至《策林四·六十四复乐古器古曲》，第7册，之第78—81页，与同书卷45《策林一·十五忠敬质文损益》，第7册，之第38—39页。

112　《文苑英华》卷481《策·方正》，崔沔《应封神岳举对贤良方正策·第三道》，之第4页；与《登科记考》卷4《唐则天皇后》，之第8—9页，第13页，崔沔对策。另见下文注释121。

113　《文苑英华》卷70《赋·耕籍》，《籍田赋》，之第1—3页（译者按：共三篇《籍田赋》，第一无名，第二李蒙，第三石贯）；与《登科记考》卷5《唐玄宗》，之第12—14页。很可能843年（会昌三年）出了非常相似的题目，因为据称石贯于是年以一篇同主题的赋而登进士科；参见《登科记考》卷22《唐武宗》，之第7页，引《唐摭言》。

114　《唐诗纪事》卷20《崔曙》，第300页；《登科记考》卷8《唐玄宗》，之第24—25页。

115　《文苑英华》卷477《策·文苑》，《词标文苑策科》，张说《对》，之第6页，689年（永昌元年），提及明堂（译者按："689"，原著误作"688"）；《文苑英华》卷497《策·刑法上》，《刑狱用舍》，张昌龄《对》，之第10页，646年（贞观二十年），提及封中岳。

116 《李太白文集》卷1《古赋·明堂赋》，第1册，之第12—27页；魏礼（1950）：《李白的诗歌与生平》，第1—4页。

117 《文苑英华》卷55《赋·禋祀二》，萧颖士《至日圆丘祀昊天上帝赋》，之第1—2页；此外参阅《旧唐书》卷94《徐彦伯传》，第3006页。

118 关于杜甫《封西岳赋》，参见第一章注释75。

119 《唐大诏令集》卷66《典礼·封禅·停封禅诏》，第369页；《册府元龟》卷35《帝王部·封禅一》，之第31—33页；同书卷35《帝王部·封禅一》，之第33—34页；《登科记考》卷1《唐太宗》，之第27—28页。此诏取消之前因封禅大典而令常年选举人诣洛阳的计划。

120 关于664年（麟德元年）特科与666年（乾封元年）封禅计划的关联，参见《册府元龟》卷36《帝王部·封禅二》，之第1页；与《登科记考》卷2《唐高宗》，之第13页。

121 关于制举与696年（万岁登封元年）嵩山大典的关联，参见《文苑英华》卷481《策·方正》，崔沔《应封神岳举对贤良方正策三道》，之第1—7页；与《登科记考》卷4《唐则天皇后》，之第8页；罗继祖《登科记考补》，第98页。《倪若水墓志》表明其于此次制举登科；但《旧唐书》卷185下《良吏传下·倪若水传》（第4811页）却未提及。关于崔沔与大量考生，参见《颜鲁公文集》卷5《记·通议大夫守太子宾客东都副留守云骑尉赠尚书左仆射博陵崔孝公（沔）宅陋室铭记》，之第16页。关于苏颋，参见《新唐书》卷125《苏瓌传附苏颋传》，第4399页。

122 《旧唐书》卷8《玄宗纪上》，第188页；《登科记考》卷7《唐玄宗》，之第17页；《册府元龟》卷643《贡举部·考试一》，之第12页。

123 《登科记考》卷3《唐则天皇后》，之第19页，引碑刻材料。

124 《唐大诏令集》卷73《典礼·明堂·明堂灾告庙制》，第410页；《旧唐书》卷6《则天皇后纪》，第124页；《登科记考》卷4《唐则天皇后》，之第1页。

125 《登科记考》卷4《唐则天皇后》，之第10页，徐松注载为696年（万岁通天元年）。《旧唐书》卷100《苏珦传附苏晋传》，第3116页。关于723年（开元十一年）赦，参见《唐大诏令集》卷68《典礼·南郊二·开元十一年南郊赦》，第380—381页；《册府元龟》卷85《帝王部·赦宥四》，之第8—11页；与《登科记考》卷7《唐玄宗》，之第14页。关于748年（天宝七载）赦，参见《册府元龟》卷86《帝王部·赦宥五》，之第10—18页（译者按："10—18·10a—18b"，原著误作"10a—186"）；与《登科记考》卷9《唐玄宗》，之第12页；《元次山集》卷4《喻友》，第51—53页。

126 《旧唐书》卷8《玄宗纪上》，第202页；《唐大诏令集》卷74《典礼·籍田·开元二十三年籍田赦》，第415—416页；《登科记考》卷8《唐玄宗》，之第11页。

127 例如天宝元年，参见《旧唐书》卷9《玄宗纪下》，第214页；《唐大诏令集》卷4《帝王·改元中·改元天宝赦》，第21—22页；《登科记考》卷9《唐玄宗》，之第1页。

128 关于唐代前三座帝陵细致且详尽的研究，参见魏侯玮（1985）：《玉帛之奠：唐王朝正统化过程中的仪礼和象征》，第142—160页。《旧唐书》卷25《礼仪志五》

(第 973 页）涉及五座帝陵；而《唐六典》卷 14《太常寺·两京郊社署》（之第 27 页）则提到六座。729 年（开元十七年）玄宗为自己的陵墓选址，参见《唐会要》卷 20《陵议》，第 397 页。

129 关于谏阻高祖山陵过度隆厚，主要参见《旧唐书》卷 72《虞世南传》，第 2568—2569 页；《文苑英华》卷 623《表·杂谏论一》，虞世南《谏山陵制度过厚表》，之第 1—2 页；《唐会要》卷 20《陵议》，第 393—394 页，635 年（贞观九年）虞世南上封事。此外，房玄龄及其他学者的议论，参见《唐会要》卷 20《陵议》，第 393—395 页；以及《资治通鉴》卷 194 唐太宗贞观九年（635）第 11 条，第 6114—6115 页；魏侯玮（1985）：《玉帛之奠：唐王朝正统化过程中的仪礼和象征》，第 149—150 页。关于魏徵对太宗昭陵的讽谏，参见《新唐书》卷 97《魏徵传》，第 3871 页；《资治通鉴》卷 194 唐太宗贞观十年（636）第 10 条，第 6122—6123 页；以及魏侯玮（1985）：《玉帛之奠：唐王朝正统化过程中的仪礼和象征》，第 156 页。延至九世纪，诫止帝陵过奢成为进谏的主题，参见《旧唐书》卷 89《狄仁杰传》，第 2886 页；《旧唐书》卷 149《令狐峘传》，第 4011—4013 页，上疏谏德宗；《白香山集》卷 48《策林四·六十六禁厚葬》，第 7 册，之第 82 页。

130 《唐会要》卷 21《陪陵名位》，第 412—417 页。

131 关于高祖四室太庙，参见《唐会要》卷 12《庙制度》，第 292 页；《通典》卷 47《礼典·吉礼六·天子宗庙》，第 269 页；《旧唐书》卷 1《高祖纪》，第 5 页；《旧唐书》卷 25《礼仪志五》，第 941 页；《资治通鉴》卷 185 唐高祖武德元年（618）第 34 条，第 5794 页。魏侯玮（1985）《玉帛之奠：唐王朝正统化过程中的仪礼和象征》（第 126—127 页）探讨太庙四室建制的经典依据与历史先例。

132 关于论议后增为六室，参见《唐会要》卷 12《庙制度》，第 292—293 页；《通典》卷 47《礼典·吉礼六·天子宗庙》，第 269—270 页；《旧唐书》卷 3《太宗纪下》，第 45 页；《旧唐书》卷 25《礼仪志五》，第 941—944 页；《资治通鉴》卷 194 唐太宗贞观九年（635）第 12 条，第 6115 页；魏侯玮（1985）：《玉帛之奠：唐王朝正统化过程中的仪礼和象征》，第 128—129 页。

133 关于 649 年（贞观二十三年）太宗驾崩与 683 年（弘道元年）高宗驾崩之时维持太庙六室排列，参见《唐会要》卷 12《庙制度》，第 293—294 页；《通典》卷 47《礼典·吉礼六·天子宗庙》，第 270 页；《旧唐书》卷 25《礼仪志五》，第 944 页；《资治通鉴》卷 199 唐太宗贞观二十三年（649）第 17 条，第 6269 页。

134 关于 688 年（垂拱四年）武则天于东都立高祖、太宗及高宗三庙，参见《通典》卷 47《礼典·吉礼六·天子宗庙》，第 270 页；与《旧唐书》卷 25《礼仪志五》，第 944 页。684 年武则天先是追尊其先祖为王，然后在并州文水（今山西）立武氏五代祠堂，参见《资治通鉴》卷 203 唐则天后光宅元年（684）第 25 条，第 6422 页。关于 690 年立武氏七庙于洛阳，参见《通典》卷 47《礼典·吉礼六·天子宗庙》，第 270 页；《旧唐书》卷 25《礼仪志五》，第 945 页；《资治通鉴》卷 204 唐则天后天授元年（690）第 15 条，第 6467—6468 页。此举导致李唐长安太庙事实上被关闭，但却并未被毁灭。参阅桂时雨（1978）：《武则天与唐代继统政治》，第 128 页与第 278 页注释 11。关于武则天对太庙采取的进一步措施，参见《旧唐书》卷 25《礼仪志五》，第 944—945 页。

135 《唐会要》卷 12《庙制度》，第 294—297 页；《通典》卷 47《礼典·吉礼六·天子宗庙》，第 270 页；《旧唐书》卷 25《礼仪志五》，第 945—949 页；《资治通鉴》卷 208 唐中宗神龙元年（705）第 23 条及第 24 条，第 6590 页。

136 《唐会要》卷 12《庙制度》，第 294—297 页；《通典》卷 47《礼典·吉礼六·天子宗庙》，第 270 页；《旧唐书》卷 25《礼仪志五》，第 949—952 页；《资治通鉴》卷 210 唐睿宗景云元年（710）第 7 条，第 6656 页（译者按："7"，原著误作"10"）；《资治通鉴》卷 211 唐玄宗开元四年（716）第 16 条，第 6719—6720 页。此外，717 年（开元五年）年底布衣孙平子上封事，涉及是年年初太庙局部崩塌，宰相苏颋压制孙平子的言论，以支持其从祖兄太常博士苏献的观点，参见《唐会要》卷 17《庙灾变》，第 353—355 页；《通典》卷 47《礼典·吉礼六·天子宗庙》（第 217 页）与《通典》卷 51《礼典·吉礼十·兄弟不合继位昭穆议》（第 294—295 页）交叉引用；《旧唐书》卷 25《礼仪志五》，第 952—953 页；《资治通鉴》卷 211，唐玄宗开元五年（717）第 13 条，第 6729—6730 页。

137 《唐会要》卷 17《庙灾变》，第 352—353 页；《旧唐书》卷 8《玄宗纪上》，第 177 页，第 178 页；《旧唐书》卷 25《礼仪志五》，第 952—953 页；《资治通鉴》卷 211 唐玄宗开元五年（717）第 1 条，第 6725—6726 页；与同书卷 211 唐玄宗开元五年（717）第 14 条，第 6730 页。

138 《唐会要》卷 12《庙制度》，第 298 页；《通典》卷 47《礼典·吉礼六·天子宗庙》，第 270 页；《唐大诏令集》卷 75《典礼·宗庙·增置太庙九室诏》，第 424 页；与同书卷 75《典礼·亲享·亲享九庙制》，第 426—427 页；《旧唐书》卷 25《礼仪志五》，第 953—954 页；《旧唐书》卷 8《玄宗纪上》，第 183 页，第 185 页；《资治通鉴》卷 212 唐玄宗开元十年（722）第 10 条，第 6750 页。《资治通鉴》卷 227 唐德宗建中二年（781）第 17 条，第 7309—7310 页，胡三省注中的概要非常有用（译者按："17"，原著误作"7"）。另见戴何都（1947）：《〈新唐书〉"百官志"和"兵志"译注》，第 321 页注释 1。

139 关于 735—736 年（开元二十三年至二十四年）祭器争议，参见《唐大诏令集》卷 74《典礼·籍田·开元二十三年籍田敕》，第 415—416 页；《唐会要》卷 17《祭器议》，第 349 页；《通典》卷 47《礼典·吉礼六·天子宗庙》，第 271 页；《旧唐书》卷 25《礼仪志五》，第 969—972 页；《资治通鉴》卷 214 唐玄宗开元二十四年（736）第 10 条，第 6818—6820 页。

140 《唐会要》卷 18《配享功臣》，第 370—372 页；《唐六典》卷 4《尚书礼部·祠部郎中》，之第 35—36 页；参阅《通典》卷 50《礼典·吉礼九·功臣配享》，第 290—291 页。

141 《唐会要》卷 17《庙灾变》，第 355—356 页。《旧唐书》卷 9《玄宗纪下》（第 235 页）提及太庙被焚，神主权移于大内长安殿。但这些神主一定是重新制作的：参阅《旧唐书》卷 10《肃宗纪》，第 248 页，252 页；以及唐代后期追忆开元故事，《唐会要》卷 17《庙灾变》，第 357 页。关于叛军占领东都太庙，参见唐代后期的追忆，《唐会要》卷 16《庙议下》，第 336 页。

142 《唐会要》卷 37《礼仪使》（第 672 页）载有安史乱后礼仪使的不完全名单。关于崔器，另见《唐会要》卷 17《庙灾变》，第 355—356 页；与《旧唐书》卷 115

《崔器传》，第 3374 页。

143 关于肃宗 758 年（乾元元年）行南郊礼，参见《唐大诏令集》卷 69《典礼·南郊三·乾元元年南郊赦》，第 383—384 页（译者按："384"，原著误作"385"）。关于 762 年南郊礼，参见《资治通鉴》卷 222 唐肃宗宝应元年（762）第 6 条，第 7119 页；赦文见于《唐大诏令集》卷 69《典礼·南郊三·元年建卯月南郊赦》，第 384—385 页。关于籍田礼，参见《旧唐书》卷 10《肃宗纪》，第 254 页；《旧唐书》卷 24《礼仪志四》，第 913—914 页；《唐大诏令集》卷 74《典礼·籍田·停籍田雕饰农器诏》，第 414—415 页；《资治通鉴》卷 221 唐肃宗乾元二年（759）第 2 条，第 7067 页。

144 《旧唐书》卷 119《杨绾传》，第 3435 页。

145 《唐大诏令集》卷 69《典礼·南郊三·广德二年南郊赦》，第 385—386 页；《颜鲁公文集》卷 9《神道碑铭二·朝议大夫赠梁州都督上柱国徐府君（秀）神道碑铭》，之第 2 页。

146 《旧唐书》卷 149《于休烈传》，第 4007 页；《文苑英华》卷 972《行状·行状二》，梁肃《朝散大夫使持节常州诸军事守常州刺史赐紫金鱼袋独孤公（及）行状》，之第 10 页。独孤及为代宗朝太常博士，同样论及太常典故坏缺严重。

147 《唐会要》卷 17《庙灾变》，第 355—356 页；《旧唐书》卷 10《肃宗纪》，第 248 页；此外参阅《旧唐书》卷 128《颜真卿传》，第 3592 页。（译者按：《唐会要》载颜真卿建议肃宗"三日哭"，但"事竟不行"。）

148 《旧唐书》卷 10《肃宗纪》，第 248 页；玄宗作为太上皇随同拜谒九庙神主，参见《旧唐书》卷 10《肃宗纪》，第 249 页。

149 《资治通鉴》卷 220 唐肃宗乾元元年（758）第 1 条，第 7052 页。

150 《旧唐书》卷 10《肃宗纪》，第 252 页；《资治通鉴》卷 220 唐肃宗乾元元年（758）第 11 条，第 7053 页。

151 关于 763 年（广德元年）颜真卿与元载的争吵，参见《颜鲁公文集》卷 14《外集二》，殷亮《颜鲁公行状》，之第 6—7 页；与同书卷 14《外集二》，令狐峘《光禄大夫太子太师上柱国鲁郡开国公颜真卿神道碑铭》，之第 11 页；《唐会要》卷 17《庙灾变》，第 356 页；《旧唐书》卷 128《颜真卿传》，第 3592 页；《资治通鉴》卷 223 唐代宗广德元年（763）第 11 条，第 7157 页。关于 766 年（永泰二年）的分歧，参见《颜鲁公文集》卷 14《外集二》，殷亮《颜鲁公行状》，之第 7 页；同书卷 14《外集二》，令狐峘《光禄大夫太子太师上柱国鲁郡开国公颜真卿神道碑铭》，之第 12 页（译者按："12·12a"，原著误作"12b"）；《旧唐书》卷 128《颜真卿传》，第 3595 页。

152 《颜鲁公文集》卷 14《外集二》殷亮《颜鲁公行状》（之第 8 页）记载颜真卿门生左辅元将其所制仪注编为《礼仪》十卷，此书名在史官令狐峘所撰颜真卿神道碑中出现细微变化；参见《颜鲁公文集》卷 14《外集二》，令狐峘《光禄大夫太子太师上柱国鲁郡开国公颜真卿神道碑铭》，之第 14 页（《礼仪集》）（译者按：页"14·14b"，原著误作"12b"）；以及《新唐书》卷 58《艺文志二》，第 1491 页（《礼乐集》）；《唐书经籍艺文合志》乙部史录《仪注类》，第 137 页。左辅元来自颜真卿曾任刺史的抚州（今江西），参见《颜鲁公文集》卷 7《碑铭二·

湖州乌程县杼山妙喜寺碑铭》，之第 8 页。

153 《颜鲁公文集》卷 12《古近体诗·使过瑶台寺有怀圆寂上人并序》，之第 5 页，写于 778 年（大历十三年）。

154 《颜鲁公文集》卷 4《书·与郭仆射（英义）书》，之第 2—3 页。

155 关于这一长期争论，主要参见《通典》卷 50《礼典·吉礼九·祫禘下》，第 288—290 条；以及《唐会要》卷 13《禘祫上》，第 306 页；同书卷 14《禘祫下》，第 317 页。《通典》（以及相应的《唐会要》卷 13）的记载以《春秋》学者陆淳上奏结束；《唐会要》卷 13《禘祫上》（第 313 页）载为 795 年（贞元十一年）。而《唐会要》卷 14《禘祫下》（第 316 页）与《旧唐书》卷 26《礼仪志六》（第 1010 页）则以 803 年（贞元十九年）下诏令检校司空平章事杜佑摄太尉告太清宫作为长期争论的终结。另见《资治通鉴》卷 227 唐德宗建中二年（781）第 17 条，第 7309—7310 页；《资治通鉴》卷 236 唐德宗贞元十九年（803）第 4 条，第 7600 页；《新唐书》卷 200《儒学传下·陈京传》，第 5710—5716 页，强调陈京在长期论议中的作用；《韩昌黎集》卷 14《杂著·禘祫议》，第 4 册，之第 29—30 页；《柳河东集》卷 8《行状·唐故秘书少监陈公（京）行状》，第 124 页；《毗陵集》卷 6《议·景皇帝配昊天上帝议》，之第 1—2 页，766 年（永泰二年）进议，关于太祖；《权载之文集》卷 29《奏议·贞元十五年九月日中书舍人臣权德舆奏献懿二祖迁庙奏议》，之第 8—10 页；魏侯玮（1985）《玉帛之奠：唐王朝正统化过程中的仪礼和象征》（第 126—135 页）提供了极其宝贵的背景知识。

156 《权载之文集》卷 22《墓志铭·唐故中大夫守尚书工部侍郎兼御史大夫史馆修撰上柱国赐紫金鱼袋充吊赠吐蕃使赠礼部尚书张公（荐）墓志铭并序》，之第 7 页；《旧唐书》卷 149《张荐传》，第 4024 页。关于太庙祭祀场所免于摧毁，参见《资治通鉴》卷 231 唐德宗兴元元年（784）第 9 条，第 7436 页。

157 关于德宗对祀典礼事的慎重，参见《旧唐书》卷 149《柳登传附柳冕传》，第 4032 页。与柳冕同备顾问的学者均为礼学专家，参见《旧唐书》卷 189 下《儒学传下·徐岱传》，第 4975 页（译者按："189"，原著误作"180"）；《旧唐书》卷 189 下《儒学传下·陆质传》，第 4977—4978 页；《旧唐书》卷 149《张荐传》，第 4023—4025 页。

158 《旧唐书》卷 139《陆贽传》，第 3799 页；此外参阅《旧唐书》卷 135《裴延龄传》（第 3721 页和第 3726 页），在德宗对太庙的关注上，裴延龄与陆宣公看起来像是在演戏。

159 《全唐文》卷 480《韦绶·涿州新置文宣王庙碑》，之第 7 页；《毛诗注疏》卷 16 之 5《大雅·文王之什》（之第 2 页）表明"清庙"一词可适用于太庙（译者按："《毛诗注疏》· Mao shih chu shu"，原著误作"《礼记注疏》· Li chi chu shu"）；《唐会要》卷 65《太常寺》（第 1134 页）也用其指涉太庙。关于颜师古成功劝阻太宗在太原立寝庙，参阅《唐大诏令集》卷 75《典礼·宗庙·令公卿议太原建寝庙诏》，第 423—424 页；《唐会要》卷 15《庙议上》，第 325 页；《册府元龟》卷 585《掌礼部·奏议十三》，之第 7—8 页；以及魏侯玮（1985）《玉帛之奠：唐王朝正统化过程中的仪礼和象征》，第 129—130 页。此事在其后的唐代常被引用，《旧唐书》卷 26《礼仪志六》，第 993 页；《唐会要》卷 16《庙议下》，第 344 页。

160 《柳河东集》卷 8《行状·唐故秘书少监陈公（京）行状》，第 124 页；《旧唐书》卷 136《崔损传》，第 3755 页；《新唐书》卷 200《儒学传下·陈京传》，第 5716 页。权德舆也加入了此次讨论，参见《权载之文集》卷 29《奏议·昭陵寝宫奏议》，之第 5 页；以及同书卷 44《表·中书门下贺八陵修复毕表》，之第 6—7 页。参阅德宗即位之初厚奉代宗元陵的意向，以及令狐峘的上疏进谏，《旧唐书》卷 149《令狐峘传》，第 4011—4012 页。

161 《柳河东集》卷 8《行状·唐故秘书少监陈公（京）行状》，第 124 页；同书卷 12《表志·先君石表阴先友记》，第 188 页；以及《新唐书》卷 200《儒学传下·陈京传》，第 5716 页。

162 关于学者由太常卿升任宰相的案例：参见《旧唐书》卷 136《齐抗传》，第 3756 页；与《资治通鉴》卷 235 唐德宗贞元十六年（800）第 20 条，第 7592 页，齐抗。《柳河东集》卷 12《表志·先君石表阴先友记》，第 192 页；《旧唐书》卷 147《高郢传》，第 3976 页；与《资治通鉴》卷 236 唐德宗贞元十九年（803）第 17 条，第 7604 页，高郢。此外参阅《旧唐书》卷 145《董晋传》，第 3935 页；与《资治通鉴》卷 233 唐德宗贞元五年（789）第 3 条，第 7518 页，董晋。以及数年之后，《旧唐书》卷 147《杜黄裳传》，第 3973 页；与《柳河东集》卷 12《表志·先君石表阴先友记》，第 186 页注释，杜黄裳。《旧唐书》卷 148《权德舆传》，第 4003 页，第 4004 页，权德舆。

163 《旧唐书》卷 14《宪宗纪上》，第 420 页；《唐大诏令集》卷 70《典礼·南郊四·元和二年南郊赦》，第 391—392 页。

164 《唐会要》卷 18《配享功臣》，第 371—372 页。

165 关于计划行籍田礼，参见《柳河东集》卷 43《古今诗·闻籍田有感》，第 736 页；《新唐书》卷 14《礼乐志四》，第 359—360 页；《新唐书》卷 200《儒学传下·韦公肃传》，第 5721 页。关于取消之敕，参见《唐大诏令集》卷 74《典礼·籍田·元和五年罢籍田敕》，第 415 页；以及《柳河东集》卷 33《书·与杨诲之第二书》，第 533 页。

166 《刘禹锡集》卷 17《状·为裴相公（度？）进东封图状》，第 148 页；登封东岳在 725 年（开元十三年），是为再行封禅礼的有力线索。卞孝萱（1963）《刘禹锡年谱》（第 156 页）系此状于 830 年（大和四年）。以及《韩昌黎集》卷 39《表状·潮州刺史谢上表》，第 7 册，之第 38 页；花房英树（1964）《韓愈歌詩索引》（第 69 页）系此表于 819 年（元和十四年）。

167 《唐会要》卷 15《庙议上》，第 329—333 页（译者按："329-333"，原著误作"327-346"）；《旧唐书》卷 26《礼仪志六》，第 979—995 页；《资治通鉴》卷 248 唐武宗会昌五年（845）第 16 条，第 8017 页及注释。《新唐书》卷 13《礼乐志三》（第 342 页）有一段简明的概要。

168 《旧唐书》卷 159《郑絪传》，第 4180—4181 页；《旧唐书》卷 26《礼仪志六》，第 980 页。

169 《旧唐书》卷 157《王彦威传》，第 4154—4157 页；《旧唐书》卷 26《礼仪志六》，第 980—982 页。

170 《资治通鉴》卷248唐武宗会昌五年（845）第16条，第8017页。此外参阅《李文饶文集》卷10《论朝廷大政等状·请立昭武庙状》（之第6页），李德裕请以佛寺所拆木料修建昭武庙。

171 关于其他争论，参见《资治通鉴》卷248唐武宗会昌六年（846）第8条（第8025页），讨论太庙九室增至十一室；《资治通鉴》卷248唐武宗会昌六年（846）第18条（第8027页）（译者按：原著阙"8027"），讨论禘祭祝文于穆宗及敬宗室；《资治通鉴》卷249唐宣宗大中十年（856）第9条（第8061页），讨论穆宗、敬宗、文宗神主在太庙的位置。

172 《旧唐书》卷25《礼仪志五》，第962—964页。

173 《旧唐书》卷20上《昭宗纪》，第781页；《旧唐书》卷20下《哀帝纪》，第810页。（译者按：原著为"太常卿"，史料所示当为"太常少卿"。）

174 例如关于籍田礼，《旧唐书》卷24《礼仪志四》（第913—914页）759年（乾元二年）以后无载；《新唐书》卷14《礼乐志四》（第359—360页）810—811年（元和五年至六年）以后无载；《唐大诏令集》卷74《典礼·籍田·元和五年罢籍田敕》（第415页）与《新唐书》同。关于太公庙祭祀，《旧唐书》卷24《礼仪志四》（第935页）760年（上元元年）以后无载（译者按："935"，原著误作"936"）；《新唐书》卷15《礼乐志五》（第380页）788年（贞元四年）以后无载。《唐会要》卷23《武成王庙》（第439页）除905年（天祐二年）恢复武成王祭祀之奏外，唐朝统治的最后一个世纪再无记载（译者按："439"，原著误作"438"）。关于孔子祭祀及释奠礼，《旧唐书》卷24《礼仪志四》（第924页）766年（永泰二年）以后无载；《新唐书》卷15《礼乐志五》（第377页）814年（元和九年）以后无载；《唐会要》卷35《褒崇先圣》（第639—640页）及同卷《释奠》（第643页），除890年（大顺元年）孔子庙被焚毁这一最后条外，814年（元和九年）以后少有记载。

175 关于这一评论，参见《文苑英华》卷493《策·直言》，《贤良方正直言极谏策》，刘蕡《对》，之第5页；与《旧唐书》卷190下《文苑传下·刘蕡传》，第5069页（译者按："5069"，原著误作"5096"）。关于此一策问，参见《唐大诏令集》卷106《政事·制举·大和二年亲试制举人敕》，第548页。

176 《唐会要》卷26《读时令》，第492页。

177 关于文宗声称将要复兴齿胄礼，参见《旧唐书》卷17下《文宗纪下》，第551页；《唐大诏令集》卷29《皇太子·册皇太子敕·大和七年册皇太子德音》，第107页；《登科记考》卷21《唐文宗》，之第5页；同时下令置五经博士，参见第二章注释215。

178 《全唐文》卷72《文宗·委监察御史省视太庙郊社斋事诏》，之第13页。

179 《孙樵集》卷10《读开元杂报》，之第1页；与《唐文粹》卷49《古文辛·时事四》，孙樵《读开元杂报》，之第2—3页。

180 关于乡饮酒礼的衰落，参见《文苑英华》卷690《书·经史》，刘蜕《江南论乡饮酒礼书》，之第8页。然而710年（唐隆元年）敕表明，在此以前此礼之废为日已久，即便是在王朝繁荣鼎盛之时，参见《唐会要》卷26《乡饮酒》，第498页；以及安史乱后数十年，《文苑英华》卷737《序·杂序三》，梁肃《陪独孤常州观讲论语序》，之第 8 页。

181 《唐会要》卷 10 上《亲拜郊》（第 203—204 页）（原阙增补）胪列唐代后期历次南郊礼，十分便利。其中最后一次发生在 875 年（乾符二年）僖宗朝（译者按："875"，原著误作"877"），赦文参见《唐大诏令集》卷 72《典礼·南郊六·乾符二年南郊赦》，第 400—406 页。

182 《唐会要》卷 83《嫁娶》，第 1529—1530 页；《唐会要》卷 6《杂录》，第 69—70 页；《封氏闻见记》卷 5《花烛》，之第 21 页；《旧唐书》卷 150《德宗顺宗诸子传·珍王諴传》，第 4046 页。

183 《权载之文集》卷 22《墓志铭·唐故中大夫守尚书工部侍郎兼御史大夫史馆修撰上柱国赐紫金鱼袋充吊赠吐蕃使赠礼部尚书张公（荐）墓志铭并序》，之第 7—8 页；《旧唐书》卷 149《张荐传》，第 4023 页。

184 《唐会要》卷 77《贡举下·论经义》，第 1411 页。包佶卒于此后至 792 年（贞元八年）5 月期间，参见《权载之文集》卷 48《祭文·祭故秘书包监文》，之第 1 页。《唐月令注·补遗》所收《唐月令考》只云"开元"，未言"开元礼"。另一次主动删定发生在 786 年（贞元二年），关播上奏与太公及武成王庙名将配享之仪的争论有关，时称"知删定"。参见《唐会要》卷 23《武成王庙》，第 436 页；《旧唐书》卷 130《关播传》，第 3628 页。

185 《唐会要》卷 65《太常寺》，第 1136 页；德宗及宪宗朝，这一职位常由多产的礼学家担任：例如修撰《大唐郊祀录》的王泾，参见《新唐书》卷 58《艺文志二》，第 1492 页；蒋乂（武），参见《旧唐书》卷 149《蒋乂传》，第 4028 页；810 年（元和五年）新修籍田仪典的韦公肃，参见《新唐书》卷 200《儒学传下·韦公肃传》，第 5721 页。有时大赦会特别赏赐修撰官，例见《唐大诏令集》卷 10《帝王·册尊号赦下·长庆元年册尊号赦》，第 62 页。

186 《权载之文集》卷 23《墓志铭·唐故太常卿赠刑部尚书韦公（渠牟）墓志铭并序》，之第 2 页；《唐会要》卷 36《修撰》，第 659 页；《旧唐书》卷 135《韦渠牟传》，第 3729 页；《新唐书》卷 58《艺文志二》，第 1491 页；《唐书经籍艺文合志》乙部史录《仪注类》，第 137 页。关于韦渠牟的东南背景，参见《颜鲁公文集》卷 7《碑铭二·有唐茅山元靖先生广陵李君（含光）碑铭并序》，之第 7 页；《权载之文集》卷 35《序·左谏议大夫韦公诗集序》，之第 1—2 页。

187 《通典·礼典》分为两部分：卷 41—105 追溯从上古到贞元中期（某些情况下）的礼制沿革；卷 106—140 包含杜佑的节略《开元礼》。关于杜佑对《开元礼》的称赞，参见《通典》卷 41《礼典·序》，第 233 页。关于分成两部分的理由，参见《通典》卷 41《礼典·序》，第 234 页注释；《通典》卷 106《礼典·开元礼纂类一·序例上》，第 561 页注释。关于杜佑对删削礼典的批评，参见《四库全书总目提要》卷 82《史部·政书类二》，第 1714 页。

188 关于孔子祭祀的沿革，参见《通典》卷 53《礼典·吉礼十二·孔子祠》，第 305 页（译者按："305"，原著误作"304"）；关于太公祭祀的沿革，参见《通典》卷 53《礼典·吉礼十二·太公庙》，第 307 页。尽管 735 年（开元二十三年）集贤院曾重拟仪注，但籍田礼依然明显保留《大唐开元礼》的形式，参见《通典》卷 46《礼典·吉礼五·籍田》，第 264 页。

189 《通典》所载礼仪在《开元礼》以后发生重大变化，并且不以《开元礼》为尊。例如社稷礼，参见《通典》卷 45《礼典·吉礼四·社稷》（第 262 页注释）载 771 年（大历六年）底和 789 年（贞元五年）的变化；或者宗庙礼，参见《通典》卷 47《礼典·吉礼六·天子宗庙》（第 271 页注释）载 793 年（贞元九年）敕太庙或南郊行礼不得施褥。

190 《颜鲁公文集》卷 3《仪注·元陵仪注》，之第 1—15 页；与黄本骥编订案，之第 15—16 页；以及《通典》卷 80《礼典·凶礼二·总论丧期》，第 432 页；同书卷 80《礼典·凶礼二·奔大丧》，第 433 页；同书卷 83《礼典·凶礼五·丧制之一》，第 448 页；同书卷 84《礼典·凶礼六·丧制之二》，第 451 页等。

191 《柳河东集》卷 9《表铭碣诔·唐故万年令裴府君（墐）墓碣》，第 146 页；同书卷 21《题序·裴墐崇丰二陵集礼后序》，第 367—369 页；同书卷 40《祭文·祭万年裴令（墐）文》，第 653 页；《新唐书》卷 58《艺文志二》，第 1492 页。关于裴墐高祖裴行俭，参见第六章注释 94。关于其曾祖裴光庭，参见第三章注释 108。关于其祖父裴积与其父裴儆，参见《金石萃编》卷 84《裴道安墓志》（讳积，字道安），之第 1 页；《文苑英华》卷 972《行状·行状二》，独孤及《尚书祠部员外赠陕州刺史裴公（积）状》，之第 6—9 页（译者按："972"，原著误作"792"）；《新唐书》卷 108《裴行俭传附裴积传》，第 4091 页。苏冕对于 658 年（显庆三年）《显庆礼》中删去《国恤礼》的轻蔑评论，参见《唐会要》卷 37《五礼篇目》（第 670 页），约与柳宗元序同一时代。

192 《吕和叔文集》卷 5《表状·代郑相公请删定施行六典开元礼状》，之第 10—12 页。

193 《礼阁新仪》由长期任职的礼学家韦公肃编撰，录入开元以后礼文，参见《新唐书》卷 11《礼乐志一》，第 309 页；《新唐书》卷 58《艺文志二》，第 1491 页。关于韦公肃，参见《新唐书》卷 200《儒学传下·韦公肃传》，第 5721 页；《旧唐书》卷 171《李汉传》，第 4455 页。826 年（宝历二年），韦公肃为秘书省著作郎，参见《唐会要》卷 36《修撰》，第 662 页；829—830 年（大和三年至四年）为太常博士，参见《刘禹锡集》卷 8《记上·国学新修五经壁记》，第 73 页；及第三章注释 152。

194 《旧唐书》卷 158《郑余庆传》，第 4165 页；《册府元龟》卷 564《掌礼部·仪注》，之第 20 页；《旧唐书》卷 155《崔邠传附崔郾传》，第 4118 页；花房英树（1964）：《韓愈歌詩索引》，第 380 页。

195 王彦威私撰《曲台新礼》三十卷，常被归为《元和新礼》，参见《唐会要》卷 37《五礼篇目》，第 671 页；同书卷 36《修撰》，第 661 页；《旧唐书》卷 157《王彦威传》，第 4154 页；《册府元龟》卷 564《掌礼部·制礼二》，之第 10 页；《新唐书》卷 11《礼乐志一》，第 309 页；《新唐书》卷 58《艺文志二》，第 1492 页。此外还有《续曲台礼》，也是三十卷，在《新唐书》卷 11《礼乐志一》（第 309 页）中有简短描述。《刘禹锡集》卷 39《杂著·唐故监察御史赠尚书右仆射王公（俊）神道碑铭》（第 396 页）载王彦威以"五经"登甲科；而徐松《登科记考》卷 27《附考·明经科》（之第 32 页）理解为明经及第。关于其后对《曲台新礼》的引证，参见《唐会要》卷 14《禘祫下》，第 318 页；同书卷 19《百官家庙》，第 391 页；《旧唐书》卷 25《礼仪志五》，第 964—965 页。关于王彦威言谥之书，参见《四库全书总目提要》卷 82《史部·政书类二》，第 1714 页，宋苏洵《谥法四卷》条。《刘禹锡集》卷 39《杂著·唐故监察御史赠尚书右仆射王公（悛）神道碑铭》（第 396 页）还显示王彦威之父曾参定仪制。

196 《旧唐书》卷 189 下《儒学传下·陆质传》，第 4978 页；《新唐书》卷 57《艺文志一》，第 1434 页，录于陆质名下。

197 关于仲子陵，参见《权载之文集》卷 24《墓志铭·唐故尚书司门员外郎仲君（子陵）墓志铭并叙》，之第 11—13 页；同书卷 31《记·司门员外郎壁记》，之第 3 页；同书卷 36《序·送主客仲员外充黔中选补使序》，之第 6—7 页；《旧唐书》卷 26《礼仪志六》，第 1008 页；《唐国史补》卷下，第 54 页；《新唐书》卷 200《儒学传下·啖助传附仲子陵传》，第 5707 页；《新唐书》卷 58《艺文志二》，第 1493 页。

198 《唐会要》卷 36《修撰》，第 659 页；《新唐书》卷 59《艺文志三》，第 1538 页；《唐书经籍艺文合志》丙部子录《农家类》，第 222 页；参阅《册府元龟》卷 607《学校部·撰集》，之第 18 页，王涯《月令图》。（译者按：原著为"太常卿"，据史料当为"国子司业"。）

199 《文苑英华》卷 964《志·职官八》，罗衮《仓部栢郎中（宗回）墓志铭》，之第 4 页。

200 关于 793 年（贞元九年）时王泾任礼官，参见《新唐书》卷 58《艺文志二》，第 1492 页；812 年（元和七年），参见《旧唐书》卷 171《李汉传》，第 4455 页（译者按："171"，原著误作"17"）；819 年（元和十四年），参见《旧唐书》卷 160《李翱传》，第 4206 页。

201 901 年（天复元年）是确知的杂文试题存在的最后一年，试诗题目为"武德殿退朝望九衢春色"，参见《登科记考》卷 24《唐昭宗》，之第 25 页。知贡举杜德祥为杜牧之子，杜佑曾孙，参见《登科记考》卷 24《唐昭宗》，之第 26 页，引《唐语林》。

202 关于 785 年（贞元元年）第一道策问，参见《文苑英华》卷 486《策·直言》，陆贽《贤良方正能直言极谏策》，之第 1 页；《陆宣公翰苑集》卷 6《制诰·策问贤良方正能直言极谏科》，之第 7 页；《唐大诏令集》卷 106《政事·制举·贞元元年贤良方正直言极谏科策问》，第 542 页。关于 785 年第二道策问，参见《文苑英华》卷 473《策问·策问十五道》，陆贽《策博通坟典达于教化科问》，之第 5 页；《唐大诏令集》卷 106《政事·制举·又博通坟典达于教化科策问》，第 543 页；《陆宣公翰苑集》卷 6《制诰·策问博通坟典达于教化科》，之第 9 页。《白香山集》卷 48《策林四·六十救学者之失 礼乐诗书》（第 7 册，之第 77 页）与此策问的行文非常接近。

203 788 年（贞元四年）举子被告知，630 年太宗终岁断死刑才二十九人，参见《资治通鉴》卷 193 唐太宗贞观四年（630）第 33 条，第 6084—6085 页。提问"敦学崇儒，何礼为切"，参见《唐大诏令集》卷 106《政事·制举·贞元四年贤良方正策问》，第 544 页；《登科记考》卷 12《唐德宗》，之第 19 页。此外参阅《白香山集》卷 47《策林三·五十四刑礼道 迭相为用》，第 7 册，之第 72—73 页

（译者按："72-73"，原著误作"73-74"）。

204　《权载之文集》卷40《问·贞元十九年礼部策问进士五道》，之第9—10页；《登科记考》卷15《唐德宗》，之第7页。

205　《白香山集》卷48《策林四·六十二议礼乐》，第7册，之第78—79页（译者按："48"，原著误作"47"）。

206　《白香山集》卷48《策林四·六十三沿革礼乐》，第7册，之第79—80页（译者按："48"，原著误作"47"）。

207　《白香山集》卷48《策林四·六十五议祭祀》，第7册，之第81—82页（译者按："48"，原著误作"47"）。

208　《唐会要》卷76《贡举中·开元礼举》，第1396—1397页；《通典》卷15《选举典·历代制下》，第84页；《旧唐书》卷44《职官志三》，第1892页注释；《新唐书》卷44《选举志上》，第1165页；《册府元龟》卷640《贡举部·条制二》，之第13—14页；戴何都（1932）：《〈新唐书·选举志〉译注》，第133页，第148页，第177页。

209　关于登科举子之名，参见《登科记考》卷27《附考·诸科》，之第37—38页。此外，关于《开元礼》科设立后随即登科者，参见《旧唐书》卷135《程异传》（第3737页），即在其明经及第之后；《旧唐书》卷157《辛秘传》（第4150—4151页），亦再登《开元礼》科；《旧唐书》卷188《孝友传·丁公著传》（第4936页），同样以《开元礼》科为再举及第；《元氏长庆集》卷55《碑铭行状·唐故福建等州都团练观察处置等使中大夫使持节都督福州诸军事守福州刺史兼御史中丞上柱国赐紫金鱼袋赠左散骑常侍裴公墓志铭》，之第1页，裴义（《登科记考》卷27《附考·诸科》（之第37—38页）未载其名，但《新唐书》卷182《裴坦传》（第5375页）可证实其身份）。关于九世纪中期之例，如林勍，参见《登科记考》卷22《唐宣宗》，之第24页，851年（大中五年）登科。关于晚唐诸例，如杜辇，参见《登科记考》卷27《附考·诸科》，之第38页；罗修古，参见《吴越备史》卷1《附罗隐传》（833—909，重印作罗隐之），第325页。

210　"不刊之典"用于指代个别儒经或成批儒经，参见《通典》卷52《礼典·吉礼十一·上陵》，第300页，彭景直有关"三礼"的上疏；《史通通释》卷1《内篇·六家》，之第5页；《旧唐书》卷21《礼仪志一》，第843—844页；《旧唐书》卷8《玄宗纪上》，第180页；《旧唐书》卷27《礼仪志七》，第1031页，719年（开元七年）敕；《旧唐书》卷21《礼仪志一》，第818页，726年（开元十四年）张说上奏；《千唐志斋·唐故东畿汝防御使都押衙兼都虞侯正议大夫检校太子宾客上柱国南阳张府君（季戎）墓志铭并序》，张季戎851年卒，享年62岁（译者按："张季戎·Chang Chi-jung"，原著误作"张季戎·Chang Chi-shu"）；《唐文粹》卷81《书三·论书一》，李阳冰《上李大夫论古篆书》，之第7页；《大唐郊祀录》卷10《飨礼二·释奠武成王》，之第15页。"不刊之典"还被用于《国史》，如玄宗敕令，参见《唐大诏令集》卷51《大臣·宰相·馆职·萧嵩集贤院学士修国史制》，第263页；以及晚唐知制诰薛廷珪所拟制书，参见《文苑英华》卷400《中书制诰·馆殿》，薛廷珪《授考功员外郎郑璘司勋员外郎卢择并充史馆修撰制》，之第1页。此外参阅《李文公集》卷6《书·答皇甫湜

注 释

书》，第 39 页，李翱"笔削国史"之志。

211 《权载之文集》卷 29《奏议·贞元十五年九月日中书舍人臣权德舆奏献懿二祖迁庙奏议》，之第 8—12 页；同书卷 46《表状·起居舍人举人自代状》，之第 18 页；《旧唐书》卷 148《权德舆传》，第 4002—4005 页。

212 《旧唐书》卷 147《高郢传》，第 3976 页；《唐会要》卷 18《缘庙裁制下》，第 365 页，上奏时间为 806 年（元和元年）12 月。

213 《韩昌黎集》卷 14《杂著·禘祫议》，第 4 册，之第 29—30 页及注释；花房英树（1964）：《韓愈歌詩索引》，第 378 页。

214 《权载之文集》卷 22《墓志铭·唐故中大夫守尚书工部侍郎兼御史大夫史馆修撰上柱国赐紫金鱼袋充吊赠吐蕃使赠礼部尚书张公（荐）墓志铭并序》，之第 7—8 页；与《旧唐书》卷 149《张荐传》，第 4024 页。

215 《李文公集》卷 10《奏议状·陵庙日时朔祭议》，第 77—79 页；《唐会要》卷 18《缘庙裁制下》，第 362—363 页。

216 《李文公集》卷 4《文·解惑》，第 24 页。

217 参见上文注释 194。参阅《韩昌黎集·外集》卷 1《请迁玄宗庙议》，第 7 册，之第 64 页及注释。此文录有关于穆宗驾崩太庙昭穆的上奏。《旧唐书》卷 25《礼仪志五》（第 958—959 页）载有一篇类似的"礼仪使"上奏，是否为韩愈所作尚存大量疑问。

218 《权载之文集》卷 29《奏议·贞元十五年九月日中书舍人臣权德舆奏献懿二祖迁庙奏议》，之第 10 页；《通典》卷 50《礼典·吉礼九·禘祫下》，第 290 页；《唐会要》卷 13《禘祫上》，第 313—314 页。关于 788 年（贞元四年）陆淳对太公争论的上疏，参见《大唐郊祀录》卷 10《飨礼二·释奠武成王》，之第 14—15 页。

219 《旧唐书》卷 26《礼仪志六》，第 1010 页。

220 《柳河东集》卷 26《记官署·监祭使壁记》，第 432 页；《颜鲁公文集》卷 12《古近体诗·使过瑶台寺有怀圆寂上人并序》，之第 5 页。

221 《韩昌黎集》卷 23《祭文·吊武侍御所画佛文》，第 5 册，之第 61—62 页；以及《皇甫持正文集》卷 6《碑铭·韩文公神道碑》，之第 4 页；《李文公集》卷 4《文·去佛斋并序》，第 22—24 页（译者按："22"，原著误作"2"）。

222 《李文公集》卷 2《文·复性书上》，第 7 页（译者按："7"，原著误作"3"）。

223 《李文公集》卷 2《文·复性书上》，第 6 页（译者按："6"，原著误作"2"）。

224 《春秋纂例》卷 2《郊庙雩社例》，之第 11—12 页。

225 《通典》卷 8《食货典·钱币上》，第 45 页，杜佑；同书卷 12《食货典·轻重》，第 67 页，杜佑；同书卷 18《选举典·杂议论下》，第 101 页，沈既济；同书卷 17《选举典·杂议论中》，第 96 页，刘秩；《管子》卷 5《重令》，第 66 页（译者按："5"，原著误作"3"）；《商子》卷 5《弱民》，之第 4 页。

226 《春秋纂例》卷 2《郊庙雩社例》，之第 16 页，之第 18 页，及之第 14 页注释。

227 《通典》卷 1《总序》（第 9 页）引《周易注疏》卷 8《系辞下》（之第 2 页）；《尚书注疏》卷 12《洪范》，之第 5 页；《管子》卷 1《牧民》，第 1 页（参阅同书卷 5《法禁》，第 64 页；同书卷 8《小匡》，第 98 页）（译者按："5"，原著误作"3"；"8"，原著误作"3"）；《论语·子路第十三》，第 9 条。参阅孔颖达

329

《左传注疏》卷26（之第7页），引用《管子》和《论语》的相同篇章。

228 《通典》卷41《礼典·序》，第223页；参阅《隋书》卷6《礼仪志一》，第105页；以及孔颖达对"三礼"与"五礼"的相似论述，《尚书注疏》卷3《舜典》，之第15页。

229 《通典》卷70《礼典·嘉礼十五·读时令》，第385—386页。宋代资料证明，孔颖达相信《月令》取自《吕氏春秋》；杜佑对此书抱有特别兴趣，但却认为《月令》出于《管子》，并非《吕氏春秋》，吕不韦只是进行重编；参见1174年（淳熙元年）罗泌序《书唐月令》，收入《唐月令注·补遗》，之第1页；以及《玉海》卷12《律历·时令·汉明堂月令 月令图 四民月令 明堂阴阳录 月令章句 汉四时月令》，之第11页，引《通典》注。杜佑在此方面与柳宗元不同，参见《柳河东集》卷3《论·时令论下》，第56页（译者按："56"，原著误作"38"）。

230 《通典》卷54《礼典·吉礼十三·封禅》（第312页）引《后汉纪》卷8，第13—14页。关于杜佑坚信礼仪功能的另一种表述，参见《通典》卷74《礼典·宾礼一》，第403页。

231 《通典》卷12《食货典·轻重》，第71页；《通典》卷31《职官典·王侯总叙》，第177页。

232 《权载之文集》卷22《墓志铭·唐故金紫光禄大夫守太保致仕赠太傅岐国公杜公（佑）墓志铭并序》，之第5页。关于"气焰"，参见《左传注疏》卷9，之第5页。感谢杜德桥教授对此词的讨论。

233 关于柳宗元对"天"之态度的详细描述，参见雷蒙特（1973）（1974）：《第九世纪初期对天的争辩》。

234 《柳河东集》卷26《记官署·监祭使壁记》，第432页。

235 《柳河东集》卷16《说·愗说》，第296—297页。

236 《柳河东集》卷45《非国语下·祀》，第787页。

237 《柳河东集》卷3《论·时令论上》，第54—55页。关于"瞽史"一词，另见《权载之文集》卷11《碑·大唐银青光禄大夫检校司徒同中书门下平章事太清宫及度支诸道盐铁转运等使崇文馆大学士上柱国岐国公杜公（佑）淮南遗爱碑铭并序》，之第5页。

238 《柳河东集》卷1《雅诗歌曲·贞符并序》，第18页；参阅《唐鉴》卷4《太宗二》，第29页。这一封禅观点同九世纪中期的林简言相一致，参见《唐文粹》卷34《论甲·封禅一》，林简言《汉武封禅论》，之第5—6页。

239 《柳河东集》卷43《古今诗·闻籍田有感》，第736页；同书卷33《书·与杨海之第二书》，第533页；参阅《唐会要》卷10下《籍田东郊仪》，第255页；《唐大诏令集》卷74《典礼·籍田·元和五年罢籍田敕》，第415页；《新唐书》卷14《礼乐志四》，第359—360页；《新唐书》卷200《儒学传下·韦公肃传》，第5721页。

240 《柳河东集》卷1《雅诗歌曲·平淮夷雅二篇并序》，第5—6页。

241 《柳河东集》卷21《题序·裴埱崇丰二陵集礼后序》，第367—369页。

242 参阅雷蒙特（1973）：《第九世纪初期对天的争辩》（上），第197—199页；《文苑英华》卷740《论·阴阳》，牛僧孺《善恶无余论》，之第10—11页；《李文饶文集·外集》卷 4《论·祷祝论》，之第 5—6 页；以及《文苑英华》卷 740《论·阴阳》，李德裕《祷祠论》，之第 13 页。

243 《柳河东集》卷 3《论·守道论》，第 51—52 页；《左传注疏》卷 49，之第 7 页。柳宗元提出所谓孔子之言"守道不如守官"，"是非圣人之言，传之者误也。"因此，在《春秋》学者及其《非国语》指出古代经书流传谬误的同时，他在此论中再次维护孔子的权威。

第五章　史学

1. 《唐会要》卷 76《三传》，第 1398 页，822 年（长庆二年）上奏；参阅《隋书》卷 33《经籍志二》，第 992—993 页；以及《史通通释》卷 6《内篇·叙事》，之第 11 页；同书卷 10《内篇·杂述》，之第 4 页。此外，文献中非常频繁地将"经"与"史"相提并论，参见《旧唐书》卷 189 上《儒学传上·萧德言传》，第 4952 页（译者按："4952"，原著误作"4962"）；《旧唐书》卷 187 上《忠义传上·王义方传》，第 4867 页，员半千；《文苑英华》卷 652《启·劝学》，张说《上东宫请讲学启》，之第 2 页；《千唐志斋·唐故朝散大夫国子司业上柱国开君（休元）墓志并序》。

2. 《隋书》卷 33《经籍志二》，第 953—956 页；《旧唐书》卷 46《经籍志上》，第 1963 页，第 1987—2022 页，尤其是第 1987 页。参阅刘知幾将史氏流别分成十类，《史通通释》卷 10《内篇·杂述》，之第 1 页。

3. 关于编年、纪传二体各自的长处，参见《史通通释》卷 2《内篇·二体》，之第 1—5 页；《文苑英华》卷 678《书·赠答中》，萧颖士《赠韦司业（述）书》，之第 8—9 页；《皇甫持正文集》卷 2《论序·编年纪传论》，之第 2—3 页。太宗对荀悦《汉纪》的称赞，被刘知幾所重申，或许有助于确立编年体的崇高地位；参见《贞观政要》卷 2《纳谏第五》，第 64 页（译者按："2"，原著误作"5"）；《旧唐书》卷 62《李大亮传》，第 2388 页；《隋书》卷 33《经籍志二》，第 959 页；《史通通释》卷 2《内篇·二体》，之第 2 页；此外参阅《陈书》卷 34《文学传·何之元传》，第 467—468 页。

4. 《隋书》卷 33《经籍志二》，第 992—993 页。

5. 此词归功于已故芮沃寿教授。

6. 《隋书》卷 33《经籍志二》，第 992—993 页；《唐会要》卷 23《武成王庙》，第 435 页；《李文公集》卷 9《表疏·论事疏表》，第 66 页。

7. 《史记》卷 47《孔子世家》，第 1944 页；《春秋正义序》，《左传注疏》，之第 1 页。一字定"褒贬"的思想非常频繁地应用于同时代的文学写作与谥号体系，完全不亚于正史；参见《史通通释》卷 3《内篇·表历》，之第 1 页；同书卷 14《外篇·惑经》，之第 10 页；《旧唐书》卷 98《李元纮传》，第 3074 页；《文苑英华》卷 678《书·赠答中》，萧颖士《赠韦司业（述）书》，之第 4 页（文中"借"字当为"措"）；《旧唐书》卷 190 中《文苑传中·贾曾传附贾至传》，第 5030 页；《文苑英华》卷 400《中书制诰·馆殿》，常衮《授荀尚史馆修撰制》，之第 2 页；《文苑英华》卷742《论·文》，牛希济《表章论》，之第12页；《文苑英华》卷400《中书制诰·馆殿》，薛廷珪《授考功员外郎郑璘司勋员外郎卢择并充史馆修撰制》，之第1页；《春秋纂例》卷1《三传得失议》，之第7页；《文苑英华》卷367《杂文·辩论五》，独孤郁《辩文》，之第4页；《文苑英华》卷690《书·经史》，陆龟蒙《复友生论文书》，之第11页；《权载之文集》卷40《问·明经诸经策问七道》，之第7页；与同书卷48《祭文·祭故秘书包监文》，之第1页。

8　洪业（1969）：《一位唐代史官的求退简札：〈史通·忤时篇〉译注》，第22页及注释38，注释39；以及《左传注疏》卷21，之第6页，董狐；同书卷36，之第3—4页，南史。关于唐代提及董狐、南史，参见《隋书》卷33《经籍志二》，第992页；《晋书》卷113《苻坚载记上》，第2904页；《唐会要》卷63《史馆上·史馆杂录上》，第1102页，朱子奢；罗振玉（1909）：《昭陵碑录》卷1，第1页；于志宁《孔颖达碑》；《唐会要》卷64《史馆下·史馆杂录下》，第1106页，吴兢；《史通通释》卷10《内篇·辨职》，之第7页；同书卷20《外篇·忤时》，之第14页，之第15页；《文苑英华》卷678《书·赠答中》，萧颖士《赠韦司业（述）书》，之第4页；《旧唐书》卷149史臣"赞曰"，第4038页；《文苑英华》卷383《中书制诰·北省四》，贾至《授裴综起居郎制》，之第1页；《文苑英华》卷400《中书制诰·馆殿》，常衮《授陆鼎史馆知修撰制》，之第2页；《皮子文薮》卷1《赋·忧赋并序》，第5页；《文苑英华》卷690《书·经史》，陆龟蒙《复友生论文书》，之第11页。"南史"甚至用来取名字，例如《中兴间气集》卷下《张南史》，第301页，张南史；《唐国史补》卷下，第56页，蔡南史；《旧唐书》卷137《赵涓传》，第3761页，卢南史。

9　关于七世纪《汉书》研究的崇高声誉，参见《隋书》卷33《经籍志二》，第957—959页（译者按："957-959"，原著误作"95-97"）；《廿二史札记》卷20《唐初三礼汉书文选之学》，第399—401页；增井経夫（1976）：《刘知幾与史通》，第20页。在唐代，《史记》《汉书》与第三部"汉史"被合称"三史"，以平衡"三传"与"三礼"。唐初，第三部是若干学者持续数朝编修的《东观汉记》。但可能因651年（永徽二年）令，《东观汉记》被范晔（398—445）《后汉书》所取代，不过这一情况其后又发生变化。参见高明士（1977）：《唐代"三史"的演变——兼述其对东亚诸国的影响》，第7—16页；以及吉川忠夫（1979）：《顔師古の『漢書』注》，第309页注释3。

10　《文苑英华》卷610《表·进文章一》，萧颖士《为陈正卿进续尚书表》，之第11页，引《贞观实录》；参阅《贞观政要》卷10《慎终第四十》，第304页，635年（贞观九年）的类似议论；吴兢《上贞观政要表》声称太宗之政化甚至超过周之文武与汉之文景。将近两个世纪之后，儒家学者、史官李翱评判唐史不及周、汉之书，参见《李文公集》卷6《书·答皇甫湜书》，第39页。

11　《贞观政要》卷5《纳谏第五》，第61页；同书卷7《文史第二十八》，第218页；同书卷10《灾异第三十九》，第299页；《隋书》卷74《酷吏传》，第1691页。参阅《文苑英华》卷610《表·进文章一》，萧颖士《为陈正卿进续尚书表》，之第10页。

12　《三国志》卷43《蜀书·黄李吕马王张传》，第1050页；《魏书》卷24《崔玄伯

注　释

传》，第 621 页。此外参阅梁武帝，见于《南史》卷 50《刘虬传》，第 1252 页；以及北齐孝昭帝，见于《北齐书》卷 6《孝昭帝纪》，第 79 页；与同书卷 36《邢邵传》，第 475 页。

13 《旧唐书》卷 66《房玄龄传》，第 2465 页。关于太宗提及的秦汉史事，参见《贞观政要》卷 5《诚信第十七》，第 175 页；同书卷 6《俭约第十八》，第 178 页；同书卷 9《安边第三十五》，第 289 页。在《贞观政要》卷 7《文史第二十八》（第 217 页）中，太宗谈到"比见前后汉史"。

14 魏侯玮（1985）：《玉帛之奠：唐王朝正统化过程中的仪礼和象征》，第 95—99 页；关于高祖以汉朝律法为参照，参见《旧唐书》卷 50《刑法志》，第 2134 页。

15 关于金、帛与马，参见《贞观政要》卷 2《纳谏第五》，第 65—66 页；同书卷 10《慎终第四十》，第 307—308 页；《旧唐书》卷 71《魏徵传》，第 2559—2560 页；《旧唐书》卷 74《马周传》，第 2616 页。关于宫殿与陵墓，参见《贞观政要》卷 2《纳谏第五》，第 59—62 页（译者按："2"，原著误作"5"）；关于穷兵黩武，参见《贞观政要》卷 9《征伐第三十四》，第 279 页（译者按："279"，原著误作"27"）；同书卷 9《安边第三十五》，第 283 页，第 286 页；《旧唐书》卷 80《褚遂良传》，第 2736 页。关于分封，参见《贞观政要》卷 3《封建第八》，第 91 页；同书卷 4《太子诸王定分第九》，第 100—101 页；《旧唐书》卷 72《李百药传》，第 2575 页；《旧唐书》卷 74《马周传》，第 2617—2618 页；《旧唐书》卷 80《褚遂良传》，第 2730—2731 页。关于皇太子，参见《贞观政要》卷 4《规谏太子第十二》，第 118—119 页；参阅同书卷 7《崇儒学第二十七》，第 215 页。

16 《群书治要》目录，以及卷 13《汉书一》至卷 20《汉书八》；关于 631 年（贞观五年）《群书治要》撰成进献，参见《唐会要》卷 36《修撰》，第 651 页。

17 《旧唐书》卷 73《姚思廉传》，第 2592 页；《隋书》卷 33《经籍志二》（第 954 页）列出三部姚思廉之父姚察的《汉书》训诂之作；《旧唐书》卷 189 上《儒学传上·欧阳询传》，第 4947 页；《旧唐书》卷 73《令狐德棻传附顾胤传》，第 2600 页；《旧唐书》卷 189 上《儒学传上》之刘讷言、刘伯庄、秦景通及其弟秦暐，第 4955—4956 页；《旧唐书》卷 188《孝友传·陆南金传》，第 4932 页；《旧唐书》卷 84《郝处俊传》，第 2797 页。《旧唐书》卷 46《经籍志上》（第 1988 页），《新唐书》卷 58《艺文志》（第 1456 页）与《唐书经籍艺文合志》乙部史录《正史类》（第 62 页）载有《御铨定汉书》八十一卷；《新唐书》称该书为郝处俊与高宗合撰。关于《史记》与《汉书》在弘文馆乃至国子监授课中的地位，参见《唐会要》卷 64《史馆下·弘文馆》，第 1115 页，许敬宗；同书卷 76《贡举中·三传》，第 1398 页，822 年（长庆二年）上奏；以及《史记索隐后序》，《史记》附录，第 9 页，刘伯庄。（译者按：《旧唐书·经籍志》载《御铨定汉书》八十一卷，《新唐书·艺文志》与《唐书经籍艺文合志》则为八十七卷。）

18 《隋书》卷 33《经籍志二》，第 957 页；参阅《史记索隐后序》，《史记》附录，第 9—10 页。

19 《旧唐书》卷 73《颜师古传》，第 2595 页；《旧唐书》卷 189 上《儒学传上·敬播传》，第 4954 页；吉川忠夫（1979）《顔師古の『漢書』注》（第 264—271 页）讨论颜师古《汉书注》与两部著作中相关材料之间的共同点；其一是颜之推的

332

《颜氏家训》，其二是颜师古叔父颜游秦的《汉书决疑》十二卷，其内容保存在下一世纪《史记索隐》的引文中。颜师古之侄颜昭甫也曾参与《汉书注》的编纂，参见吉川忠夫（1979），第271页。

20 吉川忠夫（1979）：《顔師古の『漢書』注》，第234—242页。在颜师古所列注《汉书》二十三家中，只有崔浩亲历晋末。但崔浩所注并非《汉书》，而是荀悦的编年体节略本《汉纪》。颜师古列入崔浩，可能不仅出于崔浩是唯一撰写汉代史注的北朝人，而且因为唐太宗十分珍重其《漢書音義》（上文注释3）。吉川忠夫（第278—291页）论证颜师古的见解与南朝末年注家姚察不同，而后者之见在《史记索隐》的大量引文中得以保存。关于地名，参见吉川忠夫（1979），第287页。关于对他书杂说或奇言怪语的怀疑，参见《汉书》卷65《东方朔传》，第2874页颜师古注。关于对谱系的怀疑，参见吉川忠夫（1979），第288—289页。颜师古对"蹙鞠"的注释可见其日常诉求，引自《封氏闻见记》卷6《打毬》，之第5页。

21 唐初对《汉书》的认可与振兴儒学相一致，从太宗时修成的两部前代史——《梁书》与《隋书》——恢复《儒林传》即可看出；参见增井経夫（1976）：《刘知幾与史通》，第120页。

22 《隋书》卷26《百官志上·序》（第719页）使用不少于三个关键词——"损益""沿革""文质"——特别强调远古以来的变化。

23 《唐会要》卷63《史馆上·修前代史》，第1090—1091页。参阅《唐会要》卷35《经籍》，第643页；《旧唐书》卷73《令狐德棻传》，第2598页；《册府元龟》卷554《国史部·选任》，之第15—16页；《唐大诏令集》卷81《政事·经史·命萧瑀等修六代史诏》，第466—467页；金井之忠（1940）：《唐代の史學思想》，第10页及以下；洪业（1960—1961）：《708年以前的唐代史馆》，第94页；杜希德（1985）：《唐代官修史籍考》，第24页注释54—55。

24 《旧唐书》卷71《魏徵传》，第2549—2550页；《旧唐书》卷73《令狐德棻传》，第2598页；《旧唐书》卷70《岑文本传》，第2536页；《旧唐书》卷73《姚思廉传》，第2592—2593页；《贞观政要》卷7《文史第二十八》，第218页；《唐会要》卷63《史馆上·修前代史》，第1091页；《史通通释》卷12《外篇·古今正史》（之第29页）"原注"称姚思廉之任从628年（贞观二年）起，而非629年（贞观三年），太宗任命的其他修撰成员也是如此。这与《旧唐书》卷73《姚思廉传》（第2593页）（贞观三年）相矛盾，但如果属实，则表明太宗对高祖任命的修史班底的重建，比主要史料所隐含的要更加零碎且更少协作。以司马谈和司马迁或者班彪和班固为典范的史学的家族传统，在有唐一代是受人景仰的。与姚察和姚思廉相同，李德林和李百药编修《齐书》，为父子接续修史提供了范例，参见《隋书》卷42《李德林传》，第1209页；《旧唐书》卷72《李百药传》，第2577页；《史通通释》卷12《外篇·古今正史》，之第27页。关于唐代后期的赞颂之例，参见《文苑英华》卷944《志·职官六》，梁肃《给事中刘公（廼）墓志》，之第7页，刘知幾及其二子刘贶、刘餗；以及白居易《白香山集》卷37《翰林制诏一·授沈传师左拾遗史馆修撰制》，第6册，之第30页，沈既济、沈传师父子；《册府元龟》卷561《国史部·世官》，之第5—6页，归崇敬、归登父子。

25 《旧唐书》卷 73《姚思廉传》，第 2592—2593 页。姚察在陈朝的官位，可证于《隋书》卷 33《经籍志二》，第 954 页；与《册府元龟》卷 607《学校部·撰集》，之第 5 页。《隋书》卷 33《经籍志二》（第 956 页）载有姚察《梁书帝纪》十卷。《史通通释》卷 4《内篇·题目》（之第 8 页）录有姚察《梁略》，并指责其被误称为"略"。关于姚察的《汉书》学，参见吉川忠夫（1979）：《颜师古的『漢書』注》，第 250 页，第 278—283 页，第 286—287 页；有 50 条引文保存在《史记索隐》中，参见吉川忠夫（1979），第 279 页及第 316 页注释 72。《史通通释》卷 12《外篇·古今正史》（第 19—20 页）记述梁陈史书的编修。关于姚思廉与魏徵观点的差异，另见金井之忠（1940）：《唐代の史學思想》，第 12—31 页；王树民（1981）：《史部要籍解题》，第 67—70 页；以及牟润孙（1968）《唐初南北学人论学之异趣与影响》。

26 《旧唐书》卷 73《姚思廉传》，第 2592 页；《旧唐书》卷 71《魏徵传》，第 2550 页；《旧唐书》卷 70《岑文本传》，第 2536 页。这些史论文章又单篇收入《文选》卷 49《史论上》至卷 50《史论下》。

27 《唐文粹》卷 82《书四·论史》，王绩《与陈叔达重借隋纪书》，之第 6 页。

28 《旧唐书》卷 79《吕才传》（第 2727 页）载吕才撰《隋记》二十卷；《旧唐书》卷 190 上《文苑传上·蔡允恭传》（第 4988 页）载蔡允恭撰《后梁春秋》十卷；《旧唐书》卷 187 上《忠义传上·王义方传》（第 4876 页）载员半千撰《三国春秋》二十卷；《旧唐书》卷 68《张公谨传附张大素传》（第 2507 页）载张大素撰《后魏书》一百卷，《隋书》三十卷。

29 《旧唐书》卷 79《李淳风传》，第 2718 页；《史通通释》卷 12《外篇·古今正史》（之第 29 页）只提到四位学者；《唐会要》卷 63《史馆上·修前代史》（第 1093 页）作《五代史》，实应为《五代史志》，且将进呈时间定为 656 年（显庆元年）。《旧唐书》卷 78《于志宁传》（第 2700 页）未记修史名单；《旧唐书》卷 73《令狐德棻传附李延寿传》（第 2600 页）另载著名史官敬播同修，且被《新唐书》卷 58《艺文志二》（第 1457 页）所证实，但在《旧唐书》卷 189 上《儒学传上·敬播传》（第 4954 页）中却又没有提及。李延寿对《北史》的描述中，记载褚遂良为《隋书》十志的编修者，参见《北史》卷 100《序传》，第 3343 页；但同样《旧唐书·褚遂良传》未载此事。关于引述《隋书》十志，参见《北史》卷 100《序传》，第 3343 页，第 3345 页（译者按："3345"，原著误作"3354"）；《史通通释》卷 12《外篇·古今正史》，之第 29 页；《旧唐书》卷 46《经籍志上》，第 1964 页；《旧唐书》卷 102《马怀素传》，第 3164 页；《封氏闻见记》卷 2《典籍》，之第 11 页；《大唐郊祀录》卷 3《凡例下·乘舆服》，之第 3 页。

30 《史通通释》卷 12《外篇·古今正史》，之第 29 页；《旧唐书》卷 73《令狐德棻传》，第 2598 页；《旧唐书》卷 79《李淳风传》，第 2718 页。关于李淳风精通天文、历法与五行，参见李约瑟（1959）：《中国科学技术史》第 3 卷《数学、天学和地学》及其他（罗马字作 Li Shun-feng）。

31 《隋书》卷 6《礼仪志一》（第 105 页）开篇："（礼）所以弥纶天地，经纬阴阳，辨幽赜而洞几深，通百神而节万事"。"弥纶"，参见《周易注疏》卷 7《系辞上》，之第 5 页。

32 《隋书》卷25《刑法志》（第695页）开篇："圣王仰视法星，旁观习坎，弥缝五气，取则四时。""习坎"，参见《周易注疏》卷3《上经随传》，之第20页。

33 《隋书》卷26《百官志上》（第719页）开篇："《易》曰：'天尊地卑，乾坤定矣，卑高既陈，贵贱位矣。'是以圣人法乾坤以作则，因卑高以垂教，设官分职，锡珪胙土。"参见《周易注疏》卷7《系辞上》，之第1页。

34 《北史》卷100《序传》，第3343—3344页；及第3344—3345页，进呈上表。另见《旧唐书》卷73《令狐德棻传附李延寿传》，第2600页；《史通通释》卷1《内篇·六家》，之第13页。关于两部史书的范围，参见杨家骆：《北史述要》，第1—15页；王树民（1981）：《史部要籍解题》，第84—88页。

35 《通典》卷17《选举典·杂议论中》，第98页，赵匡。此外参阅对李延寿另一著作《太宗政典》三十卷的赞许，《唐会要》卷36《修撰》，第657页；《旧唐书》卷5《高宗纪下》，第105页；《旧唐书》卷73《令狐德棻传附李延寿传》，第2601页。

36 关于初唐对晋的尊重，参见《唐会要》卷36《修撰》，第651页；上文注释16；下文注释61—63；以及第二章注释35。

37 关于修新《晋书》之诏，参见《唐大诏令集》卷81《政事·经史·修晋书诏》，第467页。此诏要求编修工作应在"修国史所"完成，并依修《五代史》故事。另见《唐会要》卷63《史馆上·修前代史》，第1091页；《旧唐书》卷66《房玄龄传》（第2462—2463页）选取并赞扬的李淳风著作，另外包括受诏修撰者的不完全名单；《旧唐书》卷79《李淳风传》，第2718页；《旧唐书》卷73《令狐德棻传》（第2598页）记为646年（贞观二十年）。刘知幾对《晋书》的评论，见于《史通通释》卷4《内篇·论赞》，之第2页，之第3页；同书卷4《内篇·题目》，之第8—9页；及同书卷15《外篇·点烦》，之第1—12页。其对《晋书》编修的描述，见于《史通通释》卷12《外篇·古今正史》，之第14—15页。另见冉昭德（1957）：《关于晋史的撰述与唐修晋书撰人问题》，第71—78页。

38 《唐会要》卷63《史馆上·修前代史》，第1091页；参阅《旧唐书》卷199上《东夷传·新罗传》，第5335—5336页。前两篇论晋宣帝与晋武帝，参见《晋书》卷1《宣帝纪》"制曰"，第20—22页；《晋书》卷3《武帝纪》"制曰"，第81—82页。后两篇评书法家王羲之与诗人、史学家陆机，参见《晋书》卷80《王羲之传》"制曰"，第2107—2108页；王羲之书法被太宗从其后代处购得，参见《旧唐书》卷89《王方庆传》，第2899页。以及《晋书》卷54《陆机传》"制曰"，第1487—1488页；未提名的引用显示太宗对陆机《文赋》十分精通，参见《唐会要》卷7《封禅》，第94页；《唐大诏令集》卷66《典礼·封禅·封禅诏》，第369页；以及方志彤（1951）：《文赋：陆机〈文赋〉英译》，第534页。

39 《史通通释》卷12《外篇·古今正史》，之第21—22页；迈克尔·罗杰斯（1968）：《苻坚载记：正史的一个案例》，第40—51页，第69页。

40 《晋书》卷86《张轨传》至卷87《凉武昭王李玄盛传》，第2221—2271页。

41 迈克尔·罗杰斯（1968）《苻坚载记：正史的一个案例》（第50页）指出太宗意识到苻坚穷兵极武的愚蠢，并将其与隋炀帝相提并论，参见《贞观政要》卷9《征伐第三十四》，第268页。太宗这一评论发生于630年（贞观四年），远在《晋书》修撰之前。两位《晋书》修撰房玄龄与褚遂良也是太宗亲征高丽计划的强烈反对者,并上疏谏阻。关于褚遂良,参见《旧唐书》卷80《褚遂良传》,第2733—2735页(译者按:"2733-2735",原著误作"2735-35");与《贞观政要》卷9《征伐第三十四》,第271—272页。关于房玄龄,参见《旧唐书》卷66《房玄龄传》,第2464—2466页;《贞观政要》卷9《征伐第三十四》,第273—277页,第270—271页;以及《通典》卷186《边防典·东夷下·高句丽》,第992—993页。

42 迈克尔·罗杰斯(1968):《苻坚载记:正史的一个案例》,第45—46页及第100页注释255,第148页及第255页注释472;以及《晋书》卷113《苻坚载记上》,第2903页。但罗杰斯教授推论的说服力被如下事实所削弱,即《晋书》的编撰者包括撰有长篇奏疏的刘颂(约301年卒),均提倡分封制。参见下文注释135。

43 《贞观政要》卷7《文史第二十八》,第220页;《史通通释》卷12《外篇·古今正史》,之第30页;《唐会要》卷63《史馆上·修国史》,第1092页。参阅《唐会要》卷63《史馆上·史馆杂录上》,第1103页;《旧唐书》卷189上《儒学传上·敬播传》,第4954页;《资治通鉴》卷197唐太宗贞观十七年(643)第12条,第6203页。此外参阅《廿二史札记》卷16《唐实录国史凡两次散失》,第309页(译者按:"309",原著误作"339");洪业(1960—1961):《708年以前的唐代史馆》,第98页以及第105页注释23;蒲立本(1950):《〈资治通鉴考异〉与730—763年间的史料》,第450页;杜希德(1985)《唐代官修史籍考》(第74—78页与注释)有充分探讨。

44 这一四十卷本《国史》在《旧唐书》卷73《姚思廉传》(第2592—2593页)中没有提及;但可见于《史通通释》卷12《外篇·古今正史》,之第30页。此外参阅蒲立本(1950):《〈资治通鉴考异〉与730—763年间的史料》,第450页;以及杜希德(1985):《唐代官修史籍考》,第137—138页。

45 关于后世对《贞观实录》的引用,例如《唐会要》卷36《修撰》,第660页,宪宗引;同书卷13《禘祫上》,第304页,739年(开元二十七年)太常引;《旧唐书》卷149《柳登传附柳冕传》,第4031页,786年(贞元二年)礼学家柳冕引;《文苑英华》卷610《表·进文章一》,萧颖士《为陈正卿进续尚书表》,之第11页,未来的官方学者萧颖士引。另参阅《唐会要》卷63《史馆上·修国史》,第1097页,所谓"除已成实录撰进宣下者"。此外参阅《史通通释》卷10《内篇·自叙》,之第11页。《春秋》学者、改革家赵匡建议将高祖以下至睿宗朝《实录》作为科举考试内容,参见《通典》卷17《选举典·杂议论中》,第98页。

46 《旧唐书》卷73《令狐德棻传》,第2599页;《旧唐书》卷73《令狐德棻传附顾胤传》,第2600页;《旧唐书》卷81《孙处约传》(第2758页)载赐物七百段;《旧唐书》卷189上《儒学传上·敬播传》(第4955页)载《太宗实录》于永徽初修成。参见《廿二史札记》卷16《唐实录国史凡两次散失》,第309页(译者按:"309",原著误作"339");蒲立本(1950):《〈资治通鉴考异〉与730—763年间的史料》,第450页;杜希德(1985):《唐代官修史籍考》,第78—80页。(译者按:原著正文"太宗朝的第二部实录在654年(永徽五年)就已完成",据《唐会要》,当完成于650年(永徽元年)。)

47 《唐会要》卷56《省号下·起居郎起居舍人》,第961—962页,627年(贞观元年）起居舍人杜正伦进谏；《贞观政要》卷7《文史第二十八》，第219页，639年（贞观十三年）褚遂良进谏，640年（贞观十四年）房玄龄进谏；《隋书》卷33《经籍志二》，第966页；《贞观政要》卷7《文史第二十八》，第220页，640年魏徵进谏，明确提出"至公之道"。

48 《唐会要》卷63《史馆上·史馆杂录上》，第1102页；《文苑英华》卷623《表·杂谏论一》，朱子奢《谏欲观起居纪录表》，之第11—12页；以及《新唐书》卷198《儒学传上·朱子奢传》，第5648页，635年（贞观九年）上奏；《贞观政要》卷7《文史第二十八》，第218—219页，639年（贞观十三年）褚遂良与刘洎进谏；《贞观政要》卷7《文史第二十八》，第219—220页，640年（贞观十四年）房玄龄与魏徵进谏。而《唐会要》卷63《史馆上·史馆杂录上》（第1102—1103页）载褚遂良与刘洎进谏在642年（贞观十六年）4月，其中包括同年7月褚遂良的又一次进言。（参阅《旧唐书》卷75《张玄素传》（第2642页），褚遂良再次提及史官的角色。）（译者按："75"，原著误作"73"）另一事件发生在648年（贞观二十二年），太宗表达对起居注记载的关切，参见《唐会要》卷63《史馆上·史馆杂录上》，第1103页。尽管基于《高祖实录》和《太宗实录》的《旧唐书》没有直接记载，但一些学者还是指出太宗控制编修进程的影响，四库馆臣即在最早之列；参见《四库全书总目提要》卷47《史部·编年类》，第1027—1028页。但是另见宾板桥（1937）《温大雅：唐代历史的首位撰录者》（第368—374页）；苏若博（1971）《唐朝开国的历史编纂》，杜希德（1985）《唐代官修史籍考》（第52页注释11）有所引用。《旧唐书》贬损高祖而夸大太宗在唐王朝建立中的作用，其另一个至今仍被忽视的迹象，正是640年（贞观十四年）敕四功臣配享高祖庙（《唐会要》卷18《配享功臣》，第370页；与《旧唐书》卷26《礼仪志六》，第1011页）。王神通与王孝恭《旧唐书》无传，而另两位殷开山与刘政会有传（《旧唐书》卷58《殷峤传》，第2311页；与《旧唐书》卷58《刘政会传》，第2312页），但却效力于太宗。换言之，七至八世纪所有配享太庙的功臣都在《旧唐书》有传。（译者按：因作者将"淮安王神通"误读为"王神通"，将"河间王孝恭"误读为"王孝恭"，故称《旧唐书》二人无传。实际上《旧唐书》卷60《宗室传·淮安王神通传》与同书卷60《宗室传·河间王孝恭传》即李神通与李孝恭传记。另，原著出版后，作者在研究李唐宗室时，即已发现此处失误。）

49 关于《旧唐书》列传未载修《隋书》十志者的科目所属，参阅上文注释29。《旧唐书》编修者在回顾毋煚721年（开元九年）所撰集《群书四部录》之诸书随部小序时，发现其与《隋书·经籍志》相应序述如此相似，以致将其省略不取；参见《旧唐书》卷46《经籍志上》，第1964页；《唐书经籍艺文合志》甲部经录《易类》，第6页。

50 第四章注释40—42。

51 《唐会要》卷36《修撰》，第651页，记为641年（贞观十五年）；《旧唐书》卷76《太宗诸子传·濮王泰传》，第2653—2654页；《册府元龟》卷560《国史部·地理》，之第28页；以及贺次君（1980）：《括地志辑校·前言》，第1—6页。此次编修获赐物万段，与皇子修书进呈的赏赐相一致，参阅下文注释57。

52 第六章注释21。

注　释

53　《后汉书》附录，刘昭（约510年卒）《后汉书注补志序》，第1页。

54　《大唐新语》卷11《惩戒》，第173页。

55　《旧唐书》卷189下《儒学传下·王元感传》，第4963页；《新唐书》卷200《儒学传下·褚无量传》，第5689—5690页；《文苑英华》卷893《碑·神道·职官一》，张九龄《故光禄大夫右散骑常侍集贤院学士赠太子少保东海徐文公（坚）神道碑》，之第9页。另见《颜鲁公文集》卷5《序·送辛子序》（之第3—4页）提及以颜游秦和颜师古注为基础的《汉略》，但从未誊写流传（译者按：原著作《四部丛刊》本"12/4a-b"，据参考文献改为《四部备要》本卷数页码）；《颜鲁公文集》卷9《神道碑铭二·朝议大夫守华州刺史上柱国赠秘书监颜君（元孙）神道碑铭》（之第5页）还提及已亡佚的《后汉书注》。

56　《封氏闻见记》卷3《制科》，之第12页。

57　《旧唐书》卷5《高宗纪下》，第102页；同书卷86《高宗中宗诸子传·章怀太子贤传》，第2832页；《册府元龟》卷258《储宫部·文学》，之第14页。赐物三万段是完成修书的最高奖赏之一。另见《四库全书总目提要》卷45《史部·正史类一》，第983—984页；高明士（1977）：《唐代"三史"的演变——兼述其对东亚诸国的影响》，第9页；王树民（1981）：《史部要籍解题》，第41—48页。关于李贤675年（上元二年）被立为皇太子，680年（调露二年）被废，684年（文明元年）自尽，参见桂时雨（1978）：《武则天与唐代继统政治》，第23—24页。梁刘昭（传记见于《梁书》卷49《文学传上·刘昭传》，第692页；与《南史》卷72《文学传·刘昭传》，第1777页）为范晔《后汉书》作注，并为另一部后汉史书司马彪（传记见于《晋书》卷82《司马彪传》，第2141—2142页）《续汉书》的一系列志书作注。在唐初，司马彪《续汉书》还没有自然而然地附于范晔《后汉书》，而且李贤注也不包括司马彪《续汉书》。安史之乱以后情况发生变化。当赵匡建议考试纲目涵盖王朝历史时，提出"后汉书并刘昭所注志为一史"，参见《通典》卷17《选举典·杂议论中》，第98页。高明士（1977）《唐代"三史"的演变——兼述其对东亚诸国的影响》（第9页）表明李贤《后汉书注》直到710年（景云元年）昭雪之后才被充分认可。关于追谥李贤，参见《资治通鉴》卷209唐睿宗景云元年（710）第10条，第6650页。

58　《新唐书》卷58《艺文志二》，第1457页（译者按："1457"，原著误作"1957"）；《唐书经籍艺文合志》乙部史录《正史类》，第69页；《四库全书总目提要》卷45《史部·正史类一》，第975—976页。关于司马贞，参见洪业（1957）：《719年唐廷的一场历史编纂论辩》，第80页，第120页注释111，以及上文第三章注释75。关于司马贞对姚察、颜师古及其叔父颜游秦《汉书》注的追诉，参见吉川忠夫（1979）：《颜师古の『漢書』注》，第278—291页。

59　《新唐书》卷58《艺文志二》，第1457页；《唐书经籍艺文合志》乙部史录《正史类》，第69页；《四库全书总目提要》卷45《史部·正史类一》，第976页。关于张守节及《史记正义》的杀青时间，参见《史记》附录，张守节《史记正义序》，第11页。《史记正义》的地理注释是其一大长处，主要归功于642年（贞观十六年）成书的《括地志》；另见贺次君（1980）：《括地志辑校·前言》，第3—6页。关于《汲冢周书》包含《谥法》部分的其他证据，参见《唐六典》卷14《太常寺・太常博士》（之第 7 页），即引用《史记正义》校注本。

60 关于《汉书》研究的批评风气，例见杨炯《唐王子安集旧序》，《王子安集》，之第 2 页；记载王勃九岁即撰《汉书指瑕》一书，与颜师古《汉书注》密切相关。另见《旧唐书》卷 189 上《儒学传上・曹宪传附李善传》，第 4946 页。僧务静《汉书正义》应该也是这一时期的作品，参见《旧唐书》卷 46《经籍志上》，第 1988 页；以及《新唐书》卷 58《艺文志二》，第 1454 页；《唐书经籍艺文合志》乙部史录《正史类》，第 64 页。刘知幾《史通通释》卷 5《内篇・补注》（之第 11 页）系统梳理了史注的前身及后续。

61 关于《东殿新书》，参见《旧唐书》卷 46《经籍志上》，第 1994 页；《新唐书》卷 59《艺文志三》，第 1563 页；《唐书经籍艺文合志》乙部史录《杂史类》，第 80 页；同书丙部子录《类书类》，第 267 页；《册府元龟》卷 607《学校部・撰集》，之第 12 页。

62 《新唐书》卷 58《艺文志二》，第 1457 页；《唐书经籍艺文合志》乙部史录《正史类》，第 69—70 页。第二部《晋书注》由高希峤于 732 年（开元二十年）进上。

63 《颜鲁公文集》卷 7《碑铭二・晋侍中右光禄大夫本州大中正西平靖侯颜公（含）大宗碑铭》，之第 4 页。

64 《颜鲁公文集》卷 9《神道碑铭二・左卫率府兵曹参军赐紫金鱼袋颜君（幼舆）神道碑铭》，之第 13 页。

65 《颜鲁公文集》卷 5《序・送辛子序》，之第 3—4 页；同书卷 11《神道碣铭・曹州司法参军秘书省丽正殿二学士殷君（践猷）墓碣铭》，之第 4—5 页。

66 《旧唐书》卷 104《哥舒翰传》，第 3212 页；《颜鲁公文集》卷 8《神道碑铭一・唐故开府仪同三司太尉兼侍中河南副元帅都督河南淮南淮西荆南山南东道五节度行营事东都留守上柱国赠太保临淮武穆王李公（光弼）神道碑铭》，之第 12 页；《权载之文集》卷 13《唐故朔方河中晋绛邠宁庆等州兵马副元帅河中绛邠节度营田观察处置等使元从奉天定难功臣开府仪同三司检校司徒兼中书令河中尹上柱国咸宁郡王赠太师忠武浑公（瑊）神道碑铭并序》，之第 4 页。

67 例如《新唐书》卷 58《艺文志二》，第 1457 页；《唐书经籍艺文合志》乙部史录《正史类》，第 69 页。《史记注》由陈伯宣于贞元年间进上。

68 参见《唐会要》卷 63《史馆上・修国史》，第 1093 页；与刘知幾的类似叙述，《史通通释》卷 12《外篇・古今正史》，之第 30 页；以及杜希德（1985）：《唐代官修史籍考》，第 138—140 页。

69 《唐会要》卷 63《史馆上・史馆杂录上》（第 1093 页）记载，659 年（显庆四年）许敬宗受诏与所统四位学者撰修实录，但并未提及该实录的撰成与进呈时间。《旧唐书》卷 82《许敬宗传》（第 2763 页）载其第一次被任命监修国史在 656 年（显庆元年）；663 年（龙朔三年）升任太子少师，"并依旧监修国史"。经常与许敬宗一起被视为宰相之耻辱的李义府，也于 657 年（显庆二年）监修国史如故，因此很可能与 659 年许敬宗一道撰修实录，参见《旧唐书》卷 82《李义府传》，第 2767 页。

70 刘知幾《史通通释》卷 12《外篇・古今正史》（之第 30 页）记载许敬宗第二次修正《国史》。虽然刘知幾所记龙朔年间（661—663）许敬宗监修国史的时间与《唐会要》不同，但显然与《旧唐书・许敬宗传》一致。《史通通释》是唯一提及

注　释

《国史》组成部分包括未完成志书的史料，但又称"混成百卷"而与《唐会要》所载总数相一致。似乎许敬宗龙朔年间修史新的组成部分首先是其先前已经完成的截止到658年（显庆三年）的《高宗实录》二十卷，并附加永徽名臣、四夷等传，如此才与刘知幾的描述相合。其次，有可能是政治上的变化促使许敬宗656年（显庆元年）完成八十卷《国史》。因此，刘知幾所谓"百卷"可能并不包括许敬宗只是"起草"的十志。

71 《唐会要》卷63《史馆上·修国史》（第1093页）与《旧唐书》卷84《刘仁轨传》（第2795页）的记载明显一致（译者按："刘仁轨·Liu Jen-kuei"，原著误作"Li Jen-kuei"）；《旧唐书》卷81《李敬玄传》，第2755页；《旧唐书》卷84《郝处俊传》，第2799页。同列的第四位学者高智周为初级修撰，《旧唐书》卷185上《良吏传上·高智周传》（第4792页）载其于671年（咸亨二年）受命兼修国史。到675年（上元二年），四人中至少有三位依旧监修国史，参见《旧唐书》卷5《高宗纪下》，第100—101页。另见《史通通释》卷12《外篇·古今正史》，之第30—31页；蒲立本（1950）：《〈资治通鉴考异〉与730—763年间的史料》，第451页；杜希德（1985）：《唐代官修史籍考》，第141—142页。

72 《史通通释》卷12《外篇·古今正史》，之第31页；蒲立本（1950）：《〈资治通鉴考异〉与730—763年间的史料》，第451—452页；杜希德（1985）：《唐代官修史籍考》，第142—144页。关于刘知幾非难牛凤及"狂惑"，参见《史通通释》卷11《外篇·史官建制》，之第11页；另见《玉海》卷46《艺文·正史·唐武德以来国史 唐史 唐国史 唐书备阙记》（之第42页）引韦述《集贤注记》。九世纪的刘轲在评论唐代史学时，认为应该将牛凤及纳入其名单，参见《唐文粹》卷82《书四·论史》，刘轲《与马植书》，之第4页。杜牧也提到牛凤及修《国史》，参见《樊川文集》卷7《唐故太子少师奇章郡开国公赠太尉牛公（僧孺）墓志铭并序》，第114页，牛僧孺（780—848，谥"文贞"）为牛凤及的著名曾孙，亦为史官。

73 《史通通释》卷12《外篇·古今正史》，之第31页；《唐会要》卷63《史馆上·修国史》，第1094页；蒲立本（1950）：《〈资治通鉴考异〉与730—763年间的史料》，第452页；杜希德（1985）：《唐代官修史籍考》，第144—145页；傅振伦（1963）：《刘知幾年谱》，第59—60页。刘知幾所列名单很短，大概只包含他认可的名字。《唐会要》则多出五人，包括声名狼藉的监修国史武三思。据《旧唐书》卷183《外戚传·武承嗣传附武三思传》（第4734—4735页）记载，695—699年（证圣元年至圣历二年）期间武三思确曾监修国史（译者按："695"，原著误作"694"）。《唐会要》所列史官及其本官通常会被《旧唐书》列传所证实，譬如《旧唐书》卷94《李峤传》，第2994页；《旧唐书》卷90《朱敬则传》，第2915页（译者按："2915"，原著误作"2914"）；《旧唐书》卷98《魏知古传》，第3061页；《旧唐书》卷94《崔融传》，第2996页。

74 《唐会要》卷63《史馆上·修国史》，第1094页。《旧唐书》卷102《刘知幾传》（第3173页）与《旧唐书》卷92《魏元忠传》（第2953页）并未提到刘知幾参与第一版《则天实录》的修撰。但刘知幾自称参与过，《史通通释》卷12《外篇·古今正史》，之第31页；此外《旧唐书》卷102《吴兢传》（第3182页）所列名单中也有刘知幾。另见傅振伦（1963）：《刘知幾年谱》，第68—69页；洪业（1969）：

《一位唐代史官的求退简札：〈史通·忤时篇〉译注》，第 15—16 页注释 8；蒲立本 (1950)：《〈资治通鉴考异〉与 730—763 年间的史料》，第 452 页；杜希德 (1985)：《唐代官修史籍考》，第 88—92 页。《旧唐书》卷 6《则天皇后纪》，第 132—133 页；《资治通鉴》卷 208 唐中宗神龙二年（706）第 18 条，第 6603 页；《旧唐书》卷 102《吴兢传》，第 3182 页。感谢杜希德教授提及密切相关的修撰时间。

75　《唐会要》卷 63《史馆上·修国史》，第 1094—1095 页；杜希德 (1985)：《唐代官修史籍考》，第 92—98 页。

76　《大唐新语》卷 7《识量》，第 118 页；《新唐书》卷 125《张说传》，第 4410 页；池田温 (1971)：《盛唐之集贤院》，第 78 页。

77　653 年（永徽四年）有两次上表记录此七人之名：第一次在 653 年 2 月 24 日，长孙无忌进呈《五经正义》，参见《登科记考》卷 2《唐高宗》，之第 2—4 页；第二次在近九个月后的 11 月 19 日，长孙无忌又进呈《唐律疏议》，参见《唐律疏议·进律疏表》，第 15—17 页。除第一次名单中的张行成和高季辅没有参与"律议"，而第二次名单中的来济没有参与"经疏"外，两次名单完全一致。但七人曾任监修国史都有《旧唐书》本传为证，其中只有高季辅在前朝太宗去世之前不久即已任命。参阅《南部新书》卷丁（第 38 页），载来济"恨不得修史"。

78　参见上文注释 71。薛元超（683 年卒）的著名评论表明修国史的崇高荣耀，参见《隋唐嘉话》卷中，第 17 页；《唐语林》卷 4《企羡》，第 140—141 页。桂时雨 (1978)《武则天与唐代继统政治》（第 248 页注释 59）根据《旧唐书》卷 73《薛收传附薛元超传》（第 2590 页）指出，薛元超实际上曾为兼修国史。但仅仅兼修国史与监修国史全然不同，薛元超梦寐以求的大概是后一角色。

79　《唐会要》卷 63《史馆上·修史官》，第 1100 页；《唐大诏令集》卷 81《政事·经史·简择史官诏》，第 467 页；《史通通释》卷 11《外篇·史官建制》，之第 11 页。（译者按：671 年（咸亨二年），《唐大诏令集》为 670 年（总章三年）。）

80　《唐会要》卷 63《史馆上·修国史》，第 1093—1094 页。

81　《史通通释》卷 12《外篇·古今正史》，之第 30 页。刘知幾谴责许敬宗之时，舆论已经开始背离许敬宗。706 年（神龙二年）其神主已从高宗庙堂撤除，参见《唐会要》卷 18《配享功臣》，第 371 页。许敬宗与李义府禁止起居郎进入内廷备闻机务，对此最清晰的描述是苏冕多年以后的批评，参见《唐会要》卷 56《省号下·起居郎起居舍人》，第 961 页。《资治通鉴》卷 211 唐玄宗开元五年（717）第 12 条（第 6728—6729 页）记述学者宰相的楷模宋璟如何力图恢复贞观之政，此外还对许敬宗与李义府予以责难（译者按："6728-6729"，原著误作"2728-29"）。关于其后排斥起居舍人的记载，参见《唐会要》卷 56《省号下·起居郎起居舍人》（第 962 页），796 年（贞元十二年）赵憬奏对；同书卷 56《省号下·起居郎起居舍人》（第 963 页），817 年（元和十二年）敕，上溯至 150 年前的 667 年（乾封二年）；同书卷 63《史馆上·史馆杂录上》（第 1104 页），693 年（长寿二年）修《时政记》；同书卷 64《史馆下·史馆杂录下》（第 1109 页），813 年（元和八年）李吉甫断章取义的奏对；同书卷 64《史馆下·史馆杂录下》（第 1111 页），821 年（长庆元年）中书门下上奏；同书卷 64《史馆下·史馆杂录下》（第 1112 页），843 年（会昌三年）中书门下上奏。

82 《旧唐书》卷 183《外戚传·武承嗣传》，第 4729 页；《旧唐书》卷 183《外戚传·武承嗣传附武三思传》，第 4734—4735 页；《文苑英华》卷 884《碑·神道·将相二》，张说《故开府仪同三司上柱国赐扬州刺史大都督梁国文真公姚崇神道碑》，之第 1 页；《旧唐书》卷 96《姚崇传》（第 3021 页）没有提及这一任命，但提供了任命时间的证据。《旧唐书》卷 94《李峤传》（第 2994 页）载 698 年（圣历元年）李峤"兼修国史"，而非"监修国史"。但其本官（同凤阁鸾台平章事）与姚崇相同，不可能同为宰相却充当姚崇的下级。

83 《唐会要》卷 63《史馆上·史馆杂录上》，第 1104 页；同书卷 64《史馆下·史馆杂录下》，第 1109 页。《南部新书》卷丙（第 23 页）暗示《时政记》只记录中书门下事。《旧唐书》卷 6《则天皇后纪》（第 122 页）（译者按："《旧唐书》·CTS"，原著误作"《唐会要》·THY"）与《旧唐书》卷 89《姚璹传》（第 2902 页）确证姚璹于 692 年（长寿元年）被任命为宰相。关于其后《时政记》的记载，参见上文注释 81。另见杜希德（1985）：《唐代官修史籍考》，第 55—57 页。

84 《唐会要》卷 63《史馆上·修史官》，第 1101 页；《旧唐书》卷 102《刘子玄传》，第 3173 页；傅振伦（1963）：《刘知幾年谱》，第 62—63 页。

85 《唐会要》卷 63《史馆上·修史官》，第 1100 页，703 年（长安三年）朱敬则上表；以及同书卷 63《史馆上·修史官》，第 1100 页，702 年（长安二年）刘允济奏议。这一时期其他学者发扬有关国史记载的理想，参见《旧唐书》卷 102《徐坚传》，第 3175 页；《旧唐书》卷 98《魏知古传》，第 3061—3062 页；《唐会要》卷 64《史馆下·史馆杂录下》，第 1106 页，吴兢（译者按："1106"，原著误作"110—86"）。

86 傅振伦（1963）：《刘知幾年谱》，第 71—72 页；洪业（1969）：《一位唐代史官的求退简札：〈史通·忤时篇〉译注》；蒲立本（1961）：《中国的史学批评：刘知幾与司马光》，第 135—166 页。

87 《史通通释》卷 10《内篇·辨职》，之第 8—9 页。

88 《史通通释》卷 11《外篇·史官建制》，之第 2—4 页。参阅孔颖达《春秋正义序》所示以经证史，见于《左传注疏》，之第 2 页（参考《礼记注疏》卷 29《玉藻》，之第 3—4 页）。在《史通通释》卷 11《外篇·史官建制》（之第 10 页）中，刘知幾认为宰相监修国史始于北齐；但同书卷 10《内篇·辨职》（之第 7 页）又暗指始于晋康帝时期（343—344 在位）。

89 《史通通释》卷 11《外篇·史官建制》，之第 15 页；参阅同书卷 20《外篇·暗惑》，之第 8—9 页；同书卷 6《内篇·叙事》，之第 21 页。

90 《史通通释》卷 10《内篇·辨职》，之第 7 页；同书卷 7《内篇·曲笔》，之第 10 页。

91 《史通通释》卷 10《内篇·辨职》，之第 9 页。

92 关于刘贶与刘餗，参见《文苑英华》卷 944《志·职官六》，梁肃《给事中刘公（廼）墓志》，之第 7 页；《旧唐书》卷 102《刘子玄传》，第 3174 页；傅振伦（1963）：《刘知幾年谱》，第 13—15 页。

93 《颜鲁公文集》卷 8《神道碑铭一·秘书省著作郎夔州都督长史上护军颜公（勤礼）神道碑》，之第 3 页。

94 关于713年（先天二年）张说与姚崇之任，参见《唐大诏令集》卷51《大臣·宰相·馆职·张说等监修国史敕》，第263页；与《旧唐书》卷97《张说传》，第3051页。关于717年（开元五年）宋璟之任，参见《颜鲁公文集》卷10《有唐开府仪同三司行尚书右丞相上柱国赠太尉广平文贞公宋公（璟）神道碑铭》，之第4页（译者按：原著作《四部丛刊》本"4/9a"，据参考文献改为《四部备要》本卷数页码）。《唐大诏令集》卷51《大臣·宰相·馆职·宋璟苏颋修国史制》（第263页）载有宋璟与苏颋之任，但制文未标明日期。四位宰相均为科举及第，均获得含"文"的双字复谥。但显而易见的是，《旧唐书》此四位学者本传中，只提及张说任监修国史。其中可能涉及派系原因，《旧唐书》来自后期韦述与柳芳所修《国史》，而张说开元时期正是监修国史。加之韦述受益于张说的提拔（《旧唐书》卷102《韦述传》，第3183—3184页；与《颜鲁公文集》卷5《序·尚书刑部侍郎赠尚书右仆射孙逖文公集序》，之第1页）（译者按："1"，原著误作"2"），因此可能希望特别突出张说的作用。

95 《旧唐书》卷102《韦述传》，第3185—3186页。

96 《唐语林》卷2《文学》，第46页；《南部新书》卷甲，第3页；参阅《金石萃编》卷84《裴道安墓志》（韦縝，字道安）（之第2页），记载裴縝开元时期为起居郎，并提及武德之初以来所阙起居注四百余卷（？）。另一例是常无名（689—744），开元年间起居舍人，并撰《开元注记》三十卷；参见《文苑英华》卷942《志·职官四》，常衮《叔父故礼部员外郎墓志铭》，之第10页。（"注记"是集合名词，意指被编纂成"实录"之前的注解或记录；例见《贞观政要》卷7《文史第二十八》，第219页；《文苑英华》卷383《中书制诰·北省四》，常衮《授孔述睿起居舍人制》，之第3页；《李文公集》卷10《奏议状·百官行状奏》，第75页。）

97 《新唐书》卷47《百官志二》，第1208页；参阅《资治通鉴》卷211唐玄宗开元五年（717）第12条，第6728—6729页；杜希德（1985）：《唐代官修史籍考》，第18—19页。

98 关于集贤院，参见《文苑英华》卷168《诗·应制一》，《集贤殿书院奉敕送学士张说上赐宴》，之第2页；《唐诗纪事》卷2《明皇》，第14页。关于封禅礼，参见《唐文粹》卷19下《颂乙·封禅》，苏颋《大唐封东岳朝觐颂》，之第7页（译者按："19下·19B"，原著误作"198"）。关于三教讲论，参见《册府元龟》卷37《帝王部·颂德》，之第17页。关于御注《老子》，参见《册府元龟》卷53《帝王部·尚黄老一》，之第15页。关于玄宗弘扬道教，参见《全唐文》卷299《裴光庭·请以三殿讲道德经编入史策奏》，《裴光庭·请以加老子策诏编入国史奏》，之第5—6页。关于成功抵御夷狄，参见《曲江张先生文集》卷14《状·贺依圣料赤山北无贼及突厥要重人死状》，之第4—5页。关于写《一切经》，参见《曲江张先生文集》卷13《表状·上为宁王写一切经请宣付史馆状》，之第14页（译者按："14"，原著误作"4"）。关于躬耕籍田礼的成功，参见《曲江张先生文集》卷14《状·贺麦登状》，之第13—14页（译者按："13-14·13b-14a"，原著误作"4b"）。关于其他事件，参见《册府元龟》卷840《总录部·文章四》，之第19页，张说贺表；《旧唐书》卷22《礼仪志二》，第873页，姚崇；《旧唐书》卷96《宋璟传》，第3034页（译者按："3034"，原著误作"73034"）；以及《大唐

注　释

新语》卷5《忠烈》（第93页）所载轶事。或许出于自省，玄宗还下令叙录其在位期间的名臣事迹，参见《唐大诏令集》卷81《政事·经史·录开元以来名臣事迹付史馆敕》，第468页。另见《册府元龟》卷258《储宫部·文学》，之第15页。

99　《唐大诏令集》卷51《大臣·宰相·馆职·萧嵩集贤院学士修国史制》，第263页；另见第四章注释210。

100　《旧唐书》卷102《吴兢传》，第3182页；《新唐书》卷132《吴兢传》，第4529页；《唐会要》卷63《史馆上·在外修史》，第1098—1099页，李元纮。蒲立本（1950）：《〈资治通鉴考异〉与730—763年间的史料》，第453—456页；杜希德（1985）：《唐代官修史籍考》，第148—154页。吴兢的史官生涯可能早在696年（万岁通天元年）开始，参见《旧唐书》卷183《外戚传·武承嗣传附武敏之传》，第4728页（译者按："4728"，原著误作"4718"）；与《旧唐书》卷191《方伎传·李嗣真传》，第5099页。《唐会要》卷63《史馆上·修国史》（第1095页）与《韩昌黎集·外集》卷2《答刘秀才论史书》（第7册，之第70页）显示安史乱后署以吴兢之名的"唐史"广为流传。参见《全唐文》卷432《张镐·请追谥常王傅吴兢奏》，之第2页。

101　《旧唐书》卷97《张说传》，第3052—3053页；《唐会要》卷63《史馆上·在外修史》，第1098—1099页。

102　《旧唐书》卷98《李元纮传》，第3074页；《唐会要》卷63《史馆上·在外修史》，第1099页。

103　《唐大诏令集》卷51《大臣·宰相·馆职·萧嵩集贤院学士修国史制》，第263页；《旧唐书》卷99《萧嵩传》，第3095页。

104　《旧唐书》卷102《吴兢传》，第3182页。

105　《旧唐书》卷102《韦述传》，第3184页；《新唐书》卷132《韦述传》，第4530页；《玉海》卷46《艺文·正史·唐武德以来国史 唐史 唐国史 唐书备阙记》，之第42页。此任命包含多产的官方学者陆善经，参见新美宽（1937）：《陸善経の事蹟に就いて》，第135—137页；杜希德（1985）：《唐代官修史籍考》，第155—156页。

106　关于韦述，参见《旧唐书》卷102《韦述传》，第3183—3185页；关于其任起居舍人，参见《唐会要》卷56《省号下·起居郎起居舍人》，第962页。韦述最显赫的学者亲戚列于其《旧唐书》本传，其中包括韦叔夏（约637—707，谥"文"）。韦氏家族维持其超群的学术及文学优势直到玄宗朝后期，参见《旧唐书》卷92《韦安石传附韦斌传》，第2962页。

107　《旧唐书》卷99《张九龄传》（第3099页）系张九龄监修国史于734年（开元二十二年）。杨承祖（1964）《张九龄年谱》（第70页）系此任命于733年（开元二十一年）底，进一步的诰命则在734年（第75页）。

108　《唐会要》卷63《史馆上·史馆移置》，第1089页；《新唐书》卷200《儒学传下·赵冬曦传附尹愔传》，第5703页；《王摩诘全集笺注》卷7《近体诗·和尹谏议史馆山池》，第91页及注释。

109　《旧唐书》卷106《李林甫传》，第3237页；《旧唐书》卷102《吴兢传》，第

3182 页；《唐会要》卷 63《史馆上·史馆移置》，第 1089 页；《新唐书》卷 47《百官志二》，第 1208 页；《登科记考》卷 9《唐玄宗》（之第 10 页）引石刻材料也证实 746 年（天宝五载）李林甫任监修国史。《封氏闻见记》卷 10《赞成》，之第 7 页；《新唐书》卷 202《文艺传中·郑虔传》，第 5766 页；《唐语林》卷 2《文学》，第 47 页。关于李林甫最终被杨国忠所取代，参见《新唐书》卷 206《外戚传·杨国忠传》，第 5848 页；《资治通鉴》卷 216 唐玄宗天宝十一载（752）第 14 条，第 6914 页。

110 《旧唐书》卷 102《韦述传》，第 3184 页；杜希德（1985）：《唐代官修史籍考》，第 158 页。韦述同张说、张九龄、孙逖及许景先的关系，详见《颜鲁公文集》卷 5《序·尚书刑部侍郎赠尚书右仆射孙逖文公集序》，之第 1 页；同书卷 11《神道碣铭·曹州司法参军秘书省丽正殿二学士殷君（践猷）墓碣铭》，之第 4—5 页；《旧唐书》卷 102《韦述传》，第 3184 页。

111 《文苑英华》卷 775《颂·颂德上》，孙逖《唐济州刺史裴公（耀卿）德政颂》，之第 5 页。（译者按：原著误作"济州刺史裴公"为裴光庭。）

112 《文苑英华》卷 383《中书制诰·北省四》，孙逖《授陈九言等起居舍人（制）》，之第 3 页。在授命起居舍人时，刘贶已兼史馆修撰，行太常博士。其授命制书由孙逖起草，其于 736 年（开元二十四年）起知制诰，741 年（开元二十九年）至 746 年（天宝五载）或以后复知制诰（译者按："746"，原著误作"745"），参见《旧唐书》卷 190 中《文苑传中·孙逖传》，第 5044 页；以及《唐玄宗石臺孝經》第 3 册，第 111 页。刘贶之弟刘𩦄，可能继其兄之后不到十年也被授命典司国史，参见《文苑英华》卷 944《志·职官六》，梁肃《给事中刘公（廼）墓志》，之第 7 页；以及傅振伦（1963）：《刘知幾年谱》，第 13 页。此外参阅《文苑英华》卷 980《祭文·交旧三》，李华《祭刘左丞文》，之第 2 页。

113 柳芳的任命时间可以从颜真卿所撰碣铭中推论出来，参见《颜鲁公文集》卷 11《神道碣铭·杭州钱塘县丞殷府君夫人颜君神道碣铭》，之第 1 页。此颜氏夫人 737 年（开元二十五年）卒，享年 84 岁，738 年（开元二十六年）葬。在此碣铭中，颜真卿称夫人长子之婿柳芳为"今之良史"。"良史"最初乃孔子指称董狐之词（参见上文注释 8），唐代习惯上用来赞美史官。《旧唐书》卷 149《柳登传附柳芳传》（第 4030 页）误导性地称柳芳为肃宗朝史官，因为其在玄宗朝任职时间可能更长，而安史乱后的 766 年（永泰二年）仍为史官，并且 785 年（贞元元年）以后依然热心学术，参见《唐会要》卷 36《氏族》，第 666 页。颜真卿碣铭提到的柳芳岳父殷嘉绍，《元和姓纂》卷 4《殷》（之第 1 页）可证。735 年（开元二十三年）孙逖知贡举时，柳芳进士及第（《文苑英华》卷 701《序·文集三》，李华《杨骑曹（极）集序》，之第 7 页），并于 738 年（开元二十六年）担任史馆低级职位，在其仕途中并不算太早。

114 《册府元龟》卷 561《国史部·世官》，之第 5 页。745 年（天宝四载），史馆由制举登科的中书舍人李玄成掌管，参见《唐玄宗石臺孝經》第 3 册，第 111 页。

115 《文苑英华》卷 703《序·文集五》，梁肃《补阙李君（翰）前集序》，之第 7 页，声称"当国者不听，乃已"。

116 《文苑英华》卷 678《书·赠答中》，萧颖士《赠韦司业（述）书》，之第 2—10

页;《文苑英华》卷 744《论·贤臣》,李华《三贤论》,之第 5 页;参阅《新唐书》卷 202《文艺传中·萧颖士传》,第 5768 页。

117 《唐会要》卷 63《史馆上·修国史》,第 1095 页;《旧唐书》卷 149《于休烈传》,第 4008 页;《旧唐书》卷 102《韦述传》,第 3184—3185 页;蒲立本(1950):《〈资治通鉴考异〉与 730—763 年间的史料》,第 456 页;杜希德(1985):《唐代官修史籍考》,第 154—158 页。《旧唐书》卷 84《裴行俭传附裴光庭传》(第 2807—2808 页)载有韦述针对裴光庭谥号的简短评论。太常博士建议谥曰"克",但玄宗下诏赐谥为高度赞扬的"忠献"。韦述争论认为追赠和谥号过于颂扬,应该采用原来的建议。韦述之论的原始语境不明,但其褒贬方式参照《春秋》。此外,《旧唐书》原文引言称"史官韦述曰",表明此论有可能来自韦述所撰的史书。

118 《史通通释》卷 8《内篇·书事》,之第 8 页。

119 例如刘知幾对相比周制的汉代封建制的评价,参见《史通通释》卷 2《内篇·世家》,之第 11 页;参阅同书卷 6《内篇·叙事》,之第 20 页。

120 《史通通释》卷 3《内篇·书志》,之第 14—16 页。

121 关于韦述《唐史》的版本,参见《崇文总目》卷 2《史部·正史类》,第 46—47 页;蒲立本(1950):《〈资治通鉴考异〉与 730—763 年间的史料》,第 449 页,第 464—465 页。

122 关于《唐六典》,参见第一章注释 23。

123 关于 721 年(开元九年)《群书四录》,参见下文第六章注释 71—74。后来成为史官的韦述专门负责书库,并撰写《序例》(《唐会要》卷 36《修撰》,第 658 页);这一事实突显《群书四录》与编修《国史》之间的联系。关于 732 年(开元二十年)《大唐开元礼》,参见第四章注释 96—103。

124 陈子昂计划编撰之史名为《后史记》,参见《陈子昂集》附录,卢藏用《陈氏别传》,第 254 页。关于刘知幾规划的史著,参见《史通通释》卷 10《内篇·自叙》,之第 12 页;以及蒲立本(1961):《中国的史学批评:刘知幾与司马光》,第 138 页。

125 关于陈正卿,参见《文苑英华》卷 610《表·进文章一》,萧颖士《为陈正卿进续尚书表》,之第 8—11 页。关于萧颖士欲撰编年史书,参见《文苑英华》卷 678《书·赠答中》,萧颖士《赠韦司业(述)书》,之第 8 页。关于李翰有志于旧史,参见其所撰《通典序》(《通典》,第 3 页),但时间并不确定。

126 《旧唐书》卷 102《吴兢传》,第 3182 页(译者按:"3182",原著误作"3183");《新唐书》卷 58《艺文志二》,第 1458 页;《唐书经籍艺文合志》乙部史录《正史类》,第 70 页。《新唐书》卷 58《艺文志二》,第 1461 页。此外参阅吴兢《唐书备阙记》,载于《新唐书》卷 58《艺文志二》,第 1467 页;《唐书经籍艺文合志》乙部史录《杂史类》,第 87 页。

127 关于韦述的撰著,参见《旧唐书》卷 102《韦述传》,第 3185 页;《新唐书》卷 58《艺文志二》,第 1507 页;《唐书经籍艺文合志》乙部史录《地理类》,第 165 页;《新唐书》卷 58《艺文志二》,第 1477 页;《唐书经籍艺文合志》乙部史录《职官类》,第 105 页;以及《文苑英华》卷 678《书·赠答中》,萧颖士《赠韦司业(述)书》,之第 3 页。此外,关于韦述《集贤注记》,参见池田温(1971):《盛唐之集賢院》。另一部关于御史台的著述如杜易简撰《御史台杂注》五卷,参见《旧唐书》卷 190 上《文苑传上·杜易简传》,第 4999 页;《新唐书》卷 58《艺文志二》,第 1477 页;《唐书经籍艺文合志》乙部史录《职官类》,第 105 页。这一著作其后为苏冕所提及,参见《唐会要》卷 60《御史台上·监察御史》,第 1055 页。

128 关于壁记渐成风尚,参见《封氏闻见记》卷 5《壁记》,之第 13 页;与《唐语林》卷 8《补遗》,第 262 页,引韦述《两京记》;孙逖《鸿胪少卿壁(记)》,见于《文苑英华》卷 799《记·厅壁三》,之第 2 页(译者按:"2·2a-b",原著误作"1b-2b");李华《著作郎壁记》,见于《文苑英华》卷 799《记·厅壁三》,之第 2—4 页。

129 《旧唐书》卷 102《刘子玄传附刘贶传》,第 3174 页;部分收入《玉海》卷 105《音乐·乐·乐旋宫乐》,之第 7 页;同书卷 105《音乐·乐·唐九部乐 十部乐 十四国乐 二部乐》,之第 11 页等。另见《新唐书》卷 57《艺文志一》,第 1436 页;《唐书经籍艺文合志》甲部经录《乐类》,第 33 页。感谢钟思第(Stephen Jones)先生提示我关注及此。刘贶还撰有《天官旧事》,参见《新唐书》卷 58《艺文志二》,第 1478 页;与《唐书经籍艺文合志》乙部史录《职官类》,第 105 页。

130 例如孙逖著作,参见《颜鲁公文集》卷 5《序·尚书刑部侍郎赠尚书右仆射孙逖文公集序》,之第 2 页;崔沔之作,参见《文苑英华》卷 701《序·文集三》,李华《赠礼部尚书孝公崔沔集序》,之第 5 页;萧颖士之作,参见《文苑英华》卷 701《序·文集三》,李华《扬州功曹萧颖士文集序》,之第 6—7 页。

131 关于郑虔《天宝军防录》,参见《新唐书》卷 59《艺文志三》,第 1551 页;《唐书经籍艺文合志》丙部子录《兵书类》,第 245 页。关于储光羲《正论》,参见《河岳英灵集》卷中《储光羲》,第 95 页;《新唐书》卷 59《艺文志三》,第 1513 页;《唐书经籍艺文合志》丙部子录《儒家类》,第 176 页。《河岳英灵集》还提及储光羲《九经外义疏》二十卷。《新唐书》卷 60《艺文志四》(第 1603 页)与《唐书经籍艺文合志》丁部集录《别集类》(第 341 页)还载有卷帙博大的《储光羲集》七十卷。

132 《通典》卷 200《边防典·北狄七·盐漠念》,第 1086 页,第 1087 页;杨联陞(1968):《从历史看中国的世界秩序》,第 23 页,第 29—30 页。

133 《文苑英华》卷 980《祭文·交旧三》,李华《祭刘左丞文》,之第 2 页。

134 关于刘秩《政典》,参见《旧唐书》卷 147《杜佑传》,第 3982 页;《新唐书》卷 166《杜佑传》,第 5089 页(译者按:"5089",原著误作"5085");金井之忠(1939):《劉秩遺說考》;以及蒲立本(1960):《唐代文人生活中的新儒家与新法家》,第 98—99 页。

135 关于刘秩对封建的见解,参见《唐会要》卷 47《封建杂录下》,第 830 页。刘秩指责唐初学者抛弃秦淳于越(《史记》卷 6《秦始皇本纪》,第 254 页);贾谊(前 201—前 169,《汉书》卷 48《贾谊传》,第 2230—2260 页;《通典》卷 148《兵典·序》(第 773 页)扼要概述其封建论);曹冏(约 207—264,《文选》卷 52《论二》,曹元首《六代论》,之第 10—21 页);刘颂(约 301 年卒,《晋书》

卷46《刘颂传》，第1294—1307页）以及陆机（261—303，《文选》卷54《论四》，陆士衡《五等诸侯论》，之第1—13页）的封建论。《通典》卷19《选举典·杂议论中》（第96页）载有开元末刘秩奏论，在请求选官权力下放的背景下为封建辩护。朱敬则关于封建问题的重要文章，参见《唐文粹》卷34《论甲·封建三》，朱敬则《五等论》，之第9—10页。关于可能出自《政典》的引文，参见《旧唐书》卷166《元稹传》，第4336页；参阅《权载之文集》卷41《书·答柳福州书》，之第2—3页。

136 《资治通鉴》卷218唐肃宗至德元载（756）第10条（第6983页）与李华《祭刘左丞文》（《文苑英华》卷980《祭文·交旧三》，之第2页）似乎暗示这一事件牵涉到房琯与刘秩。《新唐书》卷149《刘晏传》（第4793页），刘晏致信房琯，以诸王无行政经验为由反对行封建。金赵秉文（1259—1231）记载"昔者议天宝之乱，房琯请割州郡以封诸子，禄山闻之曰：'天下非吾有也！'既而太子阻之，其议遂寝。"转引自章士钊（1971）：《柳文指要》，第99—100页。

137 关于安史乱后《实录》的详情及其编修，参见杜希德（1985）：《唐代官修史籍考》，第102—128页。

138 梁肃《丞相邺侯李泌文集序》（《文苑英华》卷703《序·文集五》，之第3页）描述李泌直笔修《唐书》。

139 关于安史乱后学者读《国史》或单本《实录》之例，参见《颜鲁公文集》卷8《神道碑铭一·秘书省著作郎夔州都督长史上护军颜公（勤礼）神道碑》，之第2页；《唐会要》卷53《委任》，第916页，807年（元和二年）宪宗；同书卷80《杂录》，第1488页，808年（元和三年）中书门下上言；同书卷52《识量下》，第899页，810年（元和五年）李藩奏对；同书卷74《选部上·论选事》，第1335页，苏冕；杨嗣复《权载之文集序》，《权载之文集》，之第1页；《文苑英华》卷490《策·直言》，舒元褒《贤良方正直言极谏策·对》，之第3页，825年（宝历元年）；《刘禹锡集》卷15《表章五·为裴相公让官第三表》，第136页；《因话录》卷5《徵部》，第106页，赵璘。杜牧《樊川文集》卷9《唐故邕府巡官裴君（希颜）墓志铭》，第143页，载裴冕（769年卒）"国史有传"。

140 《唐会要》卷64《史馆下·史馆杂录下》，第1108页；《旧唐书》卷149《于休烈传》，第4007—4008页。《唐会要》提供了精确的日期：757年（至德二载）6月23日，这种精确在同年稍后于休烈有关《国史》和《实录》的上奏中再次出现（《唐会要》卷63《史馆上·修国史》，第1095页；《册府元龟》卷556《国史部·采撰二》，之第19页）（译者按："556"，原著误作"560"），表明其作为史官坚持秉笔直书的传统。反之，《崇文总目》卷2《史部·正史类》（第46—47页）更进一步证明759年（乾元二年）以后的《国史》肃宗本纪部分并非柳芳所撰（译者按："2"，原著误作"4"）；参见下文注释。

141 这种解释与蒲立本（1950）《〈资治通鉴考异〉与730—763年间的史料》（第449页和第456页）略有不同，且部分只是依靠间接证据。其中包括推论安史乱发时的史官循着各自的路线分成两个群体。第一群体包含韦述与柳芳，二人均长期任职于玄宗朝。韦述从730年（开元十八年）开始知史官事（《旧唐书》卷102《韦述传》，第3184页），而柳芳可能早在738年（开元二十六年）入史馆（参见上文注释 113）。二人均曾陷贼任伪官（《旧唐书》卷 102《韦述传》，第 3184 页；与同书卷 149《于休烈传》，第 4008 页，韦述；《安禄山事迹》卷下，之第 2 页，柳芳）；也可能都与叛乱时期的文人领袖房琯有所联合：柳芳门生李华和萧颖士与房琯保持联系（第二章注释 152）。韦述最初与房琯一起逃离长安（《旧唐书》卷 111《房琯传》，第 3320 页；《颜鲁公文集》卷 8《神道碑铭一·正议大夫行国子司业上柱国金乡县开国男颜府君（允南）神道碑铭》，之第 7 页，详列房琯等人的出逃路线）；柳芳《唐历》对房琯的评价保存在司马光《资治通鉴考异》卷 15《唐纪七》（之第 4 页）中，虽然并不能证明他与房琯有交往；但是相比导致房琯 758 年（乾元元年）被免职与流放的态度而言，却能有更多的反映和更少的敌意。（或者相比甚至在《代宗实录》中完全不给房琯分配传记的第二群体史官令狐峘，参见蒲立本（1950）《〈资治通鉴考异〉与 730—763 年间的史料》（第 458 页）所引《册府元龟》卷 562《国史部·疏谬》，之第 4 页）。柳芳称房琯所引进皆"一时名士"；一定程度上，房琯在安史乱后的政治角色导致肃宗深忌"蜀郡旧臣"，这些资深官员首先将政事呈报玄宗，而非肃宗，而学者又与他们密切交往（参见钱谦益笺注《钱注杜诗》卷 10《近体诗·送贾阁老出汝州》，第 332 页；同书卷 10《近体诗·寄岳州贾司马六丈巴州严八使君两阁老五十韵》，第 364—365 页；以及傅璇琮（1980）：《唐代诗人丛考》，第 182—183 页）。第二群体史官则是直接奔赴灵武，向肃宗证明其忠诚并获得册拜，包含杨绾（《旧唐书》卷 119《杨绾传》，第 3430 页）与于休烈（《旧唐书》卷 149《于休烈传》，第 4007 页）。第三位令狐峘（《旧唐书》卷 149《令狐峘传》，第 4011 页），则是杨绾的门徒，可能于 763 年（广德元年）入职史馆，但也可能会稍早。（令狐峘被时为礼部侍郎的杨绾引入史馆，而杨绾的授命制书由贾至草拟；参见《文苑英华》卷 388《中书制诰·南省四》，贾至《授杨绾礼部侍郎制》，之第 6 页。安史之乱期间，贾至知制诰直到 758 年（乾元元年），代宗即位后复任，参见傅璇琮（1980）：《唐代诗人丛考》，第 177 页，第 179 页，第 184 页，第 189 页。）

两个群体的史官都参与编修的史书是《国史》一百三十卷，韦述曾致力于此（参见上文注释 117）。这在 1042 年（庆历二年）宋代书目（《崇文总目》卷 2《史部·正史类》，第 46—47 页）与对柳芳差强人意的简介（《旧唐书》卷 149《柳登传附柳芳传》，第 4030 页）（译者按："4030"，原著误作"4930"）中有非常简要的记述。《崇文总目》的记载表明《国史》一百一十二卷由韦述编撰，二卷由于休烈增补，十六卷为其他人所撰。"至德、乾元以后，史官于休烈又增肃宗纪二卷"（与之相应的支撑这一解释的史料还有，例如《旧唐书》卷 118《杨炎传》，第 3421 页，"至德之后"；《旧唐书》卷 129《韩滉传》，第 3600 页，"自至德、乾元已后"；《旧唐书》卷 17 下《文宗纪下》，第 567 页，"至德、乾元之后"。所有这些措词的意思是"从至德（与乾元）以后"。于休烈担任史官出现在 757 年（至德二载）肃宗朝廷大事的详细记载中，这一事实强化了其参与编修部分肃宗朝史的可能性；参见前述注释）。

正如蒲立本（1950）《〈资治通鉴考异〉与 730—763 年间的史料》（第 546—557 页注释）所示，《崇文总目》记载与《旧唐书》柳芳简介存在诸多矛盾之处。后者将修成并进献《国史》一百三十卷归功于柳芳。但是，柳芳简介所称进呈

注　释

《国史》一百三十卷，上自高祖，下止乾元，可能只是引用全书完成后所述的卷数和篇幅。不能排除《崇文总目》所暗示的柳芳进呈版本其实只有一百二十八卷，而涵盖756—759年（至德元载至乾元二年）的部分则是于休烈所加。然而《旧唐书》简介表明史官对柳芳之史的反应很差，这正合乎上面提出的解释。如果柳芳在某种程度上确实忠于玄宗，那么其"叙天宝后事"（如《旧唐书》简介所示）自然不会被于休烈以及肃宗所接受（尽管这并不妨碍柳芳批评玄宗朝后期的某些政事，同其恩主韦述一样，柳芳曾经反对李林甫和杨国忠；参见上文注释110）。因此，于休烈、杨绾及其他忠于肃宗的史官可能继续编纂柳芳之史，并强调以肃宗为重，而如今《旧唐书》将其合为一体（参阅李豪伟（1960）：《安禄山传》，第13页，第19页）。

《旧唐书》简介将撰呈《国史》一百三十卷之誉归柳芳独享，显然属于惯例，即容许唐代传记作者夸大传主的贡献。孔颖达编《五经正义》可视为与此近似的对照，在离最终成书还有六年时，《旧唐书》本传便随即加入其名。

142　《唐会要》卷28《祥瑞上》，第534页，代宗（译者按："28"，原著误作"38"）；《白香山集》卷41《奏状一·论制科人状》，第6册，之第87页，德宗；《唐会要》卷29《祥瑞下》，第537页，宪宗。

143　《唐会要》卷56《省号下·起居郎起居舍人》，第962页；《旧唐书》卷138《赵憬传》，第3775页；《册府元龟》卷500《邦计部·钱币二》，之第10页（译者按：原著如此，疑有误）；《唐会要》卷63《史馆上·修史官》，第1101页，蒋武，或蒋义。

144　《权载之文集》卷43《表·齐相公让修国史表》，之第9页。权德舆代齐抗撰写试图辞让兼修国史的上表，"又自贞元四年（788）李泌后，宰臣遂不兼此职，盖以论著慎重，留于圣心，自非时谓全才，何以远循故事？"但权德舆为齐抗所撰神道碑却明确记载齐抗确曾兼修国史，参见《权载之文集》卷14《碑铭·唐故中书侍郎同中书门下平章事太子宾客赠户部尚书齐成公（抗）神道碑铭并序》，之第3页。李泌监修国史可证诸《旧唐书》卷130《李泌传》，第3622页。

145　《权载之文集》卷22《墓志铭·唐故中大夫守尚书工部侍郎兼御史大夫史馆修撰上柱国赐紫金鱼袋充吊赠吐蕃使赠礼部尚书张公（荐）墓志铭并序》，之第8页。

146　《唐会要》卷64《史馆下·史馆杂录下》，第1109页。

147　《旧唐书》卷176《魏謩传》，第4569页；《唐会要》卷56《省号下·起居郎起居舍人》，第965页；参阅《唐会要》卷63《修史官》，第1098页；以及《旧唐书》卷173《郑覃传附郑朗传》，第4493页；《资治通鉴》卷246唐文宗开成四年（839）第8条，第7940—7941页。参阅《唐会要》卷64《史馆下·史馆杂录下》，第1114页，郑朗对国史的强调。关于这一时期对此问题的简要评论，参见《孙樵集》卷2《与高锡望书》，之第5页。

148　793年（贞元九年）12月蒋武任右拾遗、史馆修撰，796年（贞元十二年）1月改任工部郎中，史馆修撰如故，参见《唐会要》卷63《史馆上·修史官》，第1101页；并参阅《旧唐书》卷149《蒋义传》，第4026页。关于张荐更为明确的实例，同样发生在796年，参见《旧唐书》卷149《张荐传》，第4024页。反而《顺宗实录》（伯纳德·所罗门：《韩愈〈顺宗实录〉译注》，第26—27页）并未提及这一事件,而《唐会要》卷 63《史馆上·修史官》(第 1101 页)的记载看来是错乱的。权德舆《权载之文集》卷 22《墓志铭·唐故中大夫守尚书工部侍郎兼御史大夫史馆修撰上柱国赐紫金鱼袋充吊赠吐蕃使赠礼部尚书张公(荐)墓志铭并序》(之第 7 页)非常隐晦地略有提及。蒋武与张荐两位学者不在监修之任与短暂恢复《时政记》发生在同一年,参见下文注释 150。

149 《皇甫持正文集》卷 3《策·制策一道》,之第 4 页。白居易《策林》系列并无有关国史的问对,但《白香山集》卷 48《策林四·六十八议文章 碑碣词赋》(第 7 册,之第 83—84 页)却用历史批评的传统词汇抨击更为普遍的歌咏之文,譬如"直笔""褒贬""惩劝善恶"。

150 《唐会要》卷 64《史馆下·史馆杂录下》,第 1109 页;《旧唐书》卷 148《李吉甫传》,第 3995—3996 页。两处记载所示李吉甫认定《时政记》由永徽年间姚璹设立是错误的,文献中很可能有一列佚文。李吉甫认为德宗朝《时政记》由贾耽与齐抗所恢复,也与《唐会要》卷 56《省号下·起居郎起居舍人》(第 962 页)的记载相互矛盾,后者将《时政记》的恢复归功于赵憬。《旧唐书》卷 138《赵憬传》(第 3779 页)也认为是赵憬之功,并补充"无何,憬卒,《时政记》亦不行"。《旧唐书》与《唐会要》都将恢复《时政记》系于 796 年(贞元十二年)正月,是时其他两位史官皆有假不在监修任上。《旧唐书》的史料可能源于《唐会要》卷 64《史馆下·史馆杂录下》(第 1112 页)838 年(开成三年)上奏,也将《时政记》的恢复归功于赵憬。

151 《唐会要》卷 56《省号下·起居郎起居舍人》,第 962—963 页;同书卷 64《史馆下·史馆杂录下》,第 1109 页,文本相同。这是在起居舍人庾敬休上疏以及宰相支持下才得以施行的。《唐会要》在引述此条诏令之后,又作了大段解释说明。参阅《新唐书》卷 161《庾敬休传》,第 4986—4987 页。

152 《唐会要》卷 64《史馆下·史馆杂录下》,第 1111 页。

153 杜希德(1985):《唐代官修史籍考》,第 60—61 页以及注释 16—20;《旧唐书》卷 17 下《文宗纪下》,第 541 页;《唐会要》卷 56《省号下·起居郎起居舍人》,第 965 页。

154 《唐会要》卷 64《史馆下·史馆杂录下》,第 1112 页。

155 《李文饶文集》卷 11《厘革故事·论时政记等状》,之第 2—4 页。《唐会要》卷 64《史馆下·史馆杂录下》(第 1112—1113 页)载此为 843 年(会昌三年)中书门下奏,但并未明确指出上奏者为李德裕。汤承业(1973)《李德裕研究》(第 179—180 页)将此状视为三次上奏,时间为 841 年(会昌元年)。另见《旧唐书》卷 18 上《武宗纪》,第 589—590 页。

156 《新唐书》卷 182《裴休传》,第 5371 页;《旧唐书》卷 177《裴休传》(第 4593—4594 页)没有提及这一情节。时为史馆修撰的杜佑也撰有未标日期的类似奏状,参见《樊川文集》卷 15《论阁内延英奏对书时政记状》,第 227—228 页。

157 《唐会要》卷 63《史馆上·修史官》,第 1102 页。

158 德宗朝的第二部实录《德宗实录》(或称《贞元实录》;《唐会要》卷 64《史馆下·史馆杂录下》,第 1109 页),可能于 807 年(元和二年)首次下诏修撰,当时李吉甫为宰相(参见《旧唐书》卷 148《李吉甫传》,第 3993 页;《旧唐书》

卷149《蒋乂传》，第4028页；《刘禹锡集》卷19《集纪·唐故中书侍郎平章事韦公（处厚）集纪》，第164页）（译者按："3993"，原著误作"3992"）。809年（元和四年）李吉甫出镇外藩之后，裴垍监修国史，该实录也改由裴垍监修。修撰成员包括韦处厚（参见《刘禹锡集》卷19《集纪·唐故中书侍郎平章事韦公（处厚）集纪》，第164页；与《旧唐书》卷159《韦处厚传》，第4183页）；独孤郁（参见《韩昌黎集》卷29《碑志·唐故秘书少监赠绛州刺史独孤府君（郁）墓志铭》，第6册，之第36页；与《旧唐书》卷168《独孤郁传》，第4381页）（译者按："36"，原著误作"3b"）；蒋乂（参见《旧唐书》卷149《蒋乂传》，第4028页）；樊绅与林宝。但裴垍不久即抱病，当李吉甫从淮南回朝复监修国史时，对裴垍进呈存在严重缺陷的《实录》表示愤怒，因此罢免参与其中的绝大多数史官，并重组史馆，只留下独孤郁继续充任史馆修撰（《唐会要》卷64《史馆下·史馆杂录下》，第1108页）。在政治关系中，《贞元实录》为陆宣公的支持者、财政官员的反对者与德宗宠臣裴延龄提供媒介。794年（贞元十年），裴延龄的死敌顾少连知贡举，裴垍制科登第（参见《刘禹锡集》卷19《集纪·唐故中书侍郎平章事韦公（处厚）集纪》，第163页；《登科记考》卷13《唐德宗》，之第23—25页；《唐国史补》卷上，第30页；《新唐书》卷162《顾少连传》，第4995页）。独孤郁是权德舆的女婿，而权德舆又是裴延龄的反对者及陆宣公的积极拥护者（参见《权载之文集·补刻·陆贽翰苑集序》，之第3页；《权载之文集·补遗·论裴延龄不应复判度支疏》，之第2—3页）。权德舆确曾谈到载有陆宣公执政成就的《德宗实录》（权德舆《唐陆宣公翰苑集序》，《陆宣公翰苑集》，之第3页）。据推测蒋乂是另一位反对裴延龄的史馆修撰，其仕途升迁也因率直反对裴延龄而受阻（《新唐书》卷132《蒋乂传》，第4533页；与上文注释148）。今本《旧唐书》所见关于德宗朝政纲的记载，可能出自本朝最初的官方记录，负责记录的史官群体亲身参与相关政治事件，对裴延龄抱有共同的敌意。关于裴延龄死后谦恭地提及他的罕见案例，参见《金石萃编》卷103《盐池灵庆公碑》，之第32页，崔敖（781年进士）撰。

159 《白香山集》卷38《翰林制诰二·韩愈比部郎中史馆修撰制》，第6册，之第45页。

160 《韩昌黎集·外集》卷2《答刘秀才论史书》，第7册，之第69—71页；参阅杜敬轲（1962）：《韩愈：唐代历史修纂中的一个问题》，第82—83页。

161 《柳河东集》卷31《书·与韩愈论史官书》，第498—500页。

162 杜希德（1985）：《唐代官修史籍考》，第123—128页。

163 关于唐代最后一朝的历史记录，参见杜希德（1985）：《唐代官修史籍考》，第129—130页。关于唐末仍有史官任命，参见《旧唐书》卷20上《昭宗纪》，第781页；《文苑英华》卷400《中书制诰·馆殿》，薛廷珪《授考功员外郎郑璘司勋员外郎卢择并充史馆修撰制》，之第1—2页。薛廷珪于890年（大顺元年）及898—900年（光化元年至三年）两度知制诰（《旧唐书》卷190下《文苑传下·薛逢传附薛廷珪传》，第5080页）。另见《唐会要》卷63《史馆上·修史官》（第1102页），905年（天祐二年）敕，升史馆修撰张荣充兼修国史。

164 《左传注疏》卷35，之第12页；洪业（1969）：《一位唐代史官的求退简札：〈史通·忤时篇〉译注》，第 22 页注释 40。

165 《新唐书》卷 130《杨玚传》，第 4496 页，"事益于人，书名史氏足矣。若碑颂者，徒遗后人作碇石耳。"另见《唐语林》卷 8《补遗》，第 271 页，隋文帝的评论；《封氏闻见记》卷 5《颂德》，之第 11 页；同书卷 5《壁记》，之第 13 页；《千唐志斋·唐故泗州司马叔苗善物墓志铭并序》，苗善物 726 年（开元十四年）卒；《旧唐书》卷 158《郑余庆传附郑澣传》，第 4167 页。关于唯利是图之态，参见《旧唐书》卷 190 中《文苑传中·李邕传》，第 5043 页（参阅《刘御史集》卷 39《王俊神道碑》，第 395—396 页）；关于竞相为高官撰写碑志，参见《唐国史补》卷中，第 42 页。此外参阅《韩昌黎集》卷 13《杂著·科斗书后记》，第 4 册，之第 15 页；钱穆（1957）：《杂论唐代古文运动》，第 147 页；傅汉思（1962）：《唐代文人：一部综合传记》，第 76 页，第 82 页。

166 《新唐书》卷 58《艺文志二》（第 1484 页）载有《宦游记》七十卷。《旧唐书》卷 82《李义府传》（第 2770 页）记为二十卷，且不久即亡失。

167 《旧唐书》卷 46《经籍志上》（第 2004 页），《新唐书》卷 58《艺文志二》（第 1483 页）与《唐书经籍艺文合志》乙部史录《杂传类》（第 114 页）载有《文馆词林文人传》一百卷。

168 《新唐书》卷 58《艺文志二》（第 1484 页）与《唐书经籍艺文合志》乙部史录《杂传类》（第 123 页）载有《友悌录》十五卷。

169 《旧唐书》卷 46《经籍志上》（第 2006 页），《新唐书》卷 58《艺文志二》（第 1487 页）与《唐书经籍艺文合志》乙部史录《杂传类》（第 119 页）载有《武后列女传》一百卷（参阅《旧唐书》卷 6《则天皇后纪》，第 133 页，记为二十卷）（译者按："133"，原著误作"123"）。

170 《新唐书》卷 58《艺文志二》（第 1483 页）与《唐书经籍艺文合志》乙部史录《杂传类》（第 123 页）载有《大隐传》三卷。

171 《颜鲁公文集》卷 8《神道碑铭一·秘书省著作郎夔州都督长史上护军颜公（勤礼）神道碑》（之第 4 页）载柳芳《续卓绝》，未注卷数；殷寅《著姓略》，未注卷数。关于颜真卿同柳氏及殷氏家族的婚姻关系，例见《唐会要》卷 19《百官家庙》，第 389 页。此外参阅《权载之文集》卷 17《碑铭·唐故尚书工部员外郎赠礼部尚书王公（端）神道碑铭并序》，之第 14 页。

172 《旧唐书》卷 89《狄仁杰传》（第 2895 页），《新唐书》卷 58《艺文志二》（第 1484 页）与《唐书经籍艺文合志》乙部史录《杂传类》（第 124 页）载有《狄仁杰传》三卷（译者按：《旧唐书》为"《梁公别传》"）。

173 《新唐书》卷 58《艺文志二》（第 1484 页）与《唐书经籍艺文合志》乙部史录《杂传类》（第 124 页）载有《颜氏家传》一卷。

174 《新唐书》卷 58《艺文志二》（第 1484 页）与《唐书经籍艺文合志》乙部史录《杂传类》（第 124 页）载有《张巡姚訚传》二卷；另见《唐文粹》卷 25《表奏书疏甲·献事五》，李翰《进张巡中丞传表》，之第 11—13 页，及下文注释 192。

175 《新唐书》卷 58《艺文志二》（第 1484 页）与《唐书经籍艺文合志》乙部史录《杂传类》（第 125 页）载有陈翃《郭公家传》八卷。

176 《新唐书》卷 58《艺文志二》（第 1484 页）与《唐书经籍艺文合志》乙部史录

《杂传类》（第 125 页）载马宇《段公别传》二卷。关于段秀实，参见梅兆赞（1961）论文：《唐书"段秀实传"译注》。

177 《唐国史补》卷中，第 44 页。朝廷征讨淮西期间，裴度在京师遇刺，吏人王义救主身死，裴度亲自为文以祭，"是岁进士撰《王义传》者，十有二三"。（译者按："淮西·Huai-hsi"，原著误作"河西·Ho-hsi"；另原著意为"当隶人王义在裴度征讨河西期间遇害，裴度亲自为文以祭"，史事理解有误。）

178 关于张荐《宰相传略》，参见《权载之文集》卷 22《墓志铭·唐故中大夫守尚书工部侍郎兼御史大夫史馆修撰上柱国赐紫金鱼袋充吊赠吐蕃使赠礼部尚书张公（荐）墓志铭并序》，之第 8 页；《旧唐书》卷 149《张荐传》，第 4025 页（《宰辅略》）；《新唐书》卷 58《艺文志二》，第 1467 页（《宰辅传略》）；《唐书经籍艺文合志》乙部史录《杂史类》，第 87 页（《宰辅传略》）。关于蒋乂《大唐宰辅录》七十卷，参见《旧唐书》卷 149《蒋乂传》，第 4028 页；《唐国史补》卷中，第 42 页；《新唐书》卷 58《艺文志二》，第 1467 页；《唐书经籍艺文合志》乙部史录《杂史类》，第 87 页。关于蒋乂《史臣等传》四十卷，参见《旧唐书》卷 149《蒋乂传》，第 4028 页；《新唐书》卷 58《艺文志二》，第 1467 页；《唐书经籍艺文合志》乙部史录《杂史类》，第 87 页。（译者按：《旧唐书》载"凌烟阁功臣、秦府十八学士、史臣等传四十卷"，似非专名为《史臣等传》，亦非《史臣等传》有四十卷。）

179 《文苑英华》卷 946《志·职官八》，李翱《秘书少监史馆修撰马（宇）墓志》，之第 3 页。（译者按：原著《卿相传》，墓志原文为《将相别传》。）

180 《新唐书》卷 130《杨玚传》，第 4496 页；上文注释 165 已引。参阅白居易四十七岁时作诗表达对青史留名的无望，《白香山集》卷 12《感伤四·歌行曲引杂言·浩歌行》，第 3 册，之第 39 页（译者按："12"，原著误作"11"）。晚唐作家司空图赋诗表达"国史数行犹有志"，参见《司空表圣诗集》卷 4《七言绝句二·商山二首》，之第 4 页。

181 《史通通释》卷 11《外篇·史官建置》，之第 11 页；同书卷 7《内篇·曲笔》，之第 10 页。所涉学者可能包括房玄龄，其父传记见于《隋书》卷 66《房彦谦传》，第 1561—1566 页；令狐德棻，其父传记见于《周书》卷 36《令狐整传附令狐熙传》，第 644 页；与《隋书》卷 56《令狐熙传》，第 1385 页；魏徵，其父传记见于《北史》卷 56《魏长贤传》，第 2039 页；杜如晦，其祖父传记见于《周书》卷 39《杜杲传》，第 701 页；参阅《旧唐书》卷 72《褚亮传》，第 2578 页。关于刘知幾对信赖行状的指责，参见《史通通释》卷 12《外篇·古今正史》，第 31 页。

182 《崇文总目》卷 2《史部·正史类》，第 46 页；蒲立本（1950）：《〈资治通鉴考异〉与 730—763 年间的史料》，第 449 页。

183 《册府元龟》卷 562《国史部·疏谬》，之第 4 页；蒲立本（1950）《〈资治通鉴考异〉与 730—763 年间的史料》（第 458 页）有所征引。颜真卿的批评也许是指删除其上奏的所有记录而言，而非指遗漏其个人传记。正如蒲立本教授所指出的，这些记录应该系于《德宗实录》。尤为奇特的是，令狐峘应该未能替颜真卿伸张正义，而其在所撰颜真卿碑文中却称曾任颜府参谋；参见《颜鲁公文集》卷 14

《外集二》,令狐峘《光禄大夫太子太师上柱国鲁郡开国公颜真卿神道碑铭》,之第 13 页。

184 《册府元龟》卷 562《国史部·疏谬》,第 4 页;参阅上文注释 141。

185 《唐会要》卷 80《谥法下·杂录》,第 1488 页。《封氏闻见记》卷 4《定谥》(之第 23 页)表明此规定是被公认的。另见杜希德(1961):《中国的传记写作》,第 103—106 页。

186 《白香山集》卷 48《策林四·六十八议文章 碑碣词赋》,第 7 册,之第 83—84 页。

187 《李文公集》卷 10《奏议状·百官行状奏》,第 75—77 页。李翱列举宪宗朝的成就,并称"自元和以来,未著《实录》"。《唐会要》卷 64《史馆下·史馆杂录下》(第 1110 页)载有此奏的缩略版。关于稍后对此观点的附和,参见《孙樵集》卷 2《与高锡望书》,之第 3—6 页。

188 《权载之文集》卷 46《表状·奏孝子刘敦儒状》,之第 17 页。

189 《柳河东集》卷 31《书·与史官韩愈致段秀实太尉逸事书》,第 500—501 页。

190 《元氏长庆集》卷 29《书·与史馆韩侍郎书》,之第 3—4 页;杜敬轲(1962):《韩愈:唐代历史修纂中的一个问题》,第 85 页(译者按:"1962",原著误作"1964")。

191 《李文公集》卷 12《碑传·杨烈妇传》,第 97—98 页;《文苑英华》卷 680《书·文章中》,裴度《寄李翱书》,之第 9 页。

192 《韩昌黎集》卷 13《杂著·张中丞传后叙》,第 4 册,之第 4—7 页;花房英树(1964):《韓愈歌詩索引》,第 68 页;蔡涵墨(1986):《韩愈与唐代的大一统努力》,第 141—142 页与第 323 页注释 48—49。另见《旧唐书》卷 190 下《文苑传下·萧颖士传附李翰传》,第 5049 页,及上文注释 174。

193 《唐会要》卷 36《氏族》,第 666 页;《旧唐书》卷 149《柳登传附柳芳传》,第 4030 页;《新唐书》卷 132《柳芳传》,第 4536 页;《新唐书》卷 58《艺文志二》,第 1460 页(译者按:"58",原著误作"56");《唐书经籍艺文合志》乙部史录《编年类》,第 77 页。《唐会要》卷 36《士族》(第 666 页)自注意味着《唐历》在 785 年(贞元元年)之后方才成书。柳芳所撰《唐历》的时间跨度是 617—778 年(隋义宁元年至唐大历十三年),这与《玉海》卷 47《艺文·编年·唐历 续唐历》(之第 27 页)所引《中兴书目》完全一致。参见蒲立本(1950):《〈资治通鉴考异〉与 730—763 年间的史料》,第 459—460 页。关于《唐历》,另见上文注释 141;第六章注释 55;杜希德(1985):《唐代官修史籍考》,第 65 页。851 年(大中五年)此书又有官方续集,即崔龟从所撰《续唐历》,参见《旧唐书》卷 176《崔龟从传》,第 4573 页;《唐会要》卷 63《史馆上·修国史》,第 1098 页;《新唐书》卷 58《艺文志二》,第 1460 页;《唐书经籍艺文合志》乙部史录《编年类》,第 77 页;杜希德(1985):《唐代官修史籍考》,第 65 页。安史乱后柳芳曾任博士,参见《文苑英华》卷 252《诗·寄赠六》,薛业《洪州客舍寄柳博士芳》,之第 2 页。与其子柳冕一样,柳芳也是集贤院学士,参见《柳河东集》卷 12《表志·先君石表阴先友记》,第 193 页。(《新唐书》将《因话录》中的"柳芳"错抄成"柳并",参见《因话录》卷 1《宫部》,第 69 页;同书卷 2《商部上》,第 75 页;《新唐书》卷 202《文艺传中·萧颖士传附柳并传》,第 5771 页。)

194 《新唐书》卷 58《艺文志二》,第 1461 页;《唐书经籍艺文合志》乙部史录《编年类》,第 77 页。参阅《白香山集》卷 23《哀祭文·哀二良文并序》,第 4 册,之第 82 页。关于陆长源与韩愈的关系,参见《唐国史补》卷上,第 31 页;蔡涵墨(1986):《韩愈与唐代的大一统努力》,第 36—40 页。其与李翱的关系,参见《李文公集》卷 14《墓志·故处士侯君墓志》,第 120 页。此外,关于其怀疑论,参见李约瑟(1956):《中国科学技术史》第 2 卷《科学思想史》,第 387 页。陆长源为颜真卿撰去思碑立于湖州,参见《颜鲁公文集》卷 14《外集二》,殷亮《颜鲁公行状》,之第 7 页。

195 《韩昌黎集》卷 16《书·答崔立之书》,第 4 册,之第 56—58 页。

196 《李文公集》卷 6《书·答皇甫湜书》,第 38—40 页。

197 《柳河东集》卷 10《志·故连州员外司马凌君(准)权厝志》,第 164 页,提及凌凖《汉后春秋》。

198 《白香山集》卷 1《讽谕一·古调诗五首·赠樊著作诗》,第 2 册,之第 7 页;魏礼(1949):《白居易的生平及其时代》,第 65—69 页。

199 《旧唐书》卷 157《王彦威传》,第 4157 页;《新唐书》卷 58《艺文志二》,第 1467 页;《唐书经籍艺文合志》乙部史录《杂史类》,第 87 页。此时高峻与高迥父子撰成另一部《高氏小史》一百二十卷,参见《新唐书》卷 58《艺文志二》,第 1458 页;《唐书经籍艺文合志》乙部史录《正史类》,第 68 页。

200 《孙樵集》卷 5《孙氏西斋录》,之第 1—3 页。

201 关于陈岳《唐统纪》一百卷,参见《新唐书》卷 58《艺文志二》,第 1461 页;《唐书经籍艺文合志》乙部史录《编年类》,第 77 页;以及《唐摭言》卷 10《海叙不遇》,第 115 页;《群书考索》卷 15《正史门·唐史类》,第 431 页(译者按:"15",原著误作"16")。关于司马光征引此书之例,参见《资治通鉴》卷 203 唐则天后光宅元年(684)第 31 条,第 6431 页;以及《资治通鉴考异》卷 15《唐纪七》,之第 8、之第 9 页;《资治通鉴》卷 207 唐则天后长安元年(701)第 4 条,第 6555 页,所引《考异》。

202 《孙樵集》卷 2《与高锡望书》,之第 3—6 页;尤其同书卷 5《孙氏西斋录》,之第 3 页。

203 关于论及管仲,参见元结《元次山集》卷 6《管仲论》,第 87—90 页,757 年(至德二载)。关于改革家们以管仲自比,参见《旧唐书》卷 171《李景俭传》,第 4455 页;《资治通鉴》卷 236 唐顺宗永贞元年(805)第 6 条,第 7609—7610 页。关于杜佑对管仲的倾慕,参见《通典》卷 12《食货典·轻重》,第 71 页。关于杜佑《管氏指略》二卷,参见《新唐书》卷 59《艺文志三》,第 1532 页;《唐书经籍艺文合志》丙部子录《法家类》,第 209 页。《通典》还有很多引文来自《管子》。关于梁肃对管仲及诸葛亮的厌恶,参见《唐文粹》卷 92《序乙·集序》,崔恭《唐右补阙梁肃文集序》,之第 11 页。韩愈将管子与商子联系在一起,并策问举子:"后代之称道者,咸羞言管、商氏,何哉?"参见《韩昌黎集》卷 14《杂著·进士策问十三首》,第 4 册,之第 21 页;与蔡涵墨(1986):《韩愈与唐代的大一统努力》,第 130 页;以及《文苑英华》卷 514《判·选举门三十道》,《自比管仲判》,之第 5 页。关于官方为其置祠宇致祭,参见《唐会要》卷 22《前代帝王》,第 431 页。

204 关于诸葛亮的材料,参见《文苑英华》卷 128《赋·游览二》,萧颖士《登故宜城赋》,之第 1—3 页,756 年(至德元载)。感谢已故王仲荦教授指出此点。关于改革家们对诸葛亮的倾慕,参见前述注释。关于诸葛亮祠,参见《唐会要》卷 22《前代帝王》,第 431 页;以及《文苑英华》卷 877《碑·祠堂》,裴度《蜀丞相诸葛亮祠堂碑》,之第 1 页。诸葛亮曾为《梁甫吟》,自比管仲、乐毅,李翰就此作《三名臣论》,见于《文苑英华》卷 744《论·贤臣》,之第 1—3 页。关于另一纪念诸葛亮之文,参见《文苑英华》卷 814《记·祠庙上》,吕温《诸葛武侯庙记》,之第 6 页。

205 《旧唐书》卷 190 中《文苑传中·贾曾传附贾至传》,第 5029—5030 页;《文苑英华》卷 972《行状·行状二》,梁肃《朝散大夫使持节常州诸军事守常州刺史赐紫金鱼袋独孤公(及)行状》,之第 10 页;《权载之文集》卷 34《序·唐故通议大夫梓州诸军事梓州刺史上柱国权公集序》,之第 1 页;《春秋纂例》卷 1《春秋宗指议》,之第 1—2 页,啖助;《李文公集》卷 4《文·帝王所尚问》,第 25—26 页;《韩昌黎集》卷 12《杂著·本政》,第 3 册,之第 79—80 页。

206 《通典》卷 17《选举典·杂议论中》,第 97 页,赵匡奏议;何汉心(1986a):《唐朝对铨选会集的异议》,第 108—111 页;参阅《史通释通》卷 2《内篇·世家》,之第 11 页;同书卷 6《内篇·叙事》,之第 20—21 页。赵匡与唐代其他学者一样,提倡在官吏举选上权力下放,但在其他方面的政治控制上强化集权;例如《春秋纂例》卷 1《春秋宗指议》,之第 3 页;与第三章注释 162。

207 关于杜佑反对封国之制,并坚信秦朝代表中国历史的顶点,参见《通典》卷 31《职官典·王侯总叙》,第 177 页;同书卷 35《职官典·秩品一》,第 203 页注释;同书卷 40《职官典·秩品五》,第 230 页(译者按:"230·230.3",原著误作"230/3");同书卷 148《兵典·序》,第 773 页。杜佑关于铨选权力下放的主张,参见《通典》卷 15《选举典·历代制下》,第 85 页;同书卷 18《选举典·杂议论下》,第 104 页;以及何汉心(1986a):《唐朝对铨选会集的异议》,第 111 页。

208 《柳河东集》卷 3《论·封建论》,第 43—48 页;根兹勒(1966):《柳宗元的文学传记》;郭辅德(William B. Crawford)在倪豪士(1973)《柳宗元》(第 53—56 页)中的论述;麦大维(1987a):《官僚制和宇宙论:唐代的礼典》,注释 50—59。

209 《文苑英华》卷 741《论·封建》,李谿《反五等六代论》,之第 10—13 页;另见《新唐书》卷 146《李郾传附李磎传》,第 4746—4747 页。关于晚唐提及柳宗元《封建论》,参见《司空表圣文集》卷 3《杂著·疑经后述》,之第 2 页。

210 《唐会要》卷 76《贡举中·三传》,第 1398 页,殷侑奏文;另见《册府元龟》卷 639《贡举部·条制一》,之第 18 页,634 年(贞观八年)诏;《册府元龟》卷 639《贡举部·条制一》,之第 23 页;《册府元龟》卷 67《帝王部·求贤一》,之第 26 页,660 年(显庆五年)制举诏。

211 例见第二章注释 31。

212 《通典》卷 17《选举典·杂议论中》,第 98 页,赵匡。

注　释

213　《元氏长庆集》卷28《策·才识兼茂明于体用策一道》，之第5页；但《唐会要》卷75《贡举上·明经》（第1375页）记载，786年（贞元二年）以后，律学取代《尔雅》在明经科目中占据一席之地（这一时期《老子》亦取代《尔雅》；见《唐会要》卷75《贡举上·明经》，785年（贞元元年）敕及796年（贞元十二年）敕，第1374页）。

214　《旧唐书》卷189下《儒学传下·冯伉传》，第4978页。

215　《唐会要》卷76《贡举中·三传》，殷侑奏文，第1398页；《旧唐书》卷16《穆宗纪》，第502页。关于登科举子，参见罗继祖《登科记考补》，第127页；与《千唐志斋·唐故朝议郎河南府户曹参军柱国长乐贾府君（洮）墓志铭并序》，贾洮873年卒，享年51岁。

216　关于806年（元和元年）和808年（元和三年）制举策问，参见《唐大诏令集》卷106《政事·制举·才识兼茂明于体用科策问》，《政事·制举·元和三年试制举人策问》，第545页；《登科记考》卷16《唐宪宗》，之第3页；同书卷17《唐宪宗》，之第8页。

217　《权载之文集》卷40《问·贞元二十一年礼部策问五道》，之第16页；《韩昌黎集》卷14《杂著·进士策问十三首》，第4册，之第20页；《唐大诏令集》卷106《政事·制举·元和三年试制举人策问》，第545页；与《登科记考》卷17《唐宪宗》，之第8页，808年（元和三年）制举策问。

218　《唐大诏令集》卷106《政事·制举·又博通坟典达于教化科策问》，第543页，785年（贞元元年）；《权载之文集》卷40《问·贞元二十一年礼部策问五道》，之第15页；《白香山集》卷45《策林一·十五忠敬质文损益》，第7册，之第38—39页。

219　关于若干对策，参见《唐大诏令集》卷106《政事·制举·才识兼茂明于体用科策问》，第545页；与《登科记考》卷16《唐宪宗》，之第3页，806年（元和元年）制举策问；《文苑英华》卷488《策·体用》，独孤郁《才识兼茂明于体用策·对》，之第5页；与《登科记考》卷16《唐宪宗》，之第24页，独孤郁；《文苑英华》卷488《策·体用》，白居易《才识兼茂明于体用策·对》，之第9页；《白香山集》卷30《试策问制诰·才识兼茂明于体用策一道》，第5册，之第45页；与《登科记考》卷16《唐宪宗》，之第28页，白居易；《文苑英华》卷487《策·体用》，韦处厚《才识兼茂明于体用策·对》，之第12—13页；与《登科记考》卷16《唐宪宗》，之第18页，韦处厚；《元氏长庆集》卷28《策·才识兼茂明于体用策一道》，之第4页；《文苑英华》卷487《策·体用》，元稹《才识兼茂明于体用策·对》，之第5页；《登科记考》卷16《唐宪宗》，之第10页，元稹。

220　《白香山集》卷47《策林三·五十一议封建论郡县》，第7册，之第69—70页。

221　《元次山集》卷9《问进士》，第138—141页，766年（永泰二年）道州（今湖南），对未来进士考生的系列问题。白居易进士策问虽然题目不同，但措辞非常相似，尤其是第一道与第四道；见于《白香山集》卷30《试策问制诰·礼部试策五道》，第5册，之第47页，贞元十六年（800年）高郢应试及第。关于如此重复的另一实例，另见第四章注释202。

353

222 《旧唐书》卷 149《蒋乂传》，第 4028 页；《文苑英华》卷 887《碑·神道·将相五》，郑余庆《左仆射贾耽神道碑》，之第 6—7 页；《旧唐书》卷 147《杜佑传》，第 3982 页，卒后之文（译者按："3982"，原著误作"3981"）；《旧唐书》卷 148《李吉甫传》，第 3992 页；《旧唐书》卷 165《殷侑传》，第 4320 页；《文苑英华》卷 943《志·职官五》，穆员《秘书监致仕穆（宁）玄堂志》，之第 9 页；《旧唐书》卷 176《崔龟从传》，第 4572 页。

223 参见上文注释 128 及注释 129。厅壁记的大型选集收于《文苑英华》卷 797《记·厅壁一》（之第 3 页）至同书卷 806《记·厅壁十》（之第 3 页）。譬如《黔州观察使新厅记》，参见《权载之文集》卷 32《记》，之第 2 页；与《文苑英华》卷 800《记·厅壁四》，之第 3 页。还有一些与学术机构特别相关的厅壁记，例如《毗陵集》卷 17《记述·太常少卿厅壁记》，之第 6 页；以及《文苑英华》卷 799《记·厅壁三》，独孤及《太常少卿厅壁记》，之第 1 页；《权载之文集》卷 31《记·宏文馆大学士壁记》，之第 4—6 页；与《文苑英华》卷 797《记·厅壁一》，权德舆《昭文馆大学士厅壁记》，之第 5 页；《权载之文集》卷 31《记·秘书郎壁记》，之第 2 页；与《文苑英华》卷 799《记·厅壁三》，权德舆《秘书郎壁记》，之第 4 页；《文苑英华》卷 797《记·厅壁一》，韦处厚《翰林院厅壁记》，之第 6 页；《柳河东集》卷 26《记官署·四门助教厅壁记》，第 434 页；与《文苑英华》卷 799《记·厅壁三》，柳宗元《四门助教壁记》，之第 5 页。

224 孙樵在书信中评论修史："又史家纪职官、山川、地理、礼乐、衣服，宜直书一时制度，使后人知某时如此，某时如彼。"参见《孙樵集》卷 2《与高锡望书》，之第 4 页。

225 《旧唐书》卷 149《归崇敬传》，第 4016 页；《册府元龟》卷 556《国史部·采撰二》，之第 19 页。

226 《旧唐书》卷 149《归崇敬传》，第 4016 页；《册府元龟》卷 607《学校部·撰集》，之第 13 页。参阅《礼仪志》书名（《礼志》），记入《旧唐书》卷 188《孝友传·丁公著传》，第 4937 页；另见《新唐书》卷 57《艺文志一》，第 1434 页；《唐书经籍艺文合志》甲部经录《礼类》，第 30 页。

227 《柳河东集》卷 8《行状·唐故秘书少监陈公（京）行状》，第 125 页；以及第六章注释 170。

228 《旧唐书》卷 192《隐逸传·孔述睿传》，第 5130—5131 页；《册府元龟》卷 560《国史部·地理》，之第 32 页。孔述睿间歇性任职史馆长达三十年，763—766 年（广德元年至大历元年）知制诰的常衮所拟《授孔述睿起居舍人制》，对其职任大加赞赏，参见《文苑英华》卷 383《中书制诰·北省四》，之第 3 页。至 793 年（贞元九年）近七十岁因病致仕时，孔述睿一直担任史馆修撰，参见《唐会要》卷 67《致仕官》，第 1174 页。据说萧颖士亦认可其"博学"，参见《新唐书》卷 202《文艺传中·萧颖士传》，第 5770 页。关于孔述睿任职史馆的另一史料，参见《旧唐书》卷 149《令狐峘传》，第 4013 页。另见严耕望（1959）：《唐人读书山林寺院之风尚》，第 698 页。

229 《权载之文集》卷 22《墓志铭·唐故金紫光禄大夫检校司空兼尚书左仆射同中书门下平章事上柱国魏国公赠太傅贾公（耽）墓志铭》，之第 2 页；《册府元龟》

卷 560《国史部·地理》，之第 29—32 页；《旧唐书》卷 138《贾耽传》，第 3782—3787 页。

230 《旧唐书》卷 148《李吉甫传》，第 3997 页。

231 《唐会要》卷 63《史馆上·修国史》，第 1095—1096 页；《旧唐书》卷 149《沈传师传附沈既济传》，第 4034—4036 页。沈既济提议降低武则天在唐《国史》中的级别。值得注意的是，《旧唐书》卷 91 所录促成李唐中兴的官员群体全部都在此时重获赠官，参见《旧唐书》卷 91《桓彦范传》《敬晖传》《崔玄暐传》《张柬之传》《袁恕己传》，第 2927—2943 页。

232 关于沈既济编撰《建中实录》，参见《因话录》卷 2《商部上》，第 81 页；《旧唐书》卷 149《沈传师传》，第 4037 页；《册府元龟》卷 556《国史部·采撰二》，之第 20 页；与《白香山集》卷 37《翰林制诏一·授沈传师左拾遗史馆修撰制》，第 6 册，之第 30 页。关于沈既济与杜佑的友情，参见《樊川文集》卷 14《唐故尚书吏部侍郎赠吏部尚书沈公（传师）行状》，第 212 页（译者按："212"，原著误作"11a-b"）。关于 781 年（建中二年）沈既济流贬，参见《旧唐书》卷 149《沈传师传附沈既济传》，第 4037 页；与杜德桥（1983）：《李娃传》，第 61 页及注释 9；以及《太平广记》卷 452《狐六·任氏》，第 3697 页。在东南，沈既济可能会与权德舆相遇，参见《权载之文集》卷 7《杂诗·与沈十九拾遗同游栖霞寺上方夜于亮上人院会宿二首》，之第 3—4 页；以及岑仲勉（1962）：《唐人行第录》，第 64 页（译者按："1962"，原著误作"1962a"）。关于沈既济《选举志》，参见《新唐书》卷 58《艺文志二》，第 1477 页；与《唐书经籍艺文合志》乙部史录《职官类》，第 104 页。

233 《新唐书》卷 59《艺文志三》，第 1563 页；与《唐书经籍艺文合志》丙部子录《类书类》，第 268 页；杜希德（1960）：《陆贽：皇帝顾问与朝廷官员》，第 86 页，第 337 页注释 13。

234 《白香山集》卷 61《铭志赞序祭文记辞传·唐故武昌军节度处置等使正议大夫检校户部尚书鄂州刺史兼御史大夫赐紫金鱼袋赠尚书右仆射河南元公（稹）墓志铭并序》，第 9 册，之第 59 页；《旧唐书》卷 166《元稹传》，第 4336 页。《新唐书》卷 59《艺文志三》（第 1564 页）与《唐书经籍艺文合志》丙部子录《类书类》（第 268 页）载有《元氏类集》三百卷。另见魏礼（1949）：《白居易的生平及其时代》，第 30 页。

235 《唐会要》卷 36《修撰》，第 660 页；《金石萃编》卷 103《盐池灵庆公碑》，之第 32 页，崔敖撰；《唐国史补》卷下，第 54 页；《旧唐书》卷 163《崔元略传附崔铉传》，第 4262 页。《群书考索》卷 16《正史门·通鉴类》（第 472 页）简要记载《唐会要》编修的三个阶段。蒲立本（1960）：《唐代文人生活中的新儒家与新法家》，第 98 页。苏冕《会要》中一些记载的年代断限可能会反映在今本《唐会要》中；譬如《唐会要》卷 37《礼仪使》（第 672 页），明言礼仪使（建中元年，780）停后不置。事实上，805 年（贞元二十一年）德宗驾崩后又有任命礼仪使，参见《柳河东集》卷 21《题序·裴墐崇丰二陵集礼后序》，第 367—369 页。另一方面，苏冕驳议所涉 809 年（元和四年）敕许裴冕神主配享太庙，同样包含年代断限；见《唐会要》卷 18《配享功臣》，第 372 页。

354

236 《唐会要》卷78《诸使中·诸使杂录上》，第1438—1439页。

237 关于支持房琯的表述，参见《唐会要》卷18《配享功臣》，第372页；其中明显表达了苏冕对苗晋卿得以配享肃宗庙的反对。苏冕认为竞逐功勋者到达灵武的先后顺序才是最应该考虑的，裴冕最为迅速，房琯逾月抵达，而苗晋卿隔年方至。结果，裴冕于809年（元和四年）（《唐会要》卷18《配享功臣》，第371页）获准配享，而房琯却永无机会。

238 关于苏冕指责吕才《阴阳书》中的迷信，参见《唐会要》卷36《修撰》，第656页。《通典》卷105《礼典·凶礼二十七·丧礼杂制》（第558页）亦合并收录来自吕才《阴阳书》诸例。

239 对许敬宗与李义府的谴责，参见《唐会要》卷56《省号下·起居郎起居舍人》，第961页。关于同类看法的其他表述，参见《李文公集》卷9《表疏·疏屏奸佞》，第70页（译者按："70"，原著误作"5"）；同书卷10《奏议状·百官行状奏》，第76页（译者按："76"，原著误作"2"）；《白香山集》卷4《讽谕二·古调诗五言·天可度》，第2册，之第55页，唯独谴责李义府；《隋唐嘉话》卷中，第16页；《大唐新语》卷11《惩戒》，第171页。

240 《唐会要》卷42《月蚀》，第763—764页。

241 《唐会要》卷74《选部上·论选事》，第1335页。

242 内藤虎次郎（1970）：《昭和六年一月廿六日御講書始漢書進講案》，《内藤湖南全集》第7卷，第226—237页；内藤虎次郎（1967）：《支那史學史》，第78—80页；白乐日（1964）：《作为官僚政治实践指南的历史》，第143—147页；蒲立本（1960）：《唐代文人生活中的新儒家与新法家》，第99—106页，第110页。关于杜佑的大量私家藏书，参见《樊川文集》卷1《诗·冬至日寄小侄阿宜诗》，第9页。

243 《通典》卷1《食货典·序》，第9页。

244 《通典》卷17《选举典·杂议论中》，第96页；同书卷18《选举典·杂议论下》，第104页。

245 《通典》卷12《食货典·轻重》，第71页；《通典》卷148《兵典·序》，第773页；但是参阅《通典》卷41《礼典·序》（第234页）中的礼学家名单。

246 《通典》卷185《边防典·序》，第985页。

247 《通典》卷31《职官典·王侯总叙》，第177页；同书卷35《职官典·秩品一》，第203页注释；同书卷74《礼典·宾礼一》，第403页；同书卷148《兵典·序》，第773页；参阅同书卷40《职官典·秩品五》，第230页。

248 《通典》卷12《食货典·轻重》，第71页；同书卷165《刑典·刑制下》，第875页。

249 对《通典》的最高称颂来自柳宗元的朋友符载："有览之者，如热得泽，如饥得食，五车万卷，尽为冗废，得不谓立言垂范欤？"参见《文苑英华》卷783《赞四·写真》，符载《淮南节度使溳陵公杜佑写真赞并序》，之第10页。关于对《通典》的其他赞扬，参见《权载之文集》卷22《墓志铭·唐故金紫光禄大夫守太保致仕赠太傅岐国公杜公（佑）墓志铭并序》，之第5页；同书卷11《碑·大唐银青光禄大夫检校司徒同中书门下平章事太清宫及度支诸道盐铁转运等使崇文馆大学士上柱国岐国公杜公（佑）淮南遗爱碑铭并序》，之第 4 页；以及《刘禹锡集》卷 3《碑中·许州文宣王新庙碑》，第 28 页，836 年（开成元年）。此外，对杜佑在赋税、军政及抚蛮方面专长的简要陈述，参见《文苑英华》卷 984《祭文·交旧七》，郑余庆《祭杜佑太保文》，之第 2—3 页；以及《唐语林》卷 2《文学》，第 67 页；《唐国史补》卷下，第 54 页；《司空表圣文集》卷 1《杂著·议华夷》，之第 6—7 页。此外参阅《樊川文集》卷 9《唐故灞陵骆处士（峻）墓志铭》，第 141 页。

250 杜佑对佛教的兴趣，可见于《旧唐书》卷 148《李藩传》，第 3998 页；符载《淮南节度使灞陵公杜佑写真赞并序》，《文苑英华》卷 783《赞四·写真》，之第 9 页。权德舆《司徒岐公杜城郊居记》论其"既致用于方内，亦宅心于事外"，参见《权载之文集》卷 31《记》，之第 6 页。郑余庆《祭杜佑太保文》亦称其"识究玄机"，参见《文苑英华》卷 984《祭文·交旧七》，之第 3 页。

251 关于柳宗元的佛教信仰，参见根兹勒（1966）：《柳宗元的文学传记》，第 145—152 页；以及蔡涵墨在倪豪士（1973）《柳宗元》（第 56—59 页）中的论述。

第六章　文章观

1 晚唐文士牛希济列出十六类：诗、赋、策、论、箴、判、赞、颂、碑、铭、书、序、文、檄、表、记，参见《文苑英华》卷 742《论·文》，牛希济《文章论》，之第 10 页。其他文士则有不同分类，譬如《颜鲁公文集》卷 5《序·尚书刑部侍郎赠尚书右仆射孙逖文公集序》（之第 2 页）列出十三类；《权载之文集》卷 33《集序·唐故漳州刺史张君（登）集序》（之第 9 页）载本来不知名的漳州（今福建）刺史张登，列出十类；裴延翰《樊川文集序》（《樊川文集》，第 1 页）列出十四类。参阅蔡涵墨（1986）《韩愈与唐代的大一统努力》（第 257—258 页），将韩愈作品分为九类；以及海陶玮（1957）：《〈文选〉与文类理论》，第 512—533 页；爱德华兹（1948）：《十三种中国散文分类指南》，第 770—788 页；康达维（1982）：《〈文选〉译注》，第 21—52 页。

2 《论语·宪问第十四》，第 8 条。用"润色"一词描述起草王言，例见《旧唐书》卷 190 中《文苑传中·齐澣传》，第 5037 页；《旧唐书》卷 190 上《文苑传上》，第 4982 页，张说和苏颋；《文苑英华》卷 400《中书制诰·馆殿》，常衮《授荀尚史馆修撰制》，之第 2 页；《唐会要》卷 80《谥法下·朝臣复谥》，李巽驳议，第 1477 页；权德舆《唐陆宣公翰苑集序》，《陆宣公翰苑集》，之第 4 页；《文苑英华》卷 840《谥议·谥议上》，梁肃《代太常答苏端驳杨绾谥议》，之第 19 页；杨嗣复《权载之文集序》，《权载之文集》，之第 2 页；《文苑英华》卷 384《中书制诰·翰苑》，刘崇望《授中书舍人崔凝右补阙沈文伟并守本官充翰林学士制》，之第 9 页；《刘禹锡集》卷 19《集纪·唐故中书侍郎平章事韦公（处厚）集纪》，第 165 页。"润色"一词还可带有贬义，指代写作言过其实，如《毗陵集》卷 13《集序·检校尚书吏部员外郎赵郡李公（华）中集序》，之第 1 页；《史通通释》卷 6《内篇·叙事》，之第 20 页；同书卷 6《内篇·言语》，之第 2 页。

3 《周易注疏》卷3《上经随传》，之第8页。《隋书》卷76《文学传》，第1729页；《文苑英华》卷369《杂文·谏刺杂说》，尚衡《文道元龟并序》，之第2—3页；《文苑英华》卷701《序·文集三》，贾至《工部侍郎李公集序》，之第8页；李舟《唐常州刺史独孤公（及）文集序》，《毗陵集》，之第1页；《权载之文集》卷33《集序·唐故尚书比部郎中博陵崔君（元翰）文集序》，之第4页；《唐文粹》卷84《书六·论文上》，柳冕《与滑州卢大夫论文书》，之第1页；《吕和叔文集》卷10《杂著·人文化成论》，之第3页；《白香山集》卷28《书序·与元九书》，第5册，之第26页；《文苑英华》卷742《论·文》，牛希济《文章论》，之第11页；《唐文粹》卷46《古文戊·解十一》，韦筹《文之章解》，之第11页。另见麦大维（1973）：《八世纪中叶的历史和文学理论》，第322页。"文"的宇宙论意义常在谥法中予以表达，其首要释义即"经天纬地"；见《唐会要》卷79《谥法上》，第1455页；同书卷80《谥法下·朝臣复谥》，第1478页；以及张守节《史记正义》，《史记》附录，第19页。

4 《毛诗正义序》，《毛诗注疏》，之第1页。

5 《毛诗注疏》卷1之1《国风·周南》，之第7页，之第8页。尽管其与文学特殊之"用"的密切关系已经改变，但"达下情"的观念在政治上一直很重要；例见《隋书》卷76《文学传》，第1729页；《贞观政要》卷5《诚信第十七》，第167页；同书卷6《杜谗佞第二十三》，第193页；《通典》卷17《选举典·杂议论中》，第96页，刘秩；《元次山集》卷2《系乐府十二首并序》，第18页（译者按："2""18"，原著误作"3/34"）；《旧唐书》卷166《元稹传》，第4329页；《白香山集》卷48《策林四·六十九采诗 以补察时政》，第7册，之第84—85页；同书卷28《书序·与元九书》，第5册，之第26页；《资治通鉴》卷229唐德宗建中四年（783）第9条，第7379—7384页，陆宣公（译者按："229"，原著误作"299"）；《文苑英华》卷742《论·文》，牛希济《表章论》，之第11页。

6 关于孔门四科（德行、言语、政事、文学），参见《论语·先进第十一》，第3条（译者按："3"，原著误作"13"）；关于唐代学者提及于此，参见《陈书》卷34《文学传》"史臣曰"，第473页；《文苑英华》卷369《杂文·谏刺杂说》，尚衡《文道元龟并序》，之第2页；《文苑英华》卷701《序·文集三》，李华《杨骑曹（极）集序》，之第7页；《文苑英华》卷703《序·文集五》，梁肃《常州刺史独孤及集后序》，之第4页；《唐文粹》卷79《书一·论政》，柳冕《谢杜相公论房杜二相书》，之第2—3页；与同书卷84《书六·论文上》，柳冕《答徐州张尚书论文武书》，之第3页。

7 《隋书》卷76《文学传》，第1730页；魏徵《群书治要序》；《文苑英华》卷700《序·文集二》，卢藏用《陈氏（子昂）集序》，之第4页；《河岳英灵集·序》，第40页；《河岳英灵集·论》，第41页；《文苑英华》卷701《序·文集三》，贾至《工部侍郎李公集序》，之第8页；《唐文粹》卷79《书一·论政》，柳冕《谢杜相公论房杜二相书》，之第2—3页；与同书卷84《书六·论文上》，柳冕《与滑州卢大夫论文书》，之第3页；《权载之文集·补刻·陆贽翰苑集序》，之第4页；《旧唐书》卷173《郑覃传》，第4491页（译者按："郑覃·Cheng T'an"，原著误作"Cheng Tan"；"4491"，原著误作"449"）；《文苑英华》卷742《论·文》，牛希

注 释

济《文章论》，之第 11 页；另见麦大维（1973）：《八世纪中叶的历史和文学理论》，第 336 页。

8 张涤华（1958）《类书流别》（第 40—43 页）列举唐前类书书目。唐代学者还提到隋代类书《桂苑珠丛》，参见《旧唐书》卷 46《经籍志上》，第 1985 页；《新唐书》卷 57《艺文志一》，第 1449 页；《唐书经籍艺文合志》甲部经录《小学类》，第 56 页；《旧唐书》卷 189 上《儒学传上·曹宪传》，第 4945 页。以及隋代学者杜台卿编撰《玉烛宝典》，参见《艺文类聚》卷 4《岁时中·正月十五日》，第 60—61 页；李翰《通典序》，《通典》，第 3 页；《旧唐书》卷 47《经籍志下》，第 2034 页；《册府元龟》卷 607《学校部·撰集》，之第 9 页。对唐代学者而言，唐前最重要的类书有三国魏《皇览》，引自《艺文类聚序》，《艺文类聚》，第 27 页；《群书治要序》，《群书治要》，之第 2 页；高士廉《文思博要序》，《文苑英华》卷 699《序·文集一》，之第 5 页。再有梁《徧略》，引自《艺文类聚序》；《群书治要序》；《文思博要序》；与崔融《皇太子请修书表》，《文苑英华》卷 605《表·太子公主上请》，之第 5 页。还有北齐《御览》，引自《文思博要序》；崔融《皇太子请修书表》；李翰《通典序》；与《唐会要》卷 36《修撰》，第 657 页。

9 关于《艺文类聚》，参见《旧唐书》卷 47《经籍志下》，第 2046 页；《新唐书》卷 59《艺文志三》，第 1563 页；《唐书经籍艺文合志》丙部子录《类书类》，第 265 页；《唐会要》卷 36《修撰》，第 651 页；《旧唐书》卷 189 上《儒学传上·欧阳询传》，第 4947 页；《旧唐书》卷 73《令狐德棻传》，第 2596 页；《旧唐书》卷 188《孝友传·赵弘智传》，第 4922 页；《文苑英华》卷 605《表·太子公主上请》，崔融《皇太子请修书表》，之第 5 页；李翰《通典序》（《通典》，第 3 页）将《艺文类聚》列为最著名的类书之一。另见《四库全书总目提要》卷 135《子部·类书类一》，第 2783 页；邓嗣禹、毕乃德（1971）：《中国参考书目解题》，第 85—86 页（译者按："1971"，原著误作"1970"）；谭朴森（1979）：《慎子逸文》，第 207 页；及导论（1965），第 1—16 页。继之者为时任隋秘书郎的虞世南所编文学类书《北堂书钞》，并在唐代盛传于世，参见《刘宾客嘉话录》，第 16 页；《旧唐书》卷 47《经籍志下》，第 2046 页；《新唐书》卷 59《艺文志三》，第 1563 页；《唐书经籍艺文合志》丙部子录《类书类》，第 265 页；《四库全书总目提要》卷 135《子部·类书类一》，第 2784 页；邓嗣禹、毕乃德（1971）：《中国参考书目解题》，第 85 页；谭朴森（1979）：《慎子逸文》，第 61—62 页。

10 关于《文思博要》，参见《文苑英华》卷 699《序·文集一》，高士廉《文思博要序》，之第 4—6 页；《旧唐书》卷 66《房玄龄传》，第 2462 页；《旧唐书》卷 65《高士廉传》，第 2444 页。《文苑英华》卷 699《序·文集一》（高士廉《文思博要序》，之第 5 页）称房玄龄为秘书丞；而《唐会要》卷 36《修撰》（第 656 页）则称其为秘书监。《旧唐书》卷 79《吕才传》（第 2726 页）记载吕才"永徽初"预修《文思博要》；但却与其 641 年（贞观十五年）以前任太常博士相矛盾，参见《旧唐书》卷 79《吕才传》，第 2720 页。另见《旧唐书》卷 82《许敬宗传》，第 2764 页（译者按："《旧唐书》·*CTS*，原著误作"《新唐书》·*HTS*"）；《册府元龟》卷 607《学校部·撰集》，之第 12 页；《旧唐书》卷 47《经籍志下》，第 2046 页；《新唐书》卷 59《艺文志三》，第 1562 页；《唐书经籍艺文合志》丙部子录

《类书类》，第 266—267 页。书名中的"博要"可能是描述儒家授业"博而寡要"的缩写，参见《史记》卷 130《太史公自序》，第 3289 页，第 3290 页。

11 《唐会要》卷 36《修撰》，第 657 页（译者按："657"，原著误作"667"）。

12 参阅杜宝《大业杂记》，之第 13 页；刘孝标（名峻，462—521）撰《类苑》一百二十卷，"自言天下之事毕尽此书，无一物遗漏"。吉川忠夫（1979）《颜师古の『漢書』注》（第 246 页）有所引用。此外参阅《群书治要序》，《群书治要》，之第 1 页。

13 关于汉代以后秘书省的崇高地位，参见《权载之文集》卷 31《记·秘书郎壁记》，之第 2 页；关于梁朝时期，参见《通典》卷 26《职官典·诸卿中·秘书监》，第 155 页注释。

14 《隋书》卷 32《经籍志一》，第 908 页；《封氏闻见记》卷 2《典籍》，之第 10 页；《新唐书》卷 57《艺文志一》，第 1422 页；参阅《旧唐书》卷 46《经籍志上》，第 1962 页。

15 《隋书》卷 32《经籍志一》，第 908 页；《隋书》卷 49《牛弘传》，第 1297 页；《隋书》卷 75《儒林传·刘炫传》，第 1720 页；《封氏闻见记》卷 2《典籍》，之第 9—11 页。此处所用"开献书之路"一句出自《汉书》卷 30《艺文志》（第 1701 页），描述汉朝在秦火之后恢复藏书的努力。另见罗振玉（1909）：《昭陵碑录》卷 1，第 17 页；于志宁《孔颖达碑》。

16 《唐会要》卷 35《经籍》，第 643 页；《旧唐书》卷 73《令狐德棻传》，第 2597 页（译者按："73"，原著误作"75"）。《旧唐书》卷 46《经籍志上》（第 1962 页）与《唐书经籍艺文合志》甲部经录《易类》（第 2 页）称令狐德棻为秘书监。

17 《唐会要》卷 35《经籍》，第 643 页；《通典》卷 26《职官典·诸卿中·秘书监》，第 155 页；《旧唐书》卷 46《经籍志上》，第 1962 页；《旧唐书》卷 71《魏徵传》，第 2548 页；《旧唐书》卷 190 上《文苑传上·崔行功传》，第 4996 页。

18 关于虞世南被称为"行秘书"，参见《六帖补》卷 13《文儒书画·读书博记》（之第 6 页）所引《国朝杂事》。《旧唐书》卷 72《虞世南传》，第 2566 页；《旧唐书》卷 73《颜师古传》，第 2595 页；《旧唐书》卷 190 上《文苑传上·崔行功传》，第 4996 页。关于唐代后期对贞观年间秘书监如虞世南、颜师古的赞许，参见《白香山集》卷 32《中书制诰二·旧体·许季同可秘书监制》，第 5 册，之第 66 页。关于称颂岑文本、虞世南及褚遂良，参见《权载之文集》卷 31《记·秘书郎壁记》，之第 2 页。

19 《旧唐书》卷 190 上《文苑传上·崔行功传》，第 4996 页。

20 《唐会要》卷 64《史馆下·弘文馆》，第 1114 页（译者按："1114"，原著误作"114"）；《通典》卷 21《职官典·门下省·弘文馆》，第 124 页（译者按："124·124.3"，原著误作"1242.2"）；《资治通鉴》卷 192 唐高祖武德九年（626）第 4 条，第 6023—6024 页。

21 《旧唐书》卷 46《经籍志上》，第 1964—1965 页。此处"永徽新集"并不是特定书名，但《唐书经籍艺文合志》甲部经录《易类》（第 6—7 页）的编纂者却将其视为一部书。不论"永徽新集"，还是下文注释 61 所见的"神龙近书"，在《旧唐书·经籍志》中都是指单独的不同书籍。这可能同开元之前编修的《国史》类似，因其内容已被收入之后相同领域的著作而被省略。假若这样，吴兢所编《古今书录》还能清楚地见到这些被遗忘的书目。参见下文注释72。

22 参见安居香山、中村璋八（1966）：《緯書の基礎の研究》，第262页。唐律也明令禁止私家习有占卜之书。关于贞观年间诏令焚毁《老子化胡经》，参见罗香林（1954）：《唐代三教讲论考》，第88页，引《集古今佛道论衡》。关于稍后主动焚毁官方典籍副本的例证，参见《旧唐书》卷82《李义府传》，第2769页（译者按："82""2769"，原著误作"182/2796"）。皇帝对隋室后裔蓄有谶书的怀疑，可以用一个世纪以后的事件来说明，参见《资治通鉴》卷215唐玄宗天宝六载（747）第7条，第6881页（译者按："7"，原著误作"71"）。关于唐初将大量书籍的残佚归咎于隋，参见《文苑英华》卷699《序·文集一》，高士廉《文思博要序》，之第4页；与《隋书》卷75《儒林传》魏徵序，第1707页。参阅九世纪认为隋文帝信赖谶书的观点，参见《旧唐书》卷176《杨嗣复传》，第4557—4558页。此外参阅《唐六典》卷10《秘书省·太史局》（之第25—26页），记载太史令掌观察天文，观生不得读占书。

23 《唐会要》卷36《修撰》（第651—656页）与《册府元龟》卷607《学校部·撰集》（之第12页）载有《类礼》和《括地志》之例。关于颜师古《汉书注》，参见《册府元龟》卷606《学校部·注释二》，之第15页；与《旧唐书》卷73《颜师古传》，第2595页。另见一例，《旧唐书》卷72《褚亮传》，第2582页。《旧唐书》卷74《崔仁师传》（第2620页）举例说明经注不是最终裁决的被认可的版本。

24 《汉书》卷30《艺文志》，第1701页；另见上文注释15。

25 《旧唐书》卷61《陈叔达传》，第2363页（译者按："2363"，原著误作"2362"）；《旧唐书》卷70《岑文本传》，第2535—2536页。关于太宗对虞世南的敬重，参见《旧唐书》卷72《虞世南传》，第2565—2571页。关于太宗所作宫体诗，另见《唐诗纪事》卷1《太宗》，第6页；《大唐新语》卷3《公直》，第67页。关于宫体诗的起源及其在唐初的主要特性，参见《魏晋南北朝文学史参考资料》下册，第677—678页。

26 《晋书》卷54《陆机传》"制曰"，第1487—1488页。

27 例如《旧唐书》卷77《阎立德传附阎立本传》，第2680页；《旧唐书》卷80《上官仪传》，第2743页；《唐语林》卷8《补遗》，第134页；《唐诗纪事》卷1《太宗》，第3—6页；后面涉及贞观诗人。参阅元稹的陈述，《旧唐书》卷166《元稹传》，第4329页。

28 《群书治要序》，《群书治要》，之第1页；《册府元龟》卷607《学校部·撰集》，之第10—12页。

29 《隋书》卷76《文学传》，第1730页。

30 《唐会要》卷65《秘书省》，第1124页。

31 《旧唐书》卷72《虞世南传》，第2570页；《册府元龟》卷622《卿监部·德望》，之第4页；但参阅《南部新书》卷癸（第112页）的相似段落，却将"书翰"排在第三，"辞藻"排在第四。

32 《旧唐书》卷189上《儒学传上·萧德言传》，第4952页；参阅《陈书》卷34《文学传》"史臣曰"（第473页）所述孔子对四科的排序，同样意味深长（"始乎

33 《贞观政要》卷 7《文史第二十八》，第 217 页；《旧唐书》卷 73《令狐德棻传附邓世隆传》，第 2600 页；此外参阅《唐诗纪事》卷 1《太宗》，第 1 页，《帝京篇序》。

34 《贞观政要》卷 3《封建第八》，第 93—94 页；《通典》卷 31《职官典·历代王侯封爵》，第 181 页；《旧唐书》卷 72《李百药传》，第 2576 页；《通典》卷 18《选举典·杂议论下》，第 104 页，杜佑；参阅《唐文粹》卷 79《书一·论政》，柳冕《谢杜相公论房杜二相书》，之第 2—3 页。

35 关于陈叔达参与隋唐禅代文诰的起草，参见《旧唐书》卷 70《陈叔达传》，第 2536 页（译者按："70""2536"，原著误作"61/2363"）。关于颜师古与岑文本，参见《旧唐书》卷 73《颜师古传》，第 2594 页；与同书卷 70《岑文本传》，第 2536 页。关于后世的称赞，参见《白香山集》卷 31《中书制诰一·旧体·冯宿除兵部郎中知制诰制》，第 5 册，之第 56 页；《文苑英华》卷 706《序·文集八》，李商隐《太尉卫公会昌一品制集序》，之第 5 页；《李文饶文集·别集》卷 6《书碑·与桂林郑中丞书》，之第 1 页；郑亚《李文饶文集序》，《李文饶文集》，之第 1 页。此外参阅《唐诗纪事》卷 4《岑文本》，第 48 页；《大唐新语》卷 6《举贤》，第 106 页；李肇《翰林志》，第 1 页；孙国栋（1980）《唐代中书舍人迁官途径考释》（第 41 页）分析中书侍郎的职掌，颜师古和岑文本均以中书侍郎知制诰。

36 《旧唐书》卷 72《李百药传附李安期传》，第 2578 页；关于 627 年（贞观元年）太宗召拜李百药为中书舍人，参见《旧唐书》卷 72《李百药传》，第 2572 页。

37 《旧唐书》卷 189 上《儒学传上·朱子奢传》，第 4948 页。

38 关于许敬宗，参见《旧唐书》卷 82《许敬宗传》，第 2761 页；《白孔六帖》卷 74《著作》，之第 17—18 页。《文苑英华》卷 799《记·厅壁三》，李华《著作郎壁记》（之第 4 页）列举唐初的"大著作"，并指出著作郎之职常上迁秘书少监，或擢拜中书舍人。其中涉及虞世南（《旧唐书》卷 72《虞世南传》，第 2566 页）与崔融（《旧唐书》卷 94《崔融传》，第 2996 页）；以及其他两位，可能是魏知古（《旧唐书》卷 98《魏知古传》，第 3061 页）与郑愔（《新唐书》卷 75 上《宰相世系表五上》，第 3354 页；《唐诗纪事》卷 1《中宗》，第 10 页；以及洪业（1969）：《一位唐代史官的求退简札：〈史通·忤时篇〉译注》，第 29—30 页注释 73）。

39 《贞观政要》卷 3《择官第七》，第 75 页；《通典》卷 15《选举典·历代制下》，第 85 页；《旧唐书》卷 66《杜如晦传》，第 2469 页。

40 《唐会要》卷 74《选部上·论选事》，第 1333—1334 页。不同史料对此轶事的记载存在差异：《通典》卷 17《选举典·杂议论中》（第 93 页）系此事件于 649 年（贞观二十三年）；《唐会要》卷 76《贡举中·进士》（第 1379 页）为 648 年（贞观二十二年）；《封氏闻见记》卷 3《贡举》（之第 1 页）则为 646 年（贞观二十年）。张昌龄作为举人之一，具有明显不同的描述版本，有的将此事遗漏，有的如《旧唐书》卷 190 上《文苑传上·张昌龄传》（第 4995 页）则记载张昌龄获得太宗赏识，并成功实现进士贡举及第（译者按："190"，原著误作"189"）。《唐诗纪事》卷 8《张昌龄》（第 111 页）合并这两种版本；此外参阅《南部新书》卷丙，第 25 页。

41 《唐会要》卷 74《选部上·掌选善恶》，第 1344 页；《旧唐书》卷 70《戴胄传》，

注　释

第 2533 页（译者按："2533"，原著误作"3533"）。

42　《唐会要》卷 36《修撰》，第 656 页，系于 658 年（显庆三年）；《册府元龟》卷 607《学校部·撰集》，之第 12 页；《旧唐书》卷 82《许敬宗传》，第 2764 页；《旧唐书》卷 189 上《儒学传上·刘伯庄传》，第 4955 页；《旧唐书》卷 47《经籍志下》，第 2077 页；《新唐书》卷 60《艺文志四》，第 1621 页（《文馆辞林》）；《唐书经籍艺文合志》丁部集录《总集类》，368 页（《文馆辞林》）。参阅《旧唐书》卷 46《经籍志上》（第 2004 页），《新唐书》卷 58《艺文志二》（第 1483 页）与《唐书经籍艺文合志》乙部史录《杂传类》（第 114 页）（《文馆词林文人传》）以及《新唐书》卷 60《艺文志四》（第 1622 页）（《文馆词林策》）与《唐书经籍艺文合志》丁部集录《总集类》（第 376 页）（《文馆辞林策》）所载两部附属书名。《文馆词林》的一部分经唐廷许可被带到新罗，参见《唐会要》卷 36《蕃夷请经史》，第 667 页。其中四卷藏于日本，后于林衡（Hayashi Hitoshi）编辑出版的《佚存丛书》（成书于 1799—1810 年间）中重印。

43　《旧唐书》卷 82《许敬宗传》，第 2764 页；《旧唐书》卷 47《经籍志下》，第 2046 页；与《新唐书》卷 59《艺文志三》，第 1563 页；《唐书经籍艺文合志》丙部子录《类书类》，第 266 页。关于许敬宗领衔编修的另一部文集《芳林要览》，参见《新唐书》卷 60《艺文志四》，第 1621—1622 页；《唐书经籍艺文合志》丁部集录《总集类》，第 368 页。（译者按：原著为《累璧》三十卷，史料显示应为《累璧》四百卷。）

44　花房英树（1950）：《文苑英華の編纂》，第 116 页（译者按："1950"，原著误作"1951"）。

45　《唐会要》卷 36《修撰》（第 657 页）载 663 年（龙朔三年）修成；参见《旧唐书》卷 82《许敬宗传》，第 2764 页；《旧唐书》卷 86《高宗中宗诸子传·孝敬皇帝弘》，第 2828—2829 页；《册府元龟》卷 607《学校部·撰集》，之第 13 页（《瑶山玉彩》）；与同书卷 258《储宫部·文学》，之第 14 页（《摇山玉彩》）；《旧唐书》卷 190 上《文苑传上·孟利贞传》，第 4997 页。《旧唐书·经籍志》漏载《瑶山玉彩》，参见《新唐书》卷 59《艺文志三》，第 1562 页（《摇山玉彩》）；与《唐书经籍艺文合志》丙部子录《类书类》，第 266 页（《摇山玉彩》）。关于完全或部分由孟利贞编撰的另一部文集（《碧玉芳林》），参见《旧唐书》卷 47《经籍志下》，第 2046 页；《新唐书》卷 59《艺文志三》，第 1563 页；《唐书经籍艺文合志》丙部子录《类书类》，第 266 页。

46　《旧唐书》卷 47《经籍志下》，第 2080 页；《新唐书》卷 60《艺文志四》，第 1621 页；《唐书经籍艺文合志》丁部集录《总集类》，第 374 页。

47　《新唐书》卷 59《艺文志三》，第 1564 页；《唐书经籍艺文合志》丙部子录《类书类》，第 268 页；《旧唐书·经籍志》漏载。

48　关于《三教珠英》的大致描述，参见《唐会要》卷 36《修撰》，第 657 页；《册府元龟》卷 607《学校部·撰集》，之第 13 页；《旧唐书》卷 47《经籍志下》，第 2046 页；《新唐书》卷 59《艺文志三》，第 1563 页；《唐书经籍艺文合志》丙部子录《类书类》，第 267 页；《资治通鉴》卷 206 唐则天后久视元年（700）第 12 条，第 6546 页。下列史料所示官方传记提到很多参与编撰者，例见《旧唐书》卷 102

《徐坚传》，第 3175 页；《旧唐书》卷 74《崔仁师传附崔湜传》，第 2622 页；《旧唐书》卷 78《张行成传》，第 2707 页；《旧唐书》卷 190 中《文苑传中·阎朝隐传》，第 5026 页；《文苑英华》卷 898《碑·神道·职官六》，崔湜序，张说铭《故吏部侍郎元公（希声）碑》，之第 2 页；《曲江张先生文集》卷 19《颂碑铭·大唐故光禄大夫右散骑常侍集贤院学士赠太子少保东海徐文公（坚）神道碑并序》，之第 9 页。下令编修《三教珠英》很可能是崔融《皇太子请修书表》（《文苑英华》卷 605《表·太子公主上请》，之第 5 页）的反馈。傅振伦（1963）《刘知幾年谱》（第 54—57 页）提供了一整套最全面的参考书目；但是参阅蒲立本（1961）：《中国的史学批评：刘知幾与司马光》，第 138 页；桂时雨（1978）：《武则天与唐代继统政治》，第 147 页与第 287 页注释 158。

49 《新唐书》卷 60《艺文志四》，第 1623 页；《唐书经籍艺文合志》丁部集录《总集类》，第 377 页；以及王重民（1978）：《敦煌古籍叙录》，第 325 页。《玉海》卷 54《艺文·承诏撰述·唐三教珠英》（之第 33 页）称《珠英学士集》收录四十七人诗，总二百七十六首。《郡斋读书志》赞同四十七人之说，而非二十六人。武后时期所使用的"珠英学士"头衔即有可能来源于此，参见《唐六典》卷 9《中书省·集贤院》，之第 22 页。张说饮酒"不以官班为前后"的故事可以显现集贤院任职期间的欢愉，参见《大唐新语》卷 7《识量》，第 118 页；池田温（1971）《盛唐之集賢院》（第 78 页）有所征引。

50 傅振伦（1963）《刘知幾年谱》（第 55 页）指出《玉海》（卷 54《艺文·承诏撰述·唐三教珠英》，之第 32 页）"方城"作"方域"；《册府元龟》（卷 607《学校部·撰集》，之第 13 页）与《玉海》同。

51 《唐会要》卷 35《经籍》，第 644 页；这一记载再次强调整理四库书籍与编修大型文集之间的关系。

52 高仲武《唐中兴间气集序》，《中兴间气集》，第 302 页；以及《权载之文集·补刻·陆贽翰苑集序》，之第 4 页。眼力的变化始于安史乱前，参见《河岳英灵集·序》，第 40 页；与《国秀集·序》，第 126 页。

53 《旧唐书》卷 190 中《文苑传中·贺知章传》，第 5033 页。关于《文府》，参见《唐会要》卷 36《修撰》，第 658 页；《玉海》卷 54《艺文·总集文章·唐文府》，之第 14 页，引韦述《集贤注记》；《新唐书》卷 60《艺文志四》，第 1622 页（译者按："60"，原著误作"56"）；《唐书经籍艺文合志》丁部集录《总集类》，第 376—377 页。张九龄提及的《续文选》可能与此书有关，参见《曲江张先生文集》卷 19《颂碑铭·大唐故光禄大夫右散骑常侍集贤院学士赠太子少保东海徐文公（坚）神道碑并序》，之第 11 页；参阅《玉海》卷 54《艺文·总集文章·唐文府》，之第 15 页，引韦述《集贤注记》。

54 关于《玄宗事类》，又称《明皇事类》，参见《新唐书》卷 59《艺文志三》，第 1563 页；以及余嘉锡：《四库提要辨证》，第 949—951 页。

55 关于《初学记》，参见余嘉锡《四库提要辨证》（第 949—951 页）引柳芳《唐历》；《唐会要》卷 36《修撰》，第 658 页；《新唐书》卷 59《艺文志三》，第 1563 页；《唐书经籍艺文合志》丙部子录《类书类》，第 267 页；《大唐新语》卷 9《著述》，第 145 页；《南部新书》卷壬，第 94 页；《玉海》卷 57《艺文·记·唐初学记》，之第37页，引韦述《集贤注记》；以及司义祖（1962）：《〈初学记〉点校说明》，第1—4页；邓嗣禹、毕乃德（1971）：《中国参考书目解题》，第86—87页；谭朴森（1979）：《慎子逸文》，第77—78页。

56 有一部由秘书正字所上《十九部书语类》十卷，参见《新唐书》卷59《艺文志三》，第1563页；参阅《唐书经籍艺文合志》丙部子录《类书类》，第267页。

57 关于永徽《书录》，参见《旧唐书》卷46《经籍志上》，第1964—1965页，吴兢《古今书录序》；以及《唐书经籍艺文合志》甲部经录《易类》，第6—7页。

58 《唐会要》卷35《经籍》，第643页。

59 《唐会要》卷64《史馆下·弘文馆》，第1114页。

60 《旧唐书》卷190中《文苑传中·阎朝隐传》，第5026页。于秘书阁刊正经史并著撰传记，可能发生在696年（万岁通天元年），参见《旧唐书》卷183《外戚传·武承嗣传附武敏之传》，第4728页；《旧唐书》卷191《方伎传·李嗣真传》，第5099页。还有迹象表明中宗时后妃上官昭容（710年卒）建立起内府藏书，参见《文苑英华》卷700《序·文集二》，张说《上官昭容集序》，之第5页。武则天拥有大量代其编撰的书籍藏于秘阁，参见《旧唐书》卷6《则天皇后纪》，第133页。

61 《旧唐书》卷46《经籍志上》，第1964—1965页；《唐书经籍艺文合志》甲部经录《易类》，第6—7页；《权载之文集》卷34《序·唐故通议大夫梓州诸军事梓州刺史上柱国权公文集序》，之第1—2页。

62 《唐会要》卷35《经籍》（第644页）记为712年（景云三年）；《册府元龟》卷50《帝王部·崇儒术二》，之第4页；《旧唐书》卷190中《文苑传中·李邕传》，第5040页；《旧唐书》卷99《崔日用传》，第3087页。此外参阅《旧唐书》卷97《张说传》，第3050—3051页；以及《资治通鉴》卷207唐中宗神龙元年（705）第2条，第6578页；《旧唐书》卷189下《儒学传下·祝钦明传》，第4970页。

63 《新唐书》卷202《文艺传中·李邕传》，第5754页。颜真卿提供的故事版本完全不同，参见《颜鲁公文集》卷5《记·通议大夫守太子宾客东都副留守云骑尉赠尚书左仆射博陵崔孝公（沔）宅陋室铭记》，之第17页；此处将引入之功归于崔沔。

64 《新唐书》卷199《儒学传中·王元感传》，第5666页；以及《唐文粹》卷91《序甲·集序》，韩休《唐金紫光禄大夫礼部尚书上柱国赠尚书右丞相许国文宪公苏颋文集序》，之第2页。

65 《旧唐书》卷89《王方庆传》，第2901页；《旧唐书》卷102《韦述传》，第3184页；在《韦述传》开头，其家仅有书二千卷，因此藏书增加十倍当为韦述自己的成就。另一家拥有丰厚藏书的是吴兢，参见《旧唐书》卷102《吴兢传》，第3182页。安史乱后的史官蒋义为吴兢外孙，即将其学术生涯的开始归功于这批外舍藏书，后来蒋义也建立起自己的藏书；参见《旧唐书》卷149《蒋义传》，第4026页，第4028页。

66 《旧唐书》卷102《徐坚传》，第3176页；《新唐书》卷199《儒学传中·徐齐聃传附徐坚传》（第5663页）的措辞截然不同；参阅张九龄《曲江张先生文集》卷19《颂碑铭·大唐故光禄大夫右散骑常侍集贤院学士赠太子少保东海徐文公（坚）神道碑并序》，之第9页；之第11页。

67 《旧唐书》卷102《褚无量传》，第3167页；《旧唐书》卷102《马怀素传》，第3164页。马怀素特别参考《隋书·经籍志》，其编修确定始于717年（开元五年），可证之以《旧唐书》卷102《韦述传》，第3183页。

68 《旧唐书》卷190中《文苑传中·齐澣传》，第5036—5037页，可确定在722年（开元十年）以前，当时张说为编修使。《旧唐书》卷190中《文苑传中·贺知章传》，第5033页。崔沔，官方学者和常官，开元之初也曾受命编纂图籍，参见《颜鲁公文集》卷5《记·通议大夫守太子宾客东都副留守云骑尉赠尚书左仆射博陵崔孝公（沔）宅陋室铭记》，之第16页；《新唐书》卷199《儒学传中·马怀素传》，第5681页。

69 《玉海》卷52《艺文·书目·唐乾元殿四部书 丽正殿四库书 集贤院典籍》，之第22页，引韦述《集贤注记》；《唐会要》卷64《史馆下·集贤院》，第1118—1119页；《唐六典》卷9《中书省·集贤院》，之第22—23页；《通典》卷21《职官典·中书省·集贤殿书院》，第126页；《旧唐书》卷102《褚无量传》，第3167页；《旧唐书》卷46《经籍志上》，第1962页；参阅《新唐书》卷57《艺文志一》，第1422页；《唐书经籍艺文合志》甲部经录《易类》，第2页。这些记述在细节上有所不同。此外参阅《大唐新语》卷11《褒锡》，第167页；《册府元龟》卷50《帝王部·崇儒术二》，之第7页；《资治通鉴》卷211 唐玄宗开元五年（717）第17条，第6730页。

70 《唐六典》卷9《中书省·集贤院》，之第26页；《唐会要》卷35《经籍》，第644页；《旧唐书》卷47《经籍志下》，第2081—2082页；《新唐书》卷57《艺文志一》，第1422—1423页；《唐书经籍艺文合志》甲部经录《易类》，第3—4页；池田温（1971）：《盛唐之集贤院》，第57—58页。

71 《旧唐书》卷102《褚无量传》（第3167页），《旧唐书》卷102《元行冲传》（第3178页）与《旧唐书》卷46《经籍志上》（第1962页）记为720年（开元八年）；《唐会要》卷64《史馆下·集贤院》（第1118页）记为720年正月；《玉海》卷52《艺文·书目·唐续七志 群书四录 古今书录 集贤书目 四库更造书目》（之第24页）则引《集贤注记》记为719年（开元七年）7月（译者按："24"，原著误作"244"）。《群书四录》的修成时间也存在类似的差异，参见《资治通鉴》卷212 唐玄宗开元九年（721）第17条，第6747页，《考异》引其他材料，包括柳芳《唐历》。

72 《旧唐书》卷46《经籍志上》，第1964—1965页；《唐书经籍艺文合志》甲部经录《易类》，第7—8页。此处所用术语是指永徽和神龙书目。参阅《隋书》卷32《经籍志·序》，第908页，提及增补齐梁目录。

73 《唐会要》卷36《修撰》，第658页；《旧唐书》卷46《经籍志上》，第1964—1965页，毋煚序；以及《资治通鉴》卷212 唐玄宗开元九年（721）第17条，第6747页，相同数字。关于单独提及《群书四录》，参见《颜鲁公文集》卷11《神道碣铭·曹州司法参军秘书省丽正殿二学士殷君（践猷）墓碣铭》，之第5页，官方学者、《汉书》专家殷践猷（译者按：原著作《四部丛刊》本"10/2a"，据参考文献改为《四部备要》本卷数页码）。

74 《唐会要》卷36《修撰》，第658页；参阅《旧唐书》卷102《韦述传》，第3181

注　释

页；以及同书卷102《元行冲传》，第3178页。

75　《玉海》卷52《艺文·书目·唐续七志 群书四录 古今书录 集贤书目 四库更造书目》（之第25页注释）引《旧唐书》记为五万一千八百五十一卷；而《旧唐书》卷46《经籍志上》（第1962页）原文及《唐书经籍艺文合志》甲部经录《易类》（第3页）载《古今书录》有五万一千八百五十二卷。《旧唐书》卷46《经籍志上》（第1965页）及《唐书经籍艺文合志》甲部经录《易类》（第8页）所收毋煚序亦为五万一千五百八十二卷。关于《古今书录》及其序言编入《旧唐书·经籍志》，参见龙彼得（1952）：《论〈管子〉的传布》，第368—389页；杜希德（1985）：《唐代官修史籍考》，第150页；另见聂崇岐编纂（1986）：《艺文志二十种综合引得》，第38页。关于书录中遗漏书名之例，参见第三章注释72，注释73；第四章注释83，注释91；以及上文注释21，注释47。

76　《唐六典》卷9《中书省·集贤院》，之第26页。

77　《旧唐书》卷97《张说传附陈希烈传》，第3059页；《新唐书》卷223上《奸臣传上·陈希烈传》，第6349—6350页。

78　《唐会要》卷35《经籍》，第644页；参阅《唐会要》卷64《史馆下·集贤院》（第1119页），载721年（开元九年）集贤院四库书总数达八万一千九百九十卷。

79　关于搜集道教书籍，参见《唐诗纪事》卷2《明皇》，第12—13页。关于接纳道家经典，参见《文苑英华》卷701《序·文集三》，李华《赠礼部尚书孝公崔沔集序》，之第5页；《唐会要》卷36《修撰》，第658页。关于秘书阁接纳的文学书籍，参见750年（天宝九载）韦绦《孟浩然集序》；《唐文粹》卷91《序甲·集序》，韩休《唐金紫光禄大夫礼部尚书上柱国赠尚书右丞相许国文宪公苏颋文集序》，之第2页。玄宗御注《老子》在萧嵩奏请下被宣付史官，参见《册府元龟》卷53《帝王部·尚黄老一》，之第16页。

80　《颜鲁公文集》卷5《序·尚书刑部侍郎赠尚书右仆射孙逖文公集序》，之第1—2页（译者按：原著作《四部丛刊》本"12/2b"，据参考文献改为《四部备要》本卷数页码）；《册府元龟》卷8《帝王部·创业四》，之第4页。

81　《唐会要》卷64《史馆下·集贤院》，第1119页；《唐会要》卷35《经籍》，第645页；《新唐书》卷118《韦凑传附韦绳传》，第4270页。

82　《文苑英华》卷130《赋·哀伤二》，《登临河城赋并序》，之第2页；《新唐书》卷202《文艺传中·萧颖士传》，第5767—5768页。此外参阅《全唐诗》卷139《储光羲四·送沈校书吴中搜书》（第1411页），提及可能是安史乱前一次校书郎搜书。关于储光羲，另见《唐才子传》卷1《储光羲》，第18—19页；《河岳英灵集》卷中《储光羲》，第95页；以及第五章注释131。

83　《唐会要》卷64《史馆下·集贤院》，第1119页。

84　《玉海》卷52《艺文·书目·唐十二库书》，之第28页，引《集贤注记》。

85　《唐会要》卷78《诸使中·诸使杂录上》，第1439页；《唐大诏令集》卷51《大臣·宰相·馆职·陈希烈监秘书省图书制》，第263—264页；《新唐书》卷223上《奸臣传上·陈希烈传》，第6350页。《唐会要》卷78《诸使中·诸使杂录上》（第1439页）所载时间早于754年（天宝十三载）。

86　《唐会要》卷64《史馆下·集贤院》，第1119页。

87 《廿二史札记》卷 20《唐初三礼汉书文选之学》，第 401 页；高明士（1971）：《唐代私学的发展》，第 274—276 页。关于《文选》序的翻译与研究，参见海陶玮（1957）：《〈文选〉与文类理论》。

88 《隋书》卷 75《儒林传·萧该传》，第 1716 页；《北史》卷 82《儒林传下·萧该传》，第 2759 页；《隋书》卷 35《经籍志四》，第 1082 页；《旧唐书》卷 47《经籍志下》，第 2077 页；《新唐书》卷 60《艺文志四》，第 1619 页；《唐书经籍艺文合志》丁部集录《总集类》，第 367 页。另见吉川忠夫（1979）：《颜师古的『汉书』注》，第 259 页。（译者按："《文选音义》"，《隋书·经籍志》《旧唐书·经籍志》《新唐书·艺文志》《唐书经籍艺文合志》为"《文选音》"。）

89 中津滨涉（1972）《艺文类聚引书引得》（第 341—484 页）列出《艺文类聚》这一百科全书囊括的所有作者，以及针对他们的文章标题。例如《文选》卷 17 与卷 18 的所有赋都反映在《艺文类聚》中。

90 《梁书》卷 8《昭明太子传》，第 165—171 页；参阅《南史》卷 53《梁武帝诸子传》，第 1307—1313 页；以及《隋书》卷 35《经籍志四》（第 1090 页）的评论。

91 《旧唐书》卷 189 上《儒学传上·曹宪传》，第 4945 页；《新唐书》卷 198《儒学传上·曹宪传》，第 5640—5641 页。

92 《旧唐书》卷 198 上《儒学传上·曹宪传附李善传》，第 4946 页；《新唐书》卷 202《文艺传中·李邕传附李善传》，第 5754 页。《唐会要》卷 36《修撰》（第 657 页）记为 661 年（龙朔元年）；高步瀛（1963）《唐宋文举要》（第 1147 页）指出《文选》本身载为 658 年（显庆三年）。关于李善《文选注》，参见多卷本现代注疏高步瀛（1937）：《文选李注义疏》（译者按："1937"，原著误作"1973"）；以及邱燮友（1959）：《选学考》，第 331—335 页；许慈多（1974）：《文选李善注引礼记考》；叶程义（1975）：《文选李善注引尚书考》；斯波六郎（1950）：《李善文选注引文义例考》，第 45—60 页；康达维（1982）：《〈文选〉译注》，第 52—54 页。

93 然而《朝野佥载》（引自《太平广记》卷 447《狐一·张简》，第 3658 页）显示乡学也教授《文选》；参见高明士（1971）：《唐代私学的发展》，第 275—276 页。

94 《旧唐书》卷 84《裴行俭传》，第 2802 页。一个世纪之后，裴氏另一位裴潾（838 年〔开成三年〕卒，谥"敬"），精于隶书，爱好《文选》，并作续编（《大和通选》）；参见《旧唐书》卷 171《裴潾传》，第 4448—4449 页。

95 例如 713 年（先天二年）《籍田赋》，参见《文苑英华》卷 70《赋·耕籍》，之第 1—3 页（译者按："70"，原著误作"60"）。《文选》这一主题的代表是潘岳（300 年卒）《籍田赋》，收入《艺文类聚》卷 39《礼部中·籍田》，第 703—704 页；与《初学记》卷 14《礼部下·籍田》，第 339—341 页。

96 《六臣注文选》，之第 1—2 页，进呈上表与皇帝认可口敕。关于吕向，参见《新唐书》卷 202《文艺传中·吕向传》，第 5758—5759 页；《旧唐书》卷 111《房琯传》，第 3320 页；《新唐书》卷 139《房琯传》，第 4625 页；《唐会要》卷 56《省号下·起居郎起居舍人》，第 963—964 页；以及《旧唐书》卷 171《裴潾传》（第 4448 页）所载后世对吕向的颂扬。另见康达维（1982）：《〈文选〉译注》，第 53—54 页。

97 《玉海》卷 54《艺文·总集文章·唐文府》，之第 15 页，引《集贤注记》；同书卷

注　释

54 《艺文·总集文章·梁昭明太子文选 唐李善注文选 文选辨惑 五臣注文选 唐续文选 拟文选》，之第 8 页，引《集贤注记》；《大唐新语》卷 9《著述》，第 142—143 页；池田温（1971）：《盛唐之集賢院》，第 65 页。

98 新美寬（1937）：《陸善經の事蹟に就いて》，第 140—145 页；藤井守（1970）：《文選集注に見える陸善経注について》，第 287—301 页。

99 《河岳英灵集·序》，第 40 页；与《河岳英灵集·校文》，第 116 页；小西甚一编《文鏡祕府論考·攷文篇》，第 185—186 页。关于以《续文选》为书名，参见《封氏闻见记》卷 3《制科》，之第 12 页；《新唐书》卷 60《艺文志四》，第 1622 页；《唐书经籍艺文合志》丁部集录《总集类》，第 376 页。

100 如唐朝史料所示，731 年（开元十九年）吐蕃表现出对《文选》的兴趣，参见《唐会要》卷 36《蕃夷请经史》，第 667 页；《旧唐书》卷 196 上《吐蕃传上》，第 5232 页；《文苑英华》卷 694《疏·书籍》，于休烈《请不赐吐蕃书籍疏》，之第 12 页。参阅日本僧人空海《文鏡秘府论》，频繁提及《文选》，例如《文鏡祕府論考·攷文篇》第 164 页，第 168 页，第 185 页，第 187 页（译者按："164"，原著误作"16"）。

101 《韩昌黎集》卷 34《碑志·中大夫陕府左司马李公（郱）墓志铭》，第 6 册，之第 87 页；《千唐志斋·唐故承奉郎守大理司直沈府君（中黄）墓志铭》，沈中黄 858 年卒，享年 67 岁（译者按："858"，原著误作"859"）；《旧唐书》卷 18 上《武宗纪》，第 602—603 页，李德裕；参阅魏礼（1949）：《白居易的生平及其时代》，第 17 页，第 183 页；蔡涵墨（1986）：《韩愈与唐代的大一统努力》，第 122 页，第 214 页等。

102 《通典》卷 17《选举典·杂议论中》，第 96 页，刘秩。

103 《旧唐书》卷 190 中《文苑传中·宋之问传》，第 5025 页；《隋唐嘉话》卷下，第 24 页（译者按："下·3"，原著误作"2"）；《唐诗纪事》卷 11《宋之问》，第 165 页；以及宇文所安（1977）：《初唐诗》，第 271—272 页。

104 《唐才子传》卷 1《沈佺期》，第 8 页；《唐诗纪事》卷 11《沈佺期》，第 162 页（译者按："162"，原著误作"192"）；参阅《旧唐书》卷 190 中《文苑传中·沈佺期传》，第 5017 页；宇文所安（1977）：《初唐诗》，第 339—363 页。

105 玄宗命张说作《上官昭容集序》，《文苑英华》卷 700《序·文集二》，之第 5 页；《旧唐书》卷 51《后妃传上·上官昭容传》，第 2175 页；《资治通鉴》卷 209 唐中宗景龙二年（708）第 6 条，第 6622 页；《唐诗纪事》卷 3《上官昭容》，第 29 页（译者按："3""29"，原著误作"13/190"）。

106 《唐会要》卷 77《诸使上·巡察按察巡抚等使》，第 1414 页。

107 《旧唐书》卷 190 中《文苑传中·阎朝隐传附李適传》，第 5027 页，朝士属和"凡三百余人"（译者按："190 中·190B"，原著误作"190A"）；《旧唐书》卷 192《隐逸传·司马承帧传》，第 5128 页，"朝中词人赠诗者百余人"。

108 关于修文馆，参见《资治通鉴》卷 209 唐中宗景龙二年（708）第 6 条，第 6622 页；《旧唐书》卷 189 下《儒学传下·郭山恽传》，第 4970—4971 页；《新唐书》卷 202《文艺传中·李適传》，第 5748 页；《新唐书》卷 119《武平一传》，第 4293—4295 页；以及《封氏闻见记》卷 4《降诞》，之第 9 页。关于《景龙文馆记》，参见《新唐书》卷58《艺文志》，第1485页（译者按："1485"，原著误作"1435"）；《唐书经籍艺文合志》乙部史录《杂传类》，第126页；以及《玉海》卷57《艺文·记·唐景龙文馆记》，之第36页；与同书卷165《宫室·馆·唐修文馆 昭文馆 弘文馆 弘文殿四部书 书楼 十八学士 唐二馆（景龙文馆记）》，之第17页。安东俊六（1972）：《景龍宫廷文学の創作基盤》，第13—24页。

109 《文苑英华》卷700《序·文集二》，张说《上官昭容集序》，之第5页。

110 《旧唐书》卷190中《文苑传中·刘宪传》，第5016—5017页（译者按："刘宪·Liu Hsien"，原著误作"Li Hsien"）；《旧唐书》卷190中《文苑传中·贾曾传》，第5028页；《隋唐嘉话》卷下，第28页。

111 《颜鲁公文集》卷5《记·通议大夫守太子宾客东都副留守云骑尉赠尚书左仆射博陵崔孝公（沔）宅陋室铭记》，之第16页。

112 《颜鲁公文集》卷8《神道碑铭一·正议大夫行国子司业上柱国金乡县开国男颜府君（允南）神道碑铭》，之第7页。

113 《颜鲁公文集·年谱》，之第5页。

114 关于玄宗朝臣宫廷赋诗属和的记载，例见《旧唐书》卷190中《文苑传中·席豫传》，第5036页；《新唐书》卷202《文艺传中·孙逖传》，第5760页；《颜鲁公文集》卷8《神道碑铭一·正议大夫行国子司业上柱国金乡县开国男颜府君（允南）神道碑铭》，之第7页。参阅官员离京赴任地方时的践行赋诗记载，例如《旧唐书》卷99《张嘉贞传》（第3092页），《新唐书》卷128《许景先传》（第4465页），《新唐书》卷60《艺文志四》（第1622页）（译者按："《新唐书》·HTS"，原著误作"《旧唐书》·CTS"）与《唐书经籍艺文合志》丁部录集《总集类》（第376页）所载张孝嵩《朝英集》三卷，即其出塞时好友所撰送行歌诗集。

115 关于倡优杂伎聚集之地意义上的"北门"一词，参见《旧唐书》卷88《韦承庆传》，第2864页。作为皇帝的非正式秘书，"北门学士"出现于高宗朝666—668年（乾封元年至总章元年）间。宠臣张昌宗即曾为"北门修撰"，参见《唐诗纪事》卷8《张昌龄》，第111页。北门学士同草制的关联则如李肇《翰林志》（第1页）所示。688年（垂拱二年），武则天曾就明堂问题咨询北门学士，参见《旧唐书》卷22《礼仪志二》，第862页；《资治通鉴》卷204 唐则天后垂拱四年（688）第2条，第6447页。九世纪学者牛希济论及太宗朝北门学士，参见《文苑英华》卷741《论·封建》，牛希济《本论》，之第15页。（译者按：《唐诗纪事》言张昌龄"与兄昌宗皆能文"，但"贺兰敏之奏豫北门修撰"，指张昌龄，而非张昌宗。疑原著有误）

116 《旧唐书》卷88《陆元方传附陆余庆传》，第2877页。

117 《旧唐书》卷190中《文苑传中·元万顷传》，第5010—5011页；《资治通鉴》卷202 唐高宗上元二年（675）第6条，第6376页；与元万顷相提并论的另一北门学士刘祎之兼任左史（起居郎）。

118 《唐诗纪事》卷11《宋之问》，第165—166页；参阅《旧唐书》卷190中《文苑传中·宋之问传》，第5025页。

119 《旧唐书》卷190中《文苑传中·沈佺期传》，第5017页。

注　释

120　《旧唐书》卷 102《刘子玄传》，第 3168 页；傅振伦（1963）：《刘知幾年谱》，第 64—66 页。

121　《旧唐书》卷 97《张说传》，第 3050 页。

122　《旧唐书》卷 94《崔融传》，第 2996 页；《旧唐书》卷 94《李峤传》，第 2992 页。崔融和李峤在九世纪被推崇为武则天时期杰出的知制诰，参见郑亚《李文饶文集序》，《李文饶文集》，之第 1 页。崔融二子崔禹锡与崔翘，开元时期相继为中书舍人知制诰，而且崔翘还曾任知贡举，参见《旧唐书》卷 9《崔融传》，第 3000 页。《千唐志斋・唐亡妻清河崔氏墓志铭并序》（裴简撰）显示崔禹锡谥"贞"。

123　李肇《翰林志》（第 1 页）指出上官昭容祖父上官仪亦曾草制（译者按："祖父・grandfather"，原著误作"父・father"）；《旧唐书》卷 51《后妃传上・上官昭容传》，第 2175 页。

124　《旧唐书》卷 88《苏瓌传附苏颋传》，第 2880 页。此时直至玄宗朝以前继任知制诰者为李乂，举进士，且典铨选，参见《旧唐书》卷 101《李乂传》，第 3135—3136 页。关于以中书舍人以外的他官兼知制诰，参见《新唐书》卷 47《百官志二》，第 1211 页。

125　《旧唐书》卷 100《王丘传》，第 3132—3133 页；关于王邱谥号，参见《唐会要》卷 79《谥法上》，第 1455 页（此处之王邱，追赠江陵大都督，而非荆州大都督）；《旧唐书》卷 98《韩休传》，第 3077—3079 页，韩休谥"文忠"；《旧唐书》卷 97《张九龄传》，第 3097—3100 页，张九龄谥"文献"；《旧唐书》卷 88《苏瓌传附苏颋传》，第 2880—2882 页，苏颋谥"文宪"。关于九世纪对韩休之文的大赞特赞，参见《李文饶文集・外集》卷 3《论・文章论》，之第 4—5 页；与《文苑英华》卷 742《论・文》，李德裕《文章论》，之第 9 页。《旧唐书》卷 100《苏珦传附苏晋传》，第 3116—3117 页，本传中无苏晋获谥之迹象（译者按："3116-3117"，原著误作"116-17"）；但 730 年（开元十八年）苏晋为吏部侍郎，并因此执掌选官，参见《唐会要》卷 74《选部上・掌选善恶》，第 1346 页。其余学者许景先、齐澣、席豫、徐安贞、孙逖与贾曾均入《旧唐书》卷 190 中《文苑传中》。孙逖与席豫均谥"文"。（译者按：观上下文意，疑李德裕《文章论》所赞应为苏颋，而非韩休。）

126　所列十一位知制诰中，十位在《旧唐书》本传有其科举记录，唯独贾曾例外。

127　《旧唐书》卷 190 中《文苑传中・许景先传》，第 5033 页；《旧唐书》卷 190 中《文苑传中・席豫传》，第 5035 页；《旧唐书》卷 100《王丘传》，第 3132 页（译者按："3132"，原著误作"3133"）（参阅《旧唐书》卷 90《李怀远传附李彭年传》，第 2921 页，其迁转顺序都是先为知举，再迁中书舍人）。

128　《旧唐书》卷 190 中《文苑传中・孙逖传》，第 5044 页；《颜鲁公文集》卷 5《序・尚书刑部侍郎赠尚书右仆射孙逖文公集序》，之第 1 页，引苑咸草诏嘉许。苑咸大概在李林甫执政时任中书舍人，是汉人学者中罕见的通晓梵文知识者，参见《唐诗纪事》卷 17《苑咸》，第 258 页。

129　《旧唐书》卷 190 中《文苑传中・孙逖传》，第 5044 页；参阅《旧唐书》卷 102《徐坚传》（第 3175 页），对少年徐坚有相同的评价。此外参阅《唐摭言》卷 1《进士归礼部》，第 11—12 页。

130 《旧唐书》卷 92《韦安石传附韦陟传》,第 2958—2959 页。这一时期的其他知制诰还有史官徐坚,以及其父(徐齐聃)与其子(徐峤),参见《新唐书》卷 199《儒学传中·徐齐聃传》,第 5663 页;此外参阅《旧唐书》卷 102《徐坚传》,第 3176 页。还有贾至,在安史叛乱及乱后的肃宗、代宗朝知制诰,且为知制诰贾曾之子;参见《旧唐书》卷 190 中《文苑传中·贾曾传附贾至传》,第 5029 页;以及傅璇琮(1980):《唐代诗人丛考》,第 177 页,第 180 页,第 189 页(译者按:"1980",原著误作"1981")。孙逖,其弟孙通之子孙宿,其孙孙简,三代均掌纶诰,而其子孙成又为桂管观察使;参见《旧唐书》卷 190 中《文苑传中·孙逖传》,第 5044 页;与《新唐书》卷 202《文艺传中·孙逖传》,第 5761 页。

131 关于这一重要变化,参见孙国栋(1980):《唐代中书舍人迁官途径考释》,第 45 页,第 74 页注释 52;参考《新唐书》卷 44《选举志上》,第 1164 页。另见《唐会要》卷 59《尚书省诸司下·礼部侍郎》,第 1024—1025 页;《唐摭言》卷 1《进士归礼部》,第 11 页;《唐大诏令集》卷 106《政事·贡举·令礼部掌贡举敕》(第 549 页)载为 715 年(开元三年)4 月 1 日;《封氏闻见记》卷 3《贡举》,之第 1 页;《大唐新语》卷 10《厘革》,第 158—159 页;戴何都(1932):《〈新唐书·选举志〉译注》,第 171 页。参阅《唐六典》卷 4《尚书礼部·尚书》(之第 4—8 页),载有礼部尚书、礼部侍郎职掌中的常科科目。

132 李肇《翰林志》(第 1 页)用"草书诏"一词;《新唐书》卷 46《百官志一》,第 1183—1184 页。关于翰林院迁官入相的概要,及其所引用的一手和二手材料,参见孙国栋(1980):《唐代中书舍人迁官途径考释》,第 77 页注释 67。

133 《文苑英华》卷 759《论·杂论中》,沈既济《词科论并序》,之第 1 页;与《通典》卷 15《选举典·历代制下》,第 84 页注释,沈既济;《权载之文集》卷 34《序·唐故通议大夫梓州诸军事梓州刺史上柱国权公文集序》(之第 1 页)也有类似评价;另见《唐会要》卷 76《贡举中·进士》(第 1379 页),记为 680 年(调露二年)4 月;《唐大诏令集》卷 106《政事·贡举·条流明经进士诏》,第 549 页,681 年(永隆二年)8 月;《封氏闻见记》卷 3《贡举》,之第 1 页;《旧唐书》卷 190 中《文苑传中·刘宪传》,第 5016 页。另见《登科记考》卷 2《唐高宗》,之第 25—26 页徐松注。

134 《旧唐书》卷 94《徐彦伯传》,第 3004 页;《唐诗纪事》卷 9《徐彦伯》,第 117—119 页。

135 关于沈佺期,参见《旧唐书》卷 190 中《文苑传中·沈佺期传》,第 5017 页(译者按:"190 中·190B",原著误作"190");与《登科记考》卷 4《唐则天皇后》,之第 23 页。关于宋之问,参见《旧唐书》卷 190 中《文苑传中·宋之问传》,第 5025 页(译者按:"190 中·190B",原著误作"190");以及《登科记考》卷 4《唐中宗》(之第 33 页)引宋之问《祭杜学士审言文》(《文苑英华》卷 978《祭文·交旧一》,之第 8 页)。关于宋之问对僻字的钟爱,参见《刘宾客嘉话录》,第 1 页。

136 《登科记考》卷 2《唐高宗》(之第 21 页)引《册府元龟》卷 645《贡举部·科目》(之第 12 页)。封演《封氏闻见记》卷 3《制科》(之第 11 页)对广泛的制科名目进行注解;宋代笔记作家洪迈《容斋续笔》卷 12《唐制举科目》(《容斋

注 释

随笔五集》（二），第 114 页）对此有更明晰的解说。关于应下笔成章科及第的例证，参见《旧唐书》卷 190 中《文苑传中·阎朝隐传附王无竞传》，第 5026 页；《旧唐书》卷 149《张鷟传》，第 4023 页；《旧唐书》卷 96《姚崇传》，第 3021 页。早在 649 年（贞观二十三年），学者即将科举作如此分类，参见《册府元龟》卷 645《贡举部·科目》，之第 11 页。

137 《册府元龟》卷 639《贡举部·条制一》，之第 20—21 页；《册府元龟》卷 56《帝王部·节俭》，之第 8—10 页。

138 《册府元龟》卷 640《贡举部·条制二》，之第 4 页；《旧唐书》卷 9《玄宗纪下》，第 229 页。关于博学宏词科，参见《唐语林》卷 8《补遗》，第 275 页；《登科记考》卷 7《唐玄宗》，之第 326 页；《玉海》卷 201《辞学指南·辞学指南序》，之第 1 页；戴何都（1932）：《〈新唐书·选举志〉译注》，第 221 页。

139 《通典》卷 17《选举典·杂议论中》，第 94 页；《资治通鉴》卷 205 唐则天后长寿元年（692）第 8 条，第 6481 页；《旧唐书》卷 101《薛登传》（本名谦光），第 3138 页。梅维恒（1978）：《唐代的投卷》，第 48—49 页；文中没有涉及安史乱前行卷诗的情况。例如元结 753 年（天宝十二载）以其文集《文编》行卷，参见《元次山集》卷 10《文编序》，第 154 页；与孙望（1957）：《元次山年谱》，第 24—25 页。萧颖士赠官方学者韦述五首行卷诗，参见《文苑英华》卷 678《书·赠答中》，萧颖士《赠韦司业（述）书》，之第 2 页（译者按："2"，原著误作"12"）。或者王泠然刻意向张说行卷，参见《唐摭言》卷 6《公荐》，第 68 页。

140 《通典》卷 17《选举典·杂议论中》，第 94 页；《资治通鉴》卷 202 唐高宗上元元年（674）第 13 条，第 6374 页；《唐会要》卷 74《选部上·论选事》，第 1338 页；桂时雨（1978）：《武则天与唐代继统政治》，第 96 页，刘峣上疏。（译者按："刘峣·Liu Yao"，原著误作"Li Yao"；另，《资治通鉴》为"刘晓"，司马光《考异》曰："《会要》作'刘峣'，今从《统纪》。"）

141 《通典》卷 17《选举典·杂议论中》，第 94 页；《唐会要》卷 74《选部上·论选事》，第 1336 页，685 年（垂拱元年）魏玄同上表；桂时雨（1978）：《武则天与唐代继统政治》，第 100 页。

142 《通典》卷 17《选举典·杂议论中》，第 94—95 页；《资治通鉴》卷 205 唐则天后长寿元年（692）第 8 条，第 6481 页；《旧唐书》卷 101《薛登传》，第 3138 页；桂时雨（1978）《武则天与唐代继统政治》（第 101 页）记为 691 年（天授二年）。

143 《通典》卷 17《选举典·杂议论中》，第 95—96 页；《曲江张先生文集》卷 16《策书序·上封事书》（之第 8 页）作"二诗一判"；《唐会要》卷 74《选部上·论选事》，第 1338 页；《文苑英华》卷 676《书·谏诤下》，张九龄《上封事书》，之第 3 页；杜希德（1979）：《剑桥中国隋唐史》，第 352 页。

144 《通典》卷 17《选举典·杂议论中》，第 96—97 页。与之前的上奏一样，刘秩请求选官制度的权力下放。其上奏时的身分是左监门卫录事参军，故上奏时间可以通过此官职来判断。以下资料表明，刘秩任职时间为 734—736 年（开元二十二年至二十四年）：《旧唐书》卷 27《礼仪志七》，第 1035 页；《资治通鉴》卷 214 唐玄宗开元二十二年（734）第 4 条，第 6806 页；《通典》卷 9《食货典·钱币下》，第 52—53 页；《资治通鉴》卷 214 唐玄宗开元二十四年（736）第 10 条，第 6820 页。刘秩引《论语·先进第十一》，第 3 条。

145　《文苑英华》卷 369《杂文·谏刺杂说》，尚衡《文道元龟并序》，之第 2—3 页。

146　《文苑英华》卷 678《书·赠答中》，萧颖士《赠韦司业（述）书》，之第 4 页。

147　《资治通鉴》卷 216 唐玄宗天宝十二载（753）第 12 条，第 6921 页。

148　《文苑英华》卷 944《志·职官六》，梁肃《侍御史摄御史中丞赠尚书户部侍郎李公（史鱼）墓志》，之第 4 页；《通典》卷 15《选举典·历代制下》，第 84 页注释；与《文苑英华》卷 759《论·杂论中》，沈既济《词科论并序》，之第 1 页；《旧唐书》卷 111《高适传》，第 3328 页。此外参阅《权载之文集》卷 17《碑铭·唐故尚书工部员外郎赠礼部尚书王公（端）神道碑铭并序》，之第 14 页；《文苑英华》卷 701《序·文集三》，李华《赠礼部尚书孝公崔沔集序》，之第 5 页（译者按："701"，原著误作"710"）；《毗陵集》卷 13《集序·检校尚书吏部员外郎赵郡李公（华）中集序》（之第 3 页）有此言的不同表述。《权载之文集·补刻·陆贽翰苑集序》（之第 4 页）特别明显地将身分与政治抱负联系在一起。

149　参阅元结的评论，《元次山集》卷 5《自述三篇·述时》，第 74—75 页；《通典》卷 15《选举典·历代制下》，第 84 页注释，沈既济。

150　《唐摭言》卷 6《公荐》，第 65 页。王泠然写给张说的书信中，罗列崔融、李峤、宋之问、沈佺期、富嘉谟、徐彦伯、杜审言、陈子昂，与张说并称为五百年间最杰出的人物（"挺生"）。作为知制诰、科举及第与修撰学士，这些人物形成一个具有显著共性的群体。九人均为进士或制科出身，只有陈子昂（661—702）、崔融（653—706）、富嘉谟（约 705 年卒）及张说不是享有盛名的修文馆（建于 708 年）学士，只有崔融、杜审言（705 年以后卒）及陈子昂没有参与编撰《三教珠英》（699—701），九人都在某些阶段担任学术或文学官职。此外参阅《旧唐书》卷 94"史臣曰"，第 3007 页。岑仲勉（1962a）《唐集质疑》（第 361 页）将《王泠然上张说书》定为 723 年（开元十一年）作（译者按："1962a"，原著误作"1962b"）。张说列出一份颇为相似的七世纪末八世纪初的集贤学士名单，参见《大唐新语》卷 8《文章》，第 140 页；池田温（1971）《盛唐之集賢院》（第 78 页）有所征引。

151　关于"近臣"一词，参见《河岳英灵集》卷上《高适·送韦参军》，第 78—79 页；刘开扬（1981）《高适诗集编年笺注》（第 10 页）及其中《高适年谱》（第 4 页）系此诗于约 723 年（开元十一年）（译者按："10"，原著误作"1"）。以及《元次山集》卷 5《出规》，第 65—66 页；孙望（1957）《元次山年谱》（第 19—22 页）系此文于 750—753 年（天宝九载至十二载）。以及杜甫《九家集注杜诗》卷 17《近体诗·奉赠鲜于京兆二十韵》，第 267 页。

152　《河岳英灵集》卷上《高适·行路难》，第 80 页（译者按："80"，原著误作"30"）；《王摩诘全集笺注》卷 5《古诗·偶然作六首》，第 58 页（译者按：原著阙卷"5"）；《河岳英灵集》卷上《张谓·赠乔林》，第 66 页；同书卷上《王维·寄崔郑二山人》，第 60 页；同书卷中《薛据·怀哉行》，第 88 页；宇文所安（1981）《中国诗歌的黄金时代：盛唐诗》（第 143 页，第 165—166 页等多处）详细描述玄宗朝后期的文学风气。

153　《九家集注杜诗》卷 2《古诗·自京赴奉先县咏怀五百字》，第 37 页；洪业

注 释

(1952):《杜甫：中国最伟大的诗人》，第 88 页。关于用木材暗喻此时的选官，参阅《河岳英灵集》卷中《薛据·怀哉行》，第 88 页。

154 《河岳英灵集》卷下《阎防·宿岸道人精舍》，第 114—115 页；同书卷上《刘昚虚·送东林廉上人还庐山》，第 62—63 页。

155 《河岳英灵集》卷上《李白·忆旧游寄谯郡元参军》，第 55—56 页。关于李白的讽儒诗，参见《李太白文集》卷 25《古近体诗·嘲鲁儒》，第 6 册，之第 34—35 页；关于其任翰林学士，参见《李太白文集·附录一》，李华《故翰林学士李君（白）墓志并序》，第 7 册，之第 59 页（译者按："59"，原著误作"61"）；与《李太白文集·附录五》，《李太白年谱》，第 8 册，之第 54 页；以及《文苑英华》卷 945《志·职官七》，范传正《赠左拾遗翰林供奉李白墓志》，之第 1—4 页。

156 宇文所安（1981）：《中国诗歌的黄金时代：盛唐诗》，第 169—179 页；魏礼（1950）：《李白的诗歌与生平》（译者按："1950"，原著误作"1951"）。

157 关于这一时期的杜甫，参见洪业（1952）：《杜甫：中国最伟大的诗人》，第 25—89 页；以及霍克思（1967）：《杜诗初阶》，第 1—27 页；宇文所安（1981）：《中国诗歌的黄金时代：盛唐诗》，第 183—196 页。关于元结最初欲求文学之官，参见《元次山集》卷 7《与吕相公书》，第 108 页；关于其文学当表现"下情"之信念，参见《元次山集》卷 6《春陵行》，第 91 页；与同书卷 3《系乐府十二首》，第 18—22 页。另见宇文所安（1981）：《中国诗歌的黄金时代：盛唐诗》，第 225—231 页；以及倪豪士（1976）：《元结〈系乐府十二首〉》。关于进献乐府之另一例，参见《河岳英灵集》卷上《李颀·送康洽入京进乐府诗》，第 74—75 页。

158 《新唐书》卷 202《文艺传中·郑虔传》，第 5766—5767 页；《封氏闻见记》卷 5《图画》，之第 28 页；同书卷 10《赞成》，之第 7 页；《九家集注杜诗》卷 14《古诗·故著作郎贬台州司户荥阳郑公虔》，第 212—213 页；《刘宾客嘉话录》，第 15 页；《唐语林》卷 2《文学》，第 47 页；以及洪业（1952）：《杜甫：中国最伟大的诗人》，第 66 页，第 81—82 页，第 107—108 页，第 228 页。

159 《新唐书》卷 202《文艺传中·苏源明传》，第 5771—5773 页；《元次山集》卷 10《文编序》，第 154 页；同书卷 6《时规》，第 96—97 页；《九家集注杜诗》卷 14《古诗·故秘书少监武功苏公源明》，第 210—212 页；李商隐《容州经略使元结文集后序》，《元次山集》附录二，第 174 页；芮挺章《国秀集·序》，第 126 页；《韩昌黎集》卷 19《序·送孟东野序》，第 5 册，之第 8 页；同书卷 30《碑志·唐故相权公（德舆）墓碑》，第 6 册，之第 47 页；《文苑英华》卷 972《行状·行状二》，梁肃《朝散大夫使持节常州诸军事守常州刺史赐紫金鱼袋独孤公（及）行状》，之第 10 页；《金石萃编》卷 107《皇甫湜浯溪诗刻》，之第 21 页，提及苏源明；《封氏闻见记》卷 10《赞成》，之第 7 页；以及洪业（1952）：《杜甫：中国最伟大的诗人》，第 30 页，第 81—228 页。

160 关于肃宗好学，参见《册府元龟》卷 40《帝王部·文学》，之第 25 页。德宗爱诗，显见于《旧唐书》卷 137《刘太真传》，第 3762—3763 页；《册府元龟》卷 40《帝王部·文学》，之第 26 页，之第 26—27 页（译者按："26-27·26b-27b"，原著误作"266/27b"）；同书卷 40《帝王部·好文》，之第 34 页；与《唐国史

335

补》卷下，第55页。以及《新唐书》卷203《文艺传下·刘太真传》，第5781页（译者按："5781"，原著误作"5785"）；《玉海》卷28《圣文·御集·唐德宗集》，之第3页（译者按："3·3b"，原著误作"3a"）。关于文宗，参见《册府元龟》卷40《帝王部·文学》，之第28—29页。关于宣宗和昭宗，参见《册府元龟》卷40《帝王部·文学》，之第29页。参阅《唐语林》卷2《文学》，第56页。

161 葛瑞汉（1965）：《晚唐诗选》，第141页。

162 吴光清（1937）：《印刷发明前的中国图书馆和藏书家》，第259—260页。关于苏弁藏书，参见《唐会要》卷36《修撰》，第660页；此外参阅严耕望（1959）：《唐人读书山林寺院之风尚》，第723—724页。关于杜佑藏书，参见《樊川文集》卷1《诗·冬至日寄小侄阿宜诗》，第9页。关于史官蒋乂的大规模藏书，参见《旧唐书》卷149《蒋乂传》，第4028页。其他诸例，参见《文苑英华》卷827《记·堂上》，李翰《尉迟长史（绪）草堂记》，之第10—11页；蒲立本（1959）：《刘轲：被遗忘的韩愈的竞争者》，第154页；《唐摭言》卷10《韦庄奏请追赠不及第人近代者》，第117页，陆龟蒙。

163 《旧唐书》卷46《经籍志上》，第1962页；《唐书经籍艺文合志》甲部经录《易类》，第3页；《新唐书》卷57《艺文志一》，第1423页；《唐书经籍艺文合志》甲部经录《易类》，第4页。史料显示，集贤院藏书损毁程度较轻，参见《唐会要》卷64《史馆下·集贤院》，第1120页；以及《旧唐书》卷149《蒋乂传》，第4026页。参阅《南部新书》卷丙，第22页。

164 《唐会要》卷63《史馆上·修国史》，第1095页；《册府元龟》卷556《国史部·采撰二》，之第19页（译者按："556"，原著误作"560"）；《旧唐书》卷149《于休烈传》，第4008页。

165 《册府元龟》卷50《帝王部·崇儒术二》，之第12页；《新唐书》卷57《艺文志一》，第1423页；《唐书经籍艺文合志》甲部经录《易类》，第4页。参阅《旧唐书》卷46《经籍志上》，第1962页；《唐书经籍艺文合志》甲部经录《易类》，第3页。《旧唐书》卷118《元载传》（第3409—3414页）与《新唐书》卷145《元载传》（第4711—4715页），同样未将此举归功于他。《旧唐书》卷149《于休烈传》（第4009页）显示，代宗初年，元载提拔于休烈重返要职，搜集图书可能与此相关。《新唐书》卷57《艺文志一》（第1423页）及《唐书经籍艺文合志》甲部经录《易类》（第4页）所载代宗朝参与括访图书的苗发，是"大历十才子"之一。卢纶和李端在耿湋使江南括图书之前为其饯行，参见《文苑英华》卷297《诗·行迈九》，卢纶《送耿拾遗括图书使往江湘》，之第2页（译者按："2·2b"，原著误作"26"）；《文苑英华》卷275《诗·送行十》，李端《送耿拾遗使江南括图书》，之第6页；《新唐书》卷203《文艺传下·卢纶传》，第5785—5786页。另见《唐才子传》卷4《耿湋》，第58页；与《颜鲁公文集》卷12《古近体诗·送耿湋拾遗聊句》，之第8页（译者按："8·8a"，原著误作"7b-8a"）。

166 梁肃《丞相邺侯李泌文集序》言德宗"思索时文"，参见《文苑英华》卷703《序·文集五》，之第3页；《柳河东集》卷8《行状·唐故秘书少监陈公（京）行状》，第125页。关于秘书监刘太真要求誊抄经史书籍，参见第三章注释148。

167 关于呈递皇帝但没有记载最后藏于何处的诗文，例如进献代宗的王维诗篇，参见

注 释

《旧唐书》卷190下《文苑传下·王维传》（第5053页）（译者按："190下·190C"，原著误作"190B"）。卢纶诗文进呈代宗，其后被德宗、宪宗及文宗所赞赏，参见《新唐书》卷203《文艺传下·卢纶传》，第5785页。然而，梁肃《丞相邺侯李泌文集序》显示李泌遗编被藏诸御府，参见《文苑英华》卷703《序·文集五》，之第3页。集贤院采编誊抄的僧人皎然诗集也被纳于秘阁，参见《全唐文》卷919《福琳·唐湖州杼山皎然传》，之第9页；与《文苑英华》卷712《序·诗集一》，于頔《吴兴昼公集序》，之第8页；参阅《唐国史补》卷下，第55页。道士吴筠诗集亦被接纳，参见《权载之文集》卷33《集序·唐故中岳宗元先生吴尊师（筠）集序》，之第11页。《唐会要》卷36《修撰》（第659—662页）收录安史乱后学者们撰成进献的大量典章、图籍，但同安史乱前相比（第651—659页），这一时期的记载没有标明进献后的归藏之所。只有一个例外是元和时期翰林学士沈传师上呈关于党派历史的《元和辨谤略》两部，奏请并获准将其中一部交付史馆，参见《唐会要》卷36《修撰》，第661页。

168 777年（大历十二年）底，颜真卿进献所撰词典《韵海镜原》，参见《唐会要》卷36《修撰》，第659年；《封氏闻见记》卷2《声韵》，之第23—24页。《颜鲁公文集》卷14《外集二》殷亮《颜鲁公行状》（之第7页）与《颜鲁公文集》卷14《外集二》令狐峘《光禄大夫太子太师上柱国鲁郡开国公颜真卿神道碑铭》（之第12页）显示集贤殿书院及秘阁均有副本。

169 《柳河东集》卷8《行状·故银青光禄大夫右散骑常侍轻车都尉宜城县开国伯柳公（浑）行状》，第117页。

170 《柳河东集》卷8《行状·唐故秘书少监陈公（京）行状》，第125页；《唐会要》卷64《史馆下·集贤院》，第1120—1121页。《通典》卷26《职官典·诸卿中·秘书监》，第155页注释。792年（贞元八年），陈京由连续四任本职迁秘书少监，从而掌管集贤院。其搜求遗书并增缮之，即可能与此有关。陈京所编《贞元御府群书新录》未见于《新唐书》卷200《儒学传下·陈京传》（第5710—5716页）；参阅《玉海》卷52《艺文·书目·唐贞元御府群书新录》，之第29—30页。

370

171 关于苏源明，参见《新唐书》卷202《文艺传中·苏源明传》，第5773页（译者按："5773"，原著误作"5733"）。关于包佶，参见《新唐书》卷149《刘晏传附包佶传》，第4798页。关于萧昕，参见《旧唐书》卷146《萧昕传》，第3962页。至于刘太真，《旧唐书》卷137《刘太真传》（第3762—3763页）与《新唐书》卷203《文艺传下·刘太真传》（第5781页）均未提及此任。但可参见《唐会要》卷65《秘书省》，第1124—1125页；《册府元龟》卷608《学校部·刊校》，之第28页；《文苑英华》卷702《序·文集四》，顾况《信州刺史府君（刘太真）集序》，之第10页；《全唐文》卷538《裴度·刘府君（太真）神道碑铭并序》，之第14页。关于刘太真从学萧颖士，参见《唐文粹》卷85《书七·论文下》，刘太真《上杨相公启》，之第10页。

172 《权载之文集》卷20《行状·故朝议郎守太子宾客上轻车都尉赐紫金鱼袋赠太子太傅卢公（迈）行状》，之第3页。

173 《权载之文集》卷22《墓志铭·唐故中大夫守尚书工部侍郎兼御史大夫史馆修撰

上柱国赐紫金鱼袋充吊赠吐蕃使赠礼部尚书张公（荐）墓志铭并序》，之第 7 页。

174　《柳河东集》卷 8《行状·唐故秘书少监陈公（京）行状》，第 125 页。

175　《太平广记》卷 187《职官·秘书省》，第 1404—1405 页；礪波護（1979）《唐の三省六部》（第 184 页）有所征引。这在身体衰弱、年逾八十的崔群之例中显而易见，参见《文苑英华》卷 604《表·请致仕二》，常衮《代崔公（群）授秘书监致仕谢表》，之第 7 页；与《白香山集》卷 34《中书制诰四·新体·崔群可秘书监分司东都制》，第 5 册，之第 86 页。此外，还有《唐会要》卷 67《致仕官》（第 1174 页）789 年（贞元五年）韦建之例；《旧唐书》卷 155《穆宁传》（第 4114—4115 页）790 年（贞元六年）穆宁之例；《旧唐书》卷 168《独孤郁传》（第 4381 页）独孤郁之例；《权载之文集》卷 23《墓志铭·唐故朝散大夫守秘书少监致仕周君（渭）墓志铭并序》（之第 8 页）约 803 年（贞元十九年）周渭之例。

176　参见《唐才子传》卷 4《钱起》，第 58 页；同书卷 4《夏侯审》，第 60 页；同书卷 4《李端》，第 60—61 页。关于其后年少登第授秘书省校书郎的例子有：《旧唐书》卷 166《元稹传》，第 4327 页；《旧唐书》卷 166《白居易传》，第 4340 页；《旧唐书》卷 164《李绛传》，第 4285 页；《旧唐书》卷 159《崔群传》，第 4187 页；《旧唐书》卷 159《韦处厚传》，第 4182 页；《旧唐书》卷 160《李翱传》，第 4205 页；《旧唐书》卷 190 下《文苑传下·李商隐传》，第 5077 页。关于这些职位的特殊声望，参见《通典》卷 26《职官典·诸卿中·秘书监》，第 155 页（译者按："155"，原著误作"55"）。

177　《旧唐书》卷 160《柳宗元传》，第 4213 页；《韩昌黎集》卷 32《碑志·柳子厚（宗元）墓志铭》，第 6 册，之第 69 页。

178　《文苑英华》卷 400《中书制诰·馆殿》，白居易《授王建秘书郎制》，之第 6 页；《白香山集》卷 32《中书制诰二·旧体·许季同可秘书监制》，第 5 册，之第 66 页；《文苑英华》卷 400《中书制诰·馆殿》，元稹《授张籍秘书郎制》，之第 6 页。

179　《唐会要》卷 65《秘书省》，第 1125 页。

180　《册府元龟》卷 620《卿监部·举职》，之第 33 页。这一上奏称秘书省藏书六万余卷，但是鉴于 836 年（开成元年）的准确数字，此处想必是夸大的粗略估计；参见下一注释。

181　《唐会要》卷 65《秘书省》，第 1125 页；《旧唐书》卷 17 下《文宗纪下》，第 566 页；《册府元龟》卷 608《学校部·刊校》，之第 29 页；《旧唐书》卷 46《经籍志上》，第 1962 页；《唐书经籍艺文合志》甲部经录《易类》，第 3 页；《新唐书》卷 57《艺文志一》，第 1423 页；《唐书经籍艺文合志》甲部经录《易类》，第 4 页。文宗初年集贤学士刘禹锡供进新书二千余卷，参见《刘禹锡集》卷 5《表章五·苏州谢上表》，第 137 页。此外参阅《唐大诏令集》卷 51《大臣·宰相·馆职·牛僧孺集贤殿大学士监修国史制》，第 264 页。（译者按：原著为"五万四千四百七十六卷"，《唐会要》《旧唐书·文宗纪》为"五万六千四百七十六卷"。）

182　关于安史乱后的类书，参见张涤华（1958）：《类书流别》，第 45—46 页，第 79—80 页；以及《新唐书》卷 59《艺文志三》，第 1563—1564 页；《唐书经籍艺文合志》丙部子录《类书类》，第 267—269 页。《旧唐书》卷 166《白居易传》（第 4356 页）载有《经史事类》三十卷（《白氏六帖》），参见《新唐书》卷 59《艺文志三》，第 1564 页（译者按："1564"，原著误作"154"）；与《唐书经籍艺文合志》丙部子录《类书类》，第 268 页。并参阅《黄鉴杨文公谈苑》，收入《宋朝小说大观》，第 490 页；与《四库全书总目提要》卷 135《子部·类书类一》，第 2787—2788 页。关于元稹《元氏类集》三百卷，参见第五章注释 234。关于一部未及进献的大型类书（《化统》）五百卷，参见《唐国史补》卷下，第 54 页；《新唐书》卷 59《艺文志三》，第 1536 页；《唐书经籍艺文合志》丙部子录《杂家类》，第 218 页。关于另外两部类书，参见《旧唐书》卷 158《郑余庆传附郑瀚传》，第 4167 页（《经史要录》）；《册府元龟》卷 607《学校部·撰集》，之第 18 页；与《旧唐书》卷 176《魏暮传》，第 4571 页（《魏氏手略》）。关于 834 年（大和八年）进上的续《文选》之作（裴潾《通选》），参见《唐会要》卷 36《修撰》，第 662 页；《册府元龟》卷 607《学校部·撰集》，之第 18 页；《旧唐书》卷 17 下《文宗纪下》，第 553 页；《旧唐书》卷 171《裴潾传》，第 4449 页（《大和通选》）（译者按："4449"，原著误作"449"）。《通典》和《唐会要》均被归入此类，参见李翰《通典序》；《新唐书》卷 59《艺文志三》，第 1563 页；《唐书经籍艺文合志》丙部子录《类书类》，第 267 页。

183 《旧唐书》卷 46《经籍志上》，第 1962—1963 页；《唐书经籍艺文合志》甲部经录《易类》，第 3—4 页；《新唐书》卷 57《艺文志一》，第 1423 页；花房英树（1950）：《文苑英華の編纂》，第 125 页（译者按："1950"，原著误作"1951"）。

184 关于用"外"指称秘书省，参见《韩昌黎集》卷 21《序·送郑十校理序》，第 5 册，之第 38 页；韩愈称集贤殿之职比秘书省更有威望，且藏书逾两倍于秘书省。

185 孙国栋（1980）：《唐代中书舍人迁官途径考释》，第 47—48 页。

186 高仲武《唐中兴间气集序》，《中兴间气集》，第 302—303 页。

187 《旧唐书》卷 126《李揆传》，第 3559 页；《旧唐书》卷 137《徐浩传》，第 3759 页；贾至，参见下文注释。

188 《元次山集》卷 7《时规》，第 96—97 页，759 年（乾元二年）；以及《新唐书》卷 202《文艺传中·苏源明传》，第 5772 页；《旧唐书》卷 190 下《文苑传下·王维传》，第 5052 页；《旧唐书》卷 190 中《文苑传中·贾曾传附贾至传》，第 5029—5031 页。《旧唐书》卷 108《韦见素传》（第 3277 页）提及肃宗即位时贾至为中书舍人。756 年（至德元载）陈涛斜之战前，贾至为起居郎、知制诰，参见《旧唐书》卷 111《房琯传》，第 3321 页。贾至任中书舍人直到 758 年（乾元元年），并于代宗初年再任。参见对其履历的详细梳理，傅璇琮（1980）：《唐代诗人丛考》，第 177—189 页。另见《皇甫持正文集》卷 1《杂著·论业》，之第 6 页。关于杨绾，参见《旧唐书》卷 119《杨绾传》，第 3430 页。

189 《旧唐书》卷 119《常衮传》，第 3445—3446 页；《新唐书》卷 150《常衮传》，第 4810 页；《旧唐书》卷 119《崔祐甫传》，第 3440 页；《旧唐书》卷 118《杨炎传》，第 3419 页。关于后世的称颂，参见郑亚《李文饶文集序》，《李文饶文集》，之第 1 页。关于杨炎的更广泛的研究，参见蒲立本（1960）：《唐代文人生活中的新儒家与新法家》，第 81—82 页，第 85 页，第 102 页；杜希德（1970）：

《唐代财政》，第 39 页，第 112—113 页。

190　《旧唐书》卷 119《崔祐甫传》，第 3440—3441 页；《资治通鉴》卷 225 唐代宗大历十三年（778）第 6 条，第 7251 页。此外，刻写华丽的崔氏墓志现藏开封市博物馆，参见戴何都译（1975a）：《唐代崔沔及其夫人王氏与崔祐甫墓志》，第 99 页。

191　权德舆《唐陆宣公翰苑集序》，《陆宣公翰苑集》，之第 1—5 页。关于陆宣公及其范围宽广的行政观点，参见杜希德（1960）：《陆贽：皇帝顾问与朝廷官员》。关于对陆宣公任知贡举的评论，参见《唐会要》卷 76《贡举中·缘举杂录》（第 1384 页）"数年之内，居台省者十余人"。陆贽有关"权"的理论，参见《唐陆宣公翰苑集》卷 16《奏草·论替换李楚琳状》（之第 20 页）引《论语·子罕第九》（第 30 条）。另见第五章注释 158。

192　《旧唐书》卷 127《彭偃传》，第 3581 页。

193　《旧唐书》卷 163《卢简辞传附卢纶传》，第 4268 页；《唐才子传》卷 4《卢纶》，第 56 页。另外三位是吉中孚、韩翃与钱起，均为进士，参见《旧唐书》卷 163《卢简辞传附卢纶传》，第 4268—4269 页；《唐才子传》卷 4《吉中孚》，第 57 页；同书卷 4《韩翃》，第 57 页；与同书卷 4《钱起》，第 58—59 页；并参阅上文注释 174。韦渠牟得幸于德宗，向德宗举荐（其甥）卢纶，但不久卢纶即卒。《旧唐书》卷 135《韦渠牟传》（第 3728 页）显示其于 796 年（贞元十二年）得幸。

194　《旧唐书》卷 190 下《文苑传下·吴通玄传》，第 5057—5058 页。吴氏兄弟与陆宣公之间存在敌意，参见权德舆《唐陆宣公翰苑集序》，《陆宣公翰苑集》，之第 3 页。

195　《旧唐书》卷 147《高郢传》，第 3976—3977 页。关于德宗"重难除授"，例见《旧唐书》卷 135《韦渠牟传》，第 3729 页。关于权德舆，参见《旧唐书》卷 148《权德舆传》，第 4003 页；杨嗣复《权载之文集序》，《权载之文集》，之第 1 页；以及《皇甫持正文集》卷 1《杂著·论业》，之第 6 页。

196　关于高郢与权德舆知贡举，参见第三章注释 129 及注释 130。

197　《孙樵集》卷 2《与友人论文书》，之第 12 页；《旧唐书》卷 189 下《儒学传下·韦表微传》，第 4979 页（译者按："4979"，原著误作"4975"）。

198　元稹《承旨学士院记》成书于 821 年（长庆元年），列举十五位承旨学士；从元稹到 825 年（宝历元年）任命的韦处厚，是后来所加；参见毕少夫（1963）：《翰林：唐代翰林院研究及〈翰林志〉译注》，第 26 页。这些翰林职位在《旧唐书》的相关传记中可以得到确认，不过没有指明承旨学士的头衔；例见《旧唐书》卷 164《李绛传》，第 4286 页；《旧唐书》卷 159《崔群传》，第 4187—4188 页；《旧唐书》卷 169《王涯传》，第 4401—4402 页。

199　白居易《白香山集》卷 38《翰林制诏二·钱徽司封郎中知制诰制》，第 6 册，之第 46 页；以及杜牧《樊川文集》卷 17《庾道蔚守起居舍人李汶儒守礼部员外郎充翰林学士等制》，第 257—258 页（译者按："257-258"，原著误作"261-2"）。

200　元稹的诗人才名致使穆宗直接任命他为知制诰，参见《旧唐书》卷 166《元稹传》，第 4333 页。在元稹起草的授白居易知制诰的制文中，皇帝称赞白居易之文"留在人口"，参见《元氏长庆集》卷 45《制诰·白居易授尚书主客郎中知制诰》，之第 3 页。关于元稹对所撰制诰的自我评价，参见《元氏长庆集》卷 40《制诰·制诰序》，之第 1 页。

201 《韩昌黎集》卷 13《杂著·新修滕王阁记》，第 4 册，之第 13 页；《旧唐书》卷 160《韩愈传》，第 4198 页；花房英树（1964）：《韓愈歌詩索引》，第 379 页；蔡涵墨（1986）：《韩愈与唐代的大一统努力》，第 78—80 页。另一例子是王仲舒，参见《旧唐书》卷 190 下《文苑传下·王仲舒传》，第 5058—5059 页。掌文书者在文苑词林中的声望极其崇高，正如皇甫湜列举张说已降十一位"大手笔"所示：张说、苏颋、李邕、贾至、李华、独孤及、杨炎、权德舆、韩愈、李翱、沈传师；其中只有李邕、李华与独孤及不是知制诰，而李华曾伪任安史叛军中书舍人；参见《皇甫持正文集》卷 1《杂著·论业》，之第 6 页。

202 《旧唐书》卷 173《李绅传》，第 4497 页；《旧唐书》卷 166《元稹传》，第 4333 页；《旧唐书》卷 174《李德裕传》，第 4509 页。

203 关于沈传师，参见《樊川文集》卷 14《唐故尚书吏部侍郎赠吏部尚书沈公（传师）行状》，第 212—213 页；《旧唐书》卷 149《沈传师传》，第 4037 页。关于其子沈询，参见《旧唐书》卷 149《沈传师传附沈询传》，第 4037 页；与《文苑英华》卷 384《中书制诰·翰苑》，崔嘏《授沈询翰林学士制》，之第 7—8 页。

204 《旧唐书》卷 160《李翱传》，第 4208 页。

205 关于杜牧，参见《旧唐书》卷 147《杜佑传附杜牧传》，第 3986 页；与裴延龄《樊川文集序》，《樊川文集》，第 1 页，第 3 页。关于柳璟，参见《旧唐书》卷 149《柳登传附柳璟传》，第 4033 页。关于孙简，参见《新唐书》卷 202《文艺传中·孙逖传附孙简传》，第 5761 页。

206 《旧唐书》卷 190 下《文苑传下·李巨川传》，第 5081 页。

207 晚唐知制诰的传记载于《旧唐书》卷 190 下《文苑传下》（第 5077—5085 页）。一些晚唐制诰集列入《新唐书》卷 60《艺文志四》（第 1616—1617 页）与《唐书经籍艺文合志》丁部著录《别集类》（第 363 页）。唐朝最后一位知制诰是 898—901 年（光化元年至四年）任中书舍人的薛廷珪，参见《旧唐书》卷 190 下《文苑传下·薛逢传附薛廷珪传》，第 5080 页。

208 《欧阳行周文集》卷 9《序·别柳由庚序》，第 89—90 页。关于"文道"始于"中古"之争，参阅《文苑英华》卷 369《杂文·谏刺杂说》，尚衡《文道元龟并序》，之第 2 页。

209 《旧唐书》卷 119《杨绾传》，第 3430—3436 页；《旧唐书》卷 190 中《文苑传中·贾曾传附贾至传》，第 5029—5031 页（译者按："190 中·190B"，原著误作"190C"）；《唐会要》卷 76《贡举中·孝廉举》，第 1395—1396 页；《册府元龟》卷 640《贡举部·条制二》，之第 4—11 页；徐松《登科记考》卷 10《唐代宗》（之第 11 页）引宋代学者张方平（1007—1091）《乐全集》卷 8《刍荛论·选举论·选格》（之第 9 页）（译者按："《乐全集》·Le-ch'üan chi"，原著误作"Lo-ch'üan chi"），载杨绾奏请废除明经、进士之科，且已切实执行，但其后因被近臣阻扰而复旧。

210 《通典》卷 17《选举典·杂议论中》，第 97 页；《文苑英华》卷 765《议·选举》，赵匡《举选议》，之第 6 页。

211 《通典》卷18《选举典·杂议论下》（第101—102页）载沈既济为礼部员外郎；《资治通鉴》卷226唐代宗大历十四年（779）第3条（第7268页）包含其部分上议，但却将其官职记为协律郎。《文苑英华》卷759《论·杂论中》，沈既济《词科论并序》（之第1页）与《通典》卷15《选举典·历代制下》（第84页）载有沈既济关于以文章选士的另一篇文章，但与《通典》一样称其为"礼部员外郎"。《樊川文集》卷14《唐故尚书吏部侍郎赠吏部尚书沈公（传师）行状》（第212页）与《旧唐书》卷149《沈传师传附沈既济传》（第4037页）显示此即沈既济的最终职位。

212 《唐会要》卷76《贡举中·进士》，第1380页（译者按："76"，原著误作"75"）；同书卷75《贡举上·明经》，第1374页；《册府元龟》卷640《贡举部·条制二》，之第11—12页，赵赞建议；《登科记考》卷11《唐德宗》，之第27页徐松注；此外参阅《旧唐书》卷130《关播传》，第3627页，关播与德宗奏对。

213 《李元宾文集》卷3《上陆相公书》，第30页（译者按："《李元宾文集》·*Li Yüan-pin wen chi*"，原著误作"*Li Pin-k'o wen ji*"；"3""30"，原著误作"6/7b"）；《权载之文集》卷39《序·送陈秀才应举序》，之第11；同书卷41《书·（附）柳福州书》《书·答柳福州书》，之第1—4页。在《权载之文集》卷37《序·送三从弟况赴义兴尉序》（之第11页）中，权德舆提及其与河东柳敬封（冕?）、吴郡陆伯冲（淳?）寓书往复，论取士之道；《欧阳行周文集》卷9《序·别柳由庚序》，第89—90页（译者按："89"，原著误作"8"）；《白香山集》卷48《策林四·六十八议文章 碑碣词赋》，第7册，之第83—84页；《柳河东集》卷36《启·上大理崔大卿应制举不敏启》，第567页。

214 关于陆宣公，参见李贻孙《欧阳行周文集序》，《欧阳行周文集》，第3页；与《刘禹锡集》卷19《集纪·唐故衡州刺史吕君（温）集纪》，第171页（译者按："9""171"，原著误作"2/16"）。关于权德舆，参见《韩昌黎集》卷4《古诗·燕河南府秀才》，第2册，之第34—35页。802年（贞元十八年），韩愈致信陆傪，根据文才推荐举子，特别推荐刘述古的诗才；参见《韩昌黎集》卷17《书·与祠部陆员外书》，第4册，之第75—76页。关于权德舆的科举选士策问，参见《权载之文集》卷40《问·进士策问五道》，之第4页。关于其对科举中辞章技巧地位的反思，参见同书卷41《书·（附）柳福州（冕）书》《书·答柳福州书》，之第1—4页。

215 《旧唐书》卷147《高郢传》，第3976页（译者按："147"，原著误作"167"）；《元氏长庆集》卷51《序·白氏长庆集序》，之第1页。元稹强调白居易关于《论语·阳货第十七》（第2条）之赋（《省试性习相近远赋》）被新进士竞相传诵。高郢在这方面的声望很可能源于其用《论语》主题作赋，参见《文苑英华》卷189《诗·省试十》，《行不由径》，之第2—3页；《登科记考》卷14《唐德宗》，之第22页；《论语·雍也第六》，第14条；《白香山集》卷21《诗赋·省试性习相近远赋》（中书侍郎高郢下试），第4册，之第68—69页；与《登科记考》卷14《唐德宗》，之第27—28页；《论语·阳货第十七》，第2条。顾少连是另一位以同样方式举荐择士的知贡举，参见《柳河东集》卷30《书明谤责躬·与顾十郎书》，第496页；与《文苑英华》卷988《祭文·交旧十一》，吕温

注　释

《祭座主故兵部尚书顾公（少连）文》，之第 4—6 页。

216　《通典》卷 13《选举典·序》，第 73 页。在唐代以前，杜佑所仰慕的苏绰已经提出同样的看法，参见《周书》卷 23《苏绰传》，第 386—387 页。太宗也有类似言论，参见《贞观政要》卷 3《择官第七》，第 74 页，载为 628 年（贞观二年）；《资治通鉴》卷 192 唐太宗贞观元年（627）第 6 条，第 6032 页（译者按："6032"，原著误作"6063"）。

217　关于柳冕书信，参见《唐文粹》卷 79《书一·论政》，柳冕《谢杜相公论房杜二相书》，之第 2 页。柳冕对杜佑观点的描述与《通典》卷 18《选举典·杂议论下》（第 104 页）显然一字不差（译者按："104·104.2"，原著误作"104.3"）。（杜佑描述的语气同《旧唐书》卷 66"史臣曰"（第 2472 页）对房玄龄和杜如晦的赞颂形成鲜明对比。宋代赞房、杜本于柳冕之父柳芳，参见《群书考索》卷 15《正史门·唐史类》，第 432 页。）（译者按："432"，原著误作"2b"）（元代戈直《贞观政要》"集论"收录柳芳对房玄龄和杜如晦简明但并未增广信息的颂词，参见 1465 年（明成化元年）刻戈直集论本《贞观政要》卷 2《任贤第三》，之第 5 页。）有人指控房、杜为相时，不能在文弊之后反之于质，柳冕则为其二人辩解。

218　《元氏长庆集》卷 28《策·才识兼茂明于体用策一道》，之第 5 页；《皇甫持正文集》卷 3《策·制策一道》，之第 9 页。

219　《唐文粹》卷 26 上《表奏书疏乙·崇儒五》，舒元舆《上论贡士书》，之第 12 页；《元氏长庆集》卷 40《制诰·制诰序》，之第 1 页；《沈下贤文集》卷 8《书·与京兆试官书》，第 79—80 页；《孙樵集》卷 2《与友人论文书》，之第 11 页；《文苑英华》卷 742《论·文》，牛希济《文章论》，之第 10 页；与《文苑英华》卷 760《论·杂论下》，牛希济《荐士论》，之第 13 页。此外参阅《通典》卷 15《职官典·历代制下》，第 84 页注释；与《文苑英华》卷 759《论·杂论中》，沈既济《词科论并序》，之第 1 页；《文苑英华》卷 936《志·宰相一》，张九龄《开府仪同三司行尚书左丞相燕国公赠太师张公（说）墓志铭》，之第 5 页；《史通通释》卷 6《内篇·叙事》，之第 18 页；《群书治要序》，《群书治要》，之第 1 页。

220　《旧唐书》卷 173《郑覃传》（第 4491 页）系于"开成初"；《旧唐书》卷 17 下《文宗纪下》，第 551 页；《唐大诏令集》卷 29《皇太子·册太子赦·大和七年册皇太子德音》，第 106 页；以及《登科记考》卷 21《唐文宗》，之第 5 页徐松注。

221　《文苑英华》卷 704《序·文集六》（许孟容《穆公集序》，之第 8 页）认为"三代之风"乃班固所说；《文苑英华》卷 700《序·文集二》，张说《上官昭容集序》，之第 5 页；《文苑英华》卷 384《中书制诰·翰苑》，元稹《授学士沈传师加舍人制》，之第 2 页；《白香山集》卷 33《中书制诰三·旧体·元稹除中书舍人翰林学士赐紫金鱼袋制》，第 5 册，之第 76 页；与同书卷 48《策林四·六十八议文章 碑碣词赋》，第 7 册，之第 84 页（译者按："六十八·68"，原著误作"84"）；《旧唐书》卷 190 上《文苑传上·序》，第 4982 页，贞观文风（"同乎三代"）；《玉海》卷 57《艺文·记·唐景龙文馆记》，之第 36 页。

222　《文苑英华》卷 680《书·文章中》，裴度《寄李翱书》，之第 9—11 页；《唐文粹》卷 86《书八·师资七》，崔元翰《与常州独孤使君书》，之第 7 页；《唐文粹》卷 46《古文戊·解十一》，韦筹《文之章解》，之第 11 页。

223 麦大维（1973）：《八世纪中叶的历史和文学理论》，第 337 页与注释 168—173。

224 《文苑英华》卷 701《序·文集三》，李华《扬州功曹萧颖士文集序》，之第 6 页，引萧颖士；《颜鲁公文集》卷 5《记·通议大夫守太子宾客东都副留守云骑尉赠尚书左仆射博陵崔孝公（沔）宅陋室铭记》，之第 16 页；《颜鲁公文集》卷 5《序·尚书刑部侍郎赠尚书右仆射孙逖文公集序》，之第 1 页，修改对陈子昂的赞颂；李阳冰《草堂集序》，《李太白文集》；《毗陵集》卷 13《集序·检校尚书吏部员外郎赵郡李公（华）中集序》，之第 2 页；《文苑英华》卷 702《序·文集四》，李舟《独孤常州（及）集序》，之第 9 页；《文苑英华》卷 703《序·文集五》，梁肃《补阙李君（翰）前集序》，之第 6 页；《韩昌黎集》卷 19《序·送孟东野序》，第 5 册，之第 8 页；《柳河东集》卷 21《题序·杨评事（凌）文集后序》，第 372 页；《白香山集》卷 1《讽谕一·古调诗五言·初授拾遗诗》，第 2 册，之第 5 页；同书卷 28《书序·与元九书》，第 5 册，之第 27—29 页；《元氏长庆集》卷 30《书·叙诗寄乐天书》，之第 1 页；《金石萃编》卷 107《皇甫湜浯溪诗刻》，之第 21 页；《司空表圣诗集》卷 1《五言古诗·效陈拾遗子昂感遇三首》，之第 2—3 页。

225 《唐文粹》卷 92《序乙·集序》，颜真卿《唐尚书刑部侍郎赠尚书右仆射孙逖文公集序》，之第 6 页；《文苑英华》卷 703《序·文集五》，梁肃《补阙李君（翰）前集序》，之第 6—8 页，"三变"改作"三振"；《唐文粹》卷 84《书六·论文上》，柳冕《与滑州卢大夫论文书》，之第 1 页；《论语·雍也第六》，第 24 条；《论语·子张第十九》，第 9 条。"三变"概念用于文史可能出现在安史乱前，《颜鲁公文集》卷 5《序·尚书刑部侍郎赠尚书右仆射孙逖文公集序》（之第 1 页）载官方学者孙逖了解"文统三变"。在宋代，"三变"用来表示唐代文学的全过程，参见《新唐书》卷 201《文艺传上》，第 5725—5726 页（译者按："201"，原著误作"200"）。此外参阅杜确《岑嘉州诗集序》，《岑嘉州诗》，之第 1—2 页；《元氏长庆集》卷 56《碑铭·唐故工部员外郎杜君（甫）墓系铭并序》，之第 3 页；《文苑英华》卷 703《序·文集五》，梁肃《常州刺史独孤及集后序》，之第 5—6 页。诗之"变"典出经传，例见孔颖达《左传注疏》卷 39，之第 8 页。

226 柳冕的一组论文书信见于《唐文粹》卷 84《书六·论文上》，之第 1—4 页，之第 8—9 页。关于柳冕的文学观点，参见小尾郊一（1962）：《柳冕の文论》，第 27—37 页。

227 《韩昌黎集》卷 21《序·送高闲上人序》，第 5 册，之第 28—29 页；《唐文粹》卷 84《书六·论文上》，柳冕《答荆南裴尚书论文书》，之第 2 页；钱穆（1957）：《杂论唐代古文运动》，第 144 页；倪德卫（1960）：《反抗传统与传统的反抗》，第 182—186 页；蔡涵墨（1986）：《韩愈与唐代的大一统努力》，第 211—257 页。

228 关于柳冕和梁肃所论之"气"，其意义是人的道德精神，首先经受熏陶，然后表现个性；参见小尾郊一（1962）：《柳冕の文论》，第 36—37 页；以及《韩昌黎集》卷 16《书·答李翊书》，第 4 册，之第 58—59 页。钱穆（1957）《杂论唐代古文运动》（第 142 页）认为韩愈"气"的观念受到孟子的影响。

229 《韩昌黎集》卷 19《序·送孟东野序》，第 5 册，之第 7—9 页；同书卷 15《书·

上兵部李侍郎书》，第 4 册，之第 43—44 页；同书卷 17《书·答冯宿书》，第 4 册，之第 71—72 页；同书卷 20《序·荆潭唱和诗序》，第 5 册，之第 24—25 页。另见陈寅恪（1936）：《韩愈与唐代小说》，第 39—43 页；季镇淮（1958）：《韩愈的古文理论和实践》，第 77—85 页；顾易生（1962）：《试谈韩愈的尚奇及韩文与辞赋骈文的关系》，第 66—72 页；以及宇文所安（1975）：《韩愈和孟郊的诗歌》，第 119 页，第 126—128 页。

230 《韩昌黎集》卷 17《书·与冯宿论文书》，第 4 册，之第 74—75 页。关于李翱很久以后的回忆，参阅《刘禹锡集》卷 19《集纪·唐故中书侍郎平章事韦公（处厚）集纪》，第 166 页。关于韩愈与李翱联姻，参见《韩昌黎集》卷 4《古诗·送李翱》，第 2 册，之第 35 页及注释（译者按："35"，原著误作"135"）。

231 《李文公集》卷 8《书·寄从弟正辞书》，第 64 页。李翱谴责文章仅为"一艺"的观点，裴度对此颇为赞许并加引述，参见《文苑英华》卷 680《书·文章中》，裴度《寄李翱书》，之第 9 页。

232 《李文公集》卷 8《书·寄从弟正辞书》，第 63—64 页。

233 初唐及中唐"古文"的用法通常含有明确的古文字著作或古代著作之义；例见《旧唐书》卷 189 上《儒学传上·曹宪传》，第 4945 页；《史通通释》卷 4《内篇·断限》，之第 12 页；与同书卷 13《外篇·疑古》，之第 2 页；《文苑英华》卷 699《序·文集一》，高士廉《文思博要序》，之第 4 页；《封氏闻见记》卷 2《文字》，之第 1—2 页；李汉《韩昌黎集序》，《韩昌黎集》，之第 1 页。在李翱同时代学者的用法中，"古文"成为一种与当下之行显出距离的文体，后者是更加自由、个性与富于想象的表达思辨的媒介；参见《李文公集》卷 7《书·与陆傪书》，第 50 页；同书卷 8《书·荐所知于徐州张仆射书》，第 55 页（译者按："8"，原著误作"7"）；同书卷 11《行状实录·故正议大夫行尚书吏部侍郎上柱国赐紫金鱼袋赠礼部尚书韩公（愈）行状》，第 90 页；同书卷 6《书·答朱载言书》，第 43 页；以及《韩昌黎集》卷 22《哀辞·独孤申叔哀辞》，第 5 册，之第 47 页。关于组合"古"这一命题的过程，参见《元次山集》附录二，颜真卿《唐故容州都督兼御史中丞本管经略使元君（结）表墓碑铭并序》，第 168—169 页。

234 《柳河东集》卷 34《书·答韦中立论师道书》，第 542—543 页；同书卷 31《题序·柳宗直西汉文类序》，第 371 页；同书卷 36《启·上大理崔大卿应制举不敏启》，第 568 页；《韩昌黎集》卷 32《碑志·柳子厚（宗元）墓志铭》，第 6 册，之第 71 页；钱穆（1957）：《杂论唐代古文运动》，第 135—137 页；郭绍虞（1955）：《中国文学批评史》，第 116—121 页；罗根泽（1957）：《中国文学批评史》，第 147—153 页；根兹勒（1966）：《柳宗元的文学传记》，第 31 页，第 158—182 页；以及倪豪士（1973）：《柳宗元》，第 36—38 页。

235 参见上文注释 157；以及《旧唐书》卷 99《崔日用传》，第 3088 页；《大唐开元礼》卷 62《吉礼·皇帝巡狩·考制度》，之第 15 页；《新唐书》卷 14《礼乐志四》，第 355 页；《旧唐书》卷 187 上《忠义传上·苏安恒传》，第 4880—4881 页；《唐文粹》卷 84《书六·论文上》，柳冕《答杨中丞论文书》，之第 8 页；《权载之文集》卷 37《序·送从兄南仲登科后归汝州旧居序》，之第 8 页；《唐会

236 《白香山集》卷1《讽谕一·古调诗五言·读张籍古乐府诗》，第2册，之第1—2页；同书卷1《讽谕一·古调诗五言·寄唐生诗》，第2册，之第10页；同书卷28《书序·与元九书》，第5册，之第27—28页；同书卷4《讽谕四·新乐府·采诗官》，第2册，之第55—56页；同书卷30《试策问制诰·进士策问五道》，第5册，之第52页；同书卷48《策林四·六十九采诗 以补察时政》，第7册，之第84—85页。郭绍虞（1955）：《中国文学批评史》，第98—105页；罗根泽（1957）：《中国文学批评史》，第68—74页，第77—80页；魏礼（1949）：《白居易的生平及其时代》，第107—114页；荣之颖（1977）：《元稹》，第55—59页。

237 罗根泽（1957）：《中国文学批评史》，第160—163页；参阅《唐国史补》卷下，第57页；《皇甫持正文集》卷4《书·答李生第二书》，之第4页；参阅同书卷4《书·答李生第一书》，之第3页。

238 《沈下贤文集》卷9《序·送韩静略序》，第90—91页。关于这一园艺隐喻的细微迹象，参阅《韩昌黎集》卷15《书·答尉迟生书》，第4册，之第44—45页。

239 《孙樵集》卷2《与王霖秀才书》，之第10页。随后（之第10—11页）列举个人作品，包括韩愈《进学解》，以及从孙樵回溯至韩愈的传递路线。

240 参见李商隐《李义山文集》卷4《书·上崔华州书》，之第1页（译者按：原著误作《元次山集》附录《容州经略使元结文集后序》，第175页）。

376　241 罗根泽（1957）：《中国文学批评史》，第174—180页。

第七章　结语

1　《通典》卷18《选举典·杂议论下》，第101页，沈既济。

2　《唐文粹》卷87《书九·自荐》，房琯《上张燕公书》，之第1页。

3　《文苑英华》卷678《书·赠答中》，萧颖士《赠韦司业（述）书》，之第6页。

4　《唐文粹》卷85《书七·论文下》，刘太真《上杨相公启》，之第10页。

5　《颜鲁公文集》卷7《碑铭二·唐故通议大夫行薛王友柱国赠秘书少监国子祭酒太子少保颜君（惟贞）碑铭》，之第12页；同书卷14《外集二》，殷亮《颜鲁公行状》，之第2页。

6　《韩昌黎集》卷17《书·与祠部陆员外书》，第4册，之第76页。

7　曾被提名的学者举例如下：《旧唐书》卷101《薛登传》（谦光），第3141页；《旧唐书》卷98《李元纮传》，第3075页；《元次山集》卷6《元鲁县（德秀）墓表》，第82—83页；《文苑英华》卷701《序·文集三》，李华《杨骑曹（极）集序》，之第7页（译者按："701"，原著误作"703"）；《柳河东集》卷8《行状·故银青光禄大夫右散骑常侍轻车都尉宜城县开国伯柳公（浑）行状》，第120—121页；《新唐书》卷200《儒学传下·啖助传附仲子陵传》，第5707页；《旧唐书》卷190中《文苑传中·席豫传》，第5036页；《旧唐书》卷100《王丘传》，第3133页。

8　《旧唐书》卷73《颜师古传》，第2595页。

9　《旧唐书》卷72《李百药传》，第2577页。

注　释

10　《旧唐书》卷92《韦安石传附韦陟传》，第2959页。此外参阅《旧唐书》卷99《张嘉贞传》，第3092—3093页。

11　《旧唐书》卷125《萧复传》，第3550—3551页。

12　《权载之文集》卷31《记·司徒岐公杜城郊居记》，之第6—7页。

13　《旧唐书》卷170《裴度传》，第4432页。

14　《白香山集》卷61《铭志赞序祭文记辞传·醉吟先生传》，第9册，之第70页；魏礼（1949）：《白居易的生平及其时代》，第190—192页；《白香山集》卷28《书序·与元九书》，第5册，之第27页，称其早年生活比较贫苦。

15　《左传注疏》卷35，之第12页；《全唐文》卷175《崔行功·赠太师鲁国孔宣公碑》，之第3页；《李太白文集·附录一》，李华《故翰林学士李君（白）墓志并序》，第7册，之第60页；《文苑英华》卷678《书·赠答中》，萧颖士《赠韦司业（述）书》，之第9页；《唐文粹》卷84《书六·论文上》，柳冕《答徐州张尚书论文武书》，之第4页（译者按："4·4a"，原著误作"40"）；唐代"立言"用于人名，参见《旧唐书》卷169《罗立言传》，第4410页，罗立言；《新唐书》卷75下《宰相世系表五下》，第3433页，孔立言；《新唐书》卷75上《宰相世系表五上》，第3320页，郑立言；以及《新唐书》卷58《艺文志二》，第1499页，杜信，字立言。

16　《贞观政要》卷3《封建第八》，第87—95页。

17　《新唐书》卷202《文艺传中·苏源明传》，第5772页（译者按："5772"，原著误作"5722"）。

18　《毗陵集》卷4《表上·谏表》，之第5—7页；《资治通鉴》卷223唐代宗永泰元年（765）第5条，第7173页。

19　《颜鲁公文集》卷2《疏·论百官论事疏》，之第2—3页；《资治通鉴》卷224唐代宗大历元年（766）第5条，第7189—7190页。

20　《旧唐书》卷82《许敬宗传》，第2764—2765页。

21　《旧唐书》卷136《卢迈传》，第3753—3754页。

22　罗振玉（1909）：《昭陵碑录》卷1，第16页，第17页。

23　《韩昌黎集》卷33《碑志·唐正议大夫尚书左丞孔公（戣）墓志铭》，第6册，之第80页。

24　《颜鲁公文集》卷7《碑铭二·晋侍中右光禄大夫本州大中正西平靖侯颜公（含）大宗碑铭》，之第3页；同书卷7《碑铭二·唐故通议大夫行薛王友柱国赠秘书少监国子祭酒太子少保颜君（惟贞）碑铭》，之第11—12页；同书卷8《神道碑铭一·秘书省著作郎夔州都督长史上护军颜公（勤礼）神道碑》，之第3页。此赞乃太宗命中书舍人萧钧所作（译者按："萧钧·Hsiao Chün"，原著误作"Hsiao Yü"）。

25　《颜鲁公文集》卷7《碑铭二·唐故通议大夫行薛王友柱国赠秘书少监国子祭酒太子少保颜君（惟贞）碑铭》，之第12页。此外参阅《颜鲁公文集》卷8《神道碑铭一·正议大夫行国子司业上柱国金乡县开国男颜府君（允南）神道碑铭》（之第6—7页），玄宗御撰《华岳碑》并书，令打拓片百本以赐朝臣，而颜家即获赐两本。

26　《颜鲁公文集》卷7《碑铭二·唐故通议大夫行薛王友柱国赠秘书少监国子祭酒太

子少保颜君（惟贞）碑铭》，之第 11 页。此外，《颜鲁公文集》卷 8《神道碑铭一·秘书省著作郎夔州都督长史上护军颜公（勤礼）神道碑》（之第 4 页）引柳芳《续卓绝》，展现颜氏十四人以上四世为"学士"和"侍读"。关于柳芳与颜真卿的友情，参见《唐摭言》卷 7《知己》，第 80 页。

27 例如《颜鲁公文集》卷 7《碑铭二·唐故通议大夫行薛王友柱国赠秘书少监国子祭酒太子少保颜君（惟贞）碑铭》，之第 12 页。颜真卿为家族成员所写的纪念文章，有时会并入或提及皇帝对其谢上表高度称赞的批答，见于《颜鲁公文集》卷 1《表·皇帝即位贺上皇表》（玄宗作为上皇批答），之第 2 页；同书卷 1，系列谢上表（肃宗批答），第 3—6 页（译者按："3-6·3a-6b"，原著误作"3a-7a"）；同书卷 1，系列谢上表（代宗批答），第 7—8 页。

28 参见第六章注释 168。

29 《旧唐书》卷 188《孝友传·李日知传》，第 4927 页；《颜鲁公文集》卷 9《神道碑铭二·左卫率府兵曹参军赐紫金鱼袋颜君（幼舆）神道碑铭》，之第 14 页；《旧唐书》卷 102《韦述传》，第 3185 页；《文苑英华》卷 678《书·赠答中》，萧颖士《赠韦司业（述）书》，之第 7 页；《旧唐书》卷 190 中《文苑传中·贺知章传》，第 5034 页；《旧唐书》卷 111《房琯传》，第 3321 页。《权载之文集》卷 17《碑铭·唐故尚书工部员外郎赠礼部尚书王公（端）神道碑铭并序》（之第 14 页）视柳芳之辩为希代鸿宝。

30 《元次山集》卷 8《辩惑二篇有序》，第 119—120 页；《册府元龟》卷 823《总录部·清谈》，之第 10 页，杨绾；《旧唐书》卷 130《崔造传》，第 3625 页；《权载之文集》卷 23《墓志铭·唐故太常卿赠刑部尚书韦公（渠牟）墓志铭并序》，之第 1—3 页；以及《旧唐书》卷 135《韦渠牟传》，第 3728 页；《刘禹锡集》卷 39《杂著·子刘子自传》，第 394 页；《旧唐书》卷 159《郑絪传》，第 4181 页。

31 633 年（贞观七年）颜师古受命考定《五经》完毕时，《论语》"异端"一词用来指代不能接受的经典异说，见于《贞观政要》卷 7《崇儒学第二十七》，第 215 页；陆德明《经典释文·序》。乃至不能接受的特定章节的诠释，如《春秋正义序》，《左传注疏》，之第 2 页（译者按："2·2a"，原著误作"5b"）；以及《左传注疏》卷 1（之第 16 页）提及《公羊传》对孔子死亡态度的诠释（译者按："16·16a-b"，原著误作"7b"）。

32 在史学中，颜师古用"异端"指代不能接受的《汉书》注解，参见《汉书·汉书叙例》，第 3 页。

33 在仪注争论中，"异端"用来指代不能接受的"封禅礼"提案，参见《旧唐书》卷 73《颜师古传》，第 2595 页；或不能接受的"明堂"建议，参见《唐会要》卷 11《明堂制度》，第 272 页。

34 殷璠在《河岳英灵集·序》（第 40 页）中用"异端"形容南朝诗体的发展，尽管此处其措辞可能只是对上文注释 31 所引陆德明序的仿效。

35 《封氏闻见记》卷 1《儒教》，之第 7 页。

36 《册府元龟》卷 604《学校部·奏议三》，之第 9 页。

37 《九家集注杜诗》卷 14《古诗·故秘书少监武功苏公源明》，第 210 页；以及《权载之文集》卷 25《墓志铭·唐故朝议郎行尚书仓部员外郎集贤院待制权府君（自挹，701—770）墓志铭并序》，之第 1—2 页。
38 《通典》卷 53《礼典·吉礼十二·大学》（第 301 页）引《礼记注疏》卷 52《中庸》（之第 1 页）与同书卷 60《大学》（之第 1 页）。378

参考文献

（排序遵照原著）

A. 1900 年以前的中日文文献

1. 唐前文献及其唐代注疏

《论语》，《哈佛燕京学社汉学引得丛刊》本。

《周易注疏》，王弼（Wang Pi）注，（唐）孔颖达（K'ung Ying-ta）等疏，《四部备要》本。

《周礼注疏》，郑玄（Cheng Hsüan）注，（唐）贾公彦（Chia Kung-yen）疏，《四部备要》本。

《周礼引得·附注疏引书引得》，《哈佛燕京学社汉学引得丛刊》第37号。* ①

《周书》，令狐德棻（Ling-hu Te-fen）等撰，北京：中华书局，1971年。*

《春秋规过》，刘炫（Liu Hsüan）撰，收入马国翰（Ma Kuo-han）辑《玉函山房辑佚书》。

《春秋攻昧》，刘炫（Liu Hsüan）撰，收入马国翰（Ma Kuo-han）辑《玉函山房辑佚书》。

《春秋释例》，杜预（Tu Yü）撰，（唐）刘贲（Liu Fen）序，《丛书集成》本。

《汉书》，班固（Pan Ku）撰，（唐）颜师古注，北京：中华书局，1962年。*

《汉书补注》，（唐）颜师古（Yen Shih-ku）注，王先谦（Wang Hsien-

---

① 译者按：加 * 标者表示英文原著注释中仅有代码，未明详细信息，参考文献部分亦未列出，此为译者增补。下同。

ch'ien）补注，收入《国学基本丛书》，北京：商务印书馆，1959 年重印。

《后汉纪》，袁宏（Yüan Hung）撰，1877 年（清光绪三年）刻本。

《后汉书》，范晔（Fan Yeh）撰，司马彪（Ssu-ma Piao）撰志，（唐）李贤（Li Hsien）注，北京：中华书局，1965 年。

《孝经》，（唐）玄宗（the emperor Hsüan tsung）注，《四部丛刊》本。

《唐玄宗石臺孝經》，东京：二玄社，1973 年。*

《荀子》，《哈佛燕京学社汉学引得丛刊》本。

《仪礼注疏》，郑玄（Cheng Hsüan）注，（唐）贾公彦（Chia Kung-yen）疏，《四部备要》本。

《仪礼引得·附郑注及贾疏引书引得》，《哈佛燕京学社汉学引得丛刊》第 6 号。*

《谷梁传注疏》，范宁（Fan Ning）集解，（唐）杨士勋（Yang Shih-hsün）疏，《四部备要》本。

《管子》，戴望（Tai Wang）校正，《国学基本丛书》本。

《公羊传注疏》，何休（Ho Hsiu）注，（唐？）徐彦（Hsü Yen）疏，《四部备要》本。

《老子》，河上公（Ho-shang Kung）注，《四部丛刊》本。

《礼记注疏》，郑玄（Cheng Hsüan）注，（唐）孔颖达（K'ung Ying-ta）等疏，《四部备要》本。

《礼记注疏引书引得》，《哈佛燕京学社汉学引得丛刊》第 30 号，1937 年。*

《毛诗注疏》，郑玄（Cheng Hsüan）注，（唐）孔颖达（K'ung Ying-ta）等疏，《四部备要》本。

《毛诗注疏引书引得》，《哈佛燕京学社汉学引得丛刊》第 31 号。*

《孟子》，《哈佛燕京学社汉学引得丛刊》本。

《南齐书》，萧子显（Hsiao Tzu-hsien）撰，北京：中华书局，1972 年。*

《三国志》，陈寿（Ch'en Shou）编撰，裴松之（P'ei Sung-chih）注，北京：中华书局，1959 年。

《尚书注疏》，孔安国（K'ung An-kuo）传，（唐）孔颖达（K'ung Ying-ta）等疏，《四部备要》本。

《商子》，商鞅（Shang Yang）撰，《四部丛刊》本。

《申鉴》，荀悦（Hsün Yüeh）撰，《四部丛刊》本。

《史记》，司马迁（Ssu-ma Ch'ien）撰，裴骃（P'ei Yin）集解，（唐）司马贞（Ssu-ma Chen）索隐，（唐）张守节（Chang Shou-chieh）正义，北京：中华书局，1959 年。

《大业杂记》，杜宝（Tu Pao）撰，收入《指海》。

《唐月令注·补遗》，（唐）李林甫（Li Lin-fu）等撰，茆泮林（Mao P'an-lin）辑，《丛书集成》本。

《左传注疏》，杜预（Tu Yü）注，（唐）孔颖达（K'ung Ying-ta）等疏，《四部备要》本。

《魏书》，魏收（Wei Shou）撰，北京：中华书局，1974年。

《文选》，萧统（Hsiao T'ung）编，（唐）李善（Li Shan）、吕向（Lü Hsiang）等六臣注，《四部丛刊》本。

2. 唐代学者的选集、全集和汇编，以及其后全部或部分唐代作品的总集

《安禄山事迹》，姚汝能（Yao Ju-neng）撰，收入《学海类编》第16册。

《文鏡祕府論考·攷文篇①》，空海（Kūkai）撰，小西甚一（Konishi Jinichi）编，东京：讲谈社，1953年。

《张燕公集》，张说（Chang Yüeh）撰，收入《武英殿聚珍版丛书》。

《张说之文集》，张说（Chang Yüeh）撰，《四部丛刊》本。

《昭陵碑录（三卷·附录一卷）》，罗振玉（Lo Chen-yü）校录，收入《晨风阁丛书》，1909年。

《朝野佥载》，张鷟（Chang Cho）撰，《丛书集成》本。

《贞观政要》，吴兢（Wu Ching）撰，原田種成（Harada Tanishige）校《貞觀政要定本》，东京：东洋文化研究所，1962年。

《贞观政要》，戈直（Ko Chih）集论，1465年（明成化元年）刻本。

《贞观政要》，上海：上海古籍出版社，1978年。

《陈书》，姚思廉（Yao Ssu-lien）等撰，北京：中华书局，1972年。

《陈子昂集》，陈子昂（Ch'en Tzu-ang）撰，徐鹏（Hsü P'eng）②校，北京：中华书局，1960年。

《集古今佛道论衡》，道宣（Tao Hsüan）撰，收入《大正大藏经》第52册。

《钱注杜诗》，杜甫（Tu Fu）撰，钱谦益（Ch'ien Ch'ien-i）笺注，上海：上海古籍出版社，1979年新1版。

千唐志斋藏唐代墓志拓片，山东大学收藏。

---

① 译者按："文鏡祕府論考·攷文篇"，原著误作"文鏡祕府論考·攻文篇"。
② 译者按："徐鹏（Hsü P'eng）"，原著误作"孙望（Sun Wang）"。

《金石续编》，陆耀遹（Lu Yao-yü）纂，据 1893 年（清光绪十九年）刊本重印，台北：国联图书出版社，1965 年。

《金石萃编》，王昶（Wang Ch'ang）撰，1805 年（清嘉庆十年）刊本。

《金石文字记》，顾炎武（Ku Yen-wu）撰，1888 年（清光绪十四年）版影印本，台北：中华文献出版社，1969 年。

《晋书》，房玄龄（Fang Hsüan-ling）等撰，北京：中华书局，1974 年。

《经典释文》，陆德明（Lu Te-ming）撰，《四部丛刊》本。

《九家集注杜诗》，郭知达（Kuo Chih-ta）编，王洙（Wang Chu）、宋祁（Sung Ch'i）、王安石（Wang An-shih）等注，《哈佛燕京学社汉学引得丛刊》本。

《初学记》，徐坚（Hsü Chien）等撰，司义祖（Ssu I-tsu）点校说明，北京：中华书局，1962 年。

《春秋集传辩疑》，陆淳（Lu Ch'un）撰，收入《古经解汇函》第 35—36 册。

《春秋集传纂例》，陆淳（Lu Ch'un）撰，收入《古经解汇函》第 30—33 册。

《春秋微旨》，陆淳（Lu Ch'un）撰，收入《古经解汇函》第 34 册。

《曲江张先生文集》，张九龄（Chang Chiu-ling）撰，《四部丛刊》本。

《中兴间气集》，高仲武（Kao Chung-wu）集，收入《唐人选唐诗》，北京：中华书局，1958 年，第 259—316 页。

《全唐诗》，曹寅（Ts'ao Yin）、彭定求（P'eng Ting-ch'iu）等编，北京：中华书局，1960 年。

《全唐文》，董诰（Tung Kao）等编，1814 年（清嘉庆十九年）刊本缩印本，台北：华文书局，1965 年。

《权载之文集》，权德舆（Ch'üan Te-yü）撰，《四部丛刊》本。

《群居解颐》，高怿（Kao I）撰，收入《历代笑话集》，上海：古典文学出版社，1957 年。

《群书治要》，魏徵（Wei Cheng）编，《四部丛刊》本。

《群书考索》，章如愚（Chang Ju-yü）辑，1508 年（明正德三年）版缩印本，台北：新兴书局，1969 年。

《樊川文集》，杜牧（Tu Mu）撰，上海：上海古籍出版社，1978 年。

《樊南文集详注》，李商隐（Li Shang-yin）撰，冯孟亭（Feng Meng-t'ing）编订，朱周望（Chu Chou-wang）参校，《四部备要》本。

《封氏闻见记》，封演（Feng Yen）撰，赵贞信（Chao Chen-hsin）校注，《哈佛燕京学社汉学引得丛刊》第 7 号。

381

353

《韩昌黎集》，韩愈（Han Yü）撰，朱熹（Chu Hsi）等考异，收入《国学基本丛书》。

《翰林志》，李肇（Li Chao）撰，收入《百川学海》。

《河岳英灵集》，殷璠（Yin Fan）撰，收入《唐人选唐诗》，北京：中华书局，1958年，第39—124页。

《皇甫持正文集》，皇甫湜（Huang-fu Shih）撰，《四部丛刊》本。

《（唐）皇甫冉诗集》，皇甫冉（Huang-fu Jan）撰，《四部丛刊三编》本。

《（唐）皇甫曾诗集·补遗》，皇甫曾（Huang-fu Tseng）撰，《四部丛刊三编》本。

《艺文类聚》，欧阳询（Ou-yang Hsün）等撰，汪绍楹[①]（Wang Shao-ying）校，北京：中华书局，1965年。

开封市博物馆，唐代石刻墓志集萃，开封市博物馆展出。

《刊误[②]》，李涪（Li Fou）撰，收入《榕园丛书》。

《刊误引得》，侯毅（Hou I）编，《哈佛燕京学社汉学引得丛刊》第22号，1934年。*

《高適诗集编年笺注》，高適（Kao Shih）撰，刘开扬（Liu K'ai-yang）笺注，北京：中华书局，1981年。

《广弘明集》，道宣（Tao Hsüan）撰，《四部丛刊》本。

《匡谬正俗》，颜师古（Yen Shih-ku）撰，《丛书集成》本。

《国秀集》，芮挺章（Jui T'ing-chang）编选，收入《唐人选唐诗》，北京：中华书局，1958年，第125—189页。

《（唐）国史补》，李肇（Li Chao）撰，上海：古典文学出版社，1957年。

《括地志辑校》，李泰（Li T'ai）等撰，贺次君辑校，北京：中华书局，1980年。

《李文公集》，李翱（Li Ao）撰，《四部丛刊》本。*

《李义山文集》，李商隐（Li Shang-yin）撰，《四部丛刊》本。

《李太白文集》，李白（Li Po）撰，王琦（Wang Ch'i）辑注，《国学基本丛书》本。

《李文饶文集·别集·外集》，李德裕（Li Te-yü）撰，《四部丛刊》本。

《李元宾文集》，李观（Li Kuan）撰，《丛书集成》本。

[①] 译者按："汪绍楹"，原著误作"王绍楹"。
[②] 译者按："刊误"，原著误作"干误"。

《梁书》，姚思廉（Yao Ssu-lien）等撰，北京：中华书局，1973 年。
《柳河东集》，柳宗元（Liu Tsung-yüan）撰，世綵堂注本，北京①：商务印书馆，1958 年。
《刘宾客嘉话录》，韦绚②（Wei Hsüan）撰，《丛书集成》本。
《刘禹锡集》，刘禹锡（Liu Yü-hsi）撰，上海：上海人民出版社，1975 年。*
《罗隐集》，罗隐（Lo Yin）撰，雍文华（Yung Wen-hua）校辑，北京：中华书局，1983 年。
《陆宣公翰苑集》，陆贽（Lu Chih）撰，《四部丛刊》本。
《吕和叔文集》，吕温（Lü Wen）撰，《四部丛刊》本。
《孟浩然集》，孟浩然（Meng Hao-jan）撰，《四部丛刊》本。
《南史》，李延寿（Li Yen-shou）撰，北京：中华书局，1975 年。
《日本國見在書目錄③》，藤原佐世（Fujiwara no Sukeyo）撰，小長谷惠吉（Ohase Keikichi）《日本國見在書目錄解説稿》，东京：小宮山出版株式會社，1976 年。④
《欧阳行周文集》，欧阳詹（Ou-yang Chan）撰，《四部丛刊》本。
《八琼室金石补正》，陆增祥（Lu Tseng-hsiang）撰，据 1925 年版重印，台北：文海出版社，1967 年。
《北齐书》，李百药（Li Pai-yao）等撰，北京：中华书局，1972 年。
《北史》，李延寿（Li Yen-shou）撰，北京：中华书局，1974 年。
《毗陵集》，独孤及（Tu-ku Chi）撰，《四部丛刊》本。
《皮子文薮》，皮日休（P'i Jih-hsiu）撰，萧涤非（Hsiao Ti-fei）整理，北京：中华书局，1959 年。
《白香山集》，白居易（Po Chü-i）撰，《国学基本丛书》本。
《白孔六帖》，白居易（Po Chü-i）、孔传（K'ung Ch'uan）编撰，明版缩印本，台北：新兴书局，1969 年。
《莆阳黄御史集·别录附录》，黄滔（Huang T'ao）撰，《丛书集成》本。
《沈下贤文集》，沈亚之（Shen Ya-chih）撰，《四部丛刊》本。
《石墨镌华》，赵崡（Chao Han）撰，《丛书集成》本。

---

① 译者按："北京"，原著误作"上海"。
② 译者按："韦绚"，原著误作"韦询"。
③ 译者按："日本國見在書目錄"，原著误作"日本國現在書目錄"。
④ 译者按：《日本國見在書目錄》成书于《隋书·经籍志》和《旧唐书·经籍志》《新唐书·艺文志》之间，对该书的详细考订另见孙猛：《日本国见在书目录详考》，上海：上海古籍出版社，2015 年。

《史通通释》，刘知幾（Liu Chih-chi）撰，浦起龙（P'u Ch'i-lung）、浦锡龄（P'u Hsi-ling）通释，《四部备要》本。

《司空表圣诗集》，司空图（Ssu-k'ung T'u）撰，《四部丛刊》本。

《司空表圣文集》，司空图（Ssu-k'ung T'u）撰，《四部丛刊》本。

《隋书》，魏徵（Wei Cheng）、令狐德棻（Ling-hu Te-fen）等撰，北京：中华书局，1973年。

《隋唐嘉话》，刘餗（Liu Su）撰，上海：古典文学出版社，1957年①。

《孙樵集》，孙樵（Sun Ch'iao）撰，《四部丛刊》本。

《大唐郊祀录》，王泾（Wang Ching）撰，收入《适园丛书》，1915年；影印本收入池田温（Ikeda On）解题《大唐開元禮》，东京：古典研究会，1972年。

《大唐创业起居注》，温大雅（Wen Ta-ya）撰，《丛书集成》本。

《大唐新语》，刘肃（Liu Su）撰，上海：古典文学出版社，1957年②。

《大唐开元礼》，萧嵩（Hsiao Sung）等撰，收入《洪氏唐石经馆丛书》，池田温（Ikeda On）解题《大唐開元禮》，东京：古典研究会，1972年。

《大唐六典》，张说（Chang Yüeh）、萧嵩（Hsiao Sung）等撰，广池千九郎（Hiroike Senkurō）训点、内田智雄（Uchida Tomoo）补订1724年版《大唐六典》，东京：广池学园事业部，1973年。

《太平广记》，李昉（Li Fang）等编，北京：人民文学出版社，1959年。

《唐会要》，苏冕（Su Mien）、崔铉（Ts'ui Hsüan）、王溥（Wang Po）撰，北京：中华书局，1955年。

《唐人选唐诗》，北京：中华书局，1958年。

《唐律疏议》，长孙无忌（Chang-sun Wu-chi）等撰，《丛书集成》本。

《唐诗纪事》，计有功（Chi Yu-kung）撰，北京：中华书局，1965年。

《唐大诏令集》，宋绶（Sung Shou）、宋敏求（Sung Min-ch'iu）编，北京③：商务印书馆，1959年。

《唐文粹④》，姚铉（Yao Hsüan）编，《四部丛刊》本。

《窦氏联珠集⑤》，窦常（Tou Ch'ang）、窦牟（Tou Mou）、窦群（Tou Ch'ün）、窦庠（Tou Hsiang）、窦巩（Tou Kung）撰，收入《关中丛书》。

---

① 译者按："1957年"，原著误作"1958年"。
② 译者按："1957年"，原著误作"1958年"。
③ 译者按："北京"，原著误作"上海"。
④ 译者按："唐文粹"，原著误作"唐文萃"。
⑤ 译者按："窦氏联珠集"，原著误作"窦氏连珠集"。

《册府元龟》，王钦若（Wang Ch'in-jo）等编，明版缩印本，北京：中华书局，1960 年。

《岑嘉州诗》，岑参（Ts'en Shen）撰，《四部丛刊》本。

《通历》，马总（Ma Tsung）撰，1915 年叶德辉（Yeh Te-hui）校理。

《通典》，杜佑（Tu Yu）撰，《国学基本丛书》本，台北：新兴书局，1962 年重印。

《王摩诘全集笺注》，王维（Wang Wei）撰，赵松谷①（Chao Sung-ku）笺注，台北：世界书局，1962 年。

《王子安集》，王勃（Wang Po）撰，《四部丛刊》本。

《魏郑公谏录》，魏徵（Wei Cheng）撰，《丛书集成》本。

《文苑英华》，李昉（Li Fang）等编，宋版、明版缩印本，北京：中华书局，1966 年。

《吴兴昼上人集》，皎然（Chiao-jan）撰，《四部丛刊》本。

《杨盈川集》，杨炯（Yang Chiung）撰，《四部丛刊》本。

《颜鲁公文集》，颜真卿（Yen Chen-ch'ing）撰，《四部丛刊》本。

《颜鲁公文集》，颜真卿（Yen Chen-ch'ing）撰，黄本骥（Huang Pen-chi）编订，《四部备要》本。

《因话录》，赵璘（Chao Lin）撰，上海：古典文学出版社，1957 年。

《幽忧子集》，卢照邻（Lu Chao-lin）撰，《四部丛刊》本。

《玉海》，王应麟（Wang Ying-lin）辑，1337—1340 年（元至元三年—六年）版缩印本，台北：华文书局，1964 年。

《虞秘监集》，虞世南（Yü Shih-nan）撰，收入《四明丛书》。

《元和姓纂》，林宝（Lin Pao）撰，孙星衍（Sun Hsing-yen）辑校，1802 年（清嘉庆七年）刊本。

《元氏长庆集》，元稹（Yüan Chen）撰，《四部丛刊》本。

《元次山集》，元结（Yüan Chieh）撰，孙望（Sun Wang）校，北京：中华书局，1960 年。

3. 唐以后历史、文献、杂集和其他评论著作

《直斋书录解题》，陈振孙（Ch'en Chen-sun）撰，收入《国学基本丛书》。

《经义考》，朱彝尊②（Chu I-tsun）撰，《四部备要》本。

《旧唐书》，刘昫（Liu Hsü）等撰，北京：中华书局，1975 年。

---

① 译者按："赵松谷"（即赵殿成），原著误作"赵松之"。
② 译者按："朱彝尊"，原著误作"周彝尊"。

《郡斋读书志》，晁公武（Ch'ao Kung-wu）撰，《四部丛刊续编》本。
《崇文总目》，王尧臣（Wang Yao-ch'en）等编，《国学基本丛书》本。
《佛祖统纪》，志磐（Chih P'an）撰，收入《大正大藏经》第49册。
《新唐书》，欧阳修（Ou-yang Hsiu）、宋祁（Sung Ch'i）等撰，北京：中华书局，1975年。
《黄鉴杨文公谈苑》，收入《宋朝小说大观》，《四部集要》本。
《容斋随笔五集》，洪迈（Hung Mai）撰，北京：商务印书馆①，1959年。
《广川书跋》，董逌（Tung Yu）撰，《丛书集成》本。
《孔子世家谱》，孔尚任（K'ung Shang-jen）修，1684年（清康熙二十三年）。
《六帖补》，杨伯嵒（Yang Po-yen）撰，收入《四库全书珍本七集》。
《乐全集②》，张方平（Chang Fang-p'ing）撰，收入《四库全书珍本初集》。
《南部新书》，钱易（Ch'ien I）撰，《丛书集成》本。
《廿二史札记》，赵翼（Chao I）撰，《丛书集成》本。
《山东通志》，上海：商务印书馆，1934年。
《石经考》，顾炎武（Ku Yen-wu）撰，《丛书集成》本。
《四库全书总目提要》，永瑢（Yung Jung）等撰，《国学基本丛书》本。
《四库未收书目提要》，阮元（Juan Yüan）撰，《国学基本丛书》本。*
《太平寰宇记》，乐史（Yüeh Shih）撰，陈兰森（Ch'en Lan-sen）补阙，1803年（清嘉庆八年）刊本。
《唐鉴》，范祖禹（Fan Tsu-yü）撰，收入《国学基本丛书》。
《唐摭言》，王定保（Wang Ting-pao）撰，上海：古典文学出版社，1957年。
《唐书经籍艺文合志》，刘昫（Liu Hsü）、欧阳修（Ou-yang Hsiu）等撰，上海：商务印书馆，1956年。
《唐才子传》，辛文房（Hsin Wen-fang）撰，上海：古典文学出版社，1957年。
《唐语林》，王谠（Wang Tang）撰，上海：古典文学出版社，1957年。*
《唐月令续考》，茆泮林（Mao P'an-lin）撰，收入《鹤寿堂丛书》，1898年。
《登科记考·附补遗索引》，徐松（Hsü Sung）撰，收入《南菁书院丛

---

① 译者按："商务印书馆"，原著误作"中华书局"。
② 译者按："乐全集"，原著误作"乐川集"。

书》，1888年（清光绪十四年）重印；罗继祖（Lo Chi-tsu）补遗，台北：惊声文物供应公司，1972年。

《左传旧疏考正①》，刘文淇（Liu Wen-ch'i）撰，收入《皇清经解续编》。

《邹县志》，1716年（清康熙五十五年）刊本，收入《中国方志丛书》。

《资治通鉴》，司马光（Ssu-ma Kuang）编撰，胡三省（Hu San-hsing）音注，北京：中华书局，1956年。

《资治通鉴考异》，司马光（Ssu-ma Kuang）编撰，《四部丛刊》本。*

《万善同归集②》，智觉禅师（Chih-chüeh ch'an shih）（延寿 Yen-shou）述，收入《大正大藏经》第48册。

《文献通考》，马端临（Ma Tuan-lin）撰，《国学基本丛书》本，台北：新兴书局，1958年。*

《吴越备史》，范垌（Fan T'ung）、林禹（Lin Yü）撰，《四部丛刊续编》本。*

《严州图经》，陈公亮（Ch'en Kung-liang）修，刘文富（Liu Wen-fu）纂，《丛书集成》本。

《舆地广记》，欧阳忞（Ou-yang Min）撰，《丛书集成》本。

B. 1900年以后的著作

安東俊六（Andō Shunroku）：《景龍宮廷文學の創作基盤》，《中國文學論集》3，九州大学中国文学会，1972年，第13—24页。

Balazs, E.（白乐日），'History as a guide to bureaucratic practice'（作为官僚政治实践指南的历史）, in H. M. Wright（赖特）tr., *Chinese civilization and bureaucracy*（中国的文明与官僚主义）, Hartford, Connecticut: Yale University Press, 1964, pp. 129-149. ③

Barrett, T. H.（巴瑞特）(1978), 'Buddhism, Taoism and Confucianism in the thought of Li Ao'（李翱思想中的佛道儒）: a dissertation presented to the Faculty of the Graduate School of Yale University in candidacy for the Degree of

---

① 译者按："左传旧疏考正"，原著误作"左传旧疏考证"。
② 译者按："万善同归集"，原著误作"万善同归录"。
③ 译者按：中译文见《作为官僚政治实践指南的历史》，收入艾蒂安·白乐日著，黄沫译：《中国的文明与官僚主义》，台北：久大文化股份有限公司，1992年，第125—142页。

Doctor of Philosophy（耶鲁大学哲学博士论文），December 1978. ①

Barrett, T. H.（巴瑞特）（1986），'How to forget Chinese history'（如何遗忘中国历史），*Bulletin of the British Association for Chinese Studies*（英国汉学协会通讯）（1986），pp. 12-21.

Bingham, Woodbridge（宾板桥）（1937），'Wen Ta-ya: the first recorder of T'ang history'（温大雅：唐代历史的首位撰录者），*Journal of the American Oriental Society*（美国东方学会会刊）57（1937），pp. 368-374.

Bingham, Woodbridge（宾板桥）（1941），*The founding of the T'ang dynasty: the fall of Sui and rise of T'ang, a preliminary survey*（唐朝的建立：隋亡唐兴初探），Baltimore: Waverly Press, Inc., 1941.

Bingham, Woodbridge（宾板桥）（1950），'Li Shih-min's coup in A. D. 626'（626年的李世民政变），*Journal of the American Oriental Society*（美国东方学会会刊）70（1950），pp. 89-95 and 259-71.

Bischoff, F. A.（毕少夫），*La forêt des pinceaux, Étude sur l'académie du Han-lin sous la dynastie des T'ang et traduction du Han lin che*（翰林：唐代翰林院研究及《翰林志》译注），Paris: Presses Universitaires de France, 1963.

Bodde, Derk（卜德），*Festivals in classical China: new year and other annual observances during the Han dynasty 206 B. C. -A. D. 220*（古代中国的节日：汉代的新年和其他节庆），Princeton: Princeton University Press, 1975.

章群（Chang Ch'ün）：《啖赵陆三家春秋之说》，《钱穆先生八十岁纪念论文集》，香港：新亚研究所，1974年，第149-159页。

张西堂（Chang Hsi-t'ang）:《唐人辨伪集语》，北京：朴社，1935年。

章士钊（Chang Shih-chao）:《柳文指要》，北京：中华书局，1971年。

张涤华（Chang Ti-hua）:《类书流别》，上海：商务印书馆，1958年。

Chavannes, Édouard（沙畹），*Le T'ai chan: essai de monographie d'un culte chinois*（泰山：中国的一种祭祀志稿），Paris: Ernest Leroux, 1910.

Chen Chi-yun（陈启云），*Hsün Yüeh（A. D. 148-209）: the life and reflections of an early medieval Confucian*（荀悦与中古儒学），Cambridge: Cambridge University Press, 1975. ②

Ch'en, Kenneth（陈观胜），'The economic background of the Hui-ch'ang

---

① 译者按：正式出版英文专著见 T. H. Barrett（巴瑞特），*Li Ao：Buddhist, Taoist or Neo-Confucian?*（李翱：释子、道士还是新儒家？）Oxford: Oxford University Press, 1992.

② 译者按：中译本见陈启云著，高专诚译：《荀悦与中古儒学》，沈阳：辽宁大学出版社，2000年。

suppression of Buddhism'（会昌灭佛的经济背景），*HJAS*（哈佛亚洲学报）19（1956），pp. 67-105.

陈铁凡（Ch'en T'ieh-fan）：《敦煌本易书诗考略》，《孔孟学报》第17期，1969年，第149—181页。

Ch'en Yin-k'o（陈寅恪）（1936），'Han Yü and the T'ang novel'（韩愈与唐代小说），*HJAS*（哈佛亚洲学报）1（1936），pp. 39-43.①

Ch'en Yin-k'o（陈寅恪）（1938），'The Shun tsung shih lu and the Hsü Hsüan-kuai lu'（顺宗实录与续玄怪录），*HJAS*（哈佛亚洲学报）3（1938），pp. 9-16.②

陈寅恪（Ch'en Yin-k'o）（1940）：《隋唐制度渊源略论稿》③，1940年；重印收入《陈寅恪先生论集》，台北："中央研究院"历史语言研究所，1971年，第3—104页。

季镇淮（Chi Chen-huai）（1958）：《韩愈的古文理论和实践》，《北京大学学报（人文科学）》1958年第2期，第77—85页。

季镇淮（Chi Chen-huai）（1959）：《韩愈〈师说〉的思想和写作背景》，《语文学习》1959年第9期，第16—17页。

Ch'i Ssu-ho（齐思和），'Professor Hung on the Ch'un-Ch'iu'（洪业教授与《春秋》），*Yenching Journal of Social Studies*（燕京社会学界）I no. 1（1938），pp. 49-71.

简博贤（Chien Po-hsien）（1970）：《孔颖达春秋左传正义评议》，《孔孟学报》第20期，1970年，第53—69页。

简博贤（Chien Po-hsien）（1975）：《今存南北朝经学遗籍考》，台北：黎明文化事业公司，1975年。

钱基博（Ch'ien Chi-po）：《韩愈志》（增订本），上海：商务印书馆，1958年。

钱穆（Ch'ien Mu），《杂论唐代古文运动》，《新亚学报》第3卷第1期，1957年，第123—168页。

---

① 译者按：中文原稿《韩愈与唐代小说》先由J. R. Ware（魏楷）译成英文，于1936年在《哈佛亚洲学报》发表；后由程千帆（署名程会昌）重译、金克木校正，于1947年在《国文月刊》第57期发表，收入《陈寅恪集·讲义及杂稿》，北京：生活·读书·新知三联书店，2002年，第440—444页。

② 译者按：此文英文稿最初于1938年在《哈佛亚洲学报》发表；后中文稿于1940年刊载《国立北京大学四十周年纪念论文集（乙编上）》（昆明），收入《陈寅恪文集·金明馆丛稿二编》，上海：上海古籍出版社，1980年，第74—81页。

③ 译者按："隋唐制度渊源略论稿"，原著误作"隋唐制度源略论稿"。

钱冬父（Ch'ien Tung-fu）：《唐宋古文运动》，北京：中华书局，1962年。

邱燮友（Ch'iu Hsieh-yu）：《选学考》，《台湾省立师范大学国文研究所集刊》第3号，1959年，第329—396页。

Ch'ü T'ung-tsu（瞿同祖），*Law and society in traditional China*（传统中国的法律与社会），Paris: Mouton and Co., 1961. ①

Cullen, C.（古克礼），'A Chinese Eratosthenes of the flat earth'（持地平观的中国的埃拉托色尼），*Bulletin of the School of Oriental and African Studies*（亚非学院通报）XXXIX（1976），pp. 106-127.

Dalby, Michael T.（迈克尔·多尔比），'Court politics in late T'ang times'（晚唐的宫廷政治），in Denis Twitchett（杜希德②） ed., *The Cambridge history of China*, Vol. 3, *Sui and T'ang China 589-906*, Part I（剑桥中国隋唐史），Cambridge: Cambridge University Press, 1979, pp. 561-681.

Dardess, John W.（窦德士③），*Confucianism and autocracy: professional elites in the founding of the Ming dynasty*（儒学与独裁：明朝建立过程中的职业精英），Berkeley and Los Angeles: University of California Press, 1983.

de Bary, Wm. Theodore（狄百瑞）（1953），'A re-appraisal of Neo-Confucianism'（新儒学再评价），in Arthur F. Wright（芮沃寿） ed., *Studies in Chinese thought*（中国思想研究），Chicago: University of Chicago Press, 1953, pp. 81-111.

de Bary, Wm. Theodore（狄百瑞）（1959），'Some common tendencies in Neo-Confucianism'（新儒学中的一些共同取向），in David S. Nivison（倪德卫） and Arthur F. Wright（芮沃寿） eds., *Confucianism in action*（行动中的儒教），Stanford: Stanford University Press, 1959, pp. 25-49.

de Bary, Wm. Theodore（狄百瑞），Wing-tsit Chan（陈荣捷） and Burton Watson（华兹生） comp.（1960），*Sources of Chinese tradition*（中国传统诸源），New York: Columbia University Press, 1960.

Dudbridge, Glen（杜德桥），*The tale of Li Wa*（李娃传），London: Ithaca Press, 1983.

Dull, Jack L.（杜敬轲），'Han Yü: a problem in T'ang dynasty historiography'（韩愈：唐代历史修纂中的一个问题），in Yao Ts'ung-wu（姚从吾） et al. eds., *International Association of Historians of Asia, Second Biennial*

---

① 译者按：中文版原书为《中国法律与中国社会》，于1947年在上海商务印书馆出版；后加以补充、修改，译成英文，于1961年在巴黎穆东书店出版。

② 译者按：学界亦常用"崔瑞德"之译名。

③ 译者按：学界亦常用"达第斯""达德斯"等译名。

Conference, Proceedings（第二届亚洲历史学家会议论文集），Taipei, 1962①。

Ebrey, Patricia Buckley（伊沛霞），*The aristocratic families of early imperial China: a case study of the Po-ling Tsui family*（早期中华帝国的贵族家庭：博陵崔氏个案研究），Cambridge: Cambridge University Press, 1978. ②

Edwards, E. D.（爱德华兹，叶女士），'A classified guide to the thirteen classes of Chinese prose'（十三种中国散文分类指南），*Bulletin of the School of Oriental and African Studies*（亚非学院通报）XII（1948），pp. 770-788. *

Fang, Achilles（方志彤），'Rhymeprose on literature: the Wen-fu of Lu Chi（A.D. 261-303）'（文赋：陆机《文赋》英译），*HJAS*（哈佛亚洲学报）14（1951），pp. 527-566.

Frankel, Hans H.（傅汉思），'T'ang literati: a composite biography'（唐代文人：一部综合传记），in Arthur F. Wright（芮沃寿）and Denis Twitchett（杜希德）eds., *Confucian personalities*（儒家人格），Stanford: Stanford University Press, 1962, pp. 65-83. ③

Forte, Antonino（福安敦④），*Political propaganda and ideology in China at the end of the seventh century: an enquiry into the nature, authors and function of the Tunhuang document S. 6502 followed by an annotated translation*（七世纪末中国的政治宣传和思想意识：敦煌写卷 S. 6502 的性质、作者与功能），Napoli: Istituto Universitario Orientale, Seminario di Studi Asiatici, 1976.

傅振伦（Fu Chen-lun）：《刘知幾年谱》，北京：中华书局，1963 年。

傅璇琮⑤（Fu Hsüan-ts'ung）：《唐代诗人丛考》，北京：中华书局，1980 年。

藤井守（Fujii Mamoru）：《文選集注に見える陸善経注について》，《広島大学文学部紀要》37，1977 年，第 287—301 页。

福永光司（Fukunaga Mitsuji）：《昊天上帝と天皇大帝と元始天尊—儒教の最高神と道教の最高神》，《中哲文學會報》2，1976 年，第 1—34 页。

Fung Yu-lan（冯友兰），tr. by Derk Bodde（卜德），*A history of Chinese philosophy*（中国哲学史），Vol. II, *The period of classical learning*（经学时

---

① 译者按："1962"，原著误作"1964"。
② 译者按：中译本见伊沛霞著，范兆飞译：《早期中华帝国的贵族家庭：博陵崔氏个案研究》，上海：上海古籍出版社，2011 年。
③ 译者按：中译文见傅汉思著，郑海瑶译：《唐代文人：一部综合传记》，收入倪豪士编选，黄宝华等译：《美国学者论唐代文学》，上海：上海古籍出版社，1994 年，第 1—23 页。
④ 译者按：学界亦常用"富安敦"之译名。
⑤ 译者按："傅璇琮"，原著误作"傅旋琮"。

代），Princeton: Princeton University Press, 1953. ①

Gentzler, James Mason（根兹勒），'A literary biography of Liu Tsung-yüan, 763-819'（柳宗元的文学传记），submitted in partial fulfilment of the requirements for the degree of Doctor of Philosophy in the Faculty of Philosophy, Columbia University（哥伦比亚大学哲学博士论文），1966.

Goody, Jack（杰克·古迪），*The domestication of the savage mind*（蛮野心智的驯化），Cambridge: Cambridge University Press, 1977. *

Graham, A. C.（葛瑞汉），*Poems of the late T'ang*（晚唐诗选），Harmondsworth, Middlesex: Penguin Books Ltd. , 1965.

Guisso, R. W. L.（桂时雨），*Wu Tse-t'ien and the politics of legitimation in T'ang China*（武则天与唐代继统政治），Bellingham: Western Washington University, 1978.

花房英樹（Hanabusa Hideki）（1950）：《文苑英華の編纂》，《東方学報》（京都）19, 1950年，第116—135页。

花房英樹（Hanabusa Hideki）（1964）：《韓愈歌詩索引》，京都：京都府立大学人文学会，1964年。

Hartman, Charles（蔡涵墨），*Han Yü and the T'ang search for unity*（韩愈与唐代的大一统努力），Princeton: Princeton University Press, 1986.

Hawkes, David（霍克思）（1967），*A little primer of Tu Fu*（杜诗初阶），London: Oxford University Press, 1967.

Hawkes, David（霍克思）（1985），*The songs of the south*（《楚辞》英译），Harmondsworth, Middlesex: Penguin Books Ltd. , 1985.

林泰輔（Hayashi Taisuke）：《論語年譜》，东京：大仓书店，1916年。

Herbert, P. A.（何汉心）（1980），'From shuku to tushuguan: an historical overview of the organization and function of libraries in China'（从书库到图书馆：中国藏书机构与功能的历史概观），*Papers on Far Eastern History*（远东史研究集刊）22（1980），pp. 93-121.

Herbert, P. A.（何汉心）（1986），'Civil service recruitment in early T'ang China: ideal and reality'（初唐铨选：理想与现实），*Studies in Language and Culture*（言语文化研究）XII（1986），Faculty of Language and Culture, Osaka University（大阪大学言语文化研究科），pp. 199-211.

Herbert, P. A.（何汉心）（1986a），'T'ang dynasty objections to centralized

---

① 译者按：中文版原书为冯友兰：《中国哲学史》（下册：经学时代），上海：商务印书馆，1934年。

civil service selection'（唐朝对铨选会集的异议）, *Papers on Far Eastern History*（远东史研究集刊）33（1986）, pp. 81-112.

Herbert, P. A.（何汉心）(1986b), *The history of education in T'ang China*（唐代教育史の研究, by Taga Akigoro 多賀秋五郎, summary translation by P. A. Herbert）, Osaka: Osaka University, 1986.

Hightower, J. R.（海陶玮）, 'The Wen hsüan and genre theory'（《文选》与文类理论）, *HJAS*（哈佛亚洲学报）20（1957）, pp. 512-533.

何希淳（Ho Hsi-ch'un）:《礼记正义引佚书考》, 台北: 嘉新水泥公司文化基金会, 1966 年。

本田成之（Honda Nariyuki）:《支那經學史論》, 孙良工（Sun Liang-kung）译《中国经学史》, 上海: 中华书局, 1935 年。

侯外庐（Hou Wai-lu）、赵纪彬（Chao Chi-pin）(1959):《吕才的唯物主义思想》,《历史研究》1959 年第 9 期, 第 1—21 页。

侯外庐（Hou Wai-lu）(1959a):《中国思想通史》第 4 卷, 北京: 人民出版社, 1959 年。

萧公权（Hsiao Kung-ch'üan）:《中国政治思想史》, 台北: 中华文化出版事业委员会, 1954 年。

Hsü Dau-lin（徐道邻）, 'Crime and cosmic order'（犯罪与宇宙秩序）, *HJAS*（哈佛亚洲学报）30（1970）, pp. 111-125.

许慈多（Hsü Tzu-to）:《文选李善注引礼记考》, 台北: 文津出版社, 1974 年。

胡適（Hu Shih）:《白话文学史》, 上海: 新月书店, 1928 年。

洪业（Hung Yeh）(1937):《春秋经传引得（附标校经传全文）》, 北京: 哈佛燕京学社, 1937 年。

Hung, William（洪业）(1952), *Tu Fu: China's greatest poet*（杜甫: 中国最伟大的诗人）, Cambridge, Mass.: Harvard University Press, 1952.①

Hung, William（洪业）(1952a), *A supplementary volume of notes for Tu Fu: China's greatest poet*（《杜甫: 中国最伟大的诗人》注疏卷）, Cambridge, Mass.: Harvard University Press, 1952.

Hung, William（洪业）(1957), 'A bibliographical controversy at the T'ang court, A.D. 719'（719 年唐廷的一场历史编纂论辩）, *HJAS*（哈佛亚洲学报）20（1957）, pp. 74-134.

---

① 译者按: 中译本见洪业著, 曾祥波译:《杜甫: 中国最伟大的诗人》, 上海: 上海古籍出版社, 2011 年。

Hung, William（洪业）（1960—1961），'The T'ang bureau of historiography before 708'（708年以前的唐代史馆），*HJAS*（哈佛亚洲学报）23（1960—1961），pp. 93-107.

Hung, William（洪业）(1969)，'A T'ang historiographer's letter of resignation'（一位唐代史官的求退简札：《史通·忤时篇》译注），*HJAS*（哈佛亚洲学报）29（1969），pp. 5-52.

市原亨吉①（Ichihara Kōkichi）：《唐代の「判」について》，《東方学報》（京都）33，1963年，第119—198页。

池田温（Ikeda On）（1971）：《盛唐之集賢院》，《北海道大学文学部紀要②》19（2），1971年，第47—98页。③

池田温（Ikeda On）（1972）：《大唐開元禮解説》，收入《大唐開元禮》，东京：古典研究会，1972年，第822—832页。

稲葉一郎（Inaba Ichirō）：《中唐における新儒学運動の一考察》，《中國中世史研究—六朝隋唐の社会と文化—》，东京：东海大学出版会，1970年，第377—403页。

入矢義高（Iriya Yoshitaka）：《〈太公家教〉校釋》，《福井博士頌壽記念東洋思想論集》，东京：福井博士頌寿記念论文集刊行会④，1960年，第31—60页。

冉昭德：《关于晋史的撰述与唐修晋书撰人问题》，《西北大学学报（人文科学）》1957年第4期，第71—78页。

Johnson, David G.（姜士彬），*The medieval Chinese oligarchy*（中古中国的寡头政治），Boulder, Colorado: Westview Press, 1977. ⑤

Johnson, Wallace（庄为斯），*The T'ang code*, Volume I, *General principles*（《唐律疏议·名例律》译注），*translated with an introduction by Wallace Johnson*, Princeton: Princeton University Press, 1979.

金井之忠（Kanai Yukitada）（1939）：《劉秩遺説考》，*Bunka*（文化）6（1），1939年，第35—48页。

金井之忠（Kanai Yukitada）（1940）：《唐代の史學思想》，东京：弘

---

① 译者按："市原亨吉"，原著误作"市原享吉"。
② 译者按："北海道大学文学部紀要"，原著误作"北海岛大学文学部紀要"。
③ 译者按：原文为中文，后收入池田温著，孙晓林、韩昇等译：《唐研究论文选集》，北京：中国社会科学出版社，1999年，第190—242页。
④ 译者按："福井博士頌寿記念论文集刊行会"，原著误作"福井博士頌寿記念论集刊行会"。
⑤ 译者按：中译本见姜士彬著，范兆飞、秦伊译：《中古中国的寡头政治》，上海：中西书局，2016年。

文堂，1940年。

高明士（Kao Ming-shih）（1970）：《唐代官学的发展与衰落》，《幼狮学志①》第9卷第1期，1970年，第1—74页。

高明士（Kao Ming-shih）（1971）：《唐代私学的发展》，《"国立"台湾大学文史哲学报》第20期，1971年，第219—289页。

高明士（Kao Ming-shih）（1977）：《唐代"三史"的演变——兼述其对东亚诸国的影响》，《大陆杂志》第54卷第1期，1977年，第7—16页。

高步瀛（Kao Pu-ying）（1937）：《文选李注义疏》，北京：北平直隶书局，1937年。

高步瀛（Kao Pu-ying）（1963）：《唐宋文举要》，北京：中华书局，1963年。

Knechtges, David R.（康达维），*Wen xuan or Selections of refined literature*（《文选》译注），Princeton: Princeton University Press, 1982.

Kramers, R. P.② （贾保罗），'Conservatism and the transmission of the Confucian canon③: a T'ang scholar's complaint'（保守主义与儒家经典的传布：一位唐代学者的抗议），*Journal of Oriental Studies*（东方文化）II no. 1(1955), pp. 119-132.

顾易生（Ku I-sheng）：《试谈韩愈的尚奇及韩文与辞赋骈文的关系》，《文学遗产增刊》第10辑，1962年，第66—72页。

郭绍虞（Kuo Shao-yü）：《中国文学批评史》，上海：新文艺出版社，1955年。

Lamont, H. G.（雷蒙特），'An early ninth century debate on heaven'（第九世纪初期对天的争辩）Part 1, *Asia Major*（泰东）(New Series) XVIII (1973), pp. 181-208, and Part 2, *Asia Major* XIX (1974), pp. 37-85.④

Lau, D. C.（刘殿爵），*Confucius: The Analects*（论语），translated by D. C. Lau, Harmondsworth, Middlesex: Penguin Books, 1979. *

Legge, James（理雅各），*The Chinese Classics*, Volume V, *The Ch'un Ts'ew, with The Tso Chuen*（《中国经典》第5卷《春秋·左传》），Hong Kong: Lane

---

① 译者按："幼狮学志"，原著误作"幼狮子学志"。
② 译者按："Kramers, R. P."，原著误作"Kramers, K. P."。"Robert P. Kramers（贾保罗）"，学界亦常用"克雷默"之译名。
③ 译者按："Confucian canon"，原著误作"T'ang canon"。
④ 译者按：中译文见雷蒙特著，王颖译：《第九世纪初期对天的争辩（上）》；陶晋生译：《第九世纪初期对天的争辩（下）》，收入瑞特（Arthur F. Wright）等著，陶晋生等译：《唐史论文选集》，台北：幼狮文化事业公司，1990年，第164—230页。

Crawford and Co. , and London: Trübner and Co. , 1873. *

Levy, Howard S. (李豪伟), *Biography of An Lu-shan*（安禄山传）, Berkeley and Los Angeles: University of California Press, 1960.

Liu, James T. C. (刘子健), 'How did a Neo-Confucian school become the state orthodoxy?'（理学如何成为国家正统？）*Philosophy East and West*（东西方哲学）XXIII no. iv（1973）, pp. 483-505.

刘开扬（Liu K'ai-yang）：《高適诗集编年笺注》,北京：中华书局, 1981 年。

罗振玉（Lo Chen-yü）：《昭陵碑录（三卷·附录一卷）》, 晨风阁丛书, 1909 年。

罗香林（Lo Hsiang-lin）：《唐代三教讲论考》, *Journal of Oriental Studies*（东方文化）第 1 卷, 1954 年, 第 85—97 页。

罗根泽（Lo Ken-tse）：《中国文学批评史》, 上海：古典文学出版社, 1957 年。

罗联添（Lo Lien-t'ien）：《韩愈研究》, 台北：台湾学生书局, 1977 年。

McMullen, D. L. (麦大维)（1973）, 'Historical and literary theory in the mid-eighth century'（八世纪中叶的历史和文学理论）, in Arthur F. Wright（芮沃寿）and Denis Twitchett（杜希德）eds. , *Perspectives on the T'ang*（唐代概观）, New Haven: Yale University Press, 1973, pp. 307-342. ①

McMullen, D. L. (麦大维)（1984）, 'A note on the Feng ritual of 742; in response to Professor Elling Eide（艾龙）'（742 年封礼评论：答艾龙教授）, *T'ang Studies*（唐学报）2（1984）, pp. 37-40.

McMullen, D. L. (麦大维)（1987）, 'Views of the state in Du You and Liu Zongyuan'（杜佑和柳宗元的国家观）, in Stuart R. Schram（斯图尔特·施拉姆）ed. , *Foundations and limits of state power in China*②（中国国家权力的基础与局限）, London: School of Oriental and African Studies, and Hong Kong: The Chinese University Press, 1987.

McMullen, D. L. (麦大维)（1987a）, 'Bureaucrats and cosmology: the ritual code of T'ang China'（官僚制和宇宙论：唐代的礼典）, in David Cannadine（大卫·康纳汀）and Simon Price（西蒙·普赖斯）eds. , *Rituals of royalty: power and ceremonial in traditional societies*（皇家仪典：传统社会中的权力与仪式）,

---

① 译者按：中译文见麦大维著, 张思齐译：《八世纪中叶的历史和文学理论》, 收入倪豪士编选, 黄宝华等译：《美国学者论唐代文学》, 第 156—190 页。

② 译者按："Foundations and limits of state power in China", 原著误作 "Foundations of state power in China"。

Cambridge: Cambridge University Press, 1987, pp. 181-236.①

McMullen, D. L.（麦大维）（1987b），'T'ang attitudes to the military: the cult of Qi Taigong'（唐代对武的态度：齐太公祭祀），article for inclusion in volume of essays for presentation to Professor E. G. Pulleyblank（为《唐学报》献给蒲立本教授专号所作论文）.②

马衡③（Ma Heng）：《汉石经集存》④，北京：科学出版社，1957年。

Mair, Victor H.（梅维恒），'Scroll presentation in the T'ang dynasty'（唐代的投卷），HJAS（哈佛亚洲学报）38（1978），pp. 35-60.⑤

Masui Tsuneo（增井经夫），'Liu Chih-chi and the Shih-t'ung'（刘知幾与史通），Memoirs of the Research Department of the Toyo Bunko（《东洋文库欧文纪要》）34（1976），pp. 113-162.

Max Weber（马克斯·韦伯），The religion of China（中国的宗教），translated and edited by Hans Gerth（葛斯），with an introduction by C. K. Yang（杨庆堃），New York: The Macmillan Company, 1964.⑥*

Mirsky, Johnathan（梅兆赞），'The life of Tuan Hsiu-shih based on translations of his biographies in the T'ang histories'（唐书"段秀实传"译注），Journal of the China Society（中国社会杂志）I（1961），pp. 46-65.

牟润孙（Mou Jun-sun）（1960）：《论儒释两家之讲经与义疏》，《新亚学报》第4卷第2期，1960年，第353—415页。

牟润孙（Mou Jun-sun）（1968）：《唐初南北学人论学之异趣与影响》，《香港中文大学中国文化研究所学报》第1卷，1968年，第50—86页。

中津濱涉（Nakatsuhama Wataru）：《藝文類聚引書引得》，名古屋：采华书林，1972年。

内藤虎次郎（Naitō Torajirō）（1967）：《支那史學史》，东京：清水弘

---

① 译者按：中译文见麦大维著，李丹婕译：《官僚制和宇宙论：唐代的礼典》，收入《唐代文史九章：麦大维自选集》，即刊。

② 译者按：正式发表英文论文见 D. L. McMullen, 'The cult of Ch'i T'ai-kung and T'ang attitudes to the military'（齐太公祭祀与唐代对武的态度），T'ang Studies（唐学报）7（1989），pp. 59-103.

③ 译者按："马衡"，原著误作"马亨"。

④ 译者按："汉石经集存"，原著误作"汉石经辑存"。

⑤ 译者按：中译文见梅尔著，赖瑞和译：《唐代的投卷》，收入静宜文理学院中国古典小说研究中心编：《中国古典小说研究专集》2，台北：联经出版事业公司，1980年，第61—88页。

⑥ 译者按：据英译本翻译之中译本见玛克斯·韦伯著，简惠美译：《中国的宗教：儒教与道教》，台北：远流出版事业股份有限公司，1989年。其后中译本之修订版（收入（德）韦伯著，康乐、简惠美译：《中国的宗教；宗教与世界》，桂林：广西师范大学出版社，2004年）改据德文原著翻译，仍附录杨庆堃为英译本所作长篇导论。

文堂书房，1967 年。*

内藤虎次郎（Naitō Torajirō）（1970）：《昭和六年一月廿六日御講書始漢書進講案》，《支那學》第 6 卷第 2 号，1932 年；收入《内藤湖南全集》第 7 卷，东京：筑摩书房，1970 年，第 226—237 页。*

Needham, Joseph（李约瑟）, Science and civilisation① in China（中国科学技术史）Vol. 2, History of scientific thought（科学思想史）, Cambridge: Cambridge University Press, 1956. Vol. 3, Mathematics and the sciences of the heavens and the earth（数学、天学和地学）, 1959.②

聂崇岐（Nieh Ch'ung-ch'i）编纂：《艺文志二十种综合引得》，上海：上海古籍出版社，1986 年。*

Nienhauser, William H. Jr. （倪豪士）(1973), Liu Tsung-yüan（柳宗元）, in Twayne's World Authors Series, No. 255, New York: Twayne Publishers Inc. , 1973.

Nienhauser, William H. Jr. （倪豪士）(1976), '"Twelve poems propagating the music bureau ballad": Yüan Chieh's Hsi yüeh-fu shih-erh shou' （元结《系乐府十二首》）, Critical essays on Chinese literature（中国文学评论）, Hong Kong: The Chinese University of Hong Kong, 1976, pp. 135-146.

Nienhauser William H. Jr. （倪豪士）(1979), P'i Jih-hsiu（皮日休）, in Twayne's World Authors Series, No. 530, New York: Twayne Publishers Inc. , 1979.

新美寛（Niimi Hiroshi）：《陸善經の事蹟に就いて》，《支那學》9(1)，1937 年，第 131—148 页。

Nivison, David S. （倪德卫）, 'Protests against convention and conventions of protest'（反抗传统与传统的反抗）, in Arthur F. Wright（芮沃寿）ed. , The Confucian persuasion（儒教）, Stanford: Stanford University Press, 1960, pp. 177-201.③

布目潮渢（Nunome Chōfū）、大野仁（Ōno Hiroshi）：《白居易百道判釋義》，《大阪大学教養部研究集録（人文·社会科学）》28，1980 年，第 21—35 页。

---

① 译者按："civilisation"，原著误作"civilization"。
② 译者按：中译本见李约瑟著，何兆武等译：《中国科学技术史》第 2 卷《科学思想史》，北京：科学出版社；上海：上海古籍出版社，1990 年。李约瑟著，《中国科学技术史》翻译小组译：《中国科学技术史》第 3 卷《数学》，北京：科学出版社，1978 年；第 4 卷《天学》，1975 年；第 5 卷《地学》，1976 年。
③ 译者按：中译文见倪德卫著，方强译：《反抗传统与传统的反抗》，收入张聪、姚平主编：《当代西方汉学研究集粹·思想文化史卷》，上海：上海古籍出版社，2012 年，第 187—215 页。

小尾郊一①（Obi Kōichi）：《柳冕の文論》，《支那学研究》27，1962年，第27—37页。

小川昭一（Ogawa Syōichi）：《呂温について》，《東京支那學報》10，1964年，第70—84页。

Owen, Stephen（宇文所安）（1975），*The poetry of Meng Chiao and Han Yü*（韩愈和孟郊的诗歌），New Haven: Yale University Press, 1975.②

Owen, Stephen（宇文所安）（1977），*The poetry of the early T'ang*（初唐诗），New Haven: Yale University Press, 1977.③

Owen, Stephen（宇文所安）（1981），*The great age of Chinese poetry*（中国诗歌的黄金时代：盛唐诗），New Haven: Yale University Press, 1981.④

Palandri, Angela Jung（荣之颖），*Yüan Chen*（元稹），in Twayne's World Authors Series, No. 442, New York: Twayne Publishers Inc., 1977. *

潘重规（P'an Chung-kuei）（1955）：《春秋公羊疏作者考》，《学术季刊》第4卷第1期，1955年，第11—18页。

潘重规（P'an Chung-kuei）（1965）：《五经正义探源》，《华岗学报》第1期，1965年，第13—22页。

北京大学中国文学史教研室选注：《魏晋南北朝文学史参考资料》，北京：中华书局，1962年。*

裴普贤（P'ei P'u-hsien）：《经学概述》，台北：台湾开明书店，1969年。

Peterson, C. A.（彼得森），'Court and province in mid- and late T'ang'（中唐和晚唐的宫廷和地方），in Denis Twitchett（杜希德）ed., *The Cambridge history of China*, Vol. 3, *Sui and T'ang China 589-906*, Part I（剑桥中国隋唐史），Cambridge: Cambridge University Press, 1979, pp. 464-560.

皮锡瑞（P'i Hsi-jui）：《经学历史》，上海：商务印书馆，1937年⑤。

卞孝萱（Pien Hsiao-hsüan）：《刘禹锡年谱》，北京：中华书局，1963年。

---

① 译者按："小尾郊一"，原著误作"小尾交一"。
② 译者按：中译本见斯蒂芬·欧文著，田欣欣译：《韩愈和孟郊的诗歌》，天津：天津教育出版社，2004年。
③ 译者按：中译本见斯蒂芬·欧文著，贾晋华译：《初唐诗》，南宁：广西人民出版社，1987年；修订版见宇文所安著，贾晋华译：《初唐诗》，北京：生活·读书·新知三联书店，2004年。
④ 译者按：中译本见斯蒂芬·欧文著，贾晋华译：《盛唐诗》，哈尔滨：黑龙江人民出版社，1992年；修订版见宇文所安著，贾晋华译：《盛唐诗》，北京：生活·读书·新知三联书店，2004年。
⑤ 译者按：原著作"1937年"，疑误。商务印书馆出版《经学历史》有三个系列：（一）线装涵芬楼影印本：1923年初版，1933年"国难（1932年1月29日）后第一版"；（二）周予同注释"学生国学丛书"本：1928年初版，1931年再版，1934年"国难后第一版"；（三）周予同注释"万有文库"本：1929年初版。

Pulleyblank, E. G.（蒲立本）（1950），'The Tzyjyh tongjiann kaoyih and the sources for the history of the period 730-763'（《资治通鉴考异》与 730—763 年间的史料），*Bulletin of the School of Oriental and African Studies*（亚非学院通报）XIII（1950），pp. 448-473.

Pulleyblank, E. G.（蒲立本）（1954），'A geographical text of the eighth century'（一件八世纪的地理文书），*Silver Jubilee Volume of the Zinbun Kagaku Kenkyusyo*（京都大学人文科学研究所创立二十五周年纪念论集），Kyoto: Zinbun Kagaku Kenkyusyo, 1954, pp. 301-308.

Pulleyblank, E. G.（蒲立本）（1955），*The background to the rebellion of An Lu-shan*（《安禄山叛乱的背景》），London: Oxford University Press, 1955.①

Pulleyblank, E. G.（蒲立本）（1957），'The Shun tsung shih lu'（顺宗实录），*Bulletin of the School of Oriental and African Studies*（亚非学院通报）XIX（1957），pp. 336-344.

Pulleyblank, E. G.（蒲立本）（1959），'Liu K'o, a forgotten rival of Han Yü'（刘轲：被遗忘的韩愈的竞争者），*Asia Major*（泰东）VII（1959），pp. 145-160.

Pulleyblank, E. G.（蒲立本）（1960），'Neo-Confucianism and Neo-Legalism in T'ang intellectual life, 755-805'（唐代文人生活中的新儒家与新法家），Arthur F. Wright（芮沃寿）ed., *The Confucian persuasion*（儒教），Stanford: Stanford University Press, 1960, pp. 77-114.②

Pulleyblank, E. G.（蒲立本）（1961），'Chinese historical criticism: Liu Chih-chi and Ssu-ma Kuang'（中国的史学批评：刘知幾与司马光），W. G. Beasley（比斯利）and E. G. Pulleyblank eds., *Historians of China and Japan*（中日史学家），London: Oxford University Press, 1961, pp. 135-166.

Pulleyblank, E. G.（蒲立本）（1976），'The An Lu-shan rebellion and the origins of chronic militarism in late T'ang China'（安禄山叛乱和晚唐中国的周期性武人化），in John Curtis Perry（约翰·佩里）and Bardwell L. Smith（巴德维尔·史密斯）eds., *Essays on T'ang society*（唐代社会论集），Leiden: E. J. Brill, 1976, pp. 33-60.

Rideout, J. K.（赖道德），'The context of the Yüan tao and the Yüan hsing'（《原道》与《原性》的写作背景），*Bulletin of the School of Oriental*

---

① 译者按：中译本见蒲立本著，丁俊译：《安禄山叛乱的背景》，上海：中西书局，2018 年。
② 译者按：中译文见埃德温·G·普利布兰克著，黄宝华译：《新儒家、新法家和唐代知识分子的生活》，收入倪豪士编选，黄宝华等译：《美国学者论唐代文学》，第 237—297 页。

and African Studies（亚非学院通报）XII（1948），pp. 403-408.

Rogers, Michael C.（迈克尔·罗杰斯），*The chronicle of Fu Chien: a case of exemplar history*（符坚载记：正史的一个案例），Berkeley and Los Angeles: University of California Press, 1968.

Rotours, Robert des（戴何都）（1932），*Traité des examens*（《新唐书·选举志》译注），Paris: Ernest Leroux, 1932.

Rotours, Robert des（戴何都）（1947-1948），*Traité des fonctionnaires et de l'armée*（《新唐书》"百官志"和"兵志"译注），Leiden: E. J. Brill, 1947-1948, 2 vols.

Rotours, Robert des（戴何都）（1966），'Le culte des cinq dragons sous la dynastie des T'ang（618-907）'（唐代的五龙祭祀），*Mélanges de sinologie offerts a Monsieur Paul Demiéville*（戴密微先生祝寿文集），*Bibliothèque de l'institut des hautes études chinoises*（汉学研究所文库）XX, Paris: Presses Universitaires de France, 1966, pp. 261-280.

Rotours, Robert des（戴何都）（1975），'Le T'ang lieou tien décrit-il exactement les institutions en usage sous la dynastie des T'ang？'（《唐六典》是否准确描述了唐代施行的制度？），*Journal Asiatique*（亚洲学报）CCLXIII（1975），pp. 183-201.

Rotours, Robert des（戴何都）（1975a），*Les inscriptions funéraires de Ts'ouei Mien et de Ts'ouei Yeou-fou*（唐代崔沔及其夫人王氏与崔祐甫墓志），Paris: École Française d'Extrême-Orient（法国远东学院），1975.

Schafer, E. H.（薛爱华）（1962），'Notes on T'ang culture'（唐代文化札记），*Monumenta serica*（华裔学志）XXI（1962），pp. 194-221.

Schafer, E. H.（薛爱华）（1963），'The auspices of T'ang'（唐代的祥瑞），*Journal of the American Oriental Society*（美国东方学会会刊）83（1963），pp. 197-225.

Schwartz, Benjamin（史华慈），'Some polarities in Confucian thought'（儒家思想中的几个极点），in David S. Nivison（倪德卫）and Arthur F. Wright（芮沃寿）eds., *Confucianism in action*（行动中的儒教），Stanford: Stanford University Press, 1959, pp. 50-62.①

斯波六郎（Shiba Rokurō）：《李善文選注引文義例考》，《日本中國學

---

① 译者按：中译文见史华慈著，吴艳红译：《儒家思想中的几个极点》，收入田浩（Hoyt Cleveland Tillman）编，杨立华、吴艳红等译：《宋代思想史论》，北京：社会科学文献出版社，2003年，第98—110页。

會報》2，1950年，第45—60页。① *

Shryock, John K.（萧洛克），*The origin and development of the state cult of Confucius*（国家祭孔的起源与发展），New York and London: The Century Co., 1932.

Solomon, Bernard S.（伯纳德·所罗门），*The veritable record of the T'ang emperor Shun-tsung（February 28, 805-August 31, 805）Han Yü's Shun tsung shih lu, translated with introduction and notes*（韩愈《顺宗实录》译注），Cambridge, Mass.: Harvard University Press, 1955.

Somers, Robert（苏若博②），'The historiography of the T'ang founding'（唐朝开国的历史编纂），unpublished paper presented to the Yale Seminar in Chinese and Comparative Historiography（中国史学与比较史学耶鲁研讨会未刊稿），1971.

苏莹辉（Su Ying-hui）（1968）：《上五经正义表之版本及其相关问题》，《庆祝蒋慰堂先生七十荣庆论文集》，台北：台湾学生书局，1968年，第345—353页。

苏莹辉（Su Ying-hui）（1968a）：《五经正义第一次颁行于贞观年中》，《"国立中央"图书馆馆刊》（*Bulletin of the National Central Library*）新2卷③，1968年，第29—33页。

苏莹辉（Su Ying-hui）（1968b）：《从敦煌本衔名页论五经正义之刊定④》，《孔孟学报》第16期，1968年，第181—193页。

孙国栋（Sung Kuo-tung）：《唐代中书舍人迁官途径考释》，《唐宋史论丛》，香港：龙门书店，1980年。

孙望（Sun Wang）：《元次山年谱》，上海：古典文学出版社，1957年。

多贺秋五郎（Taga Akigorō）（1953）：《唐代教育史の研究—日本學校教育の源流⑤》，东京：不昧堂书店，1953年。

汤承业（T'ang Ch'eng-yeh）：《李德裕研究》，台北：嘉新水泥公司文化基金会，1973年。

陶希圣（T'ao Hsi-sheng）（1972）：《孔子庙堂中汉儒及宋儒的位次

---

① 译者按：中译文见斯波六郎著，权赫子、曹虹译：《李善〈文选〉注引文义例考》，《古典文献研究》第14辑，2011年，第191—213页。

② 译者按：学界亦常用"罗伯特·萨默斯"之译名。

③ 译者按："New Series Ⅱ"，原著误作"New Series XXⅡ"。

④ 译者按："从敦煌本衔名页论五经正义之刊定"，原著误作"从敦煌本衔名一页论五经正义之刊定"。

⑤ 译者按："日本學校教育の源流"，原著误作"日本學校の源流"。

（上）》，《食货月刊》第 2 卷第 1 期，1972 年，第 9—29 页。

陶希圣（T'ao Hsi-sheng）（1972a）：《孔子庙堂中汉儒及宋儒的位次（下）》，《食货月刊》第 2 卷第 2 期，1972 年，第 81—85 页。

陶希圣（T'ao Hsi-sheng）（1972b）：《武庙之政治社会的演变》，《食货月刊》第 2 卷第 5 期，1972 年，第 229—247 页。

Teng Ssu-yü（邓嗣禹）and Knight Biggerstaff（毕乃德），*An annotated bibliography of selected Chinese reference works*（中国参考书目解题），Third edition, Cambridge, Mass.：Harvard University Press, 1971.

Thompson, Paul（谭朴森），*The Shen tzu fragments*（慎子逸文），London: Oxford University Press, 1979.

Tjan Tjoe Som（曾珠森①），*Po Hu t'ung: the comprehensive discussions in the White Tiger Hall*（《白虎通》：白虎观中的广泛讨论）Vol. I, Leiden: E. J. Brill, 1949.

戶田豊三郎（Toda Toyosaburō）：《復性書の立場》，《支那学研究》29，1963 年，第 1—9 页。

礪波護②（Tonami Mamoru）（1975）：《唐代の制誥》，《東洋史研究》34（3），1975 年，第 348—369 页。

礪波護（Tonami Mamoru）（1979）：《唐の三省六部》，唐代史研究会编：《隋唐帝国と東アジア世界》，东京③：汲古书院，1979 年，第 165—188 页。

岑仲勉（Ts'en Chung-mien）（1962）：《唐人行第录》，北京：中华书局，1962 年。

岑仲勉（Ts'en Chung-mien）（1962a）：《唐集质疑》，收入《唐人行第录》，第 353—481 页。

Tsien Tsuen-hsuin（钱存训），*Written on bamboo and silk; the beginnings of Chinese books and inscriptions*（书于竹帛：中国古代的文字记录），Chicago: Chicago University Press, 1962.④

---

① 译者按：学界亦常用"曾祖森"之译名。
② 译者按："礪波護"，原著误作"厲波護"。
③ 译者按："Tokyo（东京）"，原著误作"Kyoto（京都）"。
④ 译者按：中译本第一版见钱存训著：《中国古代书史》（据周宁森中文译稿《书于竹帛》增订），香港：中文大学出版社，1975 年。第二次增订本见郑如斯增补《印刷发明前的中国书和文字记录》，北京：印刷工业出版社，1988 年。第三次增订本见《书于竹帛》，台北：汉美图书有限公司，1996 年。第四次增订本见《书于竹帛：中国古代的文字记录》，上海：上海书店出版社，2004 年。

敦煌文物研究所（Tun-huang Wen-wu Yen-chiu-so）：《莫高窟第 220 窟新发现的复壁壁画》，《文物》1978 年第 12 期，第 41—46 页。

Twitchett, D. C.（杜希德）(1960), 'Lu Chih (754-805): imperial advisor and court official'（陆贽：皇帝顾问与朝廷官员）, in Arthur F. Wright（芮沃寿）ed., *The Confucian persuasion*（儒教）, Stanford: Stanford University Press, 1960, pp. 84-122.

Twitchett, D. C.（杜希德）(1961), 'Chinese biographical writing'（中国的传记写作）, in W. G. Beasley（比斯利）and E. G. Pulleyblank（蒲立本）eds., *Historians of China and Japan*（中日史学家）, London: Oxford University Press, 1961, pp. 95-114.①

Twitchett, D. C.（杜希德）(1962), 'Problems of Chinese biography'（中国传记的问题）, in Arthur F. Wright（芮沃寿）and Denis Twitchett eds., *Confucian personalities*（儒家人格）, Stanford: Stanford University Press, 1962, pp. 24-39.

Twitchett, D. C.（杜希德）(1970), *Financial administration under the T'ang dynasty*（唐代财政）, 2nd ed., Cambridge: Cambridge University Press, 1970.②

Twitchett, D. C.（杜希德）(1973), 'The composition of the T'ang ruling class: new evidence from Tun-huang'（从敦煌文书看唐代统治阶层的成份）, in Denis Twitchett and Arthur F. Wright（芮沃寿）eds., *Perspectives on the T'ang*（唐代概观）, New Haven: Yale University Press, 1973.③

Twitchett, D. C.（杜希德）(1976), 'Varied patterns of provincial autonomy in the T'ang dynasty'（唐代藩镇势力的各种类型）, in John Curtis Perry（约翰·佩里）and Bardwell L. Smith（巴德维尔·史密斯）eds., *Essays on T'ang society*（唐代社会论集）, Leiden: E. J. Brill, 1976, pp. 90-109.④

Twitchett, D. C.（杜希德）(1976a), 'The birth of the Chinese meritocracy: bureaucrats and examinations in T'ang China'（中华事功阶层的诞生：论唐代的官僚集团和科举）, Lecture given to the China Society in London（为伦敦中

---

① 译者按：中译文见崔瑞德著，张书生译，王毓铨校：《中国的传记写作》，《史学史研究》1985 年第 3 期。

② 译者按：中译本见杜希德著，丁俊译：《唐代财政》，上海：中西书局，2016 年。

③ 译者按：中译文见崔维泽著，何冠环译：《从敦煌文书看唐代统治阶层的成份》，收入瑞特（Arthur F. Wright）等著，陶晋生等译：《唐史论文选集》，第 87—130 页。另见杜德德著，何冠环译：《唐代统治阶层的构成——敦煌发现的新证据》，收入范兆飞编译：《西方学者中国中古贵族制论集》，北京：生活·读书·新知三联书店，2018 年，第 174—211 页。

④ 译者按：中译文见 Denis C. Twitchett 著，张荣芳译：《唐代藩镇势力的各种类型》，《大陆杂志》第 66 卷第 1 期，1983 年，第 39—47 页。

国协会所作演讲),17 December, 1974.

Twitchett, D. C.(杜希德)(1979), ed., *The Cambridge history of China*, Vol. 3, *Sui and T'ang China 589-906*, Part I (剑桥中国隋唐史), Cambridge: Cambridge University Press, 1979.①

Twitchett, D. C.(杜希德)(1985), 'The writings of official history under the T'ang'(唐代官修史籍考), unpublished typescript draft (未刊打字稿), 1985.②

van der Loon, Piet (龙彼得), 'On the transmission of the Kuan tzu' (论《管子》的传布), *T'oung pao* (通报) XLI (1952), pp. 357-393.

Waley, Arthur (魏礼③)(1949), *The life and times of Po Chü-i* (白居易的生平及其时代), London: George Allen and Unwin, 1949.

Waley, Arthur (魏礼)(1950), *The Poetry and Career of Li Po* (李白的诗歌与生平), London: George Allen and Unwin, 1950. *

Waley, Arthur (魏礼)(1960), *Ballads and stories from Tun-huang* (敦煌曲子词与变文选集), London: George Allen and Unwin, 1960.

万曼 (Wan Man):《唐集叙录》,北京:中华书局,1980 年。

王忠林 (Wang Chung-lin):《周易正义引书考》,《台湾省立师范大学国文研究所集刊》第 3 号,1959 年,第 1—111 页。

王重民 (Wang Chung-min):《敦煌古籍叙录》,京都:中文出版社,1978 年。

王树民 (Wang Shu-min):《史部要籍解题》,北京:中华书局,1981 年。

王运熙 (Wang Yün-hsi):《陈子昂和他的作品》,《文学遗产增刊》第 4 辑,1957 年,第 92—121 页。

Wechsler, Howard J.(魏侯玮)(1974), *Mirror to the son of heaven: Wei Cheng at the court of T'ang T'ai-tsung* (天子之镜:唐太宗朝的魏徵), New Haven and London: Yale University Press, 1974.

Wechsler, Howard J.(魏侯玮)(1977), 'The Confucian teacher Wang T'ung (584? -617): one thousand years of controversy' (儒师王通:一千年的争论), *T'oung pao* (通报) LXIII (1977), pp. 225-272.

---

① 译者按:中译本见 Denis Twitchett 编,张荣芳主译:《剑桥中国史》第 3 册《隋唐篇 589—906(上)》,台北:南天书局,1987 年。另见崔瑞德编,中国社会科学院历史研究所、西方汉学研究课题组译:《剑桥中国隋唐史(589—906 年)》,北京:中国社会科学出版社,1990 年。

② 译者按:正式出版英文专著见 Denis Twitchett, *The writing of official history under the T'ang*, Cambridge: Cambridge University Press, 1992. 中译本见杜希德著,黄宝华译:《唐代官修史籍考》,上海:上海古籍出版社,2010 年。

③ 译者按:学界亦常用"魏理""阿瑟·韦利""亚瑟·韦利"等译名。

Wechsler, Howard J.（魏侯玮）（1985），*Offerings of jade and silk*（玉帛之奠），New Haven and London: Yale University Press, 1985.

Wilson, Amy Auerbacher（艾米·威尔逊），Greenblatt, Sidney Leonard（西德尼·格林布拉特）and Wilson, Richard W.（理查德·威尔逊）eds.，*Methodological issues in Chinese Studies*（中国研究的方法论问题），New York: Praeger Publishers, 1983. *

Wright, A. F.（芮沃寿）（1947），Review：'A. A. Petrov, *Wang Pi: His Place in the History of Chinese Philosophy*'（书评：《彼得罗夫①〈王弼：其在中国哲学史上的地位〉》），*HJAS*（哈佛亚洲学报）10（1）（1947），pp. 75-88. *

Wright, A. F.（芮沃寿）（1951），'Fu I and the rejection of Buddhism'（傅奕与反佛），*Journal of the History of Ideas*（思想史杂志）XII（1951），pp. 33-47.

Wright, A. F.（芮沃寿）（1976），'T'ang T'ai-tsung: the man and the persona'（唐太宗——其人及其角色），in John Curtis Perry（约翰·佩里）and Bardwell L. Smith（巴德维尔·史密斯）eds.，*Essays on Vang society*（唐代社会论集），Leiden: E. J. Brill, 1976, pp. 17-32.②

Wright, A. F.（芮沃寿）（1979），'The Sui dynasty'（隋朝），in Denis Twitchett（杜希德）ed.，*The Cambridge history of China*, Vol. 3, *Sui and T'ang China 589-906*, Part I（剑桥中国隋唐史），Cambridge: Cambridge University Press, 1979, pp. 48-149.

Wu, K. T.（吴光清），'Libraries and book collecting in China before the invention of printing'（印刷发明前的中国图书馆和藏书家），*T'ien Hsia Monthly*（天下月刊）v no. iii（1937），pp. 237-260.

Yang, C. K.（杨庆堃）（1957），'The functional relationship between Confucian thought and Chinese religion'（儒家思想与中国宗教之间的功能关系），in J. K. Fairbank（费正清）ed.，*Chinese thought and institutions*（中国的思想与制度），Chicago: Chicago University Press, 1957, pp. 269-290.③

Yang, C. K.（杨庆堃）（1959），'Some characteristics of Chinese

---

① 译者按：学界亦常用"彼德洛夫"之译名。
② 译者按：中译文见瑞特著，王颖译：《唐太宗——其人及其角色》，收入瑞特（Arthur F. Wright）等著，陶晋生等译：《唐史论文选集》，第1—18页。
③ 译者按：中译文见杨庆堃著，段昌国译：《儒家思想与中国宗教之间的功能关系》，收入中国思想研究委员会编，段昌国、刘纫尼、张永堂译：《中国思想与制度论集》，台北：联经出版事业公司，1976年，第319—348页。另见杨庆堃著，张晓丽译：《儒家思想与中国宗教的相互作用关系》，收入费正清编，郭晓兵、王琼、张晓丽、王妍慧、李俏梅译：《中国的思想与制度》，北京：世界知识出版社，2008年，第291—321页。

bureaucratic behaviour'（中国官僚政治运行的特征）, in David S. Nivison（倪德卫）and Arthur F. Wright（芮沃寿）eds., *Confucianism in action*（行动中的儒教）, Stanford: Stanford University Press, 1959, pp. 134-164.

杨承祖（Yang Ch'eng-tsu）：《张九龄年谱》，台北："国立"台湾大学文学院，1964 年。

杨家骆（Yang Chia-lo）：《北史述要》，重印本前言材料，台北：鼎文书局（未注明出版日期）；《北史》重印本，北京：中华书局，1974 年，第 1—15 页。

杨向奎（Yang Hsiang-k'uei）：《唐宋时代的经学思想——经典释文、十三经正义等书所表现的思想体系》，《文史哲》1958 年第 5 期，第 7—16 页。

Yang, L. S.（杨联陞）, 'Historical Notes on the Chinese World Order'（从历史看中国的世界秩序）①, in John K. Fairbank（费正清）ed., *The Chinese World Order*（中国的世界秩序）②, Cambridge, Mass.: Harvard University Press, 1968, pp. 20-33. *

安居香山（Yasui Kdzan）、中村璋八（Nakamura Shdhachi）：《緯書の基礎的研究》，东京：汉魏文化研究会，1966 年。

叶政欣（Yeh Cheng-hsin）：《春秋左氏传杜注释例③》，台北：嘉新水泥公司文化基金会，1966 年。

叶程义（Yeh Ch'eng-i）（1970）：《礼记正义引书考述》，《"国立"政治大学学报》第 22 期，1970 年，第 313—322 页。

叶程义（Yeh Ch'eng-i）（1975）：《文选李善注引尚书考》，台北：正中书局，1975 年。

严耕望（Yen Keng-wang）（1953）：《略论唐六典之性质与施行问题》，《"中央研究院"历史语言研究所集刊》第 24 本，1953 年，第 69—76 页。

严耕望（Yen Keng-wang）（1959）：《唐人读书山林寺院之风尚④》，《"中央研究院"历史语言研究所集刊》第 30 本下册，1959 年，第 689—728 页。

吉原文昭（Yoshihara Fumiaki）（1974）：《唐代春秋三子の異同に就い

---

① 译者按：中译文见邢义田译：《从历史看中国的世界秩序》，收入杨联陞：《国史探微》，台北：联经出版事业公司，1983 年，第 1—19 页。
② 译者按：中译本见费正清编，杜继东译：《中国的世界秩序——传统中国的对外关系》，北京：中国社会科学出版社，2010 年。此书对杨联陞《从历史看中国的世界秩序》一文进行重译。
③ 译者按："春秋左氏传杜注释例"，原著误作"春秋左传杜注释例"。
④ 译者按："唐人读书山林寺院之风尚"，原著误作"唐人读山林寺院之风尚"。另，此篇后收入严耕望《唐史研究丛稿》（香港：新亚研究所，1969 年）时补订改题为《唐人习业山林寺院之风尚》。

て》,《中央大学文学部紀要》73①,1974 年,第 67—104 页。

吉原文昭（Yoshihara Fumiaki）(1976)：《北宋春秋學の一側面—唐代春秋三子の辨禘義の繼承と批判を回つて—》,《中國哲學史の展望と摸索②》,东京：创文社,1976 年,第 633—653 页。

吉川忠夫（Yoshikawa Tadao）：《顏師古の『漢書』注》,《東方学報》（京都）51,1979 年,第 223—319 页。

余嘉锡（Yü Chia-hsi）：《四库提要辨证》,北京：科学出版社,1958 年。

---

① 译者按："73",原著误作"20"。
② 译者按："中國哲學史の展望と摸索",原著误作"中國哲學の展望と摸索"。

词汇表和索引

（索引页码对应英文原著页码）

有关唐代学者科考情况的材料主要来自《登科记考》《千唐志斋》《开封市博物馆》。

斋郎 acolytes（*chai lang*），20，269 n. 50，277 n. 74，283 n. 147

地理 administrative geography，21，160，172，200，201，203，338 n. 59；另见 *ti li chih*

箴 admonition（*chen*），230，356 n. 1

待制院（待诏）advisory colleges，7，14-16，229，266 n. 30 及 n. 31

安（谥号）*an*（calm, canonization title），11

安简（谥号）*an-chien*（calm and concise, canonization title），62

安禄山 An Lu-shan，345 n. 136

安史之乱 An Lu-shan rebellion，16，28，52，139，141，144，155，182，185，187，113，117，134，254，271 n. 75，289 n. 227

论语 Analects（*Lun yü*），45，53，78，80，81，82，102，104，117，155，246，247，259，291 n. 2，296 n. 44，302 n. 120，303 nn. 128-130，310 n. 192，313 n. 9，356 n. 2①

宗庙 ancestral temple（*tsung miao*），21，140-145，146-147，152，301 n. 101；东都太庙（at Lo-yang），140-142，146

轶事汇编 collections of anecdotes，5，253

文集 anthologies of *belles lettres*，209，211，218-220，237

灭佛 anti-Buddhism，154，239，247，279 n. 101

灭道 anti-Taoism，238，239

射 archery，18

---

① 译者按："365 n. 2"，原著误作"356 n. 215"。

射礼 archery ritual（*she li*），148

赞 assessment（*tsan*），167，356 n. 1

天文 astrological events，6，21，203，359 n. 22；另见 *t'ien wen chih*

太史局（或司天台）bureau of astrology（*t'ai shih chü* or *ssu t'ien t'ai*），22

蛮夷 barbarians, attitudes to，40，67，179，203-204，301 n. 101

经籍 bibliographies，160，172，183，200，222；另见 *ching chi chih* 及 *Chiu T'ang shu ching chi chih* 旧唐书经籍志

列传 biographies，159，191

传记集 collections of biographies，159，191-193

搜书 book searches，22，212，220，364 n. 82，370 n. 165

佛教 Buddhism，6，10，44，45，48-49，54，65，76，82，93，106，109，146，179，205，219，259-260，283 n. 148，310 n. 193

律历 calendar，6，27，167，169；另见 *lü li chih*

谥号 canonizations，11，19-20，150，281 n. 129，269 n. 48-49；另见个人称号（titles）之下

谥议 canonization discussion（*shih i*），20，256，282 n. 137，292 n. 3

都城 capital cities, works on，124，182，185

目录 catalogues，见 bibliographies

中书省 central secretariat（*chung-shu sheng*），207，340 n. 83，345 n. 139

蜡（或䄍）（礼）*cha*（ritual），122，156

斋郎 *chai lang*，见 acolytes

战国 Chan-kuo, Warring States（403 B. C.-221 B. C.），298 n. 61

谶书 *ch'an shu*，见 prognosticatory texts

门下省 chancellery（*men-hsia sheng*），20，340 n. 83，345 n. 139

张昌龄（进士）Chang Ch'ang-ling（*chin shih*），322 n. 110 n. 115，360 n. 40

张昌宗（制科）Chang Ch'ang-tsung（decree ex.），218，365 n. 115

张承奉 Chang Ch'eng-feng，288 n. 221

张籍（进士）Chang Chi（*chin shih*），110

张嘉贞（明经）Chang Chia-chen（*ming ching*），365 n. 114

张荐 Chang Chien，144，153，189，190，192，236，268 n. 44①，309 n. 178，325 n. 156 n. 157

张柬之（进士，制科）Chang Chien-chih（*chin shih*, decree ex.），271

---

① 译者按："268 n. 44"，原著误作"268 n. 42"。

词汇表和索引

n. 70, 299 n. 73, 354 n. 231

张九龄（进士，制科）Chang Chiu-ling (*chin shih*, decree ex.), 63, 179, 181, 231, 264 n. 12, 265 n. 16, 267 n. 32, 267 n. 36, 280 n. 121, 282 n. 146, 302 n. 112

张鷟（进士与制科）Chang Cho (*chin shih* and decree exs.), 367 n. 136　398

漳州 Chang-chou (prefecture), 356 n. 1

章句学 *chang-chü hsüeh* (chapter and verse sholarship), 85, 89

张后胤 Chang Hou-yin, 297 n. 52

张孝嵩（进士）Chang Hsiao-sung (*chin shih*), 365 n. 114

张行成（制科）Chang Hsing-ch'eng (decree ex.), 340 n. 77, 361 n. 48

张烜 Chang Hsüan, 321 n. 96

张玄素 Chang Hsüan-su, 336 n. 48

张巡（进士）Chang Hsün (*chin shih*), 192, 194

张巡姚訚传 *Chang Hsün Yao Yin chuan*, 350 n. 174

张翃（明经）Chang Hung (*ming ching*), 283 n. 147

张镒 Chang I, 106

张易之 Chang I-chih, 267 n. 35

张荣 Chang Jung, 349 n. 163

张良 Chang Liang, 46, 47, 58

张南史 Chang Nan-shih, 331 n. 8

张波 Chang Po, 292 n. 9

张参（进士）Chang Shen (*chin shih*), 99, 106, 292 n. 10

张士衡 Chang Shih-heng, 314 n. 21

张守节 Chang Shou-chieh, 174

长孙无忌 Chang-sun Wu-chi, 73-74, 126-127, 175

张大素 Chang Ta-su, 334 n. 28①

张大瓒（或大颐）Chang Ta-tsan (or Ta-i), 318 n. 57

张登（制科）Chang Teng (decree ex.), 356 n. 1

张文收 Chang Wen-shou, 268 n. 45

张说（制科与知贡举）Chang Yüeh (decree ex. and chief examiner), 49, 63, 85, 86, 98, 130, 131, 134, 179, 180, 181, 218, 226, 228, 246, 265 n. 14, 266 n. 30, 272 n. 84, 278 n. 80, 322 n. 110 n. 115, 356 n. 2, 368 n. 150, 373 n. 201

---

① 译者按："334 n. 28"，原著误作"332 n. 28"。

383

常建（进士）Ch'ang Chien（*chin shih*），302 n. 121

唱和 *chang-ho*（verses to set rhymes），226

常衮（进士与知贡举）Chang Kun（*chin shih* and chief examiner），60，238，287 n. 205，356 n. 2

长江（县）Ch'ang-chiang（county），38

常无名（进士与制科）Ch'ang Wu-ming（*chin shih* and decree ex.），341 n. 96

变 interest of scholars in change，21，117-118，160，182，197，203-204，208-209，246-247；另见 *yen ko* 沿革，*sun i* 损益，*wen chih* 文质

周易 Book of changes，见 *Chou i*

长安（唐都）Ch'ang-an（T'ang capital），8，11，22，32，36，37，40，42，45，50，51，52，55，56，57，58，64，71，88，94，95，98，101，103，128，140，141，142，144，146，147，148，182，212，221，222，223，258，262

常州 Ch'ang-chou（prefecture），287 n. 205

常科 *ch'ang k'o*（regular examinations），23

常参官 *ch'ang-ts'an kuan*（officials regularly participant in court assemblies），268 n. 46

赵（古国）Chao（ancient state），223

昭（谥号）*chao*（resplendent, canonization title），146

赵？旨（三礼科）Chao ? -chih（*San li* ex.），288 n. 215，305 n. 153

赵憬 Chao Ching，340 n. 81，348 n. 150

赵骅（或晔）（进士）Chao Hua（or Yeh）（*chin shih*），229

赵弘智 Chao Hung-chih，293 n. 19

赵匡 Chao K'uang，92，96，101-103，154-155，197，203，242，243

赵璘（进士与宏词）Chao Lin（*chin shih* and *hung tz'u*），345 n. 139

昭陵（太宗）Chao-ling（mausoleum of T'ai tsung），140，273 n. 17，277 n. 76

赵秉文 Chao Ping-wen，345 n. 136

赵赞（知贡举）Chao Tsan（chief examiner），374 n. 212

昭宗（皇帝）Chao tsung（emperor, reigned 888-904），58，237，369 n. 160

昭应（县）Chao-ying（county），252

潮州 Ch'ao-chou（prefecture），56，111

朝仪 *ch'ao i*（court ceremonial procedures），150

朝英集 *Ch'ao ying chi*，365 n. 114

室（宗庙）chapels, within ancestral temple（*shih*），140-141，143-144，

326 n. 171

折衷（或中）che chung（or chung），8，134，263 n. 7

折衷春秋 Che chung Ch'un-ch'iu，264 n. 7，309 n. 183①

振（"变"的变体）chen（variant for pien），375 n. 225

箴 chen（admonition），230，356 n. 1

贞（谥号）chen（upright, canonization title），11，42，55，96，192，240，366 n. 120

珍王諴 Chen wang Hsien，327 n. 182

贞观（年号）Chen-kuan（reign period, 627-649）

贞观政要 Chen-kuan cheng yao，198

贞观礼 Chen-kuan li，121-123，126，172

贞观实录 Chen-kuan shih lu，170，332 n. 10，336 n. 45

贞元（年号）Chen-yüan（reign period, 785-805）

贞元实录 Chen-yüan shih lu，349 n. 158

贞元御府群书新录 Chen-yüan yü-fu ch'ün-shu hsin lu，370 n. 170

陈（朝）Ch'en（dynasty, 557-589），165，214；另见 Ch'en shu 陈书

陈贞节 Ch'en Chen-chieh，313 n. 10

陈正卿 Ch'en Cheng-ch'ing，184

陈京（进士）Ch'en Ching（chin shih），144-145，200，236

陈希烈（进士）Ch'en Hsi-lieh（chin shih），87，222，223

陈翃 Ch'en Hung，350 n. 175

陈留（郡）Ch'en-liu（commandery），287 n. 205

陈伯宣 Ch'en Po-hsüan，338 n. 67

陈商（进士与知贡举）Ch'en Shang（chin shih and chief examiner），309 n. 185

陈邵 Ch'en Shao，296 n. 45

陈书 Ch'en shu，165，166-167

陈叔达 Ch'en Shu-ta，167，214，215

陈涛 Ch'en-t'ao（battle of）②，372 n. 188

陈子昂（进士）Ch'en Tzu-ang（chin shih），184，246，264 n. 12，291 n. 2，317 n. 49，368 n. 150，375 n. 224

陈岳 Ch'en Yüeh，104，195，264 n. 7

---

① 译者按："309 n. 183"，原著误作"309 n. 18"。

② 译者按：原著将"the battle of Ch'en-t'ao"中的"Ch'en-t'ao"误认为人名陈涛，陈涛斜实为地名，即陈涛斜之战。

郑常 Cheng Ch'ang, 264 n. 11

郑虔 Cheng Ch'ien, 42, 185, 234

郑处晦（进士）Cheng Ch'u-hui (*chin shih*), 283 n. 152

郑玄 Cheng Hsüan, 74, 75, 77, 85, 126-127, 259, 298 n. 62

郑澣（知贡举）Cheng Huan (chief examiner), 350 n. 165, 371 n. 182

郑公器 Cheng Kung-ch'i, 265 n. 17

郑朗 Cheng Lang, 348 n. 147

郑立言 Cheng Li-yen, 377 n. 15

郑璘 Cheng Lin, 349 n. 163

正论 *Cheng Lun*, 185

郑谌（明经）Cheng Shen (*ming ching*), 302 n. 120

郑肃（进士）Cheng Su (*chin shih*), 288 n. 214

郑覃 Cheng T'an, 57

政典 *Cheng tien*, 186, 203, 279 n. 104

正字 *cheng tzu* (corrector of characters), 见 imperial library 秘书省

郑慈 Cheng Tzu, 283 n. 154

郑亚（进士与制科）Cheng Ya (*chin shih* and decree ex.), 316 n. 43

郑愔 Cheng Yin, 360 n. 38

郑絪（进士与宏词）Cheng Yin (*chin shih* and *hung tz'u*), 146

郑余庆（进士）Cheng Yü-ch'ing (*chin shih*), 55, 100, 205

郑元璹 Cheng Yüan-shu, 268 n. 45

成（谥号）*ch'eng* (perfected, canonization title), 54, 177, 216

承旨学士院记 *Ch'eng-chih hsüeh shih yüan chi*, 373 n. 198

程浩 Ch'eng Hao, 280 n. 124

程异（明经与开元礼科）Ch'eng I (*ming ching* and *K'ai-yüan li* ex.), 329 n. 209

诚明 *ch'eng ming* (sincerity and enlightenment), 106, 107, 109, 110, 303 n. 128

成纵（复谥）*ch'eng-tsung* (perfected and unrestrained, mixed canonization title), 142

乘舆月令 *Ch'eng yü yüeh ling*, 150

几 *chi* (particles), 76

记 *chi* (note), 195, 356 n. 1; 另见 *t'ing pi chi* 厅壁记

吉安（县）Chi-an (county), 36

汲冢周书 *Chi chung Chou shu*, 92, 174, 338 n. 59

吉中孚（进士）Chi Chung-fu (*chin shih*), 372 n. 193

词汇表和索引

吉甫（名）Chi-fu（given name），265 n. 14

祭酒 *chi-chiu*（president），见 state academy directorate 国子监

集注阴符经 *Chi chu yin fu ching*，281n. 129

集贤注记 *Chi-hsien chu chi*，267 n. 32 n. 36，321 n. 96，339 n. 72，361 n. 53，362 n. 55，363 n. 69 n. 71

集贤院 Chi-hsien yüan，15-16，41，86，92，98，130，134，179，183，200，219，222，223，229，236，266 n. 30，267 n. 36，370 n. 167 n. 168 n. 170

吉凶礼要 *Chi hsiung li yao*，321 n. 91

己任 *chi jen*（own charge），247，284 n. 157

吉礼 *chi li*（rituals of the auspicious, division of the ritual code），122

季路（孔子门生）Chi-lu（disciple of Confucius），231

耤田礼 *chi t'ien li*（ploughing rite），136，137，138，145，157，179，326 n. 174，364 n. 95

耤田赋 *Chi t'ien fu*，364 n. 95

祭文 *chi wen*（prayer），186，284 n. 159①，345 n. 136，350 n. 177，356 n. 1

气 *chi*（spirit），247

起居注 *ch'i-chü chu*，见 diaries

起居郎 *ch'i-chü lang*，见 diarists 起居舍人

起居舍人 *ch'i-chü she-jen*，见 diarists

齐澣（拔萃）Ch'i Huan（*pa ts'ui*），356 n. 2，366 n. 125

齐桓公 Ch'i Huan kung，196

齐抗 Ch'i K'ang，287 n. 205，325 n. 162，347 n. 144，348 n. 150

起草 *ch'i ts'ao*（draft），339 n. 70

气焰 *ch'i yen*（flaring up of the ether），156

贾至（明经与知贡举）Chia Chih（*ming ching* and chief examiner），52，95，238，242，302 n. 123，346 n. 141，367 n. 130，373 n. 201

贾防 Chia Fang，288 n. 219

贾谊 Chia I，313 n. 19，345 n. 135

贾公彦 Chia Kung-yen，78，82，100，296 n. 44，314 n. 21

嘉礼 *chia li*（felicitation rituals, division of the ritual code），123

贾耽（明经）Chia Tan（*ming ching*），201，348 n. 150，354 n. 222

贾登（制科）Chia Teng（decree ex.），321 n. 96

贾曾 Chia Tseng，365 n. 110，366 n. 125 and 126，367 n. 130

---

① 译者按："284 n. 159"，原著误作"284"。

387

蒋乂① （或武） Chiang I (or Wu), 190, 192, 272 n. 84 and n. 5, 327 n. 185, 347 n. 143, 349 n. 158, 354 n. 222②, 362 n. 65, 369 n. 162

江陵（郡） Chiang-ling (commandery), 366 n. 125

姜师度（明经） Chiang Shih-tu (ming ching), 280 n. 122

江都集礼 Chiang-tu chi li, 315 n. 34

江都新礼 Chiang-tu hsin li, 121

讲武（礼） chiang wu (military rehearsal, ritual), 122, 281 n. 135, 300 n. 83

皎然 Chiao-jan, 370 n. 167

校书郎 chiao-shu lang (collator), 见 imperial library 秘书省

桥陵（睿宗） Ch'iao-ling (mausoleum of Jui tsung), 140

借（"措"的变体） chieh (variant for ts'u), 331 n. 7

节（谥号） chieh (controlled, canonization title), 11

建中（年号） Chien-chung (reign period, 780-783)

建中实录 Chien-chung shih lu, 354 n. 232

监修（国史） chien-hsiu (direct the preparation of the dynastic history), 见 history office 史馆

简试 chien shih (examination), 15, 269 n. 50

乾（卦） ch'ien (hexagram), 335 n. 33

迁 ch'ien (displacement), 140, 143

钱起（进士） Ch'ien Ch'i (chin shih), 371 n. 176, 372 n. 193

虔州③ Ch'ien-chou (prefecture), 56

乾陵（高宗与武后） Ch'ien-ling (mausoleum of Kao tsung and the empress Wu), 140, 176

千百 ch'ien pai, 319 n. 73

乾元（年号） Ch'ien-yüan (reign period, 758-760)

乾元殿 Ch'ien-yüan tien (palace), 317 n. 47

制科 chih k'o (decree examination), 25, 54, 230-231, 286 n. 194, 288 n. 213, 301 n. 99, 368 n. 150

职官志 chih kuan chih (monograph on offices and posts), 167, 172, 183, 333 n. 22, 354 n. 224

职官分纪 chih kuan fen chi, 267 n. 32

---

① 译者按："蒋乂"，原著误作"蒋義"。
② 译者按："354 n. 224"，原著误作"353 n. 222"。
③ 译者按：虔州今属江西，原著正文误作广东。

词汇表和索引

至公 chih kung（ulitimate impartiality），171，177，265 n. 18

至德（年号）Chih-te（reign period, 756-758）

齿胄（礼）Ch'ih-chou（ritual），44，53，55，57，147，285 n. 167

童子科 child prodigy examination（t'ung-tzu k'o），25，303 n. 125

晋（朝）Chin（dynasty, 265-420），32，35，169，174，333 n. 20

近臣 chin ch'en（close ministers），93，233

晋宣帝（晋室先祖）Chin Hsüan ti（imperial ancestor of the Chin），335 n. 38

金刚经 Chin kang ching（Diamond sutra），88

晋康帝（皇帝）Chin K'ang ti（Chin emperor, reigned 343-344），341 n. 88

进士（科）chih shih（examination），18，23，48，89，95，97，137，151，198，210，222，228，230，242，244，271 n. 66，368 n. 150

晋书 Chih shu，169-170，174，198

近署 chih shu（inner office），20

今文 Chin wen（New Text），2，76，78

晋武帝（皇帝）Chin Wu ti（emperor of the Chin, reigned 265-289），335 n. 38

琴 ch'in（lute），18

秦（朝）Ch'in（dynasty, 221 B. C. -207 B. C.），46，163，204

秦景通 Ch'in Ching-t'ung，275 n. 42[①]，332 n. 17

亲属 ch'in shu（kinship），219

秦暐 Ch'in Wei，332 n. 17

靖（谥号）ching（quiet, canonization title），146

静 ching（quietness），109

敬（谥号）ching（respectful, canonization title），62，364 n. 94

敬（道德）ching（reverence, moral value），156，196，199

京兆府 Ching-ch'ao fu（capital district），302 n. 123

景城（郡）Ching-ch'eng（commandery），221

经籍志 ching chi chih（bibliography monograph），167，172；另见 Chiu T'ang shu ching chi chih 旧唐书经籍志

荆州 Ching-chou（prefecture），366 n. 125

荆朏 Ching Fei，283 n. 152

敬晖（明经）Ching Hui（ming ching），354 n. 231

[①] 译者按："275 n. 42"，原著误作"275 n. 2"。

景龙（年号）Ching-lung（reign period, 707-710）

景龙文馆记 *Ching-lung wen guan chi*, 365 n. 108

敬播（进士）Ching Po (*chin shih*), 332 n. 19, 334 n. 29

经史事类 *Ching shih shih lei*, 371 n. 182; 另见 *Po K'ung liu t'ieh* 白孔六帖

景帝（汉）（皇帝）Ching ti (emperor of Han, reigned 156 B.C.-141 B.C.), 332 n. 10

经典释文 *Ching tien shih wen*, 72, 77, 306 n. 165, 378 n. 31

敬宗（皇帝）Ching tsung (emperor, reigned 824-827), 57

敬宗实录 *Ching tsung shih lu*, 191

庆 *ch'ing*, 269 n. 50

青州 Ch'ing-chou (prefecture), 302 n. 120

清河（郡）Ch'ing-ho (commandery), 221

卿相传 *Ch'ing-hsiang chuan*, 192

清庙 *ch'ing miao*, 325 n. 159

九经 *Chiu ching*, 72, 78, 100

九经字样 *Chiu ching tzu yang*, 305 n. 153

九经外义疏 *Chiu ching wai i shu*, 344 n. 131

九龙（县）Chiu-lung (county), 277 n. 66

旧唐书 *Chiu T'ang shu*, 13, 21, 128, 147, 179, 228

旧唐书经籍志 *Chiu T'ang shu ching chi chih*, 358 n. 21, 363 n. 75, 299 n. 72 and n. 73, 320 n. 83, 321 n. 91, 358 n. 21, 361 n. 47

穷理尽性 *ch'iung li chin hsing*, 82, 97, 106, 108, 109, 304 n. 131

涿州 Cho-chou (prefecture), 287 n. 205

周（朝）Chou (dynasty, *c.* 1121 B.C.-249 B.C.), 31, 80, 90, 152, 196, 289 n. 229

周（武周）Chou (interregnum, 690-705), 28, 43, 128, 175

周易 *Chou i* (*Book of changes*), 23, 49, 72, 74, 76, 82, 168, 208

周易博士 erudit of the *Chou i*, 288 n. 215

周墀（进士）Chou Ch'ih (*chin shih*), 288 n. 214

周公 Chou kung (Duke of Chou), 31, 33, 43, 232

周礼 *Chou li* (*Ritual of Chou*), 23, 72, 77, 78, 82, 89, 119, 136

周利贞（明经）Chou Li-chen (*ming ching*), 272 n. 84

周书 *Chou shu*, 165

周渭（进士与制科武举）Chou Wei (*chin shih* and military decree ex.), 285 n. 171, 371 n. 175

词汇表和索引

编年史 chronicle histories，159，184，195
洙（水）Chu（river），29，54
注记 chu chi（notes and records for histories），341 n. 96
助教 chu chiao（assistant instructor），见 state academy directorate 国子监
朱朴（三史科）Chu P'u（San shih ex.），288 n. 215
祝钦明（明经与制科）Chu Ch'in-ming（*ming ching* and decree ex.），313 n. 11，362 n. 62
朱敬则 Chu Ching-tse，186，265 n. 13，278 n. 78，339 n. 73，341 n. 85
朱熹 Chu Hsi，3，296 n. 45
著姓略 *Chu hsing lüeh*，350 n. 171
诸葛亮 Chu-ko Liang，107，196
著作局 *chu tso chü*（bureau of compositions），22，166，169，185，216，269 n. 52，270 n. 62，344 n. 128，360 n. 38
朱子奢 Chu Tzu-she，216，297 n. 52
珠英学士 *chu ying hsüeh shih*，361 n. 49
楚（国）Ch'u（kingdom in Han dynasty），199
出将入相 *ch'u chiang ju hsiang*，9，265 n. 14
处州 Ch'u-chou（prefecture），56，60
初学记 *Ch'u hsüeh chi*，219-220
出议 *ch'u i*（put out to discussion），144，256
储光羲（进士）Ch'u kuang-hsi（*chin shih*），185，302 n. 122
褚亮 Ch'u Liang，214，267 n. 32
出身 *ch'u shen*（official status），25
褚遂良 Ch'u Sui-liang，297 n. 48，334 n. 29，358 n. 18
楚辞 *Ch'u tz'u*，209，225，248
褚无量（明经）Ch'u Wu-liang（*ming ching*），174，221，278 n. 80，296 n. 42
庄子 *Chuang tzu*，49，72，84，98
春秋 *Ch'un-ch'iu*（*Spring and autumn annals*），23，70，72，74，79-81，85，89-92，96，97，98，99，101-105，119，146，159，161，178，184，191，195，202，292 n. 7，313 n. 13，343 n. 117
春秋博士 erudit of the *Ch'un-ch'iu*，288 n. 215
春秋折微 *Ch'un-ch'iu che wei*，309 n. 178
春秋集传 *Ch'un-ch'iu chi chuan*，306 n. 157
春秋集传辩疑 *Ch'un-ch'iu chi chuan pien i*，307 n. 168

春秋加减 *Ch'un-ch'iu chia chien*, 305 n. 150

春秋辩疑 *Ch'un-ch'iu pien i*, 307 n. 168

春秋释例 *Ch'un-ch'iu shih li*, 302 n. 112

春秋啖赵集传纂例 *Ch'un-ch'iu Tan Chao chi chuan tsuan li*, 301 n. 110

春秋纂例 *Ch'un-ch'iu tsuan li*, 306 n. 157

春秋统例 *Ch'un-ch'iu t'ung li*, 306 n. 157

春秋微旨 *Ch'un-ch'iu wei chih*, 307 n. 168

醇儒 *ch'un ju* (pure Confucian), 260, 378 nn. 35-7

忠（谥号）*chung* (loyal, canonization title), 11, 93, 149, 167, 216

忠（道德）*chung* (loyalty, moral value), 196, 199

忠节（谥号）*chung-chieh* (loyal and controlled, canonization title), 192

中兴 *chung-hsing* (mid-dynasty restoration), 53

中兴馆阁书目 *Chung-hsing kuan-ko shu-mu*, 294 n. 21

中兴书目 *Chung-hsing shu-mu*, 351 n. 193

忠懿（谥号）*chung-i* (loyal an virtuous, canonization title), 190

仲长敖 Chung Chang-ao, 299 n. 65

忠烈（谥号）*chung-lieh* (loyal an illustrious, canonization title), 145

舂陵（县）Ch'ung-ling① (county), 310 n. 196

忠孝（谥号）*chung-hsiao* (loyal an filial, canonization title), 181

忠献（谥号）*chung-hsien* (loyal an contributing, canonization title), 343 n. 117

中书舍人 *chung-shu she jen*, 见 grand secretary

中书省 *chung-shu sheng* (central secretariat), 207, 340 n. 83, 345 n. 139

中书侍郎 *chung-shu shih lang* (vice-president of the central secretariat), 360 n. 35

忠肃（谥号）*chung-su* (loyal an awe-inspiring, canonization title), 54

中宗（皇帝）Chung tsung (emperor, reigned 684, 705-710), 40-41, 44, 128, 226

中宗实录 *Chung tsung shih lu*, 176

仲子陵（进士与制科）Chung Tzu-ling (*chin shih* and decree ex.), 62, 150, 264 n. 7, 377 n. 7

忠武（谥号）*chung-wu* (loyal an military, canonization title), 59, 145 (2)

仲由（孔子门生）Chung-yu (disciple of Confucius), 61

---

① 译者按："舂陵 Ch'ung-ling"，原著误作"重陵 Chung-ling"。

词汇表和索引

中庸（礼记）*Chung yung*（*Doctrine of the mean*，section of the *Li chi*），70，82，97，261，303 n. 128，304 n. 131

崇文馆 Ch'ung-wen kuan，15，222，235，267 n. 34

崇文总目 *Ch'ung-wen tsung mu*，345 n. 140，346 n. 141，351 n. 182

举人 *chü jen*，280 n. 124

曲阜（县）Ch'ü-fu（county），27，43，45，288 n. 219

曲笔 *ch'ü pi*，177

卷 *chüan*（scroll），86

权 *ch'üan*（expediency），102，196，239，372 n. 191

泉 *ch'üan*（abyss），266 n. 22

权德舆（知贡举）Ch'üan Te-yü（chief examiner），62，96，97，107-108，152，153，156，194，205，239-240，243，267 n. 33，304 n. 134，325 n. 160，326 n. 162，349 n. 158，355 n. 232，356 n. 2，373 n. 201，374 n. 214

权自挹（明经）Ch'üan Tzu-i（*ming ching*），378 n. 37

郡县 *chün hsien*（commandery and county system），170，186

军礼 *chün li*（army rituals, division of the ritual code），123

群书治要 *Ch'ün-shu chih yao*，82，164，214，298 n. 62

群书四部录 *Ch'ün-shu ssu pu lu*，222

曲台新礼 *Ch'ü-t'ai hsin li*，328 n. 195

文 civil，见 *wen*

明文 clear text（*ming wen*），117，259

著作局 bureau of compositions，见 *chu tso chü*

写作技能 composition skills，39-40，201，203，206-210，213-215，217，220，224-225，230-232，240，242

儒服（或儒衣）Confucian dress（*ju fu* or *ju i*），9，264 n. 11

孔庙布置 arrangement of Confucian temple，33-34，44-45，58，61，119

反儒 Confucian opposition，83，93

儒学对立 polarity within Confucianism，70，109-110，260，261；另见 *Ta hsüeh*

孔子 Confucius，3，63，64，65，80，90，117，206，232，243；孔子墓 tomb of Confucius，276 n. 49；另见 *Analects* 论语

待制院 consultative colleges，见 advisory colleges

帖 context questions（*t'ieh*），24，96

学术官职的家族延续性 continuity in family tenure of academic office，215，218，238，240-241，253，333 n. 24，339 n. 72，366 n. 122 and n. 123

配享 correlative recipients of offering（*p'ei hsiang*），33，46，126，129，

281 n. 134

 国家宇宙观 cosmological view of the state, 168，179，194，204，208

 太仆寺 court of imperial accoutrements (*t'ai p'u ssu*)，271 n. 76

 宫廷文学活动 court literary entertainments, 214，225-227

 太常寺 court of sacrifices (*t'ai ch'ang ssu*)，17，19-20，27，28，114，149，256，268 n. 44，275 n. 36，289 n. 227，305 n. 148，354 n. 223

 太常卿 president of the court of sacrifices (*t'ai ch'ang ch'ing*)，19，87，145，147，150，153，268 n. 45，321 n. 94，325 n. 162

 太常少卿 vice-presidents of the court of sacrifices (*t'ai ch'ang shao ch'ing*)，19，132，236，354 n. 223

 太常博士 erudits of the court of sacrifices (*t'ai ch'ang po shih*)，19，21，62，107，114，119，127，129，132，144，146，150，151，212，268 n. 46，270 n. 57，307 n. 169，318 n. 55，323 n. 136，324 n. 146，343 n. 112 and n. 117，358 n. 10

 太常修撰 compilers in the court of sacrifices (*hsiu chuan*)，149，151

 笏 court tablets (*hu*)，272 n. 5

 刑法 criminal law, 21，27，36，152，160，198，204，332 n. 14，353 n. 213，359 n. 22；另见 *hsing fa chih* 刑法志

 皇太子 crown prince (*huang t'ai tzu*)，23，30，32，44，116，122，266 n. 30，279 n. 108，285 n. 167，345 n. 136，361 n. 48；另见 *Ch'ih-chou rite* 齿胄礼

 酷吏 cruel officials (*ku li*)，193

 死亡观 attitude to death, 82，123；另见 *meng tien* 梦奠

 制科 decree examinations (*chih k'o*)，25，54，230-231，286 n. 194，288 n. 213，301 n. 99，368 n. 150

 定本 definitive versions (*ting pen*)，72，97-100，293 n. 13

 檄 despatch (*hsi*)，356 n. 1

 金刚经 Diamond sutra (*Chin kang ching*)，88

 起居注 diaries (*ch'i-chü chu*)，21，159，171，179，297 n. 48，341 n. 96

 起居舍人 diarists (*ch'i-chü she jen*，起居郎 *ch'i-chü lang*)，21，169，171，176，179，189，270 n. 54 and n. 56，305 n. 148，341 n. 96，348 n. 151，366 n. 117，372 n. 188

 策 dissertation (*ts'e*)，23，198，356 n. 1；另见 *shih-wu ts'e* 时务策及 *Ts'e lin* 策林

 中庸 Doctrine of the mean，见 *Chung yung*

 尚书 Book of documents，见 *Shang shu*

国史 dynastic history（*kuo shih*），20-21，170-172，175-177，178-182，188-191，193，200，202，329 n. 210，359 n. 21

食货 economics，81，155，203；另见 *shih huo chih* 食货志

类书 encyclopedias，209，211，218-220，237

二王三恪 *erh wang san k'o*（descendants of pre-T'ang imperial houses），116，120，136，287 n. 200

尔雅 *Erh ya*，57，353 n. 213

论 essay（*lun*），26，156，195-197，230，245，356 n. 1

颂 eulogy（*sung*），350 n. 165，356 n. 1

考试 examinations，23-26，37，51，63，77-78，92-94，95-97，136-139，151-153，197-199，201，203，209-220，229-232，241-244，256-257；另见单个科名（examination titles）之下

学术的家族传承性 family continuity in scholarship；见 continuity

范传正（进士）Fan Ch'uan-cheng（*chin shih*），369 n. 155

范宁 Fan Ning，35，78，296 n. 46，301 n. 112

樊绍述（制科武举）Fan Shao-shu（mil. decree ex.），309 n. 178

樊绅 Fan Shen，349 n. 158

范晔 Fan Yeh，332 n. 9，337 n. 57

樊驷 Fan Yin，303 n. 127

方城（"方域"的变体）*fang-cheng*（variant for *fang-yü*），361 n. 50

坊州 Fang-chou（prefecture），56

房玄龄 Fang Hsüan-ling，33，73，121，141，166，169，171，212，213，214，323 n. 129，351 n. 181，374 n. 217

房晖远 Fang Hui-yüan，275 n. 42，297 n. 52

房琯 Fang Kuan，49，63，131，181，186-187，193，196，202，252，258，346 n. 141

房凛（制科）Fang Lin（decree ex.），62

芳林要览 *Fang lin yao lan*，360 n. 43

方域 *fang-yü*（regions），219

非国语 *Fei kuo yü*，156

鄷（古城）Feng（ancient town），46

奉宸府 Feng-ch'en fu，218

封建 *feng chien*（enfieffment system），170，186，196-197，343 n. 119

风伯（神）Feng po（divinity），321 n. 107

封禅（礼）Feng and Shan（rituals），43，120，123，128-132，135，137-138，146，155，157，179，285 n. 170，378 n. 33

封禅仪注书 *Feng Shan i chu shu*，316 n. 44

封禅录 *Feng Shan lu*，319 n. 68

冯伉（明经，三史科）Feng Kang（*ming ching, San shih* ex.），268 n. 41，307 n. 170

奉天（县）Feng-t'ien（county），53

风雅 *Feng ya*（refinement and elegance），246

封演（进士）Feng Yen（*chin shih*），99，260，285 n. 173，367 n. 136

五经 *Five canons*，72，74，77，98，99；另见 *Wu ching*

五代 Five dynasties（period，907-960），152，273 n. 9

五龙（神）five dragons（*wu lung*，divinities），135

打毬 football（*ta ch'iu*），333 n. 20

夷狄 foreign states，19，129，130，163

先圣 Former sage（*Hsien sheng*），33

先师 Former teacher（*Hsien shih*），33

四书 Four books（*Ssu shu*），70，97，105；另见 *Analects* 论语，*Mencius* 孟子，*Ta hsüeh* 大学，*Chung yung* 中庸

四科（孔门科目）four categories of Confucius's teaching（*ssu k'o*），209，242，357 n. 6

四部 four divisions of official bibliography（*ssu pu*），27，159，222，292 n. 9

赋 *fu*（rhymeprose），23，26，97，137-138，215，230，242，243，244，305 n. 147，356 n. 1

富嘉谟（进士）Fu Chia-mo（*chin shih*），368 n. 150

福建（道）Fu-chien（province）①，287 n. 205

苻坚② Fu Chien，335 n. 41

福州 Fu-chou（prefecture），287 n. 205

扶风（县）Fu-feng（county），56

符玺郎 *fu-hsi lang*（secretary for the imperial tallies and seals），132

复性 *fu hsing*（restoring the nature），107，109-111

复性书 *Fu-hsing shu*，109-111

傅玄 Fu Hsüan，306 n. 167

傅弈③ Fu I，313 n. 19

---

① 译者按："Fu-chien（province）"，原著误作"Fu-chou（prefecture）"。
② 译者按："苻坚"，原著误作"符坚"。
③ 译者按："傅弈"，原著误作"傅奕"。

符载 Fu Tsai, 355 n. 249

皇帝葬仪 funeral directives, for emperors, 123, 149-150, 157

系谱 genealogies, 27, 160, 164, 182, 219

赐名 given names, expressive of ideals, 11, 265 n. 14 and n. 17, 377 n. 15

地理 geography, 见 administrative geography 地理志

太祝 grand invocators (*t'ai chu*), 19

中书舍人 grand secretaries (*chung-shu she jen*), 16, 207, 215-216, 227-229, 238-241, 267 n. 35, 268 n. 39, 305 n. 148, 360 n. 38, 366 n. 124 and n. 127, 372 n. 188, 373 n. 201 and n. 207

大学 Great learning, 见 *Ta hsüeh*

汉（朝）Han (dynasty, 206 B.C.-A.D. 220), 1-2, 7, 9, 30, 31, 35, 163, 258, 266 n. 30

汉纪① *Han chi*, 331 n. 3, 333 n. 20

韩群 Han Ch'ün, 286 n. 183

汉后春秋 *Han hou ch'un-ch'iu*, 352 n. 197②

韩休（制科）Han Hsiu (decree ex.), 366 n. 125

韩滉 Han Huang, 54, 99, 236, 291 n. 3, 309 n. 185

韩洄 Han Hui, 54, 99, 236

韩翃（进士）Han Hung (*chin shih*), 372 n. 193

韩康伯 Han K'ang-po, 74

汉高祖（皇帝）Han Kao tsu (Han emperor, reigned 202 B.C.-195 B.C.), 43, 199, 265 n. 13, 313 n. 9

翰林院 Han-lin yüan, 16, 207, 224, 229, 238, 239, 240, 266 n. 30 and n. 31, 267 n. 37, 354 n. 223, 367 n. 132

汉书 *Han shu*, 68, 84, 98, 160, 163-164, 166, 173-175, 198, 245

汉书正义 *Han shu cheng i*, 338 n. 60

汉书指瑕 [*Han shu*] *chih hsia*, 338 n. 60

汉书注 *Han shu chu*, 164, 213

汉书决疑 *Han shu chüeh i*, 333 n. 19

韩泰（进士）Han T'ai (*chin shih*), 103, 286 n. 187

汉武帝（皇帝）Han Wu ti (Han emperor, reigned 140 B.C.-87 B.C.),

---

① 译者按："汉纪"，原著误作"汉记"。
② 译者按："352 n. 197"，原著误作"352 n. 194"。

2，128

韩晔 Han Yeh, 103

韩愈（进士）Han Yü (*chin shih*), 4, 21, 51, 54, 56, 60, 61, 63-66, 107-111, 150, 153, 154, 190-191, 194, 195, 196, 240, 244, 246-247, 252, 261, 265 n. 18, 174 n. 30, 303 n. 128, 352 n. 203, 373 n. 201, 374 n. 214

汉元帝（皇帝）Han Yüan ti (Han emperor, reigned 48 B. C. -33 B. C.), 199

杭州 Hang-chou (prefecture), 320 n. 89

濠州 Hao-chou (prefecture), 56

郝处俊（进士）Hao Ch'u-chün (*chin shih*), 322 n. 17, 339 n. 71

郝连梵（进士）Hao Lien-fan (*chin shih*), 322 n. 110

郝名远 Hao Ming-yüan, 317 n. 48

昊天上帝（神）*hao t'ien shang ti* (god of high heaven, divinity), 124, 126, 129, 133, 135, 259

衡山（县）Heng-shan (county), 56

史馆 history office (*shih kuan*), 17, 20-21, 28, 161, 177-178, 180, 181, 189, 192, 194, 222, 228, 235, 269 n. 52, 272 n. 84, 343 n. 113, 346 n. 141, 370 n. 167

监修国史 directors of the history (*chien hsiu kuo shih*), 161, 170, 171, 175, 176, 177-178, 179, 181, 188, 189, 190, 191, 201, 340 n. 82, 342 n. 107, 147 n. 144, 349 n. 158 and n. 163

史馆修撰 compilers (*shih kuan hsiu chuan*), 20, 107, 133, 141, 162, 168, 171, 175, 176, 180, 181, 183, 185, 188, 189, 190, 191, 194, 200, 101, 272 n. 84, 343 n. 112, 348 n. 148, 349 n. 156, n. 158 and n. 163①

史法之争 historical mode of argument, 160

贺纪 Ho Chi, 320 n. 89

河间（郡）Ho-chien (commandery), 221

贺知章（进士与制科）Ho Chih-chang (*chin shih* and decree ex.), 319 n. 75, 378 n. 29

何蕃 Ho Fan, 286 n. 179

---

① 译者按："101"，原著误作"201"；"272 n. 84"，原著误作"171 n. 84"；"348 n. 148"，原著误作"148 n. 148"；"349 n. 156, n. 158 and n. 163"，原著误作"149 n. 156, n. 158 and n. 163"。

词汇表和索引

淮西（道）Huai-hsi① （province），350 n. 177
何休 Ho Hsiu，78，296 n. 46
河上公 Ho-shang Kung，85
后汉（朝）Hou Han （Later Han, dynasty, A. D. 25-220），29，55，97
后汉纪 *Hou Han chi*，330 n. 230
后汉书 *Hou Han shu*，174，198，332 n. 9
后梁春秋 *Hou Liang ch'un-ch'iu*，334 n. 28
侯山 Hou-shan（mountain），283 n. 147
后史记 *Hou Shih chi*，344 n. 124
后魏书 *Hou Wei shu*，334 n. 28
檄 *hsi*（despatch），536 n. 1
习 *hsi*（practice），248；另见 *hsing*（nature）性
郤昂②（进士）Hsi Ang（*chin shih*），283 n. 147
希韩③ Hsi-Han，111
习坎 *hsi k'an*（dangers and pitfalls），335 n. 32
郗士美④ Hsi Shih-mei，264 n. 11
习俗既久 *hsi su chi chiu*，53
僖宗（皇帝）Hsi tsung（emperor, reigned 873-888），147
系辞 *Hsi tz'u*，74
席豫（进士与制科）Hsi Yü（*chin shih* and decree exs.），228，365 n. 114，366 n. 125，377 n. 7
夏（远古王朝）Hsia（dynasty in antiquity, *c.* 2205 B. C.-1766 B. C.），196
祫（礼）*hsia*（offering to imperial ancestors, ritual），143
夏侯审（制科）Hsia-hou Shen（decree ex.），371 n. 176
下笔成章科（制科科目）*hsia pi ch'eng chang k'o*（decree examination title），367 n. 136
乡饮酒（礼）*hsiang yin chiu*（drinking ritual in the districts），148，326 n. 180
孝（谥号）*hsiao*（filial, canonization title），40，131
孝经 *Hsiao ching*（*Canon of filial piety*），43，53，57，77，78，85-86，88，95，99，100，291 n. 2，293 n. 19，296 n. 44

---

① 译者按："淮西 Huai-hsi"，原著误作"河西 Ho-hsi"。
② 译者按："郤昂"，原著误作"郗昂"。
③ 译者按：孙郃，字希韩。
④ 译者按："郗士美"，原著误作"希士美"。

399

萧至忠 Hsiao Chih-chung, 265 n. 16

萧复 Hsiao Fu, 252

萧昕（进士，宏词，知贡举）Hsiao Hsin (chin shih, hung-tz'u, chief examiner), 236, 284 n. 163

萧该 Hsiao Kai, 223, 293 n. 13

孝廉（科）hsiao lien (filial and upright, examination), 305 n. 147

萧嵩 Hsiao Sung, 134, 180, 224

萧德言 Hsiao Te-yen, 272 n. 5, 273 n. 17①, 279 n. 52

萧存 Hsiao Ts'un, 148

萧统 Hsiao T'ung, 223

萧颖士（进士）Hsiao Ying-shih (chin shih), 50, 62, 65, 92, 138, 178, 181, 184, 185, 196, 223, 229, 231, 245, 246, 252, 258, 265 n. 18, 291 n. 2, 344 n. 130, 368 n. 139

萧钧 Hsiao Chün②, 377 n. 24

协律郎 hsieh lü lang (secretary in charge of harmonizing the pitchpipes), 374 n. 211

谢偃（制科）Hsieh Yen (decree ex.), 316 n. 44

贤 hsien (worthy man), 274 n. 22 and n. 25

宪（谥号）hsien (model, canonization title), 32, 62, 144, 146, 166, 215, 224

献（谥号）hsien (contributing, canonization title), 86

显庆（年号）Hsien-ch'ing (reign period, 656-660)

显庆礼 Hsien-ch'ing li, 132-133

咸亨（年号）Hsien-heng (reign period, 670-673)

献陵（高祖）Hsien-ling (mausoleum of Kao tsu), 140

献穆（谥号）hsien-mu (contributing and awesome, canonization title), 145

咸宁（县）Hsien-ning (county), 45

先圣 Hsien sheng (former sage), 33

先师 Hsien shih (former teacher), 33

献书之路 hsien shu chih lu, 213

献祖（唐室先祖）Hsien tsu (T'ang imperial ancestor), 143

宪宗（皇帝）Hsien tsung (emperor, reigned 805-820), 189, 306 n. 154, 370 n. 167

---

① 译者按："273 n. 17"，原著误作"273 n. 15"。
② 译者按："萧钧 Hsiao Chün"，原著误作"萧瑀 Hsiao Yü"。

宪宗实录 *Hsien tsung shih lu*, 351 n. 187

鲜于向（进士）Hsien-yü Hsiang (*chin shih*), 291 n. 2, 300 n. 97

信州 Hsin-chou (prefecture), 307 n. 169

新礼 *Hsin li*, 315 n. 36

辛秘（明经，开元礼科）Hsin Mi (*ming ching*, *K'ai yüan li* ex.), 329 n. 209

新唐书 *Hsin T'ang shu*, 13, 21, 147

辛替否 Hsin T'i-p'i, 279 n. 101

新都（县）Hsin-tu (county), 38

性 *hsing* (nature), 82, 248; 另见 *hsing ming* 性命

邢州 Hsing-chou (prefecture), 285 n. 173

行状 *hsing chuang* (report of conduct), 193, 270 n. 57

刑法志 *hsing fa chih* (monograph on criminal law), 167

姓名 *hsing ming* (surnames and given names), 219; 另见 genealogies 系谱

性命 *hsing ming* (nature and destiny), 105-112, 239, 240, 299 n. 65

邢文伟 Hsing Wen-wei, 270 n. 56, 296 n. 42

性言 *Hsing yen*, 312 n. 224

修文馆 Hsiu-wen kuan, 15, 226

宣宗（皇帝）Hsiuan tsung (emperor, reigned 846-859), 369 n. 160

兄（"元"的变体）*hsiung* (older brother, variant for Yüan), 283 n. 156

凶礼 *hsiung li* (rituals of ill omen, division of the ritual code), 123, 133

序 *hsü* (preface), 32, 208, 210, 245, 246, 356 n. 1

徐安贞（制科）Hsü An-chen (decree exs.), 366 n. 125

徐坚（进士）Hsü Chien (*chin shih*), 85, 130, 134, 141, 174, 179, 192, 218, 219, 221, 226, 264 n. 7, 266 n. 30, 341 n. 85, 367 n. 129 and 130

许景先（进士）Hsü Ching-hsien (*chin shih*), 181, 366 n. 125

许敬宗 Hsü Ching-tsung, 129, 132, 141, 169, 175, 176, 178, 192, 202, 216, 255, 256, 274 n. 30, 313 n. 11

续卓绝 *Hsü cho chüeh*, 350 n. 171, 377 n. 26

续汉书 *Hsü Han shu*, 337 n. 57

徐浩（明经）Hsü Hao (*ming ching*), 238

续会要 *Hsü hui yao*, 202

徐陵 Hsü Ling, 214, 232

许孟容（进士与知贡举）Hsü Meng-jung (*chin shih* and chief examiner),

285 n. 175

徐申（进士）Hsü Shen（chin shih），302 n. 123

许叔牙 Hsü Shu-ya，314 n. 21

徐岱 Hsü Tai，325 n. 157

续唐历 Hsü T'ang li，351 n. 193

续文选 Hsü Wen hsüan，361 n. 53

徐文远 Hsü Wen-yüan，297 n. 52

徐彦伯（制科）Hsü Yen-po（decree ex.），226，230，232，368 n. 150

许州 Hsü-chou（prefecture），287 n. 202

宣（谥号）hsüan（manifest, canonization title），53，62，146，150，293 n. 19

玄（道教经典术语）hsüan（mystery, classical Taoist term），292 n. 9

玄机 hsüan chi（abstruse mysteries），356 n. 250

选举志 Hsüan chü chih，201

宣帝（晋室先祖）Hsüan ti（imperial ancestor of Chin），335 n. 38

玄宗（皇帝）Hsüan tsung（emperor, reigned 712-756），19，41-42，85-86，90，256，267 n. 32，377 n. 25

玄宗事类 Hsüan tsung shih lei，219

薛稷（进士与制科）Hsüeh Chi（chin shih and decree ex.），267 n. 35

薛据（进士与制科）Hsüeh Chü（chin shih and decree ex.），317 n. 48

学官 hsüeh kuan（school officials），27

学士 hsüeh shih，377 n. 26

学士承旨 hsüeh shih ch'eng chih，240

薛登（或谦光）Hsüeh Teng（or Ch'ien-kuang），40，231，277 n. 73，377 n. 7

薛廷珪（进士与知贡举）Hsüeh T'ing-kuei（chin shih and chief examiner），329 n. 210，373 n. 207

学院 hsüeh yüan（study court），291 n. 268

薛元超 Hsüeh Yüan-ch'ao，320 n. 82，340 n. 78

荀息 Hsün Hsi，308 n. 175

荀子 Hsün tzu，35，61，298 n. 61，199 n. 65①，312 n. 224

荀悦 Hsün Yüeh，331 n. 3

笏 hu（court tablets），272 n. 5

胡三省 Hu San-hsing，282 n. 137

---

① 译者按："199 n. 65"，原著误作"299 n. 65"。

湖州 Hu-chou（prefecture），56，352 n. 194
华封观 Hua-feng kuan（monastery），320 n. 80
华山（岳）Hua shan（sacred peak），131，138，377 n. 25
桓（鲁公）Huan（duke of Lu），298 n. 59
桓彦范 Huan Yen-fan，278 n. 78，279 n. 101，354 n. 231
宦游记 *Huan yu chi*，350 n. 166
黄巢 Huang Ch'ao，57，147，148，237
皇城 *huang ch'eng*（imperial city），17
黄庆 Huang Ch'ing，296 n. 45
皇览 *Huang lan*，357 n. 8
皇太子 *huang t'ai tzu*，见 crown prince
皇太子入学（礼）*huang t'ai tzu ju hsüeh*（ritual），122
黄滔（进士）Huang T'ao（*chin shih*），288 n. 221
黄帝（圣君）Huang ti（paragon emperor），120
皇地祇（神）*huang ti ch'i*（god of earth, divinity），129
皇帝封禅仪 *Huang ti Feng Shan i*，316 n. 44
皇甫湜（进士与制科）Huang-fu Shih（*chin shih* and decree ex.），64，244，373 n. 201
皇甫曾（进士）Huang-fu Tseng（*chin shih*），264 n. 11
皇甫镛（进士）Huang-fu Yung（*chin shih*），312 n. 224
惠文（谥号）*hui-wen*（gracious and refined, canonization title），43
会要 *Hui yao*，201-203，235；另见 *T'ang hui yao* 唐会要
浑瑊 Hun Chen，145，272 n. 84，279 n. 53，338 n. 66
洪州 Hung-chou（prefecture），287 n. 205
洪孝昌 Hung Hsiao-ch'ang，321 n. 96
鸿胪寺 Hung-lu ssu（court of ceremonial for foreigners），185
洪迈 Hung Mai，298 n. 61，367 n. 136
宏词（科）*hung tz'u*（*po hsüeh hung tz'u* 博学宏词，examination），26
宏文馆（弘文馆）（或殿）Hung-wen kuan（or tien），15，33，92，125，130，164，213，218，219，220，222，226，235，267 n. 32 and n. 33，354 n. 223

夷（谥号）*i*（just, canonization title），287 n. 205
懿（谥号）*i*（virtuous, canonization title），190，236
益州 I-chou（prefecture），36，276 n. 66，280 n. 116
宜春（郡）I-ch'un（commandery），49
一艺 *i i*（a mere skill），209，248

以儒饰吏 *i ju shih li*，68

仪礼 *I li*（Ritual directives），23，72，77，78，82，89，119，136

懿祖（唐室先祖）I tsu（T'ang imperial ancestor），143

异端 *i tuan*（heterodox doctrines），259-260，378 nn. 31-34

一字 *i tzu*（word perfect），161，331 n. 7

艺文类聚 *I wen lei chü*，82，211，219，223，357 n. 8 and n. 9

太庙 imperial ancestral temple，见 ancestral temple 宗庙

皇城 imperial city（*huang ch'eng*），17

秘书省 imperial library（*pi shu sheng*），17，21-22，40，77，99，121，166，169，172，221-222，223，235-237，270 n. 59，271 n. 76，354 n. 223，362 n. 60，370 n. 166 and n. 167，371 n. 175，372 n. 184

秘书监 director of the imperial library（*pi-shu chien*），22，73，99，100，148，213，221，222，236，370 n. 166

秘书少监 deputy directors of the imperial library（*pi-shu shao chien*），22，73，130，145，212，213，236，360 n. 38

校书郎 collators in the imperial library（*chiao shu lang*），22，77，222，236，237，285 n. 171，371 n. 176;

秘书正字 correctors of characters in the imperial library（*pi shu cheng tzu*），22，90，223，362 n. 56

著作局 bureau of compositions，见 *chu tso chü*

太史局 bureau of astrology，见 *t'ai shih chü*

近署 inner office（*chin shu*），20

铭 inscription（*ming*），230，289 n. 229，356 n. 1

典志 institutional compendia，5，186，201-205

职官沿革 institutions, changes in，21，182，186，201-205; 另见 change, interest in 与 *chih kuan chih*

皇帝干涉 interference by emperors，170-172，188-189

冉有（孔子门生）Jan-yu（disciple of Confucius），231

日本 Japan，77，225，360 n. 42

人极 *jen-chi*（synapse for humanity），317 n. 45

人文 *jen wen*（human pattern），208

儒职 *ju chih*（Confucian office），290 n. 249

儒服 *ju fu*（Confucian dress），264 n. 11

儒衣 *ju i*（Confucian dress），264 n. 11

睿宗（皇帝）Jui tsung（emperor, reigned 684-690, 710-712），266 n. 30

睿宗实录 *Jui tsung shih lu*，176

判 judgement（*p'an*），26，198，231，274 n. 31，352 n. 203，356 n. 1

儒林传 *ju-lin chuan*（biographies of Confucians），315 n. 35，333 n. 21

润州 Jun-chou（prefecture），99

润色 *jun se*（elegance and finish），206，356 n. 2

戎衣 *jung i*（military dress），289 n. 229

开成（年号）K'ai-ch'eng（reign period，836-840）

开成石经 *K'ai-ch'eng shih ching*，100，255

开皇（隋朝年号）K'ai-huang（Sui dynasty reign period，581-600）

开休元（明经）K'ai Hsiu-yüan（*ming ching*），304 n. 142

开耀（年号）K'ai-yao（reign period，681-682）

开元（年号）K'ai-yüan（reign period，713-741）

开元注记 *K'ai-yüan chu chi*，341 n. 96

开元礼 *K'ai-yüan li*，133-136，155，183，275 n. 33

开元礼科 examination in *K'ai-yüan li*，152-153

开元礼补 supplements to *K'ai-yüan li*，148-150

康（谥号）*k'ang*（robust, canonization title），121，164

康帝（晋）（皇帝）K'ang ti（emperor of the Chin, reigned A. D. 343-344），341 n. 88

高（渤海高氏）Kao（clan of Po-hai），281 n. 131

高季辅 Kao Chi-fu，340 n. 77

高峤 Kao Ch'iao，174

高智周（进士）Kao Chih-chou（*chin shih*），277 n. 68

高迥 Kao Chiung，352 n. 199

高崇文 Kao Ch'ung-wen，281 n. 131

高峻 Kao Chün，352 n. 199

高希峤 Kao Hsi-ch'iao，338 n. 62

高若思 Kao Jo-ssu，316 n. 44

高适（道科）Kao Shih（Taoist ex.），93

高士廉 Kao Shih-lien，358 n. 10

告朔（礼）*kao shuo*（ritual），127

高祖（皇帝）Kao tsu（emperor, reigned 618-626），31，118，171，214

高祖实录 *Kao tsu shih lu*，170

高宗（皇帝）Kao tsung（emperor, reigned 649-683），38，39，224，264 n. 7，270 n. 56，277 n. 69

高郢（进士，制科与知贡举）Kao Ying（*chin shih*, decree ex. and chief examiner），153，239-240，243，325 n. 162，374 n. 215，332 n. 17

高允 Kao Yün, 297 n. 47

考功司① k'ao kung ssu（bureau of merit assessments），21，23，26，229

耿湋（进士）Keng Wei（chin shih），370 n. 165

新罗 Korea, 33, 216, 225, 335 n. 41, 360 n. 42

哥舒翰 Ko-shu Han, 297 n. 53, 338 n. 66

克（谥号）k'o（vanquishing, canonization title），343 n. 117

古今书录 Ku chin shu lu, 222, 359 n. 21

顾欢 Ku Huan, 292 n. 9

顾况（进士）Ku K'uang（chin shih），290 n. 253

谷梁传 Ku-liang chuan（Tradition of Ku-liang），23，35，70，72，78，89，91，146，305 n. 146

顾少连（进士，拔萃与知贡举）Ku Shao-lien（chin shih, pa ts'ui and chief examiner），62，96，266 n. 30，267 n. 34，349 n. 158，374 n. 215

瞽史 ku shih（purblind historians），157, 330 n. 237

古文 Ku wen（Old Text），74, 78, 80

古文 ku wen（ancient literature），248, 376 n. 233

古文苑 Ku wen yüan, 218

顾胤 Ku Yin, 332 n. 17

管仲 Kuan Chung, 107, 196

关中（道）Kuan-chung（province），131

关播（进士）Kuan Po（chin shih），289 n. 227

关西（地区）Kuan-hsi（region），32, 273 n. 17

管子 Kuan tzu, 155, 314 n. 28

光史册 kuang shih ts'e（shed lustre on the histories），16

广文馆 Kuang-wen kuan, 18, 42, 275 n. 41

光武帝（东汉）（皇帝）Kuang-wu ti（emperor of Later Han, reigned A. D. 25-57），128

归崇敬（明经与制科）Kuei Ch'ung-ching（ming ching and decree exs.），53，60，181，200，272 n. 84，275 n. 36，279 n. 108

归登（孝廉与制科）Kuei Teng（hsiao lien and decree ex.），334 n. 24

桂苑珠丛 K'uei yüan chu ts'ung, 357 n. 8

空海 Kūkai, 365 n. 100

酷吏传 k'u li chuan（biographies of cruel officials），193

坤（卦）k'un（hexagram），335 n. 33

---

① 译者按："考功司"，原著误作"考功寺"。

恭（谥号）*kung*（reverential, canonization title），129，238，239

公 *kung*（impartial, public, for the common good），11，196，261

公器（名）*kung-ch'i*（given name），10，265 n. 17

贡举 *kung-chü*（tribute of examination candidates），37，52，95

公议 *kung i*（public discussion），238，253；另见 *shih lun* 时论与 *wu i* 物议

宫体（诗）*kung t'i*（palace style, verse），214，232

公羊传 *Kung-yang chuan*（*Tradition of Kung-yang*），23，70，72，78，89，91，102

空 *k'ung*（void），76

孔（氏）K'ung（family），29，40，43，45，257，269 n. 50，273 n. 17，275 n. 33

孔安国 K'ung An-kuo，74，77，85，273 n. 17

孔巢父 K'ung Ch'ao-fu，273 n. 17

孔志约 K'ung Chih-yüeh，73，277 n. 76

控鹤府 K'ung-ho fu，15，218，267 n. 35

孔惠元（或元惠）K'ung Hui-yüan（or Yüan-hui），277 n. 76

孔戣（进士）K'ung K'uei（*chin shih*），257，266 n. 30

孔立言 K'ung Li-yen，377 n. 15

孔述睿 K'ung Shu-jui，200，272 n. 84

孔德伦 K'ung Te-lun，34

孔纬（进士）K'ung Wei（*chin shih*），57-58

孔温裕（进士）K'ung Wen-yü（*chin shih*），288 n. 219

孔颖达 K'ung Ying-ta，4，32，73-82，83，100，115，119-120，121，208，257，278 n. 78，299 n. 81，313 n. 9

国朝杂事 *Kuo ch'ao tsa shih*，358 n. 18

郭正一（进士）Kuo Cheng-i（*chin shih*），278 n. 78

国恤（礼）*kuo hsü*（dynastic condolence, division of the ritual code），327 n. 191

郭揆（明经）Kuo K'uei（*ming ching*），282 n. 145，300 n. 97

郭公家传 *Kuo kung chia chuan*，350 n. 175

郭山恽 Kuo Shan-yün，313 n. 11，314 n. 21

国史 *kuo shih*，见 dynastic history

国子监 *kuo-tzu chien*，见 state academy directorate

国子学 Kuo-tzu hsüeh，见 state academy directorate 国子监

郭子仪 Kuo Tzu-i，59，61，145，192

郭英乂 Kuo Ying-i, 270 n. 55, 325 n. 154
国语 Kuo yü, 35, 103, 104; 另见 Fei Kuo yü 非国语
括地志 K'uo ti chih, 172, 174, 213, 282 n. 135

蜡（礼）la (ritual), 见 cha 褅
李镇 Li Chen①, 174
来济（进士）Lai Chi (chin shih), 340 n. 77
来鹄 Lai Ku, 290 n. 244
郎茂 Lang Mao, 293 n. 13
老子 Lao tzu, 49, 72, 76, 84, 85-86, 88, 153, 341 n. 98, 353 n. 213
老子注 commentary to Lao tzu, 86, 363 n. 79
老子化胡经② Lao tzu hua hu ching, 359 n. 22
后汉（东汉）（朝）Later Han (dynasty, A. D. 25-220), 29, 55, 97
律学 school of law (lü hsüeh), 18, 35, 38
明法科 examination in law, 24, 198, 353 n. 213
讲经 lectures on the canons, 32, 296 n. 42
类礼（陆淳撰）Lei li (by Lu Ch'un), 150
类礼（魏徵注）Lei li (commentary by Wei Cheng), 121, 213
类林 Lei lin, 218
累璧③ Lei pi, 218
类书 lei shu (encyclopaedias), 209, 211, 218-220, 237
类苑 Lei yüan, 358 n. 12
书 letter (shu), 104, 167, 231, 245, 356 n. 1
吏 li (administrative), 68, 270 n. 52, 277 n. 69, 291 n. 3
李（陇西李氏，宗室）Li (clan of Lung-hsi, imperial clan), 170
李安期 Li An-ch'i, 360 n. 36
李翱（进士）Li Ao (chin shih), 63, 65, 107-111, 153, 154, 193, 194, 195, 196, 241, 247-248, 274 n. 30, 281 n. 129, 329 n. 210, 332 n. 10, 371 n. 176, 373 n. 201
李肇 Li Chao, 268 n. 37
李哲（英王，中宗）Li Che (prince of Ying, crown prince 680-684, later Chung tsung), 43
丽正殿 Li-cheng tien, 183

---

① 译者按："李镇 Li Chen"，原著误作"来镇 Lai Chen"。
② 译者按："老子化胡经"，原著误作"老子仕胡经"。
③ 译者按："累璧"，原著误作"类璧"。

丽正文苑 *Li-cheng wen yüan*, 218

李承乾（恒山王）Li Ch'eng-ch'ien (prince of Heng-shan, crown prince 635-643), 164

李勣 Li Chi, 319 n. 68

礼记 *Li chi*, 23, 32, 72, 74, 75, 76, 78, 82, 85, 86, 89, 119-120, 120-121, 127, 136, 137, 146, 155

礼记博士 erudit of the *Li chi*, 288 n. 215

礼记正义（贾公彦撰）*Li chi cheng i* (by Chia Kung-yen), 296 n. 44

李吉甫 Li Chi-fu, 190, 191, 201, 264 n. 7, 265 n. 14, 340 n. 81, 348 n. 158, 354 n. 222

礼记字例异同 *Li chi tzu li i-t'ung*, 305 n. 150

李谿（或磎）（进士）Li Ch'i (*chin shih*), 197

李绛（进士与宏词）Li Chiang (*chin shih* and *hung-tz'u*), 240, 279 n. 108, 371 n. 176, 373 n. 198

李峤（进士与制科）Li Ch'iao (or Chiao) (*chin shih* and decree ex.), 218, 226, 228, 232, 277 n. 69, 278 n. 78, 339 n. 73, 340 n. 82, 368 n. 150

李建（进士与知贡举）Li Chien (*chin shih* and chief examiner), 264 n. 12

李敬贞 Li Ching-chen, 319 n. 68

李景俭（进士）Li Ching-chien (*chin shih*), 352 n. 203

李敬玄 Li Ching-hsüan, 339 n. 71

李舟 Li Chou, 284 n. 159

李淳风 Li Ch'un-feng, 168, 169

李巨川 Li Chü-ch'uan, 373 n. 206

醴泉（县）Li-ch'üan (county), 142

李藩①（知贡举）Li Fan (chief examiner), 345 n. 139

李涪 Li Fou, 288 n. 218

李汉（进士与知贡举）Li Han (*chin shih* and chief examiner), 312 n. 220, 328 n. 193, 328 n. 200, 375 n. 233②

李翰（进士）Li Han (*chin shih*), 181, 184, 194, 196, 352 n. 204, 369 n. 162, 372 n. 182, 306 n. 156③

李袭誉 Li Hsi-yü, 282 n. 142

---

① 译者按："李藩"，原著误作"李蕃"。
② 译者按：此四条索引四处页码为译者所补。
③ 译者按："306 n.156"，原著误作"李汉"页码。

刘宪（进士）Liu Hsien（*chin shih*），365 n. 110①

李贤（雍王）Li Hsien（prince of Yung, crown prince 675-680），43，174

李諴（珍王）Li Hsien（prince of Chen），372 n. 182

李浔 Li Hsin，288 n. 215

李颀（进士）Li Hsin（*chin shih*），302 n. 121 and 122，369 n. 157

李纾（知贡举）Li Hsü（chief examiner），274 n. 30，281 n. 129，298 n. 55

李铉 Li Hsüan，275 n. 42，297 n. 52

李玄成（制科）Li Hsüan-ch'eng（decree ex.），343 n. 114②

李玄植 Li Hsüan-chih，84，297 n. 52，314 n. 21

李华（进士与宏词）Li Hua（*chin shih* and *hung tz'u*），50，62，106，185，186，229，245，246，269 n. 52，373 n. 201

李乂（进士）Li I（*chin shih*），366 n. 124

李益（进士，制科与拔萃）Li I（*chin shih*, decree ex. and *pa ts'ui*），285 n. 170

礼仪志 *li i chih*（ritual monograph），167，172，200，201，354 n. 224

李义府（进士）Li I-fu（*chin shih*），132，176，192，202，255，313 n. 11

礼仪使 *li i shih*（ritual commissioners），142，143，318 n. 58，329 n. 217，355 n. 235

李贻孙 Li I-sun，374 n. 214

刘仁轨 Liu Jen-kuei，339 n. 71③

李日知（进士）Li Jih-chih（*chin shih*），264 n. 12，378 n. 28

李若初 Li Jo-ch'u，291 n. 3

李锐 Li Jui，321 n. 96

礼阁新仪 *Li ko hsin i*，328 n. 193

李观（进士与宏词）Li Kuan（*chin shih* and *hung tz'u*），62，275 n. 41，286 n. 182，298 n. 55

礼官 *li kuan*（ritual officials），27，114，121

李光弼 Li Kuang-pi，297 n. 53，338 n. 66

李揆（进士与知贡举）Li K'uei（*chin shih* and chief examiner），238，302 n. 123

李璘（永王）Li Lin（prince of Yung），187

李林甫 Li Lin-fu，42，48，87，89，100，181，185，220，234

---

① 译者按："刘宪 Liu Hsien"，原著索引及365 n. 110误作"李宪 Li Hsien"。
② 译者按："343 n. 114"，原著误作"434 n. 114"。
③ 译者按："刘仁轨 Liu Jen-kuei"，原著误作"李仁轨 Li Jen-kuei"。

词汇表和索引

李孟恕 Li Meng-che, 296 n. 45

李泌 Li Mi, 189, 280 n. 121, 345 n. 138, 347 n. 144, 370 n. 167

李百药 Li Pai-yao, 121, 186, 197, 215, 252, 254, 333 n. 24

李彭年 Li P'eng-nien, 366 n. 127

李白 Li Po, 138, 233, 316 n. 43, 369 n. 155

吏部 *li pu* (board of civil office), 228, 229, 366 n. 125

礼部 *li pu* (board of rites), 23, 95, 229, 346 n. 141, 367 n. 131

李善 Li Shan, 220, 221, 224, 338 n. 60

骊山 Li-shan (mountain), 227

李商隐（进士与拔萃）Li Shang-yin (*chin shih* and *pa ts'ui*), 57, 249, 371 n. 176

李绅（进士）Li Shen (*chin shih*), 240

李晟 Li Sheng, 145

李适（进士）Li Shih (*chin shih*), 365 n. 107

隶书 *li shu* (clerical script), 364 n. 94

李淳风 Li Shun-feng, 见 Li Ch'un-feng

李嗣真（明经）Li Ssu-chen (*ming ching*), 304 n. 140, 318 n. 57

李嗣谦 Li Ssu-ch'ien, 279 n. 108

李竦（进士）Li Su (*chin shih*), 272 n. 5

李巽（明经, 制科与拔萃）Li Sun (*ming ching*, decree ex. and *pa ts'ui*), 356 n. 2

李大亮 Li Ta-liang, 331 n. 3

李大师 Li Ta-shih, 168

李泰（濮王）Li Tai (prince of P'u), 337 n. 51

李德林 Li Te-lin, 301 n. 102, 333 n. 24

李德裕 Li Te-yü, 287 n. 199, 312 n. 3, 330 n. 242, 348 n. 155

李端（进士）Li Tuan (*chin shih*), 370 n. 165, 371 n. 176

栎阳（县）Yüeh-yang① (county), 222

李阳冰 Li Yang-ping, 99

立言（名）*li yen* (given name), 377 n. 15

李延寿 Li Yen-shou, 168-169

李邕 Li Yung, 131, 192, 220, 224, 280 n. 120, 282 n. 146, 350 n. 165, 373 n. 201

李渊 Li Yüan, 见 Kao tsu 高祖

---

① 译者按："Yüeh-yang"，原著误作"Li-yang"。

411

李元纮 Li Yüan-hung, 180, 331 n. 7, 377 n. 7

礼运（礼记）Li yün (Cycle of ritual, section of the Li chi), 82

梁（朝）Liang (dynasty, 502-557), 34, 77, 86, 165, 212, 214, 223; 另见 Liang shu 梁书

两京记 Liang ching chi, 344 n. 128

梁略 Liang lüeh, 334 n. 25

梁昇卿（制科）Liang Sheng-ch'ing (decree ex.), 302 n. 122

良史 liang shih (good historian), 343 n. 113

梁书 Liang shu, 165, 166-167, 223

梁书帝纪 Liang shu ti chi, 334 n. 25

梁肃（制科）Liang Su (decree ex.), 62, 63, 107, 196, 246, 283 n. 152

梁武帝（皇帝）Liang Wu ti (emperor, reigned 502-550), 292 n. 9

藏书 libraries, 见 imperial library 秘书省, private libraries 私家藏书

列传 lieh chuan (classified biographies), 157, 167

连州① Lien-chou (prefecture), 56

林简言（进士）Lin Chien-yen (chin shih), 111, 291 n. 270, 330 n. 238

林勖（开元礼科）Lin Hsü (K'ai-yüan li ex.), 329 n. 209

林宝 Lin Pao, 349 n. 158

林披（进士）Lin P'i (chin shih), 312 n. 3

麟德（年号）Lin-te (reign period, 664-665)

令 ling, ritual commands（礼）, 135; statutes（法）, 198

凌准 Ling Chun, 103, 195

令狐建 Ling-hu Chien, 289 n. 227

令狐峘②（进士与知贡举）Ling-hu Huan (chin shih and chief examiner), 323 n. 129, 325 n. 160, 346 n. 141, 351 n. 183

令狐德棻 Ling-hu Te-fen, 165, 167-168, 211, 212, 316 n. 44, 351 n. 181

岭南（道）Ling-nan (province), 227

凌士燮 Ling Shih-hsieh, 307 n. 170

灵武（郡）Ling-wu (commandery), 346 n. 141, 355 n. 237

文士 literary scholars (wen shih), 27, 42

刘昭 Liu Chao, 198, 337 n. 53 and n. 57

刘政会 Liu Cheng-hui, 337 n. 48

刘承庆 Liu Ch'eng-ch'ing, 125

---

① 译者按：连州今属广东，原著正文误作广西。
② 译者按："令狐峘"，原著误作"令狐恒"。

词汇表和索引

刘秩 Liu Chih, 52, 89, 186-187, 197, 203, 225, 231, 243, 264 n. 12, 179 n. 104, 330 n. 225

刘知幾（进士）Liu Chih-chi（chin shih）, 4, 44, 85-86, 89-92, 101, 104, 174, 175-176, 177-178, 184, 197, 218, 219, 226, 228, 255, 260, 265 n. 20, 291 n. 2, 333 n. 24

刘之宏 Liu Chih-hung, 269 n. 52

刘之遴 Liu Chih-lien, 297 n. 52

柳璟（进士，宏词与知贡举）Liu Ching（chin shih, hung tz'u and chief examiner）, 241

柳敬封 Liu Ching-feng, 374 n. 213

刘蜕（进士）Liu T'ui① （chin shih）, 326 n. 180

刘焯 Liu Cho, 74, 304 n. 137

柳冲 Liu Ch'ung, 264 n. 9

刘崇望（进士）Liu Ch'ung-wang（chin shih）, 356 n. 2

柳芳（进士）Liu Fang（chin shih）, 181, 192, 194-195, 258, 343 n. 113, 345 n. 140, 346 n. 141, 374 n. 217, 377 n. 26, 378 n. 29; 另见 T'ang li 唐历

410

刘蕡（进士）Liu Fen（chin shih）, 104, 147, 288 n. 213, 302 n. 112

刘孝标（或峻）Liu Hsiao-piao（or Chün）, 358 n. 12

刘宪（进士）Liu Hsien（chin shih）, 292 n. 5

刘炫 Liu Hsüan, 74-75, 295 n. 28 and 29, 306 n. 167

柳浑 Liu Hun, 264 n. 12, 300 n. 97, 310 n. 192, 377 n. 7

刘祎之 Liu I-chih, 366 n. 117

刘轲（进士）Liu K'o（chin shih）, 104, 288 n. 211, 302 n. 112, 339 n. 72, 369 n. 162

六馆 liu kuan（six schools）, 17, 36

刘贶 Liu K'uang, 92, 181, 185-186, 333 n. 24, 341 n. 92

刘昆 Liu K'un, 274 n. 31

柳公器 Liu Kung-ch'i, 265 n. 17

柳冕 Liu Mien, 144, 153, 243, 246-247, 291 n. 3

刘讷言（进士）Liu Na-yen（chin shih）, 332 n. 17

刘伯庄 Liu Po-chuang, 332 n. 17

刘眘虚（进士）Liu Shen-hsü（chin shih）, 369 n. 154

刘述古（进士）Liu Shu-ku（chin shih）, 374 n. 214

---

① 译者按："刘蜕 Liu T'ui"，原著误作"刘蜕 Liu Ch'iu"。

刘餗 Liu Su, 333-334 n. 24, 341 n. 92, 343 n. 112

刘宋（朝）Liu Sung (dynasty, 420-479), 73, 292 n. 9

刘颂 Liu Sung, 336 n. 42, 345 n. 135

刘太真（进士与知贡举）Liu Tai-chen (*chin shih* and chief examiner), 62, 99, 236, 252, 265 n. 18

六韬 *Liu t'ao*, 46

六典 *Liu tien*, 13, 15-24, 64, 86, 135, 152, 183, 198, 201

六宗（神）*Liu tsung* (divinities), 315 n. 37

柳宗元（进士与宏词）Liu Tsung-yüan (*chin shih* and *hung tz'u*), 56, 60, 62, 63, 65, 103-104, 107, 153, 156-158, 194, 197, 204-205, 246, 248, 268 n. 41, 286 n. 187

刘晏（童子科）Liu Yen (child prodigy ex.), 345 n. 136

刘幽求（制科）Liu Yu-ch'iu (decree ex.), 271 n. 70

刘禹锡（进士）Liu Yü-hsi (*chin shih*), 56, 62, 107, 205, 269 n. 52, 274 n. 32, 286 n. 187, 371 n. 181

刘允济（进士）Liu Yün-chi (*chin shih*), 301 n. 101, 317 n. 49, 341 n. 85

罗珦 Lo Hsiang, 287 n. 205, 312 n. 3

罗修古（开元礼科）Lo Hsiu-ku (*K'ai-yuan li* ex.), 329 n. 209

罗衮（进士）Lo Kun (*chin shih*), 328 n. 199

罗立言（进士）Lo Li-yen (*chin shih*), 377 n. 15

罗泌 Lo Mi, 330 n. 229

洛阳（东都）Lo-yang (second capital), 18, 38, 64, 95, 125, 128, 140-142, 146, 221, 237, 253

鲁（古国）Lu (ancient state), 29, 80, 90, 154

卢（范阳卢氏）Lu (clan of Fan-yang), 46

陆长源 Lu Ch'ang-yüan, 195, 352 n. 194

卢照邻 Lu Chao-lin, 277 n. 69

陆机 Lu Chi, 214, 335 n. 38, 345 n. 135

陆贾 Lu Chia, 265 n. 13

陆贽 Lu Chih, 见 Lu Hsüan kung 陆宣公

陆质集注春秋 *Lu Chih chi chu Ch'un-ch'iu*, 307 n. 168

卢就（进士）Lu Chiu (*chin shih*), 278 n. 91

庐州 Lu-chou (prefecture), 287 n. 205

陆淳 Lu Ch'un, 101-104, 150, 153, 281 n. 133, 307 n. 169, 325 n. 155 and n. 157

陆宣公（进士与知贡举）Lu Hsüan kung (*chin shih* and chief examiner),

62, 151-152, 201, 239, 240, 243, 325 n. 158, 349 n. 158, 356 n. 2

陆浑（县）Lu-hun（county），50

陆龟蒙 Lu Kuei-meng, 104, 111, 249, 291 n. 2, 369 n. 162

卢纶 Lu Lun, 239, 370 n. 165 and n. 167

卢迈（进士与拔萃）Lu Mai（*chin shih* and *pa ts'ui*），313 n. 13, 377 n. 21

卢明元 Lu Ming-yüan, 281 n. 131

陆南金 Lu Nan-chin, 332 n. 17

卢南史 Lu Nan-shih, 331 n. 8

陆伯冲 Lu Po-ch'ung, 374 n. 213

陆修 Lu San, 64, 107-108, 110, 252, 374 n. 214

陆善经 Lu Shan-ching, 87, 92, 134, 225, 342 n. 105

陆德明 Lu Te-ming, 33, 73, 102, 292 n. 10, 299 n. 81

卢铤 Lu T'ing, 288 n. 223

卢择（进士）Lu Tse（*chin shih*），349 n. 163

卢仝 Lu T'ung, 309 n. 178

卢同宰 Lu T'ung-tsai, 288 n. 223

卢藏用（进士与制科）Lu Ts'ang-yung（*chin shih* and decree ex.），264 n. 12

陆余庆（进士与制科）Lu Yü-ch'ing（*chin shih* and decree ex.），366 n. 116

论 *lun*（essay），26, 156, 195-197, 230, 245, 356 n. 1

龙朔（年号）Lung-shuo（reign period, 661-663）

隆道公（孔子封号）Lung-tao kung（title of Confucius），43

吕证 Lü Cheng, 92

吕向 Lü Hsiang, 131, 224

律学 *lü hsüeh*（school of law），18

律历志 *lü li chih*（monograph on calender），167, 169

吕不韦 Lü Pu-wei, 330 n. 229

吕氏春秋 *Lü shih ch'un-ch'iu*, 330 n. 229

吕才 Lü Ts'ai, 212, 295 n. 33, 297 n. 51, 355 n. 238, 358 n. 10

吕望 Lü Wang, 见 T'ai kung 太公

吕温（进士与宏词）Lü Wen（*chin shih* and *hung tz'u*），62, 65, 103

吕諲 Lü Yin（*chin shih*），292 n. 3

马吉甫 Ma Chi-fu, 265 n. 14

马嘉运 Ma Chia-yün, 275 n. 42, 293 n. 19

马敬德 Ma Ching-te, 275 n. 42

马周 Ma Chou, 332 n. 15

马怀素（孝廉，制科与知贡举）Ma Huai-su (*hsiao lien*, decree ex. and chief examiner), 221, 292 n. 3

马燧 Ma Sui, 297 n. 53, 300 n. 97

马宇 Ma Yü, 50, 192

弥勒佛 Maitreya, 128

毛亨 Mao Heng, 74

毛诗 *Mao shih*, 23, 55, 72, 74, 75, 77, 84, 98, 119, 146, 208, 292 n. 7

毛诗博士 erudit of the *Mao shih*, 53, 55, 57, 288 n. 215

算学 school of mathematics (*suan hsüeh*), 18, 35, 38

明算科 examination in mathematics, 24

医学 school of medicine (*i hsüeh*), 20, 36, 276 n. 45

医科 examination in medicine, 25

表 memorial (*piao*), 30, 230, 255, 356 n. 1

记忆库 memorization corpus, 67, 210

门生 *men sheng* (disciple), 62

门下省 *men-hsia sheng* (chancellery), 20, 340 n. 83, 345 n. 139

孟子 Mencius, 3, 34, 61, 63, 64, 70, 81-82, 95, 96, 104, 106, 108, 110-111, 146, 159, 248, 291 n. 2, 301 n. 102, 303 n. 130

孟子墓 tomb of Mencius, 81, 298 n. 58

孟母 Mencius's mother (Meng mu), 46

孟（平昌孟氏）Meng (clan of P'ing-ch'ang), 81

孟郊（进士）Meng Chiao (*chin shih*), 247

孟静素 Meng Ching-su, 298 n. 59

孟敬子 Meng Ching-tzu, 298 n. 59

孟俊 Meng Chün, 298 n. 59

孟晖 Meng Hui, 298 n. 59

孟利贞 Meng Li-chen, 319 n. 68, 361 n. 45

孟师 Meng Shih, 298 n. 59

梦奠 *meng tien* (to dream of offerings, to the dead, to apprehend death), 299 n. 67

考功司① bureau of merit assessments (*k'ao kung ssu*), 21, 23, 26, 229

---

① 译者按："考功司"，原著误作"考功寺"。

弥纶 *mi lun*（make complete），334 n. 31

苗晋卿（进士与制科）Miao Chin-ch'ing（*chin shih* and decree ex.），265 n. 18，272 n. 84，335 n. 237

苗发 Miao Fa，370 n. 165

苗善物 Miao Shan-wu，350 n. 165

武人阶层 military class，6，31，37，46-47，58，116，122，145，272 n. 84

军服 military dress，289 n. 229

武举 military examinations，制科 decree，25；常科 regular，47

讲武（礼）military rehearsal（ritual），见 *chiang wu*

铭 *ming*（inscription），230，289 n. 229，356 n. 1

明经（科）*ming ching*（examination），18，24，89，95，96，97，271 n. 67 and 68

明皇事类 *Ming huang shih lei*，361 n. 54

明堂 Ming-t'ang，99，120，123，124-128，133，134，137-138，296 n. 42，314 n. 28，365 n. 115，378 n. 33

明堂新礼 *Ming-t'ang hsin li*，318 n. 57

明堂仪 *Ming-t'ang i*，318 n. 57

明堂仪注 *Ming-t'ang i chu*，318 n. 57

明堂大礼科 *Ming-t'ang ta li k'o*，138

明文 *ming wen*（clear text），117，259

缪（恶谥）*miu*（deceiver, negative canoniaztion title），54，167

末流 *mo liu*（undesirables），54

墨子 Mo tzu，110，186，292 n. 3，298 n. 61，301 n. 102

正史志书 monograph series in official histories，155，167，169，172，182，200，203，354 n. 224

穆宁（明经）Mu Ning（*ming ching*），272 n. 84，354 n. 222，371 n. 175

穆宗（皇帝）Mu tsung（emperor, reigned 820-824），57，190

穆宗实录 *Mu tsung shih lu*，191

穆员（进士）Mu Yüan（*chin shih*），354 n. 222

雅乐（庙堂）music, prescribed for temples，21，59，185，203；另见 *yin yüeh chih* 音乐志

音乐策问 examination questions on music，137；另见 *yin yüeh chih* 音乐志

南郊（礼）*nan chiao*（southern suburban rites），135，136，138，142，145，147，148，316 n. 181，327 n. 189

南史（周朝典范）Nan Shih（Chou dynasty exemplar），161，177,

297 n. 48

南史（名）Nan Shih, 331 n. 8

南史（书）*Nan shih*, 168, 198

奈良 Nara, 292 n. 10

内府 *nei fu*（inner repository）, 270 n. 59

内官 *nei kuan*, 16①

内供奉 *nei kung feng*（confidential attendant）, 267 n. 35

新儒学 Neo-Confucianism, 1-3, 5, 35, 64, 70, 81, 110, 117, 250, 291 n. 267

玄学 Neo-Taoism, 72, 76

今文 New Text（Chin wen）, 2, 76, 78

新乐府 new *yüeh fu*, 249

倪若水（进士与制科）Ni Jo-shui（*chin shih* and decree ex.）, 280 n. 123, 322 n. 121

九经 Nine canons, 72, 78, 100; 另见 Chiu ching

牛凤及 Niu Feng-chi, 339 n. 72

牛希济 Niu Hsi-chi, 24, 266 n. 30, 279 n. 108, 356 n. 1

牛仙客 Niu Hsien-k'o, 265 n. 14

牛弘 Niu Hung, 358 n. 15

牛僧孺（进士与制科）Niu Seng-ju（*chin shih* and decree ex.）, 330 n. 242, 339 n. 72, 371 n. 181

牛羊日历② *Niu yang jih li*, 288 n. 211

南北朝传统 northern and southern traditions, 74, 164

北齐 Northern Ch'i, 见 Pei Ch'i

北周 Northern Chou, 见 Pei Chou

北周后裔 Northern Chou descendants, 见 *erh wang san k'o* 二王三恪

北魏 Northern Wei, 见 Pei Wei

记 note（*chi*）, 195, 356 n. 1

农隙讲武（礼）*nung hsi chiang wu*（ritual）, 见 *chiang wu* 讲武

诗经 Book of Odes, 见 *Mao shih* 毛诗

出身 official status（*ch'u shen*）, 25

古文 Old Text（Ku wen）, 74, 78, 80

书学 school of orthography（*shu hsüeh*）, 18, 35, 38

---

① 译者按："16"，原著误作"15"。
② 译者按："日曆"（或"日厤"），原著误作"日歷"。

词汇表和索引

明书科 examination in orthography, 24, 98
欧阳詹（进士）Ou-yang Chan (*chin shih*), 287 n. 205, 373 n. 208
Ou-yang Hsün 欧阳询, 164
Ou-yang T'e 欧阳特, 288 n. 221

拔萃（科）（书判拔萃）pa ts'ui (examination, *shu p'an pa ts'ui*), 26
宫体 palace style (*kung t'i*), 214, 232
班景倩 Pan Ching-ch'ien, 278 n. 89
班固 Pan Ku, 163, 186, 215, 333 n. 24; 另见 *Han shu* 汉书
班彪 Pan Piao, 333 n. 24
判 *p'an* (judgements), 26, 198, 231, 274 n. 31, 352 n. 203, 356 n. 1
磻溪（水）P'an-ch'i (river), 46, 289 n. 229
潘岳 P'an Yüeh, 364 n. 95
包佶（进士与知贡举）Pao Chi (*chin shih* and chief examiner), 148, 236
鲍季详 Pao Chi-hsiang, 275 n. 42
包恺 Pao K'ai, 275 n. 42
褒贬 *pao pien* (praise and blame), 184, 195, 199, 256, 331 n. 7, 343 n. 117, 348 n. 149
褒圣侯（孔子后代爵号）Pao-sheng hou (title of descendant of Confucius), 275 n. 33
褒德王（周公封号）Pao-te wang (title of duke of Chou), 43
碑 *pei* (stele), 278 n. 89, 289 n. 229, 350 n. 165, 356 n. 1
北齐（朝）Pei Ch'i (dynasty, 550-577), 165, 177, 212
北齐书 *Pei Ch'i shu*, 165
北周（朝）Pei Chou (dynasty, 557-581), 34, 77, 121, 165
备顾问 *pei ku wen* (provide comprehensively for casual consultation), 14, 266 n. 30
北门学士 *pei men hsüeh shih* (scholars of the northern gate), 227
北史 *Pei shih*, 168, 198
北堂书钞 *Pei t'ang shu ch'ao*, 357 n. 9
北魏（朝）Pei Wei (dynasty, 386-535), 5, 136, 165, 166
裴（氏）P'ei (family), 150, 312 n. 2
裴积（孝廉）P'ei Chen (*hsiao lien*), 327 n. 191, 341 n. 96
裴垍（进士与制科）P'ei Chi (*chin shih* and decree ex.), 349 n. 158
裴杰 P'ei Chieh, 174
裴简 P'ei Chien, 366 n. 122

419

裴堪（进士）P'ei Chin（*chin shih*），103，150，157

裴儆 P'ei Ching，327 n. 191

配享 *p'ei hsiang*（correlative recipients of offering），33，46，126，129，281 n. 134

裴孝智 P'ei Hsiao-chih，287 n. 202

裴行俭（明经）P'ei Hsing-chien（*ming ching*），224，327 n. 191

裴休（进士，制科与知贡举）P'ei Hsiu（*chin shih*，decree ex. and chief examiner），348 n. 156

裴乂 P'ei I，329 n. 209

裴光庭（明经）P'ei Kuang-t'ing（*ming ching*），301 n. 108，313 n. 11，327 n. 191，343 n. 117

裴潾 P'ei Lin，364 n. 94

裴冕 P'ei Mien，145，291 n. 3，355 n. 237

裴守贞（或真）（进士与制科）P'ei Shou-chen（or Chen）（*chin shih* and decree ex.），319 n. 70

裴枢 P'ei Shu，349 n. 163

裴度（进士，宏词与制科）P'ei Tu（*chin shih*，*hung tz'u* and decree ex.），62，194，253，265 n. 18，350 n. 177，375 n. 222

裴耀卿（童子科与知贡举）P'ei Yao-ch'ing（child prodigy ex. and chief examiner），179，180，266 n. 30，320 n. 78

裴延翰 P'ei Yen-han，291 n. 269，356 n. 1

裴延龄 P'ei Yen-ling，54，63，236，239，255，325 n. 158，349 n. 158

本纪 *pen chi*（basic annals），159，167

彭景直（制科）P'eng Ching-chih（decree ex.），329 n. 210

彭偃 P'eng Yen，239

笔记 *pi chi*（miscellaneous notes），367 n. 136

秘书丞 *pi shu ch'eng*（assistant at the imperial library），358 n. 10

秘书省 *pi shu sheng*，见 imperial library

皮日休（进士）P'i Jih-hsiu（*chin shih*），57，61，104，111，249

表 *piao*（memorial），30，230，255，356 n. 1

汴州 Pien-chou（prefecture），45

编修使 *pien-hsiu shih*（commissioner for editing and repair of books），221

编略 *Pien lüeh*，357 n. 8

编年 *pien nien*（chronicle），159，184，195

篇 *p'ien*（section of book），132，315 n. 34

词汇表和索引

片善不遗 p'ien shan pu i, 25
宾礼 pin li（rituals for guests, division of the ritual code）, 122
并州 Ping-chou（prefecture）, 323 n. 134
病坊 ping fang（sick ward）, 236
并行 ping hsing（circulate together with）, 77
丙巳之地 ping ssu chih ti, 317 n. 50
平昌（郡）P'ing-ch'ang（commandery）, 81
平厉（复谥）p'ing li（peaceful and severe, mixed canonization title）, 238
平阳（郡）P'ing-yang（commandery）, 231
平原（郡）P'ing-yüan（commandery）, 226
籍田礼 ploughing rite（chi t'ien li）, 136, 137, 138, 145, 157, 179, 326 n. 174, 364 n. 95
多元解经 pluralistic attitude to interpretation of canons, 34-35, 68, 72, 76-79, 127, 135, 258-260
博爱 po ai（wide love）, 10
白居易（进士，拔萃与制科）Po Chü-i（chin shih, pa ts'ui and decree ex.）, 191, 193, 195, 246, 249, 253, 303 n. 129, 351 n. 180, 371 n. 176, 373 n. 200；另见 Ts'e lin 策林
博而寡要 po erh kua yao, 358 n. 10
博学宏词（科）（宏词）po hsüeh hung tz'u（hung tz'u, examination）, 26, 231, 303 n. 128
白虎通 Po hu t'ung, 314 n. 28
伯夷（周朝典范）Po I（Chou dynasty exemplar）, 94
博平（郡）Po-p'ing（commandery）, 221
博士 po shih（erudit）, 见国子监（state academy directorate）, 五经中的每一经（each of the Five canons）, 以及太常寺（the court of sacrifices）之下
栢宗回 Po Tsung-hui, 151
诗 poem, 见 shih
赠官 posthumous office, 43
赠官制度 posthumous status systems, 43, 140, 251；另见 canonizations 谥号与 satellite burials 陪葬墓
褒贬 praise and blame（pao pien）, 184, 195, 199, 256, 331 n. 7, 343 n. 117, 348 n. 149
祭文 prayer（chi wen）, 186, 284, 345 n. 136, 350 n. 177, 356 n. 1

序 preface（*hsü*），32，208，210，245，246，356 n. 1
原注 primary commentaries，71，255
家事 private（domestic）business（*chia shih*），313 n. 13
私谥 private canonizations，20，50，269 n. 49，284 n. 158
私家（或私第）private houses（*ssu chia* or *ssu ti*），48，240
私家藏书 private libraries，48，202，203，221，235
私家所有石经 private possession of engravings of the canons，304 n. 137
私授 private teaching，50-51，62-66
谶言 prognostication，75，78，258，285 n. 170
州县学 provincial school system，36，38，41，56-57
不刊之典 *pu k'an chih tien*，86，153，179，329 n. 210
菩萨 *p'u-sa*（bodhisattva），34
濮王泰 P'u wang T'ai，337 n. 51
濮阳（郡）P'u-yang（commandery），50
公议（时议、时论或物议）public opinion（*kung i*, *shih i*, *shih lun* or *wu i*）216，238，239，253
刑法 punishments，117，137，328 n. 203；另见 criminal law

礼记 Record of ritual，见 *Li chi*
授官制书 rescripts of appointment，13，16，191，373 n. 200
编修赏赐 rewards for completing commissions，7，224，226，257，293 n. 18，336 n. 46，337 n. 51 and n. 57
赋 rhymeprose，见 *fu*
礼部 board of rites（*li pu*），23，95，229，346 n. 141，367 n. 131
周礼 Ritual of Chou，见 *Chou li*
礼仪使 ritual commissioner（*li i shih*），142，143，318 n. 58，329 n. 217，355 n. 235
礼仪志 compendia on ritual，5，148-151；monographs on ritual，见 *li i chih*；theories of ritual，115
仪礼 Ritual directives，见 *I li*
礼官 ritual officials（*li kuan*），27，114，121

三教 *san chiao*（three teachings）
三教之争 debates between *san chiao*，33，45，74，179，280 n. 121
三教折衷 eclectic attitudes to *san chiao*，108
三教制科 decree examination in the three teachings，292 n. 4
三教珠英 *San chiao chu ying*，218-219，220

词汇表和索引

三传 San chuan (Three traditions), 80, 90, 96, 97, 101-105, 297 n. 52, 304 n. 134

三传科 examination in the Three traditions, 97, 104

三献 san hsien (three presentations), 129

三玄 San hsüan (Three mysteries), 49

三阁 san ko, 21; 另见 imperial library 秘书省

三公 san kung (three dukes), 44

三国春秋 San kuo ch'un-ch'iu, 334 n. 28

三国志 San kuo chih, 198

三国魏（朝）San kuo Wei (dynasty, A. D. 220-265), 32, 35, 97

三礼 San li (Three ritual canons), 119, 303 n. 127, 327 n. 210

三礼科 examination in the three ritual canons, 96, 152

三礼音义 San li yin i, 299 n. 72

三变 san pien (three changes), 246, 375 n. 225

三省 san sheng (three ministries), 251, 278 n. 78; 另见 chung-shu sheng 中书省, men-hsia sheng 门下省

三史 San shih (Three histories), 98, 331 n. 9

三冬 san tung, three winters, 68

陪葬墓 satellite burials, 140

怀疑态度 sceptical attitudes, 79, 156-157, 164

学官 school official (hsüeh kuan 学官), 27

时令 seasonal orders (shih ling), 147

太子右庶子 secretary to the right of the crown prince's household (t'ai tzu yu shu-tzu), 32

僧务静 Seng Wu-ching, 338 n. 60

陕州 Shan-chou (prefecture), 45

商 Shang (远古王朝) (dynasty in antiquity, c. 1766 B. C. -1122 B. C.), 196

尚父（太公与郭子仪的称号）Shang-fu (title fo T'ai kung and of Kuo Tzu-i), 59

尚衡 Shang Heng, 356 n. 3, 373 n. 208

上谷（郡）Shang-ku (commandery), 221

上官昭容 Shang-kuan Chao-jung, 43, 226, 228, 266 n. 30, 362 n. 60

上官仪（进士）Shang-kuan I (chin shih), 359 n. 27, 366 n. 123

尚书 Shang shu (Book of documents), 23, 72, 75, 77, 85-86, 119,

414

423

146, 178, 291 n. 2

尚书右丞 *shang shu yu ch'eng*（president of the right of the department of affairs of state），302 n. 123

商子 *Shang tzu*，352 n. 203

社稷 *she chi*（ritual），327 n. 189

射礼 *she li*（archery ritual），148

社首（山）She-shou（mountain），129

沈振 Shen Chen，274 n. 26

沈既济（进士）Shen Chi-chi（*chin shih*），103, 201, 203, 241, 242①, 243, 266 n. 22, and n. 30, 330 n. 225, 334 n. 24

神主 *shen chu*（spirit tablets），19, 140-144, 340 n. 81, 355 n. 235；另见 ancestral temple 宗庙

沈传师（进士与制科）Shen Ch'uan-shih（*chin shih* and decree ex.），240-241, 334 n. 24, 370 n. 167

沈重 Shen Chung，296 n. 45

沈中黄（进士）Shen Chung-huang（*chin shih*），365 n. 101

沈佺期（进士与知贡举）Shen Ch'üan-ch'i（*chin shih* and chief examiner），225-226, 228, 230, 232, 368 n. 150, 373 n. 201

沈询（进士与知贡举）Shen Hsün（*chin shih* and chief examiner），373 n. 203

神龙（年号）Shen-lung（reign period, 705-707）

神龙近书 *Shen-lung chin shu*，222, 359 n. 21

沈不害 Shen Pu-hai，292 n. 9

沈亚之（进士与制科）Shen Ya-chih（*chin shih* and decree ex.），244, 249

神岳封禅仪注 *Shen yüeh Feng Shan i chu*，319 n. 70

圣 *sheng*（sage），274 n. 22

圣帝 Sheng ti, sage emperor，141

室（宗庙）*shih*（chapel within ancestral temple），140-141, 143-144, 326 n. 171

史（"吏"的变体）*shih*（variant for *li*），270 n. 53②

诗 *shih*（poem），23, 26, 97, 137, 230, 242, 243, 244, 328 n. 201, 356 n. 1

---

① 译者按："242"，原著误作"241"。
② 译者按："270 n. 53"，原著误作"270 n. 52"。

词汇表和索引

史臣等传 Shih ch'en teng chuan, 351 n. 178
时政记 shih cheng chi, 177, 189, 190, 348 n. 156
史记 Shih chi, 85, 98, 121, 160, 163, 173-174, 198, 248
史记正义 Shih chi cheng i, 174, 281 n. 129
史记索隐 Shih chi so yin, 174, 333 n. 20, 334 n. 25
施敬本 Shih Ching-pen, 321 n. 96
谥法 Shih fa, 338 n. 59
食货 shih huo (food and goods), 155
食货志 shih huo chih (economics monograph), 167
时议 shih i (contemporary discussion), 239
谥议 shih i (canonization discussion), 20, 256, 292 n. 3
石贯（进士）Shih Kuan (chin shih), 322 n. 113
史馆 shih kuan, 见 history office
史馆修撰 shih kuan hsiu chuan, 见 history compiler
时令（月令的别名）Shih ling (alternative name for Yüeh ling), 87
时令 shih ling (seasonal orders), 147, 155
实录 shih lu, 见 veritable records
时论 shih lun (contemporary opinion), 216, 253
施士匄 Shih Shih-kai, 272 n. 84, 286 n. 187, 307 n. 170
十八子 shih-pa tzu (eighteen masters), 267 n. 32
师道 shih tao (way of the teacher), 62
释奠（礼）Shih-tien (ritual), 29, 30, 32-33, 36, 42, 43, 44, 47, 53, 58, 59-60, 149, 326 n. 174
侍读 shih tu (reader in attendance), 377 n. 26
史通 Shih t'ung, 90-91, 177-178
事外 shih wai (beyond things), 356 n. 250
时务策 shih wu ts'e (dissertation on contemporary problems), 23, 198, 356 n. 1
首阳（山）Shou-yang (mountain), 94
蜀（地区）Shu (region), 346 n. 141
书 shu (letter), 104, 167, 231, 245, 356 n. 1
叔齐（周朝典范）Shu Ch'i (Chou dynasty exemplar), 94
书学 shu hsüeh (school of orthography), 18
书判拔萃（拔萃科）shu p'an pa ts'ui (pa ts'ui, examination), 26
书生 shu sheng (scholar 或 book-man), 9, 252, 264 n. 12
叔孙通 Shu-sun T'ung, 313 n. 9

425

舒元褒（进士与制科）Shu Yüan-pao（chin shih and decree ex.），345 n. 139

舒元舆（进士）Shu Yüan-yü（chin shih），244，268 n. 41

舜（圣君）Shun（paragon emperor），31，110，120

顺宗（皇帝）Shun tsung（emperor, reigned 805），21

淳于越 Shun-yü Yüeh，345 n. 135

六馆 six schools（liu kuan），17

东南 south-east，101，258，306 n. 156

南朝诗体 southern dynasties, verse style，209，214，216，246，378 n. 34；另见 palace style 宫体

南郊礼 southern suburban rites，见 nan chiao

神主 spirit tablets（shen chu），19，140-144，340 n. 81，355 n. 235

春秋 Spring and autumn annals，见 Ch'un-ch'iu

泗（水）Ssu（river），29，54

私家 ssu chia（private houses），240

司经局 Ssu ching chü（bureau for the supervision of the canons），222，235

四科 ssu k'o（four categories of Confucius's teaching），209，242，357 n. 6

司空图（进士）Ssu-k'ung T'u（chin shih），104，205，351 n. 180

司马贞 Ssu-ma Chen，85，174

司马承祯 Ssu-ma Ch'eng-chen，226

司马迁 Ssu-ma Ch'ien，163，186，333 n. 24；另见 Shih chi 史记

司马相如 Ssu-ma Hsiang-ju，215

司马光 Ssu-ma Kuang，195

司马彪 Ssu-ma Piao，198，337 n. 57

司马谈 Ssu-ma T'an，333 n. 24

四部 ssu pu（four divisions of official bibliography），27，159，222，292 n. 9

四门学 Ssu-men hsüeh，见 state academy directorate 国子监

四书 Ssu shu（Four books），70，97，105；另见 Analects 论语，Mencius 孟子，Ta hsüeh 大学，Chung yung 中庸

私第 ssu ti（private residences），48

司天台 ssu t'ien t'ai（bureau of astrology），22

司业 ssu-yeh（vice-president），见 state academy directorate 国子监

国子监 state academy directorate（kuo-tzu chien），17-19，32，33，35，

37, 40, 50, 52-53, 55-56, 57-58, 63-64, 73, 89, 92, 96, 98, 99, 100, 216, 268 n. 41, 275 n. 36, 276 n. 56, 278 n. 78 and n. 86, 305 n. 148 and n. 150, 311 n. 212, 332 n. 17

东都国子监 the state academy directorate at Lo-yang, 38, 52, 55, 64, 287 n. 200

国子祭酒 president of the state academy directorate (*kuo-tzu chi chiu*), 17, 41, 53, 54, 58, 64, 86, 89, 133, 218, 278 n. 78 and n. 89, 288 n. 221, 290 n. 265

国子司业 vice-presidents of the state academy directorate (*kuo-tzu ssu-yeh*), 17, 40, 41, 42, 44, 50, 52, 54, 63, 89, 98, 106, 119, 129, 133, 218, 278 n. 80, 285 n. 167, 301 n. 111

国子博士 erudits (*po shih*) in the state academy directorate, 17, 33, 34, 37, 38, 64, 84

国子助教 assistant instructors (*chu chiao*) in the state academy directorate, 17, 38

国子丞 assistant in the state academy directorate (*kuo-tzu ch'eng*), 40, 305 n. 145

国子主簿 registrar in the state academy directorate (*kuo-tzu chu-po*), 40

国子学 Kuo-tzu hsüeh, 17, 18, 35, 99

国子博士 erudits of the Kuo-tzu hsüeh, 17-18, 57, 64, 85, 103, 130, 286 n. 187, 288 n. 221

国子助教 assistant instructors of the Kuo-tzu hsüeh, 18, 98

四门学 Ssu-men hsüeh, 35, 288 n. 221, 354 n. 223

四门博士 erudits of the Ssu-men hsüeh, 17-18, 35, 64, 84, 286 n. 186, 288 n. 221, 296 n. 46

四门助教 assistant instructors of the Ssu-men hsüeh, 18

太学 T'ai hsüeh, 17, 35

太学博士 erudits of the T'ai hsüeh, 17-18, 132, 276 n. 62

太学助教 assistant instructors of the T'ai hsüeh, 18

碑 stele (*pei*), 278 n. 89, 289 n. 229, 350 n. 165, 356 n. 1

石刻 stone engraving of texts, 88, 97-100

学生员额 student numbers, 36, 42, 52, 55, 291 n. 265

生徒 students, individual, 40, 47, 282 n. 141, 286 n. 179, 293 n. 21

肃（谥号）*su* (awe-inspiring, canonization title), 106

苏安恒 Su An-heng, 376 n. 235

苏晋（进士与制科）Su Chin (*chin shih* and decree exs.), 322 n. 125,

427

366 n. 125

 苏绰 Su Cho, 374 n. 216

 苏献 Su Hsien, 323 n. 136

 苏冕 Su Mien, 201-203, 235, 295 n. 33, 340 n. 81, 344 n. 127, 355 n. 235

 苏弁（进士）Su Pien (*chin shih*), 202

 苏颋（进士与制科）Su T'ing (*chin shih* and decree exs.), 131, 138, 179, 228, 278 n. 79, 323 n. 136, 373 n. 201, 356 n. 2

 肃宗（皇帝）Su tsung (emperor, reigned 756-762), 188, 305 n. 154, 346 n. 131, 369 n. 160

 肃宗实录 *Su tsung shih lu*, 189

 素王（孔子的非官方称号）*su wang* (uncrowned king, unofficial title of Confucius), 80, 297 n. 55

 苏味道（进士）Su Wei-tao (*chin shih*), 277 n. 69

 苏源明（字仲行）（进士与制科）Su Yüan-ming (*tzu*, Chung-hsing) (*chin shih* and decree ex.), 50, 234, 236, 238, 255, 260, 312 n. 3

 算学 *suan hsüeh* (school of mathematics), 18, 35

 隋（朝）Sui (dynasty, 581-618), 36, 37, 77, 118, 213; early T'ang debt to Sui, 36, 37, 74-75, 119, 121, 357 n. 9; 另见 *Sui shu* 隋书

 隋记 *Sui chi*, 334 n. 28

 隋室后裔 descendants of Sui imperial house, 359 n. 22; 另见 *erh wang san k'o* 二王三恪

 遂州 Sui-chou (prefecture), 38

 隋书（张大素撰）*Sui shu* (by Chang Ta-su), 334 n. 28

 隋书志 *Sui shu chih* (monographs) 167, 183, 222, 334 n. 29, 362 n. 67

 隋炀帝（皇帝）Sui Yang ti (emperor, reigned 600-617), 212, 335 n. 41

 孙成 Sun Ch'eng, 367 n. 130

 孙樵（进士）Sun Ch'iao (*chin shih*), 111, 195, 244, 249

 孙简（进士）Sun Chien (*chin shih*), 241, 367 n. 130

 孙处约 Sun Ch'u-yüeh, 336 n. 46

 孙逢吉 Sun Feng-chi, 267 n. 36

 孙郃（进士）Sun Ho (*chin shih*), 111

 孙顼 Sun Hsü, 288 n. 215

 损益 *sun i* (adjustments), 132, 333 n. 22

 孙公器（拔萃）Sun Kung-ch'i (*pa ts'ui*), 265 n. 17

 孙平子 Sun P'ing-tzu, 313 n. 12, 323 n. 136

词汇表和索引

孙宿（制科）Sun Su（decree ex.），241，367 n. 130

孙逖（进士与制科，知贡举）Sun Ti（*chin shih* and decree exs., chief examiner），93，181，185，222，223，228，241，265 n. 18，300 n. 97，320 n. 78，344 n. 130，356 n. 1，366 n. 125

孙遹 Sun Yü，367 n. 130

颂 *sung*（eulogy），350 n. 165，356 n. 1

宋（朝）Sung（dynasty，960-1279），1，3，58，60，61，375 n. 225

宋（朝）Sung（dynasty，420-479），73，292 n. 9

宋之问（进士与知贡举）Sung Chih-wen（*chin shih* and chief examiner），225，226，227-228，230，232，283 n. 153，368 n. 150

宋璟（进士与制科）Sung Ching（*chin shih* and decree ex.），179，340 n. 81

嵩山（岳）Sung shan（sacred peak），129-130，138

宋昱 Sung Yü，231

大享（礼）*ta hsiang*（ritual），126

大享明堂仪注 *Ta hsiang Ming-t'ang i chu*，318 n. 57

大学（礼记）*Ta hsüeh*（Great learning，section of the *Li chi*），70，82，97，109，260-261，303 n. 131

大历（年号）Ta-li（reign period，766-779）

大历十才子 *Ta-li shih ts'ai tzu*，236，239

大略 *ta lüeh*（general meaning），69

大明宫 Ta ming kung（palace），269 n. 52

大赦 *ta she*（acts of grace），117，138

大隋 Ta Sui（Great Sui），75

小戴礼记 *Hsiao Tai li chi*①，54

大唐郊祀录 *Ta T'ang chiao ssu lu*，151

大唐宰辅录 *Ta T'ang tsai fu lu*，350-352 n. 178

大业（隋朝年号）Ta-yeh（Sui dynasty reign period，605-617）

大业杂记 *Ta-yeh tsa chi*，358 n. 12

大隐传 *Ta yin chuan*，350 n. 170

大云经 *Ta yün ching*（Great cloud sutra），128

戴胄 Tai Chou，216

---

① 译者按："小戴礼记 *Hsiao Tai Li chi*"，原著误作"大戴礼记 *Ta Tai Li chi*"，据韩洄行状改。

429

戴叔伦（进士）Tai Shu-lun (chin shih)，283 n. 157

代宗（皇帝）Tai tsung (emperor, reigned 762-779)，189, 370 n. 167

代宗实录 Tai tsung shih lu，346 n. 141

太常寺 t'ai ch'ang ssu，见 court of sacrifices

太常典故 t'ai ch'ang tien ku，324 n. 146

太清宫（道观）T'ai ch'ing kung (temple)，325 n. 155

台州 T'ai-chou (prefecture)，307 n. 169

太祝 t'ai chu (grand invocator)，19

太府寺 t'ai fu ssu (court of the imperial treasury)，221

太学 T'ai hsüeh，见 state academy directorate 国子监

太公 T'ai kung, 46-47, 58-59, 135, 149, 151, 153, 326 n. 174

太公著作 works attributed to T'ai kung，281 n. 129

太公金匮 T'ai kung chin kuei，281 n. 129

太公六韬 T'ai kung liu t'ao，281 n. 129

太公兵法 T'ai kung ping fa，281 n. 129

太公阴谋 T'ai kung yin mou，281 n. 129

泰陵（玄宗）T'ai-ling (mausoleum of Hsüan tsung)，140

太仆寺 t'ai p'u ssu (court of imperial accoutrements)，271 n. 76

泰山（岳）T'ai shan (sacred peak)，43, 128-129, 138

太史局 t'ai shih chü (bureau of astrology)，22

太祖（唐室先祖）T'ai tsu (T'ang ancestor)，143-144, 152, 153

太宗（皇帝）T'ai tsung (emperor, reigned 626-649)，212, 213, 215, 267 n. 32, 297 n. 52, 374 n. 216

太子右庶子 t'ai tzu yu shu-tzu (secretary to the right of the crown prince's household)，32

太尉 T'ai wei (grand marshal)，58

太原（郡）T'ai-yüan (commandery)，325 n. 159

啖助 Tan Chu, 101-102, 196

丹阳（郡）Tan-yang (commandery)，92, 101

檀州 T'an-chou (prefecture)，38

谈客 t'an k'o (conversation client)，48

唐（古国）T'ang (ancient state)，143

唐俭 T'ang Chien, 265 n. 13

唐会要 T'ang hui yao, 13, 186, 201-203, 295 n. 33

唐历 T'ang li, 194-195, 264 n. 12, 283 n. 152, 346 n. 141, 362 n. 55, 363 n. 71

词汇表和索引

唐临 T'ang Lin, 264 n. 7

唐绍 T'ang Shao, 313 n. 12, 321 n. 91

唐书 *T'ang shu*, 345 n. 138

唐书备阙记 *T'ang shu pei ch'üeh chi*①, 344 n. 126

唐统纪 *T'ang t'ung chi*, 195

唐元度 T'ang Yüan-tu, 305 n. 153

道州 Tao-chou (prefecture), 54, 56, 60, 353 n. 221

道教 Taoism, 6, 10, 44, 45, 46, 47, 48-49, 82, 93, 106, 107, 109, 179, 219, 220

道科 examination in Taoism, 95

陶翰（进士与宏词）T'ao Han (*chin shih* and *hung tz'u*), 264 n. 11

陶渊明 T'ao Yüan-ming, 283 n. 153

德行（孔门科目）*te hsing* (virtuous conduct, division of Confucius's teaching), 231, 242; 另见 *ssu k'o* 四科

417

德宗（皇帝）Te tsung (emperor, reigned 779-805), 144-145, 189, 306 n. 154, 369 n. 160, 370 n. 167

德宗实录 *Te tsung shih lu*, 349 n. 158

登科记 *Teng k'o chi*, 271 n. 75

邓世隆 Teng Shih-lung, 360 n. 33

三变 three changes (*san pien*), 246, 375 n. 225

三史 Three histories, 见 San shih

三玄 Three mysteries (San hsüan), 49

三礼 Three ritual canons, 见 San li

三教 three teachings (*san chiao*), debates between, 33, 45, 74, 179, 280 n. 121

三教制科 decree examination in the three teachings, 292 n. 4

三教折衷 eclectic attitudes to the three teachings, 108

三传 Three traditions, 见 San chuan

禘（礼）*ti* (offering to imperial ancestors, ritual), 154, 306 n. 162

狄仁杰（明经）Ti Jen-chieh (*ming ching*), 40, 44, 192, 277 n. 69, 312 n. 3, 323 n. 129

狄仁杰传 *Ti Jen-chieh chuan*, 350 n. 172

地理志 *ti li chih* (monograph on administrative geography), 167, 172,

---

① 译者按: "唐书备阙记 *T'ang shu pei ch'üeh chi*", 原著误作 "唐书备阙 *T'ang shu pei ch'üeh*"。

431

200, 354 n. 224

雕虫微艺 tiao ch'ung wei i, 244

吐蕃 Tibetans (T'u-fan), 90, 225, 308 n. 171

帖 t'ieh (context questions), 24

天 t'ien (heaven), 113, 155

田弘正 T'ien Hung-cheng, 297 n. 53

天人之际 T'ien jen chih chi (relationship of heaven and man), 96, 303 n. 128

天官旧事 T'ien kuan chiu shih, 344 n. 129

天宝（年号）T'ien-pao (reign period, 742-756)

天宝军防录 T'ien-pao chün fang lu, 344 n. 131

天台（山）T'ien-t'ai (mountain), 226

天宗（神）t'ien tsung (divinity), 315 n. 37

天文志 t'ien wen chih (astrology monograph), 167, 169, 172

栋梁之材 timber for the buildings of the state, 125, 317 n. 48

定（谥号）ting (settled, canonization title), 175, 238

丁居晦（进士）Ting Chü-hui (chin shih), 268 n. 37

丁公著（明经与开元礼科）Ting Kung-chu (ming ching and K'ai-yüan li ex.), 329 n. 209

定陵（中宗）Ting-ling (mausoleum of Chung tsung), 140

定本 ting pen (determined texts), 72-73

厅壁记 t'ing pi chi (wall record), 13, 185, 200, 268 n. 41 and n. 44, 286 n. 186, 354 n. 223

窦群 Tou Ch'ün, 309 n. 178

窦牟（进士）Tou Mou (chin shih), 286 n. 186

窦维鋈 Tou Wei-hsien, 321 n. 91

谷梁传 Tradition of Ku-liang, 见 Ku-liang chuan

公羊传 Tradition of Kung-yang, 见 Kung-yang chuan

左传 Tradition of Tso, 见 Tso chuan

贡举 tribute of examination candidates (kung chü), 52, 95

杂史 tsa shih (various histories), 159

杂文 tsa wen (various compositions), 137, 151, 230

宰相传略 Tsai-hsiang chuan lüeh, 350 n. 178

才兼文武 ts'ai chien wen wu, 9, 265 n. 14

蔡南史 Ts'ai Nan-shih, 331 n. 8

采诗官 ts'ai shih kuan, 249

词汇表和索引

采薇 ts'ai wei（gathering ferns），302 n. 122

蔡允恭 Ts'ai Yün-kung, 334 n. 28

蔡邕 Ts'ai Yung, 304 n. 137 and n. 139

赞 tsan（assessment），167, 356 n. 1

沧浪翁（周朝典范）Ts'ang-lang weng（Chou dynasty exemplar），94

曹冏 Ts'ao Chiung, 345 n. 135

曹宪 Ts'ao Hsien, 224, 357 n. 8

草书 ts'ao shu（cursive hand），224

草书诏 ts'ao shu chao（draft documents and edicts），367 n. 132

则天实录 Tse-t'ien shih lu，176

策 ts'e（dissertation），23, 198, 356 n. 1；另见 shih wu ts'e 时务策及 Ts'e lin 策林

策林 Ts'e lin，152, 199, 322 n. 110 and 111, 323 n. 129, 328 n. 202, 348 n. 149, 357 n. 5, 374 n. 213, 376 n. 236

岑参（进士）Ts'en Shen（chin shih），233, 302 n. 121

岑文本 Ts'en Wen-pen, 215, 298 n. 59①, 358 n. 18

曾参（孔子门生）Tseng Shen（disciple of Confucius），43, 44, 45, 61, 63, 81, 110, 247

右监门卫录事参军 tso chien men wei lu shih ts'an-chün（adjutant of the watch guard of the left gates），368 n. 144

左丘明 Tso Ch'iu-ming, 102；另见 Tso chuan 左传

左传 Tso chuan, 23, 35, 54, 70, 72, 74, 75, 78, 79-81, 84, 86, 89-92, 120, 146, 161, 253, 291 n. 2

武人的《左传》认知 soldiers' knowledge of Tso chuan, 79, 297 n. 53

左辅元 Tso Fu-yüan, 324 n. 152

左司郎中 tso ssu lang chung（secretary of the bureau of the left），307 n. 169

邹（古国）Tsou（ancient state），298 n. 58

崔（清河崔氏）Ts'ui（clan of Ch'ing-ho），46

崔（博陵崔氏）Ts'ui（clan of Po-ling），46, 320 n. 82

崔敖（进士）Ts'ui Ao（chin shih），349 n. 158

崔翘（拔萃、制科与知贡举）Ts'ui Ch'iao（pa ts'ui, decree ex. and chief examiner），366 n. 122

---

① 译者按："298 n. 59"，原著误作"298 n. 69"。

433

崔千里（明经）Ts'ui Ch'ien-li (*ming ching*), 281 n. 131

崔志道（进士）Ts'ui Chih-tao (*chin shih*), 292 n. 4

崔群（进士，制科与知贡举）Ts'ui Ch'ün (*chin shih*, decree ex. and chief examiner), 240, 371 n. 175 and 176, 373 n. 198

崔浩（制科）Ts'ui Hao (*decree ex.*), 333 n. 20

崔行功（制科）Ts'ui Hsing-kung (*decree ex.*), 298 n. 55, 358 n. 17

崔铉（进士）Ts'ui Hsüan (*chin shih*), 355 n. 235

崔玄暐 Ts'ui Hsüan-wei, 354 n. 231

崔弘礼（进士）Ts'ui Hung-li (*chin shih*), 272 n. 84

崔义玄 Ts'ui I-hsüan, 299 n. 71

崔仁师 Ts'ui Jen-shih, 293 n. 19, 296 n. 40

崔日用（进士）Ts'ui Jih-yung (*chin shih*), 320 n. 78

崔融（制科）Ts'ui Jung (*decree ex.*), 226, 269 n. 52, 281 n. 135, 319 n. 72, 339 n. 73, 361 n. 48, 368 n. 150

崔光嗣（三教制科）Ts'ui Kuang-ssu (*decree ex. in san chiao*), 292 n. 4

崔龟从（进士与制科）Ts'ui Kuei-ts'ung (*chin shih and decree ex.*), 351 n. 193, 354 n. 222

崔恭 Ts'ui Kung, 310 n. 194

崔沔（进士与制科）Ts'ui Mien (*chin shih and decree ex.*), 131, 138, 226, 238, 246, 269 n. 52, 321 n. 105, 344 n. 130, 362 n. 63

崔韶（明经）Ts'ui Shao (*ming ching*), 276 n. 62

崔湜（进士与知贡举）Ts'ui Shih (*chin shih and chief examiner*), 361 n. 48

崔曙（进士）Ts'ui Shu (*chin shih*), 322 n. 114

崔损（进士）Ts'ui Sun (*chin shih*), 285 n. 175

崔造 Ts'ui Tsao, 378 n. 30

崔郾（进士与知贡举）Ts'ui Yen (*chin shih and chief examiner*), 328 n. 194

崔祐甫（进士）Ts'ui Yu-fu (*chin shih*), 53, 106, 132, 238, 246, 268 n. 38

崔禹锡（进士）Ts'ui Yü-hsi (*chin shih*), 366 n. 122

崔元翰（进士与制科）Ts'ui Yüan-han (*chin shih and decree ex.*), 356 n. 3, 375 n. 222

纵 *tsung* (without restriction), 221

宗晋卿 Tsung Chin-ch'ing, 316 n. 43

杜正伦 Tu Cheng-lun, 336 n. 47

杜庆 Tu ch'ing, 314 n. 22

词汇表和索引

杜确（制科）Tu Ch'üeh（decree ex.），375 n. 225

杜甫 Tu Fu，50，56，93，233，234，260，269 n. 49，271 n. 75

杜黄裳（进士与知贡举）Tu Huang-shang（*chin shih* and chief examiner），149，303 n. 128，326 n. 162

杜鸿渐（进士）Tu Hung-chien（*chin shih*），318 n. 58

杜易简（进士与知贡举）Tu I-chien（*chin shih* and chief examiner），344 n. 127

杜如晦 Tu Ju-hui，216，351 n. 181，374 n. 217

独孤及（道科）Tu-ku Chi（Taoist decree ex.），62，63，106-107，144，196，246，255，265 n. 18，280 n. 127，291 n. 2，300 n. 97，373 n. 201

独孤郁（进士与制科）Tu-ku Yü（*chin shih* and decree ex.），63，349 n. 158，371 n. 175

杜牧（进士与制科）Tu Mu（*chin shih* and decree ex.），60，111，241，271 n. 70，274 n. 30，339 n. 72，356 n. 1，328 n. 201，349 n. 156

杜辇（开元礼科）Tu Nien（*K'ai-yüan li* ex.），329 n. 209

杜宝 Tu Pao，358 n. 12

杜审言（进士）Tu Shen-yen（*chin shih*），368 n. 150

杜台卿 Tu T'ai-ch'ing，357 n. 8

杜德祥（知贡举）Tu Te-hsiang（chief examiner），328 n. 201

杜亚 Tu Ya，106，264 n. 12

杜延业 Tu Yen-yeh，293 n. 14

杜佑 Tu Yu，62，102，107，155-156，196，197，201，203-205，243，248，253，260-261，265 n. 14，300 n. 84，328 n. 201；另见 *T'ung tien* 通典

杜预 Tu Yü，35，74，78，80

杜元颖（进士，宏词与制科）Tu Yüan-ying（*chin shih*，hung tz'u and decree ex.），266 n. 30，268 n. 37

图 *t'u*（picture-diagrams），220，223

段秀实（明经；弃之）Tuan Hsiu-shih（*ming ching*; abandoned course），145，192

段公别传 *Tuan kung pieh chuan*，350 n. 176

段文会 Tuan Wen-hui，314 n. 22

对 *tui*（couplet），226

敦煌 Tun-huang，34，36，84，219，292 n. 10，293 n. 17 and 21

董晋（明经）Tung Chin（*ming ching*），325 n. 162

董仲舒 Tung Chung-shu，2

东方朔 Tung-fang Shuo，292 n. 4，333 n. 20

435

董狐（周朝典范）Tung Hu（Chou dynasty exemplar），161，177，297 n. 48，331 n. 8，343 n. 113

东观汉记 Tung kuan Han chi，332 n. 9

东殿新书 Tung tien hsin shu，338 n. 61

董逌 Tung Yu，287 n. 208，296 n. 45，297 n. 47

通志 t'ung chih，200

童子科 t'ung-tzu k'o（child prodigy examination），25，303 n. 125

通史 t'ung shih，169

通典 T'ung tien，13，149，155-156，186，197，243，260，264 n. 7，268 n. 37，295 n. 33

通天宫 T'ung t'ien kung（palace），126，318 n. 54

突厥 Turks（T'u-chüeh），130

子夏（孔子门生）Tzu-hsia（disciple of Confucius），108，215，231

子思（孔子门生）Tzu-ssu（disciple of Confucius），81，110

子由（孔子门生）Tzu-yu（disciple of Confucius），215，231

实录 veritable records（shih lu），20-21，159，170，171，175-178；另见每一皇帝与年号（emperors and reign periods）之下

外府 wai fu（outer repository），237

厅壁记 wall record（t'ing pi chi），13，185，200，268 n. 41 and n. 44，286 n. 186，354 n. 223

万国 wan kuo（ten thousand states），131

王昌龄（进士与宏词）Wang Ch'ang-ling（chin shih and hung tz'u），302 n. 121

王绩 Wang Chi，167

王缙（制科）Wang Chin（decree ex.），252

王泾 Wang Ching，151，272 n. 84，312 n. 2，327 n. 185

王丘（或邱）（童子科，制科与知贡举）Wang Ch'iu（child prodigy ex., decree ex. and chief examiner），228，366 n. 125，377 n. 7

王仲丘 Wang Chung-ch'iu，318 n. 59，321 n. 96

王仲舒（制科）Wang Chung-shu（decree ex.），373 n. 201

王方庆（知贡举）Wang Fang-ch'ing（chief examiner），192，282 n. 142，362 n. 65

王羲之 Wang Hsi-chih，335 n. 38

词汇表和索引

李孝恭 Li Hsiao-kung, 337 n. 48①

王休复（三礼科）Wang Hsiu-fu（*San li* ex.），303 n. 127

王翃（制科武举）Wang Hung（military decree ex.），264 n. 11

王义 Wang I, 350n. 177

王珪 Wang Kuei, 315 n. 36

王恭 Wang Kung, 276 n. 42, 314 n. 21

王公家庙录 *Wang kung chia miao lu*, 151

王倰 Wang Leng, 350 n. 165

王泠②然（拔萃）Wang Ling-jan（*pa ts'ui*），368 n. 139 and n. 150

王莽 Wang Mang, 274 n. 31

王锷 Wang O, 264 n. 10, 297 n. 53

王弼 Wang Pi, 74, 75, 85

王勃（制科）Wang Po（decree ex.），277 n. 66, 338 n. 60

李神通 Li Shen-t'ung, 337 n. 48③

王肃 Wang Su, 126, 259

王道珪 Wang Tao-kuei, 283 n. 150

王德表（明经）Wang Te-piao（*ming ching*），267 n. 35, 273 n. 15

王通 Wang T'ung, 65

王维（进士）Wang Wei（*chin shih*），238, 283 n. 153, 302 n. 114 and n. 122

王无竞（制科）Wang Wu-ching（decree ex.），367 n. 136

王涯（进士与宏词）Wang Yai（*chin shih* and *hung tz'u*），240, 328 n. 198, 373 n. 198

王彦威（明经）Wang Yen-wei（*ming ching*），146, 150, 195, 265 n. 12, 268 n. 44, 328 n. 195

王元感（明经）Wang Yüan-kan（*ming ching*），84, 130, 174, 299 n. 73

魏（古国）Wei, 223

魏（谥号）*wei*（lofty, canonization title），264 n. 10

韦安石（明经）Wei An-shih（*ming ching*），318 n. 59

魏徵 Wei Cheng, 4, 73, 98, 121, 164, 166, 171, 212, 213, 214,

---

① 译者按："李孝恭 Li Hsiao-kung"，原著将"河间王孝恭"误读为"王孝恭 Wang Hsiao-kung"。

② 译者按："王泠然"原著误作"王冷然"。

③ 译者按："李神通 Li Shen-t'ung"，原著将"淮安王神通"误读为"王神通 Wang Shen-t'ung"。

437

264 n. 12, 272 n. 5, 313 n. 9, 323 n. 129, 351 n. 181

韦承庆（进士）Wei Ch'eng-ch'ing（chin shih），365 n. 115

韦机（或弘机）Wei Chi（or Hung-chi），277 n. 67

韦吉甫 Wei Chi-fu, 265 n. 14

韦建 Wei Chien, 371 n. 175

韦见素（制科）Wei Chien-su（decree ex.），372 n. 188

韦陟（知贡举）Wei Chih（chief examiner），181, 229, 252

魏知古（进士）Wei Chih-ku（chin shih），339 n. 73, 341 n. 85, 360 n. 38

韦筹（进士）Wei Ch'ou（chin shih），357 n. 3, 375 n. 222

韦处厚（进士与制科）Wei Ch'u-hou（chin shih and decree ex.），63, 267 n. 31, 268 n. 37, 310 n. 193, 349 n. 158, 356 n. 2, 371 n. 176, 373 n. 198

韦淳（原名）Wei Ch'un，见 Wei Ch'u-hou（韦处厚）（改名）

韦渠牟 Wei Chü-mou, 149, 285 n. 175, 298 n. 55, 372 n. 193, 378 n. 30

魏玄同（或元同）（进士）Wei Hsüan-t'ung（or Yüan-t'ung）（chin shih），368 n. 141

未遑 wei huang（lacking leisure），121

威仪 wei i（solemnity of manner），154

韦公肃 Wei Kung-su, 272 n. 84, 312 n. 2, 327 n. 185, 328 n. 193

韦伦 Wei Lun, 268 n. 45①

魏謩（进士）Wei Mo②（chin shih），348 n. 147, 371 n. 182

韦稔 Wei Jen, 287 n. 205, 325 n. 159

韦表微（进士）Wei Piao-wei（chin shih），104, 291 n. 270

韦斌 Wei Pin, 342 n. 106

韦绳（孝廉）Wei Sheng（hsiao lien），363 n. 81

伪史 wei shih（histories of rebel dynasties），159

韦述（进士）Wei Shu（chin shih），50, 131, 180-182, 184, 185, 193, 222, 258, 267 n. 36, 272 n. 84, 343 n. 117, 344 n. 123 and n. 128, 346 n. 141

韦叔夏（明经）Wei Shu-hsia（ming ching），133, 314 n. 21, 321 n. 91, 342 n. 106

韦嗣立（进士）Wei Ssu-li（chin shih），40, 277 n. 69, 279 n. 101

韦縚 Wei T'ao, 133, 312 n. 2

威武（谥号）wei-wu（awe-inspiring and military, canonization title），

---

① 译者按："268 n. 45"，原著误作"268 n. 46"。
② 译者按："Wei Mo"，原著误作"Wei Mu"。

281 n. 131

韦聿 Wei Yü, 300 n. 97

魏元忠 Wei Yüan-chung, 339 n. 74

韦元甫 Wei Yüan-fu, 292 n. 3

文（谥号）*wen*（refined, canonization title）, 11, 44, 50, 51, 52, 62 (2), 63, 85, 133, 191, 197, 226, 228 (2), 269 n. 49, 357 n. 3

文（祭文）*wen*（or *chi wen*, prayer）, 186, 284, 345 n. 136, 350 n. 177, 356 n. 1

文（历史价值）*wen*（value in history）, 196, 199, 208, 215

文场 *wen ch'ang*, arena of letters, 207, 256

文昭（谥号）*wen-chao*（refined and resplendent, canonization title）, 33

文贞（谥号）*wen-chen*（refined and upright, canonization title）, 31, 53, 179, 265 n. 18, 299 n. 73, 339 n. 72

文简（谥号）*wen-chien*（refined and concise, canonization title）, 53

文质（历史与文学价值）*wen chih*（refinement and austerity, values in history and literature）, 199, 215, 243, 333 n. 22

文忠（谥号）*wen-chung*（refined and loyal, canonization title）45, 180, 366 n. 125

文中子 Wen-chung tzu, 309 n. 185；另见 Wang T'ung 王通

文府 *Wen fu*, 361 n. 53

文赋 *Wen fu*, 335 n. 38

文宪（谥号）*wen-hsien*（refined and model, canonization title）, 131

文献（谥号）*wen-hsien*（refined and contributing, canonization title）, 63, 179 (2)

文先生（杜甫私谥）*Wen hsien-sheng*（private canonization title of Tu Fu）, 269 n. 49

文选 *Wen hsüan*, 131, 137, 223-225, 233, 237, 334 n. 26, 371 n. 182

文宣（孔子封号）*Wen-hsüan*（refined and manifest, canonization title of Confucius）, 45, 58

文学（孔门科目）*wen hsüeh*（literature and learning, division of Confucius's teaching）, 209, 231；另见 *ssu k'o* 四科

文学 *wen hsüeh*（literary instructor）, 53

文学馆 Wen-hsüeh kuan, 267 n. 32

文惠（谥号）*wen-hui*（refined and kind, canonization title）, 40

文懿（谥号）*wen-i*（refined and virtuous, canonization title）, 82

文康（谥号）*wen-k'ang*（refined and robust, canonization title）, 214

文馆词林 *Wen kuan tz'u lin*, 218

文馆词林文人传 *Wen kuan tz'u lin wen jen chuan*，350 n. 167

文吏 *wen li*（literary officials），277 n. 69

文编 *Wen pien*，367 n. 139

文士 *wen shih*（literary scholars），27，42

文水（县）Wen-shui（county），323 n. 134

文思博要 *Wen ssu po yao*，212，218

文帝（汉）（皇帝）Wen ti（emperor of Han, reigned 179 B. C. -157 B. C.），332 n. 10

文帝（隋）（皇帝）Wen ti（emperor of Sui, reigned 581-604），350 n. 165

文宗（皇帝）Wen tsung（emperor, reigned 827-840），57，189，190，369 n. 160，370 n. 167

文宗实录 *Wen tsung shih lu*，191

文统三变 *wen t'ung san pien*，375 n. 225

文王（周王）Wen wang（king of Chou），33，46，120，332 n. 10

文翁 Wen weng，36，45，276 n. 46

文雅 *wen ya*（literary accomplishment），216

吴（汉代王国）Wu（kingdom in the Han dynasty），199

武成（太公封号）*Wu-ch'eng*（military and perfected, canonization title of T'ai kung），58

武成王庙十哲赞 *Wu-ch'eng wang miao shih che tsan*，288 n. 223①

武承嗣 Wu Ch'eng-ssu，340 n. 82

武指 *Wu chih*，185-186

吴兢 Wu Ching，98，179，180，181，184，272 n. 84，342 n. 100，362 n. 65

五经 *Wu ching*（*Five canons*），72，74，77，98，99

五经正义 *Wu ching cheng i*，73-82，83-84，314 n. 29，347 n. 141

五经文字 *Wu ching wen tzu*，99

毋煚② Wu Chiung，337 n. 49，359 n. 21

五方帝 *wu fang ti*（five direction gods），126，133

武后（女皇）Wu hou（empress, reigned 690-705），15，20，38，125，128，130，132，186，192，277 n. 69

武氏宗庙（崇先庙）ancestral temple of Wu hou，140-141

武后列女传 *Wu hou lieh nü chuan*，350 n. 169

---

① 译者按："武成王庙十哲赞 *Wu-ch'eng wang miao shih che tsan*"，原著误作"武成庙十哲赞 *Wu-ch'eng miao shih che tsan*"。

② 译者按："毋煚"，原著误作"吴煚"。

武后紫宸礼要 *Wu hou Tzu-ch'en li yao*, 320 n. 90

五行志 *wu hsing chih* (five elements monograph), 167

无形 *wu hsing* (without form), 76

物议 *wu i* (public opinion), 216

武儒衡（进士）Wu Ju-heng (*chin shih*), 286 n. 186

物怪 *wu kuai* (irregularities in things), 156

五礼 *wu li* (five divisions of ritual), 122, 315 n. 36

五礼要记 *Wu li yao chi*, 321 n. 91

五龙（神）*wu lung* (five dragons, divinities), 135

武敏之 Wu Min-chih, 304 n. 140

武平一（知贡举）Wu P'ing-i (chief examiner), 365 n. 108

武三思 Wu San-ssu, 339 n. 73, 340 n. 82

武少仪（进士）Wu Shao-i (*chin shih*), 286 n. 186

武德殿 Wu-te tien (palace), 328 n. 201

武帝（汉）（皇帝）Wu ti (emperor of Han, reigned 140 B. C. -87 B. C.)

武帝（晋）（皇帝）Wu ti (emperor of Chin, reigned 265-289), 335 n. 38

武帝（梁）（皇帝）Wu ti (emperor of the Liang, reigned 502-550), 292 n. 9

武宗（皇帝）Wu tsung (emperor, reigned 840-846), 191

武宗实录 *Wu tsung shih lu*, 191

吴通玄（童子科）Wu T'ung-hsüan (child prodigy ex.), 372 n. 194

武王（周王）Wu wang (king of Chou), 332 n. 10

吴越备史 *Wu Yüeh pei shih*, 329 n. 209

亚圣 *ya sheng* (second sage), 81

杨玚 Yang Ch'ang, 41, 271 n. 71, 350 n. 165

杨震 Yang Chen, 32, 273 n. 17

阳城（进士）Yang Ch'eng (*chin shih*), 54, 63

杨极（或拯）（进士）Yang Chi (or Cheng) (*chin shih*), 283 n. 148

阳峤（制科）Yang Ch'iao (decree ex.), 41

杨炯（童子科与制科）Yang Chiung (child prodigy and decree ex.), 277 n. 66①, 338 n. 60

洋州 Yang-chou (prefecture), 303 n. 126

杨朱 Yang Chu, 110, 186

---

① 译者按："277 n. 66"，原著误作"227 n. 66"。

杨铨 Yang Ch'üan, 216

杨雄 Yang Hsiung, 35, 61, 111, 215, 291 n. 2

杨国忠 Yang Kuo-chung, 226, 234, 342 n. 109, 347 n. 141

养老（礼）*yang lao* (nourishing the aged, ritual), 122

杨士勋 Yang Shih-hsün, 78, 100

杨嗣复（进士与知贡举）Yang Ssu-fu (*chin shih* and chief examiner), 345 n. 139

杨思立（明经）Yang Ssu-li (*ming ching*), 273 n. 17

炀帝（隋）（皇帝）Yang ti (emperor of Sui, reigned 604-617), 212, 335 n. 41

杨纂 Yang Tsuan, 291 n. 3

杨绾（进士、制科与知贡举）Yang Wan (*chin shih*, decree ex. and chief examiner), 53, 95, 106, 142, 238, 242, 302 n. 123, 346 n. 141, 356 n. 2, 378 n. 30

杨吴生 Yang Wu-sheng, 282 n. 135

杨炎 Yang Yen, 103, 238, 373 n. 201①

尧（圣君）Yao (paragon emperor), 31, 120, 309 n. 176

姚察 Yao Ch'a, 166, 332 n. 17, 333 n. 20

姚崇 Yao Ch'ung, 见 Yao Yüan-ch'ung 姚元崇（本名）

要掫 *yao chü* (strategic post), 22, 254

姚璠 Yao Fan, 318 n. 57

姚奕（知贡举）Yao I (chief examiner), 301 n. 98

瑶山玉彩 *Yao shan yü ts'ai*, 218

姚璹（明经）Yao Shu (*ming ching*), 177, 189

姚思廉 Yao Ssu-lien, 164, 166, 170

姚訚 Yao Yin, 350 n. 174

姚元崇（制科）Yao Yüan-ch'ung (decree ex.), 179, 271 n. 70, 279 n. 101, 292 n. 3, 340 n. 82

业 *yeh* (curriculum), 96

叶净能（或静能）Yeh Ching-neng, 277 n. 78

颜（氏）Yen (family), 192, 257, 269 n. 50, 377 n. 25

颜昭甫 Yen Chao-fu, 333 n. 19

阎朝隐（进士与制科）Yen Ch'ao-yin (*chin shih* and decree ex.), 361 n. 48

---

① 译者按："373 n. 201"，原著误作"273 n. 201"。

词汇表和索引

颜真卿（进士，拔萃与制科）Yen Chen-ch'ing（*chin shih*，*pa ts'ui* and decree ex.），45，50，53，56，59，93，138，142，144，146，148，149，175，192，193，194，226，236，245，246，252，255，257，264 n. 12，265 n. 14，193 n. 14，352 n. 194

颜乔卿 Yen Chiao-ch'ing，174

颜之推 Yen Chih-t'ui，333 n. 19

兖州① Yen-chou（prefecture），29，36，43，287 n. 202

严州 Yen-chou（prefecture），288 n. 223

颜传经（孝廉）Yen Ch'uan-ching（*hsiao lien*），305 n. 147

阎防（进士）Yen Fang（*chin shih*），302 n. 119，369 n. 154

颜回（孔子门生）Yen Hui（disciple of Confucius），32，33-34，43，44，45，46，50，60，62，72，95，108，109-110，111，120，257，269 n. 50，276 n. 62，303 n. 128 and n. 130

颜杲卿 Yen Kao-ch'ing，192

延阁 *yen ko*（imperial library 秘书省），270 n. 59

沿革 *yen ko*（evolution），327 n. 187，333 n. 22；另见 change，interest in 变

阎立本 Yen Li-pen，359 n. 27

颜氏家传 *Yen shih chia chuan*，350 n. 173②

颜氏家训 *Yen shih chia hsün*，333 n. 19

颜师古 Yen Shih-ku，72-73，77，78，98，119，121，164，166，178，213，215，252，255，325 n. 159，358 n. 18

颜氏字样 *Yen shih tzu yang*，73

严挺之（制科与知贡举）Yen T'ing-chih（decree ex. and chief examiner），185，264 n. 10

偃武修文 *yen wu hsiu wen*，272 n. 5

颜游秦 Yen Yu-ch'in，333 n. 19

颜幼舆 Yen Yu-yü，174-175

颜元孙（进士）Yen Yüan-sun（*chin shih*），291 n. 2

严悦 Yen Yüeh，281 n. 133③

颜允南 Yen Yün-nan，226，284 n. 161

隐（谥号）*yin*（secluded，canonization title），149

尹愔 Yin An（又读 Yin），181

---

① 译者按："兖州"，原著误作"延州"。
② 译者按："350 n. 173"，原著误作"250 n. 173"。
③ 译者按："严悦 Yen Shui"，原著误作"严悦 Yen Yüeh"。

443

尹吉甫 Yin Chi-fu, 265 n. 14

殷嘉绍 Yin Chia-shao, 343 n. 113

殷践猷（制科）Yin Chien-yu（decree ex.）, 263 n. 7

尹知章 Yin Chih-chang, 283 n. 148

殷开山 Yin K'ai-shan, 337 n. 48

殷亮 Yin Liang, 324 n. 151

阴阳（学说）yin-yang, theory of, 6, 87, 115, 212；另见 wu hsing chih 五行志

阴阳书 Yin-yang shu, 295 n. 33, 297 n. 51, 355 n. 238

尹愔 Yin Yin, 见 Yin An

殷寅（进士）Yin Yin（chin shih）, 192

殷侑（明经）Yin Yu（ming ching）, 104, 309 n. 178, 353 n. 215, 354 n. 222

音乐志 yin yüeh chih, 167, 354 n. 224

应制 ying chih（compose on set topics）, 226

友悌录 Yu ti lu, 350 n. 168

优游 yu yu（leisured journey）, 310 n. 191

永徽（年号）Yung-hui（reign period, 650-655）

永徽新集 Yung-hui hsin chi, 222, 358 n. 21

永隆 Yung-lung（reign period, 680-681）

永王璘 Yung wang Lin, 187

禹（圣君）Yü（paragon emperor）, 110

鱼朝恩 Yü Ch'ao-en, 53, 60

御集春秋左氏列国经传 Yü chi Ch'un-ch'iu Tso shih lieh kuo ching chuan, 306 n. 154

於潜（县）Yü-ch'ien（county）, 320 n. 89

于志宁 Yü Chih-ning, 175, 273 n. 17, 281 n. 128

庾敬休（进士与宏词）Yü Ching-hsiu（chin shih and hung tz'u）, 348 n. 151

玉烛宝典 Yü cho pao tien, 357 n. 8

玉泉寺 Yü-ch'üan ssu（monastery）, 283 n. 147

御铨定汉书 Yü ch'üan ting Han shu, 332 n. 17

庾信 Yü Hsin, 214, 232

于休烈（进士与制科）Yü Hsiu-lieh（chin shih and decree ex.）, 58, 90, 142, 188-189, 236

御览 Yü lan, 212, 357 n. 8

词汇表和索引

于立政 Yü Li-cheng, 218

于邵（进士，拔萃与知贡举）Yü Shao（*chin shih*, *pa ts'ui* and chief examiner）, 264 n. 11, 289 n. 226①

雨师（神）Yü shih（divinity）, 321 n. 107

虞世南 Yü Shih-nan, 82, 212, 214, 216, 275 n. 33, 297 n. 51, 323 n. 129, 357 n. 9, 358 n. 18

御史台杂注 *Yü shih t'ai tsa chu*, 344 n. 127

玉台新咏 *Yü t'ai hsin yung*, 214

于頔 Yü Ti, 312 n. 3, 370 n. 167

玉谍真纪 *Yü tieh chen chi*, 316 n. 44

于惟谦 Yü Wei-ch'ien, 278 n. 78

宇文籍（进士）Yü-wen Chi（*chin shih*）, 307 n. 170

元（谥号）yüan（great, canonization title）58, 186

元稹（明经，拔萃与制科）Yüan Chen（*ming ching*, *pa ts'ui* and decree ex.）, 55, 194, 201, 240, 244, 246, 249, 265 n. 14, 268 n. 37, 303 n. 129, 371 n. 176, 373 n. 198 and n. 200

元结（进士）Yüan Chieh（*chin shih*）, 50, 178, 196, 234, 148, 291 n. 2, 301 n. 99, 312 n. 3, 367 n. 139

源乾曜（进士）Yüan Ch'ien-yao（*chin shih*）, 131

元靖（谥号）yüan-ching（great and quiet, canonization title）, 201

袁州 Yüan-chou（prefecture）, 56

元和（年号）Yüan-ho（reign period, 806-820）

元和新礼 *Yüan-ho hsin li*, 328 n. 195

元希声（进士）Yüan Hsi-sheng（*chin shih*）, 361 n. 48

苑咸（进士）Yüan Hsien（*chin shih*）, 366 n. 128

元行冲（进士）Yüan Hsing-ch'ung（*chin shih*）, 86-87, 134, 178, 180, 221-222②, 255, 264 n. 12

元怀景（或怀慎）Yüan Huai-ching（or Huai-shen）, 265 n. 20

袁朗 Yüan Lang, 316 n. 44

元陵（代宗）Yüan-ling（mausoleum of Tai tsung）, 325 n. 160

员半千（制科）Yüan Pan-ch'ien（decree ex.）, 267 n. 35, 318 n. 57, 319 n. 72, 334 n. 28

元氏类集 *Yüan shih lei chi*, 371 n. 182

---

① 译者按："289 n. 226"，原著误作"289 n. 266"。
② 译者按："221-222"，原著误作"221-220"。

445

元恕己 Yüan Shu-chi, 354 n. 231

元德秀（进士与制科）Yüan Te-hsiu (*chin shih* and decree ex.), 49, 50, 377 n. 7

元帝（汉）（皇帝）Yüan ti (emperor of Han, reigned 48 B.C.-33 B.C.), 199

元载（道科）Yüan Tsai (Taoist ex.), 142, 193, 200, 236, 264 n. 12

元万顷 Yüan Wan-ch'ing, 227

乐记（礼记）*Yüeh chi* (*Record of music*, section of *Li chi*), 82

乐府（诗体）*yüeh fu* (verse style), 249

乐毅（周朝典范）Yüeh I (Chou dynasty exemplar), 352 n. 204

月令（礼记）*Yüeh ling* (*Monthly commands*, section of *Li chi*), 87, 100, 115, 122, 133, 134, 136, 148, 151, 155, 156-157, 330 n. 229

月令图 *Yüeh ling t'u*, 328 n. 198

乐书要录 *Yüeh shu yao lu*, 320 n. 90

韵海镜原 *Yün hai ching yüan*, 56, 236, 370 n. 168

芸阁 *yün ko* (imperial library 秘书省), 270 n. 59

译 后 记

从未设想过会与遥远的"满载一船星辉"的剑桥发生任何联系，但一切在2016年4月开始发生了神奇的变化。承蒙中国社会科学出版社历史与考古出版中心主任宋燕鹏编审的信赖，请我推荐自身研究领域内最值得译介的英文专著。我第一反应想到的就是麦大维先生1988年在剑桥大学出版社出版的名著 State and Scholars in T'ang China，因为2008年在宾夕法尼亚大学图书馆初读此书，即已无比钦佩。宋主任当即同意申请立项，并邀我承担这一任务。虽然教学科研工作已很繁重，但想到能够有此荣幸深入学习剑桥唐史巨擘的大作，便不假思索地一口应承下来。版权转让事宜安排妥当，翻译工作随即正式展开。

如所周知，本书原为杜希德先生主编的《剑桥中国隋唐史》下卷中《唐代的儒学》一章，后因下卷出版无果，遂以"唐代中国的国家与学者"为名单独成书，作为韩南、杜希德主编的"剑桥中华文史丛刊"中的一部。《剑桥中国史》系列的简体中文版由中国社会科学出版社出版，麦先生此书与《剑桥中国史》渊源甚深，现在又将在中国社会科学出版社出版；加之作者曾于1980年代到访中国社会科学院，个中因缘，实在奇妙。

长期以来，本书被公认为有关唐代儒学最佳的通论性研究，以及有关唐代乃至中国中古文化与政治的最重要读物，在欧美学界产生着持久而深远的影响。出版之初即有大量书评密集推介，如1989年，蒲立本在《太平洋事务》（Pacific Affairs）、伊沛霞（Patricia Ebrey）在《教育史季刊》（History of Education Quarterly）、包弼德（Peter K. Bol）在《亚洲研究杂志》（The Journal of Asian Studies）、窦德士（John Dardess）在《跨学科史学期刊》（The Journal of Interdisciplinary History）上发表四篇英文书评；1990年，倪豪士（William H. Nienhauser, Jr.）在《哈佛亚洲学报》

（*Harvard Journal of Asiatic Studies*）、伊维德（W. L. Idema）在《通报》（*T'oung Pao*）、丁堡（Ronald G. Dimberg）在《美国历史评论》（*The American Historical Review*）、黄清连在《中国文学》（*Chinese Literature*）上发表四篇英文书评；1991年，马伯良（Brian McKnight）在《东西方哲学》（*Philosophy East and West*）、张广达在《汉学研究通讯》上发表英文、中文两篇书评。魏根深（Endymion Wilkinson）所撰《中国历史研究手册》（*Chinese History: A New Manual*），在介绍隋唐五代史研究的指南和读物时，第一个提到的就是本书。相形之下，中文学界的关注度明显不足，除张广达先生的书评、陆扬先生《西方唐史研究概观》一文的评价外，唐代文史研究领域还缺乏对本书学术贡献的系统梳理与继续推进。

  满怀尊崇，渐入宝山。翻译工作由我和研究生蔡明琼共同承担，原本以为很轻松就能完成，不料却越来越觉得举步维艰，也越来越明白，泛泛地参考性阅读与准确地翻译成中文，差距不可以道里计。中间有无数次想要放弃，但总是在最艰难的时刻，收到诸多师友温暖的鼓励。陆扬教授得知我在翻译这部书，非常高兴，之后的每一步进展，都有陆教授的提携和帮助。在陆教授的引荐下，我与麦先生取得了通信联系，并得到作者的亲自授权。这种责任感和使命感，一直如影随形。2016年11月，有幸参加中山大学举办的"纪念岑仲勉先生诞辰130周年国际学术研讨会"，期间结识李丹婕女史，得知其翻译的《唐代文史九章：麦大维自选集》已经完成，倍受鼓舞，当时即有美好的愿景，两书若能顺利出版，可谓合璧。遇到难题时，有范兆飞、仇鹿鸣、林岩、徐力恒、傅扬、詹娜、谢祺等先生不吝赐教；查找资料时，有朱振宏、古怡青、游逸飞、李志鸿、吴怡洁、耿元骊、胡耀飞、李殷、李永生、闫建飞、何香宁、薛冰清等师友热心襄助。凡此种种，都是激励我们坚持前行的强大动力。

  在抉择中译本书名时，最大的纠结之处在于"scholars"一词，应该翻译成"学士"还是"学者"。麦先生原本有意取"学士"，但在听取陆教授和我的意见后，慨然应允将书名定为张广达先生中文书评所用之《唐代中国的国家与学者》。因为"学者"一词蕴含其专业性，非一般文人、文士或"文学之士"；且"学者"涵盖面更宽，不像"学士"一词有特定所指。更何况唐代学士中之"以文学言语被顾问"的弘文学士、集贤学士，与"参谋议、纳谏诤"的翰林学士明显不同，更与"学士承旨"有天壤之别。另外，书名中"中国"、"国家"均为现代概念，采用"学者"这一更具现代色彩的词汇，整体上显得更加协调。

此外值得交待的是，英文原著的注释采用文末尾注，而当下中文学术专著更便于阅读的注释方式是页下脚注。在翻译过程中，我们本想统一改成脚注，但最终还是作罢。因为书后"索引"中大量出现英文原著尾注中的注释，若改为脚注，"索引"中涉及注释的部分将全部失去检索意义。更为重要的是，注释中大量出现参考上文注释、下文注释的情况，均为英文原著尾注的连贯注释号，若改为脚注，此部分的重新编排很容易产生不必要的混乱。

对于英文原著中统一采用的公元纪年，若直接转换成中文，对于中文读者而言，没有具体年号，显然会失去时间感，一连串空洞的数字很难体现出历史变化的复杂性。在反复权衡之后，我们决定额外增加一项浩大的工程，就是逐一核对公元纪年，但与一般中文专著不同的是，在公元纪年之后括号标注年号纪年，以尊重英文原著的时间记录方式。这项任务看似机械而简单，实则险象环生，稍有不慎就会出现硬伤。如同一年改元，英文原著为 679 年武则天封禅嵩岳，若不核对原始史料，则无法确知此年为仪凤四年还是调露元年。实际上，封禅嵩岳发生在七月，而当年六月已改仪凤四年为调露元年，故此 679 年应标示为调露元年。

对于注释中的古籍影印本页码，如英文原著所标 *T'zu-chih t'ung-chien k'ao i* 15/4b，中文版译为《资治通鉴考异》第 15 卷，之第 4 页，实为第 15 卷卷内页码，并非全书页码，因此加一"之"字以示区别；至于 a/b，为影印版左/右栏，中文版则不再区分。再如原著所标 *TT* 104/550.3 – 552.3，中文版译为《通典》卷 104，第 550—552 页；至于".1/.2/.3"，为影印版上/中/下栏，中文版也不作区分。此外，"double column entry"为古籍中的双行小字夹注，亦不一一注明。

陆教授评价本书是上世纪八十年代欧美"最后一部唐史研究的重要著作"，"从唐代学校制度的发展、儒家经典的注疏、史籍和礼典的编撰，到唐代文化精英对文学书写的看法，全书的叙述中涉及的大量细节，许多论述看似平常，实则精确而可靠。"此外，"麦大维是最早将唐代官方礼仪作为考察对象的学者之一"，而且其分析没有生硬的理论化倾向，"大多数结论都从对文献的仔细阅读和辨析中得出。"这一点从占全书近一半篇幅的注释中即可展现。到 2017 年 8 月，全书的翻译已过三稿，但还只是字面意义上的对译，最艰难的注释部分，尚未逐一核对。如果只将注释部分直接照录或简单处理，最后的结果定是大篇幅无穷无尽的数字罗列，特别是作者当初引用的古籍与当下通行的版本绝大部分都不一致，那么体现作者研究进路的注释部分就将失去参考价值。因此，我下定决心，一定要逐一核对作者所引用的180余种古籍，并按照中文征引惯例在所有卷号后补充卷名，这也是额外增加的工作，相信对于中文读者定有裨益。虽然英文原著的手民之误数量可观，但绝对瑕不掩瑜，这是校对注释过程中的真实感受，读者诸君自可明鉴。

感谢甘怀真教授和蔡宗宪教授，使我得以在2017年9月至2018年2月赴台湾大学历史学系访学。利用台大图书馆的丰富藏书，精审校对注释的工作最终得以全部完成。日复一日的晨昏颠倒，仅注释部分就耗去了整整半年。无节制的熬夜和透支体力，为的就是能保质保量地完成校对，幸有李海林兄相伴，大安森林公园的夜间暴走，成为唯一放松的机会。也正是在台期间，得以拜访王寿南、高明士、毛汉光、雷家骥、陈弱水等诸位学界名宿和同道学人，特别是有幸得聆张广达先生亲炙，是为本书中译本得以问世的另一重要因缘。

在陆教授的沟通和安排之下，2018年10月23日至27日，年近八旬的麦先生不远万里只身到访武汉，作者和译者跨越万水千山的相会，真是一段无比美妙的经历。当时译稿的第十稿已经交付出版社，并在和宋主任的反复协商修改中完成三校，正有大量悬而未决的问题需要向作者求证。在这五天期间，多次与麦先生长谈，最关键的是就书中所涉大量核心概念的准确释义及其中文译法进行探讨。作者同意中译本对"学者"、"学士"概念的理解，对"学官"、"学术官员"词汇的区分，以及对"秘书阁"、"集贤芸阁"译法的辨识。还谈到书中手民之误的形成原因，赞同中译本"译者按"的处理办法；以及参考文献中古籍版本的核对问题。这对提升翻译的准确度和译者的自信心，无疑是至关重要的。

此外，"原著致谢"中提到的James McMullen，通过与作者确认，方知乃其孪生兄长，且中文名为麦振国，与麦大维之名均由当年在香港时中国友人所取。更加令人景仰的是，麦先生兄弟四人，有三人皆为著名学者，其中长兄研究哲学，执教于加拿大特伦特大学（Trent University）；孪生兄长研究日本学，执教于牛津大学；自己则研究汉学特别是唐史，执教于剑桥大学。此外，家族中兄弟三人与父亲、伯父、外祖父以及母亲的外祖父均毕业于剑桥大学圣约翰学院，其学者气质，渊源有自。

译后记

在麦先生的求学经历中，有很多值得我们反思与借鉴之处。本科读书从《孟子》开始，至通俗小说《红楼梦》、《儒林外史》，以及五四时期胡适、老舍等的作品。所接受的汉学训练颇为正统，曾随杜希德先生系统解读《旧唐书·食货志》，亦在蒲立本先生的推荐下研读《颜鲁公行状》与陶渊明诗《形影神》。故自己任教后，给学生开列的书单有《河岳英灵集》、《折狱龟鉴》、《仁学》等。其中特别提到一则趣事，麦先生曾受聘美国加州伯克利，第一堂课有35人到场，但因所开列孔颖达《礼记正义序》，直接走掉30人，仅剩5人。或可理解为当时欧美汉学研究路径的微妙差异。

更为神奇的是，麦先生曾于1963—1964年遵从博士导师蒲立本先生的建议，在台湾留学一年。白天在台湾大学中文系旁听，晚上在台湾师范大学国语教学中心上课，期间住在泰顺街长达十个月。半个世纪之后，我在台湾大学访学期间，恰巧住在仅一街之隔的温州街。因缘再三，辄为心折。

随侍先生五天，行程满满。麦先生连续主讲华中师范大学国际人文院士讲坛暨华大古史论坛《一个西方学者眼中的杜甫》，以及武汉大学珞珈讲坛《唐代的公与私：一个问题的再评估》，全然不顾时差和休息。此外，陪同先生参观黄鹤楼、武汉长江大桥、湖北省博物馆、辛亥革命博物馆，还连续驱车往返十小时考察长沙铜官窑博物馆，尤其是海外回归的162件"黑石号"出水瓷器。麦先生对唐代民间的、更有活力的、走向全世界的长沙窑瓷器情有独钟，当近距离鉴赏一件件早有耳闻的珍品时，竟高兴得像孩童一般。博物馆旁流淌着的湘江，亦是麦先生魂牵梦绕之处，甚至在返回英国后，还在邮件中兴奋地回忆道，长沙铜官窑博物馆是此次中国之行最大的惊喜，也许他见到的那段湘江，在八到九世纪，杜甫、元结、刘长卿也曾于此流连。每念及此，总能油然而生无上的崇敬，借改艾青先生的诗句："为什么我的眼里满含泪水，因为他对这土地爱得深沉！"

10月27日清晨，送麦先生至天河机场，此行要去香港与其名满天下的学生金庸相聚。听麦先生说，二人关系亦师亦友，得知长自己十五岁的金庸先生住在医院，借此中国之行专程探望，并将于10月30日上午从香港返回剑桥。临别时，麦先生深情地说了一句很有中国味儿的话："我们很有缘！"

然而，就在10月30日下午，网上惊闻金庸先生仙逝，不胜唏嘘，仿佛一切都是冥冥中的安排。这跨越半个地球的情缘，实在令人动容！陆教授说一切都是天意，诚如斯言！回到英国后，麦先生来信说，因金庸先生病重，已经不能见面，只与金庸夫人共进晚餐。几天之后，麦先生再来信说，他又一次去了香港，参加金庸先生的葬礼。如此往复，必定精疲力竭，惟愿先生多多保重。先生心心念念的，是正在进行的研究——《贞观政要》英译，以及至少四篇论文。先生志向若此，我辈后学，岂敢不奋力向前?！麦先生特意用中文为本书中译本题词，其中所言"学而知之"，一语中的。

从麦先生回国至今，译稿又反反复复、吹毛求疵地不断修改，原本三校即可定稿付印，在我这里却做到了十二校。衷心感谢宋主任的宽容和忍耐，这种亲密无间的合作，不知能得几回闻。还要特别感谢研究生薛冰清、张旖旎在校对过程中的辛勤付出，深入阅读英文原著，系统梳理原始史料，或许正是硕士阶段学习的必由之路。书中的诸多议题，均值得切磋琢磨，未来或许能够生发出全新的、更为重要的研究。

掩卷长思，在唐代文史学界重视出土文献一路高歌猛进的今天，当我们稍微放慢脚步，回首来路，三十多年前的英国，即已出现在传世文献解读的广度和深度上达到如此高造诣的成果，多少会感到汗颜。而今三十多年过去，如果我们能在"旧史料"中发现新问题，或用新方法重新阐释"旧史料"，那么，"旧史料"也一定会成为引领研究不断深化的"新史料"。衷心祈盼一二同好能在正文之外，对本书注释善加利用。

学术翻译，虽费时费力，但所得远在千里之外。蓦然回首，自己所行"译象"之事，与所承"达志"之名，竟能找寻到传统文化上的某种联结。《礼记·王制》有载："五方之民，言语不通，嗜欲不同。达其志，通其欲，东方曰寄，南方曰象，西方曰狄鞮，北方曰译。"所求无他，如能达作者之志，则能达译者之志。即不能至，心向往之。

张达志写于武昌桂子山
2019 年 2 月 19 日